« Plus tard, je serai l'ami des rois »

Je vous vois hésiter. Je vous sens douteux. Indécis. « Mon petit dictionnaire de la royauté ». Un peu… comment dire ? Allez-y… osez ! Dites-moi ce que vous pensez ! Je vais vous aider. Un peu… académique, non ? Eh bien non, justement. Détrompez-vous ! Vous me connaissez. Tout, sauf l'ennui ! L'éculé. Le châtié. Le conventionnel.

Ce petit dictionnaire que vous tenez entre les mains n'a qu'un seul dessein : vous amuser, tout en vous donnant des clés ! Un trousseau entier de clés. Certaines, couleur de cuivre, lourdes, vieilles, un peu oubliées. Je vois leurs broderies de métal et, déjà, j'entends les portes de vieux châteaux grincer sur leurs gonds. D'autres, plus modernes, ont la couleur de l'acier. Elles sont plus rapides. Plus précises aussi. Mais qu'importe leur matière. Leur but est de vous montrer la voie.

Tout comme elles l'ont fait pour moi, j'espère que ces clés vont vous ouvrir des portes, vous mener sur des chemins que vous ne connaissez pas, que vous ne soupçonnez pas. N'ayez aucune crainte ! Je le répète : sous son côté académique, ce petit dictionnaire – parce qu'il est « mon » petit dictionnaire ! – est surtout instructif et rock'n'roll.

À la lettre « A » (comme Albert), vous trouverez deux souverains – un prince de Monaco et un roi des Belges –, un petit aigle, roi de Rome, fils foudroyé et seul héritier d'un immense empereur, un prince Ali (sa lampe et son Génie) et une merveilleuse et indomptable marquise des anges. À la lettre « B », après Babar, le roi des éléphants, Baudouin, le plus grand souverain du petit pays qui est le mien voisine avec James Bond, l'agent le plus secret et le plus génial de Sa Gracieuse Majesté. À la lettre « C », une lettre adressée à Charles et Camilla devance un autre courrier couronné, une missive destinée à la princesse Charlène. Un peu plus loin, on y retrouve le bel Axel de Fersen et la trop légère Marie-Antoinette, Napoléon et François-Joseph, la grande Catherine, l'immense Victoria, l'effrayant Raspoutine, des rois d'Haïti, des Zoulous, des maharadjas…

Les clés que je vous offre vous feront également vivre (ou revivre) le souvenir de l'obscure Anastasia (grande-duchesse de Russie), de la très blonde et très ambitieuse Athénaïs de Montespan, de l'impératrice Charlotte, de Louis Alexandre Albert Raimon dit « Alexandre de Paris » (le figaro des reines), du prince Rainier, du shah d'Iran, des émirs du Qatar…

Mais entre selfies et portraits de cour, cet abécédaire royal ne renferme pas qu'une galerie de personnages ! Les premières pages de ce lexique royal poussent aussi les portes d'**A**delaide Cottage, résidence ultra-privée des nouveaux princes de Galles, et du palais d'**A**malienborg, palais d'hiver de tante Daisy, iconique – et un rien surréaliste – reine de Danemark. Un peu plus loin, à la lettre « N », pour Norfolk, on parlera également d'Anmer Hall et à lettre « M », de Montecito, villa californienne aux allures de palais toscan des exilés les plus célèbres de la Couronne. Le « A » comme *Altesse* sera aussi l'occasion de parler **A**bdications (nouvelle tendance au pays des monarchies) et de monter à bord de l'*Agamemnon*, un paquebot de luxe. Pour la croisière la plus royale de tous les temps. Sur ce palais flottant, nous siroterons notre tasse de thé dans un service en **A**rgent… frappé d'**A**rmoiries. Accompagnée d'un **A**fter Eight. *Of course*…

Puisqu'on parle navires, arrêtons-nous un instant. À cette lettre « A », vous trouverez aussi *Alpa*, contraction d'Albert, ancien prince de Liège devenu sixième roi des Belges, et de son épouse, la belle Paola Ruffo di Calabria, sosie, dans les années 1960, d'une certaine Brigitte Bardot, en plus aristocratique. *Alpa* est le nom de leur yacht. À la lettre « P », ce sont des initiales également, mais celles de ses trois enfants (Pierre, Andréa et Charlotte) que Caroline de Monaco a choisies pour baptiser sa merveille des mers, le *Pacha III*. Sur les rives de la Méditerranée, un peu plus loin, je me suis souvenu aussi du *Constitution*. Le 4 avril 1956, c'est à son bord qu'une certaine Grace Kelly faisait ses adieux à l'Amérique et traversait l'océan pour rejoindre sa future patrie. Huit jours plus tard, sous une pluie d'œillets rouge et blanc orchestrée par Aristote Onassis, Rainier viendra à la rencontre de l'immense paquebot à bord du *Deo Juvante II*, son yacht personnel. Et si on revivait la traversée ?

Quelques pages plus tôt, la lettre « B » faisait la part belle au *Britannia*, le dernier navire royal de la galaxie Windsor. Notons qu'à la vingtième lettre de l'alphabet, la lettre « T », figure le *Titanic*. Dans les eaux sombres et froides de l'Atlantique nord, une nuit liquide, vous verrez que l'épave la plus célèbre de tous les océans renferme aussi une histoire royale.

Mon petit dictionnaire vous fera voyager, vous l'avez compris. Et pas uniquement sur les mers ! À cette même lettre « T », coups de sifflet, tapis rouge et stewards en livrée pour le départ du Train royal. Depuis Victoria, dans un nuage de vapeur, il franchit les montagnes, traverse les vallées, serpente le long des lacs, des rivières… pour mener nos Windsor, à grand train, aux quatre coins de leur vaste royaume. Jamais il n'a accusé une seule minute de retard ! De quoi mourir de jalousie ! Plus rageant encore : lorsqu'il circule, sa priorité est absolue. Pour ne pas dire… despotique ! Tout train normal censé sillonner les rails que doivent emprunter les wagons royaux voit ses horaires bousculés, son parcours, bouleversé. Quand son voyage n'est pas carrément annulé !

À de nombreuses reprises, ce petit dictionnaire m'a donné l'occasion de me raconter. Si le « C » de Caroline évoque évidemment la seule altesse royale de Monaco (les autres Grimaldi sont des altesses sérénissimes), il est aussi le prénom de ma sœur. Depuis la disparition de ma maman (en 2010 – j'avais alors 24 ans), *a contrario* des princes William et Harry qui, de leur côté, semblent s'être profondément séparés à la suite de la mort de leur mère, bien qu'elle soit mon parfait contraire, je suis très proche de ma sœur.

Un peu plus loin, vous verrez que cette même lettre me permet aussi de me souvenir de l'une des interviews les plus marquantes de ma carrière. C'était au château de Cayx, dans la vallée du Lot. Une résidence royale perdue au milieu d'un océan de vignes. Je vous laisse découvrir (en p. 173) qui se cache sous la couronne.

Si, parfois, elle se perd dans des salons lambrissés (propices aux confidences), cette balade amoureuse vous entraînera aussi derrière les fourneaux. Poule au pot, Bœuf Wellington, *Coronation quiche*... tous ont un héritage royal. À l'heure des cocktails, savourons un Bloody Mary, breuvage couleur de sang qui aurait été inspiré par Marie Tudor, ou un Gin-Dubonnet, apéritif coup de cœur de la plus grande des reines. Côté desserts, au fil des pages, s'écoulent du Chocolat chaud (la recette sort tout droit du palais de Bruxelles... mais chuuut), de la Chantilly (pas du tout inventée par Vatel), des pêches Melba (création du grand Escoffier et dessert préféré de Charles III), des Macarons (confiseries favorites de Marie-Antoinette) et un *Christmas pudding* tel que servi au château de Sandringham, la nuit de Noël... À la lettre « S » je n'ai pas résisté à vous parler du Spéculoos, ce gâteau au parfum de cassonade (avec ou sans amandes) du plat pays qui est le mien.

Le spéculoos, pour moi, c'est l'enfance. Et ce petit dictionnaire, vous l'avez compris, renferme une grande part de mon enfance. De ces héros qui l'ont bercée. On a déjà évoqué la marquise des anges et Aladin. Dans ces lignes, comment ne pas me souvenir aussi du roi Ottokar III, souverain né sous le crayon d'Hergé dans Tintin, du chevalier d'Éon, de Fouquet, des mousquetaires du roi, de Marie-Antoinette, de Cendrillon, des maharadjas... ?

Dans mon précédent ouvrage, une biographie d'Elizabeth II[1], j'écris : « Je devais avoir 6 ans, 7 ans peut-être, lorsque j'ai dit à ma mère, pour la première fois : "Plus tard, je serai l'ami des rois..." D'emblée, ce fut une évidence, presque une religion. En Belgique, dans l'ancienne principauté de Liège, là où j'ai grandi,

1. *I love Elizabeth II*, Robert Laffont, 2022.

sur le perron de mon château en Lego, virevoltait l'éternelle Sissi, belle, légère. Je revois les étoiles dans ses cheveux noirs, ses robes à cerceaux. Enveloppé dans un plaid que j'imaginais être une cape de couronnement, au sommet du donjon de ma demeure faite de cubes et de blocs, régulièrement, je recevais aussi l'énigmatique Grace de Monaco. Pour moi, le plus beau film de la muse d'Alfred Hitchcock est celui de son dernier rôle, en avril 1956, où Helen Rose, la styliste star de la Metro-Goldwyn-Mayer, lui fait revêtir la robe blanche la plus royale du gotha. [...]

Les jours de pluie – ils sont fréquents dans le royaume où je vis –, [...] mon palais d'enfant recevait la princesse aux yeux tristes Soraya d'Iran, la sulfureuse Wallis Simpson, Margaret d'Angleterre, la sacrifiée, et Diana, bien sûr, l'icône blessée, dont je suivais les peines de cœur, jusqu'aux Enfers. »

Sorti de l'enfance, plus tard, j'ai découvert le style nerveux de Françoise Sagan. Ne tire-t-elle pas son pseudonyme d'une princesse – la princesse de Sagan – immortalisée dans l'encre de Marcel Proust ? Sous la direction sucrée d'Ernst Marischka tout d'abord puis sous celle plus sombre (mais tellement plus vraie) de Luchino Visconti, il y aura Romy bien sûr. En Sissi. Et Claudia Cardinale (en robes longues) face à Alain Delon dans *Le Guépard*. Je ne sais pas, je ne sais plus, si je suis tombé amoureux de Claudia ou de Tancrede, neveu du prince Salina. Des deux je crois. En tout cas – ça, je m'en souviens parfaitement –, moi aussi, je me suis vu valser sous les lustres d'un palais de Palerme.

Plus *british*, mais tout aussi grandes demeures, il y aura des références à *Rebecca* (et à Manderley) de Daphné du Maurier, à *Downton Abbey*, à *The Crown*... Bien sûr, mes goûts ont évolué mais les grandes figures royales, elles, ont toujours continué de me suivre, presque de m'habiter. Dans *I love Elizabeth II*, j'écris encore : « En grandissant, j'ai abandonné mon château imaginaire, mais pas ma passion des Couronnes. » De vous à moi : elles ne m'ont jamais quitté. Comme des compagnes de solitude parfois. Oserais-je écrire : « comme des compagnes de solitude souvent » ? L'enfant que j'étais, l'adulte que je suis devenu aussi, se sent toujours un peu seul. Cette solitude, j'ai envie d'écrire

« ce vide », « cette envie de rien » font partie de moi. Mais, du plus profond de mes souvenirs, ces grandes figures royales, elles, ont toujours été là. Comme des mains tendues. Un quartier de lune dans une nuit noire. Elles ont toujours été là, je le répète. Même à l'été de mes 24 ans lorsque j'ai perdu ma mère. Lorsque j'ai pleuré. Lorsque j'ai hurlé. Lorsque j'ai douté. Et que j'ai cessé d'y croire. Lorsque je n'ai plus voulu devenir l'ami des rois. Elles ont continué d'y croire pour moi ! Ce sont ces grandes figures (leurs secrets, leur quotidien, leur univers) qui constituent le terreau de ce petit dictionnaire. Elles le nourrissent. Comme elles ont nourri mon enfance, mes passions, comme elles ont guidé mes premiers pas de Tintin reporter aux pays du gotha. Et elles continuent de me suivre. Parce que je doute encore. Peut-on vraiment être l'ami des rois ?

À l'heure des hommages, évidemment, Léon Zitrone, Frédéric Mitterrand et Stéphane Bern ont une place au sein de ces pages. Mais au moment d'écrire ces lignes, je pense aussi au roi Cyril (Hanouna). Il m'a offert la notoriété. Celle qui permet une carrière, qui change une passion en véritable métier.

Souvent, vous me questionnez sur ce que j'aurais fait si je n'étais pas devenu… le jour où je ne serai plus… « chroniqueur royal ». J'ai toujours aimé les objets, ceux qui parlent, se souviennent, ceux qui racontent. J'ai toujours aimé les vieilles pierres aussi. Les cottages. Les maisons. Les villas. Les mas. Les longères. Les manoirs. Les châteaux. Les palais. Ce sont les pierres qui nous choisissent. Nous ne sommes que leurs hôtes, j'en suis convaincu. Dans ce petit dictionnaire, j'ouvre aussi les grilles de grandes bâtisses. La demeure du clan Kelly dans leur fief de Philadelphie. Le château de Versailles, folie d'un roi qui avait pris le soleil pour emblème, celui de Drottningholm, sa copie suédoise, de Vaux-le-Vicomte, son instigateur, les châteaux de Windsor, Sandringham, Balmoral, Possenhofen, berceau de Sissi.

À Paris, place Vendôme, j'ai poussé les portes du Ritz, l'occasion de vous faire revivre les dernières heures d'une princesse qui allait devenir une icône. Un peu plus loin, à l'orée du parc de Bagatelle, je vous entraîne sous les voûtes du grand hall de la Villa Windsor, refuge – pour ne pas dire mouroir – d'un roi qui avait préféré l'amour. En août 1997, savez-vous que Diana devait se rendre ici ? Le regard barré par d'épaisses lunettes noires, presque anonyme, elle aurait dû traverser le hall en damiers, les parquets à chevrons du salon bleu gris, de la bibliothèque jaune d'or, du boudoir, des quatorze chambres… Elle aurait dû… mais il y a eu le pont de l'Alma. Et si, dans ce petit dico, on réécrivait l'Histoire ?

À la lettre « R » comme Rocher (ce confetti en bordure de mer devenu principauté), magie d'un livre, malgré l'interdiction des carabiniers du prince souverain, nous franchirons les hauts murs du ranch de Roc Agel (cadeau de mariage de Rainier à Grace) et pénétrerons au plus près de l'intimité des Grimaldi. À Londres, j'ai choisi de vous emmener au Goring, établissement archi-étoilé tapi dans l'ombre du palais de Buckingham. Le 28 avril 2011, entourée de son clan, les Middleton, c'est ici, dans une luxueuse suite du dernier étage, que Kate, alors la fiancée la plus traquée du globe, a passé sa dernière nuit de célibataire.

Un seul conseil : surtout, amusez-vous ! Sinon, j'aurai failli à ma mission. À défaut d'être l'ami des rois, le mousquetaire que je suis a pris le parti de vous divertir. Ne soyez pas chiant ! Pardon, j'ai voulu dire « scolaire ». On ne lit jamais un dictionnaire – fût-il royal et totalement fun – de façon linéaire. Picorez. Comme le font les poules. Piochez. Virevoltez. Entrez dans la danse par où bon vous semble. Faites la révérence ! Et… embrassez (en premier) qui vous voudrez ! Vous avez le choix. Un seul mot d'ordre : soyez infidèle. Désobéissant. Soyez *déroyal* ! Mesdames, passez, sans scrupule (et sans pudeur), de Cristobal Balenciaga à Yves Saint Laurent, de Prada (chausseur du souverain pontife) à Roger Vivier, de Goyard à Hermès, de Coutts & Co (la banque privée du clan Windsor) à Koh-i-Noor (la montagne de lumière la plus fascinante et la plus convoitée des hommes), d'une reine de pique à une princesse des cœurs…

Dans ces pages, si vous vous attendez à Horse Guards, en réalité, il y a surtout Crazy Horse. À Photographe, on retrouve Cecil Beaton. On y parle de Cartier, de Garrard & Co et de Mappin & Webb, joailliers de la Couronne. Mais il y a aussi Swatch. Il y a la BBC. Et il y a Netflix. Il y a la cour de Buckingham. Et les jardins de Highgrove. On y trouve la tour de Londres. Et La Tour d'Argent. On y parle de princes tatoués, de princes vignerons et d'altesses « un peu particulières ». Il y a le très noble Escoffier. Et la non moins royale Pizza Margarita. Il y a le *Court Circular* (le bulletin de la cour). Et *The Sun* (la terreur des Windsor). Il y a James Bond. Et il y a l'insolente Oprah Winfrey. Il y a la très attendue Kate Middleton. Et le très inventif lord Sandwich. Il y a le prince Harry et… le prince Ali. Il y a Grace. Si forte. Si fière. Si parfaite. Et il y a Charlène. Si fragile. Il y a Wallis Simpson. Margaret. Diana. Masako. Letizia… Mais il n'y a pas Meghan. Non pas par oubli, mais parce que c'est « mon » petit dictionnaire, parce que ce sont mes choix ! On y parle d'ambition. De pression. De dépression. Au fil des pages coule de la jalousie. De la haine. Des complots. Des menaces. À la lettre « V », il y a Voitures, parfois si rapides, si dangereuses, fatales. À la lettre « R », il y a Revolver. Et à la lettre « M », juste après le vide laissé par Meghan, il y a Meurtre.

Vous pardonnerez ma liberté de ton. Je suis resté fidèle à moi-même. Entier. Vrai. Ultime confidence : à la relecture de mon petit dictionnaire, je me suis dit qu'un jour, bientôt peut-être, je ne serai plus un mousquetaire (un ardent défenseur) mais bien, comme je l'ai rêvé, l'ami des rois. Mais pas de tous les rois !

Abdication

Qu'il est drôle – je trouve – de commencer ce petit dictionnaire royal par un terme qui désigne la fin d'un règne ! « Abdiquer » était l'un des seuls verbes qu'il était fortement déconseillé – pour ne pas dire interdit – d'utiliser en présence d'Elizabeth II !

Le 10 décembre 1936, c'est une abdication, celle d'Edward VIII, qui conduit le père de la jeune Lilibet, alors duc d'York, à coiffer la couronne (en remplacement de son frère) sous le nom de George VI. La chose se fait à l'aube. Au château de Windsor. Une signature posée sur sept exemplaires d'une déclaration déjà entérinée par Stanley Baldwin, chef du gouvernement. « Moi, Edward VIII, roi de Grande-Bretagne, d'Irlande et des dominions britanniques au-delà des mers, empereur des Indes, déclare ici ma décision irrévocable de renoncer au trône pour moi-même et mes descendants. » Stupeur et tremblement dans le vieux royaume… et aux quatre coins du monde ! Jamais un souverain n'a abandonné (volontairement) la couronne de l'empire. Le geste restera à jamais gravé dans les mémoires (et bouscule, vous l'avez compris, la vie de ma Lilibet). Même le bureau sur lequel l'éphémère roi (il aura régné 325 jours !) vient de sceller son renoncement entre dans l'Histoire !

Le lendemain, à la nuit tombante, le désormais duc d'York prend la parole sur les ondes de la BBC. Dans chaque coin du vaste empire, sa voix s'élève, grave, belle.

Adieu couronnes, palais royal et châteaux à tourelles. Edward est désormais duc de Windsor. À ses côtés, vous le savez, Wallis Simpson. Elle est américaine, roturière, divorcée. Au royaume d'Albion, elle est honnie, devient une proie, une scandaleuse qui met le feu aux colonnes de papier glacé. Lorsque résonnent les mots de ce roi qui renonce, ce roi qui n'est plus, elle a trouvé refuge à Cannes. Edward vient de poser à ses pieds tout l'héritage de ses ancêtres. Plus de mille ans d'Histoire. Mais que faire d'une telle offrande ?

Voilà pour l'Angleterre ! Des abdications (volontaires), il y en aura d'autres : Charles X en France, Constantin Ier en Grèce, Léopold III en Belgique… mais il va falloir attendre une date clé, celle du 28 février 2013, et la renonciation du pape Benoît XVI alors assis sur le trône de saint Pierre, pour que cet abandon du pouvoir suprême ne soit plus nimbé d'une idée de lâcheté, de fuite, de trahison… En totale opposition avec Elizabeth II qui a juré de servir jusqu'à son dernier souffle, « que ma vie soit longue ou brève », un chapelet de monarques vont suivre le mouvement du souverain pontife. À l'aube de ce XXIe siècle, jamais le Vatican – monarchie élective et tant convoitée – n'aura été à ce point précurseur de mode. Sous le dôme de Saint-Pierre de Rome, le 265e héritier du premier des apôtres joue donc les influenceurs. Le 30 avril de la même année, Beatrix des Pays-Bas (âgée de 75 ans) renonce au trône. Au palais d'Amsterdam, ce n'est pas une révolution puisque Juliana et Wilhelmine (mère et grand-mère de Beatrix) ont déjà abdiqué. Le 21 juillet, jour de la Fête nationale belge, dans la salle du trône du palais de Bruxelles, Albert II (79 ans) s'efface au profit de son fils, Philippe Ier. Le 18 juin 2014, en Espagne, Juan Carlos (76 ans) s'incline au profit de Felipe. Il faut dire que de nombreux scandales commencent à ternir son image et le prestige de l'auguste couronne de Charles Quint ! Et puisqu'un pape, lieutenant de Dieu sur terre, a quitté son palais, pourquoi pas un empereur ? C'est chose faite le 30 avril 2019, à Tokyo, lorsque le vénéré Akihito (85 ans) laisse le trône du chrysanthème à son fils Naruhito.

Sur la planète gotha, quelque chose me dit (mais chut !) que ce sont les monarchies scandinaves qui vont être les prochaines à passer le flambeau. Sous les stucs des mille quatre cent trente pièces et deux salles du trône du palais de Stockholm (l'un des plus vastes d'Europe), après l'abdication d'un Carl XVI Gustaf vieillissant, je me réjouis déjà de « couronner » (tout bientôt j'espère) une nouvelle « Queen Victoria » ! Et pourquoi pas… un roi Daniel !

Adelaide Cottage

C'est une maison blanche… presque adossée au château de Windsor, dans le vaste parc qui entoure l'ancestrale demeure, au cœur du Berkshire, à 40 kilomètres de Londres. Depuis l'été 2022, Adelaide Cottage est l'une des résidences (leur favorite, dit-on) du désormais prince de Galles, de son épouse et de leurs trois enfants. Au sein du parc immobilier de la Couronne, pourquoi avoir choisi cette bâtisse de 1831 construite par le roi William IV pour son épouse, Adélaïde de Saxe-Meiningen ? Parce que le domaine jouit de sept entrées différentes, ce qui permet à la famille la plus traquée du royaume d'entrer et de sortir à sa guise (ou presque !). Parce que le cottage dispose de quatre chambres, le chiffre parfait (!), et que la construction est scindée en deux, ce qui permet aux domestiques (très peu nombreux) d'avoir leur propre quartier (Adelaide Lodge) et aux princes héritiers, de profiter d'une intimité quasi totale. Mais surtout, surtout… c'est son extrême proximité avec le château de Windsor qui va pousser William et Kate à retenir Adelaide Cottage. À l'époque, Elizabeth II, toujours en vie, a déserté Buckingham Palace pour Windsor et il s'agit de surveiller les visites un peu trop intéressées du prince Andrew (alors enlisé dans l'affaire Epstein).

On murmure que, d'emblée, Kate est tombée amoureuse de la luminosité des pièces et qu'elle n'a pas été insensible au fait que la grande Victoria aimait y prendre le thé, qu'elle savourait au pied de la cheminée en marbre de style gréco-égyptien. Aux archivistes du palais, l'ex-duchesse de Cambridge aurait posé plusieurs questions quant à l'histoire de la bâtisse. Le précédent occupant était le directeur de la collection royale. À leur arrivée, pas besoin de gros travaux, à l'exception d'un rafraîchissement de peintures. Le couple a sans doute choisi la chambre au plafond orné de dauphins dorés et aux décorations navales, héritées du yacht *Royal George*. C'est ici – Kate le sait-elle ? – que Margaret recevait son amour impossible, son amour interdit, le beau Peter Townsend. Ceux qui s'en souviennent racontent que les lourdes tentures à galons d'or du premier étage restaient closes, en permanence. Pour cacher ce que l'on ne pouvait voir. Sans doute aussi pour pleurer à l'abri des regards. Petite irrévérence : je ne résiste pas à l'envie de vous donner l'adresse d'Adelaide Cottage : *Windsor Great Park, Berkshire, SL4 2AG*. Si l'envie vous en dit, adressez votre courrier à *Their Royal Highnesses The Prince and The Princess of Wales*. En mode campagne, dans le petit bureau de l'aile nord qui offre une vue plongeante sur la *so english* campagne, il se dit que Kate prend le temps de lire son courrier. Et (parfois) d'y répondre. Je confirme le bruit !

After Eight

Vous l'aurez compris, ce délicieux carré de chocolat fourré à la menthe (*so british*) ne doit se déguster… qu'après 20 heures ! J'en reçois beaucoup, en cadeau, de mes lecteurs. De vous à moi (même si je vous interdis de le répéter)… je déteste ça !

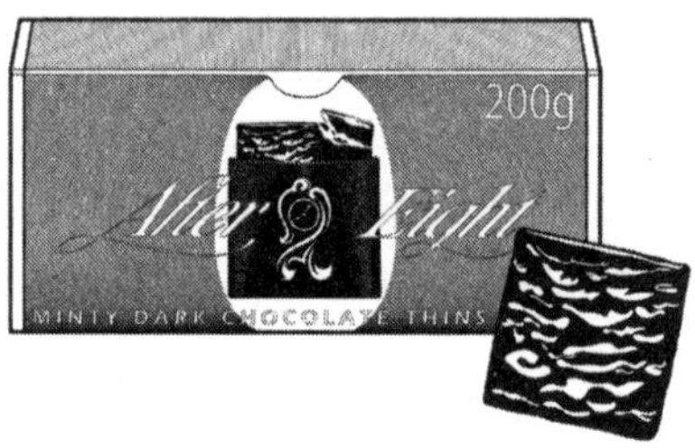

Aga Khan

J'adore ce titre. Parce qu'il évoque quelque chose d'exotique. De lointain. De puissant. Parce que personne ne le comprend vraiment. Il n'y a pourtant rien de très compliqué. (À condition de ne pas pousser trop loin !) Aga Khan est un titre héréditaire (titre qui, comme dans toute monarchie à l'exception de celle du Vatican, se transmet par la naissance) porté par les imams des Ismaéliens nizârites, un courant d'une communauté religieuse partagé aujourd'hui encore par dix millions de personnes. Cela signifie donc qu'il ne règne pas sur un territoire mais sur un peuple qui partage les mêmes croyances. Un peu comme le pape n'exerce son pouvoir que sur les catholiques !

Créée par un shah de Perse (Ali Shah), cette fonction d'Aga Kahn remonte à 1818, mais il faudra attendre 1887 pour que naisse le titre de prince (titre héréditaire, on l'a dit), avec le traitement d'altesse. Voilà pour la partie technique. Mais, *via* cette entrée, ce que je voulais (surtout) vous raconter, c'est la très belle histoire, la très scintillante histoire, de l'une des bégums (titre porté par l'épouse d'un Aga Khan) : l'histoire d'Yvette Labrousse. Celle d'un conte de fées.

Le premier coup de baguette est donné par le jury d'un concours de beauté. La couturière méridionale (elle est née à Sète, a vécu longtemps sur la Côte d'Azur) décroche, en 1930, le titre de Miss France. Bientôt, dans un restaurant de Genève, elle rencontre l'opulent Aga Khan III, quarante-huitième imam. Souverain tout-puissant, ce chef religieux exerce un pouvoir de poids, même au sens propre du terme puisqu'il pèse 112 kilos ! Yvette en est plus amoureuse, plus étourdie encore, lorsqu'elle apprend qu'à chacun de ses anniversaires, en son honneur, ses fidèles réunissent 112 kilos d'or, de diamants et de pierres précieuses qu'ils viennent déverser à ses pieds.

En 1944, après avoir divorcé de sa troisième femme (une certaine Andrée Caron, française elle aussi), l'altesse épouse l'ancienne Miss France. Pour poser le lourd diadème dans ses cheveux d'or, c'est Alexandre (de Paris) qui officie et lance sa carrière ! L'Aga Khan a alors 67 ans. Elle, 37. Mais qu'importe ! Leur amour est d'une telle force, d'une telle vérité que le souverain finit par la gratifier du titre de Mata Salamat, « Mère de la Paix ». Bien plus qu'un titre, une déclaration, unique, puisqu'en quatorze siècles, il n'a été octroyé qu'à trois reprises !

En août 1949, en France, sur le chemin qui les conduit de Cannes à l'aéroport de Nice, le couple qui mène grand train, vous l'aurez compris (c'est l'apanage des Aga Khan), est victime d'un cambriolage… à bord de sa Cadillac ! En deux minutes, montre à gousset en main, le célèbre truand Paul Leca s'empare d'une pluie de pierres précieuses inouïes, des « cascades de diamants », dit-on. « Ciel, mes bijoux ! » se serait exclamée notre Yvette qui, quelques années plus tard, inspirera à Hergé (un autre de mes héros) son 21e album… *Les Bijoux de la Castafiore* !

Cette Mère de la Paix s'éteint le 1er juillet 2000, à l'âge de 94 ans. Lorsqu'elle ferme ses yeux couleur saphir (ça ne s'invente pas), cela fait précisément quarante-trois ans qu'elle est veuve. Chaque année, malgré le temps qui passe, ce temps qui efface tout, même les souvenirs, elle a déposé une rose rouge sur le mausolée qu'elle lui a fait construire. « Je pense à lui tout le temps. Il ne me quitte jamais. Il est toujours avec moi. Il vit en moi. »

La bégum suivante sera tout aussi flamboyante, j'ai nommé : Rita Hayworth. Si l'histoire est aussi éclaboussante d'or et de diamants (elle et le bel Ali se sont rencontrés lors d'une soirée chez la mondaine Elsa Maxwell, ça donne le ton !), elle est bien plus courte (de 1949 à 1953) avant de se terminer par un divorce et un terrible accident de voiture où le prince va perdre la vie. Surtout, cette idylle aussi chatoyante soit-elle me fascine beaucoup moins. Ne dit-on pas que tout ce qui brille n'est pas d'or ? J'y crois vraiment ! Pour moi, Rita reste une actrice, une star, l'ex-épouse d'Orson Welles, pas tellement une figure royale. Un peu comme Caroline Lee Bouvier dite Lee Radziwill, la sœur de Jackie Kennedy, devenue, par mariage avec un prince polonais, véritable princesse. J'ai toujours trouvé Jackie – toute Maison-Blanche et américaine fût-elle – beaucoup plus gotha. Une question de dignité. Peut-être aussi de petit tailleur et de voilette noire. Mais ça, c'est une autre histoire !

Agamemnon

Longtemps, la Grèce, berceau de la civilisation, fut un royaume. Ce pays des dieux, d'Alexandre, d'Aristote, de Maria Callas, d'Onassis... continue de faire rêver le monde. De mon côté, lorsqu'on évoque la Grèce, je pense tout de suite à la « croisière des rois », sur l'*Agamemnon*, à l'été 1954. Dans un quotidien de l'époque, on lit : « Le roi Paul et la reine Frederika de Grèce ont invité près de cent souverains, ex-souverains et autres personnes de sang royal à une croisière dans les îles grecques à bord du paquebot de luxe *Agamemnon* qui partira, du port de Naples, le 23 août. » On imagine la frénésie de la presse ! Durant des semaines, les colonnes de papier glacé se font l'écho de mille détails. Ma croisière royale va s'amuser !

À quelques jours du grand départ, on apprend que cette traversée se déroulera « en toute simplicité » et que le roi Paul, en personne, a demandé aux invités « de ne pas s'encombrer d'habits de soirée ». Il leur a recommandé d'emporter « un pantalon noir et des chemisettes blanches à manches courtes et à col ouvert ». De son côté, la reine Frederika a fait savoir aux invitées qu'elles pourront s'habiller « comme elles le souhaitent », à condition « de ne porter ni bikini ni pantalon ». La reine Juliana des Pays-Bas, le prince Bernhardt et leurs filles aînées ; la princesse Charlotte de Luxembourg, le prince consort, le prince Jean, les princesses Joséphine-Charlotte et Élisabeth ; le comte, la comtesse de Paris et sept de leurs onze enfants ; l'ex-roi Umberto d'Italie, sa femme Marie-José et leurs trois enfants ; le prince Axel de Danemark, les princesses Astrid de Norvège et Marguerite de Suède ; l'infant d'Espagne, son épouse la comtesse de Barcelone, Juan Carlos et sa sœur Pilar ; le prince royal de Bavière, le prétendant au trône de Wurtemberg, la reine de Roumanie, la princesse Radziwill, le prince Dimitri de Russie, la princesse Marie Bonaparte... On se croirait dans l'almanach du gotha ! Au total, cent trente et un membres issus de vingt-cinq familles régnantes ou ayant régné (et parlant quinze langues différentes) embarquent, comme convenu, sous une nuée de flashs. Le dernier événement couronné à avoir galvanisé autant de médias était le sacre de la jeune reine Elizabeth, l'année d'avant, sous les voûtes de Westminster, à Londres. Depuis la Première Guerre mondiale, c'est la plus grande réunion internationale de la planète gotha. Le but de cette escapade de dix jours en mer ? Relancer le tourisme grec.

Les rois, ex-rois et princes de l'*Agamemnon* passent leurs journées à visiter des sites illustres (Olympie, Héraklion, Rhodes, Santorin, Mykonos, Skiathos, le cap Sounion puis Athènes, *via* le port de Phalère). Le 31 août, l'*Agamemnon* jette l'ancre à Épidaure où les royaux prennent place dans les ruines antiques pour une représentation de l'*Hippolyte* d'Euripide. Après des journées épuisantes, à la nuit tombante, à bord du yacht muni des derniers conforts, on dîne aux chandelles, on s'amuse, on danse... Et le paquebot (qui ne navigue que de nuit) repart pour gagner de nouvelles côtes. En maîtresse des cérémonies, l'intransigeante Frederika veille aux moindres détails. Si, officiellement, cette croisière des rois a pour but, on l'a dit, de relancer le tourisme, officieusement, l'idée de la reine des Hellènes et princesse de Danemark est aussi (est surtout) de trouver des partis couronnés à ses trois enfants : la princesse Sophie, le prince Constantin et la princesse Irène. Tout au long de la croisière, le prince Alexandre de Yougoslavie s'est empressé de faire une cour à la princesse Maria Pia d'Italie. Le mariage sera célébré l'année suivante. Mais... concernant les plans de notre Frederika, pour l'heure, aucun dessein. Même si, en vue de cette croisière, elle a forcé sa fille aînée, la princesse Sofia, à un régime drastique. Fabuleuse Frederika ! Ce que la petite-fille du dernier Kaiser d'Allemagne veut, toujours, elle finit par l'obtenir ! D'ailleurs, à bord de l'*Agamemnon*, Sofia a repéré un bellâtre, le très athlétique infant d'Espagne. Avec son profil d'apollon, ses yeux piscine et sa peau pain d'épices, le fils du comte de Barcelone ne lui a même pas adressé un regard. Il va lui falloir encore un peu de temps, certes, mais, dans quelques années, sa fille, qui sera devenue *mincissime*, épousera le prince des Asturies, futur Juan Carlos. Grâce à ce coup de baguette du destin, bientôt, Sofia régnera sur les terres de Charles Quint !

Aiglon

Curieusement, aujourd'hui, on ne parle plus du « duc de Reichstadt » ou du « roi de Rome », deux titres qui précipitent pourtant les battements de mon cœur. Le fils de Napoléon Ier, c'est désormais « l'Aiglon » ! Par Edmond Rostand, l'enfant impérial est devenu (à tout jamais) un jeune premier de théâtre moulé dans un seyant uniforme blanc, qu'endossèrent même de vieilles gloires, comme Sarah Bernhardt. Mais avant l'Aiglon, qui était vraiment le duc de Reichstadt ? On pense à une tête blonde frappée sur des médaillons, à une figure de cire, à un fantôme insaisissable. Pour moi, Napoléon II, c'est surtout le roi de Rome, ce titre créé tout spécialement pour sa naissance. C'est l'héritier attendu par un empire tout entier, porté aux nues, applaudi, glorifié. Un enfant aux boucles d'or et aux yeux gris-vert pour qui rien n'est trop beau, rien n'est trop grand. Il n'est pas encore né que déjà, son père, le général devenu empereur, l'homme le plus puissant de France, d'Europe, le maître du monde, dégage un fonds spécial de 30 millions de francs pour que soit construit, à Paris, au sommet de la colline de Chaillot, le palais du roi de Rome. Grandiose et magnifique, l'édifice a pour dessein de devenir le centre d'une cité impériale, administrative et militaire.

La France décompte les jours, retient son souffle. Au château de Fontainebleau, Marie-Louise, impératrice et reine, est

« délivrée » (selon la formule consacrée) le 20 mars 1811, jour du printemps. L'accouchement faillit lui être fatal, mais, qu'importe, le bébé est une petite merveille. Chapelles, églises et cathédrales carillonnent à toute volée et, déjà, la capitale tremble au son de cent une salves de canon. Pour sa première nuit, cet enfant donné par Dieu a été couché dans le berceau du roi de Rome, cadeau de la Ville de Paris. L'œuvre d'art, ciselée d'or et d'argent estampillée Thomire et Odiot, est parsemée d'abeilles, symbole impérial. Sur la nacelle surmontée d'une double couronne d'étoiles et de lauriers d'où tombent des rideaux de velours est posé un Aiglon. Il veille sur le fils du météore.

Le 9 juin, sous les voûtes de Notre-Dame, en présence de sept mille invités, le baptême, grandiose, revêt des allures de couronnement. Le comte de Ségur, grand maître des cérémonies, a reçu l'ordre de calquer le cérémonial sur le baptême de Louis-Joseph, premier dauphin de France, héritier de Louis XVI et de Marie-Antoinette. Le petit empereur a été revêtu d'une robe en dentelle d'Angleterre barrée du grand cordon de la Légion d'honneur et d'un manteau d'argent doublé d'hermine. On imagine la pompe. Le faste. Et l'on rêve. Encore et encore. Pourtant, on connaît la suite. Dans le ciel du roi des rois, les nuages s'amoncellent. Après celles de Russie et d'Allemagne commence maintenant la campagne de France. Nous sommes le 24 janvier 1814. Napoléon embrasse son fils. Pour la dernière fois. Sonnent la prise de Paris, l'abdication, le départ pour l'île d'Elbe...

Le roi de Rome est encore un enfant. Il devient une proie. Que l'on se dispute, que l'on s'arrache. Entre la France, la patrie de son père. Et l'Autriche, celle de sa mère, de son grand-père surtout, l'empereur François Ier... qui finit par gagner la lutte. Le roi de Rome est désormais duc de Reichstadt. Altesse sérénissime. Et prisonnier du palais de Schönbrunn.

J'ai une affection immense pour l'Aiglon. Parce qu'il est blond et bouclé. Parce qu'il a les yeux clairs. Parce qu'il fut un enfant roi, tant espéré. Moi aussi ! Parce qu'il fut privé de son père, comme je suis privé de ma mère. Trop tôt ! Et de façon brutale ! Parce qu'il souffre de phtisie (entendez la tuberculose). Et moi, de diabète. Il meurt le 22 juillet 1832. À 21 ans. Pâle, presque blanc, transparent. Mince, tellement mince, et brûlant de fièvre. Il a ces mots, si tristes, si vrais, ces mots qui me font frémir : « Ma naissance et ma mort, voilà toute mon histoire. Entre mon berceau et ma tombe, il y a un grand zéro. »

Je pense souvent à l'Aiglon. À ce destin avorté. Comme je pense souvent à l'enfant du Temple. À Alexis Romanov, tsarévitch de toutes les Russies. À Alexandre Onassis, seul fils du génial Aristote. À J. F. K. Junior, « John John » pour les intimes. À Edoardo Agnelli... Ils me hantent. Et, souvent, je me pose cette question : ceux qui reçoivent tout, qui reçoivent trop, ces êtres bénis des dieux, sont-ils, forcément, maudits des hommes ?

Albert II, prince de Monaco

En principauté, Son Altesse sérénissime bénéficie d'une cote de popularité record ! « Albie » pour ses sœurs, « Bébert » pour ses neveux, a peu d'ennemis. Sur le Rocher, tout le monde l'adore ! Longtemps, au contraire de ses sœurs, Albert a été auréolé d'un nuage de bienséance et de discrétion. Il est l'opposé de l'extravertie, brillante et *so chic* Caroline et de l'expansive Stéphanie.

Très proche de sa mère (dont il a hérité la blondeur, les traits fins et la timidité), Albert savait, depuis sa plus tendre enfance, qu'il n'était pas tout à fait comme les autres et qu'il n'aurait

jamais le choix de son avenir : l'histoire avait tranché pour lui. Albert, Alexandre, Louis, Pierre, prince héréditaire, marquis des Baux, régnerait sur Monaco… Une voie toute tracée. De là naquit peut-être cette impression de soumission, de passivité qui semblait ressortir de son comportement. Réservé, incapable de la moindre colère, il se montrait presque anormalement gentil. On a longtemps craint (et Rainier le premier !) qu'il ne sache acquérir ni autorité ni fermeté, traits de caractère indispensables pour un souverain. Si ces qualités ne seront jamais totales chez lui, ces dernières années, Albert a néanmoins développé davantage d'aisance et d'aplomb. Moins dominant que son père, il est aussi moins travailleur et ne sera jamais un gros avaleur de dossiers. Son atout majeur ? Son côté accessible, sa gentillesse, sa douceur et son sens (sportif) de l'équipe. Ah, le prince et le sport ! Si Albert Ier était le « prince navigateur », Louis II, le « prince soldat », Rainier III, le « prince bâtisseur », Albert II est, sans aucun doute, le « prince sportif ». Athlétisme, handball, natation, tennis, aviron, voile, squash, ski, escrime, judo (dont il est ceinture noire)… il a pratiqué plus de trente disciplines. Il représentera d'ailleurs les couleurs de sa principauté, à cinq reprises, catégorie bobsleigh, aux Jeux olympiques d'hiver.

On le sait un peu moins mais le souverain possède aussi une qualité inattendue : un sens très anglo-saxon de l'humour, une disposition sans aucun doute fort utile dans sa condition. Il n'a pas toujours été facile pour lui de s'affirmer entre un père dominant, d'une exigence et d'une intransigeance absolues et une mère inquiète (pour ne pas dire angoissée), entre une sœur aînée débordante d'assurance et une cadette pétrie d'admiration pour lui.

L'homme le plus riche d'Europe vit sur un grand pied, mais n'aime pas les siens qu'il juge longs et inesthétiques. Non sans raison d'ailleurs ! Allergique à la salive de matou, il est néanmoins gourmand comme un chat, en attestent ses fréquentes variations de poids (au désespoir de son tailleur, la maison Louis Sciolla). S'il fallait choisir un compagnon de voyage princier, c'est lui que je vous recommanderais (sans même réfléchir) ! En sa présence, on s'amuse énormément. Il se révèle un infatigable boute-en-train. Et, comme personne n'ose jamais lui présenter une addition, vous connaîtrez le doux plaisir de vivre… « aux frais du prince » !

Albert II, roi des Belges

Le 9 août 1993, au moment où Albert – prince de Liège – prête serment, devenant le sixième roi des Belges, le peuple tout entier retient son souffle. Dans la chambre de l'hémicycle, face au trône rouge et or, il tremble. Et si le costume était un peu trop grand ? À l'époque, on lui prédit un rôle de transition. Le prochain grand roi sera Philippe, le neveu et l'élève de Baudouin, ce roi tant regretté. Contre toute attente, la crainte qu'Albert soit un roi faible, un roi pas suffisamment à la hauteur, se dissipe rapidement. Certes, le nouveau couple royal est en totale opposition avec ses prédécesseurs mais, dès leurs premières « joyeuses entrées » aux quatre coins du royaume, Albert et Paola se montrent plus accessibles que Baudouin et Fabiola. Lors d'une inauguration, on lui propose une bière, il accepte. Mieux encore : il en réclame une deuxième. Inimaginable au plat pays ! Albert est à l'image de ses sujets, simple, rieur, bon enfant. Et tellement accessible. Lorsque éclate l'affaire Dutroux en 1996, chose inédite, le roi prend la parole, encourage la marche blanche et, lors d'une table ronde, critique ouvertement le système judiciaire belge.

En France, le général de Gaulle qualifiait d'« impossible » le fait de gouverner un pays qui a « deux cent quarante-six variétés de fromages ». Que doit donc dire Albert ? Son État fédéral est scindé de toutes parts. En communautés. En régions. Le nord du royaume ne parle pas au sud. Et pour cause, la langue n'est pas la même. La culture n'est pas la même. L'histoire n'est pas la même. Bruxelles, sa capitale, n'appartient ni au nord ni au sud. Résultat : on multiplie les pouvoirs, les entités, les gouvernements. On démultiplie les ministres, les secrétaires d'État. C'est un tel capharnaüm qu'en 2010, mon royaume né sur un air d'opéra (*La Muette de Portici*) reste six cent cinquante-deux jours sans gouvernement de plein exercice. Du jamais-vu, même en période de guerre ! À l'été 2011, alors que l'impasse est totale, lors de la fête nationale, Albert II prononce un discours marquant. Exerçant son droit de mise en garde, il adopte une prise de position ferme. Pour résumer : « Arrêtez de jouer ! » Fruit du hasard ou non, dès le lendemain, les négociations progressent. Et, quelques semaines plus tard, un nouveau Premier ministre franchit les grilles du palais royal pour prêter serment... face à un monarque qui a du mal à cacher son soulagement !

Seule ombre au tableau peut-être de ce roi pour qui j'ai une profonde affection puisqu'il fut prince de Liège, mon prince à moi en quelque sorte : pendant de nombreuses années, il refuse de se soumettre à un test de paternité, de reconnaître, de voir, de parler à sa fille présumée, Delphine Boël. Elle a pourtant son nez, ses yeux, la même façon de marcher, de parler. Et sa mère, la baronne de Selys Longchamps, fut, longtemps, une maîtresse du roi. Au royaume noir, jaune, rouge, chacun le sait. Quand éclate l'affaire, lors de son allocution de Noël 1999, face aux caméras, il évoque « la crise que la reine et [lui ont] traversée il y a plus de trente ans... » mais ne prononce pas une seule fois le prénom de Delphine. Il faudra à la jeune femme un combat judiciaire de plus de vingt ans avant d'être reconnue officiellement. Le 21 juillet 2021, lors du défilé militaire de la fête nationale, la tribune officielle surmontée d'une couronne accueille Delphine, nouvelle altesse royale et princesse de Belgique. Elle prend place à côté de la princesse Élisabeth, duchesse de Brabant et héritière du royaume, comme si elle avait toujours été là. Sous le feu des flashs, on s'embrasse, on se sourit. Et on salue la foule qui, bouche bée, finit par applaudir, à tout rompre. Magie des monarchies !

Prince **Ali**

C'est la scène gotha *made in* Disney que je préfère. L'entrée du prince Ali (Ali Ababoua) dans la cité royale d'Agrabah, terres de la belle Jasmine. Vous l'avez vue, impossible autrement. Sous son dais couleur de sable et son turban à aigrette, à dos d'éléphant, dans son habit d'or, Aladin vient tout droit de son lointain royaume du désert pour conquérir la fille du sultan. Mais il lui faut d'abord pousser les portes du palais. Au passage de son cortège, de ses cent trois chameaux et chamelles, de sa caravane de paons, de son gorille, de ses singes persans, on applaudit, on se prosterne, on chante, on danse. Aladin et sa lampe merveilleuse m'ont toujours fasciné. Ils ont été, pour moi, le premier contact avec le rêve.

Dans cette parade, c'est Robbie Williams qui prête sa voix à la version anglaise et le spécialiste du doublage Richard Darbois (il est la voix française d'Harrison Ford, Richard Gere, Patrick Swayze, Arnold Schwarzenegger...) qui a assuré l'adaptation dans la langue de Molière. Souvenez-vous : « Prince Ali, Sa Seigneurie, Ali Ababoua. À genoux, prosternez-vous, soyez ravis ! Pas de panique, on se calme ! Criez vive Ali, Salam ! Venez voir le plus beau spectacle d'Arabie ! » Je vous avoue (cocasse confidence) qu'en reportage, lorsque je couvre une visite royale et que le souverain descend de voiture et pose le pied sur le sol du pays qu'il visite, je repense souvent à l'entrée tonitruante du prince Ali dans la médina du vieux sultan.

C'est le premier film que j'ai vu au cinéma. J'avais 6 ans. En mangeant des pop-corn. Avec ma grand-maman (que j'appelais « Mamame », une dame très distinguée à l'éternel chignon et au collier de perles). Et lorsque j'ai eu l'âge de me déguiser pour participer aux carnavals, le premier costume dans lequel je me suis glissé... a été celui d'Aladin (que j'appelais « prince Ali »). Je vous avoue que je fus déçu. J'avais le sabre, le turban, la cape, les babouches constellées de strass, j'avais la lampe... mais il me manquait les chameaux, les chamelles, la foule, les cris, il me manquait Jasmine. Et il me manquait le Génie !

En 2019, dans une production de près de 200 millions de dollars, avec Will Smith en tête d'affiche, Walt Disney proposait une nouvelle version d'*Aladin* sur grand écran. Les retombées se comptèrent en milliards mais je fus moins sensible à cette version. J'avais grandi. En écrivant ces lignes, je me rends compte que Jasmine fut ma première rencontre avec une princesse. Et je reconnais le génie de Disney ! Elle est tellement vraie, Jasmine, qu'elle en est confondante. Au fond, elle est du même bois que toutes ces figures royales dont je parle aujourd'hui. Belle, très belle, inaccessible mais blasée et un rien malheureuse. Infiniment moderne aussi, Jasmine va être la première fille de souverain (dès 1992 et sur grand écran) à épouser un faux prince de sang. Un prince des voleurs. Un roi des menteurs. La première à laisser parler son cœur. *Habibi Jasmine !*

Alpa

Si je vous dis que… « Alpa » est une contraction de deux prénoms… vous me dites ? Vous séchez ? Vraiment ? Que ces deux prénoms sont ceux d'un roi… et d'une reine ! Un roi devenu émérite (qui a abdiqué) et une reine… d'origine italienne. Qui fut sublime. La plus belle reine du plat pays qui est le mien. Albert et Paola, bien sûr ! La contraction de leurs deux prénoms (c'est la reine, alors encore princesse de Liège, qui aurait eu cette idée) baptisa… leur yacht. (Comme à Monaco, Caroline va choisir le prénom de ses enfants : Pierre, Andréa et Charlotte pour créer le *Pacha*. Mais nous y reviendrons plus loin.)

En Belgique, de mauvaises langues ont longtemps susurré que l'*Alpa* fut, durant de nombreuses années, le seul joujou qui les réunissait vraiment, la seule passion que le frère du roi Baudouin et son épouse avaient en commun. « On a toujours eu des bateaux. D'abord des 2 mètres, des 3 mètres, et puis des plus grands. On a toujours aimé la mer », déclarait la reine à la presse belge, en 2009, lors de l'achat de leur nouveau bolide des mers, l'*Alpa IV*. D'une longueur de 26 mètres et doté de 4 800 chevaux, le bijou flottant (quatre chambres – dont une VIP room et une master suite –, deux cabines d'équipage, un salon, une salle à manger, une cuisine et quatre salles de bains) venait d'être repéré, par des paparazzis, dans les îles Éoliennes. Ce quatrième yacht (amarré dans le port d'Antibes) sera le dernier des souverains qui, en 2013, on l'a évoqué, choisissent d'abdiquer.

En 2021, la presse annonce que l'*Alpa IV* est en vente pour la somme d'1 950 000 euros. Lors de son achat, le prix catalogue avoisinait les 5 millions. Il faudra un an (et un rabais important) avant que les retraités du vieux royaume ne concluent un accord de vente. Il est signé à l'été 2022. Le nouveau propriétaire tient à conserver l'anonymat mais il se murmure qu'il est de nationalité turque. Albert est âgé de 88 ans ; Paola, de bientôt 85. Pour leurs vacances, ils préfèrent désormais rester sur le sol ferme de leur « Villa des Romarins », à Châteauneuf, près de Grasse, une propriété qui voisine celle d'un autre couple royal, leurs neveux,

Henri et Maria Teresa de Luxembourg. C'est avec beaucoup d'émotion (à n'en pas douter) que l'ancien roi (formé à la marine nationale avec le grade d'amiral) a vu le matricule de la Défense belge être retiré et le pavillon tricolore descendre le mât, pour la dernière fois. Au même titre que châteaux, villas et manoirs, l'*Alpa* était une résidence royale. À coup sûr, celle qui a accueilli les plus belles (et les plus chaudes heures) d'un des couples les plus *caliente* de la planète gotha !

Altesse

Altesse ou *Highness* en anglais. Avec ce prédicat (c'est le terme technique), on prend tout de suite de la hauteur… avec le commun des mortels !

Si l'on est enfant de roi, on est « altesse royale ». Si on est enfant d'empereur, on a droit à « altesse impériale ». Les deux peuvent se cumuler. Ainsi, sous l'empire austro-hongrois, la belle Sissi était « Son Altesse impériale et royale (SAIR) Élisabeth, impératrice d'Autriche et reine de Hongrie ». Dans une principauté, c'est un « altesse sérénissime » qui s'impose. Dans le genre extravagant, outre-Rhin, on trouvait de l'« altesse illustrissime » et j'ai même lu quelque part un « altesse éminentissime » qui distingue le grand maître de l'ordre souverain de Malte. La création de l'ordre de Malte étant antérieure aux croisades, cet « éminentissime » est un grand minimum ! Le détenteur de ce titre, un peu cocasse j'en conviens, a longtemps été le prince (et quatre-vingtième grand maître) Giacomo Dalla Torre del Tempio di Sanguinetto… De quoi regretter la (tout compte fait) très grande simplicité de « Votre Altesse éminentissime » !

Amalienborg

Il s'agit d'une place octogonale entourée de… quatre palais… parfaitement identiques ! Situé à Copenhague, au Danemark, ce palais d'Amalienborg (au singulier, il désigne les quatre bâtiments) est la résidence d'hiver de la famille royale. On considère cet ensemble offrant un jeu de miroirs surprenant (très Alice au Pays des merveilles) comme l'une des plus belles architectures danoises (de style néogothique). C'est le lieu le plus visité du vieux royaume, juste après la statue de la Petite Sirène !

Le palais Christian-VII (occupé seulement par les membres de la famille royale lorsque leur propre résidence est en restauration), le palais Christian-VIII (qui accueille la bibliothèque de la reine et un musée de la dynastie), le palais Frederik-VIII (résidence privée du prince héritier Frederik et de la princesse Mary) et le palais Christian-IX (celui qu'occupe la reine Margrethe en saison hivernale... depuis 1967) furent achevés en 1760. Ils accueillirent d'abord de riches et puissantes familles de notables. La Couronne danoise en est propriétaire depuis 1794.

Actuellement, seuls les palais Christian-VII et Christian-VIII sont ouverts au public. Résidence de la Couronne oblige, le lieu est gardé jour et nuit par la garde royale, des officiers en tunique écarlate, pantalon bleu et bonnet à poils. La relève a lieu à midi sonnant. N'ayez pas une seule minute de retard ! Et, pour assister au spectacle, il vous faudra un peu de chance. Au pays d'Andersen, à l'inverse de Buckingham, la parade de ces petits soldats de plomb ne se tient que si la Marguerite est en son palais !

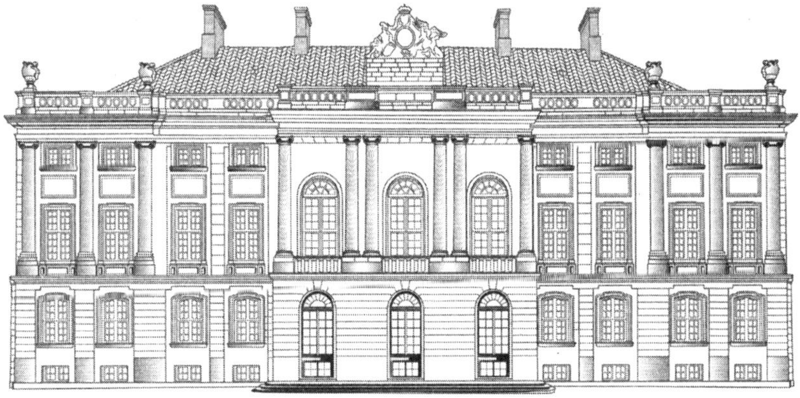

Angélique

Elle est la marquise des anges. Celle de Geoffrey de Peyrac. Mais elle est surtout la marquise de mon cœur. Je connais les répliques de Michèle Mercier sur le bout des doigts. Celles de Robert Hossein aussi. J'ai d'abord découvert les films (et la musique de Michel Magne, aaah, cette musique !) avant de lire Anne et Serge Golon. Je sais que Michèle Mercier a souffert de ce rôle, que la marquise des anges l'a fait pleurer, l'a fait hurler, qu'elle la hante. « Angélique, Angélique, toujours Angélique. » Comme Sissi a hanté Romy. Mais, si elle me lit (j'aime à croire qu'elle me lit), je profite de ces lignes pour lui dire merci. Mille scènes se bousculent dans ma mémoire, dans mon cœur. Ma préférée ? Il m'est impossible de choisir, je les aime toutes, comme les bonbons. Mais je revois le diable boiteux au visage balafré (Geoffreyyy), ses mains de cuir noir se poser sur une statue antique. Je vois le visage d'Angélique, sa peau claire, ses cheveux de feu, ses yeux verts, son cou, son menton, ses lèvres qui tremblent. J'entends la voix, suave, du comte de Peyrac. « Elle a trois mille ans. Elle a trois jours. Elle est sans fin. Comme le vrai amour. » Il me suffit de fermer les yeux et tout renaît.

De la magie ? Non, de la sorcellerie. Un parfum de soufre. D'enfance. D'éternité. Quelque chose d'interdit. Merci Angélique. Merci Geoffrey. Sans vous, je ne serais pas moi.

Argenterie

J'ai toujours aimé les belles tables. Et il n'y a pas de belle table (mon humble avis personnel) sans longue nappe blanche. Et sans argenterie. Savez-vous, Mesdames, que, sur toutes pièces récentes et pesant plus de trente grammes, c'est la présence d'un poinçon qui va déterminer s'il s'agit de véritable argent ? Sans aucun cachet, il s'agit très probablement de métal argenté !

L'argenterie est infiniment royale. Dès Louis XIV, des dynasties d'orfèvres parisiens – les Delaunay, les Cousinet, les Ballin, les Germain, les Roëttiers, les Auguste… – triomphèrent sur les tables des palais et reçurent des commandes considérables de toute l'Europe : Catherine II de Russie fit venir deux mille sept cent neuf pièces d'argenterie (2 140 kilos de métal !) pour son favori Orlov. Joseph Ier de Portugal réclame quatre services complets sur le thème de la conquête de l'Amérique…

En France, en période de crise, l'argenterie a souvent servi de réserves monétaires. Si, au début de son règne, Versailles est meublé d'argent, en 1709, Louis XIV envoie la sienne à la fonte. Reconstituée par Louis XV et Louis XVI, elle sera transformée en lingots sous la révolution, qui dispersera ce qu'elle ne peut fondre.

Les monarchies ont conservé de belles collections d'argenterie qui font resplendir les dîners d'État et dont l'éclat ennuie très souvent les photographes. En mon royaume noir, jaune, rouge, le service de table royal utilisé uniquement lors des grands dîners, une splendeur, est d'ailleurs plus vieux que la monarchie elle-même puisque rapporté par Léopold Ier (veuf de la princesse de Galles) lorsqu'il accéda au trône belge. Notons que la collection de la reine Margrethe, au Danemark, est particulièrement remarquable. En parlant du royaume d'Andersen justement, en juin 2004, une histoire (d'argenterie) fit les choux gras de la presse. Quelque mille pièces de vaisselle et accessoires de table en argent dessinés par la célèbre maison d'orfèvres danoise Georg Jensen et destinés à la reine Rania de Jordanie pour son palais d'Amman furent volés à Copenhague. Comprenant monogramme, couronne et inscription de la cour royale hachémite, le butin, évalué à 268 000 euros, fut qualifié de « difficile à écouler » par une source policière. Probablement les fourchettes, couteaux, cuillères, coupelles et surtout monogrammés furent-ils fondus. Ou alors… ils sont utilisés (quotidiennement peut-être) par un fan de la belle Rania.

Armoiries

C'est beau, c'est chic, mais c'est souvent pire que les énigmes posées par le Sphinx à l'entrée de Thèbes ! Car, pour beaucoup (et je vous avoue que j'en fais partie !), les armoiries sont une « langue étrangère » totalement incompréhensible. Quand elles sont très anciennes et ont subi des modifications, elles constituent, pour tout profane, de véritables mystères. Pour les déchiffrer, mieux vaut donc faire appel aux services d'un « traducteur », voire d'un « archéologue d'armoiries ». Prenons, par exemple, les armes des La Rochefoucauld, famille ô combien prestigieuse dont descend, entre autres, la belle Sophie. On est parvenu à établir qu'elles furent constituées, au plus tard, en 1244. Le plus ancien modèle est connu par le dessin d'un sceau de 1278. La célèbre devise « C'est mon plaisir » se retrouve dès la fin du XVe siècle, et la « Mélusine » parut, en cimier, dès 1611. Les armes de cette maison peuvent être considérées comme dérivées de celles de Lusignan, dont elles sont une brisure par l'adjonction de trois chevrons. Vous n'avez pas tout compris ? Rassurez-vous, moi non plus !

*B*abar

J'ai toujours adoré le roi Babar. Son costume vert, sa belle auto rouge, son mariage avec sa cousine Céleste. L'avenir de la dynastie, avec la venue de Pom, de Flore et d'Alexandre. Et le château de Bonnetrompe aux allures de Balmoral.

Récemment, j'ai découvert que mon king Babar (qui fut couronné dès son troisième album, en 1933) n'a presque pas connu son père. Jean de Brunhoff, qui lui avait donné la vie en 1930, le laissa orphelin à 6 ans, juste après lui avoir fait rencontrer le Père Noël dans le septième et dernier album. *Babar et le Père Noël* ne parut pourtant qu'après la guerre, en 1946, colorié par son frère, Laurent. Laurent de Brunhoff, en effet, âgé de 20 ans après la guerre, s'est senti alors dans l'obligation de ne pas abandonner son frère de lait éléphant. Peintre abstrait, il décida que les liens de famille étaient plus forts que tout. Il créa lui-même Babar et ce coquin d'Arthur, s'attachant à retrouver la plus grande fidélité possible. Pendant longtemps, le public ignora la mort de Jean de Brunhoff et pensa que l'interruption de la série était due uniquement à la guerre. Comme quoi l'adage est bien réel : même coiffé d'une couronne, un éléphant, ça trompe énormément !

Baisemain

Ce petit dictionnaire est aussi... un guide pratique. Vous allez voir ! Si, par le plus noble des hasards, un jour, vous

recevez un carton gaufré pour un *tea time* à Windsor, un café à la cour du Luxembourg, un chocolat en présence… du roi des Belges ou… une coupe de champagne dans la salle du trône des Grimaldi, pas de panique Messieurs, acceptez l'invitation. Et prenez note !

Première précision : un baisemain est un exercice réservé à la gent masculine ! Vous devez pliez la nuque et vous courber de façon appuyée. Si l'altesse qui vous fait face vous tend la main (et seulement si), dans ce cas (et dans ce cas uniquement !), saisissez-la. Attention : à aucun moment vous ne devez lever cette main tendue. C'est vous qui vous penchez vers elle. Tout en vous inclinant, veillez à ne pas trop contracter la pression de vos doigts et à déporter légèrement votre pouce, vers l'extérieur. Et, surtout, mesurez vos distances ! Pas question que vos lèvres effleurent quoi que ce soit. Ou alors… uniquement si vous connaissez bien (si vous connaissez très, très bien) cette main qui se tend. Dans ce cas, au lieu de vous courber en deux, vous pouvez élever lentement cette main… et la porter jusqu'à vos lèvres. Vous pratiquerez alors le « baisemain complice ». Une version… très Jacques Chirac, selon moi !

Si la dame est gantée ? Mieux vaut s'abstenir ! C'est un message envoyé, une alerte, qui peut se traduire par « aucun contact s'il vous plaît. Merci de passer votre chemin ». Contentez-vous donc d'incliner la tête ! Notez encore qu'aussi distingué soit-il, l'exercice ne se pratique jamais face à une jeune fille !

J'ai accompli mon tout premier baisemain en avril 2007. J'avais 21 ans. Je réalisais un reportage royal pour un célèbre magazine de papier glacé qui m'avait confié, en tant qu'« envoyé spécial », la couverture de la visite d'État du roi Juan Carlos et de la reine Sofia, au grand-duché de Luxembourg. Dans mes valises, un précieux carton : celui du dîner de gala offert par le couple grand-ducal. J'étais déjà plein de fougue mais encore bien naïf. Je ne pris réellement conscience de ce baisemain à devoir accomplir que quelques minutes seulement avant de prendre la direction du palais. Plus le temps de répéter, de m'entraîner. Google (dans ces cas-là mon meilleur ami) m'a donné les grandes lignes, les très grandes lignes. Quelques minutes plus tard, une fois en haut du grand escalier, dans la Salle de la balance, en smoking noir, je m'exécutai. Jamais je n'oublierai le saisissement – pour ne pas dire l'effroi – dans le regard de la reine Sofia. Dans la précipitation, j'avais oublié – sans doute n'avais-je même pas lu ! – qu'on n'effleure pas la main qui se tend. Je venais ni plus ni moins de poser mes lèvres sur la peau de la reine Très-Catholique !

C'est en état de choc que je suis rentré de ce premier reportage. À tel point qu'il m'a fallu longtemps avant d'oser, à nouveau, recommencer. C'est la belle Sophie Davant qui me redonna ce goût du baisemain. Dans son émission « Quelle histoire », qu'elle présentait sur France 2, elle m'invita pour une spéciale, « Ma vie dans l'ombre des têtes couronnées ». Je n'ai pas osé raconter la traumatisante anecdote du Luxembourg. Mais mon baisemain face à la reine de l'audimat ne fut pas trop mauvais. Je conclus mon exercice, comme il se doit (dernier petit conseil, Messieurs), en adressant à l'élégante Sophie (tout en m'inclinant) un « Je vous présente mes hommages ».

Vous venez d'avoir le meilleur des guides. Vous avez maintenant toutes les cartes en main. À vous de jouer, Messieurs !

Bal

« Bal » rime avec « impérial ». Il n'y a plus que Vienne qui ait conservé cette tradition. Plus de quatre cent cinquante rendez-vous s'y affichent chaque saison avec, parmi les plus courus, celui de l'Opéra qui est retransmis à la télévision. Près de quatre cent mille personnes y participent, dont un dixième viennent du monde entier. Ainsi, une trentaine d'écoles y enseignent désormais la valse. Cette frénésie doit tout à la dynastie Strauss, qui mit le turbo musical. Dès le début du XIXe siècle, cette danse à trois pas devint le moteur des bals viennois, ce « carnaval » des Autrichiens, dont la saison se déroule du 11 novembre (pour le bal de la Croix-Rouge donné en l'hôtel de ville) jusqu'au printemps.

Toutes les professions, des cafetiers aux fleuristes en passant par les couturières, les boulangers, les épiciers, les ramoneurs… tiennent leur soirée dans différents lieux historiques de la capitale. Il y a celle des confiseurs (qui s'accompagne d'un concours de pâtisseries) tandis que le très sucré bal du Bonbon, au Konzerthaus, se conclut par l'élection d'une reine qui reçoit… son poids en friandises !

Si la mairie de Paris veut relancer la vie parisienne, j'accepte, très volontiers, d'être chargé de mission. Puisque

Stéphane Bern a hérité du patrimoine, moi je veux bien m'occuper de remettre les bals à la mode. D'ailleurs, si le palais de l'Élysée veut étendre cette frénésie à Biarritz, Cannes, Compiègne, Deauville... je m'engage à payer de ma personne et à ouvrir systématiquement chaque soirée. Ces lignes me donnent des idées. Pourquoi mon prochain livre ne serait-il pas... un carnet de bal ? Je vais en parler à mon éditeur. J'ai déjà trouvé son titre : « Danse avec Bertrand ».

Balcon

Celui du palais de Buckingham est assurément le plus célèbre du globe. Pour vous, je l'ai mesuré : 13 mètres de long sur 3 de large, soit précisément 39 mètres carrés.

Outre-Manche, quand on s'appelle Windsor – et qu'on se marie à Londres –, on fait un petit tour... sur le balcon ! Et aucun n'a dérogé à la règle : à commencer par notre Lilibet. C'était le 20 novembre 1947. Sa sœur, la belle Margaret, fera de même treize ans plus tard avec le photographe Anthony Armstrong Jones. Suivront la princesse Anne et Mark Philips, Charles et Diana, Andrew et Fergie, Kate et William. (Le prince Edward et le prince Harry préféreront, eux, tout comme le prince Charles et Camilla d'ailleurs, un mariage... moins solennel, plus romantique aussi, dans la campagne de Windsor.) Notons que ce balcon ne sert pas uniquement aux mariages (jubilés, couronnements, grands anniversaires et *trooping* sont aussi l'occasion de quelques *hello* royaux) et qu'il est un rajout au bâtiment initial construit par le duc de Buckingham. C'est la reine Victoria qui l'a fait ériger – « à la vitesse de l'éclair », dit-on – en 1853, pour pouvoir saluer, avec panache, les troupes qui partaient pour la guerre de Crimée.

Chaque royauté dispose d'un balcon où les familles couronnées saluent la foule. Loin d'être simplement une pièce d'architecture, ils sont, très souvent, le trait d'union entre un souverain et son peuple. Même le palais de la plus petite monarchie du globe, le Vatican, dispose d'un balcon papal d'où Sa Sainteté prononce, à chaque fête de Noël et de Pâques, une bénédiction *urbi et orbi*, « à la ville et au monde ».

Balenciaga

On l'avait doté d'un prénom aux résonances de pierre rare : Cristobal. Il fit des quatre syllabes de son nom la formule magique d'une œuvre vouée à la recherche de l'élégance la plus sobre. Reposant sur une maîtrise absolue de la coupe, une science véritablement technologique du vêtement et la quête inlassable de l'harmonie parfaite entre une silhouette, des proportions et une allure, l'art de Balenciaga le Magnifique s'apparente à de l'architecture.

Décourageant l'imitation, créant dans le silence, le secret, un vêtement inaccessible – sorte de Greta Garbo de la couture –, il fut le prince frugal d'un luxe suprême, mêlant à la fois allure et austérité. Entre 1937 et 1968, il va incarner le summum du raffinement parisien.

Cristobal Balenciaga naît le 21 janvier 1895 à Getaria, au bord de la mer Cantabrique. D'origine très modeste, l'enfant a tout juste 11 ans lorsque son père disparaît, victime d'un accident vasculaire cérébral. Désormais veuve, sa mère redouble d'ardeur dans ses travaux de couture. C'est une cousette surdouée et elle a même installé un petit atelier qui lui sert à confectionner les ouvrages que lui commandent des particuliers, parmi lesquels la marquise de Casa Torres, la grand-mère de la future reine Fabiola de Belgique ! À chacune de ses visites à la villa Vista Ona (aujourd'hui transformée en musée Balenciaga), la demeure de Blanca Carrillo de Albornoz y Elio, marquise de Casa Torres, Cristobal joue parmi les enfants de la maison tout en observant, avec envie, les tenues des élégantes. Il a 13 ans, il est providentiellement remarqué par la maîtresse des lieux qui lui demande ce qu'il fera plus tard quand il sera grand. « Je dessinerai des vêtements ravissants comme ceux que vous portez », lui répond-il, non sans un certain toupet, en jaugeant l'ensemble de soie shantung clair griffé Drecoll qui lui arrive aux chevilles. Elle éclate de rire et lui demande ce qu'il connaît de la confection. « Je peux coudre », assure-t-il et, cherchant à l'impressionner, ajoute : « Je pourrais copier la tenue que vous portez si je disposais de la toile de lin nécessaire. » Devant l'aplomb de l'adolescent, elle se prête au défi et lui envoie le lendemain son vêtement et un peu de toile. Elle parie qu'il ne pourra jamais s'exécuter ! Mais ce que Cristobal veut… Avec sérieux, pendant un jour, une nuit entière, il œuvre derrière la machine à coudre de sa mère. À l'aube, il a terminé. Fier de lui, il livre le fruit de son travail. La marquise est éblouie.

L'histoire raconte qu'elle lui ouvre alors le saint des saints : sa garde-robe. Le jeune garçon a toute liberté de reproduire les merveilles qui y sont entassées. Avec ravissement, il découvre les coupes et les étoffes des meilleurs couturiers parisiens. Un cadeau arrivant rarement seul, la marquise décide de financer son apprentissage, comme tailleur, à la Casa Gomez de San Sebastian. Elle est sa bonne fée. Et elle le restera toujours. On connaît la suite. Une ascension magnifique. Des lettres à l'encre d'or qui écrivent l'histoire de la haute couture. Et la petite-fille de sa marquise, doña Fabiola de Mora y Aragon, lors de son mariage avec Baudouin de Belgique, le 15 décembre 1960, lui confie la création de sa robe. Non pas une robe de princesse, mais une robe de reine. Une des plus belles robes nuptiales jamais créées : de la soie gabardine, une coupe d'une pureté éblouissante, magique, une traîne comme un fleuve de soie, qui ne suit pas mais qui accompagne, un col bateau, bordé de vison. Déjà connu et reconnu, admiré, adulé, il acquiert ses lettres de noblesse. Avec Yves Saint Laurent, pour moi, Balenciaga est le plus grand !

Baudouin

Avec celui du roi bâtisseur, l'immense Léopold II, son arrière-grand-oncle, monarque à l'ambition démesurée et aujourd'hui ô combien critiquée, le règne de Baudouin sera l'un des plus riches de l'histoire du royaume noir, jaune, rouge. Quarante-deux ans à la tête d'un navire qui ne glissa pas toujours sur une eau calme, à l'image de cette mer du Nord qui, de La Panne à Knokke-Heist, borde la côte belge : des vagues grises, houleuses, souvent battues par des vents contraires.

Avant de s'imposer – ce roi ambassadeur, sa haute stature, son autorité –, il y eut d'abord les années tristes. Le 29 août 1935, à la mort de sa mère Astrid, Baudouin a 5 ans. Alors que Léopold III (son père) est terrassé et que Joséphine-Charlotte (la grande sœur) sanglote et demande à voir sa mère, le jeune duc de Brabant, titre porté par les héritiers du trône de Belgique, tente juste de comprendre. « Mais quand reviendra-t-elle exactement ? » Le petit Albert, titré prince de Liège, lui, ne marche pas encore. Premier coup de canif du destin. Et premier voile noir sur le sourire de l'enfant qui, un peu plus tard, auprès de sa gouvernante, « Juffrouw » (« Mademoiselle » en néerlandais), s'inquiète : « Es-tu sûr que maman est bien au paradis ? S'il te plaît, dis-moi qu'elle n'est pas en enfer. » De cette mère adulée, cette mère volée par le chagrin de millions de sujets qui se l'approprient, il gardera le souvenir d'« une femme grande, tellement grande » qui venait l'embrasser, en robe longue et sautoir de perles, avant d'aller accomplir son métier de reine.

Éclate maintenant la Seconde Guerre mondiale. Mon pays est envahi par les troupes allemandes. Alors que le gouvernement part en exil, Léopold se constitue prisonnier volontaire afin de rester auprès de ses citoyens. Étrangement, la décision du roi passe mal. Elle est interprétée comme un signe de faiblesse, vivement critiquée par une partie de la presse et du monde politique. Et les reproches envers le roi ne font que commencer ! Le 6 décembre 1941, Léopold se marie à une certaine Liliane Baëls, fille du gouverneur de Flandre-Orientale, titrée, pour la circonstance, princesse de Rhéty.

Les Belges ne sont informés qu'une fois les vœux prononcés. Une union en catimini ! À l'heure où les familles souffrent, se cachent, où tout un pays se prive, cette manifestation de bonheur est, elle aussi, particulièrement mal accueillie. Au château du Stuyvenberg, le couple royal annonce bientôt l'arrivée d'un petit Alexandre, demi-frère du futur roi. Dans les années suivantes, le nouveau petit prince sera suivi de deux princesses : Esméralda et Marie-Christine.

Juin 1944, les Alliés débarquent en Normandie. Un ordre, venu de Berlin, réclame la déportation de toute la famille royale. Dans la nuit, le souverain et sa famille sont expulsés en urgence. Mal remis d'une scarlatine, Baudouin est encore convalescent. La détention va durer onze mois. Otages du IIIe Reich, les princes belges sont gardés par soixante-dix SS, nerveux, agressifs, et prisonniers d'une bâtisse enclavée de fils barbelés. Malgré le retour à la paix, la famille royale va devoir attendre cinq ans avant de regagner sa patrie. La nation traverse une crise politique grave. Depuis la Libération, les partis de gauche prônent la mise en place d'une république.

La « Question royale » va déchirer le pays. Au monarque, on reproche de ne pas avoir pris la tête de la Résistance sous l'Occupation et d'avoir abandonné la lutte contre le nazisme et ce, dès la fin du mois de mai 1940. Enfin, au cœur de cette guerre qui fit tant de morts, on ne lui pardonne pas son remariage, secret, avec Mlle Baëls. Terrible erreur en effet alors que toute la Belgique chérit encore le souvenir de cette princesse venue des neiges, cette reine de lumière, que la mort a sanctifiée. Résultat : une grande partie de l'opinion ne veut plus de Léopold III. Il y a référendum. Pleinement conscient que son retour ne pourrait qu'aggraver la situation, le souverain s'est installé avec sa famille, en Suisse, au bord du lac Léman. C'est une question de semaines, de mois tout au plus. Lorsque les dissensions se seront apaisées, il entend bien remonter sur son trône. Triste illusion !

Baudouin est âgé maintenant de 19 ans. Il s'indigne des reproches faits à son père. Comment peut-on lui en vouloir de ne pas avoir partagé le sort des prisonniers de guerre alors qu'il a été déporté avec toute sa famille ? Le jeune prince commence à entrevoir ce qu'il appellera plus tard « la méchanceté des hommes ». Le 12 mars 1950, les citoyens belges se prononcent, par 57 % des voix, en faveur du maintien de la monarchie. Le 22 juillet, cinq mille membres des forces de l'ordre surveillent l'aéroport d'Evere où se pose l'avion royal. C'est que ce retour est sous haute tension. Dans les rues de la capitale, dans le pays tout entier, léopoldistes et anti-léopoldistes s'affrontent. Le bras de fer dure dix-neuf jours. Le sang coule et fait trois morts. Le rôle d'un monarque est de symboliser l'unité, de rassembler, pas de diviser, de meurtrir un pays. Léopold ne veut plus d'un retour. Le 10 août, il nomme son fils aîné lieutenant général du royaume. Baudouin, qui porte désormais le titre de « prince royal » en attendant d'atteindre sa majorité, est investi de tous les pouvoirs constitutionnels. Le 16 juillet 1951, le quatrième roi des Belges signe son acte d'abdication. Baudouin, myope et introverti, se tient dans son ombre. « Mon cher fils, c'est avec fierté que je te transmets la noble et lourde mission de porter désormais la couronne d'une Belgique demeurée, malgré la plus terrible des guerres et les bouleversements qui l'ont suivie, territorialement et moralement intacte, libre et fidèle à ses traditions… » La couronne, mais une couronne d'épines, vient donc de lui échoir. Qu'il a le cœur lourd, ce nouveau roi ! Qu'il est pâlot. Qu'il est falot. Depuis la création du royaume en 1831 par l'aïeul Léopold Ier, jamais un prince n'a accédé au trône aussi tôt. Baudouin est le plus jeune souverain d'Europe. Le lendemain, sous un dais de tentures rouges frappées de son monogramme rebrodé de lauriers, il prête serment devant les chambres. « Moi, Baudouin Ier, je jure d'observer la Constitution et les lois du peuple belge, de maintenir l'indépendance nationale et l'intégrité du territoire. »

Dieu que c'est dur de régner quand on a 21 ans ! Quand on continue d'être écrasé par l'ombre de son père, « cet homme que j'aime le plus au monde », comme il l'écrit sur une photo datée de 1951. Quand on a le sentiment d'être un usurpateur. Quand on ne connaît pas sa capitale, son pays, ses sujets. Quand on n'a pas fait son service militaire. Quand on n'a jamais endossé d'uniforme. Quand on n'a décroché aucun galon. Quand le plus jeune de vos ministres a trois fois votre âge et a contribué à assassiner politiquement votre père. Pour s'affirmer, pour exister, pour s'affranchir du passé de ce père vénéré, trop grand, trop beau, cette stature tutélaire, il va lui falloir dix longues années.

Commence un chemin de croix pour ce roi qui tiendra toujours sa vocation pour un sacerdoce. Un chemin fait de travail, de dossiers, d'abnégation. Et de prières ! Laeken devient un monastère. Baudouin prie. Pour être à la hauteur. Du commun des mortels. De ce que l'on lui demande. De ce que les autres attendent.

Le 17 avril 1958, en présence de dix-huit rois et chefs d'État, le plus jeune souverain de la vieille Europe inaugure l'Atomium, joyau de l'Exposition universelle de Bruxelles. Le soir, sous les dorures du palais de Laeken, le « Bal des princesses » fait valser toutes les grandes familles régnantes et souveraines du continent. À l'exception de Baudouin qui, sanglé dans son uniforme, accroché à son épée, derrière ses lunettes d'écaille, ne bouge pas d'une médaille. L'année suivante, le roi est reçu officiellement aux États-Unis. Il descend la Vᵉ Avenue, dans une Cadillac blanche, sous une pluie de confettis. À Hollywood, sur l'invitation de Walt Disney, dans son célèbre parc d'attractions, il bavarde avec Franck Sinatra et est photographié au côté de Gina Lollobrigida qui ne lui arrache pas le moindre sourire. Le 30 juin 1960, sous un soleil de plomb, à Kinshasa, il rend son indépendance au Congo, colonie annexée par Léopold II. Malgré les chants, les danses, l'ambiance, les tambours, à nouveau, aucun sourire. Quelle grisaille ! L'éclaircie va venir d'Espagne. Et porte le nom déjà tellement romanesque de doña Fabiola Mora y Aragon. Ils se sont rencontrés à Lourdes (ça ne s'invente pas !), face à la grotte de Massabielle, là ou Bernadette Soubirous a eu ses visions.

Tous deux étaient en pèlerinage. Le jeune roi voyageait incognito. De retour à Bruxelles, Baudouin écrit dans ses carnets : « Fabiola a été choisie par la très sainte Vierge pour devenir ma femme. »

Les fiançailles sont annoncées le 16 septembre 1960, face à trois cents journalistes. Le mariage est arrêté au 15 décembre. Pour la première fois, la cérémonie est retransmise en eurovision. Le vieux royaume a mis les petits plats dans les grands. En l'honneur de sa future reine, celle qui va succéder à l'iconique Astrid, Bruxelles vibre à l'heure espagnole. Sous les voûtes de Saints-Michel-et-Gudule, malgré des poêles à charbon dissimulés derrière d'immenses tentures, les cinq mille invités meurent de froid. Ils ne voient rien et suivent la cérémonie (qui dure trois heures) sur des écrans répartis dans la collégiale fleurie, le matin même, par peur du gel, de douze mille œillets blancs. C'est Léon Zitrone – dont c'est le premier téléreportage – qui commente cette grand-messe. Doña Fabiola, que la presse a rebaptisée « la petite infante de Castille », a confié la confection de sa robe au génial Cristobal Balenciaga. Dans une gabardine de soie mate spécialement tissée à son intention dans les manufactures de Rocafort, en Catalogne, le couturier a imaginé une robe d'une élégance intemporelle dont la ligne se termine par 5 mètres de traîne portée par dix pages et demoiselles d'honneur. Le col bateau bordé de vison blanc met en valeur le port majestueux de la future altesse royale. De son côté, le marié couronné est en uniforme de général (avec épée) et porte l'ordre de la Toison d'or. Souriant, empressé, il semble si amoureux ! Le roi triste a enfin trouvé le sourire. Qu'il aime cette Fabiola ! Car il s'agit bien d'un mariage d'amour. Dans son gant blanc d'officier, Baudouin, le fiancé transi, a dissimulé un petit flacon de sel ammoniac au cas où sa dulcinée, qui est à jeun, souffrirait d'un malaise !

Ce mariage tant espéré signe aussi le divorce de la famille royale. Durant leur voyage de noces, Léopold III et Liliane qui continuaient à vivre à Laeken ont – comme il était convenu – fait leurs cartons pour laisser toute la liberté qu'il se doit au nouveau couple. Ils ont emménagé au domaine d'Argenteuil, en périphérie de la capitale. En regagnant leur logis, les jeunes mariés ont la désagréable surprise de trouver le château dépouillé de l'intégralité de son mobilier. Il n'y a même plus une chaise pour s'asseoir ! Les prises électriques ont été arrachées, les tapis, enroulés, embarqués, les rideaux, décrochés, les portes, démontées. Au total, sept cent cinquante pièces, estampillées propriété de l'État, ont disparu ! Volatilisées. Même le saule pleureur planté pour leur mariage a été déraciné ! Si, sur les photos officielles, on continue de sourire, la cour de Laeken et celle d'Argenteuil vont désormais s'ignorer poliment.

Qu'il a changé, Baudouin ! Il n'a plus cet air lointain presque hautain qu'il arborait souvent en public. Il est plus présent, plus souriant, plus détendu. Baudouin est un homme qui aime. Avec Fabiola, jamais sans Fabiola, dès son mariage, le cinquième roi des Belges commence une longue série de voyages officiels qui, pendant plus de trente ans, va les conduire aux quatre coins du monde. L'un des tout premiers est consacré à la France où le couple royal est reçu par le général de Gaulle. Au Mexique, Baudouin est vu avec des béquilles tant il souffre d'une sciatique. Fidèle à lui-même, il surmonte sa douleur en silence. En mai 1966, le souverain et son épouse reçoivent Elizabeth II sous les ors de Bruxelles. Le dîner de gala précède un ballet au Théâtre de la Monnaie. En robe longue à grosses fleurs, sous son diadème d'apparat, Fabiola est tout sourire. Elle se sait enceinte. À bientôt 38 ans, ce pourrait être l'enfant de la dernière chance. Cet héritier tant attendu, elle le perdra, une nouvelle fois ! Sous Baudouin et Fabiola, jamais le royaume de Belgique ne vibrera au son de cent un coups de canon.

1976 est le jubilé du roi. Des Flandres au Brabant, du Hainaut au Limbourg, les souverains effectuent une tournée mémorable. Au fil des ans, ils vont sillonner le monde. Dans leurs bagages, partout, tout le temps, ce drame déjà évoqué : jamais ils n'auront d'enfant. C'est une peine pour la reine. Mais c'est aussi une peine immense pour le roi. « Longtemps nous nous sommes interrogés sur le sens de cette souffrance, dira-t-il. Peu à peu, nous avons compris que notre cœur était plus libre pour aimer tous les enfants, absolument tous. » Cette blessure ne les brisera jamais, au contraire. Puisqu'elle n'est pas mère, Fabiola est reine tout entière et ne cesse de se donner aux autres. Cette blessure les soude à jamais. Mais elle reste présente, en pointillé, en permanence. Alors, en 1990, lorsque le Parlement propose d'entériner un projet de loi sur la légalisation de l'avortement, Baudouin le catholique, Baudouin le père meurtri, ne peut pas. Il en est malade. Il en perd le sommeil, il en vomit. Plutôt mourir que d'apposer sa signature en bas d'un document qui va ôter la vie. Pour lui, cette loi, c'est un homicide. S'il signe, il tue. S'il ne signe pas, la loi ne peut pas être promulguée. Mais... il n'a pas le droit de ne pas signer ! Dans une monarchie constitutionnelle, le souverain doit s'incliner devant les chambres. « Dans ce cas, j'abdique », répond-il. Casse-tête dans l'hémicycle. Situation juridique exceptionnelle. Bagarres politiques. Jamais le cas ne s'est produit. La petite Belgique fait la une de l'actualité mondiale. Et chacun y va de son avis ! On finit par trouver une parade, une ellipse. Du 3 au 5 avril 1990, le temps du vote des députés, Baudouin est déclaré en « incapacité de régner ». Il suspend son règne pendant quarante-quatre heures, avant d'être rétabli dans ses prérogatives par un vote du Parlement.

Il est resté fidèle à lui-même. Et il en sort grandi. À l'été 1993, le roi achève une période surchargée de travail. Il vient de signer l'article 1er d'une nouvelle Constitution. Bientôt, la Belgique sera un État fédéral. Le soir du 31 juillet, un samedi brûlant malgré l'obscurité qui commence à tomber, on ne comprend pas pourquoi, soudain, dans le ciel de Bruxelles, résonne le glas Salvatore. Pour qui sonne-t-il ? Dans la nuit noire, il annonce à la ville, au pays et au monde la mort du grand roi. Soudain, le royaume s'arrête de vivre. Depuis Astrid on n'a plus vu pareille émotion. J'avais 7 ans. Mais je me souviens de ces images. Aux abords du palais, il faut attendre plus de dix heures pour pénétrer dans le Salon du penseur. Sur les marches de l'édifice, par centaines, des gerbes funèbres forment un « B ». B comme Baudouin... comme Belgique. J'avais 7 ans, mais je me suis glissé dans cette file. J'ai attendu. J'ai patienté. Après avoir traversé l'immense hall, je me souviens surtout de l'escalier de pierres blanches qui conduit au premier étage. Il est grandiose. Interminable.

Et d'une odeur de lys, si prégnante. Si puissante. Obsédante. À faire tourner des têtes ! Couché sous un voile, le corps sans vie est noyé dans un océan de fleurs. C'était la première fois que je voyais mon roi.

Le jour des funérailles, en grande reine chrétienne, comme jadis les reines de France, Fabiola porte le deuil en blanc. Toute l'Europe des reines et des rois se bouscule sous les voûtes de la cathédrale. Même Elizabeth II. Un cas unique en quarante et un ans de règne ! Et l'empereur du Japon ! Les hautes autorités nippones ont dû accorder une autorisation « extraordinaire » pour que Son Altesse puisse quitter son empire. L'homélie du primat de Belgique s'imprime dans les cœurs : « Un homme discret, silencieux, toujours souriant, infiniment délicat, un homme consumé par le feu de sa charité. » Sous les voûtes s'élève la voix de baryton de José van Dam. Le *Magnificat* de Bach, compositeur préféré du roi, fait tressaillir l'assemblée. Loin d'être effondrée, au contraire, Fabiola rayonne. Comme transcendée. Parce que ce n'est pas un adieu. Juste un au revoir. *Le Soir*, le grand quotidien belge, titre, avec passion : « Le chagrin sublimé ». Dans les mois qui suivent, la reine, devenue « émérite », répondra personnellement aux trois cent cinquante mille lettres de condoléances arrivées au palais.

L'incroyable ferveur que connut la Belgique en cet été 1993 va donner l'idée à RTL-TVI, la chaîne de télévision privée francophone, de la création d'une émission. Pour des millions de Belges, « Place Royale », produite longtemps par Anne Quevrin, va s'inscrire, pendant plus de vingt ans, comme le rendez-vous gotha du samedi soir. J'ai grandi avec cette émission. Avant d'y collaborer. « Place Royale » m'a permis de décrocher mes premières clés frappées d'un sceau couronné. Un trousseau qui, ensuite, m'a ouvert bien d'autres portes. Cadeau du roi Baudouin !

BBC

Longtemps, on capta la British Broadcasting Corporation, même quand les nazis tentèrent de la brouiller. Par-delà les mers, c'était la voix de l'Angleterre, la voix de l'espoir. Puis, on l'écouta, c'était la référence absolue en matière d'information. Enfin, on la regarda avec bonheur, se déclinant en plusieurs chaînes, toujours admiratif de la qualité des programmes. Et, Web oblige, on finit par s'y connecter en y cherchant ce regard si particulier qui accompagne le Royaume-Uni. Pour moi, ce sera toujours lié à Noël, le discours de la reine, comme un rendez-vous amoureux avec ma Lilibet, bienveillante fée au parfum de sapin et de *Christmas pudding*.

Hélas, ces dernières années, la façade s'est un peu lézardée ; les scandales comme celui entachant l'émission « Panorama », où le journaliste a violé toute règle déontologique, en manipulant sciemment la princesse Diana pour obtenir un témoignage encore plus violent contre Charles, a sapé l'institution. Reste cette magie de la retransmission des grandes cérémonies : deux cents caméras pour les funérailles de la reine ou le couronnement du nouveau roi. Les commenter a été un des grands moments de ma jeune carrière.

Stéphane **Bern**

Auprès du grand public, il est le monsieur royal par excellence. À tel point qu'on oublie parfois, qu'il y en eut d'autres : Léon Zitrone, Frédéric Mitterrand... Le 6 septembre 1997, c'est en écoutant les commentaires de Stéphane Bern que je prends conscience que, plus tard, moi aussi, je serai chroniqueur royal. Je l'avoue, je l'assume, devenu adolescent, à la question : « Bertrand, quel métier veux-tu exercer ? » Ma réponse : « Stéphane Bern. » J'avais déjà ses cheveux, hirsutes, bouclés. Le plus dur était fait. Le reste ne fut que passion !

Vous me demandez souvent si je le connais, si je le fréquente. Bien sûr que je le connais. Mais nous n'avons aucun

lien privilégié ! Tous deux natifs du Scorpion – il est né un 14 novembre (comme le roi Charles III) et moi, un 19 (jour de la fête nationale monégasque) – peut-être… nous ressemblons-nous un peu trop !

D'ailleurs, en ce mois de novembre 2023, date de la sortie de *Mon petit dictionnaire*, il fête son soixantième anniversaire. Qu'il se rassure, la relève est garantie !

Bloody Mary

Surnommée par ses ennemis « Bloody Mary », que l'on peut traduire par « Marie la Sanglante », c'est la reine Marie Tudor qui aurait inspiré la création de ce cocktail. D'autres y voient une référence à la pirate sanguinaire Mary Read. Pourtant, la paternité en revient au Français Fernand Petiot, barman au Harry's Bar, à Paris. Il invente ce breuvage en 1921, pour le comédien américain Roy Barton, grand amateur de jus de tomate, et le baptise « Bloody Mary » à cause de sa couleur rouge sang. Il se dit encore que l'écrivain Ernest Hemingway, installé au Ritz, place Vendôme, avait passé commande au barman Bertin d'un cocktail qui ne sentait pas l'alcool, pour éviter que sa femme, Mary Welsh, ne s'emporte contre lui. Comme il avait pour habitude de l'appeler « Bloody Mary », il aurait baptisé cette création du même nom.

À vos shakers. Pour une boisson, prévoyez 5 centilitres de vodka, 10 centilitres de jus de tomate, 1 centilitre de jus de citron jaune, 3 traits de sauce Worcestershire, 1 trait de tabasco, 1 pincée de sel de céleri, 1 pincée de poivre et 1 branche de céleri (pour la déco). Dans un verre tumbler débordant de glaçons, versez dans l'ordre : le jus de citron, la sauce Worcestershire, le tabasco, le poivre et le sel de céleri. Ajoutez le jus de tomate et la vodka, puis remuez la préparation avec une cuillère de bar. Transvasez ensuite dans un verre. Et n'oubliez pas le céleri. À boire… sans modération !

James **Bond**

Il fut l'agent le plus secret, le plus invincible, le plus détonnant de ma Lilibet. Au fil des décennies, la reine a compris (ou s'est résignée à comprendre) qu'il lui fallait donner une image moins compassée, moins solennelle.

En 2012, à l'occasion de la cérémonie d'ouverture des Jeux olympiques de Londres, ma Queen nous offrait un irrésistible clin d'œil. Le *so sexy* Daniel Craig, parfait dans sa peau de James Bond le plus célèbre des agents secrets du royaume, vient cueillir Sa Gracieuse Majesté en personne, en son palais de Buckingham. Souvenez-vous ! La reine a revêtu une robe rose poudré. Elle est attablée face à son bureau à cylindre. Puis, le long des couloirs du palais, sous les lambris dorés, les toiles de maîtres et les lustres de cristal, en smoking noir et nœud papillon carré, Bond l'escorte. Trois pas derrière. Pas un de moins, pas un de plus. Sa Majesté est suivie de ses corgis. Dans les jardins du palais, les équipes de la BBC zooment maintenant sur les pales d'un hélicoptère… qui s'envole dans le ciel de Londres. L'engin remonte le Mall, survole la cité de Westminster, longe la Tamise, passe sous London Bridge et arrive… au stade olympique. S'ensuit le plus iconoclaste, le plus surréaliste, le plus glamour, le plus royal des sauts en parachute de l'histoire. Ce bond, façon James, fut, on s'en doute, réalisé par des cascadeurs. Et en ce vendredi 27 juillet, dans sa scintillante robe poudrée, la James Bond girl la plus géniale de Ian Fleming s'avance à la tribune officielle. Pas un seul sourire. Mais son œil pétille. Elizabeth II a adoré enregistrer cette séquence (qui n'a demandé que trois prises). À tel point que, dix ans plus tard, elle réitérera, avec l'ours Paddington. Daniel Craig s'en souvient comme de « la scène la plus mémorable » de sa prestigieuse carrière. Comme elle me manque, ma Lilibet !

Britannia

Il était le bateau de la plus grande des reines. En quarante-quatre années de bons et royaux services, cette ambassade flottante de Grande-Bretagne a parcouru plus d'un million de milles nautiques. Il fut le dernier navire militaire à bord duquel les marins dormaient dans des hamacs. Le seul au monde à n'avoir aucun nom gravé dans la coque, le seul encore dont le capitaine était un amiral. Deux cent cinquante-six marins (appelés *yotties*) sous les ordres de quatre-vingt-un officiers composaient son équipage. Leur particularité ? Des chaussures à semelle souple, en permanence, et des ordres donnés par signaux manuels afin de préserver la tranquillité des Windsor. À chaque escale, aucun membre du personnel de bord n'était autorisé à mettre pied à terre s'il ne portait pas une cravate ! Et n'oublions pas que notre yacht – *so chic* – disposait d'un garage capable d'accueillir… une Rolls-Royce. Voyage officiel oblige, ma Lilibet ne pouvait alors s'en passer.

Le *Britannia*, on a l'impression qu'on le connaît depuis toujours. Son baptême remonte pourtant au jeudi 16 avril 1953. Sa carrière va être exemplaire : quelque neuf cent soixante-huit visites à l'étranger et dans les eaux territoriales anglaises. D'emblée, pour l'époque, son apparence est terriblement moderne. Les spécialistes les plus aguerris remarquent sa proue de clipper, soulignent l'incroyable délicatesse de sa poupe.

Si la reine a tant aimé ce yacht, son yacht, c'est que, pour elle, il représentait un morceau de son sol natal. À la fin de chaque voyage officiel, lorsque enfin elle regagnait son bateau, elle avait déjà un peu l'impression d'être rentrée chez elle. Et pour peu que ses enfants s'y trouvassent déjà – ce fut souvent le cas à l'époque où ils étaient petits, voire adolescents –, la cellule familiale se reformait. Pour elle, le *Britannia* fut presque un *home sweet home*. Petit plus : à son bord, elle se sentait beaucoup plus à l'aise que dans des ambassades pour les réceptions officielles. Charme du décor et absence de protocole lui permettaient de recevoir avec beaucoup de naturel.

Son désarmement, à Portsmouth, le 11 décembre 1997, pour raison budgétaire, fut un déchirement pour la reine et son époux. Fait rarissime : assise entre le duc d'Édimbourg et le prince Charles, on surprend même Elizabeth II essuyer une larme de sa main gantée. C'est la première fois que la presse immortalise un geste lacrymal de la souveraine. L'instant est historique. Aussi – et surtout – parce qu'il ferme un chapitre de l'histoire maritime britannique. La grande story entre les royaux et les mers remonte, en effet, à 1660, sous Charles II. Depuis, chaque monarque eut son propre bateau. Lilibet sera la dernière. L'entretien d'un tel navire était devenu trop onéreux. Et très peu écologique pour le transport de quelques personnes seulement : plus de deux mille litres de fuel lourd par heure de navigation. Ce n'est pas Charles III qui dira le contraire !

Buckingham Palace

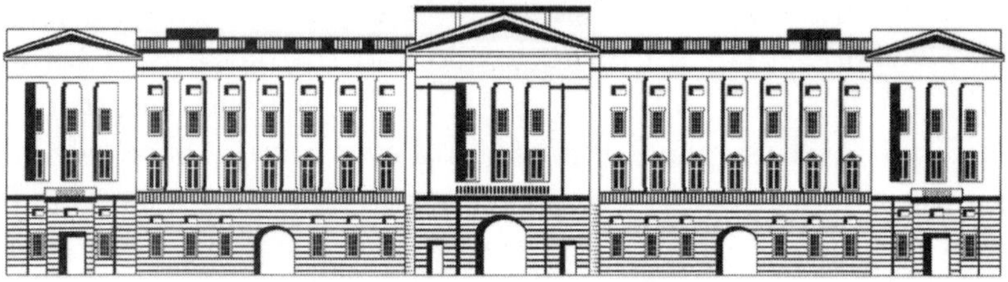

La scène a lieu le 13 septembre 1940, à Londres. Nous sommes au cœur du « Blitz ». Depuis six jours et six nuits, le Royaume-Uni vit sous les bombes de la Luftwaffe. Plusieurs quartiers de la capitale – dont tout le nord de la Tamise – ont déjà été littéralement éviscérés. Il est 10 h 55 lorsque retentit la deuxième rafale du jour, un raid visant spécifiquement… le palais de Buckingham. Déchirant le ciel, un bombardier déverse cinq grenades à haute explosivité. L'une d'elles, la dernière, tombe dans l'aile sud, au pied de la chapelle royale. Par chance, George VI et Elizabeth sont indemnes. Ils prenaient le thé à l'opposé du bâtiment. Dans l'heure qui suit, le roi, en uniforme, et la reine, vêtue d'une veste et coiffée d'un bibi immaculé, prennent la pose face à un champ de ruines. Il ne reste rien du majestueux oratoire, sinon une croix, immense, qui flotte dans l'air, comme pour défier l'ennemi. « Je suis contente que nous ayons été bombardés. Maintenant je peux regarder l'East End dans les yeux », déclare la future *Queen Mum*, le regard mouillé de larmes. Érigé au XIVe siècle, le palais des rois devient un instrument de propagande, une demeure que les souverains refusent de quitter, malgré les menaces. Durant le conflit, il sera frappé à seize reprises. Le 8 mai 1945, à la Libération, lorsque le roi, la reine, la princesse Elizabeth – future Elizabeth II – et la princesse Margaret s'avancent au balcon, tournant le dos aux fenêtres condamnées, la vieille demeure fait bien pâle figure, à l'image de la capitale, exsangue. Il va falloir plus d'une décennie pour lui rendre son lustre d'antan.

Si les fondations des lieux, construites par un certain sir William Blake, datent de 1624 – on parle alors d'un « manoir » –, Buckingham ne devient possession de la famille royale qu'en

1762, lorsque George III dépense 21 000 livres pour l'acquisition d'« une vaste maison entourée de grands jardins » destinée à devenir « un lieu de retrait privé » des souverains, et en particulier de la reine Charlotte. Pour l'heure, la résidence royale demeure le palais Saint James, tout proche. Débloquant des moyens colossaux, George IV décide de métamorphoser la bâtisse en palais royal. Il confie le chantier à John Nash qui imagine un édifice flanqué de trois ailes en pierre de Bath, dans le style néoclassique français, entourant une cour d'honneur ouverte. L'ancien manoir sert de corps de logis. L'entrée officielle se fait par une arche de triomphe en marbre, copie de l'arc de Constantin, à Rome. Son successeur, Guillaume IV, hérite d'une demeure dont l'extérieur renvoie, certes, l'image d'un palais mais dont les intérieurs ne sont encore qu'un vaste chantier. Le Parlement et la presse ne masquent plus leur colère. Buckingham est un puits sans fond, une ruine ! Nash est congédié au profit d'Edward Blore, un architecte moins idéaliste mais beaucoup plus entreprenant. Le roi Guillaume et la reine Adélaïde achèvent le chantier et meublent les interminables galeries et innombrables salons, mais n'occuperont jamais vraiment les lieux.

C'est l'illustre Victoria qui va réveiller la belle endormie. Dès son accession au trône, en 1837, l'une de ses premières décisions est de quitter le palais de Kensington, ce qui lui permet de fuir la surveillance de sa mère, la duchesse de Kent, et de son redoutable conseiller, l'ambitieux John Conroy. Tout en s'attelant aux préparatifs de son sacre, elle tente de réformer l'immense maison qu'elle vient de décréter « résidence royale principale », mais s'avoue, très vite, dépassée par la tâche. Les cheminées s'obstruent à tel point qu'aucun feu ne crépite, la ventilation est inexistante, le personnel préfère se dissimuler dans les innombrables salons plutôt que de laver les vitres et l'on sera bientôt forcé d'ouvrir les fenêtres pour voir au-dehors. C'est le mariage de la souveraine, en février 1840, avec le prince Albert, qui sauve le navire. Puisqu'on lui refuse le droit de régner, le royal époux s'occupe à réformer le personnel et à moderniser les lieux. Après avoir équipé toutes les salles de lampes au gaz, il traque les fautes de goût et accroche des dizaines, des centaines de mètres de lourdes tentures, moyen le plus efficace de lutter contre les courants d'air.

En 1847, sur son impulsion, le palais est doté d'une aile supplémentaire, une quatrième, côté est, qui vient fermer la cour centrale et où est installé, face au Mall, le fameux balcon d'où la famille royale va prendre l'habitude de nombreuses apparitions. La résidence officielle des rois d'Angleterre compte, à présent, sept cent soixante-quinze pièces dont cent quatre-vingt-huit chambres, soixante-dix-huit salles de bains et cinquante-deux suites. Le bâtiment est à ce point démesuré – 77 000 mètres carrés – que, sous le règne de l'inoxydable Victoria, un garçon a réussi à y vivre clandestinement pendant plus d'un an, en se dissimulant dans les cheminées, maculant de suie, chaque soir, les draps où il dormait. Plus récemment, en 1982, un illuminé parvint à se glisser jusque dans la chambre d'Elizabeth II et à la réveiller pour lui demander l'autorisation… de fumer. En 2003, un reporter du *Daily Mirror* se fait engager incognito et livre presque quotidiennement des clichés de l'intimité royale à la presse.

Depuis 1992, Buckingham est ouvert au public. Si l'activité permet de générer des fonds – plus de 500 000 personnes foulent, chaque année, les parquets lambrissés du palais –, jamais, depuis la fin de la Seconde Guerre mondiale, la résidence officielle de la monarchie n'avait fait l'objet d'une campagne de restauration. Les derniers travaux importants – hormis un récent désamiantage – dataient de 1949. Renouvellement des chaudières, des câblages, électricité, éclairage, eau, gaz, tuyauteries… Le chantier qui est aujourd'hui en cours est vertigineux. Deux chiffres donnent le tournis : 32 kilomètres de canalisations et 160 kilomètres de câbles électriques sont à remplacer ! Évalués à plus de 430 millions d'euros, les travaux devraient se terminer vers 2025. Se posera alors la question à Charles et Camilla d'emménager à Buckingham (comme le firent tous leurs ancêtres depuis l'immense Victoria) ou de demeurer à Clarence House et de rompre ainsi avec la tradition. En monarchie, rien ne change jamais, c'est ce qui fait la magie des rois. Mais ne dit-on pas aussi que pour s'assurer que rien ne change… il faut, un jour, que tout change ?

Burberry

So chic, my Burberry. Il a l'étoffe d'un héros, indispensable complice des averses et ondées de printemps. *So basic*. Cet inaltérable *trench coat* dont la formule – couleur miel, double boutonnage et doublure en tartan – perdure depuis plus d'un siècle fut conçu, au départ, pour les officiers de la Grande Guerre. *So british*, tant la marque est intrinsèquement liée à l'histoire de la Grande-Bretagne, relevant presque de l'identité britannique. *So aristocratic*. Car, dès 1919, la firme créée par Thomas Burberry, drapier du Hampshire, devient fournisseur de la Couronne. Edward VII, pour l'obtenir de son personnel, disait simplement : « *Give me my Burberry* », popularisant ainsi la marque.

En misant pour leur image sur des photographes (lord Lichfield) et des mannequins aristos (Stella Tennant, entre autres), ils ont trouvé la martingale du succès : imper, passe et gagne !

Le dernier modèle phare de la griffe ? Un carré de soie réalisé en collaboration avec le domaine de Highgrove, propriété privée de Charles III, dans le Gloucestershire. Ce foulard, composé de nuances de jades et de verts émeraude, est imprimé des fleurs favorites du roi : delphinium, hochet jaune, perce-neige, marguerite blanche, orchidée pourpre… Il y a aussi des branches de bouleau argenté, des magnolias, une statue antique, des nuages, des libellules, des oiseaux… C'est sobre. C'est pur. C'est chic. Charles III a personnellement œuvré à sa création. Il a ainsi demandé que ne soit utilisée que de la soie biologique et que les bords soient roulés à la main. Un gage de qualité qui a un prix. Quatre cent vingt euros sur le site Burberry.com.

Pour info : je n'ai pas ce carré de soie. Mais que je le trouve beau. À la folie ! Passionnément ! Si vous m'aimez, si vous m'aimez vraiment, vous devriez connaître le beau mot de Cocteau : « Il n'y a pas d'amour. Il n'y a que des preuves d'amour ! »

Canterbury

Ancienne capitale du royaume de Kent, Canterbury est une charmante petite cité qui longe la rivière Stour située à un peu moins de 100 kilomètres de Londres. Ville universitaire et touristique classée à l'Unesco, la bourgade de 55 000 habitants est mondialement connue pour sa cathédrale, flamboyante, bâtie au XIe siècle. Mais… vous vous en doutez, le passionné de monarchie que je suis connaît surtout Canterbury pour son archevêque, chef spirituel de l'Église d'Angleterre. Le plus célèbre est sans doute Thomas Becket, martyr canonisé, primat de toute l'Angleterre de 1162 à sa mort, le 29 septembre 1170, où il est assassiné, sur ordre d'Henri II, par quatre chevaliers au pied du maître-autel de la cathédrale de Canterbury.

Becket est resté dans la légende pour la fameuse ampoule, aigle d'or aux ailes déployées, trésor des rois d'Angleterre, utilisée aujourd'hui lors des couronnements. Elle accueille le chrême qui bénit le souverain durant la cérémonie. Les saintes huiles se déversent par le bec de l'oiseau et viennent oindre le front, la poitrine et les mains du monarque. L'ampoule actuellement utilisée a été créée en 1661 pour remplacer celle qui fut fondue par Olivier Cromwell durant la guerre civile. Elle s'inspire d'une légende selon laquelle, au XIIe siècle, la Vierge Marie serait apparue à Thomas Becket et lui aurait remis un aigle d'or et une fiole contenant l'huile précieuse destinée au sacre des rois d'Angleterre. Cette huile, offrande directe de la Vierge donc, a sacré les rois jusqu'en 1625, date à laquelle l'ampoule fut totalement vide et où l'apothicaire de la cour dut en créer une nouvelle.

Justin Welby, actuel détenteur du titre (depuis mars 2013), est le cent cinquième archevêque de Canterbury. Son histoire est singulière et touchante. Durant onze ans, il fut cadre dans l'industrie pétrolière, un poste dans l'or noir qui l'amena d'ailleurs à travailler cinq ans à Paris, chez Elf Aquitaine. C'est un drame, la mort de sa fille, Johanna, survenu en France, dans un accident de voiture en 1983, qui va pousser ce père de cinq enfants à entrer en religion. Pour ne pas être dépendant d'antidépresseurs qu'il prend de plus en plus souvent et à doses de plus en plus fortes, il se tourne vers Dieu, obtient une licence en théologie et entre dans les ordres. Il est d'abord doyen de Liverpool puis évêque de Durham, avant d'être nommé, en novembre 2012, nouveau primat de toute l'Angleterre. La cérémonie d'ordination se tient sous les voûtes de Canterbury, le 21 mars 2013. En 2016, *The Daily Telegraph* affirme, en couverture, que l'archevêque est, en réalité, un fils illégitime. Son vrai père ne serait pas Gavin Welby, mais bien un ancien conseiller diplomatique qui travailla pour Winston Churchill. La mère du primat de l'Église fut la secrétaire personnelle de l'ancien Premier ministre britannique. Contre toute attente, le très révérend Justin Welby accepte de se soumettre à un test ADN, test qui confirme bel et bien que son père est sir Anthony Montague Browne. Welby accorde au tabloïd une interview déclarant sa « totale surprise » mais affirmant : « Je sais que je trouve qui je suis dans Jésus Christ, et non dans la génétique, et mon identité ne s'en trouvera jamais changée. »

Profondément francophone, le chef des 85 millions d'Anglicans à travers le monde parle un français parfait et dispose d'une maison dans le sud de la Manche, à Saint-James, pas loin de la baie du Mont-Saint-Michel. Un cottage bien plus spartiate que les ors du palais de Lambeth, au bord de la Tamise, son logement de fonction lorsqu'il est à Londres. Mais ce « petit paradis » lui appartient. Depuis sa nomination à la tête de l'Église anglicane, Justin Welby a multiplié les cérémonies royales à grands retentissements : le baptême de la princesse Charlotte, la conversion de Meghan Markle à l'anglicanisme, le mariage en mondovision des rebelles de la Couronne, les funérailles du prince Philip, puis celles de la reine... sous les yeux de quatre milliards de téléspectateurs. Enfin, le couronnement de Charles III, une cérémonie qui n'avait plus été organisée depuis plus de soixante-dix ans.

Pauvre archevêque, il en a fait, des cauchemars ! En somme, jamais un homme d'Église n'aura porté un prénom aussi destiné : « *Just in* » !

Caroline

La vie de Son Altesse sérénissime la princesse Caroline Grimaldi, devenue Son Altesse royale la princesse de Hanovre, a déjà fait couler beaucoup d'encre avec trois mariages, un divorce, une séparation et, hélas, un enterrement. Ses premiers sourires, ses premiers pas, ses premiers battements de cœur ont été commentés avec passion dans le monde entier. On a fait de sa vie un conte de fées aux chapitres divers, comme dans les albums de notre enfance : *Caroline en vacances, Caroline et son chien, Caroline au bal de la Rose, Caroline se marie…*

Princesse probablement la plus photographiée de la planète avec Diana, elle est déjà entrée vivante dans la légende. Une Caroline un peu trop chérie des médias, qui a passé son temps à les attaquer en justice. À la fois un mythe et une femme de son temps, même si elle s'est toujours sentie étouffée par l'image de princesse dont elle est irrémédiablement affublée. Mais adulée ou vilipendée, elle reste à sa manière une star. Un peu inaccessible, n'accordant que de rares interviews.

Il est très difficile de juger Caroline pour ceux qui ne l'ont jamais approchée, tant sa personnalité est à facettes. Ce qui frappe chez elle d'abord, c'est sa voix presque grave. Un humour fin et un rien de sophistication plein de charme. Très héroïne de Scott Fitzgerald. Sous un aspect extraverti, sous des dehors exubérants, une vraie pudeur de sentiments, une certaine vulnérabilité aussi. Ne se désole-t-elle pas qu'on l'imagine toujours telle qu'elle n'est pas ? Caroline a-t-elle été une victime ? De sa position d'abord, puis d'une fausse image d'enfant gâtée (qualificatif qu'elle a toujours combattu) et enfin de son tempérament, mélange de passion méditerranéenne, d'entêtement irlandais et de modernité américaine ? Victime de ses contradictions, si nombreuses en elle ?

Aujourd'hui son image de marque est plus conforme à son caractère réel. L'ex-princesse rebelle, ex-vedette des potins mondains, la cible préférée des paparazzis, l'épouse d'un irascible grand d'Allemagne est manifestement devenue ce qu'elle a toujours voulu être : une mère et grand-mère comblée, stabilisée sur le plan émotionnel, fière de son rang d'altesse, jouant de son mieux le rôle de ministre de la Culture de Monaco. Elle reste belle, toujours aussi élégante et vieillit avec grâce. Le bonheur y est certainement pour quelque chose. Elle mène une vie sereine. Entourée de ses petits-enfants, elle a trouvé comme une seconde jeunesse.

En dehors de la planète gotha, Caroline est aussi le prénom de ma sœur. Elle est plus jeune que moi, a les yeux et les cheveux clairs, elle aussi. Mais c'est tout ce qui nous rassemble. Nous sommes foncièrement différents l'un de l'autre. Mais nos différences ne nous empêchent pas d'être proches, bien au contraire. Elle est la seule capable de comprendre certaines choses même lorsque je ne parle pas. Pour moi, elle est une source d'inspiration, un modèle de liberté. Pour elle, je dois être un exemple. Elle devait s'appeler Lucie. C'est moi qui ai choisi Caroline. Un prénom déjà très gotha parce que je savais qu'elle serait ma princesse à moi !

Cendrillon

Ce n'est pas mon conte de fées préféré, loin de là. Peut-être parce que la pauvre héroïne ne devient princesse que dans les toutes dernières minutes du récit de Perrault, là où, moi, j'aurais voulu que l'histoire commence… Du plus loin que je me souvienne, Cendrillon est la première roturière à avoir un destin de princesse que j'aie croisée. Que Charles Perrault fut visionnaire ! Sa jeune fille noircie par les cendres à force de veiller assise devant l'âtre pour accomplir toutes les corvées qui lui incombent va, au fond, ouvrir la voie à toutes ces altesses d'aujourd'hui nées sans une goutte de sang bleu dans les veines. Grace et Charlène à Monaco, Maria Teresa au Luxembourg, Letizia Ortiz en Espagne, Mary Donaldson au Danemark, Mette-Marit en Norvège, Máxima au Pays-Bas, Kate Middleton en Angleterre… sont un peu, à leur manière, des Cendrillon du monde réel. Du monde moderne. Malgré leur corps de sirène, elles avaient au fond peu de chance de ramener un prince dans leurs filets tant la planète gotha a longtemps répondu à des codes stricts. Pour entrer dans ce monde ultra-fermé, il fallait prouver un arbre aristocratique souvent aussi long qu'un manteau de cour. À l'instar de l'héroïne pour enfants qui, d'un coup de baguette magique, voit ses oripeaux se transformer en robe de bal, une citrouille en carrosse, des souris en laquais… Letizia, Mary, Máxima, Kate & Cie sont parvenues, par leur amour, par leur loyauté et leur vérité surtout, à pousser les grilles des palais les plus inaccessibles. À ouvrir grand les portes. À décoiffer les couronnes. Et à faire danser la poussière. Pour que la magie continue de s'écrire.

Chantilly

J'aurais pu vous parler du château, de ses grandes écuries, du musée du Cheval et du prince de Condé. Mais pas du tout ! La chantilly (entendez la crème chantilly) est mon dessert favori. Vous pardonnerez ma gourmandise mais je ne résiste pas dans ce petit dico qui est le mien à vous en donner la recette. Sachez que, malgré la croyance populaire, croyance un peu trop légère, un peu trop… crème fouettée, ce n'est pas du tout le génial Vatel qui, en 1672 nous dit la légende, a inventé ce dessert à se damner.

Ce n'est qu'au XVIIIe siècle que l'on voit apparaître l'appellation « chantilly » dans les livres de cuisine et il faudra encore attendre quelques années (et un festin donné au Hameau par le prince de Condé) pour que l'on arrive à situer la crème dite « chantilly »… à Chantilly ! Mais trop d'histoire tue l'histoire. Passons aux choses concrètes.

La recette est simple… comme tout ce que j'aime vraiment.
Prévoyez :

- 50 centilitres de crème froide,
- 20 grammes de sucre vanillé,
- 20 grammes de sucre glace.

Mettez-y la crème très froide dans une jatte qui aura été refroidie au réfrigérateur (une heure environ), ajoutez-y le sucre vanillé et le sucre glace. Battez énergiquement la crème au fouet ou au batteur électrique jusqu'à ce qu'elle épaississe et forme des vagues. Elle est montée « en chantilly » lorsqu'en retirant le fouet, une boucle apparaît et que les vagues conservent leur forme. Attention à ne pas la transformer en beurre ! Mon petit truc : j'y incorpore une cuillère de mascarpone, une technique qui permet au gourmand toujours très pressé que je suis de battre ma crème beaucoup moins longtemps et d'obtenir un résultat un peu plus onctueux.

À servir très frais lors des soirées de forte chaleur. Avec une coupe de fraises blanchies de sucre, une feuille de menthe et… quelques bulles bien frappées ! Cet accord ne figure dans aucun livre. Pas grave. On l'appellera la « chantilly à la Bertrand ».

Charlène

Je l'imagine. Elle est dans la chapelle du palais. Un genou à terre, ses yeux gris-bleu levés au ciel. Entre ses mains jointes court un chapelet d'ivoire. Ses lèvres tremblent. Charlène prie. Je sais que Charlène prie.

La prière pour mieux oublier. Pour affronter. Pour supporter. Pour continuer d'avancer. Pour rester droite. Pour rester forte. Pour rester digne. Chaque matin (ou presque), je sais, Charlène que tu pries. On me l'a dit. De source sûre. On me l'a dit et puis… je le ressens. Parce que je te connais, Charlène. Parce que mon métier de journaliste royal, de Tintin reporter chez les rois, fait de moi quelqu'un qui savait… ce que tu ne savais pas.

Le 2 juillet 2011, tu te souviens, Charlène, dis-moi que tu te souviens, la planète entière avait les yeux rivés sur le Rocher. Une pluie de chefs d'État, des émirs, un sultan, des reines, des rois, des barons de la culture, de la politique, de la finance, des capitaines d'industrie… Sous les yeux d'un milliard de téléspectateurs, cette terre en bord de mer devenait tienne. Dans ta robe aux mille cristaux et sa traîne à l'Adrienne, quelle élégance, Charlène. Dans la cour palatiale, à genoux face à l'escalier en fer à cheval, sous les mots d'un archevêque (Mgr Barsi), tu devenais princesse de Monaco, altesse sérénissime. Et duchesse de Valentinois. Et marquise des Baux. Et comtesse de Carladès. Et baronne de Calvinet. Et dame de Saint-Rémy… Cinquante-deux titres. À en donner le tournis. D'ailleurs Charlène, tu es tombée. Je me souviens de ta chute. Le monde entier se souvient de ta chute. Parce que ces larmes-là, tes larmes, on ne peut pas les oublier. Elles ont écrit l'Histoire. J'avais 25 ans. Je couvrais tes noces, en direct, pour la télévision belge. Mon premier grand événement télévisuel. J'avais face à moi des dizaines de fiches. Un océan de papier quand, soudain, le silence. Dans la chapelle Sainte-Dévote, au moment de poser ton bouquet… Tu te souviens ? N'en parlons plus, Charlène. Parce que nous savons, toi et moi. Nous savons ce qui se dit. Nous savons aussi, surtout, ce qui ne se dit pas. Ce qui ne peut se dire. Bref, moi, déjà, je savais, Charlène. Je savais que l'allée que tu remontais serait semée d'embûches. Il ne suffit pas de souliers de verre[1] pour être une princesse. Il faut une cuirasse, un bouclier. Et une armure de guerrière. Surtout à Monaco, ce confetti de rêve aux allures de paradis, cette scène d'opérette, « ce pays dont les frontières

1. Soulier de « verre » ou de « vair », les deux orthographes sont communément admises. L'auteur a volontairement privilégié cette version plus esthétique…

sont des fleurs », écrivait Colette. En réalité, des roses d'épines, Charlène, tu le sais maintenant. Tu le sais parce que ton cœur a saigné. Monaco, c'est le plus petit et le plus riche État du globe, après celui du Vatican. Et, après celui du Vatican, Monaco, c'est l'État le plus convoité, le plus envié, le plus jalousé du globe. En ce long samedi de noces, cousue de fil blanc, Charlène, ta robe Giorgio Armani, pape de la mode, faisait de toi l'élue. Sur le Rocher, tu es l'héritière de Grace Kelly, une étoile, une star, une divinité. Tu es une héritière… Comme, au Vatican, sur la pierre où le premier des apôtres a construit son église, le souverain pontife est l'héritier de Dieu. On entre en monarchie comme on entre dans les ordres, Charlène. Avec abnégation. Avec renoncement. Je le savais. Tu devais te donner tout entière. Te sacrifier.

Il faut des nerfs d'acier. Un cœur de pierre. Une foi à toute épreuve. Il faut de l'ambition. De la volonté. Du caractère. Du détachement. Il faut être un animal de sang-froid. Monaco, comme le Vatican, c'est l'enfer sur terre. À toi, l'élue, on a d'abord reproché de ne pas parler le français. Et d'ailleurs tu ne le parles toujours pas, tu le balbuties. On a scruté ta taille, toujours aussi mince, toujours aussi fine. Serais-tu capable de donner un héritier à la presque millénaire Couronne ? « Oui Charlène, en serez-vous capable ? » Et puis Caroline, toujours Caroline. Si présente, trop présente. Si parfaite, trop parfaite. Et Grace l'éternelle, l'inoxydable. Grace la merveilleuse. Comment peut-on rivaliser avec une image, avec un fantôme ? Dans *Rebecca* de Daphné du Maurier, l'épouse de Maxime de Winter est à deux doigts de som-

brer dans la folie. Tu connais Daphné du Maurier ? Tu devrais lire *Rebecca*, Charlène. « J'ai rêvé la nuit dernière que je retournais à Manderley… » Tu devrais lire *Rebecca* car… je suis sûr, je suis certain, que, toi aussi, tu as eu une gouvernante de la trempe de Mme Danvers ; que dans tes nuits les plus noires, ce palais des Grimaldi, cette maison aquarium où tout se sait, se répète, se reforme, se déforme, prend des allures de manoir hanté. Parce que toi aussi les pierres t'ont fait souffrir. Les hommes t'ont fait souffrir. Tu es la reine de Monaco, Charlène, mais combien de familles, tellement chics, tellement chocs, tellement riches, ont rêvé que leurs princesses règnent elles aussi sur ce rocher gris aux eaux turquoise ? Une eau tel un miroir, à se noyer dedans, comme Narcisse. Toutes ces filles s'y sont mirées, toutes parlent le français, sont diplômées des meilleures écoles. Ce job, Charlène, ton job, elles l'auraient fait tellement mieux. Tellement mieux que toi ! Elles auraient marché sur les pas de Grace. Alors, toi aussi, tu as fini par le croire. À quoi sert tout l'argent, tous les honneurs du monde, quand on n'est pas heureux ? Je n'ai pas de réponse. Tu n'en as pas trouvé non plus. Descente aux Enfers sur tapis rouge et sous la lumière blanche des flashs. Parce que tu n'es plus une femme normale, parce que tu fais partie de la race des rois. Ton rire a disparu. Tes sourires se sont crispés. Tes cheveux sont tombés. En public, tes yeux se sont noyés de larmes. Alors, il y a eu la fuite, l'exil, l'hôpital. Et la rumeur, encore et toujours, un bruit permanent, une musique de fond, qui ne te quitte pas, qui ne te quittera plus. S'appeler Charlène, être belle, être princesse, altesse sérénissime… et vouloir mourir un peu. Un jour, si on se rencontre Charlène, je te parlerai de Margaret, je te parlerais de Masako, de Diana…

Quand tu es apparue aux côtés du prince pour la première fois, dans les tribunes des JO de Turin, en 2005, ton athlétique silhouette entraînait dans son sillage un souffle nouveau. On a un peu oublié aujourd'hui qu'avant d'être princesse, avant d'être devenue cette femme qui doute, tu as été une athlète. Une championne de natation. On ne dira jamais assez à quel point il faut un mental à toute épreuve pour embrasser une carrière olympique. On ne dira jamais assez combien les coups ont dû être rudes pour que tu renonces. Pour que tu t'effondres.

Alors, prie, Charlène, prie. Prie parce que le ciel t'a accordé deux enfants. Parce que tu les aimes. Parce qu'ils t'aiment. Parce que tu as sauvé ta peau. Parce que tu demeures fragile, comme le sont toutes les victoires. Parce qu'il ne s'agit que d'une victoire... L'histoire n'est pas finie. Tu dois recouvrer ton soulier de verre, tes robes de bal, tes sourires de fête. Parce que cette terre qui t'a choisie, cette terre qui t'a faite sienne, sera, un jour, le royaume du prince Jacques. Car avant d'être ton fils, il est un prince héréditaire. Et tu le sais. Tes enfants ne t'appartiennent pas, Charlène. Comme toi, Jacques et Gabriella sont les prisonniers d'une usine à rêves. Charles Perrault n'a jamais écrit de suite à *Cendrillon*. Alors, fais taire les sournoises langues, celles qui donnent raison aux envieux, aux jaloux, aux méchants, et prouve-toi, prouve-nous Charlène, que les contes de fées existent vraiment[1].

Charles & Camilla

Dear Charles,
Dear Camilla,

Je n'ai jamais pris le temps de vous écrire. Parce que je ne suis personne. Personne qui compte vraiment. Je ne suis même pas anglais. Juste un petit journaliste, belge, qui officie en France, un auteur, un conteur d'histoires royales. Je suis tombé dans la marmite couronnée quand j'étais enfant. Je ne devrais pas l'écrire, pas ici en tout cas, mais ce sont les funérailles de Diana alors que j'avais 11 ans, qui m'ont donné l'envie de devenir reporter chez les rois. 6 septembre 1997. Je me souviens de l'affût de canon tiré par des chevaux blancs, du cercueil drapé, du petit cœur de roses... Je me souviens de mon émotion surtout. C'était trop triste ! Oh, pas tellement de la voir mourir, après tout, excusez mon impertinence mais, dans son autobiographie, quand le prince Harry écrit qu'il n'a pas compris les larmes de la foule, « de tous ces gens qui ne la connaissaient même pas, pas vraiment »,

1. L'auteur prend ici volontairement une plume de romancier pour brosser un portrait très hitchcockien de cette princesse au destin doux-amer.

je partage ce sentiment. Moi non plus, je n'ai pas compris cet océan de larmes ! En réalité, à vous, je peux le dire Charles, moi, du haut de mes 11 ans, j'ai trouvé ces images atrocement belles ! Est-il vrai, Charles, que ce jour-là, pour vous protéger, sous votre chemise blanche, vous portiez un gilet pare-balles ? En tout cas, moi aussi, j'aurais tant aimé être assis sous les voûtes de Westminster ! Puisque jamais je ne porterai de couronne, ma décision était prise : plus tard, quand je serais grand, je serais journaliste. Journaliste chez les rois.

Permettez-moi d'être vrai, Charles. Vous écrire me pousse à la plus totale sincérité : vous ne m'avez jamais fasciné. *Never, never !* Parce que vous arrivez trop tard, je crois. Parce que vous avez trop attendu et que je suis d'une totale impatience. À votre place, de vous à moi, j'aurais sans doute tué ma mère. Je suis sincère, soyez-le aussi : aussi géniale Lilibet fût-elle, ce sentiment ne vous a jamais traversé l'esprit ? Pas une seule fois ? Parce que c'est vrai, Lilibet fut géniale. Comme... Diana fut géniale. Le casting de votre saga qui fascine des millions de sujets à travers le monde est parfait. Mais à vous, quelle place restait-il au générique ? Celui de l'homme qui attend ! De l'éternel héritier !

Je me souviens d'un voyage en Australie, en mars 1983. Vous êtes mariés depuis deux ans. Diana, cette illustre inconnue, est en passe de devenir une icône. À la foule qui attend votre passage pour vous saluer, vous avez cette formule : « Je suis désolé, vous avez perdu, elle est de l'autre côté. Pas de chance ! » Et en effet, pas de chance ! Dès votre mariage, vous devenez l'homme qui accompagne Diana. Quand on vous connaît, quand on vous connaît vraiment, on sait que ces quelques mots, mêmes ironiques, cachent une véritable blessure. Car que de travail abattu dans l'ombre ! Vous êtes un bosseur acharné. Bien plus assidu, plus intellectuel, plus perfectionniste que votre légendaire mère. Jamais un héritier ne se sera autant, ne se sera si bien, si complètement, si parfaitement, préparé à sa fonction. On vous sait amoureux de l'écologie, de l'urbanisme, de la peinture, de l'opéra, on vous sait artiste, ardent défenseur de la planète, des droits de l'homme, grand adepte des médecines douces… En réalité, il n'y a pas un sujet, culturel, sociétal, politique, économique… qui vous échappe. Durant soixante-dix ans, vous, l'homme qui attend, vous avez travaillé d'arrache-pied. Et vous avez été honnête, autant, en tout cas, que votre fonction vous l'a autorisé. Souvenons-nous de vos fiançailles, une séquence d'anthologie. Quand on vous demande si vous êtes amoureux. Votre réponse ? « Ça dépend de ce que l'on entend par amour. » Déjà, les dés du naufrage qui va suivre sont jetés… Parce que je vous sais incapable de mentir, Charles. Je ne vous connais pas vraiment, mais nous partageons le même signe astrologique, si particulier, si démoniaque parfois. Vous et moi sommes Scorpion. Et les scorpions ne mentent pas, quitte à déclencher des cataclysmes. Car toute vérité n'est pas toujours bonne à dire. Diana va être une femme trompée, une femme blessée, une femme qui va se venger. Ne rejouons pas l'histoire, chacun la connaît. Jusqu'à la sortie de route ! Et, franchement, je n'ai jamais aimé cette histoire, votre histoire. Chacun a des torts. Mais je suis convaincu que Diana aurait fait une grande reine. Une reine de l'image. Et vous le savez aussi. Car, aujourd'hui, seule l'image compte, Charles !

Mais vous avez choisi Camilla. Je dis « choisi », mais, en réalité, vous n'avez rien choisi du tout. Vous vous êtes laissé porter. Comme le font tous les amoureux. Dès votre divorce, en 1996, vous vous êtes acharné, avec toute la passion que vous insufflez dans la moindre chose que vous entreprenez, à faire entrer Camilla, à petits pas, dans la cour des grands, des très, très grands. Mais, en août 1997, la mort, tragique, tellement théâtrale de Diana, vient déjouer vos plans. La tempête est telle, un ouragan, que le fragile château de cartes que vous aviez commencé à construire est emporté en une seule rafale. Diana a toujours été meilleure joueuse que vous. Tellement plus fine. Diana a toujours dit qu'elle gagnerait cette guerre. Et, soyons honnête, car il s'agissait bien d'une guerre, ce dernier coup qu'elle vous porte vous a mis K.-O. ! Échec et mat pour le futur roi ! Alors, gilet pare-balles ou pas, le 6 septembre 1997, pour accompagner sous les yeux du monde entier le dernier voyage de la princesse mal aimée, de la femme humiliée, celle qui ne sera jamais reine, la seule pourtant qui a hérité de l'amour du peuple ? Vous devenez un homme à abattre ! Quel rôle atroce ! Jamais vous ne vous en relèverez vraiment. Aujourd'hui encore, malgré le temps, les experts en communication, votre remariage, les photos, l'image d'une famille moderne, unie, votre aura reste écornée. Un roi d'Angleterre doit-il vraiment laisser parler son cœur ? Que vous avez dû envier, détester, peut-être même haïr votre grand-oncle, l'éphémère Edward VIII. Après tout, sans son renoncement, l'Histoire, avec un grand H, et votre histoire, auraient été bien différentes. Charles, n'avez-vous jamais rêvé d'un destin à la façon duc de Windsor ?

Mais vous avez accompli votre devoir ! Parce que là-haut, les instances dirigeantes de la Couronne, les têtes pensantes, y ont veillé. Vous avez grandi comme grandissent tous les enfants, avec des principes : on ne parle pas à table, on choisit le bon couvert, le beau mot, on ne pose pas de question, on vénère la reine, la commandante suprême et… on ne prononce pas, on ne prononce jamais, le mot « abdication » ! On n'y pense même pas !

Vous voilà aujourd'hui couronné. Par la grâce de Dieu, vous êtes maintenant roi du Royaume-Uni, de Grande-Bretagne et d'Irlande du Nord, chef du Commonwealth et de l'Église anglicane, défenseur de la foi, généralissime des forces armées, propriétaire de tous les cygnes de la Tamise, de tous les dauphins, baleines et esturgeons qui nagent dans les eaux royales… Vous êtes le souverain de deux milliards cinq cents millions de sujets à travers le globe. Et Camilla règne à vos côtés. Je lui dis « bravo ». Parce que dans ce casting à la Windsor, si vous avez hérité du second rôle, celui d'une doublure, celui d'un homme broyé entre deux héroïnes ensuite, puis, enfin, du mari infidèle, incapable d'aimer – oserais-je l'écrire : pour certains, le rôle d'un meurtrier – dans cette superproduction *made in England*, Camilla, elle, a dû se glisser dans les robes d'une sorcière. Mais d'une sorcière tant aimée ! Parce que vous l'aimez plus que tout et parce qu'elle vous aime plus que tout, elle a accepté ce rôle impossible. Ce rôle que personne ne voulait ! À un âge où d'autres lèvent le pied, choisissent de se retirer, elle arrête de fumer, elle perd du poids, elle apprend à sourire de toutes ses dents devenues blanches. À porter un diadème. À poser. À attendre. Et elle apprend à se taire. Jamais plus elle ne parlera sans le consentement des hommes en gris du palais ! En juin 2022, pour ses 75 ans, le *so chic Vogue* lui promet sa couverture. Camilla joue le jeu. Séance photo à Clarence House que l'on n'ouvre pourtant jamais. Camilla s'habille, se déshabille, se change, encore et encore. Camilla se maquille, se démaquille, se remaquille. On donne accès à un autre salon, on prend d'autres poses… Elle se confie, laisse parler son cœur. Ses mots sont beaux, surtout, ils sonnent vrai. Finalement, c'est Beyoncé (et son nouvel album) qui décroche la *cover*, actualité oblige. Camilla est reléguée en page 17 ! Pas grave, *Vogue*, ce sera pour une autre fois. L'histoire de sa vie en somme. Et les tabloïds de souligner que Diana, elle, a décroché la célèbre couverture à sept reprises !

Vous le savez, Camilla. Vous avez appris à vivre avec. Jamais vous ne serez l'immense Elizabeth II. Jamais vous ne serez l'iconique Diana. Jamais vous ne serez la merveilleuse Catherine. Mais vous avez accepté de jouer votre rôle. Puisque c'est d'un rôle qu'il s'agit. D'oublier les menaces, les humiliations, les larmes versées. Vous souriez aujourd'hui, et de bon cœur, à ceux qui, hier, vous ont injuriée. Vous le faites Camilla, parce que vous aimez Charles. Parce que devenir sa femme était un peu le but de toute une vie, parce que, sinon, à quoi aurait servi le combat ? Et puis, vous le faites aussi, j'en suis persuadé, parce que vous savez que vous envoyez un message, un message d'espoir, à toutes les femmes, toutes les femmes qui aiment un homme marié, un père de famille, un homme déjà engagé. Un amour vrai et véritable a tous les pouvoirs. Même celui de faire plier la plus intransigeante des belles-mères, la plus flamboyante des couronnes. Et pour envoyer ce message d'amour vous n'aviez besoin d'aucune autorisation !

Vos Majestés me pardonneront ma trop grande franchise.

Dear Charles, dear Camilla, je reste, et resterai de vos majestés, l'humble et obéissant sujet et serviteur[1].

Chocolat chaud

Pour le Liégeois que je suis, impossible de ne pas évoquer le chocolat. Il est d'ailleurs l'aliment favori de bien des royaux. Elizabeth II la première avouait ne pas pouvoir y résister, savourant, chaque jour, une part de *chocolat biscuit cake*, son dessert préféré. En Angleterre, le prince William a hérité de ce petit faible. En Belgique, Albert II est également un indéfectible amoureux de ce trésor national. Ainsi, en 1999, pour le mariage de son fils et héritier, Philippe, l'actuel souverain, puisque c'est lui qui paye la facture, le dessert du dîner de mariage est un gâteau au chocolat ! Et tant pis si les palais les plus fins trouvent ça… un peu trop « quelconque ». Côté royaux, la belle Rania de Jordanie avoue, elle aussi, en être mordue.

1. Cette dernière formule est celle qui doit être utilisée lorsque vous écrivez au roi et à la reine. Aussi belle et vraie soit ma lettre, j'hésite encore à l'adresser au palais !

C'est Fernand Cortès qui fit envoyer, en France, à Charles Quint, la première cargaison de cacao, puis ramena des fèves et les épices nécessaires à la préparation du chocolat, le breuvage des dieux « Theobroma cacao » conçu en hommage à Quetzalcoatl. En 1594, le pape Clément VIII avait ainsi goûté la boisson des grands chefs aztèques offerte par le père Carlati, rentré d'Amérique latine. Péché de gourmandise ? Le breuvage souleva sérieusement une question religieuse : la consommation de chocolat interrompait-elle le jeûne ? Après bien des tergiversations, le cardinal Brancaccio et le révérend Escobar tranchèrent le dilemme : « Le chocolat à l'eau ne tranche pas le jeûne. » Ouf !

Boisson favorite d'Anne d'Autriche, fille de Philippe III d'Espagne, elle l'imposa à la cour dès son arrivée et Louis XIII la laissa faire. Sa belle-fille, Marie-Thérèse d'Espagne, fille de Philippe IV d'Espagne, amena Louis XIV à céder par lettres patentes, en 1659, au sieur David Chaillon (ancien page d'Anne d'Espagne), le commerce exclusif du chocolat dans toutes les villes du royaume. À Londres, en 1674, le premier chocolat à croquer fut fabriqué sous l'appellation de « chocolat en boudins à l'espagnole ». En France, il faut attendre un édit royal de 1705 pour autoriser les limonadiers à vendre le chocolat à la tasse sur tout le territoire.

Voici la recette qui dort dans les archives du palais de Bruxelles. Prévoir :

- 200 grammes de chocolat noir à 74 % de cacao,
- 50 centilitres de lait entier,
- 40 centilitres de crème fraîche liquide.

Dans une casserole à fond épais, faire chauffer le lait et la crème à feu doux. Concasser le chocolat puis le mettre dans le mélange lait/crème tout en remuant avec un fouet pour le faire fondre. Verser le chocolat chaud dans une chocolatière et le faire mousser en tournant le « moussoir ». Vous pouvez aussi utiliser votre fouet. Ne tardez pas à servir. Votre boisson doit être onctueuse !

Clarence House

À cinq minutes de Buckingham, avec une jolie pelouse (parfaite pour un jeu de croquet), cette demeure signée John Nash a été pendant tout juste cinquante ans (de 1952 à 2002) le domicile de *Queen Mum*. Au décès de la reine mère, sa façade blanche, sobre et classique donnant sur le Mall est devenue la résidence londonienne de Charles et Camilla. Manoir plus que palais royal, Clarence House comprend une douzaine de belles pièces réparties sur trois étages et abrite l'impressionnante collection de peintures anglaises de la reine mère. Mais la demeure n'avait pas reçu un bon coup de peinture depuis au moins vingt ans quand le prince de Galles s'y installe en 2003. Camilla, qui a déjà eu recours au talentueux décorateur d'intérieur Robert Kime pour restaurer Highgrove, sans oublier Ray Mill House (sa propre maison dans le comté du Wiltshire), l'engage à nouveau avec mission de « rafraîchir Clarence House tout en conservant la mémoire de la reine mère ». La vieille dame poudrée aurait applaudi des deux mains. Le résultat final est qualifié d'« exceptionnel ». La « pièce du matin » a conservé ses meubles Chippendale du XVIIIe siècle et un tableau romantique de Walter Sickert toujours en place, au-dessus de la cheminée. Le hall d'entrée met en scène de grands portraits des ancêtres royaux tout comme le « *horse corridor* », les peintures équestres préférées de Sa Majesté. La salle dite « Lancaster » a de hauts murs couverts de livres et, au rez-de-chaussée, la « *garden room* » est tendue de beaux et soyeux rideaux rouges. Tout est chic et cosy.

Le bureau du roi donne sur le jardin. Un escalier privé lui permet d'accéder au premier étage. Pour la chambre de Charles, Camilla a choisi un tissu rose pâle pour les murs et un immense lit à baldaquin en acajou. La reine dispose d'une chambre, d'un boudoir et d'une salle de bains. Tableaux, bustes, porcelaines, souvenirs de voyages et photographies dans des cadres d'argent apportent des notes de pure élégance à cette décoration chic et cossue. Clarence House compte quatre-vingt-dix employés, mais seul un petit nombre a vraiment accès au boudoir royal dont les pachas incontestés sont les deux Jack Russel de Camilla.

Beth et Bluebell sont les seuls à oser se prélasser dans les longs canapés. Tant que Buckingham Palace est en travaux, le couple royal y reste, appréciant l'intimité feutrée de cette maison dont l'estimation immobilière dépasse les quelque 120 millions de livres !

Couronne

Depuis Jésus de Nazareth, roi des Juifs, et sa couronne d'épines, la couronne (qui va d'ailleurs donner son nom à la cérémonie du couronnement) est le symbole, par excellence, de tout souverain. Je me souviens d'un voyage à Saint-Pétersbourg où j'ai eu l'occasion d'admirer une réplique, parfaite, de la couronne des tsars, une coiffe, étonnante, de plus de cinq mille pierres précieuses (4 936 diamants, 72 perles et un spinelle rouge de 400 carats) commandée pour le sacre de Catherine la Grande, le 13 septembre 1762. Pour supporter le lourd joyau durant les quatre heures de cérémonie, la tsarine n'avait donné à ses joailliers qu'un seul mot d'ordre : pas plus de 2 kilos ! Posier et Eckart, deux orfèvres suisses, ne disposèrent que de deux mois pour cette création. Depuis 1998, le joyau qui a survécu aux bolcheviques a été déclaré « inestimable » et est interdit de quitter les hauts murs du Kremlin. Sauf sur ordre personnel du président russe et uniquement en cas de force majeure ! La dernière fois que la couronne fut portée (par Nico-

las II) remonte à 1906 lors de la cérémonie d'inauguration de la première Douma d'État. Le joyau des tsars est conservé dans une spectaculaire chambre forte située au sous-sol du Palais des armures qui dépend de la Banque nationale de Russie, parce que les joyaux de la couronne sont une garantie de la monnaie russe. Tout comme l'Angleterre et la couronne de saint Edward dont on a beaucoup parlé lors du récent couronnement de Charles III. Utilisée uniquement lors du sacre d'un roi de Grande-Bretagne, cette coiffe est le joyau le plus éminent (bien que pas le plus scintillant !) de la Couronne britannique. Avec le sceptre surmonté d'une colombe aux ailes déployées, un autre à la croix, une épée constellée de pierreries, une couronne dite « d'État », un orbe et des bracelets, la couronne de saint Edward constitue le véritable trésor des monarques de Grande-Bretagne.

Au milieu du XIe siècle, conscient de l'importance des symboles dans la construction d'une image, Edward le Confesseur (il sera le seul souverain canonisé de l'histoire de la monarchie) réunit une collection d'insignes, la première créée en Europe de l'Ouest. Elle est constituée d'une couronne d'inspiration byzantine, d'un peigne en ivoire, d'une croix en bois couverte d'or et de pierres, d'un calice... À cette cassette royale, au fil des sacres de ses successeurs, viennent s'ajouter de nouvelles couronnes, des sceptres, des bijoux pour les reines consorts... Au XIVe siècle, on estime qu'Edward II est en possession d'une dizaine de couronnes. En 1642 commence la guerre civile. Pendant plusieurs années, le pays voit s'affronter les partisans de Charles Ier et ceux du Parlement rassemblés autour d'Olivier Cromwell. En 1649, Charles Ier est conduit à l'échafaud. Les joyaux, « symboles détestables des rois », sont dispersés ou fondus. Seule une cuillère en vermeil du XIIe siècle utilisée pour l'onction des monarques échappe aux destructions. L'Angleterre devient (pour une période de onze ans et la seule fois de son histoire) une république. En 1660, lorsque Charles II retrouve le trône de ses ancêtres, en vue de son couronnement, on confie au joaillier Robert Vyner de reconstituer le trésor disparu. Il travaille sur la base des descriptions et des inventaires conservés par la Maison des Joyaux (la Jewels House) à la tour de Londres. Dans cette nouvelle cassette royale que Vyner remet à la cour figure donc une réplique de la couronne d'Edward le Confesseur : quatre croix pâtées en or massif alternant avec quatre fleurs de lys surmontées d'un orbe et d'une croix. Cette couronne ne sera coiffée que lors de la cérémonie d'un sacre sous les voûtes de Westminster.

En dépit de son caractère sacré, cette « couronne qui fait les rois » sera longtemps sertie de pierres précieuses de location (444 très exactement) qui étaient retournées à leur propriétaire une fois la cérémonie terminée. Le 22 juin 1911, à l'issue de son couronnement, c'est George V, l'arrière-grand-père de Charles III, qui demandera que les pierres soient enchâssées de façon permanente. C'est depuis George V également que la couronne de saint Edward est utilisée par tous les monarques. La grande Victoria par exemple, Edward VII, George Ier, II, III et IV ont choisi d'autres couronnes comme celle d'État ou celle de George Ier tant son poids (2,2 kilos) peut s'avérer être un obstacle. En 1953, la frêle reine de 27 ans qu'est Elizabeth II a dû se muscler les cervicales durant des semaines entières d'intenses répétitions en vue de son sacre.

Notons ici que, si la couronne de saint Edward est la plus symbolique, vous l'aurez compris, la plus spectaculaire est la couronne d'État impérial des rois d'Angleterre : ses quatre arches en or sont serties de 2 868 diamants (dont le Culinan II, la deuxième étoile d'Afrique de 317 carats), 17 saphirs (dont le Stuart), 11 émeraudes, 269 perles (dont 4 en forme de gouttes) et 4 rubis (dont celui du prince noir, un spinelle en réalité, qu'Henri V aurait porté à la bataille d'Azincourt, en 1415). Cette couronne de 900 grammes (et dont les pierres sont estimées à plus de trois milliards) fut posée sur le cercueil d'Elizabeth II et coiffée par Charles III à l'issue de la cérémonie de son sacre. Le roi l'arborera également lors de chaque ouverture de Parlement.

Si vous souhaitez voir ces deux couronnes (et tous les autres joyaux du trésor des rois d'Angleterre), elles sont exposées au rez-de-chaussée de la Jewels House, à la tour de Londres. Sous quatre vitres blindées, une garde de redoutables Yeomen et plus d'une centaine de caméras de surveillance. De la très haute sécurité !

Court Circular

C'est le bulletin officiel de la cour d'Angleterre. Il est publié quotidiennement dans *The Times*, *The Daily Telegraph*, *The Independant* et *The Scotsman*.

La pratique remonte à George III (1738-1820) et permet ainsi à chaque souverain d'annoncer son emploi du temps et ses activités. Cela reste très formel, du style : « Sa Majesté le roi Charles III a reçu en audience, au château de Windsor, Mr Bertrand Deckers qui lui a remis un exemplaire de son nouveau livre. L'écuyer du roi, major Johnny Thompson, assistait Sa Majesté. »

Ce n'est qu'à partir de 1918 qu'un service de presse a été créé au palais de Buckingham. Il est actuellement placé sous la direction de Tobyn Andreae, ancien rédacteur en chef adjoint du *Daily Mail*, l'un des plus grands tabloïds britanniques. Au cours de ses vingt-cinq ans de carrière, Andreae a rédigé, on s'en doute, de nombreux articles sur la famille royale dont certains... pas toujours très catholiques ! C'est le *Daily Mail* qui inventa le sobriquet « *Waity Katy* » (Kate la patiente) pour se moquer de la désormais princesse de Galles lorsqu'elle attendait (encore et encore) que son prince charmant se décide enfin à la demander en mariage. « Vingt-huit ans et toujours sans travail, tout ce que *Waity Katie* semble faire ces jours-ci, c'est assister à des mariages. Espérons qu'elle s'entraîne pour elle-même », écrivait le tabloïd, en mai 2010, non pas sous la plume mais en tout cas avec l'accord d'Andreae puisqu'il était chef de la rédaction. Malgré son mariage, le tabloïd continuera régulièrement à égratigner l'épouse du prince de Galles, pointant du doigt sa maigreur, ses cheveux gris, le côté arriviste et calculateur de sa mère. Si Kate fut blessée par certains de ses propos (confidences de Meghan Markle chez Oprah Winfrey), Charles III ne semble en tenir aucune rigueur à son chef du bureau de presse. Il se dit même qu'Andreae le fait rire !

Crazy Horse

Dans cette caserne de l'effeuillage, toutes les filles sont à poil… d'ours ! Bonnet de *Horse Guard* oblige. Par pur professionnalisme – présence de Clotilde Courau, princesse de Savoie à l'affiche –, j'ai assisté à la relève de la garde et admiré, par la magie d'éclairages mystificateurs, ces combattantes, astucieusement déshabillées, rendant hommage aux troupes de Sa Majesté et former des tableaux d'un libertinage raffiné.

En spécialiste de l'uniforme et du protocole, j'ai surveillé ce défilé de croupes, de seins et de cuisses haut perchés. À l'affût d'un quelconque défaut, je n'ai pas noté le moindre soupçon de cellulite. Il faut dire que les éclairages subliment la peau. La scène étant surélevée, l'angle de vue allonge la ligne et permet aux danseuses de regarder par-dessus la tête des spectateurs. Mannequins de chair que l'on croirait de cire, ces prêtresses du nu ont parfois des noms de guerre qui m'enchantent : Rita Cadillac, Dodo de Hambourg, Trucula Bonbon, Sofia Palladium, Kiki Zanzibar… Je veux bien qu'elles m'adoptent pour mener leur troupe. Mais je garde mon caleçon Burberry !

Daniel Westling

Dans ce petit dictionnaire, on évoque souvent des princesses, des femmes qui doutent, qui souffrent. Ici, je voudrais vous parler d'un prince. Le prince Daniel de Suède. Avant son fabuleux mariage avec Victoria, la future reine, il était coach sportif. Il est désormais prince, avec le prédicat d'altesse royale, et sera demain « prince consort ». Que de chemin parcouru. Et que de coups reçus !

Lorsqu'il rencontre Victoria, fin 2001, dans la salle de sport dont il est le patron, au centre de Stockholm, l'héritière du trône sort d'une relation avec un certain Daniel Collert. En quelques mois de relation, ce jeune homme équilibré débordant de projets et d'énergie est devenu l'ombre de lui-même. Pourchassé par les paparazzis, le boy-friend de la princesse a préféré rompre. Pour Victoria, ce n'est pas la première fois. Mais on ne s'habitue jamais à ça, entendre l'homme que vous aimez vous dire qu'il vous aime aussi mais qu'il ne souhaite plus partager votre vie, parce que cette vie-là, votre vie, est dangereuse, toxique. Victoria n'en a pas voulu à Daniel Collert. Elle ne connaît que trop la dent dure des médias.

Il y a quelques années, alors qu'elle était encore étudiante, certains tabloïds ont pointé du doigt quelques-unes de ses formes un peu disgracieuses. Victoria s'est lancée dans un régime, a commencé à traquer impitoyablement l'aiguille de la balance. Elle a perdu 5 kilos, puis 5 autres. Et 6 encore. Victoria a maigri, au-delà du raisonnable. Victoria est devenue anorexique. Certes, c'était avant. Mais, au palais, on sait la princesse fragile. Alors, on continue de la surveiller. En ce mois de décembre 2001, c'est la princesse Madeleine, la benjamine des Bernadotte, qui lui a conseillé de s'inscrire dans cette salle de sport. « Son coach s'appelle Daniel », lui a-t-elle glissé. Le même prénom que son ex, que c'est étrange ! Et la même silhouette, athlétique. Daniel a été prévenu de l'identité de cette nouvelle cliente, pas tout à fait comme les autres. Mais… il n'en a pas vraiment tenu compte. Il est certes extrêmement poli, extrêmement prévenant, mais comme il l'est avec tous ses clients. Ni plus ni moins. En réalité, Daniel est surtout très professionnel. Pour devenir le propriétaire de cette salle de sport, il a dû bosser dur, épargner, investir. Si, aujourd'hui, son enseigne figure parmi les adresses les plus tendance de la capitale, c'est tant mieux, mais il garde la tête froide. À tel point qu'il semble que ce soit Victoria qui, un soir, lui demande si, « à tout hasard »… il aurait le temps de prendre un verre.

Quelque chose la pousse irrésistiblement vers lui, vers son regard bleu dissimulé derrière de petites lunettes cerclées de métal, vers sa façon bien à lui d'hésiter, d'être maladroit, un peu

gauche. Daniel a peu d'assurance, ne masque pas ses faiblesses, son manque de connaissances. Daniel est 100 % vrai. Daniel est différent. Victoria tombe amoureuse. Dans ses bras, c'est étrange, mais elle se sent aimée, désirée. Elle se sent belle. Elle se sent forte. Daniel l'écoute, l'écoute vraiment. Son jugement est neutre, il est sûr. Et puis, le jeune homme en survêtement et baskets n'est aucunement fasciné par le statut de cette héritière. Bien au contraire ! Si, grâce à sa clientèle branchée, il connaît un peu le monde pailleté du showbiz, en revanche, il ignore tout des codes et des manières des gens de la cour. « Si seulement elle n'était pas princesse, peut-être que... »

À l'abri des regards, le jeune couple passe des journées entières dans le petit studio que loue le coach, au cœur de la capitale suédoise, à un jet de pierre de sa salle de sport. Victoria profite pleinement de ces tête-à-tête qui s'écoulent dans une incroyable tendresse. Mais au fond d'elle, elle sait que cette parenthèse ne va pas durer. Comme si le bonheur d'une future reine devait forcément être volé. Triste évidence ! Le 30 mai 2002, les premiers clichés de Victoria et de Daniel sont publiés en une de l'*Expressen*, journal à sensation. Le scoop fait l'effet d'une bombe. On raconte, dans les milieux très bien informés, que le porte-parole du palais manque s'étouffer en feuilletant son journal. De son côté, Carl XVI Gustaf serait abasourdi. « Un coach sportif ! »

Il ne s'agit là, vous l'avez deviné, que de la première page d'un épisode qui va s'écrire à l'encre du scandale. La presse s'acharne. La machine est lancée. Déjà, plus rien ne semble pouvoir l'arrêter. Surtout pas Victoria qui n'est absolument pas décidée, malgré les pressions du palais, malgré la virulence des médias, à mettre un terme à son histoire d'amour. Rien ne va être épargné à Daniel : ses origines modestes, provinciales, son manque d'études, de culture, son goût pour les casquettes de baseball, ses pantalons de treillis, ses costumes trop bleus, trop gris, trop larges. Daniel Westling est caricaturé comme le roi des gigolos.

Cette romance sulfureuse va passionner des millions de lecteurs à travers le monde. La Suède, particulièrement privilégiée, semble découvrir la lutte des classes. Partout, dans les journaux, dans les bistrots, les salles de sport, deux clans s'affrontent : les partisans de Daniel et les autres, ceux qui prônent qu'une princesse héritière n'a rien à faire dans les bras, dans les draps, d'un professeur de gym. D'ailleurs, qui est vraiment cet homme qui chasse sur des terres réservées à l'aristocratie ? Pas besoin de chercher très loin. À lui seul, le CV de Daniel est un argument pour ses détracteurs. Pas une seule goutte de sang bleu, un père fonctionnaire, une mère employée des postes, des notes à peine au-dessus de la moyenne, seulement deux ans d'études secondaires. Chaque jour apporte son nouveau lot de « fautes graves ». Et puis, il y a cet accent aussi, qui sent la province, tellement éloigné, tellement différent, des intonations pincées de la haute société suédoise. Entre Ockelbo, le village où a grandi Daniel, et le château de Drottningholm, il y a des années-lumière !

À Drottningholm, les portes claquent. On dit aussi que les rapports entre le souverain et sa fille sont devenus quasi inexistants. En 2003, le roi finit enfin par reconnaître l'existence de ce personnage gênant, mais du bout des lèvres : « Il est bon que les jeunes ramènent leurs camarades à la maison. Car mieux vaut faire leur connaissance que ne pas les connaître du tout. » Ambiance !

En attendant, entre deux scandales, Victoria et Daniel continuent à tisser leur amour et se découvrent beaucoup plus de points communs que ce que la presse peut en dire. Tous deux partagent les joies de la campagne, aiment bouger, skier, préfèrent les dîners entre amis aux mondanités. Nouvelles photos. Un dimanche matin, Victoria est surprise en train de laver la voiture, devant la maison des Westling. En quelques heures, les kiosques à journaux sont dévalisés. De son côté, Daniel se cache sous ses casquettes, pique un sprint dès qu'il aperçoit un photographe. Et s'enferme dans le silence. Quoi qu'il en soit, une chose, une seule, semble certaine : Victoria veut vivre avec Daniel. Il est l'homme de sa vie. Elle en est persuadée. Et *vice versa*.

En 2007, cinq ans après leur rencontre, Daniel emménage à Drottningholm, même si, officiellement, il habite dans un pavillon voisin. Lentement mais sûrement, Daniel Westling effectue ses premiers pas dans la cour des grands. En mai 2008, il est invité officiellement aux 40 ans du prince Frederik de Danemark. En revanche, au mois de juillet, il est toujours *persona non grata* à l'anniversaire de sa belle. Le maréchalat de la cour aurait-il oublié de lui faire parvenir un carton ?! Quoi qu'il en soit, Victoria fête ses 31 ans sans la présence de son prince, mais arbore un bracelet en argent et un pendentif gravé « VD ». La cour finit par l'admettre : c'est grâce au « plouc » que Victoria est enfin à l'aise dans ses escarpins de future reine. La monarchie suédoise devra désormais composer avec Daniel. Mais un nouveau Daniel. Le coach passe de l'autre côté de la barrière et suit un entraînement à la hauteur de ses futures fonctions. Remisés au fin fond du dressing, pantalons de treillis, sweats, pulls et tee-shirts trop larges. Daniel est rhabillé. Costumes cintrés, griffés, cravates fines, chemises sobres, boutons de manchette. Au quotidien ? Anglais intensif, leçons sur l'histoire de la Suède, généalogie de la famille royale (qui est d'origine française !), cours de maintien et de protocole, présentation du gouvernement, du Parlement, de l'administration… Exercices drôles aussi : Daniel apprend, par exemple, à utiliser l'argenterie frappée de la couronne suédoise, l'une des plus belles au monde, et à ne pas confondre les verres qui s'alignent devant les assiettes de porcelaine fine en une succession interminable.

Le 23 février 2010, à 14 heures, la princesse héritière de Suède annonce officiellement ses fiançailles. L'annonce suivie d'une conférence de presse est retransmise sur YouTube. Le bonheur de Victoria crève l'écran. « Avec Daniel à mes côtés, je me sens en sécurité. » Conviés au palais, les médias interrogent longuement le couple sur la demande en mariage, la date, le lieu retenu pour l'événement. « La princesse peut-elle nous dire quelle a été sa réaction face à cette surprise ? » Après la réponse de Victoria, le journaliste se tourne vers Daniel et, comme pour lui rappeler que, même s'il sera bientôt l'époux de la future reine, il ne fera jamais vraiment partie du sérail, il le tutoie avec un naturel déconcertant. « Et toi Daniel ? Comment as-tu vécu ce moment ? »

S'il ne s'agit que d'une anecdote, elle n'en est pas moins porteuse de sens. Et terriblement révélatrice. Ce n'est pas parce que

Daniel ne parle pas qu'il n'est pas touché. Il sourit et répond, en veillant à masquer sa pointe d'accent. Il sait que la cour n'est qu'une succession de salons où les pièges succèdent aux pièges. Parfois, il se répète qu'il n'y arrivera jamais. Que, même en smoking et souliers vernis, il restera toujours un « Svensson », un « Suédois moyen » comme l'a baptisé la presse. Victoria s'est battue pour imposer Daniel dans son sillage, pour l'installer sous les lambris de la Couronne. Elle se bat maintenant pour convaincre l'homme de sa vie qu'il sera à la hauteur de cette vie un peu différente, un peu effrayante… « Daniel, j'ai besoin de toi à mes côtés. »

Ultime épreuve. Au mois de mai, Daniel est opéré d'un rein. On chuchote que ce sont les tracasseries liées à son mariage, un excès d'angoisses, qui ont précipité l'intervention. En voyage au Groenland, la princesse veut écourter son déplacement. Le palais lui fait savoir qu'un retour précipité serait des plus malvenus !

Le 19 juin 2010, le monde entier a les yeux rivés sur Stockholm. Seul, le dos droit, un homme attend sa future femme au pied d'un autel couvert d'une pyramide de delphiniums. Victoria apparaît dans une robe en satin duchesse dont l'encolure bénitier dévoile son dos nu couvert d'un voile interminable. Devant un parterre de huit reines, quatre rois, trente princes et princesses, le coach sportif devient altesse royale. De la magie ! D'autres parleraient de sorcellerie. Une révolution de palais surtout ! Mais à quel prix ? Ce prix, Daniel est le seul à le connaître. À avoir enduré les coups. Chacun le sait. Sous les voûtes de la cathédrale Storkyrkan, l'homélie de l'archevêque Anders Wejryd se fait grave. « Victoria, Daniel, aidez-vous à supporter vos fardeaux mutuels… » Déjà, la main de la future souveraine ne quitte plus celle de son prince. Daniel se tourne vers elle. Sur le rebord du prie-Dieu, Victoria – qui a rehaussé le diadème de camées et de perles de l'impératrice Joséphine – dépose son bouquet de muguet mêlé de roses, d'orchidées, de clématites, de gardénias, d'azalées, de branches de myrte… « Victoria, veux-tu être ma femme ? » Silence dans l'assemblée. Le gotha tremble, découvre toute la force d'un vrai mariage d'amour. Il est 15 h 50. Victoria ferme les yeux. Dans son bustier de dentelle, ses épaules frissonnent. J'ai toujours eu l'intime conviction que c'est elle qui a dû convaincre Daniel de ce mariage. Une future reine qui s'agenouille devant son berger. Et non l'inverse ! Daniel fera un très grand prince consort. Car il permet à Victoria d'être elle-même, de trouver la force d'assumer cette vie différente.

Daniel et Victoria sont aujourd'hui les parents de la princesse Estelle, duchesse d'Östergötland (deuxième dans l'ordre de succession au trône), et du prince Oscar, duc de Scanie.

Deo Juvante II

C'est une scène digne d'Hollywood. Le matin du 12 avril 1956, le prince Rainier III arpente nerveusement le pont de son yacht blanc, le *Deo Juvante II*. Les couleurs des Grimaldi flottent au vent. Les nuages gris qui se sont amoncelés depuis le matin se dissipent. Enfin, le soleil éclate. C'est ce qu'on baptisera « le temps Grace Kelly ». Mais la houle est encore si forte que le capitaine a du mal à aborder le long de l'*US Constitution*.

Pour la première fois dans l'histoire de Monaco, un paquebot de ligne en provenance de New York jette l'ancre au large du port. À son bord, l'actrice oscarisée, future princesse. Et le clan Kelly, venu en nombre, de Philadelphie, pour ce que le *Times* baptisera bientôt : « Le mariage le plus romantique depuis Roméo et Juliette. »

À cause de la houle, l'opération d'accostage prend de longues minutes. Finalement, le capitaine réussit. On abaisse une passerelle couverte d'un tapis à fleurs, jetant comme un trait d'union, tout un symbole, d'un pont à l'autre. Rainier s'arrête au pied de celle-ci. Le protocole exige que ce soit Grace qui vienne jusqu'à lui.

Et, enfin, la star apparaît. D'énormes lunettes noires lui masquent le visage. D'une main, elle tient son immense capeline ; de l'autre, son chien. Au gré de ses pas, les passagers et membres d'équipage du *Constitution* lancent des brassées d'œillets rouges dans l'air. Jamais une pluie n'a paru aussi romantique !

Une fois Grace à quelques mètres de lui, Rainier monte sur la passerelle, se saisit de son caniche Oliver, manquant de peu de faire tomber le chapeau de Grace dans la bataille. La prenant par la taille, il la guide sur le pont du *Deo Juvante*.

Quand le yacht du souverain entre dans les eaux de Monaco, les canons du Rocher font trembler les vieux murs, à vingt et une reprises. Tous les bateaux du port font retentir leurs sirènes. Les canots de pompiers projettent des gerbes d'eau. Un orchestre fait éclater la *Marche nuptiale*. Mille drapeaux s'agitent. Alléluia ! Grace n'est plus actrice. Elle ne sera bientôt plus américaine. Monaco accueille sa princesse. À Hollywood, le génial Walt Disney n'a pas fait mieux !

La lune de miel se passera aussi à bord du *Deo Juvante*. Mais Grace, souffrant du mal de mer et fatiguée des tensions endurées, n'en gardera pas un souvenir idyllique. Neuf mois plus tard, elle donnera cependant le jour à la princesse Caroline !

Diadème

Il est un peu le symbole de toute princesse. Dans la monarchie de mon cœur, chez les Windsor, la tradition veut que le souverain prête un diadème à toute future mariée. En 2011, durant les préparatifs de ses noces, au moment de choisir le joyau qu'elle allait coiffer le matin du jour J, au premier étage de Buckingham, Kate Middleton a été tellement impressionnée qu'elle en aurait perdu la parole. Avant de se ressaisir et d'opter pour la tiare Halo de Cartier, un modèle de 1936, cadeau du futur George VI à la future *Queen Mum*. Dans la pénombre et la froideur d'une des salles qui conservent ces pièces historiques, en vraie Américaine, Meghan Markle, elle, a cru défaillir. Tellement plus vrais, plus beaux, tellement plus nombreux que les répliques d'Hollywood ! Sous le regard sévère d'Angela Kelly, après maintes tractations, la future duchesse de Sussex donnera sa préférence à un bandeau de la reine Mary. Quelques mois plus tard, avant de choisir la tiare Greville en diamants et émeraudes de la maison Boucheron, un modèle de 1919, la princesse Eugenie, elle, a voulu tous les essayer. Beatrice, sa sœur, préférera les quarante-sept barrettes en diamants de la maison Garrard, cadeau de la Queen Mary également, un modèle particulièrement fragile qui avait déjà été choisi par Elizabeth II et la princesse Anne pour faire scintiller le jour de leurs épousailles. L'épouse du prince Edward, la comtesse Sophie de Wessex, a adopté le diadème Anthemion, qu'elle aura la chance – privilège rare – de pouvoir conserver après ses noces. Soulignons que Margaret, elle, n'a pas eu à plonger dans les coffres de sa royale sœur, puisqu'elle a préféré, en princesse déjà très libre et très indépendante, acheter elle-même sa propre tiare, dite Poltimore ; que la très aristocratique Diana a porté le diadème Spencer, trésor familial des seigneurs d'Althorp depuis plusieurs générations (un bandeau qui lui a valu de forts maux de tête), et que Sarah Ferguson s'est vu offrir le sien, la Tiara of York, par son futur mari, déjà très dépensier !

Si chaque cour possède – *of course* – une série de diadèmes historiques – le diadème des neuf provinces en Belgique, le diadème aux étoiles aux Pays-Bas, le diadème aux camées en Suède, le diadème La Buena en Espagne, le diadème de Joséphine en Norvège, la parure océan à Monaco… –, les parures de tête des ladies du clan Windsor sont parmi les plus emblématiques car les plus vues. Même si ces infos sont secret d'État, la presse (toujours très bien informée outre-Manche) nous dit que feue Elizabeth II, croqueuse de diamants invétérée, possédait, au total, seize diadèmes. Et quatre-vingt-dix-huit broches, quarante-six colliers, trente-sept bracelets, quinze bagues, quatorze montres, cinq pendentifs, soixante-huit paires de boucles d'oreilles… N'en jetez plus, les cassettes sont pleines !

Diana

Nous sommes le 31 août 1997. La Mercedes noire qui transporte Diana et Dodi vient de quitter le Ritz, par la rue Cambon. Avec un peu de chance, Henri Paul, le chauffeur, va parvenir à semer les paparazzis. Rue de Rivoli. Place de la Concorde. Cours la Reine. À l'intérieur de l'habitacle, sur le tableau de bord, un cadran lumineux affiche minuit 19. Par l'entrée est, la berline pénètre sous le pont de l'Alma. Elle est enregistrée à 198 kilomètres-heure. Minuit 20. Minuit 21. La Mercedes sort du tunnel. Henri Paul est génial. Quelle maîtrise ! Il est parvenu à planter les photographes. Pulvérisés ! Mais pour combien de temps ? Sur la banquette de cuir, Dodi saisit la main de Diana. Il voudrait la protéger de ces vampires pour l'éternité. Car il s'agit bien de vampires. À chaque cliché, ils lui volent son âme, ils lui sucent son sang. Elle pourrait en mourir. Parfois, elle veut mourir. Il le sait. Elle le lui a dit.

Dodi aime Diana. Plus que tout. Alors, il veut la protéger. Il y a quelques jours, il a eu une idée. Un peu folle. Mais, après tout, pourquoi pas ? Dodi croit toujours en ses idées. Et si le projet n'est pas un peu dingue, il ne l'amuse pas. C'est pour lui présenter cette idée d'ailleurs qu'ils ont atterri, il y a quelques heures, à Paris. Que la capitale française est calme en été. Presque morte. Diana a basculé son beau visage sur la vitre de la berline. Dehors, il fait nuit. Totalement. Comme elle ne connaît pas Paris ou si peu, elle ne s'aperçoit pas que la limousine a dévié de son trajet. Ce soir, la princesse et son amant ne vont pas rentrer rue Alfred-Houssaye dans l'appartement de Dodi au-dessus des Champs-Élysées, comme convenu. La voiture s'engouffre dans le bois de Boulogne en bordure de la capitale. Elle traverse maintenant le parc de Bagatelle, ralentit. Trevor Rees-Jones, le garde du corps de la princesse, sort du véhicule, pousse une grille. La berline redémarre. Trevor

ne remonte pas ? « Nous sommes arrivés », dit la voix chaude de Dodi. La portière s'ouvre. Au fond d'une longue allée, sinueuse, une bâtisse de pierres, vaste, cossue, s'éclaire soudain d'une lumière blanche. On dirait un château. Le château de la Belle au Bois dormant. « Mais… où sommes-nous ? » demande Diana. Elle a froid. Dans l'obscurité, Dodi dépose un blazer sur ses épaules. « Nous sommes à la Villa Windsor. » Diana tressaille. La Villa Windsor. Ce lieu, elle le connaît. Comment pourrait-il en être autrement ? Mais elle n'y est jamais venue. La Villa Windsor, c'est le refuge du seul roi d'Angleterre qui a choisi d'abdiquer pour épouser la femme qu'il aime. La Villa Windsor, c'est le sanctuaire des exilés de la Couronne, des brûlés de Buckingham : l'éphémère Edward VIII et la sulfureuse Wallis Simpson. Dodi et Diana remontent l'allée. En réalité, elle se laisse porter par l'écho de ses pas sur le gravier. Elle sait que c'est Mohamed Al-Fayed, le père de Dodi, qui en est l'actuel occupant. Elle croit bien, mais elle n'en est pas sûre, qu'il s'agit d'une location, d'un accord, avec la mairie de Paris. Ils arrivent maintenant face au perron de l'édifice. À l'intérieur, les salons ont été éclairés. Que d'embrasures, que de fenêtres. Il faut gravir quelques marches. Diana hésite, ne voit pas vraiment où poser le pied. Une double porte vient de s'entrouvrir. Le hall d'entrée semble gigantesque. Au loin, elle aperçoit un grand escalier. Mais… où est Dodi ? Il est à ses pieds, un genou à terre. Entre ses mains, une petite boîte de maroquin rouge. Elle reconnaît le R de chez Repossi. Il ouvre l'écrin. C'est une bague. Son modèle ? « Dis-moi oui. » Il est fou. Il est beau. Mais, surtout, qu'il est tendre, affectueux, prévenant… Qu'il l'aime. Et si c'était la première fois qu'un homme l'aimait vraiment ? « Veux-tu devenir ma femme ? Veux-tu faire revivre la Villa Windsor ? Elle doit être réveillée, elle doit renaître à la vie. Comme je dois renaître à la vie. Diana, je t'en prie, dis-moi oui. »

Je me suis souvent demandé ce que serait devenue la princesse des cœurs si, dans la nuit du 31 août 1997, la voiture folle était sortie du tunnel de l'Alma. Pas vous ? On sait, de source sûre, que Dodi avait prévu de l'emmener visiter la Villa Windsor. Alors, aurait-il posé un genou à terre ? Qu'aurait-elle répondu ? Aujourd'hui, seraient-ils toujours côte à côte ? Seraient-ils amants ? Seraient-ils amis ? Pour elle, peut-être serait-il devenu comme un frère. Moi, en tout cas, pour la connaître un peu, pour avoir, je pense, bien cerné le personnage, je vois bien Diana en reine de Paris. Fini Bruce Oldfield, Jacques Azagury, Victor Edelstein… Bonjour Dior, Chanel, Givenchy, Lacroix. Des griffes désormais 100 % françaises, mais toujours autant de style. Pas de la mode, de l'allure surtout. Les soirées de la princesse de Galles (elle en avait gardé le titre, par courtoisie) et de l'héritier égyptien auraient été les plus courues de la *high society*. Comme jadis le faisait Wallis pour les hôtes qui avaient le privilège (ô combien recherché, ô combien rarissime) de séjourner à la villa, Diana aurait fait demander à quelle température la femme de chambre devait faire couler l'eau de leur bain. Tout aurait été parfait. Trop parfait. L'argenterie, la porcelaine, le cristal, les miroirs, les fleurs du jardin, les parfums capiteux, les lourdes et belles tentures de soie… Le mobilier estampillé Reisner aurait fait pâlir Versailles. Lors des grands soirs, la reine de Paris aurait coiffé la tiare des Spencer aussi fabuleuse que le plus historique diadème des Windsor. À prix d'or, quitte à se ruiner, Dodi aurait couru les ventes et racheté, un à un, les incroyables joyaux de l'outrageante duchesse. Diana aurait été plus parée que Camilla. Plus photographiée. Plus libre. Tellement plus belle. Et ô combien plus populaire. Ô combien plus adorée. Mais aurait-elle été heureuse ? Après tout, qu'est-ce que le bonheur ? Sinon, souvent, une illusion. Mais cette illusion-là aurait été parfaite !

Et vous, avez-vous déjà fait ce rêve étrange ? Pour vous, que serait devenue la si blanche princesse si son carrosse était sorti de la nuit noire ?

« Dickie »

Il est à jamais entré dans l'Histoire par sa tragique disparition, un attentat de l'IRA qui pulvérise son bateau le 27 août 1979. Mais lord Mountbatten, « Dickie » pour les intimes, est une légende à lui seul.

Jeune homme, il est un très beau parti : arrière-petit-fils de la reine Victoria, neveu du tsar Nicolas II, cousin des rois

Edward VIII et George VI et des rois d'Espagne, de Suède, de Norvège, de Grèce et de Yougoslavie. On l'a compris, les bonnes fées présidèrent à sa naissance. Dès l'enfance, Dickie est doué pour tous les sports violents et dangereux, du polo (discipline qu'il pratiquera plus tard) à l'exploration sous-marine, ce qui est un gage de succès dans un pays où l'appartenance aux cercles sportifs passe, dans les notices biographiques, avant toute autre considération !

Très conscient de son rang dans la famille royale, qui lui permet de tutoyer tous les grands de ce monde, ce beau seigneur reste pourtant un homme à l'accès facile, d'un tempérament ouvert et dont le charme, nourri par une bonne dose de savoir-faire psychologique, séduit aisément ses interlocuteurs. Et, bien entendu, comme il est de tradition dans une noblesse digne de ce nom, Louis Mountbatten ne peut que trouver naturel le sacrifice du sang dès lors que sa patrie est en danger. À 16 ans, en 1916, il sert déjà dans la marine royale de guerre.

Marié à la richissime et fantasque Edwina, il va connaître une promotion remarquable : de *commodore*, il progresse sur la liste de la Navy jusqu'au rang d'*acting vice-amiral*, à l'âge de 41 ans. Mais ce n'est pas tout : en même temps, il devient lieutenant-général honoraire et *honorary air marshal*. C'est la première fois – hormis le souverain – que quelqu'un prend ainsi rang dans les trois armes.

Mais du fringant Dickie, ce que les livres d'Histoire vont retenir, c'est son poste de « vice-roi des Indes ». En 1946, il est en effet chargé de mener à bien l'indépendance du vaste empire. Il va y parvenir, entre autres, grâce à la belle Edwina, qui, en secret, tombe amoureuse de Nehru. Dans l'ombre, très proche du prince Philip (dont il est l'oncle maternel), il va jouer un rôle de premier ordre dans le rapprochement entre ce jeune homme beau comme un dieu qu'il considère un peu comme son fils et l'héritière du royaume, la princesse Elizabeth. Le mariage de Philip et Lilibet va en effet permettre aux Mountbatten de rester dans la cour des grands. Mieux encore, d'être assis aux marches du trône !

Oncle Dickie continuera d'exercer son pouvoir sur le prince Charles. Père de substitution, pour l'héritier, il sera un guide, un ami, un conseiller. Avec Dickie, aucun sujet n'est interdit. Bien au contraire ! Le prince de Galles se livre en totale confiance. Pas besoin de psy, il y a lord Louis !

Diva

Elle est, pour moi, la diva des divas ! Véritable légende, héroïne vivante, des femmes comme Maria, il n'en existe qu'une par siècle. Les rois se bousculent pour l'applaudir, et, lors d'une croisière, elle fascine la princesse Grace.

Cinquante ans après sa mort, on a du mal à imaginer quelle place **Maria Callas** a occupée dans la presse internationale. Et les journalistes de s'extasier, de façon complaisante, sur le fait qu'entre deux opéras, elle déplace alors de capitale en capitale ses deux cents robes, ses quarante tailleurs, ses vingt-cinq manteaux de fourrure, ses trois cents chapeaux, ses cent cinquante paires de chaussures, son mauvais caractère et son humour.

Sur scène, son port de reine, sa stature d'impératrice incarnent une ribambelle de royaux : Anne Boleyn, la princesse Turandot, lady Macbeth, la fille du roi d'Éthiopie, la duchesse Hélène, Élisabeth de Valois…

Des familles se brouillent par la vertu de son seul nom prononcé à la fin d'un dîner : *la Callas*. Des foules en délire la portent en triomphe. Des rivalités ancestrales entre villes italiennes se réveillent par elle, pour elle. Là où les autres cantatrices obtiennent des succès ou essuient des échecs, Maria Meneghini-Callas ne connaît qu'apothéose ou émeute. Elle ne débute pas dans une ville, elle y triomphe car elle a toujours une cabale à mater ou une incartade à se faire pardonner. Elle ne fait jamais rien à moitié et sa fin n'en sera que plus pathétique. Le tomber de rideau est atroce. Elle ne se remet pas, ne se remettra jamais, du mariage du milliardaire grec Aristote Onassis – cet homme qu'elle aime plus que tout, plus qu'elle-même – avec Jackie Kennedy, la veuve de l'Amérique. Des noces pour l'image, pour la gloire mais qui la jettent par terre. Maria se brise, sa voix se casse. L'immense appartement de l'avenue Georges-Mandel à Paris, ses lourdes tentures de brocard rouge, ses toiles de maître se transforment en tombeau. La Callas n'exposera plus son corps devenu gracile (au prix de tant de régimes) aux yeux du monde. La Callas est morte déjà. Mais elle n'est pas seule. Pas encore. Pas vraiment. Toutes les nuits, assise à même le parquet à chevrons, elle écoute, en boucle, l'écho de sa voix, cristalline, lumineuse, éclatante, belle à jamais. À chaque fois qu'elle dépose l'aiguille de son phonographe sur le trente-trois tours de l'enregistrement de l'un de ses concerts, ses larmes coulent, comme de l'eau. « Je suis complètement devenue inutile. Ma place est dans un musée. Ou dans une tombe. » Elle attendra la mort d'Onassis pour s'éteindre. Le 16 décembre 1977. À 53 ans. Dans l'église orthodoxe grecque de la rue Bizet, en présence des princesses Grace et Caroline de Monaco, les couronnes de fleurs affluent du monde entier : Covent Garden, le Metropolitan, la Scala, l'Opéra Garnier… Sur les rubans des coussins mortuaires, on lit le nom des Churchill, des Onassis, des Kennedy, des cours du monde entier… Jackie a fait envoyer un coussin de roses, des roses roses qui portent le nom de « Maria Callas », une rose hommage. Les fleurs sont denses, de cinquante à soixante pétales, brillantes, et très odorantes. Dans le chœur du sanctuaire, le parfum est tel qu'on doit légèrement écarter le coussin. Maria s'en va. Mais sa colère est restée intacte. Même dans la mort !

Downton Abbey

Ils ne sont pas rois, pas reines, ils sont comtes et comtesses, lords et ladies… Mais Dieu que la famille Crawley et leur château de Downton n'ont rien à envier aux Windsor et à leur palais de Buckingham ! J'ai vu le moindre épisode et tous les films, sur grand écran. Je suis littéralement fan (peut-être davantage encore que de *The Crown*, mon côté campagne sans doute, mais chuuuut). Je m'incline profondément (très très profondément, façon baisemain ultra-appuyé) face à la merveilleuse Maggie Smith. Julian Fellowes, le génial créateur de *Downton*, dont elle est l'actrice fétiche, lui a écrit, avec le personnage de lady Violet, un rôle taillé sur mesure. De la très haute couture. Quel aplomb, *dear Violet* ! Quel talent ! Vous démontrez comme personne, mieux que personne, que l'on peut être à la fois acariâtre et attachant. Je connais bon nombre de ces répliques par cœur. Et je sais que nous sommes nombreux. Au moment de rédiger ces lignes, elles me reviennent, par dizaines. Au sujet de sa femme de

chambre : « Elle s'en va. Pour se marier ! Comment peut-elle être aussi égoïste ? » Au sujet de la politique : « Un aristocrate qui défend une réforme, c'est comme une dinde qui défend Noël. » J'adooore…

Au fil des épisodes, je me suis aperçu que je suis terriblement comtesse douairière. Je suis à 200 % d'accord avec elle : « Quand la raison fait défaut, il faut essayer la force » ; « Aucun invité ne devrait jamais être admis sans que la date de son départ soit fixée » ; « La vérité n'a aucune importance, ce sont les apparences qui comptent ». *So british* !

Comment ne pas songer à Elizabeth II aussi quand, assise dans le grand salon, une tasse de porcelaine à la main, sa canne d'ivoire dans l'autre, elle assène : « Tu me connais. Ne jamais me plaindre. Ne jamais m'expliquer. » Ou encore… « Vous vous trompez, je ne le déteste pas, c'est juste que je ne l'aime pas. C'est très différent ! »

Des scènes, encore et encore, me reviennent à l'esprit. Des répliques aussi, toujours magistrales ! L'amoureux des fêtes que je suis se souvient de ces mots : « Les principes sont comme les prières. Nobles, bien sûr, mais tellement embarrassants dans une soirée ! » Merci *dear* Violet, moi aussi, tout comme vous, « beaucoup d'amour. Et très peu de culpabilité » !

Drottningholm

À Stockholm, c'est la destination de prédilection de tout touriste. Drottningholm, littéralement « l'île de la reine », est accessible, par bateau, depuis le centre-ville. On longe d'abord les rives verdoyantes d'un lac jusqu'à un ponton de bois, apparaît alors, dans la perspective de jardins français et d'un parc à l'anglaise, un château couleur ivoire.

Le « Versailles scandinave » est le mieux préservé des palais royaux suédois. Il est également représentatif de toute l'architecture royale du XVIIe siècle en Europe. Avec le pavillon exotique appelé « Pavillon chinois », le Théâtre royal et quelques hectares verdoyants, le domaine forme un ensemble unique. La famille royale y vit en toute simplicité. Depuis 1981, elle a emménagé dans l'aile sud du château. C'est ici, dans ce décor de Roi-Soleil, qu'ont grandi la princesse Victoria, le prince Carl Philip et la princesse Madeleine. La légende prétend même que plusieurs fantômes cohabitent harmonieusement avec les locataires.

Le théâtre où l'on donne des opéras baroques est une petite merveille à lui seul. Il peut accueillir quatre cent cinquante-quatre personnes. Répartis sur des chaises et des bancs en gradins, lors des concerts de la belle saison, les convives prennent place derrière, et de chaque côté, des deux fauteuils royaux, qui trônent, en majesté, au premier rang. Six vraies (et fausses) loges (en balcon) sont décorées de papier mâché. Sous ses allures de palais, Drottningholm est la vraie adresse intime des Bernadotte, là où la princesse Victoria et le prince Carl Philip ont guerroyé pour imposer l'homme et la femme qu'ils aiment à leurs côtés. On dit que les hautes portes de la vieille bâtisse ont claqué à plusieurs reprises et que des éclats de voix se sont répandus jusque dans les parcs traversés, chaque année, par sept cent mille touristes. Ah, si ces murs pouvaient me parler…

Dubonnet

C'était l'apéritif favori d'Elizabeth II. Et, cocorico, le Dubonnet est français ! Le soir, quand elle n'exerçait pas son métier de reine, au traditionnel champagne, dans un *long drink*, la *queen* de mon cœur préférait un gin-Dubonnet. Recette simplissime : deux tiers de London Dry Gin (l'un des moins chers du marché), un tiers de Dubonnet et trois glaçons (mais impérativement de forme ronde !). Petit joueur s'abstenir. Ce cocktail royal est plutôt corsé. Les soirs de déprime quand elle aurait eu envie de se plaindre et de s'expliquer (mais elle n'a jamais franchi le stade de l'envie), il lui arrivait d'en prendre deux. Le gin-Dubonnet est, à coup sûr, l'un des petits secrets qui, malgré les tempêtes, lui a permis de tenir la barre du navire Windsor durant plus de soixante-dix ans !

Écosse

Ah, **Balmoral**, terre sauvage, contrastée, paysages à la fois mélancoliques et rassurants. Des montagnes sans rigueur, des vallons verts, des plateaux, infinis, couverts de genêts, de bruyères. L'Écosse, ses rivières discrètes, ses brumes subtiles, ses montagnes, ses lacs, avec ou sans monstre... Entre les ondées et, au nord du vieux royaume, un soleil qui brille parfois jusqu'à minuit, il n'y a ici ni dieux ni maîtres. Tout homme s'incline, s'efface. Sur ces terres sauvages, les espaces n'appartiennent qu'aux vents, aux collines grignotées par les cerfs, aux falaises de roche et de calcaire, aux rayons du soleil, aux quartiers de lune, aux sapins, touffus, aux arbres verts, aux eaux froides et sinueuses.

Quand on arrive par la route, à pied, il faut d'abord traverser un pont qui enjambe la rivière Dee et remonter une allée bordée de bouleaux et de hêtres. Le chemin serpente, puis s'étire, en ligne droite, jusqu'au château de granit. Bienvenue à Balmoral ! Trente-deux mille hectares de forêts et de landes. Et une bâtisse, froide, sombre, impressionnante. Les fenêtres sont encadrées de bois. Un large porche abrite trois marches. Il conduit à un important portail en bois de chêne, couleur whisky. La propriété fut acquise en 1858 par la reine Victoria et considérablement remaniée, agrandie, modernisée par le prince Albert. Tout comme sa lointaine parente qui avait renommé le lieu « Mon paradis », Elizabeth II fera de Balmoral l'une de ses propriétés favorites. Dès son accession au trône en 1952, elle y passe l'été, une tradition qui se perpétuait déjà sous George VI. Durant les soixante-dix ans de son règne, elle y résidera au moins six semaines, en général de la mi-août à la fin septembre.

Du temps de la reine, chaque matin, aux neuf coups de la tour de l'horloge, devant la façade du château, un joueur de cornemuse faisait les cent pas en interprétant des airs traditionnels. Depuis l'accession de Charles III au trône, cette aubade se tient désormais au manoir de Birkhall.

À chaque séjour écossais d'un souverain, une coutume veut que le monarque assiste aux traditionnels « jeux de Braemar ». De costauds bûcherons lancent de lourds marteaux de métal et roulent des muscles sur des troncs de mélèze. Face à ces jeux un peu curieux (mais qu'ils connaissent depuis l'enfance), les Windsor rient aux éclats et contribuent pleinement au spectacle ! Durant la saison estivale, dans une vaste salle du château conçue tout spécialement à cet effet, se tient également le traditionnel « bal des Ghillies ». Les *royals* y participent en costume local. Chaque fois qu'ils se rendent en Écosse, les Windsor se coulent tout entiers dans la tradition. Ils portent le kilt, le tartan et le tweed, et se promènent munis d'un bâton. Sitôt arrivé, sur de longs plaids (*scottish, of course*) que l'on déploie dans la lande striée par les méandres de la rivière Dee (dont l'eau claire frétille de truites et de saumons), le clan organise un mémorable pique-nique. En toile de fond ? Le mont Lochnagar éternellement moucheté de neige.

Au château, à l'intérieur de l'impressionnante bâtisse, les cinquante chambres, spacieuses ont toutes une porte identique et sont meublées de lits de cuivre. Depuis les indiscrétions du prince Harry dans son autobiographie, on sait maintenant que Balmoral n'est équipé que de baignoires, à pattes de lion, qui se remplissent, par des robinets crachotants, d'une eau marron clair, couleur de thé. Filtrée, l'eau de Balmoral est, en réalité, adoucie par la tourbe écossaise. « Elle provient directement des collines », explique lui-même Charles aux nombreux invités persuadés qu'« il y a un petit problème ».

Au rez-de-chaussée, après l'impressionnant hall d'entrée en pierre blanche et carreaux gris étoilés, un long couloir dessert de nombreux salons. Le salon de détente, de lecture, de télévision, du *tea-time*, le bureau, la bibliothèque… sont le vrai cœur de la maison. Allongés dans de profonds canapés, certains savourent un whisky, d'autres lisent, font la sieste. L'un des jeux favoris de la famille royale lorsqu'elle est à Balmoral ? Les charades ! Et feue la *queen* en aurait été, de loin, la joueuse la plus redoutable !

Elizabeth II avait coutume de dire : « Balmoral est ma seule vraie maison de vacances. » Au printemps 2022, pour mieux pouvoir regagner sa chambre du deuxième étage, elle y fait installer un ascenseur. Ici, ce qu'elle aime plus que tout, c'est que rien, jamais, ne change. Pas même le hululement des chouettes dans la nuit. Que de souvenirs heureux ! À l'été 1946, n'est-ce pas lors d'une balade sur le domaine, au bord d'un lac, que Philip s'est mis à genoux pour lui demander sa main ? Alors, bien sûr, il y a aussi l'été 1997. Et l'épisode Diana. Au cœur de la nuit, dans la « nursery », William et Harry sont réveillés par Charles. On connaît la suite. Jamais la vieille demeure aux tapis épais, aux têtes de cerfs et gigantesques portraits de chiens de chasse, ne fut bouleversée à ce point.

Le 8 septembre 2022, Balmoral, ses forêts à perte de vue, ses collines, ses lacs avec ou sans monstre, ses grouses, ses faisans, ses bécasses, ses landes de genêts, de bruyères, de chardons sont le décor d'une tragédie qui se joue sous les yeux du monde entier. À 15 h 20 (heure anglaise), c'est ici que la reine des reines choisit de rendre son dernier souffle.

C'est Charles désormais le seigneur des lieux. À Londres, si lointaine, si bruyante, certains bruits s'élèvent, prétendent que Balmoral coûte cher, trop cher. Que la bâtisse restera, à jamais, associée à la mort de Diana, à la mort de la reine. Que Charles pourrait, que Charles voudrait s'en séparer, l'ouvrir au public, en permanence. Réfléchissez, Votre Majesté. Car les pierres se souviennent. Les pierres peuvent parler. Et tout ne doit pas être raconté !

Pour Charles III, toutefois, l'Écosse est surtout synonyme de **Birkhall**, l'ancienne demeure de la très poudrée *Queen Mum*. Ses allures de ferme, ses toits de tuiles, ses fenêtres à meneaux donnent au lieu un côté conte de fées, comme une chaumière, qui n'aurait cessé de croître. Ici, on est à douze minutes, en voiture, du château. Ici, on est chez Charles et Camilla. Dans leur plus stricte intimité.

En avril 2005, au lendemain de leur mariage, les jeunes tourtereaux choisissent ces landes écossaises pour passer leur lune de miel. Pendant la pandémie de coronavirus, c'est à Birkhall aussi que le couple royal se met au vert. Et c'est ici encore, on s'en souvient, à l'abri de tout regard, que, le soir même de la mort d'Elizabeth II, le désormais nouveau roi choisit de s'isoler, avant les funérailles. À Birkhall, Charles pleure une mère, pas une icône.

Ici, les chemins de randonnée sont innombrables. L'air est pur, extraordinaire. La quiétude, parfaite. Le silence, total. Les 8 000 mètres carrés de jardins sont le terrain de jeux des écureuils roux. Il y en a par dizaines. « Ils entrent dans la maison et nous les laissons se pourchasser à l'intérieur. Si je m'assois tranquillement, ils viennent autour de moi », raconte le souverain. À Birkhall, si proche mais tellement loin de l'austérité de Balmoral, on dit que (parfois) Charles oublie (un peu) qu'il est un roi. Un premier goût de paradis !

Édimbourg

Quand on dit « Édimbourg », beaucoup d'entre vous (et c'est bien normal) pensez à la capitale de l'Écosse. Eh bien moi, pas du tout ! Ou alors, très loin derrière… le **prince Philip** ! Quand j'entends « Édimbourg », moi, je pense d'abord au mari de la reine. Prince de

Grèce et de Danemark par naissance, beau, viril, spontané, terriblement viking, par mariage, Philip devient duc, comte de Merioneth et baron Greenwich puis prince consort. Surtout, dans l'imaginaire collectif, il restera l'homme marchant dans l'ombre de la femme la plus célèbre du ciel et de la terre. Un vassal des temps modernes !

Avant de décrocher mes galons royaux dans un talk-show très regardé et de me faire connaître – et reconnaître – du grand public, j'ai fait mes premières armes télévisuelles sur une petite chaîne du câble[1]. Quel changement pour moi qui, jusqu'alors, n'avais de bagages qu'en presse écrite ! Au fil de mes interventions, rapidement, je suis devenu le spécialiste royal de la chaîne.

Le 9 avril 2021, je préparais une chronique lorsqu'on apprit le décès du prince Philip. Il était âgé de 99 ans. Je râlai au plus profond de moi : deux mois et un jour encore et nous aurions fêté son centième anniversaire ! Après une semaine marathon – qui vit ma première apparition sur le plateau de Cyril Hanouna – le 17 avril, durant plus de deux heures, je commentai, en direct, les funérailles du prince. Dans ces instants-là, je me mets une telle pression (pour être suffisamment précis sans être barbant, pour être informatif, à la fois expert tout en restant grand public, pour apporter un regard neuf, plus accessible, plus jeune) que je retrouve mes (mauvaises) habitudes. Celles qui, des années durant, ont régi ma vie d'étudiant. Un côté très scolaire ! Trop scolaire ! Durant des jours, j'ai préparé des dizaines de fiches. La naissance du prince. L'enfance du prince. L'exil du prince. Sa rencontre avec Lilibet. Leurs fiançailles. Leur mariage. Sa carrière militaire. Son parcours royal : 22 191 événements publics, 637 visites à l'étranger, 5 493 discours… En dehors des chiffres qui interpellent, mais qui, au fond, n'intéressent personne, il me semblait important, crucial, d'insister sur la dimension *workaholic* du mari de la reine. Hormis ma Lilibet, bien sûr, qui est hors concours, je n'ai jamais vu aucun *royal* se sacrifier autant !

1. Non Stop People, société du groupe Banijay, leader mondial dans la production de programmes pour la télévision, est une chaîne française d'information consacrée à l'actualité des célébrités. Elle a émis ses programmes de 2012 à 2021.

Bref, vous l'avez compris, j'étais prêt ! À 15 h 30, les écrans verts qui encerclent le plateau commencèrent à rediffuser les premières images de la chapelle Saint-Georges de Windsor. Le signal était donné. Trois, deux, un… nous étions en direct. Cravate et costume noirs, fiches blanches à la main, j'étais prêt. Faire vivre un événement en direct, décrypter les codes de la monarchie, rendre les Windsor soudain accessibles… n'est pas une chose aisée, mais, dans mon souvenir, le début de cette retransmission se déroula plutôt bien. À 15 h 55, l'imposante Rolls-Royce qui véhiculait la reine apparut sur les écrans. Je donnai l'information. Alors que nous ne voyions encore qu'une image furtive, comment pouvais-je être à ce point sûr de mon coup ? L'étendard de la reine qui flotte sur le toit, *of course* !

Comme le veut l'usage, Sa Majesté est la dernière à pénétrer sous les voûtes de la chapelle. 15 h 57. Ma Lilibet pose maintenant un pied à terre. Quel choc ! Certes, elle porte un masque sombre, puisque nous sommes en pleine pandémie Covid. Certes, dans quelques jours, elle aura 95 ans. Mais jamais je ne l'ai vue aussi faible. Aussi perdue. Jamais je ne l'ai sentie aussi fragile. Chétive silhouette noire, elle remonte maintenant la longue nef. Épidémie oblige, seules trente personnes, les membres ultra-rapprochés, ont pu prendre place au cœur du sanctuaire. Et dans ce chœur, sous les drapeaux et les statues de bois, elle a choisi de s'asseoir seule. Isolée de son clan. Isolée du reste du monde qui découvre ces images en direct. Elle est amaigrie, j'en suis sûr désormais. Et dans ses yeux gris-bleu, quelle tristesse ! Sur son île de chagrin, je ne reconnais pas ma reine. D'ailleurs, ce n'est pas la reine. C'est l'amoureuse qui fait face au cercueil de chêne anglais recouvert de l'écusson du duc d'Édimbourg, de son épée, de sa casquette de lord-grand amiral. Sur le catafalque, il y a aussi des roses blanches, des lys, des freesias et des pois de senteur. La dernière offrande d'une veuve. À l'intérieur de la composition, elle a glissé une enveloppe qu'elle a signée « Lilibet ».

C'est historique, presque inédit. Jamais en public Elizabeth II n'a manifesté la moindre émotion liée à son histoire d'amour, que je sais pourtant folle, avec Philip. Le grand public ne le devine pas forcément, mais, dans les bras de son mari, Lilibet fut aussi, fut surtout, une femme. Une femme qui s'est donnée tout entière. Une femme qui a aimé. À en pleurer. À en crever, parfois. Une femme qui a accepté l'inacceptable, entendu l'indicible. Une femme qui s'est battue pour imposer cet homme qu'elle aime à ses côtés. Philip de Grèce et de Danemark avait tout sauf le profil idéal pour convoler avec le parti le plus *bankable* du monde. Il n'avait que son regard intense, profond, sa peau claire qui si vite devenait hâlée, son corps saillant, sa voix suave, ses longs doigts, ses larges mains, ses épaules, ses cuisses, sa nuque interminable, ses pieds de géant. Dieu que Lilibet fut amoureuse. Dieu que Lilibet a aimé. Et a été aimée. Même si parfois – je peux vous le confier maintenant – tout ne fut pas toujours rose. C'est à cet amour-là, un amour rouge passion, qu'elle dit adieu aujourd'hui. À l'homme qui a bouleversé sa vie, qui a rendu cette existence tellement différente, un peu plus ordinaire, un peu plus acceptable. C'est à cet homme qu'elle a adoré, à ce corps auquel elle s'est offerte, qu'elle a tant de fois embrassé, qu'elle dit au revoir.

Face à moi, que mes fiches, si nombreuses, sont ridicules ! Que peut expliquer un océan de papier face à la détresse d'une femme amoureuse, d'une femme que l'on abandonne ? La reine et le premier de ses chevaliers étaient mariés depuis plus de soixante-treize ans. Ce n'est pas à un chroniqueur royal qu'il faut demander de commenter ces funérailles, mais à un romancier, un spécialiste en histoires d'amour impossibles. Parce que l'histoire d'amour de Lilibet et Philip aurait dû être impossible. En novembre 1947, le mariage de la future reine avec son marin tatoué (si, si, je vous assure !), exilé, désargenté (il gagnait onze livres par semaine) est jugé scandaleux, aurait dû être interdit ! Philip est prince,

certes, mais n'est diplômé ni d'Oxford, ni de Cambridge, ni d'Eton. Pas même sorti de Sandhurst, le Saint-Cyr britannique ! Il n'a que des galons sur des uniformes saillants, une casquette blanche et une allure de play-boy. Pour ne pas dire de mauvais garçon !

Philip fut la seule irrévérence du règne de ma Lilibet. Une reine qui a fait passer la Couronne avant tout, certes, mais qui n'a jamais oublié d'être une femme !

Égypte

C'est le pays des pyramides. Le pays des pharaons. Pour moi, je vous avoue que l'Égypte est surtout le royaume de la divine **Cléopâtre**. Un royaume ? Que dis-je ? Pour elle, un terrain de jeux. Vous connaissez le beau mot de Pascal ? « Le nez de Cléopâtre, s'il eût été plus court, toute la face de la terre aurait changé. » Elle a surtout mené les hommes par le bout du nez et il suffisait qu'elle le montre pour que les empereurs se transforment en carpettes. Elle comprit, dès l'âge tendre, que, là où ses armées étaient tristement vaincues, sa triomphante beauté et sa ruse seraient victorieuses. *Ma sorcière bien-aimée*, à côté, c'est de la vaste rigolade !

Pour moi, à tout jamais, Cléopâtre a les traits d'Elizabeth Taylor, triomphant en panoramique à Rome, dans des décors de Cinecittà, domptant des milliers de figurants, ruinant la Twentieth Century Fox, multipliant les caprices et, cerise sur le gâteau, envoyant promener son quatrième mari, le pâle Eddie Fisher, pour tomber dans les bras de Richard Burton qui incarne Marc Antoine. L'esprit Cléopâtre, pour moi, c'est ça ! Des milliards engloutis, une atmosphère électrique et des plaies d'Égypte diverses et variées. Quand on a l'habitude de prendre des bains de lait d'ânesse (sept cents femelles à traire à chaque fois), on ne va pas se contenter d'un destin un peu fade !

Elizabeth Taylor est incroyable dans le rôle de sa vie. Dans les scènes d'intimité, elle porte une perruque en crin de poulain. Son masque diaphane est soutenu par un très léger brou de noix. Dans les séquences de faste, elle enjolive ses paupières de paillettes ou de poudre diamantée.

Moi, je me vois bien sur CNews, commentant les séquences, en direct : le triomphe de César à Rome, son assassinat au Sénat, sa grandiose oraison funèbre, les batailles de Pharsale, du Delta et d'Actium, les festins au palais de Cléopâtre. Je préparerais cinquante fiches pour signaler tous les détails. À en perdre mon latin… J'essaierais d'être pédagogue. Le premier conquérant qui ravage l'Égypte est César. Jules César, le seul, le fameux, le terrible. Il a 47 ans – elle en a 17 – et opère la conquête du triomphateur en moins de temps qu'il n'en faut pour l'écrire. Pour arriver jusqu'à lui, elle se fait enfermer dans un ballot de tissu. C'est ballot, mais tellement efficace !

César, subjugué, l'emmène à Rome, fait placer sa statue dans le temple de Vénus. Ils ont un fils, Césarion. Tout irait bien pour la jeune reine d'Égypte, si César n'était pas assassiné. Et j'imagine qu'évidemment, il n'avait pas pris d'assurance vie !

Sur l'empire de César, c'est un général herculéen qui règne alors : Marc Antoine. Que va-t-il faire de l'Égypte ?… Cléopâtre part à la rencontre d'Antoine. Elle est étendue dans une galère d'or aux voiles de soie. Son corps, charmant, est perfidement drapé d'étoffes indiscrètes. Marc Antoine succombe évidemment, abandonne femme, maîtresse, Rome, et sombre dans les voluptueux délices d'Alexandrie, loukoums compris dans l'addition ! C'est un grand, un long, un terrible amour. Vingt ans après, lorsque l'ambitieux Octave déclare la guerre à Cléopâtre, Marc Antoine ne sait plus se battre… Déroute, débâcle, suicide de Marc Antoine, qui se perce de son épée et expire dans les bras de sa tant aimée. Et le nouveau vainqueur surgit : Octave. Cléopâtre tente une suprême manœuvre de séduction. Mais celui-là est irréductible… Et puis Cléopâtre a vingt ans de plus. Alors, elle se suicide à son tour en se faisant piquer, dit la légende, par un aspic. Dans le mausolée somptueux qu'elle a fait bâtir, Antoine et Cléopâtre sont ensevelis ensemble. Pour l'éternité ! Et pour que rien ne subsiste du sang dangereux de la trop séduisante et trop dangereuse reine d'Égypte, Octave, impitoyable, fait massacrer Césarion et les trois enfants qu'ont eus ensemble Antoine et Cléopâtre. Là, un grand bravo aux scénaristes. Coups de théâtre incessants. Fin dramatique. Audimat record garanti. J'adooore cette histoire !

Élisabeth, princesse de Belgique

Elle sera, un jour, la première souveraine de mon royaume. Elle porte le prénom de son arrière-arrière-grand-mère, Élisabeth de Belgique, la reine rouge, celle qui, aujourd'hui encore, grâce au concours qu'elle a créé et qui porte son nom, fait rayonner la petite Belgique comme l'une des grandes nations de la musique classique.

Il ne sera pas simple pour « Lisa », comme l'appellent ses intimes, de régner, un jour, sur ce royaume d'opéra – la Belgique ne naît-elle pas d'une révolution lancée au Théâtre de la Monnaie lors d'une représentation de *La Muette de Portici* ? Car pour pouvoir, un jour, représenter ses sujets, tous ses sujets, à l'instar de ses sept prédécesseurs, Élisabeth devra être une reine caméléon. Ses premiers pas dans le monde déjà, lors de son baptême, le 9 décembre 2001 en la chapelle du château de Ciergnon, furent un casse-tête d'organisation. De la haute diplomatie ! Pour ne froisser personne, la cérémonie est célébrée dans les trois langues nationales : le français, le néerlandais et l'allemand. Et comme on est catholique (et très tradition), on y ajoute le latin. Le primat du royaume se perd dans ses fiches. La grand-messe dure trois heures. Mais pas de révolution ! Si, tout de même. Fille aînée de l'héritier du trône, une fois portée sur les fonts baptismaux, Élisabeth devait recevoir le joli titre de « comtesse de Hainaut » mais… ce titre n'est pas linguistiquement neutre ! Dans les travées de l'hémicycle, politiciens francophones et néerlandophones se sont déchirés durant des semaines. Le palais a fini par abdiquer ! Tant pis pour la belle titulature, on l'abandonne. Il s'agit de « trouver une formule qui tienne compte de l'évolution institutionnelle de la Belgique » !

Anecdotique certes, cet épisode est le reflet d'un territoire écartelé. Et Élisabeth sait, depuis l'enfance, qu'un jour, quand son tour sera venu, elle sera le seul ciment de cette terre qui se déchire. Sa formation doit donc être parfaite. Et comme la partie néerlandophone du plat pays est la plus virulente envers la Couronne, sa maîtrise de la langue de Vondel est surveillée à la loupe. Jusqu'à ses 12 ans, elle suit un enseignement 100 % néerlandais. Également pour ses cours de danse, ses cours de chant, ses cours de piano. En 2018, elle rejoint l'Atlantic College au Pays de Galles pour désormais maîtriser parfaitement la langue de Shakespeare. Et puisque son destin est de régner, d'être à la tête des armées, elle poursuit son cursus à l'École royale militaire où – et c'est inédit – le palais filme et diffuse sur ses réseaux sociaux les entraînements intensifs que suit la future reine. Depuis octobre 2021, elle est inscrite au Lincoln College de l'université

d'Oxford, catégorie histoire et sciences politiques, où on la dit parmi les élèves les plus appliqués de la prestigieuse institution.

En juillet 2013, Albert II choisissait d'abdiquer pour laisser sa place à Philippe. Élisabeth devenait duchesse de Brabant. Depuis quelque temps, le palais n'hésite pas à la propulser sur la scène internationale. Lors du couronnement de Charles III, elle était à Londres et, quelques mois plus tard, à Amman, pour le mariage du prince héritier de Jordanie. La presse noire, jaune, rouge applaudit des deux mains et salue ses looks très souvent inspirés d'une certaine… duchesse de Cambridge devenue princesse de Galles. Une future reine particulièrement scrutée elle aussi.

Élisabeth a aujourd'hui 22 ans. Son mariage sous les voûtes de Saints-Michel-et-Gudule, la cathédrale des rois, avec un fringant jeune homme qui devra – c'est un critère rédhibitoire ! – parler les trois langues nationales et, de préférence, n'être ni bruxellois, ni francophone, ni flamand, pour pouvoir espérer devenir le premier prince consort du vieux royaume, sera, à coup sûr, l'un des prochains grands événements glamour de la planète gotha. Mon petit cœur en tressaille déjà. Je devrais, peut-être, commencer à rédiger mes premières fiches. Mais que le palais se rassure, je le ferai dans les trois langues nationales !

David et Elizabeth **Emmanuel**

Certains les trouvent géniaux. D'autres les qualifient de « ratés ». David et Elizabeth Emmanuel sont les stylistes de la robe de mariée de Diana. Perso, je vous annonce tout de suite la couleur : je n'ai jamais trouvé cette création réussie mais, il faut reconnaître que, tout comme la robe de Grace Kelly, plus sobre, plus élégante, une création griffée Helen Rose dont s'inspirera beaucoup Kate Middleton pour le jour de ses noces, elle a marqué le vestiaire du gotha. Diana a choisi elle-même ce duo de créateurs. Et a passé sa commande par téléphone. Un seul mot d'ordre : « Je veux la traîne la plus longue de l'Histoire. » En 1947, Elizabeth II s'était mariée dans une création Hartnell nimbée d'une traîne de près de 7 mètres. Qu'à cela ne tienne, Diana en aura presque 8 !

On l'a un peu oublié aujourd'hui, mais, à l'époque, le palais de Buckingham communiquait le nom du designer chargé de la robe. David et Elizabeth Emmanuel vont vivre un tel enfer sur terre que ce sera la dernière fois. En effet, dès que le bruit se répand, jour et nuit, des journalistes campent devant le petit atelier de Brook Street, dans le quartier de Mayfair. Il faut blanchir les vitrines. Et chaque soir, on enferme les croquis et les échantillons de tissu dans un coffre-fort que l'on a fait aménager tout spécialement. Les tabloïds, déjà féroces, vont jusqu'à fouiller les poubelles. David (ou peut-être est-ce Elizabeth ?) a, un jour, l'idée de laisser traîner des tissus de couleur. Le bruit se répand comme une traînée de poudre : Diana va se marier en bleu. Non, en rose. Peut-être en bleu et rose !

Au matin du grand jour, Elizabeth Emmanuel se rend au palais de Clarence House où s'apprête la future princesse. Dans l'excitation, la blanche mariée laisse tomber son flacon de parfum,

Quelques fleurs, de la maison Houbigant. Le tissu est taché. Il y a bien un second modèle, en réserve, au cas où celui-ci aurait été découvert, mais… Diana l'aime moins. Et puis, le temps file, on est déjà en retard. Sur la coiffeuse en marqueterie, l'écran de télévision qui retransmet les festivités annonce l'arrivée du carrosse de verre dans la cour du palais. Pas grave, Diana portera son bouquet de fleurs un peu plus haut que prévu. Les romantiques du monde entier n'y verront que du feu ! En jaquette grise, le revers de sa veste couvert de médailles, le comte Spencer est le premier à prendre place dans le *Glass Coach*. Quand arrive le tour de Diana, on s'aperçoit qu'il n'y a plus énormément de place à l'intérieur de cette boîte de verre. La voiture a, en effet, été choisie pour son côté transparent, pas pour son côté spacieux. Et on a sans doute un peu sous-estimé la forte carrure (pour ne pas dire la silhouette bedonnante) du père de la mariée. Et, surtout, surtout, on a beaucoup (beaucoup) sous-estimé la cascade de tulle, que dis-je ?, le fleuve de tulle, l'océan de tulle, qui nimbe la robe de la future altesse royale. Pour faire entrer les 8 mètres de taffetas de soie incrustés de dix mille sequins, on doit littéralement enrouler cette traîne. Comme un trop long rideau que l'on ne cesserait de plier, déplier, replier pour le faire entrer désespérément dans un coffre ! On imagine le regard épouvanté d'Elizabeth Emmanuel !

Vingt minutes plus tard, quand la portière du carrosse de verre dépose la mariée devant les marches de la cathédrale Saint-Paul, David Emmanuel ne reconnaît pas sa robe. Pas dans l'immédiat en tout cas ! Sa mariée est… chiffonnée, toute chiffonnée. Mais *the show must go on*. Il faut faire comme si. Alors, il sourit. Diana sourit aussi. D'ailleurs, elle flotte, se laisse porter. Elle ne se rend compte de rien. Son seul défi est, pour l'instant, de gravir cette dizaine de marches qui vont la conduire sous les voûtes de l'édifice. En réalité, personne ne comprend vraiment qu'il y a un souci. Le taffetas est à ce point froissé que ça en paraît volontaire. Le créateur a juste le temps d'insister un peu sur les extrémités, histoire, tout de même, de cacher les sequins de sa blanche mariée. Et, en direct, sous les yeux de sept cent cinquante millions de téléspectateurs, les commentateurs de mode, cherchant désespérément l'étoffe utilisée, inventent ce nouveau terme : un tissu « bouillonnant ».

À l'image du mariage qui va suivre. La mode peut aussi avoir un don de médium !

Chevalier d'**Éon**

Est-ce un homme, est-ce une femme ? Tous ses contemporains se sont posé la question. Le chevalier d'Éon était un peu le Amanda Lear de l'époque.

Envoyé en Russie par Louis XV en mission secrète (il devait faire cesser la froideur qui existait entre la cour de Versailles et celle de Saint-Pétersbourg), cet étrange personnage se déguise en femme, devient lectrice d'Élisabeth et parvient à s'insinuer dans les bonnes grâces de l'impératrice. Il retourne à Paris annoncer son succès et revient à Saint-Pétersbourg… en habits d'homme cette fois ! Élisabeth croit qu'il est le frère jumeau de sa lectrice : elle est séduite par ce jeune diplomate à la taille fine, aux cheveux bouclés. L'impératrice ne jure plus que par lui…

En récompense (mais de quoi ?), le chevalier est nommé secrétaire d'ambassade à Londres. Les femmes se jettent à son cou. Une de ses adoratrices, Mme de Courcelles, l'y rejoint et, ne sachant comment se l'attacher, lui offre sa fille en mariage.

Pourtant, d'ordre du roi, le chevalier ne doit plus quitter l'habit féminin. Il possède le trousseau le plus élégant qui soit : robe noire, guimpe blanche, jupon à festons… Il mourra en Angleterre d'un coup d'épée reçu en pleine poitrine. Le chirurgien certifie alors que c'était un homme. On s'en doutait un peu !

Auguste **Escoffier**

Le grand Escoffier. Celui que l'on a appelé « le roi des cuisiniers et le cuisinier des rois » ne saurait être absent de mon petit dictionnaire. Pour moi, Escoffier est lié à tout jamais à l'hôtel Savoy, à ce dessert divin qui est d'ailleurs la gourmandise préférée du nouveau roi d'Angleterre : la pêche Melba !

Imaginez la scène. Juillet 1899, après le Ritz de Paris, le Savoy ouvre ses portes, à Londres. Auguste Escoffier est au « piano ». Quelques jours plus tard une table y est retenue pour Nellie Melba et ses amis.

« Helen Mitchell Melba, dite Nellie, cantatrice, née à Melbourne (Australie) en 1861, élève à Paris de Mme Marchesi, débuta au Théâtre de la Monnaie de Bruxelles, puis à l'Opéra de Paris avant de se faire entendre à Londres, Saint-Pétersbourg, dans son pays et aux États-Unis », nous dit le Larousse. Bref, une vraie diva ! On la voit même se produire dans un épisode de mon cher *Downton Abbey*, interprétée par la soprano Kiri Te Kanawa.

Et cette Nellie Melba n'est pas une inconnue pour notre chef français. Il l'a déjà eue comme cliente en 1893 et en 1896, alors qu'elle chantait à Covent Garden. Il l'a admirée dans *Lohengrin*. Il sait également que, comme tous les artistes lyriques, Mlle Melba, qui « adore » la glace, s'en méfie aussi. Ou du moins que ses cordes vocales s'en méfient ! C'est alors qu'il médite un dessert où le froid de la glace vanille serait « apaisé » par l'apport d'une certaine douceur. Il pense à un fruit. Il opte pour la pêche…

Or, Escoffier a été séduit par la mise en scène du « majestueux cygne mythique qui apparaît dans le premier acte de *Lohengrin* », avouera-t-il, dans ses *Souvenirs*. Il a alors l'idée de servir ce dessert dans une coupe d'argent incrustée entre les ailes d'un superbe cygne taillé dans un bloc de glace puis recouvert d'un voile de sucre filé. On imagine les applaudissements des convives : la pêche Melba entre dans l'histoire… de la table ! Et Escoffier, dans celle des génies de la gastronomie !

Je vous avoue que le gourmand que je suis qui oublie souvent qu'il est diabétique ajoute parfois un peu de crème chantilly. Péché de gourmandise ou crime de lèse-majesté ?

Faussaire

C'est une histoire surréaliste, entre un savant de génie et le plus rusé des aigrefins. D'un côté, Michel Chasles, l'un des mathématiciens les plus fameux de son siècle. Professeur de géodésie et de mécanique appliquée à l'École polytechnique, il est aussi titulaire de l'Académie des sciences. De l'autre, un bossu au cheveu rare, Denis Vrain-Lucas. L'homme passe ses journées dans les travées de la Bibliothèque impériale, penché sur des grimoires à l'écriture jaunie. Inscrit à la Sorbonne, il suit les cours de Michelet, de Victor Cousin, de Guizot… Jusqu'à ce jour de 1861, où il est reçu par Chasles dans son élégante maison des bords de Seine.

Chasles est passionné d'autographes et de documents anciens. Lentement, Vrain-Lucas, qui est un faussaire vous l'avez compris, extirpe un carré de papier d'un vieux cartable. C'est une lettre signée de la main de Molière. Chasles ne négocie pas ! Il acquiert la missive. Pour 500 francs or. Une fortune ! Tandis que son étrange invité s'apprête à prendre congé, le professeur ose demander d'où vient cette lettre. « De la collection formée par le comte de Boisjourdan », répond Vrain-Lucas. Moins d'une semaine plus tard, Vrain-Lucas est de retour. Pour 400 francs, Chasles acquiert cette fois un autographe de Rabelais. Et un autre de Racine. Durant cinq ans, de 1862 à 1867, le scientifique achètera 27 320 pièces ! Pour une somme qui frôle le délire ! Rois, reines, princes et princesses, ministres, cardinaux, artistes, savants… les plus fabuleux personnages de l'Histoire y confient à leurs amis, à leurs ennemis, à d'illustres inconnus parfois, les secrets les mieux gardés de l'État. Ainsi, Jeanne d'Arc écrit à ses parents pour leur rapporter une conversation avec Charles VII. Il y a mieux ! On voit Alexandre le Grand tancer ouvertement

Aristote, Jules César, lancer un défi à son adversaire gaulois, Vercingétorix.

Dans son précieux portefeuille, Chasles lit et relit les missives de Louis XIII confiant ses secrets à Richelieu, les bristols enflammés de la belle Gabrielle d'Estrées à Henri IV... Le mathématicien est aussi l'heureux propriétaire – sur papier et en français châtié ! – d'un billet de Cléopâtre s'adressant à César, où elle lui donne des nouvelles de leur fils Césarion. Dans un autre, Marie-Madeleine, la pécheresse repentie, s'adresse à Lazare, le ressuscité. Plus fort encore : Caïn écrit des lettres de menaces à Abel ! Notre aigrefin de génie prend trop d'assurance. À son riche client, il fournit maintenant une série de lettres écrites par Blaise Pascal au grand Newton, une correspondance attribuant la découverte des lois de la gravitation universelle au Français et non à l'Anglais. Ce faux va le conduire à sa perte. Chasles s'obstine à défendre cette « trouvaille révolutionnaire ». Le 15 juillet 1867, la lecture de ces documents à la tribune de l'Académie des sciences provoque l'effet d'une bombe. Le physicien Duhamel prend la parole pour s'étonner que Pascal emploie des mesures et des formules encore inconnues à cette époque. Bientôt « l'affaire des signatures » éclabousse la scène politique. Puis elle remonte jusqu'aux rives de la Tamise. Déposséder Newton de sa découverte provoque l'indignation des Anglais. La querelle devient affaire d'État !

Le 16 février 1870 s'ouvre le procès le plus extravagant du siècle. La salle de la chambre correctionnelle est trop petite pour contenir la foule. À peine entend-on ce que murmure Vrain-Lucas. « Mon seul but était de faire connaître l'Histoire à mes compatriotes... » En revanche, il est impossible d'ignorer le désespoir de Chasles. Assis au premier rang, le génie des triangles et des ellipses n'est plus qu'une ombre. Il s'obstine, refuse de reconnaître la supercherie. Sous les yeux d'une foule ahurie, il étale des centaines, des milliers de lettres. Et cette signature de Charles Quint ! Et ce décret de Charlemagne ! Et ce sauf-conduit de Vercingétorix ! Et ces écritures, toutes ces écritures... Mme de Pompadour, Louis XIV, Dagobert, saint Éloi... Vous l'avez compris, cet homme de grands calculs était un naïf. Pas un homme de lettres !

Axel de **Fersen**

Autant vous mettre immédiatement au parfum : c'est le rôle de ma vie. Je suis fait pour incarner Fersen à l'écran. Cela m'ira comme un gant. Comme lui, je suis grand, je suis blond, j'ai les yeux verts, ma pointe d'accent belge peut se muer en intonations suédoises, j'adore les uniformes blancs et seyants et je monte très bien à cheval. Et, surtout, j'aime la flamme, la passion amoureuse, la fougue, le sentiment de danger qui fouette le sang et fait battre le cœur. La chamade, c'est pour moi. Je suis un grand amoureux, un vrai romantique, j'aime offrir des roses blanches, les déclarations au petit matin. Ne me demandez pas d'être tiède. J'aime tout donner, quitte à tout perdre.

Alors, messieurs les producteurs français, encore un effort pour être révolutionnaire. Face à moi, en reine, imaginez la blonde Virginie Efira. Et prenez Benoît Poelvoorde en méchant révolutionnaire. Une distribution 100 % belge. On peut aussi imaginer Marie Gillain en dame d'honneur (sa mère habite à dix minutes de chez moi). À nous les Magritte (l'équivalent des César sur la RTBF) !

Pour les gens du métier qui ignoreraient l'intrigue, voilà le synopsis du futur long-métrage : pendant vingt années, Axel de Fersen et Marie-Antoinette, follement épris, forcés de cacher leur passion, sans cesse arrachés l'un à l'autre, attirés l'un vers l'autre, s'aimeront fidèlement. Et après la mort de la reine, guillotinée en 1793, Axel de Fersen restera fidèle à son souvenir.

En 1774, à l'opéra, Marie-Antoinette, alors dauphine, assiste à un bal masqué. Dans la foule, un très bel homme attire les regards par sa silhouette haute et virile, son visage ouvert et régulier, ses beaux yeux au regard ferme. C'est Fersen, un jeune Suédois. À partir de ce jour, il trouve à la cour des attentions particulières. Mais le roi Louis XV meurt : Marie-Antoinette devient reine, et Axel, guidé par une sage et intelligente réserve, s'éloigne de France.

Quatre ans plus tard, il est là de nouveau. La reine ne l'a pas oublié. Elle l'invite à ses réceptions. Par de multiples prévenances, elle laisse paraître les sentiments qu'elle éprouve à son égard. Fersen, quoique très épris, fait preuve de caractère – les femmes ne prétendent-elles pas qu'il a « un cœur de feu sous une enveloppe de glace » ? Il se résout au parti le plus sage. Encore une fois, il part. Il s'enrôle dans l'armée de La Fayette pour combattre en Amérique. Il revient en 1783 et décide cette fois de se fixer en France où « mille raisons le retiennent ». Une seule, plus probablement : Marie-Antoinette. L'époque est trouble : la reine est haïe après l'affaire du collier. La voyant abandonnée et méprisée, il ne l'en aime que plus profondément. Amant fidèle, il veut lui faire oublier ses tourments, tout en restant dans l'ombre. Ce ne sont que rencontres brèves et fugitives.

La révolution commence. Fersen soutient de son mieux la reine et c'est à lui qu'elle se confie et demande conseil. Il veut sauver le couple royal et organise sa fuite, il les accompagnera. Mais au dernier moment, le roi lui demande de rester. Déchiré, il laisse partir celle qu'il aime, le 20 juin 1791. Cette date va rester fatale dans sa vie.

Les événements se précipitent : arrestation de la famille royale à Varennes ; retour aux Tuileries où Fersen réussit à voir la reine encore une fois, ne sachant pas que c'est la dernière. C'est alors le Temple, puis la Conciergerie. Enfin, en octobre 1793, Marie-Antoinette monte à l'échafaud.

Rentré en Suède, Fersen, brisé de douleur, ne se console pas. À chaque retour de la date fatidique, il se reproche de n'avoir pas accompagné sa reine dans la fuite. Il aurait pu la protéger.

Plus d'une fois, il écrit dans son journal ou à ses proches : « Que ne suis-je mort pour elle le 20 juin ! » Et Fersen en vient à vouer une haine féroce au peuple français. C'est alors que meurt subitement le prince héritier de Suède. La rumeur publique accuse Fersen de l'avoir empoisonné pour s'emparer de la Couronne et entraîner le royaume du Nord dans une guerre de représailles contre la France. Aux funérailles du prince, la foule, déchaînée, se précipite sur Axel, l'assomme à coups de canne et de pierre. Le destin de Fersen est sur sa fin : le 20 juin 1810 (ça ne s'invente pas !), « le plus aimé et le plus aimant des hommes » (c'est ainsi que l'appelait Marie-Antoinette) trouve la mort. *The end.*

J'ai déjà répété la scène de mon dernier souffle. Il sera fatal !

Figaro

Dites « Monsieur Alexandre ». Ou « **Alexandre de Paris** ». Mais… jamais de familiarité ! De 1945 à 2000, pas un grand bal, une soirée chic, un beau mariage… sans qu'Alexandre, le maître-Figaro français par excellence dont le logo a été dessiné par Cocteau, ne coiffe tous ses confrères au poteau. Le gotha fut pour lui un terrain de jeux et, dans ce royaume qu'il s'était créé, trois bonnes fées : la duchesse de Windsor, Grace de Monaco et la comtesse de Paris.

C'est à ce natif de Saint-Tropez que, dès 1946, l'épouse de l'éphémère Edward VIII confie sa chevelure. Dans les salons lambrissés de la villa du bois de Boulogne, refuge des exilés de la Couronne, il applique une technique… inédite. Alexandre roule les cheveux comme on tricote. Un rang à l'endroit, un rang à l'envers. Ainsi retenus, les cheveux ne glissent plus, jamais. D'emblée, la chose stupéfie l'intransigeante duchesse. Malin, rusé, au début, avec cette cliente pas comme les autres, il se contente de donner de la souplesse, d'adoucir le mouvement. Et il s'impose. À tel point qu'en 1957, rue du Faubourg-Saint-Honoré, Wallis Simpson (il la coiffera même dans la mort) inaugure son salon parisien et lui attire une clientèle… couronnée, mondaine, célèbre et internationale. La comtesse de Paris, Grace de Monaco, la reine Noor, Jacqueline de Ribes, Aimée de Heeren,

Farah Pahlavi, Gloria et Dolores Guinness, Audrey Hepburn, Lauren Bacall, Liza Minnelli, Shirley MacLaine, Greta Garbo, Maria Callas, Liz Taylor, Sophia Loren (elle aurait été coiffée par lui plus de cinq cents fois), Arletty, Michèle Morgan, Romy Schneider… toutes ne jurent plus que par Alexandre.

Figaro aux mille clientes, en 1959, rue Marbeuf, à Paris toujours, son royaume, il ouvre un salon pour hommes qui est décoré par Jean Cocteau. Il y reçoit, entre autres, le roi Hassan II de Jordanie et Mohammad Reza Pahlavi, shah des shahs, qui, en 1971, demande « au figaro des reines », « parce que vous êtes le seul à pouvoir le faire », de coiffer les convives des somptueuses célébrations de Persépolis célébrant, dans un faste inouï, les mille ans de l'Empire perse.

Certains liens entre « Monsieur Alexandre » et ses clientes descendues tout droit d'un nuage sont plus forts que d'autres, on l'imagine. Sa relation avec l'actrice oscarisée devenue altesse sérénissime de Monaco, la douce Grace, sera teintée d'une véritable amitié. « Au premier chignon que j'ai réalisé, la princesse a compris que c'était moi le maître, qu'elle était mon idéal, témoignera-t-il. Dès cet instant, Grace a fréquenté régulièrement mon salon. C'était une cliente discrète, toujours à l'heure, adorable. Lorsque je la coiffais, elle brodait. Je la mettais à son aise,

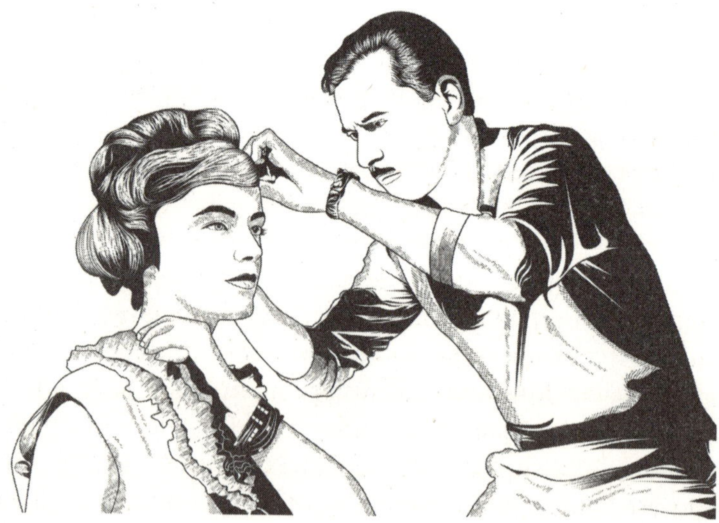

la traitais toujours en altesse. Le duc de Windsor m'avait appris comment baiser la main d'une dame ! »

À sa façon, Alexandre va être l'un des artisans du style Grace Kelly. C'est lui qui lui insuffle le goût (et l'esprit) de l'apparition. Pour les grands soirs, les beaux soirs de Monte-Carlo, dans ses cheveux, il épingle bijoux, clips et broches de joailliers, allant même, très souvent, jusqu'à l'obliger à porter des diadèmes. « Pour chaque soirée qu'elle organisait, se souviendra-t-il, elle inventait un thème différent et était toujours fascinante. Pour le bal du Centenaire, elle portait le diadème de l'impératrice Eugénie et une robe rose pâle. Avec sa peau claire et ses cheveux lumineux, elle ressemblait à une fée. »

Le 14 septembre 1982, cette amie du pays des reines et des rois avait rendez-vous avec Alexandre. Au salon du faubourg Saint-Honoré. Grace n'avait jamais de retard. Alors, d'emblée, il guette son arrivée, il s'inquiète. Jusqu'au coup de fil du palais… où ses larmes coulent. Grace la Magnifique, Grace l'éternelle, vient de plonger dans la mort. Rainier affrète un vol, en urgence. Une dernière fois, Alexandre va coiffer Grace. Lui donner l'impression… qu'elle va se réveiller.

François-Joseph

On ne parle que d'elle, toujours, son épouse, l'impératrice, l'éternelle Sissi. Et pourtant, le souverain, c'était lui. On l'a un peu oublié aujourd'hui mais, durant près de soixante-huit ans, François-Joseph (*Franz*, pour les intimes) régna sur plus de cinquante millions de sujets.

Nous sommes en août 1853, dans la résidence impériale de Bad Ischl. Non, le jeune empereur ne se trompe pas. C'est bien elle, Élisabeth, dite « Sissi », la deuxième fille du duc Maximilien en Bavière, une ravissante et sauvage aristocrate de 15 ans aux yeux brun velouté, à la peau très blanche et à l'abondante chevelure auburn, qu'il choisit comme fiancée. Et non sa sœur aînée, la trop conventionnelle Hélène. Stupeur et tremblements sous

les plafonds lambrissés. En ce jour de son vingt-troisième anniversaire, le souverain doit être bien amoureux pour oser défier les plans prévus par sa mère, ce potentat en jupons qu'est l'archiduchesse Sophie. Une femme qu'il révère et qu'il craint, pas dénuée de cœur certes, mais qui place au plus haut le code, la tradition, la hiérarchie et les convenances. Loin d'être une anecdote, l'épisode des fiançailles du chef de la maison impériale est, au contraire, très révélateur. Ses biographes sont formels : l'amour passionnel qu'il porte à son épouse sera la seule entorse à la fidélité – presque à la dévotion – qu'il voue à sa mère.

Alors qu'il entraîne sa belle fiancée sur le balcon de la résidence impériale pour la présenter au peuple, qu'elles semblent loin, déjà, les premières années de règne du puissant empereur, un fringant jeune homme qui, le 5 mai 1849, faisait son entrée dans Vienne après que la capitale eut été ensanglantée par la révolution autrichienne, une série de soulèvements contre un régime seigneurial d'un autre âge. François-Joseph n'aurait jamais dû coiffer la lourde couronne. Du moins, pas si tôt. Il n'était que troisième dans l'ordre de succession au trône, après son oncle, l'archiduc Ferdinand, puis son père, l'archiduc François-Charles, tous deux évincés d'un trait de plume, sur tractation de l'archiduchesse Sophie, « pour le bien de l'Empire » ! « Adieu ma jeunesse », s'est exclamé le nouveau souverain lors de la passation de pouvoir le 2 décembre 1848, dans la grande salle du palais archiépiscopal d'Olmütz, en Moravie. En effet, il n'a que 18 ans. Désormais, il ne sera plus qu'un homme d'État.

À force de travail et d'obstination, le souverain n'a qu'une seule visée : redresser une nation au bord de la ruine. Et éviter toute nouvelle insurrection nationaliste. Une seule solution : il lui faut unifier politiquement et administrativement son empire et ne tolérer aucun contre-pouvoir. Le seul maître après Dieu, ce sera lui, et lui seul. François-Joseph instaure une politique réactionnaire, autoritaire, centralisatrice et cléricale. Ses ministres deviennent de simples exécutants de sa volonté. Néanmoins, il les veut talentueux, inventifs et veille à leur prêter une oreille très attentive.

Ses modèles ? Londres et Paris. À leur image, il souhaite que Vienne se métamorphose, elle aussi, en une grande métropole européenne. Mais, sans conteste, c'est son mariage, le 24 avril 1854, qui place la vieille capitale sous le feu de toutes les attentions. Le monde entier ne parle plus que d'elle, « Sissi », l'impératrice rebelle, trop libre et trop sauvage pour devenir l'épouse d'un monarque, mais tellement glamour. Bien loin d'être aussi fleur bleue que les films à l'eau de rose retraçant leur vie, l'histoire d'amour du couple impérial est néanmoins réelle. Certes, la nouvelle impératrice ne supporte pas le protocole, exècre les représentations et la vie de cour et, très vite, délaisse Vienne et ses obligations, mais elle aime vraiment, d'un amour profond et sincère, son impérial mari. Lorsque la situation l'exige, elle est présente à ses côtés, fait preuve d'esprit et de tact. « Elle est la meilleure de mes diplomates », répète l'empereur à maintes reprises. « La plus persuasive. » En juin 1867, c'est grâce à sa farouche détermination que la maison de Habsbourg coiffe la couronne de Hongrie. Mais les affaires sont loin d'être brillantes. L'Empire austro-hongrois est en discorde avec la Russie ; elle perd de plus en plus de territoires italiens, est définitivement exclue de l'Allemagne… Dans les jours qui suivent le sacre en l'église Matthias, de Budapest, François-Joseph apprend l'assassinat de son frère, l'archiduc Maximilien, éphémère empereur du Mexique. Devenue trop puissante peut-être, la Couronne à l'aigle bicéphale ne va pas être épargnée par les drames. À nouveau submergé par de nombreux conflits, le 30 janvier 1889, l'empereur vieillissant est informé du suicide de l'archiduc Rodolphe. Si le père assiste à la mort de son seul fils, l'empereur enterre son unique héritier. Son successeur sera désormais le plus proche de ses neveux : l'archiduc François-Ferdinand. Un coup de poignard ferait moins mal !

Pour survivre à cet enfer, pour continuer à donner le change, à exister, Sissi, la mère éplorée, se lance dans d'autres voyages, plus longs, plus lointains encore. Anéanti, humilié, de l'aube blanche à la nuit noire, François-Joseph se noie dans les corvées administratives. Et si sa table de travail était sa seule véritable amie ? Entre deux trains, deux navires, l'impératrice veille à jeter son mari dans les bras d'une actrice, Katharina Schraat, « pour le consoler ».

Commence une période de guerre froide entre le souverain et son héritier qui s'obstine à épouser une simple comtesse tchèque. François-Joseph crie au scandale, finit par accorder son consentement, mais déclare le mariage « morganatique ». L'épreuve qui l'attend est plus rude encore : en septembre 1898, un nouveau télégramme l'informe de l'assassinat de son épouse. Sissi est tombée, à Genève, sous les coups de poignard d'un anarchiste. « Nul ne saura jamais comme nous nous sommes aimés », confie-t-il à son journal. Désormais, il ne lui reste plus que des corvées et des torrents de larmes ! Après cinquante ans de règne, il est devenu une icône que l'on vénère.

François-Joseph boira le calice jusqu'à la lie. En juin 1914, c'est son héritier qui trouve la mort, en mission de représentation à Sarajevo. Il était en service commandé... sur ordre de l'empereur ! On dit que le vieux souverain venait tout juste de lui pardonner l'esclandre de son mariage inégal. Pour venger la mémoire d'un héritier martyr, il déclare la guerre à la Serbie. Très vite, le conflit va devenir la plus grande des guerres mondiales. Mais il n'en verra pas la fin. Il s'éteint le 21 novembre 1916 des suites d'une congestion pulmonaire, enfin apaisé. Sa légende, elle, ne fait que commencer...

Friso

Connaissez-vous le prince Friso des Pays-Bas ? C'est le deuxième fils de la reine Beatrix. Grand romantique, Friso est tombé éperdument amoureux d'une belle blonde aux yeux bleus... de Delft, la douce Mabel. La jeune femme est une roturière et, surtout, dans le passé, elle a entretenu une relation avec un baron de la drogue. Les États généraux n'approuvent pas le mariage. Pas grave. Friso est transi d'amour. Le 24 avril 2004, dans la vieille église de Delft, il épouse sa bien-aimée mais perd

ses droits de succession au trône. Le couple donne naissance à deux enfants, les comtesses Luana, en 2005, et Zaria, en 2006.

Mais l'histoire que je souhaite vous raconter se passe en 2012. Le 17 février très précisément. La scène se déroule dans la station de Lech, dans les Alpes autrichiennes. L'aube est à peine levée lorsque le prince et l'un de ses amis, Florian Moosbrugger – le fils des propriétaires du Gasthof Post, l'auberge de luxe dans laquelle séjourne la famille d'Orange lors de ses vacances d'hiver –, partent skier. Tous deux sont des habitués. Ce matin, les deux hommes ont décidé de faire du hors-piste, une activité certes dangereuse mais plutôt habituelle à Lech. Quelques heures plus tôt, il a abondamment neigé. Et l'épaisse couche fraîchement tombée n'a pas eu le temps, pas encore, de se cristalliser et de se fixer à la précédente. Les conditions sont donc particulièrement risquées. Que se passe-t-il vraiment ? Où ? À quelle heure ? Autant de questions qui resteront sans réponse mais toujours est-il que, dans les belles montagnes de Lech, une avalanche se déclare. Trente mètres de large sur quarante de long. Le prince et son ami sont au cœur de ce tourbillon infernal, un véritable cyclone.

Florian réussit à s'extirper rapidement de la poudreuse et tente de libérer son ami, à mains nues. Le prince est prisonnier sous une couche d'environ 40 centimètres, une épaisseur relativement mince. Grâce à un émetteur, les deux skieurs sont localisés immédiatement. L'arrivée des secours est rapide. L'urgentiste arrivé sur place doit réanimer le prince avant de le transporter à l'hôpital d'Innsbruck. Ce qui devait être un agréable séjour pour la famille royale vire soudain au cauchemar. Tandis que la nouvelle se répand, que le cabinet du Premier ministre postpose ses vacances, que les festivités du carnaval se déroulent en mode mineur et que le palais annonce que la traditionnelle séance de photos de la famille d'Orange est annulée, pour Beatrix, la princesse Mabel et ses deux filles commence une attente insoutenable. La presse arrive en nombre dans la station de ski. Et le débat fait rage. Pourquoi le prince faisait-il du hors-piste ? Pourquoi ne portait-il pas un sac anti-avalanche ? Chaque jour, la famille royale se rend à l'hôpital. Les deux frères de Friso, le roi Willem-Alexander et le prince Constantijn, ainsi que leurs épouses, la reine Máxima et la princesse Laurentien, se rendent également au chevet du grand blessé. Les mines sont graves, les visages, tristes, de plus en plus tristes. Mais Friso est en faute, en effet. Personne ne le nie.

D'ordinaire si attachés au respect de leur vie privée, les membres de la famille royale ne cherchent pas à éviter les nombreux journalistes arrivés sur place. Bien au contraire ! Comme pour tenter d'expliquer l'inexplicable. La presse rappelle que l'épouse du prince, Mabel, a perdu son père à l'âge de 9 ans lors d'une séance de patinage. L'homme aurait tenté de sauver une personne ayant fait une chute à travers la glace. Dieu que l'Histoire peut être sournoise !

Conformément à la procédure habituelle, une enquête s'ouvre. Le vendredi 24 février, sept jours après l'accident, le responsable de l'équipe médicale chargée du prince prend la parole. Le fils de la reine a dû être réanimé durant cinquante minutes. Ce qui est très long. « Peut-être trop long », selon le docteur Wolfgang Koller. Une IRM a révélé que le manque d'oxygène a eu pour terrible conséquence d'entraîner de nombreux dommages au cerveau. D'une voix blanche, le médecin déclare également ne pas avoir la certitude que le prince reprendra un jour connaissance. La rééducation neurologique pourrait prendre des mois, voire des années !

Immédiatement, la famille royale se met à la recherche d'un centre de rééducation adapté. Vous l'avez compris, il n'y a que très peu d'espoir. Sinon celui d'attendre. Attendre et prier. Le 1er mars, le prince est transféré dans un hôpital de Londres, là où il réside avec sa femme et ses enfants. Chaque jour, Mabel, Luana et Zaria se rendent à ses côtés. La presse a ce beau mot : « Nous avions un prince charmant. Nous avons maintenant un prince dormant. » Et les nouvelles ne sont pas bonnes. À tel point qu'au mois de juillet, à la demande de la reine émérite (Beatrix a abdiqué depuis le mois d'avril), Friso est transféré au palais Huis Ten Bosch, au centre de La Haye. Chacun connaît ce qui va suivre. Dans les rédactions, sa nécrologie est déjà prête.

On revient sur sa formation en mécanique et aéronautique à l'université de Delft, sur sa belle histoire d'amour, évidemment, sur son mariage, la naissance de ses deux filles… et, en long et en large, sur le terrible accident. Au matin du 12 août, le prince dormant s'endort pour l'éternité. Il avait 44 ans. Quand Beatrix est apparue, non pas la reine mais la mère, quand elle a fait face à la foule massée devant les grilles du palais, le ciel de ce royaume qui n'était plus le sien a commencé à pleurer. Je me souviens de son regard. Et de sa douleur. À faire hurler le silence.

Gants

Mains de fer dans un gant de velours, nos reines et princesses ? Elles tiennent à être gantées, même si parfois, comme la reine Sonja de Norvège, elles aiment simplement les tenir à la main. C'est au XVIe siècle que Catherine de Médicis, la première, les adopta comme indispensable accessoire féminin. La souveraine était fière de ses mains fluettes et arborait des gants toujours savamment parfumés.

Aujourd'hui, la reine Máxima et la reine Mathilde sont incontestablement les plus gantées du gotha, même lorsque le thermomètre franchit la barre des 30 degrés. C'est la maison Natan qui les leur confectionne.

Mais, celle qui restera, à tout jamais, la reine des gants est évidemment ma Lilibet. J'ai eu l'immense plaisir d'échanger avec sa gantière, la maison Cornelia James, dont les ateliers sont dans le East Sussex. Pendant soixante-dix ans, la souveraine commanda ses gants (en noir, blanc et beige) chez Cornelia James Ltd. La première paire fut livrée en novembre 1947, à l'occasion de son mariage. Geneviève, la fille de Cornelia James et actuelle directrice de la griffe, se souvient que les mains de la reine se prêtaient parfaitement à la création d'une paire de gants : « Ses commandes étaient toujours identiques. Des gants du soir en nylon-soie, c'est plus léger, et en coton ou en suédine pour la journée. Ils devaient respecter une longueur précise, 6 centimètres du pouce à la manchette, de façon à couvrir ses poignets. La reine était économe, chacun le sait. Elle l'était aussi avec ses gants qu'elle réutilisait à de nombreuses reprises et envoyait en réparation lorsqu'ils étaient abîmés. » En une seule journée, il n'était pas rare qu'Elizabeth II serre des centaines de mains. C'était donc surtout pour protéger les siennes qu'elle portait des gants. Geneviève James explique encore : « Elle en avait toujours plusieurs paires sur elle de façon à pouvoir les changer au plus vite lorsqu'ils étaient abîmés ou souillés. »

Pour la petite histoire, la maison Cornelia James gante aujourd'hui aussi bien Lady Gaga que les comédiennes de *Downton Abbey* et de *The Crown*. Quant aux fans de la princesse Diana, je ne prends pas de gants : qu'ils sachent que si la défunte princesse de Galles en portait, c'était surtout pour cacher ses ongles rongés !

Galette des rois

C'est une tradition ! Tous les 6 janvier, réunis autour d'une croustillante galette, on tire les rois. Mais... savez-vous pourquoi ? La réponse semble évidente. L'Épiphanie fêtée le 6 janvier célèbre l'arrivée à la crèche des rois mages, Gaspard, Melchior et Balthazar, venus déposer aux pieds de l'enfant Jésus de l'or, de la myrrhe et de l'encens. Mais ça, c'est pour la croyance populaire ! En réalité, cette fête chrétienne baptisée aussi « théophanie », « manifestation de Dieu », est célébrée par les catholiques, les luthériens, les anglicans et les orthodoxes et tire son sens véritable des célébrations païennes de la lumière. En effet, avant d'être un jour de fête, Noël est d'abord un cycle, période qui atteint son apogée le 22 décembre, jour marquant le solstice d'hiver. Cette nuit du solstice – la plus longue de l'année – annonce le rallongement des jours et – par extension – la renaissance de la lumière. Puis, la célébration se prolonge après le 25 décembre durant un nombre de jours hautement symbolique : douze jours et douze nuits. Ce cycle prend donc fin le 6 janvier – jour qui sera, un temps, retenu comme celui de la naissance de Jésus –, date à laquelle l'obscurité commence à diminuer de façon sensible. Par sa forme ronde et sa couleur dorée, la traditionnelle galette des rois symbolise d'ailleurs un soleil !

L'appellation « Jour des rois » est assez récente puisqu'elle remonte en fait au XIXe siècle. Désigner un roi trouverait son origine dans la Rome antique. Pendant ces fêtes païennes célébrées début janvier, les rôles étaient inversés entre les maîtres et les esclaves qui devenaient les « rois d'un jour ». C'est en France, au XIVe siècle, qu'apparaîtra la première galette des rois, garnie généralement de frangipane ou de pommes. Vers 1875, les figurines en porcelaine vont peu à peu remplacer les fèves. Il est à noter que si, à la demande de certains parents, des galettes peuvent contenir plusieurs fèves afin d'éviter les jalousies entre enfants, un seul gâteau n'en renferme aucune : la galette de l'Élysée. Offert au président par la corporation des artisans boulangers-pâtissiers, le majestueux gâteau aussi large qu'une roue de carrosse s'assure ainsi que le président ne puisse pas être couronné. On n'est jamais trop prudent !

Garden-party

Chaque été, fin juin et courant du mois de juillet, les Windsor offrent quatre *garden-parties*. Trois d'entre elles se tiennent dans le vaste jardin du palais de Buckingham et une dernière, au palais de Holyroodhouse, à Édimbourg. Cette dernière a lieu lorsque Sa Majesté séjourne officiellement en Écosse. À Londres, chaque réception accueille environ neuf mille convives contre quatre mille en Écosse.

L'invitation rédigée en lettres dorées sur un carton rigide comprend le nom de l'invité, nom qui aura été calligraphié, les horaires (de 16 à 18 heures) et, dans le coin inférieur gauche, la tenue appropriée : « *Morning Dress, Uniform or Longe Suit* » (robe de jour, uniforme ou tailleur).

Cette tradition des *garden-parties* royales remonte à la reine Victoria. Les invités étaient alors choisis dans le « beau monde ». Aujourd'hui, les personnes conviées sont volontairement issues de milieux très variés.

Vers 14 h 30, les voitures (essentiellement des taxis) commencent à envahir l'avenue du Mall. Les grilles s'ouvrent à 15 h 35. Dames en bibi et messieurs en élégants costumes font patiemment la queue pour présenter au service de sécurité leur précieux sésame. Les habitués (les politiciens, diplomates et évêques de premier plan) reçoivent une invitation chaque année. Comment les reconnaître ? C'est assez simple. Ils filent à l'anglaise et se dirigent généralement très rapidement vers les tentes drapées où le thé et les petits fours sont déjà servis. Ils savent que les nouveaux venus attendent d'apercevoir la famille royale, et qu'après le passage des Windsor, sous la tente, il y aura alors une véritable cohue.

Et, en effet, ils ont raison. Immanquablement, ils sont des milliers à s'aligner, en rang d'oignons, ou presque, sur le parcours qu'empruntent, à 16 heures précises, les membres de la famille royale. Où vont-ils ? Ils se dirigent vers leur propre tente où un buffet VIP les attend.

Les paroles échangées sont d'une extrême banalité, mais les témoins se disent ravis (et le sont vraiment) d'avoir vu Sa Majesté en chair et en os, d'avoir partagé quelques mots avec Camilla, serré la main du prince de Galles, aperçu le bibi griffé de Kate. Tandis qu'on se côtoie, deux orchestres de la garde jouent des mélodies célèbres dont les tubes de *My Fair Lady*...

Une coordination précise et discrète veille à ce que tous les Windsor convergent séparément (mais en même temps) vers la tente royale, où ils sont censés arriver vers 16 h 45.

Aucun alcool (donc aucune goutte de champagne) pour se désaltérer. C'est volontaire ! Plusieurs dizaines de variétés de thés (tous de la maison Twinings, fournisseur de la cour) sont proposées, mais, lors des chauds après-midis, les boissons les plus populaires sont évidemment les cafés et thés glacés, comme au temps fascinant de l'Inde des maharadjas !

Chiffres inouïs : à chaque *garden-party* sont servis 27 000 tasses de thé, 20 000 sandwichs et plus de 20 000 tranches de gâteau. Sans oublier des scones (indispensables), des brioches, de petits pains mollets, des puddings aux fruits de la passion et un assortiment de glaces et de sorbets. Il n'y a jamais assez de chaises (à galette de velours) et de tables (nappées de blanc) pour tout le monde, et il faut faire preuve d'une certaine dextérité pour manipuler tasses, soucoupes et assiettes tout en restant debout.

Le carré royal n'est évidemment accessible qu'aux personnes ayant reçu une invitation spéciale. Un demi-cercle de chaises est disposé un peu plus loin afin qu'un petit nombre d'invités puissent observer, à distance respectueuse, le roi, la reine et leurs convives de marque.

À 17 h 30 précises, Sa Majesté regagne lentement son palais. C'est un signal donné aux invités, leur indiquant qu'il est bientôt l'heure de quitter les lieux. « *Good-bye and thank you, Your Majesty.* »

Garrard

C'est la reine Victoria qui en fit en 1843 « le premier joaillier de la Couronne ». La maison Garrard & Co a ainsi eu le privilège de créer des bijoux impressionnants en utilisant certaines des pierres précieuses les plus célèbres de l'histoire britannique. Du diamant Koh-i-Noor, actuellement serti dans la couronne de la reine mère, au diamant Cullinan dans le sceptre royal, en passant par le rubis du Prince noir dans la couronne du couronnement. L'expérience de Garrard avec les pierres les plus emblématiques de la royauté anglaise est éloquente.

Mais, plus que tout, j'ai envie de retenir la fameuse bague de la princesse Diana aujourd'hui au doigt de la princesse de Galles. Il s'agit d'un saphir bleu roi de dix-huit carats sertis de quatorze diamants acquis, en février 1981, par le prince Charles comme cadeau de fiançailles à sa jeune promise, lady Diana. La bague provoque d'emblée des frictions entre le palais et sa blonde fiancée. Pourquoi ? Parce que la future princesse a choisi sa bague sur catalogue : une faute impardonnable aux yeux du clan Windsor. La tradition exige que le joyau d'une future reine soit unique, créé tout spécialement pour l'occasion.

Au mois de novembre 2010, le saphir désormais entré dans l'histoire fait sa réapparition au doigt de Catherine Middleton, la future épouse du prince William. Une bague unique, mais visiblement un peu lourde à porter puisque, quelques jours avant la noce, en catastrophe et en catimini, la jeune fiancée a dû la faire rétrécir. Mais ça, c'est une autre histoire !

Prince **George**

Dix ans déjà ! Souvenez-vous. En ce mois de juillet 2013, aux quatre coins du monde, les thermomètres s'affolent. À Londres, une véritable fièvre royale souffle sur la capitale. Dans quelques heures, la si populaire duchesse de Cambridge doit donner le jour à son premier enfant. Et comme l'ancestrale loi de la primogéniture masculine a été abrogée (depuis quelques mois seulement), garçon ou fille, ce premier bébé sera le futur souverain !

Aux abords de l'aile Lindo de l'hôpital St Mary, dans le quartier de Paddington, depuis la fin du mois de juin, cent cinquante journalistes et photographes campent devant la maternité. D'après un communiqué du palais, le terme officiel de la grossesse a été arrêté au 13 juillet, mais nous sommes déjà le 20… et toujours rien. Une question électrise les journaux : y aurait-il un problème ? Et les médias ne sont pas les seuls à attendre avec impatience la naissance du futur héritier. Déjà, les commerçants se frottent les mains. Chaussons, tasses, mugs, assiettes en porcelaine, cuillères en argent et même inévitables sacs à vomi… L'heureux événement va rapporter près de 300 millions d'euros.

Finalement, le divin enfant choisit la date du 22 juillet pour ouvrir ses yeux gris-bleu au monde. *It's a boy !* Toutes les télévisions du globe enchaînent les directs et les présentateurs, leur fond de teint dégoulinant sous le soleil, annoncent : « Douze heures de travail, une naissance par voie naturelle, et sans déclenchement, à 16 h 24 très précises. Le *royal baby* pèse 3,8 kilos. » C'est l'hystérie. La capitale, le vieux royaume, le Commonwealth tout entier se teintent de bleu. On apprendra bientôt que l'enfant répond aux prénoms de George Alexander Louis. Au palais de Kensington, la résidence de ses parents, les cadeaux, on s'en doute, affluent du monde entier. Singulier est celui du futur Charles III : en vue de la naissance, il a planté un bois, le *Prince George Wood*, dans son domaine d'Highgrove.

Son premier portrait est diffusé le 19 août. Dans les bras de sa mère, George est emmitouflé dans un châle. C'est le père de Kate, Michael Middleton, qui a pris le cliché, dans les jardins

de son manoir du Berkshire. On est loin de la rigueur des photographes de cour ! D'emblée, comme l'a fait Diana à son époque, Kate et William tiennent à décider eux-mêmes de l'éducation que recevra leur fils. Certes, il est l'héritier du trône, mais pas question qu'on lui vole son enfance.

Le 23 octobre, sur la volonté des jeunes parents et en accord avec la Couronne, on rompt la tradition des baptêmes dans le salon de musique de Buckingham et préfère l'intimité de la chapelle royale du palais Saint James. Si l'héritier se glisse dans l'ancestrale robe en dentelle et, comme l'exige le protocole, reçoit bien sept parrains et marraines, tous ne sont pas issus de membres de familles royales !

Baby George n'a pas encore un an quand il effectue son premier voyage, de trois semaines, en Australie. Les clichés, adorables, rappellent étrangement le premier déplacement du prince William, en 1983… en Australie lui aussi ! « George of Cambridge » devient l'enfant le plus épié du globe. La plus petite apparition galvanise les médias, alors, même si ses parents veulent le préserver, il faut le montrer ! Un futur roi ne s'appartient pas vraiment ! N'en déplaise à Kate ! En 2015, le bébé star assiste à son premier Trooping. L'année suivante, à l'occasion des 90 ans d'Elizabeth II, il prend la pose, pour un timbre, aux côtés de sa royale grand-mère, de son grand-père et de son père. C'est la première fois du très long règne de la *queen* que quatre générations sont immortalisées côte à côte. Le cliché est craquant. Pour être à la hauteur de ses royaux prédécesseurs, baby Windsor s'est juché sur quatre livres d'Histoire, tout un symbole ! Jamais, même en Angleterre, on n'a été aussi *crazy* (pour ne pas dire timbré) d'un timbre royal ! Quelques jours plus tard, il rencontre Barack et Michelle Obama, puis accompagne ses parents au Canada et, le 25 décembre, assiste à sa première messe de Noël. Une étude très sérieuse spécialisée dans l'évaluation de patrimoine immatériel annonce que l'image de baby George a déjà rapporté 3 milliards d'euros dans les caisses de son pays !

Voilà, pour le côté officiel ! Car, depuis sa naissance, le petit prince est aussi présent dans les tabloïds. Et les rumeurs ne l'épargnent pas ! Un bruit assure que, tout comme son père, il écrit de la main gauche. Très sportif, il aurait trois poneys (à Sandringham, Balmoral et Windsor) et serait un spectateur assidu de matchs de foot et de cricket, mais moins que de rugby, sa vraie passion. D'ailleurs, on assure que la présidence d'honneur de la fédération anglaise (actuellement assurée par Kate, depuis le départ du prince Harry) sera, bientôt, sa première responsabilité officielle ! Côté cuisine, sa gouvernante italienne (Antonella Fresolone) lui aurait donné le goût des pâtes carbonara et, surtout, des pizzas maison, son plat favori. Quant à ses goûts musicaux, on sait, par une indiscrétion de William, qu'il écoute, en boucle, AC/DC et Led Zeppelin et qu'il s'entend, à merveille, avec ses cousines, les trois petites-filles de la princesse Anne.

Au rayon petits secrets toujours, la presse, très inventive, a fait réaliser une étude des plus sérieuses qui révèle qu'une fois adulte, George, dont le *nickname* est « P. G. », devrait mesurer 1,88 mètre. On apprend également qu'il reçoit un courrier digne d'une pop star : invitations à des *parties* d'anniversaire, à des projections de films, des pièces de théâtre, des concerts privés, demandes de photos, d'autographes...

La mort de la reine, on l'imagine, a profondément bouleversé le prince. Si George Cambridge voyageait avec son père, George Wales, devenu héritier en second, ne peut désormais plus se déplacer dans le même avion que celui du prince de Galles ! Lors du couronnement de son grand-père, on apprenait que, à la demande du palais, la maison Gieves & Hawkes chargée de la création des costumes des pages a confectionné deux exemplaires de sa tenue. C'est que le petit prince aurait une grande tendance à se tacher ! Aux dernières rumeurs, le futur George VII devrait prochainement intégrer le prestigieux collège d'Eton. Bientôt, il sera le parti le plus *bankable* de la planète couronnée. Mon petit doigt me dit que je vais avoir (de nombreuses) occasions de vous en reparler !

God Save the King

Il fait office d'hymne national et il faut entendre (et voir) la ferveur qui entoure son exécution dans les grands moments historiques du royaume. Mais je me demande si mes amis anglais en connaissent vraiment l'origine très proctologique.

En 1688, Lully aurait composé ce motet pour fêter le rétablissement de Louis XIV après une douloureuse opération d'une fistule anale. Haendel l'aurait entendu, à peine modifié, et en fit l'air que nous connaissons aujourd'hui.

Certes, le mot « trône » peut aussi qualifier le siège des cabinets d'aisances. Après tout, Charles III collectionne bien les lunettes de toilette et a écrit un conte pour enfants avec un vieil homme écossais dont la chasse d'eau en forme de cornemuse déclenche, lorsqu'elle se met en marche, une virile musique des Highlanders !

Gold State Coach

Son nom m'a toujours fait rêver. Au palais de Buckingham, il est la star des écuries. Une voiture hippomobile d'exception. Plus de 4 tonnes. Des dimensions à donner le vertige : 7 mètres de long, 2 de large et 3,6 de haut. Il est si lourd, si peu maniable, qu'il faut huit chevaux (obligatoirement au pas) harnachés d'imposants maroquins, quatre postillons, huit laquais, six valets de pied et quatre yeomen pour le mettre en traction. Le faire circuler est une expédition réservée uniquement aux couronnements, aux jubilés ou aux mariages d'un monarque en fonction.

Le Carrosse d'Or d'État a été utilisé pour tous les couronnements depuis celui de George IV. Il fut construit en 1762 pour George III, qui s'en servit pour la première fois à l'ouverture officielle du Parlement. Le cahier des charges qu'avait émis le souverain ? « L'ouvrage le plus élégant et le plus magnifique jamais vu dans le royaume. » Entièrement doré et décoré de panneaux peints par Giovanni Battista Cipriani, le célèbre artiste florentin du XVIIIe siècle, il présente un harnais fait d'un riche cuir rouge, doté de la forme d'une grande coquille Saint-Jacques à l'avant. Sur le toit, entourant une couronne impériale, trois chérubins symbolisent l'Angleterre, l'Écosse et l'Irlande. Elizabeth II monte à son bord, pour la première fois, le 2 juin 1953, jour de son sacre. Elle y parcourt le trajet qui la mène du palais aux voûtes de Westminster, puis, à l'issue de la cérémonie, la reconduit à Buckingham. Dans une capitale en proie au délire, le trajet retour s'étale sur 8 kilomètres. Dans cette chaloupe d'or, la jeune souveraine de 27 ans ne cesse de saluer et pourtant, quel calvaire ! Les suspensions de l'antique voiture ne reposent que sur des lanières de cuir. Se souvenant de son voyage le conduisant à Westminster au mois de mai 1937, George VI, son père, a écrit dans son journal : « Ce fut l'une des balades les plus inconfortables de ma vie. » Et William IV s'était senti « ballotté comme sur une mer très agitée ». Lilibet avouera quant à elle : « C'est très beau mais pas vraiment fait pour voyager. » Le dernier trajet de la spectaculaire voiture fut celui qui ramena Charles et Camilla à l'issue de leur couronnement. Gageons que dans quelques années, nous apprendrons, par quelques indiscrétions, que les lombaires de Sa Fragile Majesté ont, elles aussi, été mises à forte contribution !

Goring

À deux pas de Buckingham, sa façade géorgienne cache un hôtel chic mais à l'esprit très familial. Du temps de ma Lilibet, il n'était pas rare que la reine des reines quitte les salons de son palais pour rejoindre ceux du Goring où, en voisine, elle venait déguster quelques gâteaux. Pour moi, le lieu restera, à jamais, gravé dans mon cœur. Le 28 avril 2011, veille du mariage du siècle (celui de *Kate and Will*), j'étais face à l'hôtel quand la fiancée alors la plus traquée du globe franchit le seuil de l'établissement. Entourée de Carole Middleton, sa mère, et de Pippa, sa sœur, Kate n'était qu'à quelques pas de moi. Elle rentrait de l'ultime répétition qui venait de s'achever sous les voûtes de Buckingham. Quelques minutes plus tard, encore tout étourdi, j'aperçus, descendant d'un véhicule noir, une dame blonde, très distinguée, portant, à bout de bras, une longue housse blanche. J'apprendrais plus tard qu'il s'agissait de Sarah Burton, la géniale directrice artistique de la maison McQueen. Et de la robe blanche qu'allait arborer la plus royale de toutes les mariées.

Goyard

Savoir plier bagage avec panache, c'est tout l'art de la maison Goyard, malletier préféré du duc et de la duchesse de Windsor. Le 3 juin 1937, au soir de leur mariage, alors que le soleil commence à décliner, les amants terribles partent en lune de miel à bord de l'Orient-Express. Destination Venise. Dans leur sillage : deux cent vingt-six bagages griffés Goyard.

L'adresse du 233 rue Saint-Honoré à Paris est un lieu de pèlerinage où veaux, vaches, vachettes, box, maroquin, parchemin croco ou peau de serpent frottent leurs cuirs luisants, parsemés de clous d'or et de serrures de cuivre. Y ajouter ses initiales et ses armes est le *nec plus ultra*. Ce temple du raffinement a été créé en… 1832.

J'aime les bagages anciens et je comprends ceux qui craquent pour les Goyard en toile à croisillons et coins de cuivre ou un Karl Lagerfeld qui y commandait ses valises. Mais, l'époque des clients célèbres, tels que Sarah Bernhardt, le maharadja de Kapurthala, Sacha Guitry semble aujourd'hui si lointaine. Voyager léger, sans ostentation et se faire la malle, sans bagage, est devenu un des credo de notre époque parfois bien tristounette.

Grace

Nous sommes le 12 avril 1956, flash-back... Le ciel est bas. Il hésite. Entre le gris et le bleu. Au loin, la proue en métal d'un paquebot déchire un rideau de coton. Un nuage de fumée blanche, vaporeux, s'élève à l'horizon. Lentement, le *SS Constitution*, fleuron de la compagnie maritime American Export Lines, glisse sur une mer étale, brillante. Tout Monaco est sur le port. Le Rocher pavoise. Partout, aux balcons, le long des rues, sur les voiliers... fleurissent des rubans, des festons de couleurs, des guirlandes et des drapeaux. Depuis des semaines déjà, la principauté est en effervescence. Tous les Monégasques veulent vivre, en direct, l'arrivée de leur future princesse.

Huit jours plus tôt, le 4 avril 1956, le *SS Constitution* quittait le port de New York dans le même étourdissement. Sous l'objectif des journalistes, trop nombreux, Grace a été noyée de fleurs et de mots doux. Impossible de saisir toutes les mains qui se tendaient. Elle a dû se contenter de sourire, de balbutier des « merci », de se laisser guider. Durant la traversée, face à la mer, elle fait de longues promenades, seule, pen-

sive, le regard perdu. Elle est accompagnée de son père parfois. John B. Kelly est un homme grand et fort, aux épaules carrées, un peu dépassé par cet engouement. Sans tout à fait le reconnaître, il redoute cet univers couronné qui attend sa fille. C'est un monde auquel il se sait parfaitement étranger.

Au loin, un écho s'élève, par vagues. Des applaudissements, des cris frôlent l'hystérie. Les mains de Grace se crispent au bastingage. Cette terre qui se dessine est la sienne désormais !

Sur le port, perdu dans la marée humaine, beaucoup témoignent de leur déception. À peine peuvent-ils entrevoir la future princesse. Que savent-ils d'ailleurs de cette étoile qui débarque des Amériques ? Pas grand-chose. Sinon que c'est une star, la muse d'Hitchcock, dit-on, qu'elle a été couronnée l'année précédente d'un Oscar.

Grace Patricia Kelly est née le 12 novembre 1929, à Philadelphie, dans l'État de Pennsylvanie. Son père, John B. Kelly – que tout le monde surnomme Jack – représente le *self-made-man* par excellence. Sa force de caractère et ses dons physiques impressionnants lui ont permis de devenir champion d'aviron, aux Jeux olympiques de 1920, disputés à Anvers. C'est ce tempérament de gagneur aussi qui a fait de son entreprise de construction la plus florissante de la côte Est. Jack a de la vie une conception simple. « Rien n'est donné pour rien. Jamais ! Tout doit se gagner. Par le travail, la ténacité, la droiture. » En 1924, son mariage avec Margaret, une jeune femme d'origine allemande, parachève un parcours brillant. Le couple aura quatre enfants. Un garçon, John B. Junior, et trois filles : Margaret, Grace et Elizabeth Anne. Le clan Kelly symbolise une réussite à l'américaine, une famille dorée au soleil et nourrie de solides principes catholiques. Grace est la troisième enfant du couple. Elle grandit entre un frère adulé (qui sera également champion d'aviron) et une petite dernière chouchoutée. La jolie petite fille aux cheveux blonds passe une enfance en retrait. Il se dégage de sa personnalité comme une distance, un éloignement subtil qui la tient à l'écart de l'agitation d'une famille où ne dominent que les gagneurs, les obstinés.

Très tôt, Grace se sent proche de son oncle George – le frère de Jack –, auteur dramatique récompensé par un prix Pulitzer. Malgré sa grande timidité, à 12 ans, elle fait ses premiers pas sur les planches, dans une production d'amateurs. Mais c'est de Ballets russes qu'elle rêve secrètement. Grace veut devenir danseuse. Et conquérir le monde. Son enfance s'écoule dans un milieu aisé, sous la haute maison de Philadelphie, construite au bord d'un lac. La jolie blonde achève ses études au Couvent des Dames de l'Assomption de Philadelphie. Grace est devenue une jeune fille séduisante aux yeux clairs, au teint pâle, élancée et pétrie de classe. Son enfance et son éducation lui ont inculqué une modestie qu'elle ne perdra jamais. Au cours d'un dîner, à table, assise face à son père, Grace annonce son intention de poursuivre son cursus scolaire à l'Académie américaine d'Art dramatique de New York. Silence. Aucun refus cependant. Elle obtient carte blanche. Un seul mot d'ordre : « Fais ce que tu veux mais fais-le bien ! » Grace réussit son audition le 10 août 1947. Le sésame en poche, elle peut faire ses valises. En octobre, elle débarque à New York et intègre la très sérieuse institution. Au programme ? Littérature, diction, interprétation... Entre les cours, par amusement, Grace pose et devient mannequin.

Si ses activités de modèle deviennent fructueuses, son apprentissage de la comédie se révèle, quant à lui, plus laborieux. Grace court les auditions et essuie quantité de refus. Elle est trop grande, trop blonde, trop belle... Grace est trop tout ! Et doit apprendre impérativement à poser sa voix. Pourtant, elle se fait remarquer. Après un rôle dans la pièce *The Father*, jouée à Broadway, Grace participe à une série d'émissions télévisées. La dramatique – ancêtre du *soap opera* – est diffusée de façon hebdomadaire. Grace tournera plus de cinquante petits épisodes, en direct. C'est à la télévision qu'elle apprend vraiment les bases du métier d'actrice. Déjà, une évidence s'impose : la caméra aime Grace. Et vice versa. Miss Kelly crève l'écran !

Dans la foulée, son agent lui décroche un petit rôle dans *Fourteen Hours*, d'Henry Hathaway. Le film sort en salle le 6 mars 1951. Grace Kelly a 21 ans. C'est la première fois qu'elle appose sa signature en dessous d'un contrat rédigé par la compagnie Metro-Goldwyn-Mayer (MGM). Grace, trop polie, trop parfaite, détonne au pays des futures vedettes. Sa timidité, sa pruderie passent pour de l'orgueil, presque du snobisme. Sa myopie l'enferme dans une réserve perçue comme de l'arrogance. Elle est gagnée par le doute. Et si au fond, ce métier n'était pas vraiment fait pour elle ? Pourtant, les choses s'enchaînent… De retour à New York, un autre producteur la réclame. Stanley Kramer. Le titre du film ? *Le Train sifflera trois fois*, avec la présence du beau Gary Cooper. Grace n'est plus sûre de rien. Ni de son talent, ni de son envie. Elle signe ce nouveau contrat à la dernière minute, sur le comptoir même de l'aéroport, alors que les moteurs de l'avion tournent déjà.

De 1951 à 1955, Grace Kelly est à l'affiche de onze films. Elle est sous contrat avec la MGM, mais aussi avec la Paramount et les studios Warner pour des films qui vont s'inscrire au panthéon du cinéma. Les tournages et les voyages s'enchaînent… *Mogambo* de John Ford, en 1953, avec Ava Gardner et Clark Gable, *Le Crime était presque parfait*, premier tournage sous la direction d'Alfred Hitchcock, en 1954. Dès sa rencontre avec la jeune actrice, début 1953, Hitchcock a éprouvé d'emblée un coup de foudre. Il est « *addict* » de Grace Kelly. De sa blondeur, de son élégance, de sa réserve. « Elle est séduisante sans être sexy, confie-t-il. Elle offre un cocktail savoureux de charme, de classe, de malice et de séduction. » D'emblée, Grace devient sa muse, son inspiratrice. Le maître du suspense la fait tourner la même année *Fenêtre sur cour*, suivi quelques mois plus tard de *La Main au collet*. Au total, ce sont trois films que Grace tourne sous la caméra et les conseils d'Hitchcock. Trois films qui l'entraînent de plain-pied dans le cercle des stars de légende. Miss Kelly reste seule pourtant. On ne lui prête aucune relation sentimentale. À peine une brève histoire, un début d'idylle, avec un designer, ami de Jackie Kennedy, le comte Oleg Cassini. Malgré sa jolie moustache et son air de jeune premier, le beau parleur est beaucoup plus âgé que Grace et – comble du mauvais goût ! – est un homme divorcé. Ses deux précédents mariages se sont réglés à coups d'avocat. Il n'en fallait pas plus ! L'outrage est impardonnable aux yeux du clan Kelly. Grace se résigne. Ne semble pas avoir la volonté de lutter. Et se contente de lui répéter, inlassablement, en guise d'excuses : « Je suis désolée. Vraiment. » Plus que jamais, la boutade qui court dans les studios d'Hollywood semble d'actualité : « Tous les hommes rêvent de passer la nuit avec Marilyn Monroe. Mais c'est aux côtés de Grace Kelly qu'ils rêvent tous de passer leur vie. »

Grace Kelly semble surfer sur la vague d'un succès que rien ne pourrait entraver. Le 30 mars 1955, au RKO Pantages Theatre, à Hollywood, dans une robe fourreau de soie avec de longs gants blancs, elle manque défaillir quand elle se voit remettre l'Oscar de la meilleure actrice pour son rôle dans *Une fille de la province*, de George Seaton. Un mois plus tard, la star « oscarisée » s'envole pour la Côte d'Azur. Le film de Seaton concourt également au huitième festival international du film de Cannes. L'emploi du temps de la star est chargé. Une série de déjeuners, d'interviews et de cocktails. Des projections, des séances photos. Dont une série de clichés dans le cadre somptueux du palais princier de Monaco. C'est Pierre Galante, rédacteur à *Paris Match*, qui a organisé ce reportage. Grace a accepté. Sur un éclat de rire. Par amusement, par curiosité aussi. Le rendez-vous est arrêté au 6 mai 1955, à 15 heures.

La ville de Cannes connaît une panne d'électricité et Grace est obligée de quitter sa chambre d'hôtel, les cheveux humides. Elle part accompagnée de quelques proches. Dans une autre voiture, le staff de *Paris Match*. Juste avant d'entrer dans la cour d'honneur, à la dernière minute, on improvise une couronne de fleurs qu'on fixe sur son chignon. Au palais, le drapeau flotte au vent. Et pourtant… Le prince est absent. Il ne devrait pas tarder, assure-t-on. Le shooting commence sans lui. Quand il arrive enfin, précédé d'un bruit de pas, Grace a tout juste le temps de répéter une dernière fois sa révérence. Peine perdue. Elle n'en fera que l'esquisse. Déjà, le prince s'excuse et l'entraîne visiter son zoo privé, à l'ombre des jardins qui dominent la mer. L'entrevue durera moins d'une heure. Grace doit refuser la coupe de champagne que lui tend Rainier. Déjà, on l'attend sur la Croisette. Une réception est donnée en son honneur par la délégation américaine. « *He is very, very charming* », confie-t-elle le soir même. Dès le lendemain, la star adresse un billet de remerciement à son hôte. Quelques mots seulement. Premier échange d'une correspondance qui va tisser des liens secrets dans les mois qui suivent…

Il faut attendre le Jour de l'an pour que le prince demande la main de la star. L'annonce est rendue officielle, le 5 janvier 1956, devant un parterre de photographes. Premiers exercices de l'interview princière. Les fiançailles sont célébrées le lendemain, dans les salons lambrissés de l'hôtel Waldorf-Astoria où se bouscule le Tout-New York. Aux quatre coins du monde, la nouvelle déclenche l'allégresse et Grace devient l'enfant chérie des salles de rédaction. En une nuit, son prénom glisse sur toutes les lèvres. Les questions aussi. Est-il vrai que la star envisage d'abandonner le cinéma ? Les cartons d'invitation tout juste envoyés, les bruits les plus fous circulent. Chaque jour amène son lot de rumeurs. La date du « mariage du siècle » est arrêtée au 19 avril.

Pendant que la principauté s'apprête à accueillir sa nouvelle princesse et avec elle plus de deux mille journalistes attendus pour couvrir l'événement, soit presque autant de reporters qu'il y a d'habitants, Grace Kelly apparaît une dernière fois à l'écran dans *High Society*. Elle partage l'affiche avec Frank Sinatra. Le 21 mars 1956, aux côtés d'Audrey Hepburn, Grace, sublime, est la maîtresse de cérémonie de la vingt-huitième édition des *Annual Academy Awards*, retransmise en direct à la télévision. La gorge nouée, figée, d'une voix cassée, Grace fait ses adieux au monde du cinéma.

Le 19 avril 1956, dès l'aube, un soleil vif baigne le Rocher. Trois ans après le couronnement d'Elizabeth II d'Angleterre, les images de la cérémonie du mariage seront retransmises dans le monde entier. La principauté est en état de siège. Le parvis de la cathédrale Notre-Dame-Immaculée, avec sa volée de marches en marbre blanc, est cerné par une marée humaine. Plus de cent mille curieux venus par trains spéciaux, en voiture, en autocar, en avion se mêlent aux Monégasques. Au pied de l'édifice, dont les cloches commencent déjà à résonner, les deux mille photographes de presse jouent des coudes. Et se bousculent. Le ton monte. Certains d'entre eux n'ont pas hésité à se déguiser en curé pour entrer dans la cathédrale. Plus de cinq cents privilégiés ont pris place le long des travées qui embaument le lilas et le muflier. Les services de sécurité sont sur les dents. Le cinéma a délégué ses plus beaux fleurons. Ava Gardner, Gary Grant, Gloria Swanson… Avec son tapis rouge et son défilé de stars, le mariage prend des allures de superproduction. La principauté est comme un paquebot trop garni qui croule sous le poids de ses invités. À 10 h 30, l'imposante voiture qui transporte la fiancée et son père quitte le palais dans le tumulte des vivats. Le cortège de limousines noires parcourt les rues tendues de drapeaux et de bannières étoilées. Dans sa robe de soie et dentelles de Valenciennes, Grace est d'une beauté hiératique et touchante. La conception de la robe cloche, en style renaissance, a été confiée à Helen Rose, la styliste star de la Metro-Goldwyn-Mayer. La création *made in Hollywood* a fait l'objet de longues discussions. La société ayant acquis les droits exclusifs d'un film sur le mariage, la robe de Grace est une robe de cinéma. Une robe qui doit être retouchée le matin même, avec un rien de panique. La pression est telle qu'en moins d'une semaine, Grace a perdu près de 3 kilos. L'office religieux célébré en latin dure plus de deux heures. Grace prononce un « oui » si ténu que les micros ne parviennent pas à l'enregistrer. Aux quatre coins du monde, plus de trente millions de téléspectateurs partagent la joie des jeunes mariés. Les images en Technicolor acheminées par hélicoptères spéciaux se terminent par le plan du *Deo Juvante II* qui s'éloigne en mer. La destination de la lune de miel demeure inconnue…

De retour sur le Rocher, déjà, le palais a la joie d'annoncer que Son Altesse sérénissime la princesse Grace de Monaco attend un heureux événement. Durant sa grossesse, Grace souffre de fringales incontrôlées, obligeant Rainier à se relever durant la nuit pour lui concocter des œufs brouillés et des spaghettis ! La princesse Caroline voit le jour le mercredi 23 janvier 1957, dans la bibliothèque du palais transformée en salle de travail. Les murs ont été tendus de draps blancs et de soie verte. La naissance de la petite princesse est saluée par vingt et un coups de canon. Pour sa première nuit, « Caroline Chérie » a été couchée, comme l'exige la tradition, dans le berceau Empire, en bois d'or, garni de soie, où a dormi le petit roi de Rome, fils de Napoléon Bonaparte. Quatorze mois plus tard, le 14 mars 1958, la naissance d'un garçon cette fois, prénommé Albert, titré prince héritier de Monaco, couronne le bonheur du jeune couple. Une salve de cent un coups de canon se mêle à la joie des Monégasques.

Très vite, Grace tient à s'impliquer dans la vie de la principauté. Quelques mois seulement après son arrivée sur le Rocher, elle parle un français parfait. Elle fait revivre la tradition du ballet-souvenirs d'enfance et se consacre tout entière à de nombreuses œuvres de bienfaisance. Elle s'implique tout particulièrement dans la cause des orphelins et accepte la présidence d'honneur de l'Association mondiale des amis de l'enfance (Amade). Ayant pratiqué le scoutisme, à Philadelphie, la princesse s'engage aussi personnellement dans les activités du mouvement, n'hésitant pas à organiser des goûters dans les jardins du palais. Nouvelles joies chez les Grimaldi. La princesse Stéphanie naît le 1er février 1965. L'acteur Frank Sinatra est choisi comme parrain par le couple princier. C'est dans l'épanouissement des maternités que Grace va connaître ses années les plus heureuses. Grace essaie tant bien que mal de protéger ses enfants d'une médiatisation à outrance, d'être le gardien de leur enfance. Des années d'insouciance qu'elle veut tendres, équilibrées et heureuses.

D'un mot, d'un sourire, la première dame de la principauté fascine chacun. Elle réinstalle les Grimaldi dans la constellation royale. En 1967, à sa demande, est fondée l'association Monaco-USA qui a pour but de promouvoir une meilleure connaissance et une plus large compréhension entre Monaco et les États-Unis. L'année suivante, la princesse crée le Garden Club de Monaco. Chacun peut ainsi découvrir la passion de la princesse pour le jardinage et son amour des fleurs. Grace se donne sans compter, à l'image de Rainier, pour promouvoir l'image du Rocher. Le couple travaille constamment à agrandir Monaco. Son obsession : repousser les frontières de la principauté et gagner du terrain sur la mer. Tous deux veulent que leur confetti de bord de mer puisse jouir d'une reconnaissance internationale. Un rêve que les mauvaises langues qualifient d'utopique. Après avoir relancé le bal de la Croix-Rouge, Grace s'occupe également du bal de la Rose qui célèbre l'arrivée du printemps. Elle joue les ambassadrices de charme, de l'élégance et confère à chacune des fêtes du Rocher un éclat qui parvient à fasciner même les invités les plus prestigieux. Grace a le secret des réceptions éclatantes où se presse toute la haute société internationale. Elle a gardé des contacts avec les amis « d'avant ». Les David Niven, James Stewart, Ingrid Bergman, Peter Ustinov et les autres…

Une seule ombre au tableau. Le cinéma lui manque. Grace rêve de regagner les plateaux et le feu des projecteurs, de retrouver l'ambiance électrique des tournages. Les tentatives sont vaines. Les quelques projets avortent. Les Monégasques ne supportent pas l'idée de voir leur princesse sur grand écran. Entre le cinéma et le gotha, la star a dû choisir. Son cœur a parlé. Alors… qu'elle assume ! Mais… Grace ne regrette rien. Bien au contraire ! Son expérience de comédienne lui a permis de se fondre d'emblée dans le rang des monarchies de la vieille Europe. Grace connaissait déjà les règles : la discipline, la notion d'enjeu, la conscience du rôle…

À Monaco, comme ailleurs, les rencontres, les réceptions se suivent. Les clichés en témoignent. Les rois d'Espagne, John et Jackie Kennedy, le pape Jean-Paul II, la princesse Irène de Grèce, la cantatrice Maria Callas, le peintre Salvator Dalí… posent aux côtés du couple princier. En 1981, peu après ses fiançailles avec le prince de Galles, c'est à la princesse Grace que la jeune lady Diana Spencer, figée par le trac, confiait ses doutes et demandait conseil. Grace est une femme de cœur. Touchée par ses contemporains. En témoigne son aide précieuse à Joséphine Baker ou sa présence aux obsèques de Maria Callas, la cantatrice à la vie brisée. La vie s'écoule paisible, sereine sur le Rocher. Entre le palais où Rainier a ses bureaux, l'hôtel particulier de Paris et le domaine de Roc-Agel, le ranch de la famille princière qui surplombe Monaco. Nous sommes le 13 septembre 1982. Grace quitte la propriété de Roc-Agel avec la princesse Stéphanie.

La suite de l'histoire s'écrit à l'encre noire, vous le savez. Vous la retrouverez un peu plus loin dans ce petit dictionnaire.

Guépard

J'aime avec passion le metteur en scène Luchino Visconti (un Scorpion !) pour sa décadence flamboyante et sa façon si décorative de traduire la fin d'un monde aristocratique. Le film qui m'émeut le plus, c'est évidemment *Le Guépard*. Je l'ai vu et revu avec toujours autant de passion.

Vous vous souvenez du pitch : en 1860, Garibaldi débarque en Sicile pour renverser les Bourbons. Le prince Salina (Burt Lancaster) part de Palerme avec sa famille et s'installe dans son domaine campagnard. Son neveu Tancrède (Alain Delon) se bat aux côtés des Chemises rouges, mais avec l'intention de frayer la voie à une monarchie constitutionnelle du roi de Piémont-Sardaigne. L'écho des événements (indépendance italienne, plébiscite sur le rattachement de la Sicile à l'Italie) parvient à Donnafugata. Le prince Salina comprend que la bourgeoisie va devenir la classe domi-

nante et prépare le mariage de Tancrède avec Angelica (Claudia Cardinale), fille du maire très riche Don Calogero Segara (Paolo Stoppa) dont son neveu est follement amoureux.

Visconti recrée magistralement les façons de vivre d'une classe décadente et d'une autre en pleine expansion. J'ai toujours été touché par les images d'une beauté raffinée, exprimant si bien les couleurs et la réalité d'un temps passé qui redevient vivant. À mes yeux, la scène la plus émouvante est la dernière : le bal au palais de Palerme, où Angelica est présentée à une aristocratie réduite à son apparat, et au cours duquel le prince Salina comprend qu'il va mourir. Une des plus belles valses du monde. Toutes les prises furent tournées dans un palazzo de Palerme. Huit nuits de tournage jusqu'à 6 heures du matin. Des milliers de bougies. Trois cents figurants. Comment ne pas être nostalgique d'un tel cinéma ?

Habsbourg

C'est l'une des plus illustres dynasties du globe. Plus vieille que les Saxe-Cobourg, plus prestigieuse que les Romanov. Les Habsbourg ont donné tous les empereurs du Saint-Empire romain germanique, une ribambelle de souverains, qui vont régner sur les trônes d'Autriche, de Hongrie, d'Italie, d'Espagne, du Mexique, du Portugal, de la Bohême, de la Croatie… Quand on dit Habsbourg, on pense, un peu vite, à Sissi ou à Marie-Antoinette. Une fois n'est pas coutume, dans ce petit dictionnaire, j'ai envie de vous parler de la grande **Marie-Thérèse**.

La scène est racontée par le cinéma. Mais elle fut bien réelle. Au lendemain de son fastueux mariage, la nouvelle impératrice d'Autriche, la jeune Élisabeth, se plaint du manque de confort de ses appartements de la Hofburg. La réplique de sa belle-mère, la redoutable archiduchesse Sophie, est cinglante : « Marie-Thérèse, la grande impératrice, s'en accommodait. Il est inconcevable qu'une petite duchesse jetée sur le trône par un caprice du sort trouve à s'en plaindre ! » Pauvre Sissi ! Si bientôt, elle va fuir, pour l'heure, elle supporte les lambris, les stucs, les dorures et les sacro-saintes règles du protocole érigé par son illustre aïeule.

Archiduchesse d'Autriche par naissance, lorsqu'elle coiffe la lourde couronne, en 1740, l'héritière de Charles VI est une jolie blonde de 23 ans, vive, spontanée et très amoureuse de son mari, François-Étienne de Lorraine, grand-duc de Toscane. Elle a déjà donné naissance à trois filles mais deux d'entre elles sont mortes au berceau. Depuis quelques mois, la nouvelle souveraine se sait à nouveau enceinte. Jour et nuit, elle prie pour donner, enfin, le jour à un héritier mâle. Elle sait que sa position de femme affaiblit considérablement son trône. D'ailleurs, malgré les dispositions prises par son père – l'édit de la Pragmatique sanction –, ses droits sur la Couronne des Habsbourg sont fortement contestés par la Bavière, l'Espagne, la France, le Piémont-Sardaigne, la Prusse et la Saxe. Des voisins et parents s'étaient pourtant engagés à la soutenir. Tous semblent maintenant ligués contre la jeune femme, la disent bien trop ingénue, prétextent que seul un homme peut régner sur l'empire.

Qu'elles sont loin, les promesses d'hier ! Au mois de décembre, menaçant, Frédéric II de Prusse attaque la Silésie, riche région minière appartenant aux Habsbourg, déclenchant ce que les livres d'Histoire vont baptiser la « guerre de succession d'Autriche ». « Je ne suis pas encore couronnée que, déjà, je somme mon pays à prendre les armes », confie Marie-Thérèse, anéantie. Elle est rongée de questions. Presque de remords. Ne ferait-elle pas mieux de renoncer ? Lucide, elle prend conscience, très tôt, de son inexpérience, avoue n'avoir aucune notion de diplomatie, finance, histoire, ni même de géographie contemporaine… « Mon père ne me laisse qu'un empire ravagé, ruiné par une guerre désastreuse contre les Ottomans », couche-t-elle dans son journal. « Que faire ? Comment le faire ? » Et les questions redoublent lorsqu'elle découvre que les caisses sont vides, l'armée, désorganisée, son administration, archaïque. Seul un miracle pourrait redresser la barre de l'immense navire.

Pour inscrire son nom dans l'Histoire, la jeune souveraine va devoir se battre, c'est un fait. Le premier signe de cette réussite va venir en ligne directe du ciel. Le 13 mars 1741, elle donne le jour à un fils cette fois. L'héritier reçoit le prénom de Joseph, comme le père nourricier du Christ. Tout un symbole ! Juste le temps de se réjouir et, déjà, la guerre est relancée. Ses ennemis tentant de lui retirer la couronne de ses ancêtres, c'est ce conflit qui va lui apprendre son métier. À la vitesse de l'éclair, elle s'initie à la stratégie, aux tactiques militaires. Du plus galonné des généraux aux plus modestes des officiers, elle ne s'entoure que des meilleurs conseillers. Surtout, elle apprend à jouer de sa féminité. Ce sexe qu'on lui reproche, elle va en faire une force, un atout majeur. La plus efficace des armes, parce que la plus fine ! Malgré son manque d'expérience, elle réussit à s'allier à l'Angleterre des Hanovre et à rallier à elle la noblesse hongroise. En 1745, à la mort de son cousin Charles VII, électeur de Bavière, elle fait preuve d'un redoutable sens de la diplomatie et parvient à détourner subtilement la loi de succession interdite aux femmes, en faisant élire son époux sur le trône impérial des Romains. Si, officiellement, c'est « monsieur » qui porte la couronne, personne n'est dupe. Il ne s'agit là que d'une parade.

C'est entre ses mains à elle, sacrée « impératrice consort du Saint-Empire et reine consort de Germanie », que va couler le vrai pouvoir. Bientôt, il va être absolu. Aucune femme, jamais, n'avait accédé à la dignité impériale. Pour les chancelleries comme pour le peuple, Marie-Thérèse devient la femme la plus puissante du globe, celle qui dirige, réforme, incarne. Et si rien ne lui était impossible ? Après huit ans de conflit, en 1748, enfin, la signature d'un traité, à Aix-la-Chapelle, met fin à la guerre de succession. Si elle va perdre la Silésie qu'elle doit céder à la Prusse et une partie du Milanais qu'elle est obligée d'offrir au roi de Sardaigne, elle sauvegarde néanmoins son autorité sur le reste des nombreuses possessions héréditaires des Habsbourg. C'est un coup de maître ! « À coup sûr, un homme n'aurait pas fait mieux », susurre-t-on dans son entourage.

À l'opposé de son époux, discret, mesuré, de l'aube à la nuit tombée, elle se jette tout entière dans les affaires de « son » empire. « Le courage, la droiture et la pugnacité coulent dans ses veines », affirment ministres et ambassadeurs, éblouis. Avec elle, la maison impériale d'Autriche ne se contente pas de préserver son pouvoir, elle l'accroît, gagne une place déterminante sur le grand échiquier des nations européennes. À l'instar de Pierre Ier ou de Catherine II de Russie, Marie-Thérèse devient « la grande ». Avec le temps, elle a appris à mesurer la force de l'image. Pour crier sa puissance aux yeux du monde, des autres cours surtout, elle durcit encore les codes du protocole, une étiquette instaurée par Charles Quint, aux règles pourtant déjà très strictes. « Lorsqu'on est en présence du couple impérial, c'est à peine si l'on ose respirer », témoignent les plénipotentiaires des cours étrangères. Merveilleuse Marie-Thérèse ! À une époque où la femme est le plus souvent réduite à un rôle de génitrice, elle parvient à casser les codes, rafle tous les honneurs, tous les pouvoirs, sans jamais oublier son statut de femme. Elle est impératrice, elle est reine, mais elle est aussi une épouse et une mère. La souveraine sera une fervente amoureuse. Une femme que l'on dit d'ailleurs ardemment portée sur les choses de l'amour. Elle donnera naissance à onze filles – dont la future Marie-Antoinette, reine de France – et à cinq fils. Cette progéniture incroyable va bientôt, grâce à de judicieux mariages, permettre à la maison de Habsbourg-Lorraine d'être présente dans la presque totalité des cours européennes. La grande impératrice s'éteint le 29 novembre 1780, après un règne de plus de quarante ans ! Le sens du devoir accompli. La puissance de son immense royaume est à son apogée.

Rois de **Haïti**

Pour ceux qui trouvent le gotha amidonné et prennent Louis II de Bavière pour un gentil excentrique, je vous emmène à Haïti à la rencontre de Christophe Ier, le souverain mégalomane, couronné le 2 juin 1811, sept ans après la naissance de la première république noire. En onze ans de pouvoir absolu, ce roi marqua de son empreinte l'architecture locale. Dans son empire du nord de l'île, il devait édifier ou transformer neuf palais et quinze châteaux. Très bourgeois gentilhomme, j'adore la cour qu'il se créa et les titres qu'il décerna à ses compagnons de combat en s'inspirant de toponymes locaux : le comte de Sale-Trou, le duc de Dondon, le comte de Trou-Bonbon, le duc de Limonade, de Marmelade... Pour ma part, au regard de mon côté belge, je me verrais bien « marquis de Café-Liégeois » !

Harald

Il est roi de Norvège depuis maintenant plus de trente ans ! La seule fois qu'Harald a défié la chronique, c'est pour imposer la femme qu'il aime, la reine Sonja, à ses côtés. Jamais il ne paraît hautain, distant. Travailleur acharné, malgré le temps qui passe, malgré une santé de plus en plus fragile aussi, je profite de ce petit dictionnaire pour remettre en lumière les grandes lignes d'un destin que l'on a un peu oublié.

À sa naissance, le 21 février 1937, à la résidence royale de Skaugum, près d'Oslo, on dit que les fées se sont penchées sur son berceau. Le bébé qui vient de naître a le nez rose, de grands yeux bleus et déjà quelques cheveux, couleur de miel. Dans la nurserie royale, on dit également que les deux sœurs du petit Harald, les princesses Ragnhild et Astrid, sont folles de joie, se disputent ses sourires et ses baisers. En réalité, le royaume tout entier jubile. Le petit garçon – fils du prince héritier Olav et de la princesse Märtha de Suède – est le premier prince de Norvège à naître sur le sol du vieux royaume depuis Olav IV, en 1370 !

Le 9 avril 1940, le Danemark entre en guerre. Tandis que le prince héritier décide de rester auprès de son père, le roi Haakon VII, la princesse Martha et ses trois enfants prennent la direction de la Suède, avant de rejoindre Washington. C'est près du président Roosevelt, qui les invite régulièrement à la Maison-Blanche, que l'épouse du futur roi et ses enfants vont vivre le conflit. « Je ne me souviens pas bien des années de guerre », déclarera Harald V, bien plus tard, dans les colonnes d'un magazine danois. « En revanche, je me souviens de la libération : extraordinaire ! » En effet : reconnaissants à leur roi et à son fils, l'héritier de la Couronne, de ne pas avoir quitté la patrie durant les heures sombres, le 7 juin 1945, les Norvégiens défilent par milliers dans les rues d'Oslo et clament leur amour de la monarchie.

Harald a 8 ans. En uniforme de parade, il lui faut maintenant se glisser dans son rôle de futur roi. À l'automne 1955, il entame un cursus à l'université d'Oslo, avant de s'engager, bientôt, à l'académie militaire norvégienne. Mais le prince n'est plus le même. Un an plus tôt, à tout juste 17 ans, il a eu la douleur de perdre sa mère, victime d'un cancer. L'insouciance est terminée maintenant. Seul l'attend le devoir. Il a 20 ans lorsqu'il accède au titre de prince héritier. Le regard clair, le physique d'athlète, Harald semble sorti tout droit d'un livre pour enfants. Travailleur et consciencieux, fortement impliqué dans son nouveau rôle, le nouvel héritier est également un grand romantique. Un homme qui tombe amoureux d'une jeune femme, Sonja Haraldsen, une roturière. Durant neuf ans, ils vont se fréquenter à l'abri des regards, se cachant des curieux, des voleurs d'image. Durant neuf ans, ils vont s'aimer passionnément avant que le prince n'annonce leurs fiançailles, en mars 1968.

Une tempête ferait moins de bruit ! Lorsque certains membres du gouvernement lui demandent de démissionner, la voix ferme, décidée, il répond qu'il est prêt à le faire. Il va falloir toute la diplomatie de la princesse

Astrid, la sœur tant aimée, pour convaincre le vieux souverain d'assister à la noce. Ensemble, Harald et Sonja vont donner naissance à deux enfants, la princesse Martha Louise, le 22 septembre 1971, et le prince Haakon, le 20 juillet 1973. Ils attendront encore dix-sept ans avant d'accéder au trône, le 17 janvier 1991. Malgré son extrême discrétion, on se souvient du rôle du roi, en 2001, dans la tempête médiatique qui touche son fils cette fois, le prince héritier Haakon, lors de l'annonce de ses fiançailles, avec Mette-Marit Tjessem Hoiby, une roturière au passé sulfureux déjà mère d'un petit garçon. Publiquement, le roi n'hésitera pas à sortir de sa réserve constitutionnelle pour soutenir son fils dans ses choix. Et tant pis si on l'accuse d'un « accès de romantisme » ! Son héritier sera présent, à deux reprises, en 2003 et en 2005, pour assurer la régence, durant quelques mois, lors de deux opérations subies par son père, l'une de la vessie, l'autre de l'aorte. Si Harald V vieillit, il demeure. Et ne semble pas prêt, malgré le temps qui passe, à vouloir passer le flambeau.

Harry

Si vous me connaissez, ce n'est pas une surprise : longtemps, j'en ai voulu au prince Harry. Longtemps, je l'ai honni. Comme on déteste quelqu'un qu'on a trop aimé. Car, si je suis honnête, vraiment honnête, j'ai toujours un peu jalousé le prince Harry. Nous faisons précisément la même taille : 1,86 mètre. Alors, OK, je ne suis pas roux, je n'ai jamais joué au polo, encore moins au *strip-poker* (parce qu'on ne me l'a jamais proposé !), je n'ai jamais multiplié les *girl-friends*, guerroyé en Afghanistan, chassé à Sandringham ou à Balmoral, mais… moi aussi, vous le savez, j'ai perdu ma mère. Moi aussi, je me suis senti anéanti. Paumé. Oublié au bord du chemin. Moi aussi, j'ai marché derrière un cercueil, aux côtés de mon père. Et comme j'ai toujours rêvé (ce n'est pas dit clairement, mais vous l'avez compris… entre les lignes) d'être, moi aussi, un prince de sang, le fils d'un roi, il y a, de ma part, comme une identification qui s'est opérée. Après tout, pour moi, pas de *strip-poker* (il faudra quand même que je tente, à l'occasion) mais j'ai toujours détonné. Fait sourire. Emprunté des chemins que l'on n'attendait pas. Pas de déguisement nazi mais… il m'est arrivé de choquer. D'aller trop loin. De devoir m'excuser. Alors, quand tu es tombé amoureux, Harry, quand tu as imposé Meghan, à nouveau, de ma part, moi qui n'ai pas choisi une histoire d'amour conventionnelle, il y a eu jeu de miroirs. J'ai applaudi des deux mains, sincèrement, parce que ta *love story* était courageuse, certes, mais parce qu'elle faisait bouger les lignes. Elle déformait le

cadre. Avec Meghan, Buckingham, enfin, entrait, de plain-pied, dans le XXIe siècle.

Personne chez les Windsor, ce clan le plus fermé et le plus aristo du globe où l'on n'entre que par *royal wedding* diffusé aux quatre coins du monde, ne défendait les minorités. Qui mieux qu'une *duchess* métissée allait pouvoir le faire ? Je trouvais la distribution parfaite. Comme à chaque fois. Le génial Robert Sterne, directeur de casting de *Game of Thrones*, de *The Crown*, de *Mission impossible*… pouvait se rhabiller ! Vous prouviez au monde que la réalité peut être tellement plus forte, tellement plus fun, que la fiction. La presse vous baptise les *Fab Fours*, « les quatre fabuleux ». Il est vrai que, depuis les Beatles, le royaume de ton électrique *granny* n'a plus vibré devant pareils mousquetaires. D'un côté, *Will and Kate*, si tradis, si parfaits, tellement coulés dans le moule ; de l'autre, *H and Meg*, plus inattendus, plus *people*, tellement plus *in*. À vous quatre, le chic rencontre le choc. Et tout aurait pu être parfait. Tout aurait dû être parfait ! Si parfait ! Il suffit de regarder, encore et encore, les images de votre mariage, et la magie opère. Pas besoin de baguette. D'aucun mage. D'aucun sorcier. Meghan, divine, dans sa longue robe blanche Hubert de Givenchy semble descendue d'un nuage. Elle est actrice. Elle ne marche pas, elle glisse. Elle vole. Mieux que personne, bien mieux que Kate, elle gravit les marches de la chapelle de Windsor. Deux milliards de téléspectateurs tombent *in love*. De cette robe haute couture en cady de soie, de la ligne fourreau, du col bateau, de cette nouvelle duchesse surtout qui entraîne dans son sillage des kilomètres de dentelles à en pleurer certes, mais aussi, mais surtout, un vent de modernité unique. La vieille chapelle tressaille. J'ai commenté votre union, en direct, pour la télévision. Et j'ai pensé à Wallis Simpson, je l'avoue. Oh, je ne suis pas devin mais Wallis, enfin, était vengée. Huit décennies après l'affront de Buckingham, une Américaine, roturière, divorcée, pénètre par la grande porte et s'empare de Windsor, la plus vieille forteresse au monde. Plus de trente ans que Wallis n'était plus de ce monde certes, mais, à coup sûr, elle n'a rien oublié. Ni les attaques, ni les offenses. Qu'elle a dû jubiler, Wallis ! Elle est d'ailleurs, tu le sais, ensevelie à quelques mètres de la chapelle de votre mariage, dans les jardins de Frogmore.

Wallis… son nom est prononcé. Déjà ! Et vous ne savez pas encore, personne ne sait encore, que vous allez emprunter le même chemin. Celui de la fuite. De l'exil. Le contexte est différent, certes. Wallis et Edward ont été forcés de partir. Il ne s'agit, de leur part, d'aucune volonté personnelle. Mais le résultat est le même : ne plus servir une nation, renier son passé, son histoire, abandonner cette place qui vous a été dévolue… et être montrés du doigt, être blâmés. Je n'aime pas cet épisode de cette superproduction qui me passionne depuis l'enfance. En ne la prévenant pas personnellement de votre départ, en la mettant devant le fait accompli, tu gifles la reine, ta commandante suprême. Personne ne connaît vraiment les coulisses de ce drame familial qui va devenir planétaire. Au cœur de l'hiver et du Norfolk, dans la grande bibliothèque du château où tu as passé tous tes Noëls, face aux vitrines éclairées qui exposent, dans un halo de lumière blanche, les précieux bibelots offerts par le sultan d'Oman à ma Lilibet, que se dit-il exactement lors du « sommet de Sandringham » ? Tu es forcé de t'expliquer en tout cas ! Et ce qui était une mauvaise blague, une comédie, une farce, vire au cauchemar. Vous qui avez fait rêver le monde devenez les parias de la Couronne. « H & M », un couple *low cost*. Alors, non, je n'ai pas compris. Alors, oui, je t'en ai voulu. Parce que je te sais fragile, meurtri, influençable. Parce qu'on ne marche pas contre le destin. Ce destin qui a fait de toi un prince du Royaume-Uni, de Grande-Bretagne et d'Irlande du Nord, le petit-fils préféré de la plus grande des reines. Tu as choisi de partir, de tout reconstruire, ailleurs, de façon brutale. Tu as choisi de tout livrer en pâture. Avant toi, jamais un prince ne s'était autant raconté. Les ducs de Sussex deviennent les ducs de Netflix. Les Windsor s'étalent comme les Kardashian. Et se plaignent ! Jamais un Windsor ne se plaint ! *Never, never.*

En France, j'ai été l'un des journalistes les plus virulents à ton égard. Parce que tu outrepassais tes droits. Un prince comme toi ne peut pas, n'a pas le droit, de décider, comme ça – et qu'importent les raisons –, de stopper net le conte de fées, de rembobiner comme si rien, jamais, n'avait existé. Ce n'est écrit nulle part dans la Constitution je te l'accorde mais c'est un contrat tacite ! On vénère les princes parce qu'ils sont différents. Parce qu'ils traversent le temps. Parce qu'ils sont des ports dans les tempêtes. Alors, oui, je l'avoue, tu ne pouvais pas te plaindre. Parce que tu as tellement reçu. Et puis, j'ai lu ton autobiographie. Une nuit entière à te lire. Et je t'en ai voulu. Tellement voulu. Mais moins qu'à moi ! Parce que, soudain, j'ai compris. Ce besoin de fuir, de réécrire le conte, de sauver ceux que tu aimes pour te sauver toi. Parce que tu n'as pas pu la sauver elle. Ta mère qui est le fil rouge de ton livre noir.

Tes mots ont fait trembler Buckingham parce qu'ils jettent dans la lumière ce qui ne devait jamais voir le jour. Tout ne doit pas être dit. Je sais que tu le sais. Tu le sais d'ailleurs tellement que c'est pour ça que tu en dis trop. Je ne crois pas que tu as manqué d'amour. Mais tu as été mal aimé, c'est une criante évidence. L'amour d'un père n'est pas celui d'une mère. Et avant d'être père, Charles était l'héritier d'un trône. La raison avant le cœur. Le devoir, pas les sentiments. Pas de larmes, jamais. Ou en silence. Et à l'abri de tous regards. Puisque tu avais besoin de pleurer, besoin de crier, il te fallait partir. Il te fallait partir pour ne pas mourir. Il te fallait partir… comme j'ai ce besoin d'écrire.

Tu racontes que, dix ans après la mort de ta mère, à l'automne 2007, dans la nuit, alors que tu étais à Paris, tu as demandé à ton chauffeur de te conduire sous le pont de l'Alma. Tu n'y étais jamais allé. Tu lui as demandé de longer le Ritz, de remonter les quais. Le même parcours ! Tu lui as demandé de pénétrer dans le tunnel à 110 kilomètres-heure. La même vitesse ! Tu as compté tes battements de cœur. À la hauteur du treizième pilier, celui du choc, du fracas de tôles, tu as serré les poings. Tu as fermé les yeux. Et une fois sorti du tunnel… tu as demandé à recommencer. Parce qu'on n'a jamais assez mal. C'est une fêlure que je connais, que je connais trop bien. Lorsque j'ai perdu ma mère, je n'ai pas pu rentrer à temps. Il paraît qu'elle m'a attendu. Un souffle, encore un souffle… Mais je suis arrivé trop tard. Toi, tu étais à Balmoral. Moi, j'étais dans un train. C'était un 13 juillet. Un été brûlant. Dans la soirée, le corps mort a été enfermé dans un cercueil de bois clair et conduit dans un salon funéraire.

Ce salon est à quelques mètres de chez moi. Moi, j'avais voulu ramener le corps de maman à la maison. Chez elle. Peut-être pour me convaincre qu'elle dormait. Mais, papa n'a pas voulu. Je n'ai rien dit. Il a dû trouver ça étrange. Je sais maintenant qu'il a trouvé ça étrange. Mais… je n'ai rien dit parce que ça n'avait plus d'importance. Il fallait juste que je trouve un autre moyen. Un autre moyen d'assouvir mon plan. Alors, en quittant la maison mortuaire, j'ai volé une clé. Ça n'a pas été difficile. Elle pendait à côté de la porte. Nous sommes rentrés. Je me suis couché. J'ai attendu le noir. Le silence. Et je me suis levé. Je me suis levé comme d'autres se couchent, comme d'autres s'éteignent. J'ai saisi la clé sous l'oreiller. J'ai descendu l'escalier. Lentement. Précautionneusement… Je n'ai pas fait de bruit, Harry. Pas un seul. Je savais où j'allais. C'était ma mère qui guidait mes pas. Il y a vingt marches précisément, séparées par un palier. La dernière est en pierre blanche. Il y a un hall à traverser. Une vieille porte à soulever. Elle grince un peu, sauf quand on la connaît. Et puis, il y a eu la tiédeur de la nuit. Et un quartier de lune. La lune qui est devenue une lueur, une alliée. Dans sa lumière, j'ai remonté la rue que nous habitons. D'un seul geste, en un coup sec, je suis parvenu à glisser la clé dans la serrure. J'entends encore le bruit du métal. Je revois la porte s'ouvrir. Je me déchausse. Et je marche. À pieds nus. Sur le carrelage froid. Tu t'es engouffré sous le pont de l'Alma à 110 kilomètres-heure. Je me suis figé devant le cercueil de chêne. Il flottait. Dans la lumière de la lune. La lune qui veillait. Doit-on vraiment tout dire, Harry ? Doit-on tout raconter ? Peut-on être certain et se mettre soudain à douter ? Je sais que mon père a compris, qu'il a senti, deviné, parce que, dans la nuit, la porte s'est ouverte à nouveau. Une ombre s'est imprimée, s'est avancée. Cette ombre avait mes chaussures à la main. Je n'ai jamais combattu en Irak. Jamais en Afghanistan non plus. Je n'ai jamais tué d'hommes ou de femmes. Mais j'écris. Et mes mots sont parfois les lames d'un couteau. Depuis ton autobiographie, j'ai compris. Je t'ai compris. Et je me suis compris. Merci Harry. Mais… fais gaffe à toi ! Comme je continue à regarder la lune, à lui confier, lui raconter. Et à faire gaffe à moi !

Norman **Hartnell**

Il est *the* couturier d'Elizabeth II. Le premier qui va l'habiller. Le premier aussi qui l'a fait rêver. On pourrait imaginer un esthète grand et mince. En réalité, on le remarquait surtout pour sa carrure de marin et son large visage hâlé encadré de cheveux châtains ondulés. Toujours tiré à quatre épingles (*of course*) en costume croisé à la coupe impeccable avec, très souvent, un gardénia épinglé à la boutonnière, en grand gourmand, Norman était, en permanence, au régime. Petit clin d'œil du destin : sa maison de couture, dans le Mayfair, était située au 26 Bruton Street. Alors qu'Elizabeth naquit, dans la même rue, au n° 17 !

En novembre 1935, Norman Hartnell exécute la robe de mariée de lady Alice Montagu-Douglas Scott. En la chapelle du palais de Buckingham, la jeune femme épouse le duc de Gloucester, troisième et dernier fils du roi George V et de la reine Mary. Si sa première collection, très glamour, a été présentée en 1928, c'est la première fois que cet incorrigible romantique pousse les portes de la cour. Pour ce grand jour, le styliste a aussi été chargé d'habiller les deux demoiselles d'honneur de la blanche mariée : les princesses Elizabeth et Margaret. Lilibet n'a que 9 ans. Et, par cette froide matinée de novembre, elle tombe *in love* de la robe dessinée par Hartnell. Quand ce sera son tour, elle se le promet, elle fera, elle aussi, appel à ce subtil créateur. Dont acte ! Douze ans plus tard, en novembre 1947, celle qui est devenue la princesse héritière du vieux royaume lui confie sa robe de mariée. La guerre n'est terminée que depuis deux ans seulement. Le pays est encore en récession. La robe devra être payée en tickets de rationnement. Pour Hartnell se pose, d'emblée, un défi de taille : il est sommé de veiller à la dépense, certes, mais aussi d'éblouir. Et de faire rêver ! Délicate mission ! Avec l'accord de sa royale cliente, il s'inspire du *Printemps* de Botticelli. Pourquoi le printemps ? Parce qu'il va symboliser le retour du soleil après les jours sombres de la Seconde Guerre.

Le croquis de cette robe présente une coupe simple avec un corsage ajusté, une encolure en forme de cœur, une taille basse

en V et une jupe à pans longs. Pour qu'elle soit véritablement royale, Hartnell la nimbe d'une traîne en tulle de soie qui sera attachée aux épaules. Ce qui inquiète surtout ma Lilibet, c'est de garder le mystère, le secret. Lors d'un essayage, elle, pourtant toujours si diplomate, le menace de prendre un autre créateur si la description de sa robe venait à fuir dans la presse. Pauvre Hartnell. Il en devient parano, fait barbouiller de chaux les vitrines et la moindre fenêtre de ses ateliers, déchire, encore et encore, jusqu'aux confettis, le contenu de ses corbeilles à papier.

Au matin du grand jour, la robe que revêt la future reine, en soie ivoire rebrodée de motifs de jasmin, de feuillages et de boutons de rose, est éblouissante certes, mais elle a été faite de bric et de broc, plus précisément : de strass, de cristaux et d'éclats de perles. L'une des demoiselles d'honneur, lady Pamela Hicks, fille cadette de lord et lady Mountbatten, avouera plus tard : « Dieu que nos robes étaient désagréables à porter. Le tissu, identique à celui de la reine, était presque râpeux. À la nuit tombée, quelle joie ce fut de pouvoir enfin la retirer ! »

Mais Hartnell est surtout le créateur de l'éblouissante robe du sacre. Sur l'étoffe immaculée, huit mois durant, trois couturières et six petites mains (les plus douées de l'empire, dit-on) ont brodé, à l'aiguille, les emblèmes floraux de tous les royaumes qui, en ce jour d'allégeance, reconnaissent ma Lilibet comme chef suprême. En fils d'or et d'argent, petites perles et diamants, figure, en bonne place, la rose Tudor, symbole de l'Angleterre. En soie vert très pâle, un vert d'eau, un poireau représente le Pays de Galles. En soie lilas et petites améthystes, un chardon rappelle l'Écosse et un trèfle, l'Irlande. Évidemment, la robe du sacre n'a pas oublié les dominions britanniques au-delà des mers. Sur la gabardine de satin rutile également un acacia. Brodé en fils de laine couleur mimosa, il est l'ambassadeur de l'Australie. Veinée de cristal, une feuille d'érable évoque le Canada ; une fougère en fils d'argent, la Nouvelle-Zélande ; un Protea en soie rose ombrée, l'Afrique du Sud… Deux fleurs de lotus en perles de rocailles, opale et nacre, honorent Ceylan et des épis de blé, en diamants, des fleurs de coton, en argent, et du jute rappellent le Pakistan. Éblouissante Elizabeth. Jamais une incarnation de l'empire n'a paru aussi étincelante. Mais à quel prix !

Anecdote cocasse : pour se glisser dans cette robe de sacre, si lourde, mon héroïne a dû revêtir un jupon en crin de cheval. Comme tout vêtement de sacre, la robe est nimbée d'un manteau de cour, épinglé, aux épaules, par des agrafes en diamants. Le couturier en a conçu deux en réalité : un pour l'aller, un second, plus spectaculaire encore, pour le retour. Avec l'accord de sa cliente, il a remplacé le velours de soie habituel par du velours de coton, plus raide, et la traditionnelle hermine, par du lapin blanc, moins cher.

Au soir de sa carrière, se souvenant de cet habit de sacre, il confiera : « J'ai pensé au ciel, à la terre, au soleil, à la lune, aux étoiles et à tout ce que l'on pouvait broder sur une robe destinée à entrer dans la postérité. » Il révélera encore : « Lorsque vous habillez la reine, vous devez composer avec des impératifs : le vêtement ne doit pas se relever quand elle entre ou sort de voiture, s'envoler dans un coup de vent. Quant aux robes longues qu'elle porte en soirée, elles ne doivent dissimuler ni ses pieds ni ses talons afin qu'elle ne trébuche pas et qu'on ne la fasse pas trébucher. » Ces recommandations seront inscrites en lettres d'or dans la bible de tous ceux et de toutes celles qui habilleront désormais Sa Gracieuse Majesté : la bible Hartnell !

Henri IV

C'est évidemment l'un des monarques ayant le plus marqué l'histoire de France. Célèbre pour l'édit de Nantes, protestant converti au catholicisme, il fut surnommé « le Vert galant », car ce coureur de jupons afficha un nombre impressionnant de conquêtes féminines, même à un âge avancé. Il reste dans les mémoires celui auquel on associe la poule au pot chaque dimanche. Même si je soupçonne vaguement des associations de défense des gallinacés d'avoir engagé Ravaillac pour l'assassiner en 1610, je suis bon prince et partage avec vous la recette.

Pour 6 personnes, prévoir :

- 1 poule fermière avec cœur, foie et gésier,
- 4 navets,
- 6 carottes,
- 4 poireaux,
- 150 grammes de mie de pain,
- 300 grammes de jambon cru de pays,
- 1 gros oignon,
- 1 cœur de céleri branche,
- 6 gousses d'ail,
- 4 clous de girofle,
- 3 œufs,
- 1 cœur de chou vert,
- bouquet garni,
- persil,
- 10 centilitres de lait,
- 3 centilitres d'armagnac,
- muscade,
- sel fin et gros sel,
- poivre moulu et en grain.

Faire tremper la mie de pain dans le lait. Hacher le foie, le cœur, le gésier et le jambon cru. Dans un saladier, placer la mie de pain bien égouttée avec le hachis de viande, l'ail haché, les œufs entiers, 1/4 de botte de persil haché, une pincée de noix de muscade, 3 centilitres d'armagnac, sel et poivre. Bien mélanger. Couper le cou et les ailerons de la poule et les réserver au frais. Saler et poivrer l'intérieur de la poule puis la garnir avec une partie de la farce. Coudre le ventre de la poule. Dans un grand faitout, mettre 5 litres d'eau froide, y plonger la poule ainsi que le cou et les ailerons. Porter à ébullition, ajouter du gros sel, quelques grains de poivre, le bouquet garni. Écumer régulièrement. Après quarante minutes de cuisson, ajouter un oignon piqué de 4 clous de girofle, les carottes, les poireaux, les navets, le cœur de céleri branche, le chou vert. Cuire une heure à petit bouillon.

Henrik

Je me souviens du prince Henrik avec beaucoup d'émotion. C'est le premier prince consort que j'ai interviewé. Il m'a toujours fasciné. Par ses origines françaises et par son franc-parler, si typique. Dans la galaxie gotha, il est le seul à avoir osé se rebeller contre ce titre de « consort » qui, en effet, est une vraie discrimination. Lors de mon entretien, j'aurai d'ailleurs l'occasion de lui poser cette question. Je me souviens de sa réponse. « Une femme qui épouse un roi devient reine. Un homme qui épouse une reine reste prince. Trouvez-vous ça normal ? Moi, pas du tout ! J'ai eu l'occasion d'en parler avec le plus célèbre de mes confrères, Philip d'Édimbourg, lui non plus ne trouve pas ça normal ! »

Aujourd'hui, avec le temps, ce dont je me souviens surtout, c'est l'ambiance de cet échange. C'était au printemps 2015. Accompagné d'un photographe, le jeune reporter que j'étais parcourait la région de Cahors. Je me rappelle tout. Longuement, lentement, il fallut sillonner une vallée, serpenter, emprunter des routes étroites et sinueuses, avant qu'enfin, au sortir d'un virage, à flanc de coteau, au milieu d'un océan de vignes, se dévoile le château de Cayx. Propriété de la Couronne danoise depuis 1974, le domaine accueille encore aujourd'hui la première famille du royaume d'Andersen. En raison de ses racines françaises, de son amour de la terre et du raisin, c'est sans doute dans le cœur du prince Henrik que ce lieu était le plus cher. C'est ici, entre ces murs qu'il aimait, un havre de vie et de paix propice aux éclats de rire comme aux plus profonds silences, que Son Altesse royale avait accepté de me recevoir. Installé à quelques pas d'une cheminée où crépitait un feu de bois, d'emblée, d'une belle voix grave, le prince s'est montré royalement simple. Devant nous, sur une petite table marquetée, dans de ravissantes tasses de porcelaine blanche frappées de la couronne royale, fumaient les volutes d'un café brûlant. Je me souviens précisément de cet instant. Soudain, les grands yeux clairs du prince se sont éclairés davantage encore. C'était l'heure de la première question… C'était mon premier prince consort. Je garderai, à jamais, au plus profond de moi, une affection particulière pour le prince Henrik.

H

Hermès

Évidemment, vous pensez à la célèbre griffe, rue du Faubourg-Saint-Honoré, que je vénère. Cette maison de luxe, sans pareille, créatrice du célébrissime sac Kelly, inspiré par Grace, dont raffolent, entre autres, la reine Rania de Jordanie, le roi Juan Carlos pour ses cravates ou Elizabeth II qui ne montait jamais à cheval sans envelopper ses cheveux dans un carré de soie. Mais dans cette entrée aux accents de grand luxe où le nom du messager des dieux sert de « sésame, ouvre-toi », je vous propose de délaisser un peu la mode pour vous parler d'architecture. La villa Hermès, à Vienne, est le cadeau d'un empereur amoureux, éperdument amoureux.

Depuis son mariage en 1854, François-Joseph a l'envie de la construction d'un château, une propriété exceptionnelle, aux allures oniriques, qu'il offrirait à son épouse, la belle Sissi. Ce qui n'était qu'un vague et vaporeux projet commence à se concrétiser à l'été 1881. La réalisation des plans est confiée à l'architecte Karl Freiherr von Hasenauer. Le bâtisseur travaille en étroite collaboration avec l'impératrice. Les travaux commencent dès 1882. Ils dureront quatre ans. En 1886, le chantier se termine par la pose, symbolique, d'une statue du Dieu grec Hermès. La propriété vient de trouver son nom ! En l'honneur du dieu voyageur, de l'impératrice aussi, aventurière infatigable, le bien est baptisé « Villa Hermès ». En remettant les clés à son épouse, François-Joseph lui susurre, à l'oreille : « Voici le château des rêves. » Doté de grandioses et sublimes écuries, d'un parc incroyable, d'un étang, de jardins, de pavillons, l'édifice est un modèle du genre, tant sur le plan de l'architecture et du style que sur celui de l'innovation. Une merveille de technologies ! Si la Villa Hermès est équipée de nombreuses salles d'eau avec baignoire, elle est aussi l'un des premiers bâtiments de Vienne à disposer d'un téléphone. Et l'avenue qui conduit au château est l'une des premières à jouir de l'éclairage électrique ! Très vite, ici, Sissi se sent bien. Ce lieu lui offre une pause, un refuge, loin de la froideur impersonnelle et de l'austérité de la cour. Jamais elle ne cessera de l'aménager, de l'embellir. Un antre, presque un autre monde, qu'elle considérait comme l'un des plus beaux joyaux de l'empire !

Highgrove

Située à 150 kilomètres de Londres, dans le Gloucestershire, pour Charles, sa maison campagnarde d'Highgrove est l'idée qu'il se fait du paradis. C'est aussi, de toutes ses demeures, celle qui lui ressemble le plus. Le nouveau roi a acheté la propriété (et ses 500 hectares de terrain) en 1980 (sur les conseils de sa sœur, la princesse Anne, dit-on) au fils de l'ancien Premier ministre Harold Macmillan, lord Stockton.

Construit en pierre de Cotswold, ce « manoir de campagne » comprend quatre salons de réception, neuf chambres, six salles de bains, une aile pour les enfants et des communs. Pour une résidence royale, Highgrove n'est pas démesuré. Bien au contraire ! D'ailleurs, quand des membres de son staff arrivent de Londres, ils doivent loger à l'auberge !

Charles a totalement laissé à Diana la responsabilité de la décoration intérieure. Évidemment, Camilla l'a fait refaire. Ceux qui ont foulé le grand hall, les parquets cirés, ont monté l'escalier décapé par le roi lui-même, traversé le grand salon vert, la bibliothèque beige... disent que le manoir a un charme fou. Mais la vraie réalisation du maître des lieux, ce sont les jardins. Leur création fut un défi de taille ! Le chantier a pris des années. Son but ? Rendre à cette terre toute sa vérité. Pour Charles, les jardins d'Highgrove vont devenir un plaisir et une fierté, aussi un refuge.

Entouré d'architectes, de paysagistes, de jardiniers, de pépiniéristes... Charles a imaginé un endroit où pousseront ensemble, côte à côte, fleurs, fruits et légumes. Son plan est simple : une croix de saint André, quatre sections, une fontaine au milieu et dans chaque carré des roses, des clématites, des herbes aromatiques, des arbres fruitiers... Il y a aussi une gloriette, une haie d'églantines... L'un de ses collaborateurs confie : « Il a ce don de vous donner l'impression de travailler avec lui, et non pour lui. Il fait toujours preuve d'enthousiasme, même si, pour son jardin, il semble trop méticuleux. Il a une mémoire d'éléphant et n'oublie jamais ce qu'il a demandé la fois précédente. Il travaille en silence, absorbé tout entier par ce qu'il fait. Ces moments sont pour lui d'une rare préciosité... » Mais celui qui en parle le mieux est encore le souverain lui-même. Concernant haricots, petits pois, asperges, carottes, laitues, autres légumes et aromates qui verdissent sur ses terres, il confie : « C'est assez amusant d'inventer de nouvelles soupes. Je n'ai jamais essayé celle aux orties, par exemple... Pour mon jardin, ajoute-t-il, je suis atteint d'une vraie folie des grandeurs. J'ai des projets sans fin, ce qui est très excitant. En réalité, je voudrais simplement laisser ce lieu en meilleur état que je ne l'ai trouvé. »

Depuis l'ouverture des jardins au public, l'on vient du monde entier pour admirer sa réalisation. Trente à quarante mille personnes s'y pressent tous les ans. Un botaniste peut vous guider. Sachez que la visite durera près de deux heures. Il y a le jardin potager, le verger, le carré de buis, le poulailler couvert de tuiles de cèdre, des coquelicots, des lavandes, des azalées... Partout des couleurs et de la biodiversité. À l'issue de leur visite, les hôtes du roi arrivent dans une merveilleuse boutique. Sous le label Duchy Originals (créé en 1990), on y trouve des biscuits secs, des chocolats, des fromages, des vins, des soupes, des boissons « naturelles », des confitures... Tous les produits sont bios et d'une qualité remarquable. « Ce que j'ai entrepris à l'intérieur du domaine n'est en fait que la concrétisation d'une philosophie personnelle, déclarait récemment celui qui était encore prince de Galles. J'y ai mis tout mon cœur et toute mon âme. » Dans un pays où la concurrence est rude, cet éden botanique est aujourd'hui l'un des plus beaux jardins d'Angleterre. Un hymne au bonheur, la preuve la plus concrète, la plus verte, que l'écologie a trouvé en Charles son plus ardent défenseur.

Horse Guards

À Londres, la relève de la garde ne se limite pas à Buckingham Palace. Existe aussi la relève de la garde à cheval à 11 h 30 sur l'esplanade de Whitehall où le bleu et rouge des tuniques, les culottes blanches, les cuirasses... éclairent ce théâtre anachronique d'un éclat particulier. Comme ils sont guindés, ces cavaliers coiffés de casques avec bombe en argent, garnitures en laiton doré, coiffe en toile ! Ils sont un peu l'équivalent de la garde républicaine en France. Mais en Angleterre, leur budget annuel est deux fois moins important et les touristes en profitent tous les jours. Vive l'armée britannique ! Vive Charles III !

Hôtel

Les grands hôtels constituent un mythe universel, riches de rêves et d'évocations. Certains palaces sont liés, pour toujours, à des têtes couronnées. L'impératrice Eugénie à l'Hôtel du palais (à Biarritz), le duc et la duchesse de Windsor (sans oublier Diana) au Ritz, Alphonse XIII au Meurice, Farouk d'Égypte au Carlton de Cannes... J'ai choisi de vous emmener à Genève, quai du Mont-Blanc, à l'hôtel Beau-Rivage, là où est morte Sissi, l'impératrice locomotive.

Ce n'est un secret pour personne, toute sa vie ne fut qu'une fuite, permanente : fuir Vienne, ses palais, sa cour, ses conventions trop corsetées, trop exigeantes. L'image de l'altesse aventurière, une mouette éprise de grands espaces et de voyages, restera, pour toujours, attachée au Beau-Rivage, adresse singulière et précieuse posée sur les bordures du lac Léman.

Les portes à peine franchies, son patio, sa fontaine et son puits de lumière nous envoûtent. Ponctuées de meubles rares et de sublimes tableaux, depuis cent cinquante ans, les coursives de l'atrium ont vu se croiser une pluie de personnages illustres. Au rez-de-chaussée, les six salons d'exception, magnifiques, semblent se jeter sur la rade, le Jet d'eau, le Mont-Blanc et les jardins Brunswick. Ici, rien ne change, jamais. Depuis sa création en 1865, l'hôtel est toujours la propriété de la famille Mayer. Et la vue, imprenable, est la même que celle qu'a contemplée Sissi au matin du 10 septembre 1898.

Aux étages, dix-sept suites sont dédiées au souvenir de dix-sept personnalités qui séjournèrent au Beau-Rivage et y laissèrent leur empreinte : Henry Dunant (appartement 502), Clark Gable (503), Vaclav Havel (504), Simone Weil (505), Eleanor Roosevelt (512), Charlie Chaplin (515), Antoine de Saint-Exupéry (516), Elizabeth Taylor (518), l'empereur Akihito (519), Charles de Gaulle (522), Romy Schneider (523), Jean Cocteau (525), Grace de Monaco (526), Marlène Dietrich (527), Hergé (601), Jacques Brel (602), Roger Moore (603). Ici, tout est luxe et raffinement. Sur les brillantes commodes, les aiguilles des pendules semblent s'être arrêtées. Mais pas autant que dans les six suites historiques, les plus emblématiques, où tout nous pousse à nous souvenir. La *Royale*, dédiée au roi Umberto d'Italie, très fidèle au Beau-Rivage lorsqu'il venait rendre visite à sa famille et consulter ses médecins, est louée à l'année. La *Résidence impériale*, avec vue sur le lac, en hommage au prince héritier Akihito du Japon, d'inspiration nippone, développe, sur 150 mètres carrés, ses impressions bleutées. La suite *Maharadja de Patiala* se réfère à sir Bhupindra Singh, représentant des Indes, qui séjourna à l'hôtel, en 1925, alors qu'il participait à une conférence de la Société des nations. Louis II de Bavière n'est pas oublié. Les anciens appartements occupés par le roi, restaurés et complétés par un sauna privé et un double Jacuzzi, furent inaugurés lors de la visite du prince Philip d'Édimbourg, en 1996. Dans le salon *Windsor*, tout rappelle Edward et Wallis. On retient surtout le choix de ce lieu pour la vente historique des bijoux de la duchesse, par Sotheby's, en avril 1987. Les exceptionnels joyaux offerts par l'ex-roi Edward VIII à son épouse (à défaut de pouvoir lui offrir le titre de reine) s'arrachèrent pour un peu plus de 75 millions de francs. Un montant record ! Enfin (et surtout), il y a la suite *Sissi* aux vitrines écrins.

Situés à l'angle sud-ouest du bâtiment, ses 80 mètres carrés offrent une vue remarquable sur le lac, le panache blanc du Jet d'eau, les neiges éternelles et une terrasse « *sun deck* » (entendez « bain de soleil ») avec transats. Le salon s'ouvre sur un balcon en fer forgé. Ce même balcon depuis lequel, le 10 septembre 1898, à 13 h 40, pour une poignée de secondes encore, Sissi surveillait le départ du *Genève*, le bateau à vapeur qui devait la conduire à Montreux, afin de regagner Vienne. Tendez l'oreille. Écoutez. Le navire fait retentir sa cloche. Il va bientôt lever l'ancre. Sur le quai du Mont-Blanc, frêle silhouette noire, l'impératrice se hâte. Quand un homme, sorti de nulle part, haute masse sombre, s'approche et lui assène un coup de couteau. Elle croit d'abord à une tentative de vol, à une simple agression. À tel point que le vapeur démarre. Triste leurre. La fatalité vient de frapper. Le ciel rappelle sa mouette. Dans quelques minutes, ce coup de poinçon lui sera fatal. On demande au navire de faire marche arrière. Évanouie, l'impératrice et reine est ramenée au Beau-Rivage où elle s'éteint. Il est 14 h 40.

Aujourd'hui, « la chambre de l'impératrice » ne contient plus aucun mobilier d'époque. Foudroyé de douleur, François-Joseph a tout racheté. Toutefois, pour les amoureux d'histoire, *Le Genève*, le plus vieux bateau de la Belle Époque, est amarré sur le quai marchand des Eaux-Vives. Il ne navigue plus mais a été transformé en café-restaurant. Une atmosphère qui sied tellement mieux à l'éternelle Sissi que les salons de Schönbrunn ou de la Hofburg.

Par certaines journées de temps clair, quand le soleil joue avec les nuages, une mouette vient se poser sur le bastingage du *Genève*. Toujours la même. Très mince. Très fière. Très belle. Très blanche. Tellement libre. La mouette m'a parlé. Ce qu'elle m'a dit ? « Ce n'est pas de mourir qui est triste. C'est de vivre, quand on n'est pas heureux. »

Impératrice

Vous pensez sans doute à Sissi. Ou peut-être à Farah Diba, en Iran. Ou encore à Charlotte, éphémère impératrice du Mexique. Moi, je pense à **Masako**, la cent vingt-sixième impératrice du Japon. Un destin entre gris clair et gris foncé.

L'image a fait le tour du monde. Comment l'oublier ? Nous sommes en 1994. À Tokyo. Derrière les immenses vitres du palais impérial, l'épouse du prince héritier, la princesse Masako, peine à cacher son mal-être. Certes, elle sourit. Mais d'un sourire figé. Le sourire d'une poupée qui agit sur commande. Amaigrie, le teint livide, le regard fuyant, elle semble perdue. Où est la jeune mariée qui, quelques mois plus tôt, quelques mois seulement, faisait rêver l'empire et le monde ? Les clichés sont encore dans tous

les cœurs pourtant. En épousant le futur empereur du Japon, dans son austère robe blanche, Masako embrassait le destin de toute une nation. Le plus vieil empire du globe. À observer la princesse héritière, qu'elle paraît loin, cette journée de rêve, un jour béni des dieux qui a fait chavirer le cœur de milliers, de millions de Japonais. Et pourtant ! En cette froide matinée du 9 janvier, pour Masako, déjà, le conte de fées avait pris un autre visage. Agglutinés en nombre derrière les longues barrières de métal, les badauds qui acclament la nouvelle déesse sont bien loin de se douter que les mois qui ont précédé ce grand jour ont déjà constitué toute une épreuve. Pour épouser l'homme qu'elle aime, le futur maître du trône du chrysanthème, Masako a dû oublier sa vie d'avant, tirer un trait définitif sur le passé. Oubliées, ses études prestigieuses, sa carrière de diplomate. Effacées, les amies d'hier, l'insouciance, la liberté… En cette belle journée d'hiver, les admirateurs qui, fascinés, applaudissent les premiers saluts de la jeune femme connaissent-ils seulement son parcours ? Pas sûr !

Masako Owada est la fille aînée du diplomate de droit international Hisashi Owada. Homme strict et brillant, cet ambitieux ne vénérant que le travail et le silence a très tôt fasciné sa fille. Grandissant au gré des affectations de son père, à 2 ans, elle est inscrite dans une école maternelle de Moscou. En 1978, le très respecté Hisashi obtient une chaire à l'université Harvard. C'est donc aux États-Unis que Masako poursuit sa scolarité. Diplômée de la Belmont High School, un lycée public de la banlieue nord de Boston, dans le Massachusetts, en 1985, Mlle Owada, qui parle déjà couramment le japonais, l'anglais et le français, se débrouille en russe, en allemand et en espagnol, décroche un *bachelor of arts*, filière économie, à l'université d'Harvard. Masako travaille beaucoup. La fille aînée de Hisashi Owada semble avoir hérité de son père la passion de la finance et des affaires de l'État. En 1987, Masako intègre le ministère des Affaires étrangères et devient l'une des plumes du Premier ministre Noboru Takeshita. Très vite, elle seconde également son père devenu directeur général et vice-ministre. Sa carrière s'annonce brillante. Lors des nombreux congrès et sommets européens, la jeune femme rencontre les plus grands ténors de la scène internationale, dont, entre autres, le président américain Bill Clinton et son homologue russe, Boris Eltsine.

Fin des années 1980, lors d'une réception parlementaire, Mlle Owada croise le chemin d'un autre homme d'influence : le prince Naruhito. Masako est touchée, flattée, par les regards de l'héritier du trône, ses sourires subtils, sa connaissance parfaite des institutions de l'État, ses arguments réfléchis, mesurés. Masako tombe sous le charme. Mais pas autant que Son Altesse impériale, apparemment. Très vite, le fils aîné du prince Akihito, prochain empereur du Japon, lui fait savoir qu'il désirerait la revoir. Étrangement, la diplomate n'est « pas disponible ». Et tous les prétextes sont bons. Réunions, congrès, conférences, voyages de dernière minute… Mlle Owada serait-elle tombée sur la tête ? Le prince est le futur empereur du Japon ! Et au Pays du Soleil levant, ce que veut un membre de la famille impériale, Dieu le veut. En réalité, si Masako réfléchit avant d'accepter l'invitation du prince, c'est que, en plus de l'avoir trouvé brillant, elle l'a aussi trouvé joli garçon. Et la seule chose que la diplomate n'a peut-être pas prévue dans son plan de carrière, c'est le passage de Cupidon. Grâce aux diplômes et aux distinctions, la jeune *executive woman* veut être une femme libre et autonome…

Mlle Owada et le prince finissent par se revoir. Ils vont au restaurant, au cinéma, assistent à des concerts, à des opéras. Naruhito lui offre des livres d'histoire et de philosophie. Elle lui fait découvrir le jazz et la musique baroque. Seule ombre au tableau : le cérémonial qui entoure le prince. « Ça confine au ridicule, confie-t-elle à ses sœurs. C'est aussi incompréhensible qu'interminable ! » Très vite, le jeune couple fait la une des médias. Déjà, le nom de Masako est sur toutes les lèvres, franchit les frontières. Elle prend peur. Cette fois, c'est terminé, famille impériale ou non, elle n'en peut plus. Malgré son attirance, sa décision est prise. Rupture.

Au palais, la réaction de la très redoutable et très conservatrice agence de la Maison impériale ne se fait pas attendre. Sous les stucs millénaires, on ne cache pas sa joie. L'amie du prince héritier était jugée trop « américaine » et trop « indépendante ».

Mlle Owada ? « Une roturière qui ressemble à une Barbie occidentale, se comporte comme si les femmes étaient les égales des hommes. » Impensable ! Qu'importe. Masako « la scandaleuse » redécouvre la vie d'une femme libre.

Le 12 novembre 1990, vingt-deux mois après le décès de son père, le prince Akihito est intronisé dans la Salle du trône du Palais impérial. Il est le cent vingt-cinquième empereur à s'asseoir sur le trône millénaire du chrysanthème. Les images du couronnement font le tour du monde. À 30 ans, en costume traditionnel, Naruhito est nommé prince héritier.

Si Masako semble avoir renoncé à son premier amour, il n'en est pas de même pour le prince. Que se passe-t-il exactement ? Comment Naruhito s'y prend-il pour regagner le cœur de sa belle et faire plier l'intransigeante agence de la Maison impériale ? Secrets de cour ! Pour la convaincre, il semble que l'empereur et l'impératrice se déplacent en personne. Mesure exceptionnelle mais efficace. L'étau se resserre.

En décembre 1992, quelques années après leur rencontre et après avoir essuyé plusieurs refus, Naruhito obtient finalement le consentement de la jeune diplomate. La lourde et millénaire tradition qui régit le moindre geste de la famille impériale s'ébranle dès le lendemain. Masako renonce à son nom de famille, à son droit de vote et reçoit l'ordre de démissionner de son poste. Enfin libre d'entrer dans le rang de la plus vieille monarchie au monde, le 12 avril, au terme d'une cérémonie aussi fastueuse qu'interminable, Masako Owada est officiellement fiancée au futur empereur du Japon. Le mariage est arrêté au 9 juin 1993.

En quelques jours, la jeune femme devient la coqueluche de tout un empire. Les vitrines s'emplissent de cuvées commémoratives baptisées en son nom. Chez les petites filles, une poupée Barbie – sœur jumelle de la future impératrice – devient la star des cours de récréation. La fiancée du prince serait à l'origine d'une mini-relance économique.

Mais où est-elle, cette future princesse aux pouvoirs magiques ? À coup sûr, à l'abri des regards. D'ores et déjà, Masako est sous haute surveillance. Le protocole est formel. Avant les noces, toute fiancée doit maîtriser parfaitement l'écriture de waka, des poèmes avec des signes tracés à l'encre de Chine selon les règles calligraphiques impériales. L'apprentissage peut prendre des mois. Autre mission tout aussi délicate : le trousseau de la future princesse héritière. Shingo Haketa, le chef de l'Agence impériale, fait parvenir un premier cadeau à la jeune promise. Un petit sabre précieux glissé dans un étui en peau de crocodile. « C'est charmant ! Mais pourquoi un sabre ? » s'enquiert la fiancée. « Parce que le suicide reste la seule façon, pour l'épouse d'un prince héritier, de briser les liens sacrés du mariage. »

9 juin 1993. Lorsque le soleil se lève sur l'empire du Japon, Masako est réveillée depuis des heures déjà. Dès l'aube, elle s'est pliée aux premiers rites. Un bain purificateur. S'ensuit le traditionnel et interminable habillage. En silence, elle se voit corsetée dans une robe de cour composée d'une superposition de douze kimonos. À elle seule, sa coiffure pèse plus de 10 kilos. Depuis deux jours, elle n'a pas mangé et presque rien bu. Aucun danger qu'elle n'ait à satisfaire un besoin soudain et naturel que l'entrave de ses robes rendrait pour le moins problé-

matique, voire carrément impossible. Le prince a revêtu un kimono safran, couleur réservée à l'usage des membres de la famille impériale. Majestueuse, à petits pas, la fine silhouette rejoint le sanctuaire dédié à la déesse du soleil. Après s'être profondément inclinée, de ses mains tremblantes, Masako, dont le visage se crispe à chaque seconde, saisit un bol de terre cuite et boit le saké jusqu'à la dernière goutte. Au cœur du sanctuaire, on agite un plumet en papier blanc pour chasser les esprits du mal. Déjà, la voix de Naruhito résonne. « En ce jour chanceux, j'épouse Masako Owada et je la chérirai pour l'éternité. » Les huit cents invités se lèvent, s'agenouillent. Il a fallu quatorze minutes pour métamorphoser l'ancienne diplomate en future impératrice. En déesse vivante.

Une poignée de jours après la cérémonie se tient la première conférence de presse du couple. Tête baissée, la jeune épousée apparaît trois pas derrière le prince. Elle a revêtu un tailleur vieil or, est gantée de blanc. Elle parle en gardant les yeux rivés au sol. C'est la première fois que les Japonais entendent la voix de leur nouvelle icône. « J'ai désormais un devoir à remplir vis-à-vis de mon pays. Et je m'en acquitterai de mon mieux. » Après les discours traditionnels, où le moindre mot a été pesé et repesé par l'Agence impériale, l'exercice se poursuit. Place aux questions. « L'héritière » cristallise tous les regards. « Votre majesté, face à cette nouvelle vie, que redoutez-vous le plus ? » « Les règles du palais ! Mais… le prince a promis de me protéger quoi qu'il arrive. » Masako parle bien, mais parle trop ! Neuf minutes et trente-sept secondes. Soit vingt-huit secondes de plus que Naruhito ! Dès le lendemain, le joli visage de la princesse fait la une de toute la presse. L'ex-diplomate polyglotte sera désormais astreinte au silence…

Le palais du Togu, résidence du couple héritier, avec ses jardins zen soignés, ses salons, ses chambres, ses antichambres, ses couloirs moins nombreux et plus petits qu'Akasaka, est un monastère impérial. Pire, un palais prison ! Masako tente de s'initier au lourd protocole, mais il est d'une telle rigueur, d'une telle complexité… L'étiquette de la cour impériale est fondée sur le caractère sacré des membres de la famille régnante. La toute-puissante et trop conservatrice agence de la Maison impériale régente le moindre geste, le moindre détail de la vie à la cour. Créée il y a deux mille six cents ans, la vénérable administration est composée de mille cent trente-neuf fonctionnaires. Chambellans, secrétaires, gardes du corps, médecins, précepteurs, dames de compagnie… sont chargés de veiller jour et nuit sur les vingt-trois membres de la famille impériale. Leur rôle ? S'assurer que ces icônes restent inaccessibles !

À la cour, rien n'est permis sans l'autorisation du Kunaichô. Ainsi, Masako ne peut ni se laver ni s'habiller seule. Or l'Agence impériale exige qu'elle se change six fois par jour. Avec ces experts du protocole, aucune place à l'improvisation ! Pour la jeune femme, oubliés les dîners en famille, les séances de shopping et de cinéma, les sorties entre filles… Franchir les grilles du palais doit faire l'objet d'une demande écrite. Et les demandes sont loin d'être systématiquement validées.

Jamais plus sa vie ne sera la même. Il lui faut poursuivre pourtant, continuer de lutter. Au printemps 1995, elle accompagne Naruhito en Jordanie. Que se passe-t-il exactement au cours de leur voyage sur les terres du royaume hachémite ? Aucune information, le Kunaichô veille. Toutefois, une chose se confirme : la jeune épousée écourte son déplacement. Sans aucune explication, son jet privé s'envole pour Tokyo. Du jamais-vu ! Évidemment, le palais ne communique aucune information. Déjà, une rumeur court, enfle : et si la princesse était enceinte ? Les jours, les mois s'écoulent mais rien à l'horizon. Le teint de plus en plus livide et les traits de plus en plus tirés, Masako continue d'afficher un ventre on ne peut plus plat.

Il va s'écouler huit ans. Huit ans d'une attente insoutenable pour qu'enfin, en 2001, on apprenne que l'épouse du prince héritier est enceinte. La nouvelle est accueillie par des chants et des cris populaires. Devant le palais du Togu, ils sont des centaines à hurler leur joie. Tout au long de la grossesse, les manifestations se succèdent. Et la pression monte. Bientôt, les journaux ne consacrent plus leur une qu'à l'arrivée de l'heureux événement. La grossesse de Masako se mue en affaire d'État. Et pour cause. Le trône du chrysanthème ne dispose d'aucun héritier mâle. Le frère cadet de Naruhito, le prince Akishino, et sa femme, la princesse Kiko, n'ont donné la vie qu'à deux filles. Une situation pour le moins gênante donc, puisque depuis 1889, la loi de la Maison impériale exclut les femmes du trône !

Fin novembre, la naissance est imminente. L'empire tout entier retient son souffle. Le 1er décembre 2001, enfin, Masako est délivrée. Un soulagement de bien courte durée. La princesse héritière a donné naissance à une fille. Dans la foule, même si l'on applaudit, le cœur n'y est pas. La petite princesse reçoit le prénom d'Aiko, « celle qui aime ». Déjà, le palais se fend d'un communiqué. Et dans la foulée, le grand intendant de l'agence, ordinairement si avare de commentaires, déclare : « J'espère fortement, très fortement, qu'il y aura un autre enfant. »

Masako reprend son lourd traitement hormonal. Le Japon se remet à espérer. Dans l'Empire du Soleil levant, Masako est considérée comme une déesse. Mais une déesse reste une femme. Une pauvre femme à qui les dieux refusent un deuxième enfant. Un fils. La pression devient trop lourde, presque menaçante. À partir de décembre 2003, Masako disparaît de la scène publique. Descente aux Enfers. Vertiges. Trous noirs. Pour être plus forte, Masako avale des antidépresseurs. Pour oublier, Masako avale des anesthésiques. Pour « sauver l'empire », Masako avale des gélules, des poignées de gélules…

En mai 2004, la princesse émet le souhait d'accompagner son mari dans un voyage officiel aux Pays-Bas. L'agence de la Maison impériale refuse. Raison invoquée ? « La trop grande fragilité » de la princesse. Cette fois, ce n'est plus un secret. Masako est gravement malade. Son mal-être est étalé sur la place publique. Quelle est cette affection dont souffre la future impératrice ? « Un stress chronique », « une angoisse inimaginable ».

Fait unique dans l'histoire millénaire de la dynastie impériale, inquiet pour la femme qu'il aime, le prince sort de sa réserve. « La princesse, après avoir abandonné son travail de diplomate pour entrer dans la Maison impériale, a été grandement affectée d'apprendre qu'elle n'était pas autorisée à voyager à l'étranger pour un long moment. […] Il y a eu des événements qui sont allés à l'encontre de la carrière et de la personnalité de la princesse… » Stupeur et tremblements sous les marbres du palais. Naruhito est convoqué dans le bureau impérial. L'entrevue dure plus d'une heure. Dans les kiosques, les éditions spéciales n'en finissent plus de se succéder. Coup de théâtre ! Le frère du futur empereur, le prince Akishino, sort lui aussi de sa constitutionnelle réserve pour critiquer l'intervention de son aîné. « Personne n'a le droit de déroger aux règles de la vie à la cour. » Ce déballage est d'autant plus surprenant que le fils cadet de l'empereur est d'ordinaire très effacé. Le prince agirait-il sur ordre ?

Agitation au palais et nouveaux reproches. Masako est maintenant la femme qui fait éclater la plus vieille des monarchies. Prend-elle conscience de cette révolution qui s'élève ? Pas sûr. La seule préoccupation de Masako, toujours cloîtrée entre les murs de la résidence impériale, est d'obtenir l'autorisation de voir sa fille. La princesse Aiko est la seule, l'unique enfant du futur empereur. Et l'éducation de l'héritier, d'un dieu – fût-ce une fille –, se fait dans le silence et la solitude, entourée de maîtres et de sages.

À plus de 40 ans, la future impératrice n'a toujours pas de fils. Et n'en aura probablement jamais ! L'empire ne dispose d'aucun héritier. Depuis quelque temps déjà, le Premier ministre Junichiro Koizumi, membre du parti libéral démocrate, prône un changement de la Constitution. Ne serait-il pas judicieux de modifier les règles de succession au trône, de l'ouvrir aux femmes ? Bien qu'elle soit loin de faire l'unanimité, cette proposition paraît de plus en plus inévitable. D'emblée, le débat fait rage. « L'arrivée sur le trône d'une femme va entacher la pureté de la dynastie ! » Autre proposition : « Pourquoi ne pas revenir aux concubines ? » Devant une telle levée de boucliers, le chef du gouvernement s'en remet à l'avis des sages. Le conseil se réunit. La sentence tombe : il doit y avoir une réforme !

Le Japon serait-il une terre bénie ? Peut-être… En tout cas, les dieux semblent veiller sur le sort de l'empire. La rédemption va venir de là où on ne l'attendait plus. Du palais. Le 7 février 2006, à quelques jours de l'entérinement de la modification de la loi successorale, dans la précipitation, la Maison impériale se fend d'un nouveau communiqué. « La princesse Kiko, l'épouse du prince Akishino, deuxième fils de l'empereur Akihito et de l'impératrice Michiko, est enceinte. » À 40 ans, la troisième grossesse de la princesse s'annonce comme la dernière chance. Déjà, la belle-sœur de Masako est présentée comme une Jeanne d'Arc qui va sauver la nation. Immédiatement, on somme le chef du gouvernement de battre en retraite. Pas de réforme avant la naissance prévue début septembre.

Dans son palais-prison, Masako ne parle pas. Elle ne dit rien. Que pense-t-elle de ce « bébé de la dernière chance » ? Mystère. Elle attend. Et en attendant, elle avale des pilules magiques. Toujours plus de pilules magiques. Au mois d'août, sur invitation de la reine Beatrix, le couple héritier s'envole pour les Pays-Bas. Ce séjour a été prévu afin que la princesse puisse « trouver un peu de repos », selon les termes de l'Agence impériale. C'est la toute première fois qu'un membre de la famille royale part se reposer à l'étranger. Durant son séjour, Masako en profite pour voir son père, magistrat à la Cour internationale de La Haye. Et ce voyage est exceptionnel à plus d'un titre puisque la presse ne manque pas de souligner que c'est le premier séjour à l'étranger de la princesse héritière depuis le mariage du prince Philippe et de la princesse Mathilde, à Bruxelles, en décembre 1999.

Le mercredi 6 septembre, enfin, l'empire exulte. Éditions spéciales. « À 8 h 27, à la clinique Aiiku, naissance d'un futur empereur. Le petit prince se place d'emblée en troisième position dans l'ordre de succession au trône, après son oncle, le prince héritier Naruhito et son père, le prince Akishino. La loi sur le changement de la succession ne semble plus du tout à l'ordre du jour. La princesse Aiko, seule enfant des princes héritiers, ne sera sans doute jamais impératrice. » D'emblée, la princesse Kiko, désormais mère d'un héritier, est vénérée par la détestable Agence impériale. La différence de traitement entre les deux belles-sœurs devient écrasante. Le pouvoir a changé de main. Masako était une princesse meurtrie, elle n'est plus qu'une femme malade, inutile.

Cependant, c'est peut-être cette disgrâce qui va la sauver. Autour d'elle, la surveillance semble se relâcher. La preuve : ce nouveau scandale qui s'étale en une de toute la presse, le 1er janvier 2008. Nouveau motif ? Masako aurait renoncé à sa participation au rituel sacré présidé par l'empereur. Non en raison de son état de santé, mais pour déjeuner en compagnie de ses parents. Dans la foulée, les médias comptabilisent ses engagements. Au cours de l'année écoulée, la princesse n'aurait honoré que deux manifestations publiques. En revanche, ses activités privées foisonnent. On enregistre plus de cinquante sorties. Les journalistes se jettent sur le récit d'un jeune restaurateur branché qui dit recevoir « régulièrement » la princesse pour des dîners. « Elle est accompagnée d'amies, elle mange, elle boit, elle rit... Elle est plutôt sympathique d'ailleurs... » Esclandre. Indignation. « Si elle n'est plus malade, qu'elle retrouve ses activités officielles. » L'affaire Masako refait surface. L'éminent professeur Kanji Nishio, pourtant fervent monarchiste, déclare : « Les membres de la famille impériale sont les passagers et non les propriétaires du navire appelé système impérial. Si un individu est pris de mal de mer et ne peut pas rester à bord, il n'a pas d'autre choix que de débarquer. »

En réalité, les Japonais n'oublient rien. Masako n'a pas rempli son devoir. En ne donnant pas d'héritier à l'empire, elle est une femme fautive, une femme coupable. Le moindre de ses divertissements est condamné à se voir perçu comme une frivolité. Masako reprend officiellement ses activités lors de la visite du prince héritier Charles et de la duchesse de Cornouailles, en octobre 2008, à l'occasion du cent cinquantième anniversaire des relations diplomatiques entre le Japon et la Grande-Bretagne. Surprise. Alors que plus personne n'y croyait vraiment, en avril 2013, Masako accompagne son époux à Amsterdam pour l'intronisation du nouveau roi Willem-Alexander. On dit que c'est Máxima, sa plus fervente amie royale, qui l'a convaincue d'effectuer le voyage. Quoi qu'il en soit, l'événement est de taille. Depuis sa visite en Australie et en Nouvelle-Zélande, en 2002 (il y a onze ans donc !), c'est la première fois que l'épouse de l'héritier effectue un déplacement officiel. Sous les voûtes de la Nieuwe Kerk, elle semble quelque peu perdue, mais elle sourit, véritablement heureuse de se joindre à l'événement.

En 2013, année de ses 50 ans, alors que son beau-père, l'empereur, prend la parole pour faire part officiellement de sa difficulté de plus en plus grande à assumer ses tâches souveraines, la future impératrice du Japon s'envole pour les Jeux olympiques de Rio. Sa mission ? Supporter les athlètes et soutenir le moral des troupes. Mieux que personne, elle connaît le goût amer de l'échec, l'âpreté de la défaite. Mais Masako a prouvé qu'elle avait en elle la force de se relever. Parce que le combat continue. Elle le sait. Son chemin de croix est encore long. Le 30 avril 2019, après des mois de palabre avec le gouvernement, Akihito peut enfin apposer sa signature sur un acte d'abdication. Le lendemain, dans l'immense hall d'État du palais impérial, Naruhito devient officiellement le cent vingt-sixième empereur du Japon. Comme l'exige la tradition, Masako ne peut assister qu'à une partie des cérémonies. Elle est désormais impératrice consort. Et le premier de ses devoirs est de saluer, de s'y soumettre, les fonctionnaires de l'Agence impériale, ses tortionnaires. En s'inclinant face à eux, elle accepte de continuer à se soumettre. On dit qu'elle a beaucoup répété son geste. Il est appuyé, comme l'exige l'usage. Mais juste ce qu'il faut. Rien de trop peu, certes. Mais rien de trop. Deux ans plus tôt, lors d'un message d'anniversaire, elle a déclaré se préparer à ses futures fonctions « avec une crainte respectueuse ». Quel est désormais le destin de Masako ? Être une bonne épouse, une mère exemplaire. Et veiller sur la ferme séricicole du parc du palais impérial. C'est là la mission, le Graal, de toute épouse impériale. Pendant plus d'un an, sous la houlette de l'impératrice émérite, elle s'est entraînée à la cérémonie annuelle de récolte de la soie, date sacrée dans l'agenda impérial. Elle nourrit les vers à soie avec des feuilles de mûriers, est chargée de s'occuper des animaux, des bâtiments, du personnel de la ferme. La tradition a été inaugurée par l'impératrice Shōken, en 1871. La soie récoltée sert à fabriquer des étoffes pour les cérémonies du palais, est offerte aux hôtes d'État ou sert dans la restauration des trésors nationaux.

Aujourd'hui, Masako va-t-elle mieux ? Il n'est pas interdit de le croire ! Mais va-t-elle bien ? Permettez-moi d'en douter ! Je ne la sens pas plus forte, je la sens nouvelle, plus aguerrie. Une femme qui a abandonné ses illusions dans le coffre des rêves, un placard réservé aux petites filles. Masako a appris à encaisser les coups. Car, au pays des samouraïs, même abîmé, on se bat sans bouclier.

Intronisation

La reine est morte, vive le roi ! Vous avez vécu, avec moi, à côté de moi, cette folle journée du 8 septembre 2022, ce moment d'une intensité rare, où, en Grande-Bretagne, après soixante-dix ans, fut donné le coup d'envoi d'un nouveau règne. J'ai partagé avec vous, souvent en direct, cette page d'histoire à la fois bouleversante et exaltante. Les rois ne meurent jamais. Et si les hommes passent, fragiles, mortels, la Couronne demeure, fascinante, éternelle.

Je vis dans une monarchie et j'aime y vivre ! Pour moi, l'avènement d'un nouveau souverain est gage d'espoir et de renouvellement. Le changement dans la continuité en quelque sorte, sans les soubresauts, les heurs et malheurs de la vie politique.

Dans un monde où tout bouge à toute allure, où tout change, où tout zappe, où tout, en permanence, est remis en question, je trouve les royautés rassurantes, caution de constance, de pérennité. En somme, le cycle naturel de la vie.

Jarretière

Le cérémonial de l'ordre, organisé, en grande pompe, au château de Windsor, s'est tenu, pour la première fois, le 23 avril 1349, quelques années après son institution. Selon la version en quelque sorte officielle, c'est en janvier 1344, en effet, au cours d'un bal donné au château de Windsor qu'Edward III, dansant avec la belle comtesse de Salisbury, ramassa la jarretière de sa partenaire et, pour couper court aux sourires ironiques et aux commentaires déplacés de ses courtisans, s'écria : « Honni soit qui mal y pense ! Tel qui s'en rit aujourd'hui s'honorera de la porter ! »

Un érudit a pu reconstituer la genèse de la légende. La ville de Salisbury, assiégée par les Écossais en 1342, fut délivrée par Edward III et le roi, mis en présence de la comtesse – dont le mari était alors prisonnier –, lui déclara sa flamme à deux reprises, sans aucun résultat d'ailleurs.

Une autre tradition rattache la création de l'ordre de la Jarretière non à une chronique galante, mais à un épisode de courage militaire. C'est le roi Richard Cœur de Lion qui, lors du siège de l'île de Chypre, aurait conféré à ses vassaux qui s'étaient distingués au cours de l'assaut une courroie de cuir qu'il attachait lui-même au mollet gauche de ceux qu'il voulait honorer. C'est d'ailleurs cette version qui fut donnée en 1527 quand Henry VIII fit de François Ier un « chevalier compagnon du très noble ordre de la Jarretière ».

Edward III, reprenant à son compte une habitude paternelle avait, paraît-il, l'habitude de fixer sa jarretière au bout de sa lance pour donner le signal des combats. La jarretière devenait ainsi un signe de ralliement, comme le panache blanc du bon roi Henri. Et l'on précise que la devise « Honni soit qui mal y pense » aurait été lancée pour la première fois au cours de la bataille de Crécy, le 26 août 1346.

Mais comment justifier la devise ? Symbole de l'attachement des chevaliers à leur roi, en même temps que protestation éventuelle contre ceux qui voudraient taire des commentaires déplacés ?

Rendez-vous en tout cas en juin, au château de Windsor, pour la prochaine cérémonie.

Jigme Khesar et Jetsun Pema

L'année 2011, vous vous en souvenez, a été exceptionnelle, marquée par deux mariages princiers qui ont fait rêver le monde : l'union du prince William et de Kate Middleton tout d'abord, au mois d'avril, suivie, deux mois plus tard, par l'union d'Albert et Charlène de Monaco. J'ai couvert ces deux mariages et j'en garde d'émouvants souvenirs mais, quelques mois plus tard, reporter pour un grand magazine royal, j'ai également été le témoin d'autres noces, moins médiatisées mais tout aussi touchantes. Oserais-je même dire plus touchantes encore ? Le 13 octobre 2011, à 31 ans, Jigme Khesar Namgyel Wangchuck, roi du Bhoutan et cinquième monarque de la dynastie, épousait la merveilleuse Jetsun Pema. Au programme ? Pas moins de trois jours de fête. L'un des royaumes les plus secrets et les plus méconnus de la planète venait de trouver sa reine. Elle avait 21 ans.

Je me souviens que les astrologues du palais avaient été formels. Le mariage de leur souverain devait être célébré le seizième jour du huitième mois de l'année du lapin. Entendez par là : le 13 octobre ! Au royaume du dragon-tonnerre, c'est la position des planètes dans le calendrier lunaire qui dicte les dates des grands événements de la famille royale !

Depuis l'annonce de l'événement, en mai dernier, le petit royaume perché sur la chaîne de l'Himalaya, entre l'Inde et le

Tibet, a été littéralement submergé. À quelques jours du début des festivités, les dernières chambres de Thimphou, la capitale, se décrochaient à prix d'or. Pour couvrir ces noces, plus de cent soixante journalistes de treize nationalités différentes ont fait l'objet d'une accréditation. Du jamais-vu pour un royaume qui n'autorise les postes de télévision sur son territoire que depuis 1999 !

À la demande du palais, le mariage royal a été annoncé, d'emblée, comme un événement « familial ». À l'inverse des deux précédentes unions que vient de vivre la planète gotha, ici, aucune tête couronnée, aucun chef d'État, pas de *people*, pas de star. Seuls la famille royale, quelques amis et quelques invités triés sur le volet ont reçu un carton d'invitation. Le mariage du souverain et de sa fiancée, célébré selon les codes et les rites ancestraux de la religion bouddhiste antique, se tiendra au Dzong, une forteresse monastique et administrative, bâtie en 1637, impressionnante de solennité et de grandeur.

Le jour vient de se lever. Derrière les hautes murailles, le Je Khenpo – chef spirituel du Bhoutan – entonne la prière du *Zhabdrung Dag-na-ma*. À quelques mètres de là s'élève un autre écho, plus puissant : la prière dédiée au bouddha de longue vie. Chanté par cent moines, l'hymne aux accents de fête éclate dans l'air. Au cœur de la foule, immense, une nuée de drapeaux s'agite. Déjà, avec tout le cérémonial requis, un cortège de trente-cinq ambassadeurs se dirige vers l'entrée de l'édifice. Il sonne 7 heures. Les invités gravissent l'impressionnant escalier pour prendre place dans la cour du Dzong. Le défilé nuptial se poursuit par l'arrivée des quatre reines mères, de la grand-mère royale, Ashi Kesang Choden Wangchuck, et du roi-père, Jigme Singye Wangchuck. Le souverain a légué la couronne à son fils en 2008. Les membres de la famille proche et une délégation de ministres, de députés et de hauts dignitaires du royaume s'avancent à leur tour.

Sur les toits de la forteresse, vêtus de longues bures rouges, des moines soufflent dans de brillantes cornes de cuivre. L'instant est solennel ! Enfin, le roi Jigme Khesar Namgyel Wangchuck s'avance. Drapé dans un *gho* de brocart de soie – sa tenue ressemble étrangement à un kimono –, il arbore une longue écharpe jaune, un *kabney*. La presse rappelle que le souverain est diplômé en relations internationales et politiques de l'université d'Oxford. À un jet de pierre, face à la rivière Mo, un cheval blanc attend la fiancée royale. Un silence, impressionnant, suit le passage du cortège. Une poignée de secondes s'écoule. Dans un nuage d'encens, lumineuse, rayonnante, la future reine consort avance sous les vivats et les applaudissements de la foule. La jeune femme a été revêtue d'une robe brodée d'or et de soie. Sublime ! Avec une élégance rare, une distinction déjà toute royale, celle qui n'est encore que la fiancée du roi gravit une à une les marches de l'escalier interminable qui la conduit vers son destin.

La cérémonie de purification commence dans un silence de glace. Pâle, tremblante, la jeune femme semble retenir ses larmes. Déjà, le roi pénètre avec son père dans le Machhen Lhakhang, le lieu le plus sacré du Bhoutan. À l'abri des regards et des caméras, le cinquième monarque de la dynastie Wangchuck reçoit la bénédiction immatérielle du saint fondateur du royaume. À l'extérieur, Jetsun Pema et la famille royale attendent, en silence, face au trône d'or. Le roi, le roi père et le primat du clergé sortent du sanctuaire sous les acclamations. Commence ensuite la cérémonie du Grand Kunra. Sous le regard d'un gigantesque bouddha, la fiancée, émue, s'avance, se prosterne trois fois. Silence. Le regard baissé, les mains tremblantes, elle présente à son futur époux un vase sacré empli d'ambroisie. Le souverain entoure maintenant les mains de la jeune fille, ne la lâche plus du regard. En portant à ses lèvres ce breuvage destiné aux dieux, le monarque – chose nouvelle et exceptionnelle au royaume du Bhoutan ! – rompt avec la tradition et promet fidélité à son épouse.

Le roi couronne ensuite sa nouvelle femme en posant sur sa cascade de cheveux noirs une couronne de brocart de soie. Lentement, Jigme Khesar Namgyel Wangchuck lui relève ensuite la tête, sourit, et l'invite à le rejoindre sur le trône d'or. Partout, les *dhungs* résonnent. Le royaume de l'Himalaya a une nouvelle reine. Dans une solennité grave, selon le rite, le roi coiffe maintenant la couronne surmontée d'un corbeau, divinité protectrice du Bhoutan et symbole de la monarchie. Les yeux grands ouverts, la nouvelle épousée ne perd pas une miette du spectacle qui se déroule sous ses yeux, un rituel qui puise ses origines dans la nuit des temps. Dernier acte d'un cérémonial qui semble sans fin, s'ensuit maintenant la cérémonie de longévité, de bonheur, de pureté et d'harmonie. Le jeune couple se voit offrir plusieurs cadeaux, comme une écharpe de soie blanche. Sous les acclamations, le couple royal quitte l'édifice, se fond parmi la marée de citoyens. Les jeunes mariés parcourent une partie du chemin à pied, serrant de nombreuses mains. La reine se tient un rien en retrait, s'accroche au bras du roi, baisse la tête... Depuis l'annonce de son mariage, la jeune femme – elle a étudié à Thimphou, puis en Inde, avant de parfaire son éducation à Londres où elle s'est spécialisée en relations internationales – est partie à la visite de son pays, a tenu à rencontrer son futur peuple. Un peuple qui est désormais le sien ! Il suffit d'entendre les bravos, de tendre l'oreille, d'écouter les félicitations, les cris de bonheur et de joie pour augurer de l'exceptionnelle popularité dont jouira bientôt la plus jeune reine du monde.

Le roi Jigme et la reine Jetsun ont aujourd'hui deux enfants : le prince Jigme Namgyel, prince héritier (né en 2016), le prince Jigme Ugyen (né en 2020) et la princesse NN (née en 2023).

Juan Carlos et Sofia

Ils ne sont plus régnants, certes. Et il est aujourd'hui très contesté. Durant trente-neuf ans, Juan Carlos et Sofia furent pourtant le roi et la reine de tous les Espagnols et permirent à l'auguste Couronne de renouer avec la monarchie. On l'a, aujourd'hui, un peu oublié.

Souvenez-vous, tout commence en août 1955, par une croisière, sur l'*Agamemnon*, un immense paquebot à la proue blanche qui fend les eaux turquoise de la Méditerranée. À son bord, cent dix altesses royales. Dont le comte et la comtesse de Barcelone, avec leur fille, la princesse Pilar, et leur fils Juan Carlos, prince des Asturies. À 16 ans, avec ses cheveux blonds frisés, le fringant jeune homme fait tourner bien des têtes. Et son incroyable prestance n'est pas sans troubler la princesse Sofia de Grèce et de Danemark, la fille du roi Paul et de la reine Frederika.

Durant la traversée, les deux jeunes

gens se croisent à plusieurs reprises, mais l'infant d'Espagne ne prête aucune attention à la svelte et jeune demoiselle. Ses beaux yeux bleus, ses joues rondes et son doux sourire le laissent totalement indifférent. Sofia, elle, en revanche, n'oubliera jamais cette première rencontre. « Il était très sympathique, divertissant, blagueur », se souviendra-t-elle des années plus tard. « Un brin voyou aussi. Ses parents le laissaient tout faire. Il pouvait, par exemple, danser jusqu'à l'aube. Cela m'embêtait, car moi, à minuit, j'étais expédiée au lit... Juan Carlos m'apparaissait comme un révolutionnaire, drôle et terriblement mauvais garçon. » Et d'ajouter avec un chouia de déception : « Pendant ces quelques jours en mer, il ne s'est rien passé entre nous. Il n'est même pas venu m'inviter à danser ! »

La princesse devra encore patienter six ans pour revoir son prince charmant. Le 21 juillet 1960, au château d'Althausen, près de Stuttgart, en Allemagne, le duc Carl de Wurtemberg épouse Diane de France. Et cette fois, sanglé dans son uniforme de gala de la marine, l'infant invite la princesse à danser. Juan Carlos rit, s'amuse. Sofia aussi. Il lui parle de l'Espagne, de Madrid, de sa formation sous l'égide du général Franco, de la lourde charge qui l'attend, de sa passion pour la mer et la voile. Déjà, malgré sa timidité, Sofia pose la tête sur l'épaule du jeune homme, évoque ses fiançailles rompues avec Harald de Norvège, la grande maison de Tatoï à une vingtaine de kilomètres d'Athènes, où elle a été élevée, ses études en puériculture...

La troisième rencontre a lieu à Londres, le 8 juin 1961. « C'est au mariage du duc de Kent où, pour une fois, le protocole avait bien fait les choses, puisqu'il m'avait donné Juanito pour cavalier, que nous nous sommes rendu compte que nous nous aimions », racontera Sofia, bien plus tard, lors d'un entretien à la presse ibérique. Le 13 septembre 1961, à la Villa Vieille-Fontaine, à Lausanne, une séance de pose est organisée à l'occasion des fiançailles officielles du couple. « J'étais terriblement émue, se souviendra encore Sofia. Mais mon fiancé l'était cent fois plus que moi ! »

Le mariage est fixé au 14 mai 1962, à Athènes. À quatre jours de la cérémonie, cent quarante-trois altesses et leur suite ont envahi les hôtels de la capitale. On ne trouve plus une seule chambre libre à des kilomètres à la ronde. Dans les rues, trois mille monarchistes espagnols et les envoyés spéciaux de toute la presse internationale se mêlent à une population grecque en proie au délire. Partout, la sécurité est sur les dents. On n'a plus assisté à une telle concentration de têtes couronnées depuis les noces d'Elizabeth d'Angleterre, à Westminster, le 20 novembre 1947 ! En ce 14 mai, l'aube est à peine levée que la population vibre au rythme des canons. À 9 h 20, dans un foisonnement de drapeaux et une envolée de pétales de roses, les voitures du roi Olaf de Norvège, de la reine Juliana des Pays-Bas, de l'ex-roi Umberto d'Italie, de l'ex-roi Michel de Roumanie, du prince Rainier et de la princesse Grace de Monaco, du roi Baudouin de Belgique, du comte et de la comtesse de Paris s'ébranlent en direction de la cathédrale Saint-Denys. Il est 9 h 45 lorsque la blanche mariée, escortée de ses huit demoiselles d'honneur, pose le pied – un escarpin en satin ! – sur un interminable tapis de velours rouge. La porte du lourd carrosse d'or n'est pas encore refermée que, déjà, les journalistes du monde entier n'en finissent plus de commenter – la cérémonie est retransmise à la télévision – l'extraordinaire robe d'organza blanc lamé d'argent, signée par le couturier Jean Dessès, un styliste grec installé à Paris. À l'issue de la cérémonie, présidée par l'archevêque catholique d'Athènes, Mgr Printesi, vingt et un coups de canon annoncent aux Athéniens que leur princesse est désormais l'épouse de l'infant Juan Carlos. Après une deuxième cérémonie – célébrée selon le rite orthodoxe cette fois, en la cathédrale Sainte-Marie, par Mgr Chrysostomos, archevêque d'Athènes et primat de Grèce – les invités s'installent dans les jardins du palais où est servi le déjeuner. Au menu ? Cocktail de homard, suprême de volaille et ses légumes, salades et glace au moka. À l'issue du repas, les jeunes mariés s'éclipsent discrètement par une porte dérobée. Direction la baie de Phalère, où les attend le *Créoli*, un yacht prêté par l'armateur grec Niarchos. Après Corfou, Rome, Madrid et la principauté de Monaco, la lune de miel conduit l'infant d'Espagne et sa jeune épouse en Inde, au Népal, aux Philippines, à Hong Kong, au Japon, aux États-Unis et à Londres. « J'aurais aimé que ce voyage ne finisse jamais », se souviendra Sofia, la voix encore empreinte d'émotion.

En mars 1963, Juan Carlos et Sofia s'installent à La Zarzuela, une propriété royale ruinée par la guerre civile, dont Franco avait ordonné la restauration dès 1958. L'atmosphère y est lourde. « Il ne se passait pas un jour sans que nous nous rendions compte que l'on nous espionnait, que l'on rapportait nos moindres faits et gestes au Pardo, le palais de Franco », confiait la reine, lors d'une interview donnée en 2006. « Nous avions le sentiment d'être littéralement en résidence surveillée. Entre 1963 et 1969, le prince et moi avons vécu à La Zarzuela comme des personnes sans charge ni fonction, sans rang protocolaire ni mission officielle. Sans rien ! Nous n'étions personne. » Dépourvu de véritable statut et de responsabilités, le couple remplit cependant quantité d'obligations. « Juan Carlos reconnaît que sans l'aide, sans l'amour et le soutien indéfectible de Sofia, jamais il n'aurait trouvé la force et le courage de surmonter les nombreuses épreuves qui allaient émailler son règne », rapporte l'un des biographes du roi.

Le 20 décembre 1963, la princesse des Asturies donne la vie à une petite fille, prénommée Elena. Dix-huit mois plus tard, le 13 juin, naît une deuxième fille, qui reçoit le prénom de la seconde épouse du roi Alphonse XII, Cristina. Le peuple espagnol a du mal à dissimuler sa déception. Il espérait tant un héritier. Enfin, le 30 janvier 1968, c'est un petit garçon, un ravissant bébé aux boucles blondes, qui pointe le bout de son nez.

Le baptême de Felipe, Juan, Paul, Alphonse et Tous les Saints réunit à Madrid l'ensemble de la famille royale et suscite un enthousiasme populaire délirant. Déjà, l'Espagne très catholique semble avoir renoué avec les fastes de la monarchie. On n'y est pas encore, mais c'est pour bientôt. Il faut attendre le matin du 20 novembre 1975 et la mort de Francisco Franco. Depuis un mois, jour et nuit, plus de trente médecins s'acharnaient à maintenir artificiellement en vie un corps percé de sondes et d'électrodes. Deux jours plus tard, tandis que des dizaines de milliers d'Espagnols envahissent, telle une marée, les marches du palais d'Orient et se bousculent jusqu'à la Salle des colonnes pour s'incliner devant un fabuleux cercueil d'acajou, dans son bel uniforme galonné d'or, Juan Carlos prête serment. Franco a lui-même voulu qu'après sa mort la monarchie soit restaurée. Pendant des années, il a préparé l'infant à cette tâche. Face à lui, les membres des Cortes, le Parlement espagnol. Les caméras qui retransmettent l'événement en direct s'attardent sur le roi Hussein de Jordanie, le prince Rainier, le roi Constantin et la reine Anne-Marie… Un instant, les objectifs zooment un peu plus encore. Avec son regard bleu océan et son air candide, la jeune femme qui se tient à côté du nouveau monarque est désormais reine d'Espagne. Dans sa robe longue, couleur framboise, Sofia ne perd pas une seconde de la cérémonie. À l'instant où la voix de son époux résonne sous les voûtes, elle ferme les yeux. Après une parenthèse autoritaire et dictatoriale qui aura duré trente-six ans, le jeune homme de 37 ans renoue aujourd'hui avec le régime monarchique. Le pays de Vélasquez et de la corrida retrouve une couronne, mais l'Espagne est encore meurtrie par les blessures de la dictature.

Malgré la solennité de l'instant, les cassandres se font entendre. Le monarque soudainement restauré sait fort bien qu'on ne lui présage aucun avenir. « Il court vers le vide », titre la presse. Dans un bistrot de Barcelone, en regardant la retransmission de la cérémonie en direct, un jeune homme prononce une phrase qui s'inscrit dans les mémoires : « Il va être renversé, c'est certain. Soit par un coup d'État militaire, soit par un mouvement populaire qui rétablira la république ! » Juan Carlos croit-il lui-même en son avenir ? Pas sûr ! En revanche, s'il en est une qui ne doute pas, c'est la nouvelle reine. N'est-ce pas sous son impulsion que le souverain choisit de nommer Adolfo Suárez au titre de Premier ministre ? Très vite, le secrétaire du Mouvement national établit un ambitieux calendrier de réformes, un programme impressionnant qui satisfait la population sans que l'armée, encore imprégnée du franquisme, cherche à se révolter.

Malgré les sombres prophéties, aucun cataclysme politique ne vient ébranler une Espagne qui, en quelques années, va se mettre au diapason des monarchies européennes. Comme si elle cherchait à rattraper les années perdues, la jeunesse hispanique se lance dans une frénésie de sorties, de fêtes, de musiques… Après des années de dictature, cette nouvelle nation est désormais représentée par un jeune et beau roi. En coulisse, Sofia va être un facteur non négligeable de la mue de son mari. En quelques mois, le goût sûr de la jeune femme, son assurance naturelle, ses origines ô combien aristocratiques vont faire de ce bel homme un peu niais au profil de médaille, de ce don juan aux cheveux blonds ondulés un vrai souverain coulé dans son rôle de monarque constitutionnel. La nouvelle reine fait de son royal époux un homme ouvert et jovial. Flatté de cette soudaine popularité, Juan Carlos se surprend à aimer les bains de foule, serre désormais avec plaisir les centaines de mains qui se tendent sur son passage.

Tandis que le jeune souverain parade, en toute discrétion, mais avec fermeté, Sofia impose ses visées. Ainsi refuse-t-elle, comme l'exige la tradition, d'emménager sous les dorures du palais royal d'Orient. Somptueuse bâtisse, depuis 1764, ce Versailles à l'espagnole fut la demeure de tous leurs prédécesseurs, de Charles III à Alphonse XIII. Malgré l'effroi et le parfum de scandale, la jeune reine tient bon. L'immense bâtiment sera désormais destiné aux réceptions. Le roi et la reine garderont leur résidence au palais de La Zarzuela, un édifice plus modeste, où ils vivent depuis treize ans déjà, édifié sur le mont du Pardo.

Ce premier geste du nouveau couple royal n'est pas sans déplaire au peuple espagnol. Il va en être de même avec le « mur de retenue » que les monarques érigent, d'emblée, entre leur personne et tous ceux qui aspirent à faire partie d'une cour qui n'existe que dans leurs rêves. Rompant, de nouveau, avec les traditions, Juan Carlos et Sofia décident de ne pas instaurer de cour. Ainsi, la reine n'aura pas de dame d'honneur et, à l'inverse de toutes ses consœurs européennes, ne sera jamais obligée de porter de chapeaux ! Très vite, le ton est donné. Le royaume très catholique renoue avec une monarchie, mais elle ne sera pas somptuaire. Hors de question d'organiser davantage de réceptions qu'exigé par le protocole, pas de fêtes ruineuses, pas de bal à la cour. Immédiatement, en femme pragmatique et efficace, Sofia s'attelle à adapter leur résidence de deux étages aux nouvelles fonctions de son mari. Le palais de La Zarzuela se voit ainsi équipé de nouveaux bureaux, d'un héliport, d'une aile de service réservée à la sécurité… Autour des vastes terrains du mont du Pardo, on érige une longue et haute clôture. Dans la foulée, on creuse un abri antinucléaire, dote les lieux d'un studio d'enregistrement télé. Sofia veille à tout. Également à la nouvelle décoration de son intérieur. Chic, mais cosy.

La reine prend également une autre décision : ses deux filles – les infantes Elena, 12 ans, et Cristina, 10 ans – ainsi que son fils – l'infant Felipe, l'héritier, 7 ans – vont poursuivre leurs études dans des écoles et non pas au palais. Sofia exige que ses enfants vivent « normalement ». Malgré l'évident et drastique cordon de sécurité qui les entoure, Elena, Cristina et Felipe auront des amis, iront à la plage, au restaurant, au cinéma…

L'épouse du roi Très-Catholique est une reine comblée, amoureuse. L'histoire pourrait s'apparenter à un conte de fées, s'il n'y avait pas une blessure. Immense. Douloureuse. Une blessure qui va s'insinuer dans les veines de la jeune femme. Et couler comme du poison. Janvier 1976. Juan Carlos se rend seul à Tolède pour disputer une partie de chasse. Restée à Madrid, Sofia propose à ses enfants de faire une surprise à leur père en lui rendant une visite impromptue. Plutôt sympathique, l'idée va, très vite, virer au cauchemar. À son arrivée, la petite famille est intriguée : les volets de la résidence sont baissés. Malgré la gêne du gardien, Sofia pousse les portes. Son mari est au lit. Allongé. Le corps nu. À ses côtés, une ravissante créature. Nue, elle aussi. La rumeur avait donc raison ! D'emblée, dans l'esprit de la jeune femme, une seule question : « Une reine peut-elle divorcer ? » La réponse est non, bien sûr. Une reine ne divorce pas.

Mais rien, plus rien, ne sera plus comme avant. Après lui avoir définitivement fermé la porte de sa chambre, Sofia redéfinit son rôle. Désormais, elle ne sera plus qu'une mère. Et une reine.

Sur son bateau, le *Fortuna*, le couple royal reçoit régulièrement la visite de Baudouin et de Fabiola, du roi Hussein et de la reine Noor, du prince de Galles… Ce cercle de famille reconstitué va permettre, en peu de temps, de rompre l'isolement de l'Espagne. Quelle est l'ambiance entre le roi et son épouse ? Mauvaise, semble-t-il. Mais qu'importe ! Les apparences sont sauves. Sofia est la reine de tous les Espagnols. Elle ne peut les décevoir, les abandonner. Sa mission est désormais d'œuvrer pour son royaume. Le 23 février 1981, lors du coup d'État politique qui frappe l'Espagne, elle est aux côtés de son mari. À la tête d'un groupe important de gardes civils, le lieutenant-colonel Antonio Tejero essaie d'opérer un coup de force spectaculaire. Sous la menace des armes, les putschistes séquestrent le congrès des députés, le gouvernement et une partie des sénateurs. Il a suffi de quelques heures pour que démocratie et liberté se volatilisent, pour rouvrir la porte à une dictature militaire. Vêtu de son uniforme de commandant en chef des armées, sous le regard de sa femme et de ses enfants, depuis son bureau officiel, avec un courage extraordinaire, Juan Carlos va tenir tête aux rebelles, prenant de nombreuses mesures, tant civiles que militaires. Que fait Sofia ? Face aux rumeurs selon lesquelles elle serait sur le point de fuir en Angleterre, elle décide de répondre elle-même au téléphone !

Si, au début du règne, elle a choisi de s'effacer – une attitude volontaire afin de ne pas gêner le roi dans son importante tâche politique – tout comme lui, elle devient, aujourd'hui, la figure d'une nouvelle Espagne, une Espagne moderne et progressiste qui a su sortir du joug de la dictature pour combler le fossé qui la séparait de ses voisins.

Consciencieuse, travailleuse, extrêmement professionnelle, Sa Majesté vit en phase avec son époque. Ainsi se fait-elle un devoir d'être toujours disponible pour recevoir les membres du gouvernement. Elle sait qu'elle est le meilleur trait d'union, le lien le plus efficace, entre le peuple et son monarque.

En avril 1986, le roi et la reine Très-Catholiques sont reçus sous les lambris de Buckingham Palace. Si l'instant est solennel, il est surtout historique puisqu'il s'agit de la première visite d'État depuis le voyage d'Alphonse XIII, en 1905. Les deux pays ne sont-ils pas brouillés à mort depuis le 24 août 1704, jour de la conquête de Gibraltar par les troupes anglaises ?

En près de quarante ans de règne, ensemble, Juan Carlos et Sofia vont effectuer plus d'une centaine de voyages officiels. Leurs missions vont les conduire dans tous les pays d'Europe, mais pas seulement. Aussi en Amérique du Nord, en Amérique centrale, en Amérique du Sud ainsi que dans les principaux pays des autres continents. Chaque année, ils reçoivent en moyenne vingt-cinq chefs d'État et de gouvernement, sans compter les nombreux ministres et représentants d'autres pays ou d'organisations internationales. Désireuse de suivre, au plus près, l'actualité de son pays, la reine accorde ainsi des milliers d'audiences chaque année. Il n'est pas rare que Sofia, consciente que la vraie réalité se joue sur le terrain, visite, de façon impromptue, des hôpitaux, des restaurants, assiste à des concerts, pousse les portes de bars à la mode... Quand arrivent les belles heures de l'été, durant cinq semaines, la famille royale s'envole pour Palma de Majorque, rejoindre les splendeurs du palais de Marivent, une vaste demeure qui surplombe la Méditerranée.

L'avenir de la Couronne passe – aussi – par l'éducation qu'elle donne à ses enfants, Sofia le sait. Avec Elena, Cristina et Felipe, sur bien des points, elle se montre intransigeante. Avec eux, elle partage l'amour du ski et de la mer. Elle accompagne Cristina lors de ses régates et ne manque jamais d'applaudir les exploits d'Elena, cavalière accomplie. En 1992, elle est dans les gradins des JO de Barcelone pour soutenir Felipe qui décroche une sixième place mondiale en catégorie voile.

L'année 1992 est également l'année d'un nouveau scandale. La presse espagnole reprend une information publiée dans un magazine européen : Juan Carlos entretiendrait une liaison avec une belle décoratrice catalane. Si l'affaire fait tant de bruit, c'est que, depuis quelques mois, le souverain néglige sa tâche. Après avoir annulé une réception de plusieurs milliers de personnes et reporté une série d'audiences importantes, de plus en plus souvent, Sofia est seule pour représenter la Couronne espagnole. Un nouveau cap vient, à nouveau, d'être franchi. Sa condition de femme trompée s'étale désormais aux yeux du monde. Face aux rumeurs de plus en plus nombreuses qui courent dans la presse, les langues se délient. Ainsi, un familier du palais confie :

« Plus qu'un couple, le roi et la reine sont des partenaires qui font marcher une boutique. » Lors d'une interview, on demande au souverain de définir son épouse en quelques mots. Sur un ton curieusement solennel, Juan Carlos répond : « La reine est une grande professionnelle. » La réponse de Sofia ne tarde pas. « Tout, sauf ça ! » rétorque-t-elle, dans les colonnes d'un célèbre hebdomadaire. « Il n'y a pas d'école pour être reine, ni de concours d'entrée ou de prix d'excellence. Si par "professionnelle" on entend posséder une formation universitaire spécifique, alors je suis loin de l'être ! »

Elle se distingue essentiellement par sa rigueur intellectuelle et le sérieux avec lequel elle remplit son rôle ; il est rare, très rare, que la reine sorte de son silence. Hormis quelques privilégiés, les Espagnols, eux-mêmes, connaissent très peu de choses sur l'épouse de leur monarque. Depuis toujours, Sofia a veillé à ce que la vie de la famille royale soit placée sous le signe de la discrétion, de la réserve, du secret et de la volonté de ne jamais commettre d'impair. Insensiblement, elle contrôle les rouages de la monarchie et si les décisions sont signées par Juan Carlos, elle en est souvent l'inspiratrice. Ses biographes louent son autorité, son sens du commandement, sa clairvoyance et sa fermeté de caractère. Éprise de musique – elle fut une grande amie du violoncelliste Rostropovitch – et grande militante de la défense des animaux, Sofia s'intéresse aussi, au plus haut point, à l'astronomie et

à l'archéologie. Elle déteste la frivolité et ne badine jamais avec le protocole. Résultat : une partie de l'opinion la considère comme trop sérieuse, la qualifie de trop germanique. On est injuste je trouve car elle a fait d'immenses efforts pour embrasser, au plus près, les cultures, les rites et les traditions de ce pays devenu le sien.

En novembre 2000, le couple royal fête ses vingt-cinq ans de règne. Mais il y a aussi d'autres événements qui vont réjouir Sofia. Après le mariage de la princesse Elena avec Jaime de Marichalar, en mars 1995, et les noces, deux ans plus tard, de Cristina avec l'international de handball Iñaki Urdangarin, le 22 mai 2004, Sofia marie son fils. L'héritier du trône, l'athlétique Felipe, convole avec la belle Letizia, une journaliste de la télévision divorcée. Diffusées en mondiovision, les larmes de la blanche mariée pourtant vivement critiquée par une partie de l'opinion font oublier, pour quelques heures, les sanglantes attaques terroristes du 11 mars où quatre trains de banlieue pris pour cible par des terroristes ont tué près de deux cents personnes et fait plus de mille sept cents blessés.

Sofia découvre maintenant les joies d'être grand-mère. En novembre 2008, au lendemain d'une controverse créée par sa prise de position en défaveur du mariage gay, vivement critiquée par la presse espagnole, elle célèbre ses 70 ans. Cependant, cet incident n'empêche pas des milliers de citoyens de témoigner de l'admiration et de tout l'amour qu'ils portent à leur reine. De l'amour et du réconfort, Sofia ne le sait pas encore, mais elle va en avoir besoin pour affronter les tempêtes qui vont faire trembler la Couronne. Fin 2009, le divorce d'Elena et de Jaime de Marichalar est officiellement annoncé. Sofia était la seule à croire encore en une éventuelle réconciliation. Il n'en sera rien, tant pis !

En novembre 2011, la Maison royale se retrouve au cœur d'un nouveau tourment. Bien plus ennuyeux ! Iñaki Urdangarin et ses associés font l'objet d'une enquête dans laquelle ils sont accusés de corruption et de détournement de fonds. Face à l'ampleur du scandale, le palais de La Zarzuela est dans l'obligation de supprimer le nom de l'époux de la princesse Cristina du site web officiel de la cour. Dans son traditionnel discours de Noël, le 24 décembre 2013, Juan Carlos est tenu de faire implicitement allusion à cette affaire. L'ancien handballeur professionnel est mis en examen le 29 décembre 2013. Bientôt, l'infante, sera, elle aussi, accusée de complicité. Dans ces tristes heures, Sofia est près des siens. Il n'existe plus de reine, seulement une mère qui tente, en vain, de réconforter sa fille. Trouve-t-elle les mots justes ? Les mots qui rassurent ? Pas sûr ! Mais qu'importe ! Sofia est présente, elle veille. Et l'essentiel est là. La descente aux Enfers n'est pas terminée pourtant. Pas encore.

En avril 2012, lors d'un safari au Botswana, victime d'une fracture, le roi doit être rapatrié d'urgence. Très vite, la partie de chasse va dévier en affaire politique. Médusée, la presse découvre des clichés du souverain abattant un éléphant et apprend que le roi était accompagné de sa nouvelle petite amie. Les défenseurs des animaux – et de la fidélité ! – ne vont pas être les seuls à s'indigner pourtant. La chasse à l'éléphant est une activité qui coûte une fortune. Alors que le royaume tout entier s'enlise dans la dette, la presse sort sa machine à calculer et évalue la folle expédition de son roi et de sa maîtresse à plus de 40 000 euros ! Que dit Sofia ? Secret de cour ! Elle se rend à l'hôpital, mais s'abstient de tout commentaire ! Au mois de mai, personne n'est vraiment étonné d'apprendre que le cinquantième anniversaire de mariage du couple ne fera l'objet d'aucune célébration. Pas plus que les 75 ans de la reine d'ailleurs, qu'elle choisit de fêter à Genève près de l'infante Cristina et de ses petits-enfants.

Les scandales sont trop nombreux, l'image, trop entachée. Pour que la Couronne continue de vivre, pour que rien ne change, il faut que tout change. Le 2 juin 2014, lors d'une conférence de presse, le chef du gouvernement annonce que le roi a décidé de se retirer. À 13 heures, le monarque apparaît à l'écran. De la capitale aux terres les plus reculées du royaume, aux quatre coins de l'État, ils sont des millions à être rivés devant leurs postes de télévision. Le message royal enregistré quelques heures plus tôt est également retransmis, en simultané, sur les ondes radio. Vêtu d'un costume gris anthracite et d'une cravate couleur amande, le roi a pris place derrière son bureau. Dans son dos, le drapeau de l'Espagne voisine avec la bannière étoilée de l'Europe. « C'est avec beaucoup d'émotion que je m'adresse à vous ce matin, pour vous faire part d'une décision importante et des raisons qui m'ont poussé à la prendre. » Malgré un texte que l'on devine pesé à la lettre, Juan Carlos est hésitant. Sa voix chancelle. Ses mains tremblent. « La longue et profonde crise économique que nous traversons a laissé beaucoup de graves cicatrices sur le tissu social. Elle appelle cependant à un avenir plein d'espoir. » Plongeant ses yeux clairs dans le viseur de la caméra, un instant, l'héritier de Franco se tait. Silence sous les hautes boiseries du bureau royal. La poignée de secondes semble durer une éternité. « Aujourd'hui, je passe la main à une génération plus jeune dotée d'une nouvelle énergie et déterminée à s'engager résolument dans le changement et la réforme. Avec une intensité renouvelée, elle s'attaquera aux exigences de la situation actuelle pour faire face aux défis de demain. » Soudain, la voix du roi est comme ravivée. « Mon fils Felipe, héritier de la Couronne, offrira la stabilité qui convient à l'institution monarchique. Il est mûr et prêt. Il a le sens des responsabilités. Il sera là pour les Espagnols et aura toujours, j'en suis persuadé, l'aide de la princesse Letizia à ses côtés. » L'allocution touche à sa fin. Le dernier salut de celui qui, au regard de la Constitution, n'est plus vraiment un roi s'annonce émouvant : « Je garde et garderai, pour toujours, l'Espagne au plus profond de mon cœur. »

Le mercredi 18 juin, sous les splendeurs de la Salle des colonnes du palais d'Orient, il est précisément 18 h 10 lorsque Juan Carlos appose son paraphe en bas du document officialisant son abdication. Il s'en va au bon moment. Bientôt, tout va lui être reproché, bientôt, il va défrayer les pages de la presse à scandale et être obligé de fuir l'Espagne pour ne pas vivre l'affront, en public du moins, de voir son fils, le nouveau souverain, lui fermer les portes de la maison royale, tant l'image de son père est devenue dangereuse. Juan Carlos, ou l'homme aux deux mille maîtresses, avance la presse, est aujourd'hui réfugié à Abou Dabi, sur l'île privée de Nurai, où, en mars 2022, il a été relaxé de toutes les enquêtes, notamment pour détournement de fonds, ouvertes à son égard. Depuis très peu de temps, le roi émérite revoit son fils, Felipe VI. Mais les relations demeurent sous haute tension. Et principalement sous le feu des caméras. Dans l'ombre, le nouveau roi ne pardonnerait pas à son père d'avoir fragilisé l'institution royale à ce point. Et de traîner une image qui, aujourd'hui encore, malgré le temps qui passe, malgré l'absolution de la justice, continue de menacer la Couronne.

Jumeaux

En décembre 2014, à la naissance de Jacques et de Gabriella, à Monaco, je me souviens avoir été surpris de l'incroyable enthousiasme de la presse devant cette double naissance. Le marquis des Baux et la comtesse de Carladès ne sont pas une exception pourtant. Dans les autres familles princières, comme dans toutes familles, on trouve des jumeaux depuis toujours.

Le 12 février 1951, à Téhéran, sous sa riche robe rebrodée de pierreries (une création griffée Christian Dior qui pèse plus de 30 kilos), en ce jour de noces, Soraya grelotte. Sa présence est un miracle. Depuis des semaines, elle ne vit plus qu'alitée dans une chambre chauffée comme une serre. Quelques jours après son arrivée dans la capitale, la nouvelle fiancée du shah est tombée subitement malade. Un mal aussi soudain qu'étrange. Des vertiges, de la fièvre, des vomissements... En ce matin nuptial, seul l'amour qu'elle porte à Mohammad Reza Pahlavi (et un flacon de sels dissimulé sous ses lourds jupons) lui donne la force d'affronter une cérémonie extrêmement éprouvante. Mais de quel mal souffre la future impératrice ? Aucune réponse médicale ne tient la route. Les plus grands experts restent sans voix. Et si la rumeur était vraie ? Dans les couloirs du palais de marbre, on murmure que c'est la princesse Ashraf, la sœur jumelle du shah, qui a tenté d'empoisonner la future mariée. Ashraf ne supporterait pas le remariage de son frère, un homme qu'elle aime plus que tout. Plus qu'elle-même, dit-on !

Mohammad Reza et Ashraf Pahlavi ne sont pas les seuls jumeaux du gotha. Bien loin de là. À Rabat, au Maroc, en juin 1941, au cœur de la guerre, Isabelle d'Orléans-Bragance, comtesse de Paris et épouse du chef de la Maison royale de France, donne naissance à deux garçons : le prince Jacques, duc d'Orléans, et le prince Michel, comte d'Évreux. À l'image de leurs nombreux frères et sœurs, « les jumeaux de France » sont des enfants turbulents. Mais si Michel obtient son baccalauréat du premier coup, Jacques est recalé. Dès lors, le chemin des deux hommes ne va plus cesser de s'éloigner.

En mai 1957, c'est le grand-duché de Luxembourg qui connaît l'immense joie d'une double naissance princière. Au château de Betzdorf, résidence du couple souverain, la grande-duchesse Joséphine-Charlotte met au monde deux ravissants bébés : Jean et Margaretha. Quelques jours seulement après l'heureux événement, un photographe est autorisé à pénétrer dans l'intimité de la famille grand-ducale. Clichés tendres, couleur sépia, on y voit le prince Henri – actuel grand-duc – se pencher tendrement sur un double berceau de soie blanche. Et comme, très souvent, les naissances gémellaires sont question de patrimoine génétique, bien plus tard, au mois de mai 2000, le frère cadet du duo princier, le prince Guillaume, et son épouse, la princesse Sibilla, deviendront à leur tour les parents d'un petit Léopold et d'une petite Charlotte.

Encore plus étonnant : en juin 1958, la princesse Maria Pia, fille du roi Umberto et de la reine Marie-José d'Italie et épouse du prince Alexandre de Yougoslavie, donne le jour, à Boulogne-sur-Seine, au prince Dimitri et au prince Michel. Quatre ans plus tard, en mars 1963, les jumeaux princiers sont rejoints par deux nouveaux nourrissons : le prince Serge et la princesse Hélène. « Cela nous a fait rire, m'a confié un jour la princesse se souvenant de ces deux doubles naissances. Il faut avouer que c'est assez rare. En réalité, c'est surtout énormément de travail ! »

D'autres exemples ? En Jordanie, le 23 avril 1968, la princesse Mouna, deuxième épouse du roi Hussein et mère du roi Abdallah, actuel souverain, donne la vie à des jumelles : les princesses Aisha et Zein. En mars 1997, le deuxième fils du roi, le prince Fayçal, est l'heureux père de deux autres jumelles, les princesses Sarah et Aisha. Au royaume batave, en octobre 1972, la princesse Irène – sœur de l'ancienne reine Beatrix – est également la mère de jumeaux : Jaime et Margarita de Bourbon-Parme. Dix ans après les Pays-Bas, en janvier 1982, la princesse Maria da Gloria d'Orléans-Bragance et le prince Alexandre de Serbie accueillent au sein de leur foyer Philippe et Alexandre.

Au mois de décembre 2005, à Bruxelles, c'est la Villa Clémentine, le domicile du prince Laurent et de la princesse Claire, qui retentissait des cris de deux bébés princiers : Aymeric et Nicolas. À l'instar de tout père de famille, le prince Laurent, d'ordinaire peu enclin aux épanchements, peine à cacher son émotion devant les caméras. Cinq ans plus tard, en janvier 2011, au Danemark, après une grossesse sous haute surveillance, la princesse Mary, l'épouse du prince héritier Frederik, met au monde deux ravissants nourrissons. La naissance de Vincent, né vingt-six minutes avant sa sœur, et de Joséphine, rend évidemment la reine Margrethe folle de joie. À l'image du prince Louis de Bourbon qui, en mai 2010, à New York, devient papa de deux petits princes : Louis, titré duc de Bourgogne, et Alphonse, duc de Berry. Plus récemment, en janvier 2013, c'est le prince Georges-Frédéric, chef de la maison de Prusse, et son épouse Sophie d'Isenbourg qui connaissaient cette joie en accueillant les princes Carl-Friedrich et Louis-Ferdinand.

Mais, au pays des têtes couronnées, c'est l'arrivée de Jacques et de Gabriella, le 10 décembre 2014, en principauté de Monaco, qui a, il est vrai, braqué les projecteurs sur ce phénomène. Comme on vient de le voir, la galaxie couronnée n'avait pourtant pas attendu les Grimaldi pour apprendre à compter double.

Kate

Chez les Windsor, dans cette galaxie différente, à bien y regarder, au fond, Kate est la seule à avoir voulu vraiment le job. Kate est une bosseuse. Qui ne laisse rien au hasard. Alors, à l'université, dans les vieilles pierres de St Andrews, quand elle a croisé *Will*, quand, enfin, l'héritier a posé les yeux sur elle, elle l'a trouvé joli garçon, évidemment, mais elle l'a surtout trouvé magique. Elle, que personne ne connaissait, elle, issue de la *middle class* (n'en porte-t-elle pas le nom d'ailleurs ?), elle, qui n'a pas de titre, pas de fortune particulière, aucun fait de gloire, est soudain devenue « la fille que le prince William avait regardée ». Dans la minute, tu as changé de visage, Kate. Dans ton sourire, dans tes yeux, quelque chose a disparu. Une certaine insouciance. Pour faire place à de la gravité. Pourtant, quand on tombe amoureux, vraiment, on se laisse porter. Tout devient léger. Mais cette histoire-là n'était pas commune. Il avait posé les yeux sur toi. Et alors ? La belle affaire ! Il y en avait tant d'autres ! Il fallait maintenant te faire une place. Après tout, on a bien marché sur la lune, alors, pourquoi pas ?

À St Andrews, il y a eu un défilé de mode. Une fille qui connaissait une fille que tu connaissais, une certaine Charlotte Todd, une créatrice de mode, avait dessiné quelques vêtements. Pour les présenter, elle cherchait des mannequins d'un jour. Tu savais que le prince serait aux premiers rangs. Alors, tu t'es proposée. Et tu as choisi la tenue la plus sexy. Certains prétendront même que, cette tenue, tu as insisté pour la modifier, la rendre plus aguichante encore. Il se dit que tu as laissé la robe de côté et que tu as défilé (d'autres diront que tu t'es « exhibée ») uniquement vêtue de sa combinaison. Elle était noire. Comme les sous-vêtements que tu avais choisis ce soir-là. Noire et transparente. Bravo, ça a marché. On dit… On dit… que c'est ce soir-là qu'il t'embrasse pour la première fois. Nous sommes en 2002. Tu as 20 ans. William aussi. Mais comme les victoires sont fragiles… Surtout, lorsqu'elles dépendent de Cupidon. Surtout, lorsque vous n'avez pas le profil d'une Juliette et que votre Roméo est un futur roi. Un futur roi d'Angleterre.

Immédiatement, tes amies t'ont glissé à l'oreille, parce que c'est sincère une amie, bienveillant (c'est bien connu), que tu n'avais aucune chance, que le jeu était perdu d'avance. En Angleterre, jamais un héritier de la Couronne n'a épousé une roturière. Alors, certes, les choses changent, le monde bouge, mais pas à Buckingham. C'est d'ailleurs ce qui fait l'essence même de Buckingham. Et elles avaient raison, tes amies. Tu n'avais pas le profil d'une future reine. Sa mère était Diana. Son père, le prochain roi. Sa grand-mère, la plus grande des reines. L'été, c'est Balmoral dont le domaine, dans la campagne écossaise, est aussi grand qu'un bourg tout entier. L'hiver, c'est Sandringham. Pâques et les week-ends, c'est la forteresse de Windsor, le plus vaste château du monde encore habité. Les mariages, c'est à Westminster. Sous les yeux du monde entier. Souviens-toi Kate ! Tu n'avais pas le fusil pour chasser ce gibier-là. Parce que c'est bien de chasse qu'il s'agit. Cette espèce-là est protégée, Kate. Tu avances en terrain miné. En terres d'aristocrates. Et tu n'es pas armée. Tu n'en as pas les codes. Pas le « laissez-passer ».

On lit, parfois, que votre histoire s'est tissée comme ça, qu'il n'y a pas eu de plan, qu'elle est sincère. Moi, je sais que non. Ce n'est pas vrai. Je ne dis pas que tu ne l'aimes pas, au contraire, mais je dis que pour y arriver – parce que tu y es arrivée –, tu as dû manœuvrer, forcément.

En avril 2007, c'est la rupture. C'est lui qui prononce le mot « fin », mais, au fond, c'est toi qui pars. Pour mieux revenir. C'est ici que tu vas abattre ta plus belle carte. Personne encore ne soupçonnait ton jeu. Tes rivales ont des noms interminables (aussi longs que leurs jambes), des petits « de », des petits « von », des hôtels particuliers à Mayfair, Camden, Notting Hill… des châteaux dans le Devon, le Dorset, les Cornouailles… Toi, tu as ton équilibre, tes racines, ta famille. Toi, tu as de l'énergie, tu es saine, tu es combative et ambitieuse, très ambitieuse, mais tu n'as pas oublié d'être humaine. Et puis, surtout, tu as ta mère, Carole. Cette mère qui t'écoute. Cette mère qui comprend, comme seules peuvent comprendre les mères. Alors, elle t'entraîne ailleurs, à Florence. Ensemble, pendant des heures, vous vous promenez à l'ombre des rues, vous vous posez en terrasse, tu fermes les yeux. Est-ce que tu penses à lui ? Bien sûr que tu penses à lui. Quand on a cru devenir la femme de l'homme le plus convoité du globe, quand on a cru devenir *duchess*, *princess*, future *queen*, même le David de Michel-Ange et la galerie des Offices paraissent fades. Mais tu entends ce que dit ta mère. On dira d'ailleurs que pour te tenir ces mots, elle a été conseillée. Elle a consulté un spécialiste de la communication. Que te dit-elle, Carole ? Que ce n'est pas à toi de revenir vers lui. Que c'est lui qui a rompu, que c'est à lui de renouer. Elle connaît ses faiblesses. Et elle connaît tes forces. Est-ce que tu y crois ? Je pense que oui. Mais je ne suis personne, moi. On se fout de ce que je pense. Mais je sais que lorsqu'il est sur le point de remporter une bataille, une bataille qui compte, qui compte vraiment, tout bon joueur le pressent. Et tu es une bonne joueuse. Une très bonne joueuse.

De retour à Londres, tu sors à nouveau. Est-ce une stratégie ? Je le crois bien. Tu te montres où il faut te montrer. Dans les endroits qui comptent. Dans les endroits qu'il fréquente. Tu es reposée, tu es bronzée, tu es amincie. Jamais tu n'as été aussi sexy. Tu le sais. Et tu en joues. Les tabloïds ne te laissent pas une minute de répit. N'es-tu pas la célibataire la plus célèbre du globe ? Ils te supplient de leur accorder une interview, pas forcément des confidences, seulement quelques mots. Tu ne dis rien. Et c'est là une de tes grandes forces. Tu refuses les montants qui te sont proposés, mirobolants, tu souris et tu continues de te taire. Tu ne dévoiles rien de cette intimité qui a été la vôtre. Tu ne dis pas un mot sur cet homme que tu connais mieux que personne. Il est impossible que William ne le voie pas. Impossible qu'on ne le lui dise pas. Un soir de juin, après dix semaines de rupture, vous vous recroisez. À une soirée déguisée. Tu sais qu'il va y être. Alors, tu as longtemps réfléchi. Ce soir, tu agis sur commande. Tu arrives en infirmière. Ce n'est pas anodin, une infirmière. Elle a le pouvoir de guérir. Sous ton tablier blanc, tu es surtout très aguicheuse. D'emblée, tout le monde te remarque. Les garçons surtout, dont certains sont bien plus sexy, bien plus fortunés que William. Mais c'est lui que tu regardes, que tu salues. Mais à distance. Sans donner l'impression que tu l'attends. Et, d'emblée, il comprend qu'il s'est trompé. Il comprend que c'est toi. Tu es l'élue. Tu coches toutes les cases. On dit que, ce soir-là, il ne te lâche pas du regard. On dit que c'est lui qui revient vers toi, qui se penche vers toi. Sous les lasers bleus, jaunes, roses, tu ne résistes pas très longtemps. Mais tu n'oublies pas cette promesse, celle faite à ta mère, à Florence : tu dois désormais t'assurer de ton avenir ! Tu dois sauver ta peau. Si tu y retournes, c'est pour remonter bientôt la nef de Westminster. S'il ne s'engage pas, tu n'y retournes pas ! Que lui dis-tu exactement ? En tout cas, il promet. Oh, pas pour demain, il faudra attendre trois ans encore. Trois ans et cinq mois, en novembre 2010, pour que le palais Saint James annonce, enfin, vos fiançailles. Mais il s'engage. Et il le fera. Quand on lui donnera l'autorisation de le faire !

Tu seras une reine éblouissante, Kate. Et Elizabeth II, en grande professionnelle, ne s'y est pas trompée. Tu es son héritière parce que tu as la même vision du métier. Tu incarnes. Ta modernité à toi, c'est d'être belle (d'être devenue belle) et d'accepter de te taire. D'avoir compris qu'il y a d'autres moyens d'expression. Et, comme le faisait Lilibet, ces moyens d'expression, tu continues à les inventer.

Je crois en ton histoire avec William parce que vous êtes les mêmes. Il est aussi ambitieux que toi, aussi rongé que toi par le devoir. Il veut faire bien, faire mieux, réussir, éblouir. Il veut être à la hauteur. En te mariant, tu as compris que tu intégrais une entreprise, « *The Firm* ». Tu as accepté ce rôle comme un poste, comme un job. Mieux, tu as tout fait pour le décrocher. Parce que ce job, tu en avais envie et tu as œuvré pour en avoir les aptitudes. Être l'épouse de William, c'est, un jour, devenir la cheffe de cette entreprise aux allures de multinationale.

Tu es une épouse parfaite. Tu es une mère parfaite. Tu seras, c'est certain, une grande reine. Tu es éblouissante, Kate. Tes petites ou plus longues robes, tes bibis Philip Treacy, tes gants blancs, tes voilettes noires, tes brushings, tes chignons, ton *make-up*, ta bague de fiançailles, ta manucure, tes stilettos, tes pochettes… et ton sourire… et ta silhouette… et ton assurance… Mais, pardonne-moi, une question me brûle les lèvres : sous l'uniforme parfait, y a-t-il aussi un cœur qui bat ? Parfois, y a-t-il une femme qui doute ? Une femme qui connaît la peur ? Kate, connais-tu la peur ? La peur de t'être trompée. La peur de la chance qui s'en va. La peur qu'un jour, tout s'arrête, tout s'effondre. On m'a dit que, pour te détendre, tu as un truc bien à toi : tu fais des confitures. Avec des fruits de vos vergers. On m'a dit qu'à Adelaide Cottage et à Anmer Hall, votre manoir de vacances, des étagères entières croulent sous les pots. Il y en aurait aux cerises, aux fraises, aux framboises… Est-ce exact ? Quel est ton goût préféré ? Mets-tu beaucoup de sucre ? Du sucre cristal ? Du sucre glace ? Du miel ? De l'agave ? Recouvres-tu tes pots d'un carré de tissu ? Kate, à l'occasion, parle-nous de tes confitures. Ça ne te rendra pas plus parfaite. Tu l'es déjà… un peu trop ! Ça te rendra plus vraie. Et plus touchante encore !

Angela **Kelly**

Elle devient – à partir de 2002 – la formidable habilleuse de ma Lilibet, laquelle lui devait sa pétaradante métamorphose-look sur le tard qui en fit une *fashion-queen*. C'est sous l'ère Kelly qu'Elizabeth II va assumer son penchant pour la couleur. Souvenez-vous ! Lilibet en jaune poussin, citron, soleil... En vert gazon, menthe, sapin, pomme, olive... En rouge couture, passion, rubis, cerise... En bleu cobalt, acier, indigo, *navy*, mer du Nord, océan... En rose guimauve, Barbie, dragée, poupée, poudré, framboise... En mauve myosotis, pourpre, cardinal, prune, lilas, violette... En orange carotte, mandarine, melon, abricot, citrouille, safran...

Peu à peu, Angela est parvenue à s'immiscer au rang de confidente et de meilleure conseillère de la souveraine. La *pop model* qu'était devenue la *queen* se tournait vers elle les yeux fermés. Au fil des ans, sa confiance en sa couturière était devenue absolue. Dans les dressings royaux, avec un professionnalisme de chaque instant, pendant vingt ans, Angela va régner en maîtresse-femme, devient la madame image de la reine. Ravie de jouer à la Cendrillon des temps modernes, elle assouplissait elle-même les chaussures neuves de sa royale maîtresse, ajoutait une épaulette dans ses vestes pour dissimuler un léger déséquilibre de la souveraine et transformait chaque essayage en moment joyeux. Grâce à elle, en 2007, la *pop queen* a le plaisir de figurer parmi les cinquante femmes les mieux habillées du monde ! Angela s'occupait aussi des célébrissimes bibis et était l'une des seules à détenir la clé des cassettes renfermant les historiques et fabuleux joyaux de Sa Majesté.

Fille d'un docker de Liverpool, ville dont elle avait gardé un accent à couper au couteau, Angela Kelly – ou « Ak-47 », comme la surnommait le personnel du palais à cause de sa légendaire intransigeance – n'était pas du genre à se laisser marcher sur les pieds. Elle imposait sa loi. Et les fournisseurs de la Couronne la redoutaient. Cette maîtresse des robes 2.0 était, vous l'avez compris, bien plus qu'une assistante. La reine appréciait beaucoup son naturel et sa franchise. Empreinte de confiance, de tendresse et d'humour, la relation entre la monarque et sa couturière fut assurément unique. Angela occupa une position si spéciale qu'elle constitua jusqu'à la disparition de la souveraine une clé pour avoir accès à la femme la plus célèbre du monde. Cette relation unique suscita, on s'en doute, quelques jalousies. La disparition de Sa Majesté sonna le glas de ses ambitions. Elle tira sa révérence, ferma son atelier, rangea ses croquis et dut rendre les clés du pavillon de grâce et de faveur qui lui avait pourtant été octroyé à vie sans trop comprendre les raisons de ce soudain désamour. Depuis Rose Bertin sous Marie-Antoinette, on n'avait plus connu pareille disgrâce !

Kilt

En Europe, s'il existe des gens attachés à leurs traditions, ce sont bien les Écossais ! Les trois choses auxquelles ils semblent tenir le plus sont le whisky, le monstre du loch Ness et le kilt. Si le premier ne risque pas de faire défaut tant qu'il y aura de l'orge, de la tourbe, des alambics et « des pluies sur les vertes collines », si le deuxième est toujours espéré, voire attendu, par des milliers de touristes chaque année, le troisième, en revanche, élément de base du costume national, subit les soubresauts du Brexit et d'une inflation galopante. Cela tiendrait à une hausse sans précédent du prix du lainage écossais qui aurait grimpé de 150 % à la suite des augmentations de salaires des tondeurs de moutons et des ouvriers du textile. Car le kilt est devenu cultissime partout dans le monde, depuis que dame Vivienne Westwood et Jean-Paul Gaultier l'ont iconisé. À tel point qu'un *kilt maker* de bonne réputation demanderait actuellement un an de délai pour fournir un costume.

Le kilt, tout le monde le sait, est cette jupe plissée, faite d'un tissu dont couleurs et dessins (tartan) appartiennent à chaque clan et que peuvent seules arborer – théoriquement – les familles affiliées. À Édimbourg, chez Kinloch Anderson qui s'honore de la clientèle de la famille royale et de celle des plus nobles rejetons écossais, on peut vous démontrer que 6 mètres de tissu au moins sont nécessaires pour réussir ce plissé très serré à la taille qui confère au vêtement son poids, sa qualité et son prix.

Sachez qu'il existe pléthore de tartans. Le tartan royal le plus reconnaissable entre tous est le *Royal Stewart* avec son motif à base de rouge. Mais il existe plusieurs variantes, dont un « tartan de soirée », avec fond blanc, et un « de chasse », avec fond vert. Mais, à coup sûr, le plus fascinant est le « Balmoral Tartan », inventé par Victoria et Albert. Strié de gris et de rouge, il est réservé aux membres de la famille royale. En 1936, Edward VIII – sur les conseils de Wallis, dit-on – fit d'ailleurs enregistrer le motif pour empêcher quiconque de l'utiliser !

Koh-i-Noor

C'est désormais une pierre *persona non grata* et la reine Camilla elle-même a préféré renoncer à porter la couronne de la reine Mary le 6 mai 2023. Car les Britanniques se trouvent aujourd'hui en face d'une revendication de plus en plus pressante des Indiens. Le pays qui fut pendant longtemps « le plus beau joyau de la Couronne impériale » réclame, à cor et à cri, la restitution du Koh-i-Noor, « la montagne de lumière ».

Certes, le gouvernement de Delhi ne paraît pas faire preuve d'une ardeur excessive dans cette affaire. Encore lui a-t-il fallu répondre aux pressions des nationalistes les plus fermes en soulevant à Londres le problème des trésors artistiques et historiques dont l'Inde aurait été privée sous l'administration anglaise.

Le Koh-i-Noor, qui pèse 106 carats et qui est d'une valeur inestimable, appartenait, à l'origine, aux empereurs mongols. Il fut confisqué en 1849 lorsqu'il était entre les mains du sultan de Punjab. L'année suivante, la Compagnie des Indes en fit cadeau à la reine Victoria. La légende veut que la pierre soit exclusivement destinée à l'ornement des femmes, tandis qu'elle porterait malheur à ses propriétaires masculins. Aussi la reine Victoria se garda-t-elle de transmettre à son fils Edward VII un diamant qui est resté depuis lors l'apanage des épouses royales.

Que les Anglais se soient approprié le Koh-i-Noor d'une manière assez contestable est d'autant moins douteux qu'à l'époque le *Times* avait déjà critiqué une confiscation peu légale. Le gouvernement anglais de Rishi Sunak, d'ailleurs lui-même d'origine hindoue, se garde de prendre parti et laisse Buckingham Palace, incapable de satisfaire la requête de l'Inde, affronter l'ire de ses anciens sujets. Le palais et Downing Street sont en fait solidaires et évoquent surtout l'impossibilité de rendre des trésors acquis depuis si longtemps. Il est certain en effet que la reconnaissance des droits indiens constituerait un dangereux précédent. Une fois les portes ouvertes, le British Museum verrait alors bientôt disparaître de ses collections la frise du Parthénon. Et, avec elle, tant d'autres merveilles…

Laeken

Au royaume de Belgique, il existe un jardin d'Éden : les serres royales de Laeken. Il s'agit véritablement – et ce n'est pas uniquement mon côté belge qui parle, croyez-moi – d'un petit joyau comme on n'en fait plus. Dessiné en 1873 par l'architecte Alphonse Balat (la star de l'époque, pionnier de ce que l'on appellera bientôt l'« Art nouveau ») sur une idée du roi Léopold II, « le roi bâtisseur », cet ensemble de trente-six pavillons reliés par des galeries, des escaliers, des souterrains s'étend sur 15 000 mètres carrés (un quart du château de Versailles, tout de même) et reste aujourd'hui encore une prouesse de verre et d'acier.

Entre le Jardin d'hiver, l'Embarcadère, l'Orangerie (dont certaines espèces ont plus de deux cents ans), la Serre du théâtre, du Congo, la Serre aux palmiers, aux camélias, aux azalées, la Grande Galerie... il va falloir une trentaine d'années pour que ce complexe sorte de terre et vienne trôner au cœur des 186 hectares du parc royal qui est également doté d'une Tour japonaise et d'un Pavillon chinois.

Mais bien plus que leur côté architectural, sous leur voûte de verre surmontée d'une immense couronne, il s'agit, en réalité, d'un véritable écrin. En Belgique, on a l'habitude de dire que les serres royales sont aux végétaux ce que le Louvre est aux tableaux de maîtres. La collection qu'elles renferment comprend des milliers d'arbres, d'arbustes, de fleurs et de plantes. C'est ici par exemple, surveillée par les soins constants de quinze jardiniers, que se trouve la plus riche collection de camélias au monde : plus de trois cents spécimens. Le camélia était la fleur préférée de Léopold II. Ayant annexé le Congo, le roi à la longue barbe blanche qu'il protégeait, par temps de pluie, sous un étui en plastique, faisait rapporter ces camélias directement d'Afrique et pouvait s'enorgueillir d'en posséder… plus de mille !

Les serres sont un peu le fleuron du domaine royal. Régulièrement, les souverains noir, jaune, rouge ouvrent leurs grilles et en font, été comme hiver, le cadre, luxuriant, de dîners d'État ou de grandes réceptions. C'est ici que sont traditionnellement célébrées les fiançailles des héritiers du trône.

Alors, si vous n'êtes pas les hôtes prestigieux d'une soirée offerte dans le domaine royal, sachez que – tradition vieille d'un siècle – les serres ouvrent leurs portes au public trois semaines par an aux mois d'avril et de mai, une coutume qui respecte les volontés testamentaires du roi Léopold II qui a d'ailleurs légué ce titan de verre et d'acier à l'État belge et non directement à la famille régnante.

En 2004, « par inadvertance » dit-il, un photographe parvient à se faufiler dans un pavillon qui n'est pas ouvert au public et découvre – ô surprise – que l'une des serres abrite un gigantesque bassin, grandiose piscine tropicale aux courbes sinueuses avec cascades et plongeoir protégée de tous regards par de luxuriants palmiers. On sait depuis que la famille royale y a un accès direct par des couloirs souterrains sans avoir à traverser le parc. Plus historique, c'est ici aussi, le 17 décembre 1909, à 2 h 37 du matin, que Léopold II toujours, le concepteur de ces serres, « souverain tortionnaire » pour les uns, « génial » pour les autres, s'éteint, victime d'une embolie foudroyante, à 72 ans. C'est la baronne de Vaughan, sa maîtresse, pardon, « sa femme » (ils se sont mariés, en catimini, quatre jours plus tôt), qui lui tient la main. Sur la dépouille, la jeune veuve déverse des larmes de crocodile. Sans doute – coquetterie royale – pour être en osmose avec le cadre… tropical qui l'entoure : la Serre aux palmiers !

Lalla Salma

Le 13 juillet 2002 restera, pour longtemps, une date gravée dans le cœur du Maroc. Une date historique ! Jamais auparavant un souverain chérifien n'avait donné une dimension publique à ses noces. Depuis des mois, le royaume tout entier retient son souffle. En cette belle journée, l'épouse du tout-puissant monarque va être dévoilée au monde. Depuis l'aube, malgré la chaleur, ils sont des milliers à s'amasser devant le palais. La veille, pour la première fois de l'Histoire, des caméras de télévision ont été autorisées à pénétrer à l'intérieur du palais. Après la cérémonie, dressées sous plus de six cents tentes, d'immenses tablées éclairées par des photophores ont accueilli des centaines de convives. Au menu ? Un dîner somptueux rythmé par un défilé de mille cinq cents chevaux dont le clou fut une pièce montée haute comme deux hommes. Selon la tradition, toute la journée, la jeune mariée a dissimulé son visage sous une cascade de voiles. Ce visage – que l'on dit beau comme le jour – va être révélé d'un instant à l'autre. Une poignée de minutes tout au plus.

À 24 ans, cette fille d'un enseignant de Fès – une longue liane aux flamboyants cheveux roux et aux yeux clairs en forme d'amande – est d'une beauté stupéfiante. Mais pas seulement ! L'épouse du roi est également bardée de diplômes. Les deux tourtereaux auraient succombé à un coup de foudre lors d'une soirée chez des amis communs, en 1999. Après cette présentation au peuple, tandis qu'une nouvelle réception, plus intime cette fois, réunit sept cents convives dans les jardins du palais et que – nouvelle grande première ! – le portrait du jeune couple royal est imprimé en une de tous les quotidiens du pays, déjà, un premier sondage affirme que plus de 90 % des Marocaines sont persuadées que Lalla Salma sera une princesse active et souhaitent qu'elle s'investisse dans des domaines vitaux. On avance « la scolarisation » et « la protection de la femme mariée ». Déjà, elle porte en elle un message de modernité.

Ce rêve totalement utopiste il y a quelques années encore ne va pourtant plus tarder à prendre forme. En femme bien ancrée dans son temps, en femme forte et cultivée, Lalla Salma va aider Mohammed VI à faire entrer le Maroc dans le XXIe siècle. En coulisse, elle s'est renseignée. Elle sait que 20 % des citoyens vivent en dessous du seuil de pauvreté, que le taux d'alphabétisation reste faible, que les mentalités demeurent archaïques. Au Maroc, pour les femmes, obtenir justice relève encore du parcours de la combattante, un privilège réservé aux plus tenaces et aux plus cultivées d'entre les Marocaines. C'est là un des problèmes majeurs auquel elle va devoir faire face : l'existence d'un pays à deux vitesses où les écarts continuent de se creuser entre riches et pauvres, entre hommes et femmes.

En souverain ouvert sur le monde, Mohammed VI va faire de sa femme un symbole et un étendard. Après l'avoir présentée officiellement à son peuple, le nouveau geste qu'il pose s'annonce plus fort encore. Par décret officiel, le monarque lui confère le titre d'altesse royale. Bien plus qu'une évolution, il s'agit ici d'une révolution quand on sait que la femme du roi Hassan – le père de Mohammed VI – est demeurée invisible de tous et qu'elle n'a jamais été désignée que comme « la mère des enfants du roi ». Et ce vent de révolution qui s'abat sur le palais n'a pas fini de souffler. Les gestes du roi envers sa femme ne vont cesser de se multiplier. Ainsi, le 30 juillet, jour de la Fête du trône, alors que Mohammed VI, sur un cheval blanc, passe en revue les gouverneurs venus renouveler leurs vœux d'allégeance au souverain, sublime, Lalla Salma s'avance au balcon du palais royal de Tétouan. Entourée de Lalla Hasna, la sœur du roi, cette première apparition officielle signe une nouvelle victoire. L'épouse du roi est désormais conviée aux plus grandes manifestations du royaume. Le regard caché derrière des lunettes noires, déjà, la première dame amorce les grandes lignes du style qui sera bientôt le sien : un savant dosage entre médiatisation et pudeur, entre modernité et tradition.

À l'aube du 8 mai 2003, cent un coups de canon tirés du palais de Rabat font trembler le royaume. À 6 h 40, Lalla Salma donne naissance à un garçon de 3 kilos 750 grammes et 51 centimètres. Pour célébrer l'événement, quarante-huit mille prisonniers bénéficient d'un aménagement de peine. Enfin, un recensement est lancé pour identifier tous les enfants nés le même jour que le prince Moulay Hassan. D'après un communiqué du palais, « ils seront entourés de la Haute Sollicitude de Sa Majesté ». Selon la tradition, une semaine plus tard, commencent les festivités du « baptême ». Le 15 mai, sur ordre du roi, on immole deux béliers. Après la fastueuse cérémonie où l'enfant – il devrait, un jour, devenir le seizième souverain de la dynastie alaouite – reçoit le prénom de son grand-père, feu le roi Hassan II, les gouverneurs de toutes les provinces du royaume prennent part à un déjeuner gargantuesque. Si l'épouse du divin monarque symbolise l'espoir des femmes, son fils représente l'avenir d'une nation tout entière. Malgré le vent de fête qui enivre le royaume, les festivités vont s'annoncer fatales. Dans la nuit du 16 mai, dans les rues de la capitale, cinq attentats suicides à la voiture piégée font plus de quarante morts et une centaine de blessés. Le Maroc se réveille en deuil. Touché dans son cœur de père, le roi annonce que les frais médicaux seront pris en charge par le palais. On murmure que l'idée lui a été soufflée par son épouse. Légende ? Vérité ? En tout cas, la jeune mère est effondrée.

Arrive maintenant le temps de l'action. Dès le 10 octobre, Mohammed VI proclame que, désormais, aux yeux de la loi « les femmes sont égales aux hommes ». Inutile d'être grand clerc pour deviner toute l'influence qu'a dû jouer, en coulisse, la princesse. Dans la foulée, le souverain débloque près d'un milliard d'euros pour l'initiative nationale du développement humain qui prévoit d'arracher les plus défavorisés à la misère. Mais il sait que les lois ne suffisent pas à faire évoluer les mentalités. Pour faire bouger les choses, il faut avant tout incarner. Lorsqu'il s'agit des questions de la place de la femme marocaine, c'est Lalla Salma qui va entraîner un peuple dans la modernité. En décembre 2003, sous les ors du château de Versailles, à l'invitation d'Anne-Aymone Giscard d'Estaing, elle participe à la soirée de gala donnée en l'honneur de la Fondation pour l'enfance. Sublime, son éblouissante robe orientale brille comme un soleil. À son arrivée sous les voûtes de l'écrin de Louis XIV, la princesse est accueillie par l'impératrice Farah et la princesse Mathilde de Belgique. C'est la première mission que Lalla Salma exécute seule. Et elle s'en sort divinement. Si la Constitution lui interdit le titre de reine, le rôle dans lequel elle se glisse est bien celui d'une première dame. Par ses tenues, très occidentales souvent, qu'elle commande chez les plus grands couturiers français et italiens, la princesse fascine la femme marocaine. Bientôt, la robe laissera la place au pantalon et ses cheveux détachés flotteront librement sur ses épaules, symbole d'une nouvelle victoire.

En juillet 2005, elle s'envole pour le Japon où elle préside une délégation chargée de présenter la Journée du Maroc à l'Exposition universelle d'Aichi. En sa qualité de princesse royale, elle est reçue, avec tous les honneurs, par l'empereur Akihito et l'impératrice Michiko. En réalité, bien plus qu'une ambassadrice de son pays, Lalla Salma remplit un autre rôle : elle prépare la visite de son époux qui aura lieu dans le courant du mois de novembre. En septembre, elle est à New York où elle participe à la réunion des épouses des chefs d'État d'Afrique contre le sida. En femme audacieuse et pragmatique, elle profite de l'occasion pour nouer des contacts et multiplier les entretiens. Avec Laura Bush et Hillary Clinton notamment. Du 16 au 18 novembre, elle prend part au cinquantenaire de l'indépendance du Maroc. Malgré les fastes et la solennité de l'événement, on ne voit qu'elle. En 2006, elle crée la fondation Lalla-Salma pour la lutte contre le cancer. Visant la recherche, la prévention, la promotion des dépistages, l'accompagnement aux malades et leurs proches, la fondation non gouvernementale est reconnue d'emblée d'utilité publique. Le 28 février 2007, elle donne naissance à une fille cette fois, la princesse Lalla Khadija. Cette tendre parenthèse ne lui fait pas oublier ses combats. Quelques mois plus tard, elle est nommée ambassadrice de bonne volonté auprès de l'Organisation mondiale de la santé.

Du 13 au 15 janvier 2008, le couple royal jordanien est en visite d'État au Maroc. À nouveau, Lalla Salma se montre le meilleur atout de Mohammed VI. Pour le traditionnel dîner de gala, auprès de sa consœur, la divine Rania, elle a revêtu une incroyable robe corail à festons. Mais au-delà de ce défilé d'élégance, pour les deux épouses de rois, très complices, l'essentiel est ailleurs. Ensemble, Lalla Salma et Rania visitent un centre d'intégration et de formation des enfants en situation précaire. La cause des enfants est un combat cher à leur cœur de mère. Dans les mois, les années qui vont suivre, la princesse va aussi se pencher sur d'autres défis, d'ampleur plus internationale : la gestion des immigrés clandestins par exemple qui voient dans le Maroc une porte ouverte sur l'Europe. L'épouse de Mohammed VI devient également une militante de la lutte contre le sida. Au Maroc ou aux quatre coins du monde, en robe orientale ou en tailleur-pantalon, elle continue un seul combat : promouvoir l'égalité des hommes et des femmes. Si elle est à ce point efficace, c'est parce qu'elle porte, en elle, le besoin de se sentir utile, de voir bouger, évoluer le monde. Ses défis sont nombreux encore. Le chemin à parcourir, immense. Elle le sait. En 2011, Lalla Salma est présente sous les voûtes de Westminster pour l'union du prince William et de Catherine Middleton. L'année suivante, elle est au Luxembourg pour le mariage du prince Guillaume, héritier du trône, et de Stéphanie de Lannoy. L'année suivante encore, elle rejoint Amsterdam pour l'intronisation du roi Willem-Alexander et de la reine Máxima.

Mais notre histoire n'est-elle pas trop belle ? À ce stade du récit, en coulisse, il semble que les choses se corsent. Que se passe-t-il exactement ? Que se dit-il précisément ? Secret de cour ! En tout cas, Lalla Salma va disparaître de la scène médiatique. En décembre 2017, à Rabat, elle inaugure une grande exposition au musée Mohammed-VI d'art moderne et contemporain. Ce sera sa dernière apparition officielle. Le 26 février, à Paris, le roi est opéré d'une arythmie cardiaque. L'intervention est lourde, peut être dangereuse. Le souverain est accompagné de ses sœurs, de son frère, de ses enfants. Mais pas de Lalla Salma. Un magazine espagnol annonce, de source sûre, « confirmée par des sources proches du palais », que Lalla Salma et Mohammed VI sont, en réalité, en instance de divorce. On a d'abord du mal à le croire, tant aucun nuage ne semblait assombrir le ciel royal et pourtant, en cette année 2019 où l'agenda du souverain est particulièrement chargé – le roi reçoit coup sur coup le couple royal espagnol, le duc et la duchesse de Sussex et le pape François –, pas une seule apparition de Lalla Salma. Serait-elle souffrante ? En disgrâce ? D'aucuns la disent morte. On prononce même le terme « assassinat ». Que les admirateurs de la belle se rassurent. Entourée de son service de sécurité, elle est vue, régulièrement, avec ses enfants. Mais plus aux côtés du monarque. Et plus de façon officielle ! En 2019, dans une déclaration, Éric Dupond-Moretti, l'avocat français du roi, la désigne comme « ex-épouse » du souverain. Le palais n'officialise rien, certes. Mais les bruits auraient donc raison. Malgré le temps qui passe, malgré la rumeur, le royaume chérifien n'oublie pas sa princesse. Qui sait, dans l'ombre, Lalla Salma œuvre peut-être à son retour ? Elle a, en tout cas, déjà prouvé qu'elle a la trempe d'une héroïne des *Mille et Une Nuits*.

Lauriers

« Nous n'irons plus au bois, les lauriers sont coupés
La belle que voilà, ira les ramasser
Entrez dans la danse, voyez comme on danse,
Sautez, dansez, embrassez qui vous voudrez. »

Au jardin d'enfants, à l'école maternelle, cette ronde a enchanté mes récréations. Et, comme vous vous en doutez, j'ai embrassé… qui je voulais !

Mais, ce n'est que très récemment, que j'ai découvert qu'un vent libertin avait soufflé sur mes innocentes récrés. La marquise de Pompadour, favorite de Louis XV, aurait adapté cette ronde du XIIIe siècle pour les enfants de La Madeleine-l'Évêque, hameau voisin de l'hôtel d'Évreux (l'actuel palais de l'Élysée) où elle était logée par le roi. Une façon, pour la belle favorite, de révéler qu'elle n'avait plus de relations sexuelles avec le souverain. En effet, dès le Moyen Âge, les lauriers signalaient les maisons de prostitution. Le bambin que j'étais en frémit rétrospectivement.

Une autre version nous dit que cette comptine (qui n'a décidément rien d'enfantin) se serait inspirée de Mme de Maintenon, épouse secrète de Louis XIV, qui aurait demandé à son astre couronné de mettre un peu d'ordre et de rigueur dans les jardins du château de Versailles, « car on y trouve autant de filles que d'arbustes » !

Devant ces grivoiseries du XVIIIe siècle qui feront sauter tous les verrous, jusqu'à la royauté elle-même, je propose à Mylène Farmer d'enregistrer ce titre avec moi. Il y a prescription sur les droits d'auteur. Les héritiers de la « marquise de l'Élysée » ne nous réclameront pas même un louis d'or !

Letizia

Elle n'a pas été épargnée ! En mai 2004, lors de son solennel mariage, on se souvient des foudres de la presse. Des foudres de l'opinion. La famille royale en personne avait longuement hésité avant d'ouvrir les lourdes portes du palais d'Orient à une roturière. Une journaliste divorcée ! Letizia a dû se battre. Avec Felipe à ses côtés, jour après jour, elle est parvenue, au fil des apparitions, des silences, des mots choisis, à se faire une place dans le cœur de la nation. À adoucir l'opinion. À apprivoiser la machine de l'État. Et à redorer l'image de la Couronne. Que de chemin parcouru depuis cette pluvieuse journée du 22 mai 2004 où, dans sa trop longue robe blanche, sa première robe de princesse, la jeune femme unissait ses jours à l'homme qu'elle aime. Un prince héritier qui, dix ans plus tard, allait succéder à son père et devenir le roi de tous les Espagnols. Ce qui me touche chez Letizia, c'est le chemin parcouru, c'est son passé de journaliste, de femme libre et indépendante. C'est son côté révolutionnaire. Depuis l'union des trônes de Castille et d'Aragon voulue par Charles Quint au XVIe siècle, elle est la première roturière à s'asseoir à l'ombre du trône Très-Catholique.

Impossible de ne pas vibrer. De ne pas tressaillir. Souvenez-vous ! Samedi 22 mai 2004. Il tombe des trombes d'eau sur la capitale. Les abords de la cathédrale Santa Maria de la Almudena sont détrempés. La longue voiture noire qui traverse l'immense place zigzague sur un tapis rouge gorgé d'eau. Il est 11 heures lorsque Letizia pose le pied à terre. Elle est accueillie par une nuée de petits pages et de demoiselles d'honneur, vêtus à la Goya. Sa robe, en faille de soie naturelle tramée de fils d'argent, à l'encolure en corolle d'arums et aux poignées évasés, se termine par une traîne de plus de 4 mètres enrichie d'une broderie de fleurs de lys et parsemée d'or. Coups de tonnerre. Vague d'applaudissements. Des éclairs couleur de lune strient un ciel d'orage. Dans sa si belle robe, la jeune femme salue la foule, s'agrippe au bras de son père. Tendue, l'air grave, fragile, la blanche mariée remonte l'immense nef sur l'*Allegro* de Haendel. Les grandes orgues retentissent de tous leurs cuivres. Letizia n'avance pas, elle glisse, ne pense qu'à cette robe, interminable, qu'il faut traîner, encore et encore, à ce parterre de princes et de rois. Révérence devant Juan Carlos, une inclination qui permet au monde d'admirer les broderies, la dentelle, le tissage, le tombé de la création griffée Manuel Pertegaz, un styliste de 86 ans. Déjà, Menchu Alvarez del Valle – la grand-mère de Letizia – s'installe derrière le pupitre sculpté. Sa voix s'élève sous les voûtes où ont pris place plus de mille sept cents invités. « S'il me manque l'amour je ne suis rien. J'aurais beau distribuer toute ma fortune aux affamés, j'aurais beau me faire brûler vif, s'il me manque l'amour, cela ne me sert à rien. » Gros plan. Devant un milliard de téléspectateurs : une mariée sublime, déjà très royale, mais étrangement un peu triste. Et si c'était la seule façon qu'a trouvée Letizia pour marquer son désaccord vis-à-vis de cette cérémonie religieuse ? Pour oublier ce vœu qu'elle avait formulé : « Jamais je ne me marierai à l'église » ?

Letizia Ortiz Rocasolano n'est pas catholique, pas chrétienne, pas croyante. Cette bénédiction, elle l'accepte par amour, uniquement par amour. Pour pouvoir épouser l'homme qu'elle aime. Par amour, elle accepte aussi de tirer un trait sur sa vie d'avant, d'oublier ses rêves d'hier. Depuis ses fiançailles, le 1er novembre, dans le patio des Autrichiens, au cœur du palais du Pardo, la jeune femme sait que, plus jamais, elle ne sera une journaliste. Pour coiffer, un jour, la rutilante couronne du royaume d'Espagne, il ne faut aucune ambition personnelle. Aucun scandale. Comme le soulignait le comte de Barcelone – le père de Juan Carlos –, « une reine ne peut avoir de passé ». Exprimer son avis, ses pensées, son ressenti est devenu une chose impensable, une interdiction constitutionnelle. Par amour, l'ancienne journaliste vedette de la télévision va se muer en femme muselée.

Sur les cent soixante chaînes de télévision qui retransmettent l'événement en direct, l'heure devient soudain solennelle : « Moi, Letizia, je te reçois, Felipe, comme époux, je me donne à toi et je promets de t'être fidèle dans la prospérité et dans l'adversité, dans la santé et la maladie, chaque jour de ma vie. » Dans son uniforme de commandant, après avoir reçu, d'un signe de tête, le consentement du roi, Felipe – prince des Asturies, de Gérone et de Viana, duc de Montblanc, comte de Cervera et seigneur de Balaguer – vient de faire la même promesse. Jamais dans l'Histoire aucun roi d'Espagne ne s'est uni avec une roturière. Un jour, une fille de syndicaliste, petite-fille d'un chauffeur de taxi, deviendra la vingt-sixième reine d'Espagne, depuis l'union des trônes de Castille et d'Aragon voulue par Charles Quint au XVIe siècle. Vingt-neuf ans après sa restauration, la couronne de Charles Quint n'a jamais paru aussi forte.

Vingt ans après ces belles images, que reste-t-il de cette page couleur dragée ? Un doux rêve ? Pas seulement ! Felipe et Letizia s'aiment comme aux premiers jours. Même si, ainsi que le concède à mi-mot La Zarzuela, entre l'athlétique prince et la sylphide roturière, « il y a des hauts et des bas ». Comme dans tous les couples en somme. Loin d'être anodin, ce détail pourrait bien être des plus révélateurs. Et s'il était là, le secret du roi et de la reine d'Espagne ? Si c'était dans leur déconcertante simplicité, dans leur naturel, leur mode de vie, clair, presque transparent, qu'il fallait voir l'incroyable cote de popularité dont, aujourd'hui – malgré la crise évidente qui secoue et fait trembler la séculaire couronne des Bourbons d'Espagne – eux seuls semblent encore jouir ? Felipe et Letizia sont des gens comme les autres, semblables aux millions d'Espagnols qui, chaque matin, se lèvent tôt pour remplir leurs tâches. Il serait difficile – voire impossible – de dresser l'inventaire des déjeuners de travail, des réceptions, des soirées de charité auxquels le couple héritier puis les nouveaux souverains ont pris part en vingt ans. Un chiffre, un seul, suffit à donner le vertige et à se rendre compte, un peu plus précisément, de l'extraordinaire travail accompli : ensemble, côte à côte, de leur mariage à leur accession au trône, Felipe et Letizia ont participé à plus de mille manifestations sous les stucs de La Zarzuela et ont accompli plus de soixante voyages à l'étranger. On imagine leur agenda. Et pourtant ! Avant d'être un prince, avant d'être une princesse, avant de coiffer la couronne de l'une des plus fascinantes monarchies au monde, Felipe et Letizia sont avant tout un homme et une femme. Un père et une mère.

Deux ans après leurs noces, on se souvient de l'allégresse avec laquelle le vieux royaume apprenait que, bientôt, le couple princier s'apprêtait à donner le jour à un petit prince ou à une petite princesse. Le 8 mai 2005, ce qui n'était encore qu'un bruit de couloir était, enfin, officialisé. Aux quatre coins du pays, les chaînes de télévision interrompent leur programme. Flash spécial. « Son Altesse royale la princesse des Asturies est enceinte. La naissance est prévue au mois de novembre. » Après une grossesse sous haute surveillance, le 31 octobre, à Madrid, la roturière devenue princesse donne la vie à une petite Leonor. En offrant une héritière à la Couronne, Letizia remplit le cahier des charges d'une jeune femme mariée à un futur roi. Images tendres, émouvantes. Le 14 janvier 2006 – avec de l'eau du fleuve Jourdain recueillie au Moyen-Orient par le service diplomatique espagnol –, l'infante est baptisée, en grande pompe.

Quelques mois plus tard, nouvelle annonce. La *casa real* a la joie d'annoncer que le couple héritier accueillera bientôt un deuxième enfant. La première grossesse de la princesse s'est révélée plutôt difficile. Celle-ci semble commencer sous les mêmes auspices. Au lendemain de la publication du communiqué, le gouvernement réagit de façon assez virulente. Si l'article 14 de la Constitution espagnole prohibe toute discrimination pour raison de naissance, de race, de religion, d'opinion ou de sexe, en ce qui concerne la succession au trône, l'alinéa 1 de l'article 57, dans la même ligne et le même degré, privilégie l'homme au détriment de la femme. Autrement dit, si Letizia accouche d'un petit garçon, l'infante Leonor se verra rétrogradée. Une idée qui soulève de nombreux boucliers, notamment dans les rangs du gouvernement de M. Zapatero. Les féministes et les médias s'insurgent également. La grossesse de la princesse devient affaire d'État. Il faut attendre une déclaration en date du 27 novembre pour que la pression retombe d'un chouia. « La princesse des Asturies donnera naissance, au mois de mai, à une fille. » Enfin, Letizia respire, peut profiter de ce moment. C'était compter sans le destin. Le 7 février, à l'aube, le téléphone sonne. Erika, la petite sœur artiste et bohème, la confidente, la meilleure amie de la princesse, vient d'être retrouvée, allongée dans son appartement de Valdebernardo. On l'a crue inconsciente. Elle est morte. Absorption de barbituriques ! Dans le drame, Letizia va offrir un autre visage, devenir soudainement plus humaine. Les clichés... déchirants.

Enceinte de sept mois, l'épouse du futur roi enterre sa petite sœur sous une pluie battante. Lorsque Juan Carlos apparaît à l'entrée du crématorium, elle plonge en révérence. C'est le souverain, aidé des infantes Elena et Cristina, qui doit l'aider à se relever. La princesse des Asturies tient à peine debout. Dans la tragédie, elle va gagner la compassion des Espagnols. Cette sympathie ne va plus faire que s'accroître. Le 29 avril 2007, l'épouse de l'héritier du trône donne naissance à une deuxième fille, l'infante Sofia. Le prénom se veut un hommage à la reine, une belle-mère envers qui Letizia ne cache pas sa reconnaissance.

Bientôt, les deux petites têtes blondes vont enthousiasmer les sujets du roi. Felipe et Letizia se révèlent des parents attentionnés et dévoués, militent pour préserver leurs filles des regards indiscrets. Après tout, qui mieux que la future reine connaît le pouvoir dévastateur des médias ? Chaque matin, l'héritier du trône emmène les deux infantes lui-même à l'école. Le week-end ou durant les vacances, à bord d'une imposante voiture aux vitres noires, le plus souvent sans garde du corps, ils déambulent pour montrer les merveilles de l'Espagne à leurs enfants. Letizia prend des clichés, Felipe s'arrête, commente les paysages. Comment rester insensible à ce tableau de famille ? Tandis que l'infante Elena annonce son divorce avec Jaime de Marichalar, tandis que Juan Carlos continue de mêler son nom à des scandales d'adultères, tandis que l'infante Cristina voit son mari, l'ex-handballeur Iñaki Urdangarin, s'enliser dans un effroyable scandale de détournement de fonds, Felipe et Letizia gardent la tête haute, continuent, chaque jour que Dieu fait, à défendre les couleurs, les ambitions de ce qui, un jour, bientôt peut-être, sera leur royaume. Leur mission : redorer le blason de la monarchie.

En robe longue et diadème, en pantalon ample et bustier, en tailleur plus strict ou tenue sportswear, toujours aussi gracile, aussi parfaite, l'ancienne journaliste seconde son royal époux dans toutes ses tâches. Véritables professionnels, complices, efficaces, Felipe et Letizia incarnent la monarchie de demain. Grâce à elle, le futur roi s'affranchit de l'ombre de son père, gagne en maturité, en charisme. Comme le soulignait, à la veille des noces princières, Francisco Umbral – l'un des plus grands écrivains espagnols contemporains : « Avec Letizia, le XXIe siècle entre enfin à La Zarzuela. »

Alors, bien sûr – ce serait mentir que de le passer sous silence –, au royaume Très-Catholique comme ailleurs, la future reine ne fait pas l'unanimité. On lui reproche ses origines, modestes, son ambition, trop grande, sa maigreur, son autorité, son air crispé, hautain, son goût un peu trop prononcé pour les grands couturiers. Letizia est une addict de la mode. Ses dressings seraient pleins à craquer. Mais comment le lui reprocher ? La première, la plus importante de ses missions, n'est-elle pas de représenter son pays ? En vingt ans, le fils de Juan Carlos et son épouse ont été photographiés aux côtés de tous les chefs d'État du globe, se sont entretenus avec les plus grands noms de la politique, des sciences, de l'industrie, de la culture, des arts... Présents dans toutes les manifestations du gotha, Felipe et Letizia sont sur tous les fronts, assurent la présidence ou apportent leur soutien à quantité d'organisations. Comme aimait à le souligner Juan Carlos, « mon fils est l'héritier le mieux préparé d'Europe ».

Le lundi 2 juin 2014, le chef du gouvernement espagnol, Mariano Rajoy, annonce qu'après trente-huit ans, six mois et dix jours d'un règne ô combien réformateur, Juan Carlos vient d'informer le gouvernement de sa décision d'abdiquer. En ces heures graves, que font Felipe et Letizia ? On les disait impatients. On les imagine soudain fébriles. Cette passation de pouvoir est-elle le fruit d'une décision commune ou, au contraire, cette abdication – la septième de l'histoire du royaume d'Espagne – est-elle uniquement la décision du roi ? Mystère. Au palais de La Zarzuela les belles toiles de Goya gardent le silence depuis des siècles. Felipe et Letizia savent que, malgré les nombreuses victoires déjà engrangées, le chemin qui s'amorce s'annonce long. Et semé d'embûches. Le plus dur est encore à accomplir.

Le 19 juin 2014, devant les chambres réunies, dans l'hémicycle du Congrès, face à plus de sept cents députés et sénateurs, Felipe VI prête serment. À ses pieds, sur un coussin de velours rouge, les attributs régaliens : une couronne et un sceptre. À ses côtés, Letizia ne bouge pas. Immobile. Statufiée. Pour cette journée qui fait d'elle une reine, une fois de plus, la jeune femme a fait confiance à son créateur favori, le styliste Felipe Varela. Le vêtement qu'arbore la nouvelle reine – une robe en crêpe blanc assortie à un manteau de la même couleur – est à la hauteur de la réputation du génial couturier. Un chef-d'œuvre d'élégance, de raffinement et de simplicité ! Si les manches sont longues et carrées, si le col est rond – rien de très original –, à y regarder de plus près, le tissu a été rebrodé de mille pierreries : des cristaux, des rubis, des améthystes, des micro-perles... Un travail dans le détail, dans la sophistication. Comme seul bijou, accroché au revers gauche de son manteau, Letizia arbore le nœud de l'ordre de Charles III. Archi-élégante, la création à la coupe cintrée n'en est pas moins ultra-sobre. En réalité, dans cette robe de couronnement, on peut déjà déceler les grandes lignes que va suivre la nouvelle reine. Être présente, être efficace, mais sans jamais s'imposer. L'Espagne est meurtrie. Par la crise économique, par les scandales à répétition, par certaines provinces qui ne cessent de militer pour obtenir leur indépendance. Les défis de Felipe VI, les missions qu'il doit relever, s'annoncent immenses. Le rôle qui attend Letizia est donc capital. Elle le sait. Les princes des Asturies ont hérité d'une couronne fragile, un joyau qui pouvait vaciller. Les défis furent nombreux. Le premier, le plus urgent, fut de convaincre. Meurtrie par la crise économique et le chômage, l'Espagne doutait de ses institutions. Le nouveau souverain a réussi à jeter un pont entre le palais et le peuple, à renouer un lien de confiance avec une monarchie trop souvent montrée du doigt. Felipe a fait preuve de courage. Et d'autorité. Il a redoré, il a assaini, modernisé, revitalisé. Dans les crises, le nouveau roi et sa sylphide reine ont démontré, à plus d'une reprise, que leurs forces étaient insoupçonnées. Leur amour n'est-il pas parvenu à rompre les lourdes chaînes qui dictaient, depuis des temps immémoriaux, la vie sentimentale de tout héritier de la Très-Catholique Couronne ? Si Letizia est la première roturière à s'asseoir à l'ombre du trône espagnol, un trône de légende, suivant les traces de sa belle-mère, l'irréprochable reine Sofia, elle est aussi la première reine à véritablement révolutionner la fonction royale.

Leverton & Co

Ça sonne comme le nom d'un tailleur chic qui afficherait fièrement ses costumes trois pièces dans une fière devanture, sur Regent Street. Mais… détrompez-vous ! Depuis 1991, cette société familiale (fondée en 1769) a la charge… des funérailles royales. Leverton & Co est, en fait, le croque-mort de mes Windsor ! L'homme aujourd'hui à la tête de cette auguste maison est Clive Leverton, la huitième génération. Basé à Camden, l'établissement jouit d'une réputation de discrétion et de tact absolus, une signature qu'il a eu l'occasion de démontrer au monde entier lorsqu'il dut, à l'aube du 31 août 1997, intervenir de toute urgence sur la princesse de Galles, puis, six jours plus tard, orchestrer les obsèques les plus émouvantes et les plus télévisuelles du siècle dernier.

En Écosse, au château de Balmoral, au mois de septembre 2022, c'est Clive Leverton qui a couché Elizabeth II dans son cercueil. Doublé de plomb, celui-ci a été réalisé en chêne de Sandringham et était parfaitement identique à celui du prince Philip, y compris les poignées en laiton. Son couvercle a fait l'objet d'un travail minutieux puisqu'il a dû supporter les lourds insignes royaux. Le maître d'ouvrage qui s'est vu confier la fabrication de cette dernière demeure royale, un coffre à l'allure de sarcophage, avait déjà réalisé les cercueils de Freddie Mercury et de Jimi Hendrix.

Louis II

Un roi de 19 ans, beau comme un ange, chevalier du sublime, qui rêve d'instaurer dans son royaume une religion nouvelle, celle de la beauté, et d'en être le grand prêtre. Et pour finir, un quadragénaire bouffi, édenté, aux yeux rougis, prisonnier de sa phobie du monde, qui tente de se noyer dans les eaux glacées du lac Starnberg. Entre ces deux aspects du même personnage, toutes les étapes de l'existence flamboyante et tourmentée de Louis II de Bavière.

Comment douter qu'à la fin de sa vie le roi de Bavière n'était plus à même de gouverner ? Mais où commençait la folie chez ce descendant des Wittelsbach, dont le sang charriait en lui de lourds poisons ? « Le prince était génie, le génie était prince… »

Louis avait conçu sa vie et son règne comme un opéra dont il eût été le minutieux metteur en scène. Les extravagances du monarque-bâtisseur et les châteaux baroques nés de ses songes – Neuschwanstein, Linderhof, Herrenchiemsee – vidèrent les caisses de la Bavière mais font désormais la fortune des tour-opérateurs. Que l'Histoire s'amuse !

Macaron

Depuis le film de Sofia Coppola, le monde entier associe le macaron à la reine Marie-Antoinette. Et pourtant, c'est à une tout autre reine que nous le devons : la gourmande Catherine de Médicis. Elle l'introduisit en France dans ses bagages.

Le macaron serait né à Venise. On sait que la Sérénissime a toujours eu bon goût ! Pendant la Renaissance, les flottes vénitiennes rapportaient en effet des cargaisons d'amandes, et ce petit gâteau tendre et craquant est alors baptisé *maccherone*, qui signifie « pâte fine ».

Ce n'est qu'en 1830 que ce simple biscuit sec fait sa révolution en France. Le fameux macaron parisien entre dans le palais des gourmands pour deux fois plus de plaisir. C'est Pierre Desfontaines, petit-fils de Louis-Ernest Ladurée, qui, au début du XXe siècle, a l'idée géniale de les accoler deux à deux et de les garnir de crème parfumée.

Depuis, c'est une surenchère de goûts et de couleurs dont toutes les Japonaises font le plein à la boutique Ladurée du château de Versailles, qui se refuse à communiquer sur son (royal) chiffre d'affaires ! La frénésie macaron a envahi le monde et chacun se délecte de celui à la rose si génialement accolé à Marie-Antoinette. Une gourmandise à en perdre la tête !

Madeleine de Suède

Elle fut longtemps la plus jolie princesse de la planète gotha, une princesse venue d'un royaume du froid : la Suède. Madeleine est la troisième enfant du couple régnant, le roi Carl XVI Gustaf et la reine Silvia. Avant sa naissance, le 10 juin 1982, le couple royal avait déjà donné au vieux royaume une petite princesse, Victoria, future reine, et un petit prince, le très athlétique Carl Philip.

Comme sa sœur et son frère, Madeleine suivra ses études dans des établissements privés. En janvier 2003, elle s'inscrit à l'université de Stockholm où elle entame des études en histoire de l'art. Grande, blonde, mince, les yeux couleur saphir, Madeleine va très vite, et malgré elle, décrocher le titre de plus belle princesse du gotha. Elle est un peu l'incarnation de la Barbie version *Royals*. Tous les Suédois rêvent d'épouser Madeleine qui, en boîte de nuit, entourée de ses amies et de quelques *bodyguards*, fait tourner bien des têtes mais rentre seule dans son immense chambre du palais de Dortingholm, Versailles suédois à 10 kilomètres de Stockholm. À peine lui connaît-on une amourette avec l'un de ses gardes du corps plus joli garçon que les autres !

En réalité, sous les sourires de circonstance, les robes longues et les diadèmes, miss Barbie Bernadotte souffre atrocement d'un manque de confiance en elle. L'héroïne de la famille, c'est Victoria. Celle qui, un jour, sera la première reine de Suède. L'artiste, c'est Carl Philip qui, un été, s'essaie à la peinture, la saison suivante, dessine une ligne de couverts en argent, collectionne les amis, les petites amies et excelle dans tout ce qu'il entreprend. Bientôt, le mal-être de cette fille de roi un peu trop jolie sans doute devient évident. La cour ne peut plus le cacher. Chaque jour, Madeleine surveille sa balance et maigrit, maigrit.

Comme sa sœur avant elle, comme Diana en Angleterre, comme le feront une Letizia d'Espagne, une Kate Middleton, la petite sœur de la future reine tombe dans la spirale de l'anorexie. Et confie à la presse : « C'est fatigant, c'est stressant, d'être regardée, scrutée, surveillée. Partout. Tout le temps. Il n'y a que des jugements. »

En 2002, dans une boîte de nuit, la princesse rencontre Jonas Bergström. Il a 23 ans. Elle en a 20. Il est joli garçon. Avocat. Ambitieux. Sa carrière s'annonce prestigieuse. En un dîner seulement, ce fils de très bonne famille devient le chouchou, le gendre idéal de Carl XVI Gustaf et de Silvia. Rappelons qu'à l'époque, Victoria, l'héritière du royaume, vient de tomber follement amoureuse de son coach sportif, un certain Daniel Westling. Bien que très sportif, Daniel est loin de présenter le physique avenant et agréable de Jonas. Sa famille est d'origine modeste et le jeune homme, plutôt renfermé sur lui-même, n'est bardé d'aucun diplôme. La presse a tôt fait de le rebaptiser… « le plouc ». *A contrario*, vous l'avez compris, aux yeux du monde, de la société, des médias, Madeleine et Jonas forment un couple ultra-brillant. Barbie a trouvé Ken. Tous deux rêvent d'un mariage mais le grand maréchal est formel : l'aînée, l'héritière, doit être la première à convoler. L'attente va être… interminable. Sept ans. Il va falloir sept ans – et une lutte acharnée – pour que Victoria puisse enfin imposer « le plouc », l'homme qu'elle aime, à ses côtés. Les fiançailles de l'héritière et du coach sportif sont annoncées en février 2009. Dans les semaines qui suivent, c'est au tour de Madeleine et de Jonas de publier les bans. C'est ici que le conte de fées va virer à l'aigre. À la surprise générale, véritable coup de théâtre, le 24 avril 2010, le palais se flanque d'un communiqué. Laconique. Atroce en réalité. À six semaines du mariage de sa grande sœur, Madeleine fait savoir publiquement qu'après sept ans de vie commune, elle a « choisi de se séparer de M. Bergström ». C'est la presse *people*, comme souvent, qui va nous en dire davantage. Après la soirée de fiançailles de Madeleine et Jonas célébrée en petit comité histoire de ne pas faire d'ombre au pompeux mariage qui se profile, le jeune homme est sorti, seul, en boîte de nuit et après quelques verres de trop s'est ouvert auprès d'une certaine Tora, grande liane blonde, confiant que sa future femme n'est pas seulement la plus jolie princesse du globe. Mais aussi la plus cocue !

Pauvre Madeleine ! L'humiliation est mondiale. Mais elle doit garder la tête haute. Et sourire. Le 19 juin, les caméras du monde entier sont braquées sur Stockholm et retransmettent, en direct, la cérémonie de mariage de celle qui sera, un jour, la première reine du vieux royaume. Dans sa longue robe bleue, Madeleine est escortée par sa mère, Silvia. On dit que, malgré tout l'amour qu'elle porte à sa sœur, on a dû la forcer à quitter son lit. Jamais un sourire n'aura autant eu le goût du devoir.

Descente aux Enfers sur tapis rouge pour une poupée Barbie qui n'est plus qu'une proie dans la lumière des médias. Le pire, diront ses proches, c'est que dans ses silences, dans certains de ses regards particulièrement appuyés, c'est comme si, parfois, son père, le roi, lui en voulait d'avoir laissé partir ce gendre idéal. Tellement idéal d'ailleurs qu'il parade déjà en une des tabloïds avec sa nouvelle compagne, une certaine Stéphanie, une amie très proche de Madeleine. Cette fois, la pression est trop forte. Le goût de l'échec, insupportable. La benjamine des Bernadotte s'envole pour New York. Enfin, retrouver l'anonymat. Enfin, se montrer utile en cofondant, en 2012, la World Childhood Foundation qui lutte contre le travail et l'exploitation sexuelle des enfants.

Loin de la Suède, Madeleine se reconstruit. Et… retrouve la force d'aimer à nouveau. Christopher O'Neill est financier. Il va être l'homme qui va réparer les blessures d'hier. Les fiançailles sont annoncées en octobre 2012. Et les noces, arrêtées pour le 8 juin de l'année suivante. Dans sa robe Valentino en soie, organdi et dentelle de Chantilly, rarement une mariée aura été à ce point éblouissante. Dans les anneaux qu'ils se sont échangés, la princesse et le financier qui n'a pas souhaité intégrer officiellement les rangs de la famille royale pour pouvoir poursuivre son métier ont fait graver dans l'or blanc : « Madeleine et Chris, *forever* ». De quoi conjurer le mauvais sort. Pour l'éternité.

Madeleine et Christopher vivent aujourd'hui à Londres et sont les parents de la princesse Leonor, duchesse de Gotland, du prince Nicolas, duc d'Ångermanland, et de la princesse Adrienne, duchesse de Blekinge.

Maharadjas

Pour l'Occidental que je suis, l'Inde s'ouvre comme un écrin mystérieux où les vestiges encore frais de la somptuosité des maharadjas se mêlent aux parfums des livres de Kipling.

Quand, en 1947, l'Inde accède à l'indépendance sous la férule de lord Mountbatten, les six cent vingt-neuf maharadjas qui régnaient comme des seigneurs féodaux sur des États qui atteignaient parfois les dimensions de ma Belgique furent réduits à la condition de simples citoyens. En échange de leur souveraineté, à laquelle ils ne renoncèrent pas toujours aisément, le gouvernement leur laissa la jouissance de leurs biens personnels, de leurs prérogatives dynastiques, mais réduisit de 90 % leurs revenus. Fini la liste civile ! Ils gardèrent le droit d'avoir des funérailles nationales et de ne payer aucun impôt. C'est sans doute pourquoi plusieurs maharadjas choisirent de transformer certains de leurs palais en hôtels et de livrer les autres à l'État, qui en a fait des musées.

Je rêve de séjourner au Rajasthan dont le nom signifie « demeure des rois ». Encore riche de traditions séculaires, c'est l'État de l'Inde où l'Occidental est mêlé aux mœurs et aux mystères de l'Orient. Les Rajpoutes, la plus ancienne dynastie indienne, ont fourni les meilleurs cavaliers, les plus courageux chasseurs de tigres et les joueurs de polo les plus talentueux.

Cher maharadja de Jodhpur, si vous lisez ces lignes, sachez que je rêve d'entrer de plain-pied dans l'univers des seigneurs orientaux et que votre palais d'Umaid-Bahwan, immense ensemble de grès rose au milieu de jardins bien dessinés, me semble parfait. Trois cents pièces et vous n'en occupez qu'une seule aile ! J'aime bien la piscine en sous-sol très *modern style* et la salle de cinéma aux fauteuils vastes comme des sofas. J'adore le tournoiement des ventilateurs, les domestiques à turbans portant le jodhpur, cette commode culotte de cheval qu'inventa un de vos parents. Le soir, vous me convierez avec quelques invités à venir prendre l'apéritif aux étoiles, sur la plus haute terrasse de la forteresse. Vous me parlerez des centaines de tigres tués par vos ancêtres, de votre impressionnant arbre généalogique, de vos vieilles Rolls-Royce… Vous me servirez des crêpes au crabe et je sais déjà que je goûterai l'exquise attention que les maharadjas portent au confort de leurs invités. Vous l'avez compris, j'y suis déjà !

Princess **Margaret**

Elle était la sœur de la souveraine la plus mythique du globe. Dans la distribution des rôles échus aux grands de ce monde, la cadette d'Elizabeth II a hérité d'un personnage particulièrement difficile à porter : celui de la princesse triste.

Drôle de destinée pour les sœurs Windsor. À l'aînée : les ors du trône, le devoir, le pouvoir. À la cadette : les frasques, les illusions, les désillusions. Comme elle n'est que la seconde, l'éternelle « sœur de », un joker, une suppléante, cette vie qui n'a pas été tendre, elle va finir par la détester, par la brûler par les deux bouts.

Cette existence douce-amère qui va défiler, telle une fiction, a comme décor le palais de Buckingham, les châteaux de Windsor, de Balmoral, de Sandringham. Et la paradisiaque île Moustique, cette bande de terre perdue dans l'archipel des Grenadines, qui sera un refuge pour la princesse sacrifiée.

Margaret est une héroïne. Les contes de fées n'ont d'ailleurs rien inventé. Dans son journal intime, miss Crawford, sa gouvernante, note : « 21 août 1930. Château de Glamis. Orage. Tempête. Naissance de Margaret Rose au milieu du tonnerre et des éclairs. » Son père, Albert, duc d'York, n'est pas l'héritier du trône. C'est son oncle (qui est aussi son parrain) qui doit être le prochain roi, le futur Edward VIII. Âgée de 4 ans, Elizabeth est ravie d'accueillir une petite sœur. Déjà très consciencieuse, cette aînée, qui excelle dans tous les domaines, va tout apprendre à cette cadette très jolie et terriblement farceuse qui ressemble à une poupée de porcelaine. Chaque fois qu'elles s'apprêtent à apparaître en public, discrètement, Lilibet souffle à l'oreille de sa cadette : « Surtout, imite-moi et tout ira bien. » Vêtues de robes acidulées, les deux petites filles qui ressemblent à des jumelles deviennent, très vite, les coqueluches du royaume. Lors des manifestations officielles, dans le lourd carrosse royal, elles prennent place devant leurs royaux grands-parents. Elizabeth conseille à sa cadette : « Incline la tête, souris. Lève la main et fais-la pivoter. Comme si tu dévissais une ampoule. »

Le 20 janvier 1936 disparaît George V. Bientôt, c'est parrain qui coiffera la prestigieuse couronne de saint Edward. C'est ici que bascule le destin. Le 11 décembre 1936, sur les ondes, d'une voix tremblante, Edward VIII, pas encore couronné, annonce qu'il renonce au trône pour « pouvoir épouser la femme qu'il aime », Wallis Simpson, en réalité, une Américaine, roturière et divorcée. La date du sacre est maintenue au 12 mai 1937. On change juste de roi. Le nouveau souverain sera George VI, son père.

Terminée l'insouciance. Par un coup du destin, sa sœur aînée est désormais l'héritière du trône. Et Margaret ? Elle est la sœur d'Elizabeth. Une roue de rechange. Un joker. Si le destin venait encore à frapper.

La superproduction vient de trouver son casting. Sa sœur représentera le devoir, la dignité, la raison d'État. Margaret sera une princesse de romans.

Le 2 juin 1953, seize mois après le décès de son père, par la grâce de Dieu, Elizabeth Alexandra Mary Windsor est couronnée reine du Royaume-Uni, de Grande-Bretagne et d'Irlande du Nord en présence de huit mille invités. Pour la première fois, les caméras de la BBC ont été autorisées à filmer une cérémonie de sacre. Plus de vingt-sept millions de téléspectateurs suivent la retransmission. Margaret a 23 ans. Elle est sublime. Un peu Ava Gardner, un peu Vivien Leigh. Elle a le physique d'une actrice (la taille fine, le décolleté généreux, les lèvres belles et sensuelles) tout en arborant la distinction innée et l'allure d'une princesse de sang.

À l'issue de la cérémonie du couronnement (qui a duré plus de deux heures), lorsqu'elle quitte la millénaire abbaye, oubliant la présence des caméras, tellement nouvelles encore, elle ôte une poussière imaginaire sur l'uniforme du bel officier qui lui sert de cavalier. Les objectifs n'en finissent plus de zoomer. Déjà, le mal est fait. Dans ces fastes du couronnement, la presse sent qu'elle tient une histoire croustillante. Qui est cet officier ? Son nom est Peter Townsend. Il est écuyer. Mais surtout… il est divorcé. Et père de deux enfants. Dès le lendemain, le scoop fait l'effet d'une bombe. L'idylle est étalée sur la place publique. Cela fait déjà plusieurs mois en réalité que Margaret est tombée sous le charme de ce héros de la bataille d'Angleterre, un chevalier des temps modernes beau comme un dieu. Elle l'aime. Et il l'aime. Margaret s'en est même ouverte à sa royale sœur d'ailleurs qui était emportée dans le tourbillon des préparatifs de son couronnement mais qui lui a pourtant promis de tout faire pour accéder à son désir : épouser ce bel officier. C'était compter sans l'ouragan médiatique qui allait balayer le royaume.

Outre-Manche, la religion anglicane – religion d'État – ne permet pas le remariage d'une personne divorcée. Et Elizabeth, en sa qualité de chef de l'Église, ne peut, au regard de la Constitution, accorder son consentement à pareille union. Contrainte et forcée, elle se rétracte.

Il est divorcé ! Et qu'importe si son épouse était infidèle et s'il a obtenu la garde de ses deux enfants. La messe est dite. Ou plutôt… vous l'avez compris… elle ne le sera jamais ! En une des médias, Margaret et Peter deviennent des amants maudits. L'archevêque de Canterbury menace le palais des pires châtiments s'il venait à consentir à ce mariage. Ce serait bafouer toutes les unions chrétiennes à travers le monde.

Si Margaret veut épouser cet homme, elle doit renoncer à son statut, à ses devoirs, à ses privilèges. Elle doit fuir, filer à l'anglaise, comme une coupable. L'histoire d'amour se mue en guerre constitutionnelle. Qu'en dit la presse ? Eh bien… pour une fois – et ça a le mérite d'être souligné –, pas que des sornettes ! Un grand quotidien épingle le fait que le colonel Townsend a le mérite d'arborer sur son uniforme un rang de décorations gagné par d'authentiques exploits militaires alors que le prince Philip, lui, en exhibe quatre rangs… dus uniquement aux services maritaux qu'il rend à Elizabeth II !

Sa Gracieuse Majesté intervient cette fois en personne et prie Townsend de prendre les chemins de l'exil. Destination la Belgique. Margaret ne voit plus la lumière du jour. Son long corps ne quitte plus les draps blancs de son lit. Les lourdes tentures en brocart de sa chambre à coucher ne s'ouvrent plus. Le moindre rayon de soleil dans ce ciel pourtant si gris lui est devenu insupportable. Elle déteste l'Angleterre. Le conte de fées bascule dans la tragédie. Se joue maintenant *Titus et Bérénice*. Ivre, une cigarette à la main, le regard barré par des lunettes noires, les cheveux retenus dans un foulard Hermès, sur ordre de la reine, dans un jet privé, elle quitte les brumes de Londres pour les cocotiers des Antilles. Mission repos.

Pourquoi ne brave-t-elle pas la raison d'État ? Pourquoi n'envoie-t-elle pas tout valser ? Parce que partout, parce que tout le temps, il y a le portrait de sa sœur accroché quelque part. Cette sœur si parfaite. Cette sœur icône. Cette sœur sacrifiée, elle aussi, sur l'autel de la raison d'État. Cette sœur qu'elle aime et qui sans rien lui reprocher d'ailleurs lui rappelle qu'elle n'est pas une simple mortelle. Elle est altesse royale. Elle est une Windsor. Elle appartient au clan le plus sélect du globe.

Margaret et Peter ne se voient plus. Ils se téléphonent. Et ils s'écrivent. Beaucoup, dit-on. Énormément. Les journaux continuent à leur consacrer des unes entières, à épier la moindre apparition de la princesse aux yeux tristes. Margaret a 25 ans. Cecil Beaton immortalise l'événement par une série de portraits destinés à la presse. Mais malgré l'insistance d'Elizabeth, elle n'a voulu aucune fête. Elle se réfugie seule à Balmoral. La petite sœur de la reine n'est plus qu'une femme qui souffre. « Il faut marier Margaret », assène le prince Philip. Le communiqué est publié le 26 février 1960.

Elle aura comme époux un photographe, roturier lui aussi. Sans aucun passé glorieux, hormis peut-être une brève carrière de play-boy. Il s'appelle Anthony Armstrong Jones. Les Windsor le gratifient du beau titre de comte Snowdon et vicomte Linley. Margaret est-elle amoureuse ? Elle ne le sera plus jamais, c'est un jeu bien trop dangereux mais elle avouera, plus tard, qu'elle a été amusée d'introduire un photographe à la cour, de le faire passer de l'autre côté du cadre.

Parmi la multitude de cadeaux reçus lors des noces, un ami du couple leur offre un terrain sur l'île Moustique, l'une des plus belles bandes de terre de l'archipel des Grenadines. Tandis qu'Anthony se jure de ne jamais y remettre les pieds tant les moustiques y pullulent, Margaret débauche le meilleur des architectes – Olivier Messel – et décide d'y faire construire une villa, belle longère aux briques blanches, qui aura les pieds dans l'eau.

Ensemble, « les Jones » auront deux enfants : David qui naît en 1961 et Sarah, en 1964. Tandis qu'Anthony insiste pour continuer à exercer son métier de photographe, de plus en plus souvent, de plus en plus longtemps, elle disparaît à Moustique. L'Angleterre lui est devenue insupportable. Ses amis s'appellent Mick Jagger, David Bowie, Bethy Lagardère, Christina Onassis… Après le verre de trop, au bord de la mer, sa question est toujours la même : « Avez-vous revu Peter ? Avez-vous de ses nouvelles ? Parlez-moi de lui. S'il vous plaît, parlez-moi de lui… »

Ce mariage qui n'a jamais été qu'une parodie prend fin, par un divorce, en 1978. Depuis le début, Anthony collectionne les aventures et Margaret, vous l'aurez deviné, n'est pas en reste. La liste de ses conquêtes ressemble à un condensé de l'annuaire des spectacles : stars de la chanson, du cinéma, de la littérature, de la danse. Milliardaires en tout genre. Le plus souvent, des hommes mariés jusqu'à… une exception : Roddy Llewellyn. Elle a 43 ans. Il en a 25 et ressemble à s'y méprendre… à Peter Townsend. Elle s'accroche à lui comme à un fantôme et ne voit même pas que ce n'est pas la femme mais uniquement la princesse qui attire ce jeune homme à la peau tatoué et aux oreilles percées. Sous les ors du salon blanc de Windsor, la rencontre avec Elizabeth et Philip est… surréaliste !

Quelques mois plus tard, l'improbable couple annonce sa séparation. Désormais, chaque jour, elle consomme quatre paquets de cigarettes sans filtre. La vodka, le whisky et les faux amis sont les seuls qui lui restent vraiment fidèles, qui la rassurent, qui l'apaisent. Et tant pis si elle a déjà réchappé à une hépatite ! Tandis que Tony, qui s'est remarié, pose fièrement avec son enfant dans les bras, une première biographie paraît dans les librairies : *Margaret, histoire d'une vie*

ratée. À nouveau, son regard se remplit de larmes. Mais elle sait qu'ils ont raison. Et elle s'en fout ! Malgré sa silhouette déformée, son visage bouffi et ses horribles bibis, elle demeure extraordinairement fascinante. Un personnage à la Tennessee Williams.

Margaret Rose s'éteint le 9 février 2002, à 71 ans, d'une attaque d'apoplexie. Face à sa sœur, ultime irrévérence, elle sourit et prononce – ostensiblement dit-on – le prénom du beau Peter. Cette fois, elle l'emmène. Jusqu'aux Enfers !

Margrethe de Danemark

Ses excentricités me font rire. Aussi son goût pour les couleurs acides, les chapeaux renversants, pour le dessin, la peinture, la dentelle, son côté atypique, un rien suranné… Depuis plus de cinquante ans maintenant, Margrethe II est surtout la femme qui règne sur la plus ancienne monarchie d'Europe. Sa mission ? Incarner et symboliser la tradition tout en adaptant la millénaire Couronne aux évolutions de la société. J'aime beaucoup Margarethe, tout d'abord parce qu'elle occupe une place essentielle au panthéon des reines, mais surtout parce qu'elle n'a jamais oublié d'être une femme.

Au royaume d'Andersen, la date du 14 janvier 1972 restera, à jamais, historique. Pour ne pas dire révolutionnaire ! Depuis Marguerite Ire (1353-1412), la « Sémiramis du Nord », c'est la première fois qu'une femme accède au trône de l'antique royaume. En cette journée glaciale, le référendum – promulgué en 1953 – autorisant le sexe féminin à coiffer la couronne fait de la fille aînée du roi Frederik IX la quatrième génération de sa famille – la maison de Glucksbourg – à régner sur le Danemark. Malgré son jeune âge (31 ans), Margrethe est prête. Le rôle d'arbitre qui devient le sien, cette responsabilité morale dont elle est soudain la première représentante, la nouvelle reine a appris à l'exercer dès sa majorité. Nommée régente, dès ses 18 ans, elle put assister au Conseil des ministres, apprendre à écouter, interroger, conseiller, sans jamais rien révéler. Si sa formation est parfaite le défi qui l'attend est néanmoins de taille. Margrethe II va devoir humaniser sa fonction, la rendre plus proche, plus populaire, tout en veillant à ne pas tomber dans les écueils du star-système. Une reine – si jeune, si belle, si riche et si médiatisée soit-elle – n'est pas une vedette. Au moment de sa prestation de serment, la presse scandinave rappelle d'ailleurs – à juste titre – que Sa Majesté est mariée avec le Français Henri de Laborde de Monpezat – devenu le prince Henrik – et qu'elle est la mère de deux garçons : le prince héritier Frederik (3 ans) et le prince Joachim (2 ans).

D'emblée, la monarque se glisse dans ses nouvelles fonctions avec une facilité qui, pour bon nombre d'observateurs, semble déconcertante. Quelques mois après avoir été solennellement intronisée, lorsqu'un journaliste lui demande si elle se « considère comme une reine choisie », sans hésiter, la souveraine répond : « On peut dire cela, en effet. J'ai été choisie à l'issue d'un référendum autorisant la succession des femmes au trône. Cette place n'était pas la mienne. » Plus que personne, Margrethe II est donc consciente qu'elle doit sa couronne au fait qu'elle était la fille aînée de Frederik IX, certes, mais cette charge, elle la doit aussi – elle la doit surtout – à la volonté de son peuple !

En 1977, la souveraine et son époux sont en visite au Vatican. Si les fastes de Saint-Pierre impressionnent la jeune reine, sa révérence à Paul VI est néanmoins irréprochable, un modèle du genre ! Tout au long de son règne pour veiller à moderniser l'image d'une monarchie vieillissante, pour l'adapter aux évolutions de la société sans la brusquer, Margrethe ne va cesser de multiplier les rencontres. Et de sillonner le monde ! Si le *Dannebrog*, le yacht royal, met un point d'honneur à amarrer dans toutes les îles du royaume – même les plus reculées, les plus inaccessibles –, le palais flottant doté de tous les luxes gagne également – dans le cadre de voyages officiels ou semi-officiels – des eaux plus profondes, plus lointaines. Les couleurs de la nation juchées en haut du grand mât, l'étincelant navire vogue jusqu'en Suède, en Norvège, en Finlande, en Italie, en Grande-Bretagne, en France, en Allemagne… En 1982, pour la commémoration du millénaire d'Erik le Rouge, le yacht met le cap sur le Groenland.

Au cours de son périple, elle doit lutter pour traverser les glaces et arriver à bon port. Plus tard, un membre d'équipage confiera que si l'ensemble de la famille royale et la majorité du personnel de bord étaient pliés en deux, malades, la reine, elle, savourait une cigarette et un verre de porto sur le pont.

Peu à peu, la souveraine s'affirme. Le style de son gouvernement est plus extraverti que par le passé, les relations de la famille royale avec le public sont moins solennelles, plus ouvertes. À la veille de chaque année nouvelle, à l'image de bon nombre d'autres souverains, Margrethe s'adresse à son peuple. Depuis toujours, la reine considère cette allocution comme la plus importante de toutes. Réputée pour la qualité et la pertinence de ses discours, elle n'échappe cependant pas à la critique. Margrethe se veut une femme engagée. Dans son discours de vœux de 1984, la reine appelle les Danois à la tolérance et dénonce leurs « remarques stupides » et leur « froideur » envers les immigrants. Quelques années plus tard, elle remet le couvert en rappelant à ses sujets la nécessité « d'aimer son prochain » et sa conviction que le Danemark devrait accueillir davantage de réfugiés. Cette fois, elle n'échappe pas aux foudres de ses citoyens. Les réactions sont plutôt mitigées, voire, pour certaines, carrément virulentes. Immédiatement, des voix s'élèvent, lui rappellent que son rôle constitutionnel l'oblige à un devoir de réserve. En effet ! Son titre de reine fait d'elle un personnage au-dessus des partis politiques. Malgré les nombreuses critiques qu'elle essuie, au fil des ans, s'ancrant dans la tradition, ces discours de nouvel an vont renforcer la position de la monarchie vis-à-vis des Danois. Pour Margrethe II – nouveau signe d'ouverture ! –, aucun sujet n'est tabou. Elle s'exprime sur la philosophie, la religion, le courage, le sexe, la moralité... Quand l'occasion lui en est offerte, lors de ses voyages à l'étranger, jamais elle ne manque de faire partager ses propres avis. Ainsi, lors d'une visite au Canada juste après l'effondrement des partis communistes du bloc de l'Est, elle déclare devant des millions de téléspectateurs : « Aucun bonheur n'existe sans liberté. » Face à une foule médusée, elle évoque ensuite, avec passion, les avantages que la chute du communisme va apporter à ces nations, expliquant que jusque-là elle avait vu le bloc de l'Est « comme une gigantesque chambre froide dont personne ne pouvait ouvrir la porte ».

Mais davantage encore que ses prises de position, l'incroyable popularité de la reine naît au début des années 1980 lorsqu'elle ose s'assumer en tant qu'artiste aux multiples talents. Polyglotte, Margrethe s'essaye à la traduction, élaborant notamment – sous un pseudonyme et en collaboration avec le prince Henrik – une version danoise de l'ouvrage *Tous les hommes sont mortels* de Simone de Beauvoir. Amatrice de dessins et de peintures, la reine réalise également, à l'encre de Chine, la couverture de l'ouvrage. Dans la foulée, artiste pluridisciplinaire, elle se lance dans la confection de costumes et décors de nombreux spectacles et séries télévisées. Désormais, en collaboration avec son couturier, Jørgen Bender, elle dessinera une grande partie de sa garde-robe, dont une foultitude de robes de gala qu'elle étrenne lors de réceptions officielles. Si, un temps, elle se passionne également pour la broderie de vêtements ecclésiastiques, c'est surtout dans le dessin et la peinture qu'elle va se distinguer. Se consacrant de plus en plus à cette discipline, Margrethe illustre de nombreux ouvrages littéraires, comme la réédition, en 2002, du *Seigneur des anneaux*, de J. R. R. Tolkien.

C'est au château de Cayx, demeure du prince Henrik et propriété privée de la famille royale, que la reine se consacre, tout entière, à sa passion. En 1988 se tient, à Copenhague, sa première exposition. Critiques d'art et grand public sont du même avis. Il faut reconnaître à la souveraine un certain talent. « Je suis très contente de recevoir des critiques », confie la jeune artiste au soir de son vernissage. « Cela montre que les gens comprennent que je prends l'art au sérieux, même si je sais bien que cette activité passera toujours après ma fonction de reine. » Très vite, ses œuvres, un rien abstraites, vont être accrochées dans de prestigieuses galeries, au Danemark comme à l'étranger.

Margrethe voit juste. Si talentueuse soit-elle, aux yeux du monde, elle reste une tête couronnée. Colonel de régiment, chef des forces armées, présidente de la Société royale d'archéologie nordique, présidente de sa propre fondation, elle en profite aussi pour parrainer quantité de sociétés savantes danoises. Au fil de sa « carrière », elle se voit épingler de nombreuses distinctions. Cette souveraine qui passe pour le monarque le plus cultivé du monde est aussi docteur *honoris causa* de plusieurs universités étrangères.

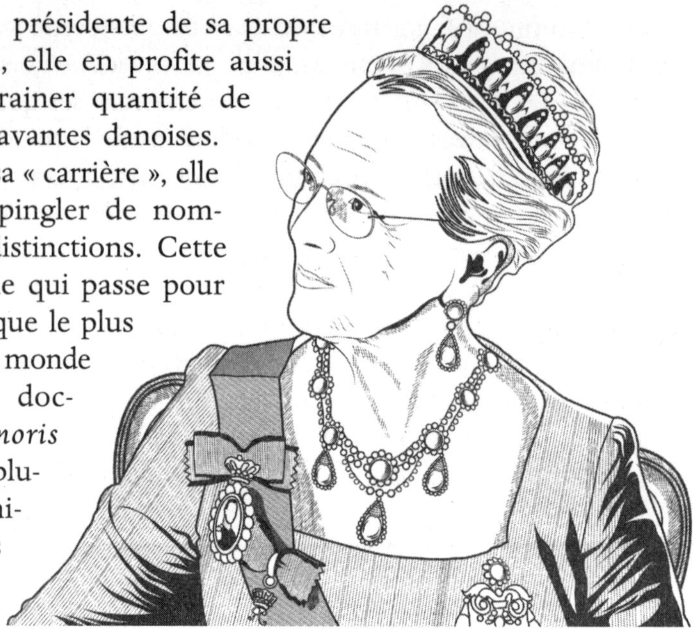

En juin 1992, lors d'une fête somptueuse, le couple royal commémore ses noces d'argent. Venus de toutes les cours d'Europe, les prestigieux invités assistent à un défilé géant dans les rues de Copenhague. Dans un carrosse de cérémonie, la souveraine et son époux sillonnent des artères couvertes de fleurs. À la nuit tombée, dans une robe brodée aux fils d'argent, l'une de ses créations, la reine se laisse entraîner par le prince Henrik, en tenue d'apparat, sur les parquets marquetés du château de Fredensborg. En mai 1995, dans l'immense salle des banquets du palais d'Amalienborg, Margrethe reçoit Albert II et Paola. Au soir du dîner de gala officiel, le discours prononcé par le roi des Belges est un vibrant hommage à sa consœur. « Majesté, vous représentez la plus vieille dynastie du monde et ce faisant vous incarnez maintenant les lointaines racines de votre peuple. Votre engagement constant et votre sollicitude pour le bien-être de la population ont fait de vous un monarque très aimé. Vos qualités artistiques nombreuses et variées sont unanimement appréciées. Vous représentez aujourd'hui avec grâce l'indépendance, la stabilité et la continuité de votre pays. »

Le 13 avril 2010, entourée de quatre cents convives, Sa Gracieuse Majesté fête ses 70 ans. Mais la date que les Danois attendent tous est celle du 14 janvier 2012 commémorant ses quarante ans de règne. Les années ont passé. Les cheveux de la reine, toujours impeccablement noués en chignon, ont maintenant la couleur poivre et sel, lui conférant un air de grand-mère idéale pour ses nombreux petits-enfants. À bientôt 72 ans, en sa qualité de chef de l'État, elle continue de participer à la formation et à nommer le gouvernement, à présider le Conseil d'État. Chaque semaine, elle reçoit, en audience privée, le Premier ministre et le ministre des Affaires étrangères, continue d'ouvrir les portes de ses palais et de rendre tous les honneurs à quantité de chefs d'État. Première ambassadrice de son royaume, Margrethe sillonne toujours le monde, procède à la nomination ou au limogeage des fonctionnaires de son royaume. Ce Jubilé de rubis va sonner un déploiement de fastes extraordinaires. Office d'action de grâce, parade dans les rues, apparition au balcon, dîner de gala…

En marge des festivités, dans un discours solennel, le président du Parlement salue « le respect et l'estime » qu'elle a su inspirer aux gouvernements successifs sous son règne, « gérant de front ses prérogatives et la famille royale telle une institution ». S'ensuit une conférence de presse. Durant un très long moment, la reine répond à un grand nombre de questions. Évoquant ses nombreuses années couronnées, elle en profite également, au passage, pour distiller quelques conseils à son successeur, le prince Frederik. Cependant, au détour d'une question, la souveraine précise qu'elle continuera d'honorer sa fonction jusqu'à la fin de sa vie : « À mes yeux, cela est l'essence même de votre position, quand vous héritez d'une monarchie. C'est une fonction que vous avez embrassée et assumée tant que vous vivez. » C'est un autre discours, prononcé par le prince Henrik cette fois, qui vient clôturer l'hommage : « Chère reine, chère épouse, chère Daisy. Dans le royaume, je suis le premier homme à vous admirer. Tout au long de ces quarante années, nous avons partagé bien des choses, fantastiques et enthousiasmantes, mais nous avons aussi surmonté quelques redoutables défis. Et ce, toujours avec dévouement et sensibilité. Nous tous ici présents nous joignons au peuple danois pour célébrer une reine qui a dédié sa vie au

Danemark, au Groenland et aux îles Féroé. Une monarque qui a démontré une aptitude absolue à assumer la mission de sa vie : œuvrer pour le Danemark, avec l'aide de Dieu, l'amour du peuple, et la force du Danemark. »

Cinq mois plus tard, le prince Henrik aura à nouveau l'occasion de lui déclarer tout son amour. Le 10 juin, le couple fête, en effet, ses noces de vermeil. C'est le dernier grand anniversaire que vit le prince à ses côtés. Henri de Monpezat s'éteint le 13 février 2018, après cinquante et un ans de mariage.

L'année 2022 marque son Jubilé d'or. En raison de la crise du coronavirus, les festivités sont décalées au mois de septembre mais l'annonce de la mort d'Elizabeth II, le 8 septembre, retarde encore le calendrier des réjouissances. Le 19, sous les voûtes de Westminster, Margrethe II fait partie, elle aussi, de l'incroyable aréopage de chefs d'État qui assiste aux funérailles de la reine des reines. Deux jours plus tard, le palais danois se flanque d'un communiqué dans lequel il annonce que la souveraine vient d'être testée positive au Covid 19. Vent de panique au sein des cours royales qui, à cause de « tante Daisy », rentrent toutes en quarantaine !

Margrethe II n'a pas fini de régner. Vous l'avez compris, elle exercera son autorité jusqu'à son dernier souffle. Néanmoins, son héritage est déjà considérable. Dans une époque marquée par l'internationalisation, grâce à elle, par elle, la famille royale danoise apparaît aujourd'hui comme un centre important de rassemblement national et un point d'ancrage fiable dans un univers sans cesse changeant. Si, bien entendu, ce statut vient de l'enracinement solide de la monarchie dans des traditions ancestrales, il est également dû à la manière dont la reine a su s'adapter aux conditions de notre époque avec intelligence et dignité, sans abandonner pour autant des valeurs conservatrices comme la persévérance, le respect des traditions, le sentiment du devoir. Si elle n'a jamais cessé d'incarner, Margrethe est aussi le symbole d'une modernité incroyable. Encore infiniment bon pied bon œil, je suis convaincu que la reine-artiste n'a pas encore fini de nous étonner. Confidence d'initié !

Maria Teresa

Malgré un côté un peu conventionnel, un peu rigide parfois, j'ai beaucoup d'affection pour la grande-duchesse de Luxembourg. Même si elle réserve la quasi-intégralité de ses interviews à un autre journaliste gotha, un peu plus connu et beaucoup plus luxembourgeois que moi ! Ces dernières années, l'image, si lisse, de Maria Teresa a été un peu écornée dans la presse. Plusieurs membres du personnel du palais se sont plaints de l'attitude que pouvait avoir, en privé, l'épouse du chef de l'État. Une femme de chambre est d'ailleurs allée jusqu'à porter plainte contre la maison souveraine. Je crois que cette affaire a fini par tomber à l'eau. Je crois aussi que mon célèbre confrère n'y fait aucune allusion dans le livre d'entretiens qu'il a publié récemment avec la grande-duchesse. Au moment d'écrire ces lignes, je me suis souvenu, avec beaucoup de précision, un brin d'émotion aussi, de son soixantième anniversaire.

C'était au mois de mars 2016. Les clichés diffusés par le maréchal de la cour (un poste qui m'a toujours fasciné) étaient d'une incroyable tendresse. Dans le salon rococo du château de Berg, sur un plateau d'argent, Maria Teresa, ses yeux noisette moirés de larmes, prenait la pose devant un petit gâteau d'amandes et de massepain enrobé d'un gros nœud couleur pistache. En ce jour de fête filmé par la télévision luxembourgeoise, la première dame était entourée de l'ensemble de sa famille : son

époux bien sûr, le grand-duc Henri ; son fils aîné, le grand-duc héritier Guillaume et son épouse Stéphanie, mais aussi du prince Félix accompagné de la princesse Claire ; du prince Louis qui, à l'époque, était encore marié à la princesse Tessy ; de la princesse Alexandra (qui n'était pas encore mariée) et du cadet des enfants du couple, le prince Sébastien. Si je me souviens aussi précisément de cet anniversaire c'est que, pour une fois, fait exceptionnel, les souverains, ordinairement si discrets, et l'ensemble de la famille grand-ducale avaient accepté de recevoir la presse. Et j'en faisais partie. J'ai d'ailleurs eu l'honneur d'une des premières questions posées au grand-duc. Je ne me souviens plus précisément des mots que j'ai utilisés, en revanche, je me rappelle très bien sa réponse : « Mon épouse est très latine, feu et eau à la fois. Cela fait trente-cinq ans que nous sommes mariés. Quand je l'ai rencontrée, à Genève, j'ai tout de suite vu sa personnalité exceptionnelle. [...] Je suis tombé tout à fait amoureux d'elle. Et je le suis toujours. Nous sommes tellement complices. » Pure réponse d'un chef d'État : se dévoiler très légèrement (pour satisfaire les médias) sans trop en dire. Moi, en tout cas, j'étais ultra-ravi. Bon, certes, mon info ne détenait aucun scoop mais c'étaient les petites confidences d'un grand-duc et j'en étais tout impressionné. À d'autres journalistes, il confiera encore : « Avoir mon épouse près de moi est une vraie force. Nous parlons beaucoup, nous nous complétons très bien en alliant, moi, la tranquillité nordique et, elle, la latinité, l'explosion des sentiments. Je la connais depuis... quarante ans, incroyable. [...] Je souhaite que nous puissions encore vivre longtemps ensemble cet amour véridique qui nous anime depuis le premier jour. » C'est un peu conventionnel, certes, mais, rarement, au sein du gotha, une déclaration aussi belle et aussi tendre n'avait été formulée par un chef d'État.

Marie-Antoinette

Elle aima... à en perdre la tête ! L'Histoire n'a souvent retenu d'elle que l'image d'une reine frivole et insouciante avec son Trianon, ses parures, ses extravagances, ses pertes au jeu. En 1770, la fille de l'impératrice Marie-Thérèse d'Autriche

épouse le dauphin Louis. Elle est âgée de 15 ans et demi. D'emblée, sa démarche balancée, son teint transparent, sa voix fraîche distraient la cour. La dauphine est gaie, légère, spontanée. Louis est tout le contraire, placide jusqu'à l'apathie.

Ce n'est qu'après sept ans de mariage qu'elle peut s'écrier : « Enfin, je suis reine de France ! » On comprend qu'elle ait cherché à oublier l'indifférence, la froideur de son royal époux (Louis XVI n'était passionné que par les horloges) en écoutant avec plaisir les compliments que les autres hommes lui prodiguaient. Irréfléchie, imprudente, elle se compromet.

En 1774, elle rencontre Axel de Fersen, diplomate suédois, au bal de l'Opéra. Elle le revoit quatre ans plus tard et comprend qu'elle n'a jamais cessé de penser à lui. Lui non plus ne l'a pas oubliée. Il sera « le confident des heures futiles, le consolateur des heures troubles ». Mais jamais ils ne laissent paraître en public leurs sentiments.

On sait que c'est lui qui organisa l'audacieux projet d'évasion, projet qui échoua, à Varennes. À la Conciergerie, la veille de sa mort, Marie-Antoinette écrit : « J'avais des amis… Qu'ils sachent au moins que jusqu'à mon dernier moment j'ai pensé à eux. » Assurément, ces quelques mots sont adressés, sans le nommer, à « celui qui fut le plus aimé et le plus aimant des hommes ».

Reine malheureuse, Marie-Antoinette inspira l'amour autant que la pitié. Elle est maintenant une icône, une légende. Moi, je pense qu'elle était surtout une femme aimant la vie, un peu étourdie certes, un peu légère, mais une femme honnête, une femme pure.

Meghan **Markle**

...

Máxima

Si, aujourd'hui, la sémillante reine des Pays-Bas est dans le peloton de tête des personnalités les plus appréciées du gotha, ses premiers pas dans la cour des grands furent plutôt hésitants. Pour pouvoir épouser l'homme qu'elle aime, l'homme qui a fait d'elle une reine, la fiancée du prince héritier a dû s'expliquer.

C'est à Buenos Aires, dans la capitale de l'Argentine, que la petite Máxima voit le jour, le 17 mai 1971. Son père, l'homme politique Jorge Horacio Zorreguieta, s'est remarié en 1970, au Paraguay, à la belle Maria del Carmen Cerruti Carricart.

Máxima grandit très entourée, vit une enfance en contact direct avec la nature. Régulièrement, Máxima et son frère Martin accompagnent leur père pour de mémorables parties de pêche dans les lacs de Bariloche. Jorge Zorreguieta ne va plus tarder à être rattrapé par le vent de l'Histoire. Le 24 mars 1976, à la tête d'une junte militaire, Jorge Rafael Videla s'empare du pouvoir. Pendant cinq ans, l'Argentine va évoluer sous le joug de ce terrible dictateur. Dès l'arrivée au pouvoir de Videla, Zorreguieta est nommé sous-ministre de l'Agriculture. Trois ans plus tard, il est proclamé ministre. Máxima est encore une petite fille. Elle ne comprend pas grand-chose aux affaires politiques, ne saisit pas la gravité des faits.

Elle est élevée comme les demoiselles des meilleures familles de Buenos Aires. Son baccalauréat en poche, la jeune femme décide de se tourner vers le monde de la finance et décroche, en 1995, un diplôme universitaire. Son avenir s'annonce brillant. Mais ailleurs ! En juillet 1996, elle s'envole pour New York où elle gagne la société HSBC James Capel Inc. Dans cette ville nouvelle, différente, une ville énergique et tumultueuse, Máxima travaille beaucoup, énormément, ne ménage pas ses efforts. Très vite, les missions, les dossiers qu'on lui confie sont de plus en plus importants. La jeune femme vive, intelligente, spontanée devient une experte que l'on commence à s'arracher.

Mais le destin ne va plus tarder à frapper. Au mois d'avril 1999, Máxima est à Séville où elle a été invitée par quelques amis à la célèbre Feria. Lorsqu'un jeune homme se présente à elle sous le nom d'« Alexander », elle n'a aucune idée qu'il s'agit du prince héritier des Pays-Bas. Elle ne le connaît pas et n'a aucune envie de le connaître d'ailleurs. Elle avouera plus tard : « Je ne lui trouvais rien. Rien du tout ! » En revanche, de son côté, le grand blond aux yeux clairs tombe immédiatement sous le charme de cette jolie Latine qui danse le tango à merveille. Comment le prince s'y prend-il ? Mystère ! En tout cas, ils se promettent de se téléphoner.

Leurs conversations vont durer des heures ! Máxima tombe sous le charme. Trois semaines après leur première rencontre, les deux tourtereaux se retrouvent à New York cette fois où, enfin, Alexander dévoile sa vraie identité. De semaine en semaine, de mois en mois, le fils de la reine Beatrix et du prince Claus découvre une femme décidée, enjouée, expansive, toujours prête à rire, à danser, toujours à l'écoute aussi.

Le prince n'est pas seulement amoureux de Máxima. Il veut en faire sa femme. C'est en Italie que la pétillante Argentine rencontre le couple royal pour la première fois. Si l'entrevue avec la reine Beatrix est plutôt froide – « J'ai dû répondre à des dizaines, des centaines de questions », se souviendra Máxima –, d'emblée, le contact avec le prince consort est beaucoup plus chaleureux. Mais les pages qui s'apprêtent à s'écrire s'annoncent plus sombres. Beaucoup plus sombres ! La presse a eu vent de l'histoire d'amour entre le prince et la jolie bergère. Une bergère qui est loin d'être irréprochable, « loin d'afficher le profil d'une future souveraine », titre l'un des principaux quotidiens néerlandais. Les médias ne vont rien épargner à Máxima. Ni son côté latin, ni ses origines roturières, encore moins le passé de son père. Bientôt, Jorge Zorreguieta est accusé d'avoir été informé des crimes perpétrés par Videla et de n'avoir rien fait. Le scandale se mue en affaire d'État. Willem-Alexander et la jeune femme ont l'intention d'annoncer leurs fiançailles mais le palais sait que la polémique va être immense. Il faut prendre les devants. Sur demande du Parlement, un éminent professeur spécialisé dans l'histoire des états latino-américains réalise une minutieuse enquête sur l'implication de Jorge Zorreguieta dans la « guerre sale ». Longuement interrogé, le père de la jeune femme affirme qu'il n'était pas au courant de la tenue d'une telle guerre en Argentine, arguant qu'il était « simple civil ». Dans son rapport, l'expert estime toutefois peu probable qu'une personne avec semblable position au sein du gouvernement ait pu ignorer pareils faits. Mais le rapport montre que l'ancien ministre n'est pas personnellement impliqué dans les crimes sous la dictature videlienne. L'histoire d'amour semble être sauvée, donc, mais Máxima est choquée, désarçonnée. Elle voudrait excuser son père, le laver de tout soupçon. Car soupçon il y a. Elle voudrait effacer cet épisode, mais c'est impossible !

Le 30 mars 2001, en direct du palais Noordeinde, la reine annonce, en personne, les fiançailles du prince héritier et de Mlle Zorreguieta. Le ton est solennel. L'instant, historique.

Devant les caméras, Máxima se distancie du régime de Videla qui a « laissé de profondes blessures dans la société argentine ». Willem-Alexander et Beatrix sont intimement persuadés que Máxima sera une reine exceptionnelle. Elle n'a pas à payer pour les fautes d'hier. Ce passé n'est pas le sien. Elle n'en est pas responsable. Le plus dur vient d'être fait. Mais la partie est encore loin d'être gagnée. Car commence maintenant une autre polémique. OK, le père de l'heureuse fiancée n'était pas au courant. OK, sa fille n'y peut rien. Mais, d'après le rapport, il a sans doute fermé les yeux. Alors, peut-il assister au mariage de l'héritier du trône ? Car c'est d'un mariage royal qu'il s'agit. Pas seulement le mariage d'un homme et d'une femme qui s'aiment mais bien du futur roi et de la future reine de tous les Néerlandais. La question est débattue devant les chambres. Et la réponse tombe : M. Zorreguieta n'est pas autorisé à assister au mariage de sa fille. Le gouvernement fait également savoir que si son épouse n'est pas interdite de cérémonie, sa présence n'est pas non plus des plus recommandées ! Que dit Máxima ? Elle ne dit rien parce qu'il n'y a rien à dire. Parce que le sujet est trop explosif. Parce qu'un seul mot de sa part pourrait tout faire basculer. Elle se tait donc. Mais elle ne peut réprimer ses larmes. Et ses larmes couleront jusqu'au mariage. Jusqu'au moment où, dans son incroyable robe signée Valentino, elle pénètre sous les voûtes de la Nieuwe Kerke d'Amsterdam devant un parterre de reines et de rois.

Par mariage, Máxima devient altesse royale, princesse des Pays-Bas et princesse d'Orange-Nassau. Pour combler le vide immense qui l'assaille, sur accord du gouvernement, on l'a autorisée à faire résonner quelques notes d'un tango argentin. Les caméras ne cessent de zoomer sur le beau visage de la blanche mariée. Sous le diadème aux étoiles de la reine Emma, les larmes de la jeune épouse coulent comme de l'eau. Elle est désormais mariée mais une partie de la population néerlandaise, elle le sait, ne valide pas cette union. À la sortie de la cérémonie, le couple prend place à bord du *Gouden Koets*, le grandiose carrosse d'or de la dynastie d'Orange. Pour la première fois de son histoire, la rutilante et lourde voiture attelée s'avance sous des jets d'œufs. Par sécurité, ses vitres ont été renforcées. Et, dans la foule, des bombes lacrymogènes effraient les chevaux blancs. « Pardonne-moi », murmure-t-elle sur la banquette en soie de la berline d'or.

Máxima est aujourd'hui l'une des reines les plus charismatiques de la planète gotha. Et l'une des reines les plus impliquées aussi. En plus de ses nombreux voyages à l'étranger pour défendre la finance inclusive, des produits et services financiers destinés à aider les populations à faibles revenus, un sujet qu'elle connaît par cœur vu sa formation et sa carrière dans la haute finance, elle est l'une des rares membres des maisons régnantes européennes à être partisane des droits des homosexuels. En mars 2008, elle était ainsi la première à assister à une conférence des droits LGBT.

Le couple royal (qui a coiffé la couronne en avril 2013) a donné naissance à trois filles : les princesses Catharina Amalia (la future reine), Alexia et Ariane. Trois têtes blondes que la presse batave a baptisées « la *team* des 3 A ».

Mayerling

Ah, ce double suicide des amants tragiques : Rodolphe et Marie Vetsera, dans ce pavillon de chasse de Mayerling. Et tant d'hypothèses : de la plus courante, un amour contrarié, à la plus rocambolesque, une fuite déguisée, en passant par la plus troublante, l'inceste brusquement révélé et, pour finir, à la plus plausible, une impasse politique se greffant sur un imbroglio du cœur. Voire un meurtre commandité par Bismarck.

Ma théorie sur Mayerling ? Ce serait que Rodolphe, trop brillant, trop bridé, trop tourmenté, trop libéral, est mort d'avoir pressenti la chute de l'Empire austro-hongrois sans avoir les moyens ou la force de la prévenir. De même que Louis II, autre Wittelsbach, est devenu fou de n'avoir su mener son règne comme une musique. De même que Sissi, l'impératrice solitaire, a péri de ne pouvoir détourner l'empereur de ses vues étroites et routinières. Et payé pour lui. Il est souvent dangereux, et cruel, dans les affaires de l'État, d'avoir raison avant son temps. Ou contre lui !

Alors, qui a tiré le coup fatal qui fait entrer le seul héritier du gigantesque empire, à tout juste 30 ans, dans la crypte des Capucins ? Le joli nom de Mayerling, jadis doux comme du miel, donne naissance à la plus fantastique énigme du XXe siècle, au drame le plus poignant de la vieille Europe. Un cauchemar dans la forêt viennoise. Après la perte de son fils, Sissi ne sera plus qu'une âme errante, une « impératrice locomotive » condamnée à sans cesse voyager, une mère qui fuit, qui attend la mort.

Alexander **McQueen**

Se suicider, par pendaison, la veille des funérailles de sa mère me semble si tragique. Quand il meurt en 2010, il est déjà l'enfant terrible de la mode à la créativité incroyable. Une mode sauvage qui restera immortelle.

Moi, je garde le souvenir d'Alexander, à Paris, pendant ses années Givenchy. Il dînait souvent avec des amis dans un restaurant chinois de la rue des Archives. Il avait l'air d'un gentil nounours. Son nom à la consonance si royale m'a toujours fasciné.

Cet Anglais a la chance que sa maison perdure avec le chic de Sarah Burton comme directrice artistique. Elle a signé la robe de mariée de Kate et quelques-unes de ses plus royales tenues.

Meurtre

Bien sûr, bien sûr, je vous vois arriver… Je sais ce que vous attendez. La question m'est posée très fréquemment, trop fréquemment : « Alors, Bertrand, s'il vous plaît, dites-nous : Diana, accident ou… ? » Je suis d'ailleurs convaincu que pour bon nombre d'entre vous, ces lignes de *Mon petit dictionnaire* sont parmi les premières que vous lisez. Je vais donc jouer franco ! Au lieu de trouver une parade et de vous raconter l'assassinat de Sarajevo (par un anarchiste serbe), attentat qui déclencha la Grande Guerre, allait foudroyer les aigles, faire s'écrouler la Russie, l'Autriche, l'Allemagne… ; au lieu de vous parler de Ravaillac et des trois coups de couteau, mortels, qu'il donna à Henri IV, le « Vert Galant », rue de la Ferronnerie, à Paris, devant une auberge au nom tout prédestiné, « Au cœur couronné percé d'une flèche » ; au lieu de revenir sur la nuit d'Iekaterinbourg, la nuit la plus noire de l'Histoire, lorsque le corps du tsar de toutes les Russies, Nicolas II, de la tsarine Alexandra, des grandes-duchesses et du tsarévitch tombèrent sous une pluie de balles ; au lieu de rejoindre le quai du Mont-Blanc, à Genève, sur les bords du lac Léman et de vous décrire la lame tendue par Luigi Lucheni vers le corps si long, si svelte, de la plus incroyable des impératrices, Sissi, une lame qui va trouer les baleines de son corset, traverser le poumon et transpercer le cœur… ; au lieu de tout cela, retournons à Paris, sous le pont de l'Alma, puisque c'est ce que vous attendez !

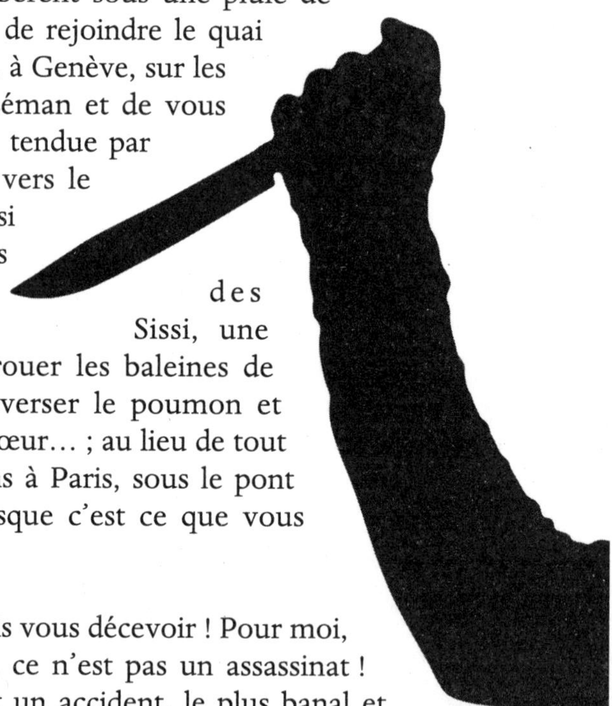

Mais… je vais vous décevoir ! Pour moi, Diana et Dodi, ce n'est pas un assassinat ! Pour moi, c'est un accident, le plus banal et stupide des accidents. En cette nuit du 31 août 1997, au moment où elle plonge dans le tunnel de l'Alma, la Mercedes 280 S dans laquelle ont pris place les deux amants roule à 110 kilomètres-heure. Henri Paul, le chauffeur, sera testé avec un taux d'alcool de 1,87 gramme par litre de sang, soit plus de trois fois le seuil autorisé. Il était aussi sous l'emprise de médicaments ! On rappelle – si besoin l'était encore – que le véhicule était pourchassé par une dizaine de photographes, voitures et motards de presse. Autre élément : l'historique de la berline. La Mercedes qui transportait la princesse et le fils Al-Fayed était une voiture de location appartenant à Étoile Limousine, une société travaillant exclusivement pour le Ritz. Ce véhicule pèse près de deux tonnes et sa puissance de cent quatre-vingt-quatorze chevaux permet aisément d'atteindre les 210 kilomètres-heure en quelques secondes. En décembre 1995, soit dix-neuf mois avant l'accident du pont de l'Alma, cette limousine fut volée et fortement accidentée. Victime de plusieurs tonneaux, la carcasse de la voiture sera retrouvée abandonnée au bord d'un champ, dans un état déplorable. À l'époque, l'assurance avait proposé au propriétaire de la remettre sur pied, mais celui-ci refusa, préférant s'en débarrasser et la vendre à la casse. Ce qu'il ne sut pas, c'est qu'au lieu d'être jeté (comme convenu), en fait, le véhicule fut remis à neuf dans un garage Mercedes et revendu (comme une voiture d'occasion), voiture qui sera finalement achetée par l'agence Étoile Limousine. Un peu techniques certes, ces éléments nous apprennent toutefois que la berline présente peut-être quelques problèmes de stabilité, hypothèse que l'on ne peut totalement exclure si l'on se réfère à un chauffeur du Ritz ayant conduit la Mercedes 280 S et ayant déclaré quelques semaines avant l'accident : « Il faut balancer cette bagnole car au-delà des 60 kilomètres-heure, on ne la tient plus. »

Ces éléments m'ont toujours suffi, je vous l'avoue, à ne jamais creuser un éventuel complot qui aurait été ourdi par Buckingham Palace. Aussi parce que (confidence pour confidence) je ne crois pas une seule seconde que Downing Street, le palais, Scotland Yard, le prince Philip en personne, les services secrets (qui sais-je encore…) puissent avoir sciemment donné l'ordre d'éliminer l'ex-princesse de Galles. Non pas parce qu'elle était l'ex-épouse du futur roi mais parce qu'elle était la mère de l'héritier présomptif du trône, le prince William. Quand on connaît les ravages psychologiques que provoque sur un adolescent la disparition d'une mère dans une mort brutale (et, croyez-moi, je parle en connaissance de cause !), aucune de ces institutions n'aurait pris le risque (j'en suis convaincu !) d'affaiblir un futur roi d'Angleterre !

Alors… je vous entends. Apparemment, Diana était enceinte, de Dodi, un musulman. Une situation embarrassante, pour ne pas dire gênante. Plus de vingt-cinq ans après sa mort, cette hypothèse reste encore à démontrer et, à nouveau, permettez-moi d'en douter ! À l'époque (aujourd'hui encore d'ailleurs) quiconque serait en mesure de fournir cette preuve serait rémunéré… à prix d'or ! Dans ce siècle où tout s'achète et tout se vend, je suis persuadé que si telle preuve existait, la planète *people* en aurait déjà eu connaissance !

Vous l'avez compris, Diana assassinée relève, pour moi, de la théorie du complot. Comme le fait que personne n'a jamais marché sur la lune. Comme le sida est un virus créé en laboratoire. Comme les attentats du 11 septembre ont été orchestrés par la Maison-Blanche. Comme la terre est plate. Toutefois (toutefois) puisque tout n'est jamais vraiment blanc et que tout n'est jamais vraiment noir, le défenseur (pour ne pas dire le mousquetaire) des rois que je suis reconnaît que Buckingham Palace peut être, en partie, peut être indirectement, tenu responsable de la mort de la princesse. Depuis le 28 août 1996 en effet, date effective de son divorce, Diana qui avait conservé la jouissance de ses appartements à Kensington Palace, de deux bureaux au palais Saint James et de son statut de princesse de Galles (mais à titre de courtoisie uniquement) s'était néanmoins, rigueur du protocole oblige, vu retirer son prédicat d'altesse royale. Or, outre une série de privilèges, ce prédicat de *Royal Highness* (délivré sur décision du souverain) permet aux membres du clan Windsor de bénéficier des services de Scotland Yard, plus précisément de ceux de la Royal Protection Squad, un corps d'élite chargé de la protection des membres de la famille royale et des membres du corps diplomatique. Si l'ex-épouse de l'héritier du trône avait continué de bénéficier de cette protection ultra-rapprochée, jamais, je vous l'accorde, elle ne serait montée à bord d'une voiture peut-être défaillante conduite par un chauffeur sous l'emprise de médicaments et d'alcool. Enfin, il faut le reconnaître, cette disparition dans le tunnel des ombres, ce tomber de rideau brutal, entre tragédie et stupide accident, entre gloire et détresse, va arranger les Windsor. Diana, en femme blessée, trompée, meurtrie, en épouse divorcée maintenant, n'avait plus grand-chose à perdre, avait tout à reconstruire, et était bien décidée à se venger du clan le plus célèbre, le plus fermé (mais aussi le moins humain) de la terre. Perdue dans les landes de Balmoral, en cette dernière nuit du mois d'août 1997, informée de l'accident, en apprenant la mort de son ex-bru, derrière ses épaisses lunettes, Elizabeth II aurait écarquillé des yeux comme des soucoupes… et se serait exclamée : « Dieu existe ! » Bruit de papier glacé ou glaciale vérité ? Je connais ma Lilibet. Seuls comptaient l'avenir et le prestige de sa Couronne. Qu'on lui pardonne !

Mexique

Savez-vous que le Mexique fut un empire ? Et que l'une de mes princesses en fut l'impératrice ? J'ai nommé **Charlotte**. Sa vie est un grand mélo. Et je m'étonne qu'aucun producteur n'ait tenté une adaptation télévisée ou cinéma. J'imagine bien Jérémie Renier et Marion Cotillard dans les rôles. Et, bien évidemment, on aura pris soin de demander à un jeune écrivain belge (et un peu talentueux) de signer les dialogues. Je m'y vois déjà ! Car, pendant plus de soixante ans, Charlotte envoya des lettres brûlantes d'amour à un mort. Devenue folle à la suite des tragiques événements du Mexique, elle ne sut jamais qu'elle écrivait à un fantôme, celui de son mari, l'empereur Maximilien. La folie et la mort... tel fut l'épilogue de ce mariage qui s'annonçait sous les plus heureux auspices et qui réconciliait, pour une fois, le cœur et la raison d'État.

Princesse romanesque et sentimentale, Charlotte, fille de Léopold Ier, roi des Belges, rêvait, sans trop y croire, au prince charmant qui viendrait à la dernière minute la sauver d'un mariage dicté par le protocole. Deux heures avant la réception, comme elle attendait sans plaisir qu'on lui présentât un prétendant, un jeune homme élégant se fait annoncer. C'est le bel archiduc Maximilien, frère de l'empereur d'Autriche, le célèbre François-Joseph. Charlotte sert le thé. Il se brûle légèrement. Elle le soigne gentiment. Ils se regardent amoureusement. C'est un irrésistible coup de foudre.

Dans la corbeille de noces de Charlotte, il y a une couronne d'impératrice. Maximilien vient d'être nommé, grâce à l'appui des puissances européennes, empereur du Mexique. Mais les Mexicains – évidemment – n'ont pas été consultés. L'accueil est désastreux. Le jeune couple, qui est arrivé plein d'enthousiasme et d'illusion, est en péril de mort. Charlotte repart seule pour l'Europe demander secours. Elle est mal reçue partout. Même le Vatican se montre sans pitié. Personne ne s'intéresse à leur sort. C'est si loin, le Mexique... Charlotte s'affole, sa raison vacille...

Pendant qu'elle frappe, désespérée, à toutes les portes, Maximilien est fait prisonnier. Condamné à mort, il tombe en hurlant le prénom de sa bien-aimée. Mais Charlotte a sombré. Son esprit refuse la réalité, trop atroce. La folie devient le plus sûr des refuges. Son père, Léopold II de Belgique, la ramène en son royaume natal. Hors de question que l'immense fortune revienne aux Habsbourg ! Et cette jeune femme de 25 ans, retranchée de la vie, attendra, en vain, jusqu'à l'âge de 87 ans que revienne son beau prince charmant. Pauvre Charlotte ! Naître princesse n'est pas tout. Quelque part, elle aussi, a dû perdre sa pantoufle de verre...

Frédéric **Mitterrand**

Cher Frédéric Mitterrand,

J'aime votre lippe boudeuse, votre expression indéfinissable entre séduction et tristesse. J'aime surtout votre voix, reconnaissable entre mille. Cette voix nasale, à la fois nonchalante et lancinante qui, des *Amants du siècle* aux *Aigles foudroyés*, a accompagné mes plus beaux souvenirs de télévision. Vos princesses aux destins tragiques sont devenues les miennes et, quand, en écriture, j'hésite sur une phrase, je la lis à voix haute et j'essaie de trouver ce que vous en feriez avec votre lyrisme exacerbé.

Vous êtes un narrateur doux-amer et je longe souvent vos rivages. Lors du salon de Versailles, vous êtes venu me voir en me disant que je vous amusais. Moi, vous me fascinez.

Cette fois-ci, je vous le demande officiellement : quand m'adoptez-vous ?

Monaco

Pour les touristes du monde entier, Monaco, c'est son casino, ses yachts et… son palais princier ! Posé comme une meringue sur l'assiette plate du Rocher, il est le théâtre des grandes heures des Grimaldi. En bonnes pierres du XVIe siècle scellées par le ciment des maçons génois d'Honoré II, il supporte une suite aérienne de balcons, de couloirs et de loggias. Il est flanqué, à sa droite, d'un fantôme de forteresse, avec donjon, créneaux, merlons et meurtrières. La nuit, il se pare d'une lumière spectrale et mystérieuse.

Depuis 1817, ce palais rose, crème ou vieil ivoire (selon les règnes) est gardé par cent vingt-quatre carabiniers. Ces superbes soldats (qui n'ont rien de plomb) ont pris aux gendarmes leur tunique, aux douaniers leur pantalon, aux gardes républicains leurs aiguillettes. Leur casque, recouvert de toile bleu marine, à gourmette d'acier, est un héritage de l'infanterie coloniale anglaise. En été, ils arborent d'ailleurs la tenue de toile blanche des planteurs de Ceylan. À 11 h 55, la relève de la garde attire les foules qui mitraillent leurs uniformes, et, chaque 19 novembre, jour de la fête nationale, les vingt-quatre carabiniers-musiciens jouent l'aubade sous les fenêtres des altesses sérénissimes. Ils représentent, en réalité, la première ligne de défense du palais et de sa grosse horloge qui continue de régler sa montre sur le rythme des souverains.

Détail qui a son importance : aucun carabinier n'est monégasque. Ils sont tous recrutés dans l'armée française. Pas question de risquer une révolution de palais et de les laisser déraciner les bougainvillées de la place ! Monaco continuera à garder sa façade d'opérette et à servir d'escale, entre vie et rêve, à des humanités assoiffées de mer chaude et de contes aux eaux bleutées.

Money

Pour les Windsor, l'argent est synonyme de Coutts & Co. Au richissime royaume d'Albion, cette vénérable maison veille sur la fortune des rois. Depuis le règne de George IV (1820-1830), le souverain et tous les membres de la famille royale y détiennent des comptes. Sa Majesté possède l'un des chéquiers distinctifs de Coutts, surmonté, dans son cas, d'une couronne. D'autres membres de la famille, comme le nouveau prince de Galles, ont droit aussi à des chéquiers du même ordre. Dans les années 1980, Coutts a fait installer un distributeur de billets dans les sous-sols du palais de Buckingham, caché derrière de hautes plantes vertes, dit-on. Leurs Altesses (et leur personnel) ne sont donc jamais à court de liquidités !

Coutts est ce que l'on appelle une banque privée, c'est-à-dire qu'elle exige de ses clients un apport de minimum 500 000 livres. Ou deux millions en valeur immobilière. Pour mes Windsor, un détail qui, on s'en doute, n'a jamais vraiment été un problème !

Montecito

Dans une jolie cité baptisée, en espagnol, « petite colline » vit un couple trouble-fête appelé Harry et Meghan. Dans une demeure de 1 300 mètres carrés, neuf chambres, seize salles de bains, une salle de cinéma, une autre de billard, une bibliothèque, un sauna, un bar à vin... À l'extérieur, sur plus de 3 hectares, un pavillon pour les invités, une piscine, un terrain de tennis, des chaises longues, des parasols, des palmiers... Achetée 14 millions de dollars en 2020, la villa aux allures de manoir toscan située au bout d'un chemin privé vaudrait aujourd'hui un peu plus du double. Les voisins se nomment Jennifer Aniston, Oprah Winfrey, Tom Cruise, George Lucas... On imagine un endroit paradisiaque, un peu la salle d'attente du paradis. Mais d'un ennui mortel !

Athénaïs de **Montespan**

Mme de Montespan (Athénaïs, pour les intimes) occupe dans la galerie des faveurs royales une place brillante et vénéneuse. Ses heures de gloire amoureuse coïncident avec l'époque la plus ensoleillée du règne de Louis XIV. Orgueilleuse, la favorite aimait à lui rappeler qu'elle descendait des ducs d'Aquitaine et que, par conséquent, sa famille était plus ancienne que celle des Bourbons ! Son toupet lui donnait aussi tout son charme !

Mme de Sévigné, rarement mauvaise langue, raconte l'avoir vue un jour habillée « d'or sur or, rebrodé d'or, et par-dessus un or frisé, rebrodé d'un or mêlé avec certain or qui fait la plus divine étoffe qui ait jamais été imaginée »... Dans les galeries, les chambres, les antichambres de Versailles, tant de puissance et de magnificence aiguisent, évidemment, jalousies et médisances. On la soupçonne de tremper dans une affaire de poudres et de poisons. À raison ! Pour conserver les faveurs de son royal amant, la belle Françoise-Athénaïs de Rochechouart de Mortemart n'hésite pas, en effet, à utiliser poudres et breuvages qui lui sont fournis... par la redoutable Catherine Deshayes, dite la Voisin. En disgrâce auprès du roi, son but est de retrouver son charme, son pouvoir sur le monarque et sur la cour. Elle ferait donner des cérémonies de conjuration, des messes noires durant lesquelles on égorge des enfants. Leur sang que l'on fait couler sur son corps nu permettrait à la marquise de conserver une jeunesse éternelle. Enfin, pour continuer à régner sur le cœur du soleil couronné, Athénaïs n'hésiterait pas à faire assassiner certaines de ses rivales. Alors, légende ? Vérité ? C'est de justesse en tout cas que la trop belle blonde échappe à la place de Grève. Ce qu'elle aurait dit au roi, pour sa défense ? « Seuls les sots et les laids ne font pas d'envieux ! » Je sais qu'elle a raison !

Napoléon

Le stratège militaire ne m'intéresse pas. Moi, c'est le Napoléon amoureux qui me séduit. Maigre, pauvre, le jeune officier Bonaparte ne peut oublier sa rencontre avec la belle Joséphine de Beauharnais, une indolente et coquette veuve. Il était dévoré d'ambitions, il fut déchiré de passion. Joséphine se laissa aimer, se laissa épouser, reçut les plus brûlantes lettres d'amour de son général parti conquérir l'Italie, se moqua de lui et fut déchirée treize années plus tard quand Napoléon, devenu empereur, décida le divorce.

Joséphine a été probablement le plus durable amour de Napoléon, dont les brèves passades sont innombrables. Un tempérament passionné. En 1786, adolescent de 17 ans, il s'éprend de Caroline du Colombier. Il est encore un sentimental : « Tout notre bonheur se réduisit à manger des cerises ensemble. » En 1791, il a une intrigue avec une Corse d'une extrême jalousie, elle voulait l'empoisonner. En 1793, c'est Désirée Clary qui entre dans sa vie. Il avait alors un très beau regard, qui, plus tard, deviendra d'une dureté de pierre. Il est impossible d'énumérer toutes les belles à qui il faisait une cour autoritaire et rapide.

L'histoire de Marie Walewska est exceptionnelle. À la beauté, elle joignait un cœur ardent, un goût de la pureté qui surprit l'empereur. Elle refusa de le recevoir pendant trois jours puis tomba en larmes dans ses bras. Ils se retrouvèrent souvent. En 1808, elle s'installe à Paris pour être près de lui. Elle lui donna un fils en 1810, le futur comte Walewski. Sachant désormais qu'il pouvait être père, Napoléon voulut épouser une princesse qui lui donnât un héritier légitime. D'avance, il se sentait follement amoureux de Marie-Louise, fille aînée de l'empereur d'Autriche. Il devança l'horaire établi pour aller au-devant de la future impératrice, sans tenir compte du protocole des cérémonies.

Toute jeune, Marie-Louise était douce et fraîche, mais perdit vite sa beauté qu'elle ne remplaça jamais par des qualités morales. Lorsque l'empereur, toujours amoureux, connut des revers, elle l'abandonna. Ainsi, malgré ses innombrables conquêtes, après avoir eu l'Europe entière à sa botte et toutes les femmes à ses ordres, il finit solitaire et amer.

Netflix

Si, pour beaucoup, côté royals, Netflix est synonyme des six longs et sirupeux épisodes de la téléréalité *Harry and Meghan*, bien trop Kardashian à mon goût, pour moi, avant tout, la plateforme du géant américain est, en toute majesté, l'indétrônable, *The Crown*. Six saisons, soixante épisodes et une pluie de distinctions. Merci *The Crown* ! Merci parce que je suis *in love*. Et le pari n'était pas gagné ! *I love* les dialogues. *I love* les décors. *I love* l'écriture de Peter Morgan. *I love* les choix de la caméra, le jeu des acteurs, la véracité historique et surtout, surtout, *I love* les silences, les regards, les mentons qui se lèvent, les voix qui se baissent, les brumes de Balmoral, l'immensité figée de Buckingham… *The Crown* est surtout une série d'atmosphère. Et une fenêtre ouverte, et tellement réaliste, sur la cour la plus épiée de la planète gotha. *The Crown* a réussi comme personne à pousser les grilles de l'intimité du clan le plus fermé de la galaxie couronnée. Bienvenue chez les Windsor.

Le casting est génial ! Plus vrai que vrai ! Une reine froide et sans pitié pour qui seul compte le devoir, encore le devoir, toujours le devoir. Un prince Philip volage mais rusé, une princesse Margaret désespérée, un héritier du trône trop lisse, une Diana tellement candide, une Camilla que l'on adore détester, un William un peu trop blond et trop prince charmant, une Kate trop parfaite… N'en jetez plus, la coupe est pleine. Ma Lilibet va boire le calice jusqu'à la lie ! Grâce à *The Crown* (que je remercie) tout le monde désormais connaît le casting de cette famille… pas toujours formidable. Plus besoin d'expliquer qui est Andrew, qui est Edward, qui est Fergie. Une mention toute spéciale à Claire Foy qui a d'ailleurs reçu le Golden Globe de la meilleure actrice. À l'instar de *Downton Abbey*, Peter Morgan devrait en faire un film. J'adorerais participer à l'écriture des dialogues. Et pourquoi pas du synopsis. Je sais déjà comment il pourrait commencer : un cercueil aux allures de sarcophage, drapé d'un étendard, couvert d'une couronne, d'un sceptre et d'un orbe… Gros plan sous les voûtes de Westminster. Puis travelling arrière. Si vous lisez ces lignes, je vous en prie Peter, laissez-moi vous présenter mon scénario. Je vous prédis une pluie d'Oscars !

Nobel

Au royaume de Suède, la cérémonie des Nobel se tient tous les 10 décembre. Sous les voûtes sublimes de l'Hôtel de ville. Pourquoi le 10 décembre ? Parce que c'est la date de la mort d'Alfred Nobel, en 1896. Par testament, l'inventeur de la dynamite laissa sa fortune considérable (près de 200 millions d'euros d'aujourd'hui) à la création d'une institution qui, chaque année depuis 1901, date de la création du prix, se charge de récompenser des personnes qui « ont rendu de grands services à l'humanité, permettant une amélioration ou un progrès considérable dans cinq disciplines différentes : paix, littérature, médecine, chimie et physique ».

En réalité, chaque 10 décembre se tiennent deux cérémonies. L'une en Suède, l'autre en Norvège. Le prix Nobel de la paix est décerné à Oslo. Les quatre autres distinctions sont remises à Stockholm des mains du roi Carl XVI Gustaf. Cette particularité vient du fait qu'à la création du prix, la Suède et la Norvège appartenaient encore à une seule Couronne. Voilà pour la partie technique ! Moi qui n'y comprends pas grand-chose, ni à la chimie, ni à la physique, et qui trouve un peu trop sérieux les auteurs qui reçoivent le prix en catégorie littérature, ce qui me fascine, vous l'aurez compris, c'est le faste incroyable de la cérémonie. En grande tenue, jaquette ou uniforme pour les hommes, robe longue pour les dames, barrés du grand cordon de l'ordre de l'Éléphant (la plus haute distinction du vieux royaume), dans le carré royal qui leur est réservé, les Bernadotte sont réunis au grand complet. C'est la manifestation la plus solennelle et la plus rutilante du calendrier royal. En cette période de fêtes, partout, il y a de grands arbres qui scintillent. Les invités, pour la plupart logés au Grand Hôtel, arrivent souvent à pied. C'est avec émotion qu'ils gravissent la belle volée de marches de l'immense Concert Hall. La famille royale est la dernière à se présenter. Dans la nuit noire et le crépitement des flashs, diadèmes, colliers, broches et bracelets scintillent de mille feux. Il y a la reine Silvia bien entendu, la princesse héritière Victoria, très souvent la belle Madeleine qui revient tout spécialement d'Amérique. Il y a la sylphide Sofia aussi, qui doit se souvenir, avec ravissement, que c'est sur ces mêmes marches qu'elle a fait sa première apparition officielle au bras de son beau fiancé, le prince Carl Philip. C'était le 10 décembre 2015.

La cérémonie se tient dans la Grande Salle, tendue de bleu et construite tout spécialement pour l'événement. Carl XVI Gustaf épingle un à un les heureux lauréats qui versent souvent quelques larmes. L'événement est retransmis, en direct, à la télévision. Après la remise des distinctions, place à un somptueux dîner de gala. Les tables nappées de blanc sont interminables. Elles sont éclairées par de hauts candélabres. On a sorti l'argenterie, la porcelaine, les verres de cristal (il y en a des centaines). Les Bernadotte jouent leur plus belle carte : ils éblouissent. Recevoir, avec art, avec goût, panache et distinction, est un métier. Qui perdurera, tant qu'il y aura des monarchies !

Noblesse

Ces deux dernières années, elle a surtout été pour moi celle d'outre-Manche. Je suis devenu plus familier du duc de Norfolk (grand ordonnateur des mariages, funérailles et couronnement à la cour de Saint James) que de certains de mes propres cousins. Mais, croyez-moi, outre-Manche, il faut s'accrocher pour gérer toutes les subtilités de l'aristocratie britannique. Ce serait méconnaître la noblesse anglaise que de la juger uniquement sur des signes extérieurs conservés par la tradition. En réalité, elle participe intensément à la vie du pays. Politique, armée, marine, affaires, lui doivent ses premières têtes. Les « honneurs » que le roi accorde chaque année lui permettent de se renouveler et d'incorporer dans ses rangs les éléments les plus marquants de l'activité nationale.

Voici l'ordre de préséance tel qu'il est actuellement admis dans le Royaume-Uni : le roi, la famille royale, 26 ducs et duchesses, 41 marquis et marquises, 204 comtes et comtesses, 107 vicomtes et vicomtesses, 515 barons et baronnes, baronnets et chevaliers. En fait, il est très compliqué de se reconnaître dans ce nobiliaire. Il arrive souvent qu'un même homme porte plusieurs noms et plusieurs titres au cours de son existence. Il arrive également qu'un personnage anobli conserve son patronyme. Préparez baisemain et révérence, et accrochez vos ceintures ! Je m'abstiendrai d'envoyer à la tour de Londres tous ceux qui passent lâchement à la case suivante.

Le nom du titre est pris par le seul chef de famille (l'aîné), les frères ou les enfants ne relevant, en principe, que le nom de famille. Les fils et les filles ayant simplement leur nom de famille le font toutefois précéder d'« honorable » pour les fils et les filles de tous les pairs, de marquis jusqu'à baron et de « vicomtes » pour les fils de comtes qui portent aussi l'appellation de « lord » ou de « lady » et ceux des fils et des filles de marquis et de ducs. « Très Honorable » est donné aux conseillers privés, c'est-à-dire aux membres ou anciens membres du cabinet. « Sa Grâce » s'accole à l'ensemble : « Leurs Grâces les ducs de Leeds et de Portland ». « Sir » (que vous prononcerez « sœur ») est une appellation réservée aux titres inférieurs de baronnet et de chevalier. Il est alors suivi du prénom : sir Charles Chaplin. Dans ce cas, les femmes prennent le titre de « lady », mais sans le prénom. « Baronnet » est héréditaire, chevalier, seulement viager. À noter que, dans la pratique, « lord » remplace tous les titres inférieurs à celui du duc, jusqu'à baron inclus. On se contente de supprimer la particule lorsqu'elle existe : « Marquis de Rockingham » se transforme en « lord Rockingham ». Jusqu'à Tony Blair, les titres de duc à baron, lorsqu'ils n'étaient pas de courtoisie, conféraient la pairie, ce qui impliquait l'accès à la Chambre des lords.

Vous n'avez pas tout compris ? Pas de souci, pour mon Angleterre chérie, je suis prêt à vous donner quelques leçons particulières. Rendez-vous avec ma chère lady Violet, comtesse douairière de Grantham, au château de Downton Abbey !

Noir

Noir, c'est noir… surtout pour les Windsor. Pas un seul voyage, une seule visite d'État, pas une tournée, officielle ou officieuse, sans que figure dans leurs bagages, en bonne place, une indispensable tenue de deuil. Costume trois pièces pour les hommes. Petite robe pour les dames. Protocole oblige. Jusque dans la mort !

Norfolk

Bienvenue au cœur de la verte campagne ! Ah, le Norfolk, ses vertes et moutonnantes plaines, son château où, à chaque Noël, mes Windsor fêtent la nuit de la Nativité. Nous sommes ici à deux heures vingt de Londres. En janvier 2013, ma Lilibet (qui adore son petit-fils William) lui offre une demeure de style géorgien, à deux pas de son château de Sandringham : Anmer Hall.

La maison aux allures de manoir possède dix chambres et de spacieuses pièces à vivre que Kate (en *super duchess*) s'est engagée à rendre plus chaleureuses encore. Car… pas question d'engager un architecte d'intérieur. Miss Middleton est bien décidée à s'en charger elle-même. Son but ? En faire un véritable *home sweet home*. Sur ses ordres, on fait refaire les dépendances pour domestiques et *bodyguards*, l'isolation, l'intégralité des toitures. On crée une verrière sous les étoiles, on pose treize fenêtres dans les arcatures et un porche semi-circulaire sur deux colonnes toscanes. Cuisine et dépendances, piscine et court de tennis sont, eux aussi, intégralement remis au goût du jour. Soucieux de préserver leur vie privée, lors d'une visite de chantier, le duc et la duchesse de Cambridge demandent aux paysagistes de planter de hautes haies le long de la résidence royale. Coût de l'ensemble ? Une bagatelle de 2 millions d'euros tout de même. Mais le couple peut désormais accueillir dignement famille et amis : William et Davina Duckworth-Chad et leurs jumeaux (Siena et India), Archie Soames (un descendant du grand Winston), Rosie et Hugh Van Cutsem (autre ami d'enfance du prince et parrain de George). Ou encore Laura Fellowes (la cousine de William) ou Emilia et son époux David Jardine Paterson. Sans oublier la *so* séduisante Rose Hanbury et son époux, le marquis de Cholmondeley (prononcez « *Chumley* »). Tous sont réputés pour leur loyauté et leur discrétion à l'égard des Cambridge. Leurs vrais intimes forment ce que les chroniqueurs mondains décrivent comme « la cour la plus joyeuse de toute l'histoire du royaume », un cercle un tantinet élitiste certes, mais authentique et fidèle. Des amoureux de la campagne, de la chasse, de la pêche et de la vie au grand air qui tiennent la presse à distance et ne tirent aucune vanité particulière de leur célébrité par ricochet.

Est-il utile de préciser que, parmi cette belle et prestigieuse brochette, la toute première à fouler les parquets nouvellement cirés d'« Anmer » fut… Elizabeth II ? Pas folle, ma Kate !

Océan

Le 2 juillet 2011, dans sa longue robe blanche griffée Armani, à la surprise générale, pour le jour de ses noces, la princesse Charlène n'arborait aucun diadème, mais deux guirlandes feuillagées ponctuées de fleurs, un prêt de sa belle-sœur, la princesse Caroline. Quelques heures plus tard, au dîner de gala, la blanche mariée s'est changée. Et, cette fois, elle a coiffé une aigrette ! Constituée de faisceaux en diamants retenant, à leur extrémité, des diamants goutte montés en trembleuse, cette création contemporaine griffée Lorenz Bäumer – premier cadeau déposé par Albert dans la corbeille nuptiale – aura nécessité plus de quatre cents heures de travail. La veille des noces, lors du concert donné par Jean-Michel Jarre sur le port Hercule, Charlène a arboré un somptueux collier en brillants en forme de vague – référence à son passé de nageuse – retenant un flot de perles poires. Deuxième cadeau ! Mais la plus belle pièce de cet écrin est un diadème-collier créé par Van Cleef & Arpels. Un joyau exceptionnel, baptisé Océan. Une succession d'éléments concentriques évoque l'initiale du prénom de l'heureuse élue mais aussi la houle mouvementée des vagues. Le bijou arbore plus de 1 200 pierres précieuses dont 883 diamants ronds totalisant 44 carats et 359 saphirs de trois teintes différentes. Enfin, quelques diamants goutte rythment les éléments circulaires du bijou qui figurent à merveille l'écume des flots. Les trois joyaux forment la parure Océan.

C'est sans doute mon côté romantique, mais le cadeau de noces de Charlène me fait penser au *Titanic*. Un autre naufrage ! Vous savez, lorsque la belle Rose, devenue vieille, est seule sur le pont. Elle regarde l'océan et laisse glisser le cœur qu'elle tenait entre ses mains, « Le cœur de l'océan ». Sachez,

Mesdames – Messieurs aussi, d'ailleurs ! – que ce « Cœur de l'océan » n'a jamais existé sinon dans l'imagination de James Cameron. Les informations données dans le film « une pierre des rois, portée par Louis XVI » font, en revanche, référence à une vraie pierre. Un diamant bleu exceptionnel de 112 carats acquis, en 1668, par Louis XIV, à un voyageur français revenant des Indes. Le Bleu de France, monté sur une broche baptisée Toison d'or, est volé lors du plus grand casse du monde, à l'Hôtel du garde-meubles, place de la Concorde, en septembre 1792.

Il faut attendre vingt ans pour qu'il réapparaisse, à Londres. Il a été considérablement retaillé et pèse désormais 45 carats. En 1830, il est acquis par un banquier londonien, lord Henry Philip Hope. Renommé Hope, le diamant restera dans la famille du banquier pendant quelques décennies avant de devoir être vendu car les Hope sont ruinés. La pierre va passer de mains en mains et gagner la réputation d'être… maléfique. En effet, chacun de ses riches propriétaires finit ruiné, pendu, fou à lier ou trouve la mort dans d'atroces circonstances. Estimé à 350 millions de dollars, le Hope est désormais exposé à Washington. Il attire six millions de visiteurs par an. Il est le deuxième objet d'art le plus visité au monde. Juste après la *Joconde* !

Œufs

Vous pensez peut-être à Pâques. Peut-être au chocolat. Vous les préférez peut-être battus, à la coque, à la russe ou montés en neige. Moi, je n'ai jamais pu choisir, je les aime tous, mais, lorsqu'on me parle d'œufs, avant l'omelette, d'abord, je pense… à Pierre-Karl Fabergé !

Nous sommes en 1885. Aux fêtes de Pâques. À Saint-Pétersbourg. Pour la famille impériale – et tous les chrétiens orthodoxes –, c'est le jour le plus important de l'année. La tsarine Maria Feodorovna reçoit une petite boîte. Intriguée, elle sourit, finit par soulever le couvercle. Surprise ! Pas de tiare, pas de diadème, de bracelet ou de collier mais… un œuf ! La curiosité de la tsarine fait place à l'étonnement. Derrière elle, assis, silencieux, le tsar Alexandre III observe la réaction de sa femme. Maria Feodorovna saisit le joyau en main. Stupéfaction ! Intitulé l'Œuf à la poule, l'objet précieux est d'une beauté, d'une finesse incroyables. Et la tsarine n'est pas au bout de ses surprises ! La coquille blanche du coco, opaque, émaillée, s'ouvre, en son centre, pour révéler un jaune d'œuf couleur or. Une merveille ! Nouvel étonnement : en véritable poupée russe, cette deuxième pièce s'ouvre également pour révéler… une poule cette fois. Cette poule se scinde, elle aussi, en deux, délivrant une réplique – en miniature et en diamants – de la couronne impériale. Un pendentif rubis a été suspendu au joyau. L'impératrice applaudit des deux mains. Son excitation est totale. Devant son émerveillement, son maître d'œuvre, Pierre-Karl Fabergé, est nommé « orfèvre par nomination spéciale à la couronne impériale ». Un second œuf est commandé dans la foulée. Chaque année, la tsarine en recevra un nouveau ! À la mort d'Alexandre III, le 1er novembre 1894, son fils Nicolas II poursuivra la tradition et offrira un œuf à la fois à son épouse (la tsarine Alexandra) et à sa mère.

À chaque fois, Pierre-Karl dispose d'une liberté totale. Le seul mot d'ordre qui lui est soufflé : chaque coco doit contenir une surprise concernant l'histoire de la famille impériale. En ce printemps 1885, ils ne le savent pas encore, ils ne le sauront jamais, mais les souverains de Russie viennent de donner naissance à l'une des collections les plus fascinantes au monde. Il y aura, au total, cinquante-quatre œufs impériaux. Mais deux d'entre eux – ceux de Pâques 1917 – ne seront jamais livrés au palais.

Parmi ces cinquante-quatre merveilles, sept ont aujourd'hui disparu. Et la plupart sont exposées dans des musées, dont le musée Fabergé de Saint-Pétersbourg, à côté de l'avenue Nevski. Lorsque je travaillais sur un livre consacré aux Romanov, j'ai eu l'occasion de m'y rendre. On ne soulignera jamais assez comme le travail de Fabergé – et pas uniquement ses œufs – est époustouflant. Un génie ! Pour info : sachez que les Windsor sont parmi les rares propriétaires privés à être les heureux détenteurs de trois de ces œufs : l'Œuf au panier de fleurs sauvages (de 1901), l'Œuf à la pendulette à colonnades (de 1910) et l'Œuf en mosaïques (de 1914). À l'été 2011, le palais de Buckingham organisait une grande exposition consacrée à l'orfèvre russe. L'occasion de faire admirer les trois œufs et... cent seize autres pièces inestimables ! Des miniatures, un éventail, des coffrets, des cadres... Ce trésor des Windsor est la seule collection privée, dit-on, qui fait pâlir d'envie le pourtant si précieux musée de Saint-Pétersbourg !

Oprah Winfrey

Cette reine de la télévision américaine a fusillé de son regard noir tous les monstres sacrés de la société. Évidemment, je me souviens surtout – le monde entier s'en souvient – de cette interview fleuve (et tellement lacrymale) où Meghan Markle dans son plus grand rôle (je suis une victime des Windsor) a lavé son linge sale devant des milliards de témoins médusés. *Psy-show* planétaire aux allures de règlement de comptes où miss Oprah, venue en voisine, a excellé, une fois de plus, dans ses robes de papesse de la confession. Elle est depuis la plus grande copine de Meghan. *Ad vitam aeternam !*

Orient-Express

Voyager à bord de l'Orient-Express ! Voilà l'un de mes rêves les plus fous ! Parce qu'il est le roi des trains et le train des rois, bien sûr. Mais savez-vous que l'Orient-Express est belge ? Son concepteur en tout cas, le génial Georges Nagelmackers, est belge et même… liégeois ! Je n'en suis pas peu fier ! Moi qui aurais dû naître à une autre époque, qui me suis trompé de siècle, j'aurais pu être son voisin ! Peut-être même son ami ! J'imagine déjà la trame : j'aurais été jeune reporter pour un grand, un très grand journal. Il m'aurait emmené, aurait déplié ses plans sur de longues tables, m'aurait parlé de son projet totalement fou. À une époque où l'aventure ferroviaire vient à peine d'être lancée, Georges Nagelmackers imagina des voitures de grand luxe où pouvoir déjeuner, où pouvoir dîner, où pouvoir dormir, où pouvoir aimer. C'est lui qui inventa les termes « voiture-restaurant » et « voiture-lit ».

Aidé par le roi des Belges (le richissime et très audacieux Léopold II), après bien des essais, des recherches d'associés, de partenaires, de financement, Nagelmackers peut enfin lancer son projet sur les rails. Le voyage inaugural de ce palace roulant a lieu le 4 octobre 1883. Le départ est prévu à Paris, en gare de Strasbourg. À 19 h 30 précises. Il y a foule sur les quais. Des curieux, des artistes, des hommes d'affaires, des enfants, des élégantes… Chacun veut apercevoir la merveille : 75 mètres de longues et brillantes voitures bleu nuit frappées du beau monogramme d'or de la Compagnie internationale des wagons-lits : deux lions et des feuilles de laurier, en référence au roi des Belges. Il y a une locomotive, un tender, deux fourgons à bagages, une voiture-restaurant qui, en dehors des repas, se métamorphose en « salon de dames » et en « fumoir » et deux voitures-lits. Sur les quarante personnes qui prennent place à bord (tous des invités dont beaucoup de journalistes et de ministres), il n'y a aucune femme, officiellement du moins ! C'est que ce train-palais qui va parcourir plus de 3 000 kilomètres en moins de quatre jours (personne n'y croit vraiment !) doit franchir le fameux passage des Balkans. Et on craint les bandits ! D'ailleurs, on a prié chacun de se munir d'une arme à feu !

Sur le quai où est amarré ce train bleu aux allures de yacht, il y a des valets en livrée. Et des tonnes de bagages ! Au pied de la locomotive, le conducteur (qui vous salue en se courbant très fort) est galonné d'or. Les portières des voitures sont vernies au tampon. Les poignées sont en bronze. À l'intérieur, quelle révolution ! Ce n'est pas un train. Rien n'y ressemble en tout cas. Tout est luxe et volupté. Brillamment éclairées au gaz, les voitures en bois de teck chauffées à la vapeur sont « aussi confortables qu'un riche appartement de Paris ».

Les parois des salles à manger sont garnies de panneaux en acajou ornés de marqueterie. Les plafonds, à voussures et lanterneaux, sont recouverts de toiles peintes. Dans les voitures réservées au repos (on dit « les chambres »), les lits sont faits, impeccables. Et que dire des draps ? Blancs. Brodés. De la soie de Chine, du coton d'Égypte... Les cabinets de toilette (parce que cabinets de toilette il y a) sont en marbre, pourvus de miroirs, de belles serviettes, de flacons de sels. Et d'eau chaude ! Malgré des pointes de vitesse à près de 100 kilomètres-heure, un système révolutionnaire de quatre essieux procure un calme, une quiétude, une douceur, « qui permet même de se raser pendant le voyage ! ».

Après le dîner, quand on regagne sa « chambre » au parfum de bois précieux, les lourds rideaux ont été tirés. Sur le lit, on trouve un peignoir brodé. Il suffit d'appuyer sur un petit bouton et on vous apporte de la tisane aux herbes aromatiques cueillies au bord du Moril (le plus grand lac de Bucarest) ou un chocolat chaud dont la crème a été fouettée à Vienne, où l'on vient tout juste de faire escale. De la magie !

La voiture-restaurant est, elle aussi, une grande première. Jamais auparavant, en Europe, on n'avait dîné dans un train. Révolutionnaire, certes. Mais, surtout, merveilleuse ! Dans une lumière qui coule comme du miel, discrètement, des musiciens s'avancent. C'est inattendu. C'est fantastique. Sur les fauteuils capitonnés de cuir, on applaudit des deux mains. Derrière les interminables baies vitrées (qui coulissent), le paysage ne cesse de changer. On ne sait plus où regarder. Vers les tables nappées de coton glacé peut-être ? Le service y est digne d'un palace.

Lors de ce premier voyage, Georges Nagelmackers (que l'on dit beau, si beau, « aussi soigné qu'une gravure de mode ») y veille d'ailleurs en personne ! Des valets en livrée (en réalité, davantage des équilibristes) soulèvent des cloches d'argent, en gants blancs. Tout brille. La porcelaine, le cristal, l'argenterie… Les carafes, les couverts, la vaisselle… ont été dessinés expressément. Chaque pièce, même les miroirs coulés à Venise, est frappée du monogramme d'or aux deux lions.

Bientôt, René Prou, Morrison, Nelson, Maple, Lalique… travailleront pour l'Orient-Express qui va devenir l'ambassade roulante la plus luxueuse de France. Mais, pour l'heure, en gardant un doigt sur leur fusil (sait-on jamais), une flûte de champagne ou un verre de grave à la main, en jaquette noire, les hommes s'extasient devant un plateau d'huîtres, ses citrons verts et sa glace pilée ; devant un potage reine et des truites saumonées à la Chambord ; devant des selles de chevreuil à la duchesse, des poulardes Valois, un chaud-froid de langoustes à la parisienne, du civet de bécasse à la Monaco, un parfait de foie gras… et des truffes au champagne… et une crème Lutetia… On dîne durant des heures, on trinque, on rit. Et on ne sait plus vraiment où on est. Peut-être à Bucarest. Peut-être à Strasbourg. Ou à Munich, à Vienne, à Budapest… Quand on vit trop vite, trop fort, on perd un peu le nord. Et on oublie le temps qui passe. Alors, sur ces vastes plaines, est-ce la nuit qui tombe ? Le jour qui se lève ? Au loin, dans un nuage de poussière – ou peut-être de flocons de neige –, sont-ce des chevaux sauvages, des chamois, des bisons ?

Nouveau trait de génie : les plats s'adaptent en fonction des contrées traversées. Ainsi, quand on aperçoit le beau Danube bleu, on sert de l'oie de Styrie et, au moment du dessert, les crêpes deviennent « impériales ». Quand on longe le Buda, les verres se remplissent de vin de Tokay. Et la musique se fait tsigane. Lorsque la locomotive s'approchera de Constantinople, les crèmes glacées auront un goût d'exotisme, se couvriront de fruits que l'on ne connaît pas. « Rien ne vous manquera, ni le beurre frais d'Isigny, ni le champagne, ni les fruits mûrs, ni les cigares », assure Edmond About, le reporter du *Figaro*. « Et que dire des vins de M. Nagelmackers ? »

Ah, ce M. Nagelmackers ! Si seulement... je ne m'étais pas trompé de siècle ! Je vous aurais suivi dans la fumée noire. Bâle, Zurich, les vallées de l'Autriche aux neiges éternelles, le col de Brenne, le lac de Garde, les eaux de Venise... De la Manche à la mer Ionienne, vos coups de sifflet auraient été mes guides.

Le 4 octobre 1891, dans ces voitures de laques et de marqueteries, sous de larges pales de cuivre qui ventilent et assurent une température constante en tout pays, le roi du Siam dîne d'huîtres, de caviar d'Astrakhan et de rôtis de volailles. Le 31 juillet 1902, le

shah de Perse se délecte d'un potage printanier à la royale. Bref, tous les rois, toutes les reines, tous les princes de la vieille Europe, les capitaines d'industrie, les nouveaux riches… empruntent ou vont emprunter ces voitures œuvres d'art, des voitures muséales plus confort que les grands hôtels, qui, de Paris à Bucarest, de Londres à Istanbul, sillonneront bientôt les principaux axes européens. Il y aura aussi des stars de la chanson, du cinéma, des vedettes incognito, des écrivains, des escrocs de haut vol, des diplomates, des espions… De Sissi à Grace Kelly, du shah d'Iran au bey de Tunis, d'un sultan turc aux doges de Venise, des maharadjas aux rois du Bengale, des empereurs de Chine aux princes du Qatar… Hohenzollern, Bourbon, Romanov, Habsbourg, Saxe-Cobourg, Windsor, Grimaldi… Le roi des trains devient le train des rois.

Vous l'avez compris, dans ce convoi d'or au parfum d'argent, on pourrait voyager durant des jours et des nuits. Ah, cher Georges, je me répète, si je ne m'étais pas trompé de siècle… Sous votre haut-de-forme gris perle, sous votre cheveu, votre barbe, votre œil noir, vous que l'on décrit comme « nerveux au-dedans et calme au-dehors », vous, votre cœur chaud et votre sang-froid, si vous m'aviez raconté, si vous m'aviez emmené… j'aurais écrit un livre, *Le Liégeois de l'Orient-Express*. Qui mieux que ma plume ? J'y aurais conté votre vie. Parce qu'elle me fascine. Parce qu'elle parle un peu de moi. Vous me donnez des idées Georges. Vous me donnez des envies ! « Il était une fois… » S'il vous plaît, Georges, je sais qu'il est trop tard, que je me suis trompé, que je suis en retard, je sais tout ça, mais… je sais aussi que je peux arrêter les aiguilles, que je peux tromper le temps. Faites-moi confiance. Une fois encore, remontez à bord de votre train. Une dernière fois. Juste le temps d'un voyage. L'ultime voyage. Avant que commence la légende. Georges, racontez-moi l'Orient-Express…

Ottokar IV

Dans *Les Aventures de Tintin*, il est le roi de la Syldavie, petite monarchie de la péninsule balkanique. Le monarque né sous la plume d'Hergé, véritable héros de mon plat pays, apparaît pour la première fois dans *Le Sceptre d'Ottokar*, huitième album de la série, qui paraît, en noir et blanc tout d'abord, en 1939. Il faudra attendre 1947 pour la couleur.

Vous vous souvenez de l'intrigue ? La Syldavie (quel joli nom, je trouve) est menacée d'annexion par la Bordurie voisine (État tout aussi fictif). Découvrant le complot qui se trame, le jeune reporter et son fidèle chien blanc cherchent à en avertir le roi. Mais, déjà, un autre drame assombrit le ciel royal. Le monarque ne trouve plus son sceptre. Le joyau vient d'être volé et sans lui, la Syldavie est perdue. Mais – vous vous en souvenez ? – c'est compter sans le courage de Tintin et Milou !

Il est à noter (pour info) qu'il a réellement existé un souverain du nom d'Ottokar IV. En 1164, à la mort de son père, Ottokar est encore enfant lorsqu'il devient margrave de Styrie (un titre équivalent à celui de roi). Victime de la lèpre, il meurt à 29 ans, sans héritier. La Styrie échoit à la maison de Babenberg qui, bientôt, va être dirigée par les Habsbourg. Alors, Ottokar IV avait-il un sceptre ? L'histoire ne nous le dit pas. Qu'importe ! Moi, j'ai toujours préféré la version de Tintin !

Pacha III

Il est ancré dans le port de Monaco, quai Rainier-Ier. Qu'il a fière allure, ce petit yacht (36 mètres, tout de même) au look *so british* avec son décor d'origine fait de teck, d'acajou verni et de bronze ! C'était un projet de Stefano Casiraghi avant sa mort tragique, le 3 octobre 1990. Caroline de Monaco a voulu en terminer les travaux de réfection, comme pour mieux perpétuer le souvenir de son mari.

La restauration du bateau a eu lieu au chantier naval de Valdecoro et le yacht est alors baptisé *Pacha III* (P comme Pierre, A comme Andrea et Cha comme Charlotte). C'est Jacques Grange qui en a supervisé la décoration intérieure. Il y a même installé un hammam, clin d'œil turc au nom du bateau. Avec sa vitesse de 11 nœuds, pas de régates mais uniquement de l'agrément. Du *farniente*. D'ailleurs, chaque année, le clan Casiraghi y effectue une longue croisière, toujours en Méditerranée.

Paddington

Comme vous peut-être, j'associerai toujours cet adorable petit ours à ma Lilibet et à cette merveilleuse scène filmée au château de Windsor et projetée sur la façade de Buckingham, le soir du concert du Jubilé. Une scène très vite devenue virale. Comme tout le monde, j'ai jubilé et je me doutais bien que la *Queen* avait plus d'un tour dans son sac !

Quelques jours après la mort de la reine, j'ai fait déposer devant Buckingham Palace des fleurs et un mini-ourson Paddington, ma

façon à moi de dire adieu, avec tendresse, à cette reine que j'ai chérie. Et un ami a eu la bonne idée de m'offrir le modèle grand format de l'ours. Il me regarde, avec amusement, au moment où j'écris ces lignes.

En ce triste mois de septembre, je ne fus pas le seul à déposer une peluche aux grilles du palais. Quelques jours plus tard, les équipes de Buckingham déclareront en avoir ramassé près de mille. Lavés, séchés, recousus parfois, ils rejoindront bientôt un organisme de charité en faveur de l'enfance.

Savez-vous que mon désormais copain fut le héros d'une trentaine d'albums vendus à trente-cinq millions d'exemplaires et autant de traductions à travers le monde ? Paddington est une institution en Grande-Bretagne. L'écrivain Michael Bond imagina ce personnage un soir de Noël 1956, après avoir aperçu un ours en peluche esseulé dans la vitrine d'un grand magasin londonien. « Je me sentais désolé pour lui », expliquait l'auteur, qui commença à écrire les aventures de Paddington « plus pour s'amuser que pour les publier ». L'histoire d'un ours péruvien qui débarque à Londres à la gare de… Paddington ! À son bras, une valise élimée contenant un pot de marmelade d'orange presque vide et une étiquette autour du cou : « S'il vous plaît, prenez soin de cet ours. Merci. » Il est accueilli par une famille anglaise, qui est loin de savoir à quoi elle va s'exposer, car l'ours va s'avérer extrêmement maladroit !

Pantoufle... de verre

Ô pantoufle de verre, ô souvenirs d'enfance (colorisés par Disney) d'un prince, charmant, et d'une bergère qui devient princesse. Pour des millions de petites filles à travers le monde (et de petits garçons, j'en suis la preuve vivante), grâce à Cendrillon, l'escarpin est un accessoire... royal.

Le jour de ses noces, le 19 avril 1956, lorsqu'elle se présente dans sa robe blanche sur les marches de la cathédrale Notre-Dame de l'Immaculée-Conception, Grace Patricia Kelly réinvente le conte de fées. Il est 10 h 35. Sous sa robe de soie et dentelle de Valenciennes, elle ferme les yeux. Les deux mille photographes accrédités raconteront : « Elle était blanche, blanche, blanche, impressionnante de blancheur. »

À l'abri de tous regards, il a fallu plus de trois heures pour la revêtir, faire de l'actrice oscarisée une princesse sortie tout droit d'un tableau de Botticelli. Le résultat est... époustouflant. À bord du *Constitution*, le paquebot qui a levé l'ancre dans la baie de New York pour conduire le clan Kelly jusqu'à Monaco, la robe de Grace a voyagé dans un cercueil de plomb... pour ne pas la froisser ! Les chiffres donnent le vertige : plus de 30 couturières, des centaines d'heures de travail à l'aiguille, 46 mètres de taffetas, 90 mètres de tulle pour une robe Renaissance aux manches bouffantes, au col droit et montant dont le dessin a été confié à Helene Rose, la styliste star de la Metro-Goldwyn-

Mayer. La société ayant acquis les droits de retransmission du mariage, la robe de Grace est une robe de cinéma, une robe qui doit être vue, captée, saisie, par les onze caméras dissimulées sous les voûtes de la cathédrale.

Mais… revenons à nos chaussons ! Au moment où elle pose le pied sur le tapis rouge et entame dans un bruissement de dentelles la montée des marches qui la conduisent vers l'autel – d'autres diront bientôt « un chemin de croix qui conduit l'actrice à l'échafaud » –, Grace dévoile une paire de sequins de soie. Dans sa chaussure droite, à sa demande, tradition irlandaise, le bottier a veillé à glisser une pièce de cuivre… porteuse de chance. Comme les quelques brins de muguet qui garnissent son bouquet. Grace a emporté son secret. Ne le dévoilant à personne. Jamais.

C'est le musée d'Art de Philadelphie où est conservée la robe nuptiale – à l'abri de la lumière et à température constante – qui a opéré cette découverte, en 2005. Elle est venue éclairer d'un jour nouveau une phrase de la princesse prononcée quelques années après son fastueux mariage et restée longtemps énigmatique, surtout pour une Irlandaise : « Je ne crois plus aux superstitions. »

Paola

Bruxelles. 9 août 1993. Il tremble comme une feuille, manque de perdre son épée, semble engoncé dans son uniforme de lieutenant général de la force terrestre. Sous les hauts plafonds du Palais de la Nation, le nouveau souverain n'en mène pas large. À quelques pas du trône, une femme ne perd rien de la scène. De ses yeux bleu myosotis, ces yeux qui ont fait tourner tant de têtes, chavirer tant de cœurs, Paola ne lâche pas son mari du regard. Elle sait qu'il fera un bon roi, un souverain aimant, chaleureux. Depuis toujours, Albert a le goût des autres. Mais… peut-on en dire autant de sa femme ? En ce jour, si solennel de prestation de serment, en ce jour où elle devient reine, à 56 ans, c'est la question que se pose Paola. Cette place, si près du pouvoir, jamais elle ne l'a demandée, jamais elle ne l'a souhaitée. Et pourtant ! Maintenant, elle s'y trouve. En cette matinée pluvieuse, sous le ciel gris de Bruxelles, Paola n'a qu'une certitude : pas question pour elle de jouer les utilités en assumant un règne de transition. Reine, elle le sera. Mais elle compte bien laisser son empreinte dans l'histoire de son nouveau royaume.

D'emblée, la nouvelle reine impose ses choix. Le premier va faire couler beaucoup d'encre. Les souverains continueront de résider au Belvédère. Cette maison, Paola l'a aménagée dès leur mariage, elle est devenue son foyer et il lui est inenvisageable qu'elle le sacrifie pour aller s'installer – comme l'exige la tradition – au château de Laeken. Au Belvédère, tout porte sa griffe, de la matière des tentures aux tableaux de maître accrochés aux murs. Ce goût de la beauté, ce sens très italien du confort, de l'harmonie, sont l'un des traits marquants de sa personnalité. Ce sens de la perfection, elle va d'ailleurs également le faire souffler entre les murs du vieux palais. Très vite, les dîners de gala donnés par le couple royal s'inscrivent comme les plus gourmets de toute l'Europe. Régulièrement, au gré de ses envies, de ses nouvelles découvertes, l'épouse du monarque convie de grandes toques belges à faire preuve de leurs talents. Soucieuse de tout, elle n'hésite jamais à se rendre en cuisine pour donner son avis. Et tant pis si, parfois, on lui reproche de manquer de diplomatie !

Une autre décision prise par la reine va fortement interpeller son entourage. Malgré son statut de première dame, elle entend bien sauvegarder – un minimum – sa vie privée. Ainsi, régulièrement, le couple souverain continue de s'octroyer quelques escapades en tête à tête. Ensemble, Albert et Paola prennent la direction de l'Italie, de la Corse, de la France ou des « Romarins », leur résidence à Châteauneuf-Grasse. Son plus grand plaisir ? Offrir à ses hôtes de passage quelques bouteilles d'une huile d'olive produite sur le domaine !

À l'instar de toutes les reines qui l'ont précédée, Paola doit apprendre à exercer son métier en tenant compte d'une particularité toute protocolaire : la Constitution belge ne prévoit aucun rôle défini pour l'épouse du chef de l'État. Pour l'ancienne princesse de Liège, il est néanmoins hors de question de rester les bras croisés. Hors de question également de jouer aux poupées de cire, de se contenter de redécorer les salons, d'assister à des vernissages, de fleurir des monuments... Si Baudouin et Fabiola travaillaient ensemble sur les mêmes dossiers, Albert et Paola vont se répartir les tâches. La solidité de leur couple retrouvée va être tournée tout entière vers les autres.

Tout comme la reine Fabiola, la première dame organise un secrétariat social qui, chaque année, reçoit des milliers de lettres de personnes en difficulté. Mais la nouvelle reine possède également déjà son propre fonds d'entraide. Et depuis sa mise sur pied, elle s'y investit entièrement. La mission de la fondation Reine-Paola ? Soutenir des projets concrets émanant d'organisations ou de personnes venant en aide à des jeunes particulièrement éprouvés par la vie. Soigneusement étudié, chaque cas se voit offrir une solution concrète. D'emblée, pour partir à la rencontre des gens en difficulté, elle n'hésite pas à sillonner son royaume. À son retour, elle rend compte au roi de ce qu'elle a vu et entendu. Mais bientôt, ce rôle ne lui suffit plus. Elle cherche à élargir son terrain d'action. Durant l'année scolaire 1996-1997, la reine remet pour la première fois le prix Reine-Paola pour l'enseignement. Ce prix – il sera désormais décerné chaque année – vient récompenser des projets pédagogiques intéressants et novateurs. Plus tard, la fondation Reine-Paola inaugurera aussi le programme « L'École de l'espoir », un prix qui viendra en aide aux écoles belges œuvrant dans un milieu difficile.

En septembre 1996, aux plus tristes heures de l'affaire Dutroux, alors que la Belgique sombre dans l'horreur, Paola est à côté d'Albert pour accueillir, au palais, les parents d'enfants disparus. Immédiatement, « Sa Majesté » est frappée de plein fouet par ces rencontres. Lorsqu'elle étreint les familles de victimes, en larmes, il n'y a plus de reine, plus de protocole, plus de titres. Paola agit en femme, en mère de famille. Son cœur saigne. Plus tard, elle accepte la présidence d'honneur du centre Child Focus pour les enfants disparus et sexuellement exploités. Bien plus qu'un titre honorifique, la reine tient à s'engager auprès des victimes. Militant pour la création d'un tel organisme dans tous les pays européens, Paola fera visiter « son » centre à toutes les premières dames de passage en Belgique.

Du 26 au 28 septembre 1999, elle assiste à la conférence internationale organisée en Pologne pour le 10e anniversaire de la Convention des droits de l'enfant. Se voulant toujours plus impliquée, plus efficace, en novembre 2004, la souveraine organise la même réunion, mais au palais royal de Bruxelles cette fois. Soutenant la lutte contre la pédophilie et la pédopornographie sur Internet, la sixième reine des Belges est également membre du comité honoraire du Centre international pour enfants disparus et sexuellement exploités.

L'autre grand combat de la reine est la défense de l'art. Son désir : établir le contact entre la famille royale et le monde artistique, un univers qui la passionne depuis toujours. Vrai mécène, elle milite pour la création d'un comité chargé de faire rentrer l'art contemporain belge dans le palais de Bruxelles. Unique en Europe, cette démarche donne naissance, en octobre 2002, à l'inauguration de trois œuvres d'artistes belges : une série de photos de Dirk Braeckman, sept toiles de la peintre Marthe Wéry et le revêtement du plafond de la salle des glaces par Jan Fabre. Depuis le décès, en 1909, de Léopold II, « le roi bâtisseur », aucun roi, aucune reine, n'avait marqué à ce point les domaines royaux de leur empreinte !

En 2003, lors des dix ans de règne du couple souverain, la popularité de Paola est à son zénith. À l'étranger, on se déplace pour elle. Plus que pour Albert d'ailleurs. En Italie, devant une foule en délire qui scande son prénom, le roi salue les spectateurs par ces mots : « Bonjour, bonjour, je suis le mari de Paola ! » Le secret de la reine ? Elle est en phase avec son époque. Ne jamais totalement se plier aux règles ou à la tradition, conserver, à tout prix, un peu d'indépendance, tel est, sans doute, le trait le plus marquant de sa personnalité. C'est aussi sa seule faiblesse. En privé comme en public, sa franchise n'est pas toujours diplomatique. « Lorsqu'elle a envie de séduire, elle est redoutable. Elle arbore un sourire étonnant, très charmeur. À l'inverse, si elle s'ennuie ou que ses interlocuteurs ne lui plaisent pas, cela se voit très vite », confie un proche du palais.

Autre révolution de la reine : elle va insuffler un vent de modernité à la monarchie. En 2002, pour ses 65 ans, elle est la première souveraine belge à répondre, par écrit, à une interview à l'agence Belga. En 2006, dans les petites rues et les canaux de Venise, elle se confie, pendant une heure, devant les caméras de la VRT et de la RTBF. Salué par un flot de commentaires dithyrambiques, cet exercice médiatique est une formidable campagne de communication.

En septembre 2007, Paola fête ses 70 ans. À nouveau, elle profite de l'occasion pour servir son royaume. Malgré la crise politique qui divise dangereusement le pays, comme par magie, le château de Laeken devient le théâtre de la plus belle démonstration d'unité nationale. Pour célébrer son anniversaire, la reine a orchestré une grande fête populaire réunissant huit cents personnes ayant en commun leur engagement au service de la communauté. Au moment de souffler la haute bougie qui surplombe un gigantesque gâteau de moka, elle prononce quelques mots : « Travailler ensemble à un meilleur avenir pour les enfants en difficulté, c'est le plus beau cadeau que vous puissiez me faire… » Et à l'occasion de son soixante-quinzième anniversaire, qu'elle fête en septembre 2012, à nouveau, ce sont les autres que la reine des Belges tient à mettre à l'honneur. Même si certains le regrettent, pas de dîner officiel, pas de gala, aucun faste, mais une réception donnée pour fêter les vingt ans de la création de sa propre fondation. Généreuse Paola !

La sixième reine des Belges s'est retirée du devant de la scène à l'abdication d'Albert II, en juillet 2013. Au château du Belvédère, toujours bon pied bon œil, elle vient de fêter son quatre-vingt-sixième anniversaire.

Des altesses **particulières**

Elle est entrée par inadvertance. La simple envie de se laver les mains. À pas feutrés, elle a longé la chambre du prince, contourné le lit, le petit salon, le bureau et s'est dirigée vers le cabinet de toilette. Marie Bonaparte laisse l'eau couler quelques instants sur ses mains, se tourne, cherche une serviette... et se fige. Elles sont plus d'une dizaine. Des gravures d'athlètes. Des hommes nus, le corps musclé, bombé, offert aux regards. Des représentations en noir et blanc. Toutes collées soigneusement, à l'envers du paravent. Un instant, l'arrière-petite-nièce de l'empereur semble défaillir. Elle reste pourtant debout, statufiée, ses grands yeux bleus écarquillés. L'évidence est maintenant éclatante. Son mari, George de Grèce et de Danemark, fils du roi George Ier des Hellènes, petit-fils de Christian IX de Danemark, est attiré par les hommes ! Soudain, tout devient clair : ses absences à répétition, la nuit de noces maladroite et brutale, son manque total de tendresse, son dégoût pour « les choses de l'amour ». En réalité – et Marie ne va plus tarder à le découvrir –, un seul homme fait battre le cœur de son époux, son oncle, le prince Valdemar de Danemark. En 1883, George n'est âgé que de 14 ans lorsqu'il est, pour la première fois, irrésistiblement attiré par le frère de son père. Envoyé à Copenhague pour y intégrer les rangs de l'École navale, l'adolescent à l'œil clair et aux beaux cheveux blonds vit la séparation avec ses parents comme un abandon. Sur le quai, alors que le bateau s'éloigne pour ramener le roi et la reine à Athènes, George lutte contre les larmes. Dans son ombre se profile la haute silhouette du plus jeune de ses oncles. Valdemar, 25 ans, prince danois et amiral de la flotte, a été chargé de veiller sur son neveu. Conscient de son désarroi, il lui prend la main. Pour l'adolescent, cette marque d'affection est une révélation. Plus tard, il écrira : « De ce jour, dès cet instant, je l'aimai, et n'ai jamais eu d'autre ami que lui. »

En effet ! L'amitié particulière entre les deux princes va durer toute une vie. C'est Valdemar dit-on qui convainc son neveu de se marier, Valdemar qui lui insuffle la force de remplir son devoir conjugal et d'avoir des enfants, un fils et une fille. Le soir de ses noces, après avoir pris soin de souffler les bougies, George murmure à l'oreille de sa jeune épouse : « Je hais cela autant que vous, croyez-le bien, mais il le faut ! » Chaque année, au château de Gentofte sur l'île danoise de Seeland, ou à l'étranger, même après leurs mariages respectifs, les deux hommes passent de longues semaines ensemble, en tête à tête. Sans être défenseurs de la cause homosexuelle – nous sommes dans deux familles régnantes au début du xxe siècle –, George et Valdemar ne cachent pas l'intensité de leurs liens. Ainsi, de nombreux clichés pris lors de grandes fêtes du gotha montrent qu'ils n'hésitent jamais à s'afficher ensemble. Seule la mort du prince danois, le 14 janvier 1939, inscrira un point final à cette singulière mais très belle histoire.

À l'heure où George de Grèce pleure la disparition de son oncle et amant, en Angleterre, un autre membre du gotha souffre d'une réputation beaucoup plus sulfureuse. Filleul du prince Valdemar, le prince George, duc de Kent, quatrième fils du roi George V, frère des rois Édouard VIII et George VI, est, lui aussi, très sensible aux charmes de la gent masculine. Intoxiqué à la morphine et à la cocaïne, le fringant jeune homme défraie régulièrement la chronique. Mais ce sont surtout ses nombreuses liaisons, tant avec des femmes qu'avec des hommes, qui pimentent les conversations. La liste de ses amants est aussi fleurie que celle de ses maîtresses. Elle compte, entre autres, quelques beaux noms, dont celui de son cousin éloigné, Louis-Ferdinand de Prusse ou de l'historien d'art et espion soviétique Anthony Blunt. Le 29 novembre 1934, sous les voûtes de Westminster, George, créé, pour l'occasion, duc de Kent, comte de St Andrews et baron Downpatrick, convole avec sa cousine, la princesse Marina de Grèce et de Danemark. Si le couple aura trois enfants – dont l'actuel très vieux duc de Kent – l'oncle de la future Elizabeth II continue d'alimenter la presse à scandale.

Ainsi, selon un rapport du service de sécurité, le duc entretiendrait une correspondance intime avec un jeune prostitué qui le fait chanter. D'après d'autres sources, à la nuit tombée, il se farde, s'habille en femme et arpente les trottoirs de la capitale. Sa mort sera à la hauteur du personnage : flamboyante. Le 25 août 1942, au cœur de la Seconde Guerre mondiale, l'hydravion qui conduisait l'enfant terrible de la couronne britannique en Islande s'écrase au nord de l'Écosse. Un coup de vent qui semble bien arranger mes Windsor !

Parmi le cercle d'intimes qui évoluait autour du duc de Kent figurait un certain Henry Channon, célèbre chroniqueur politique et social. Bien qu'homosexuel notoire, « Chips » de son nom intime s'est uni en 1933 à lady Honor Guinness, fille aînée du comte d'Iveagh. En 1945, la benjamine du clan Guinness, lady Brigid, épouse le prince Frédéric de Prusse. La taille athlétique, les yeux gris-bleu, le cheveu gominé, très vite, le petit-fils du Kaiser déserte l'immense maison conjugale pour passer de folles nuits en compagnie de son beau-frère. Frédéric connaissait-il Channon avant son mariage ? Il n'est pas interdit de le croire ! Dans les soirées les plus interdites de Londres, dans l'ivresse de l'alcool et des drogues dures, les deux hommes retrouvent le prince Paul de Yougoslavie, le dramaturge Terence Rattigan, le duc de Kent. Les deux sœurs Guinness tentent d'étouffer les esclandres à coups de chèques. Qu'adviendra-t-il exactement du beau prince prussien ? En 1966, son corps est repêché dans le Rhin. Accident ? Suicide ? Crime passionnel ? Mystère. Mais « affaire classée ».

Un siècle plus tôt, à l'instar du chevalier d'Éon, un autre prince de sang, l'infant François d'Assise de Bourbon, duc de Cadix et mari d'Isabelle II d'Espagne, avouait, lui aussi, un penchant pour le travestissement. L'union de la reine Très-Catholique et de l'infant, futur roi consort, est célébrée le 11 octobre 1846 en la basilique d'Atocha et annonce une première scène pour le moins cocasse qu'Isabelle II confiera plus tard à l'une de ses proches : « Qu'aurais-tu dit, si, au soir de tes noces, tu t'étais retrouvée face à un mari qui portait plus de dentelles que toi ? » Très vite, à la cour, le côté précieux et la gestuelle extrêmement efféminée du roi consort lui valent le surnom de « Paquita », féminin de son diminutif « Paquito ». Pour se consoler, l'héritière de Charles Quint collectionne les favoris. Mais pas autant que son mari ! En quinze ans, Isabelle II donnera onze enfants à la couronne d'Espagne. À chaque naissance, François d'Assise se gargarise. À chaque deuil – seuls cinq d'entre eux atteindront l'âge adulte –, il déverse des torrents de larmes. En novembre 1857, lors de la cérémonie officielle de présentation du prince des Asturies – sixième enfant du couple royal et futur Alphonse XIII d'Espagne –, un diplomate ose cette question : « Un seul est-il seulement de lui ? » Stupeur et tremblements sous les ors du palais d'Orient. Qu'importe ! Drapé dans un flot de dentelles, François l'esthète, l'érudit, le délicat, sourit. Et avant de se retirer, il a ce mot, pour le moins douteux : « Vous féliciterez Sa Majesté, mon épouse, d'être tombée enceinte et d'avoir heureusement accouché. »

À la même époque, sur les rives opposées de la Méditerranée, la Tunisie est gouvernée par Sadok Bey. Descendant de la dynastie husseinite, maréchal de l'armée impériale ottomane, le souverain est le premier à doter son pays d'une imprimerie officielle et d'une véritable Constitution. Le 26 avril 1861, par décret, il modifie l'ordre de succession au trône. À la mort d'un monarque, ce sera dorénavant le prince le plus âgé et non plus l'aîné de ses fils qui accédera au trône. Pourquoi une telle révolution ? C'est que, malgré ses quatre épouses, le bey sait qu'il demeurera sans postérité. Et pour cause ! Depuis le début de son règne, il n'a d'yeux que pour Mustapha Ben Ismaïl, un jeune homme ramassé dans les rues de la capitale par un officier de sa garde. Après avoir été tenancier de taverne, puis barbier, par la volonté du souverain, Mustapha devient intendant de la liste civile et se voit promu général. La générosité du bey envers son protégé va être sans limite. Ministre de la Marine, ministre de l'Intérieur, membre de la Commission financière internationale, en août 1878, le favori accède à la charge suprême de grand vizir. On s'en doute, sa disgrâce sera plus rapide encore que son ascension. La mort de Sadok Bey, le 29 octobre 1882, sonne le glas de ses privilèges. La dépouille du monarque tunisien n'est pas encore couchée dans son mausolée que, déjà, son grand, son seul amour, est ballotté sur les chemins de l'exil.

Triste évidence : en ces époques encore troublées où les amitiés singulières ne sont pas encore reconnues, pas encore légalisées, en monarchie, les amours roses s'avèrent dangereuses, mettent, trop souvent, du bleu à l'âme. Alors, j'ose cette question : qu'en est-il aujourd'hui ? À quand le premier *coming out* couronné ? J'ai bien une petite idée de la vieille cour qui pourrait, bientôt peut-être, se jeter à l'eau et accueillir dans ses rangs le premier prince arc-en-ciel. Une éclaircie qui serait la bienvenue, j'en suis sûr, dans un royaume où le ciel est souvent un peu ennuyeux !

Persépolis

Nous sommes en Iran, à l'aube des années 1960, lorsque naît l'idée de célébrer les deux mille cinq cents ans de la monarchie perse. En référence à son fondateur, Cyrus II le Grand, l'agenda des festivités doit se dérouler en... 1971. Plusieurs fois, on abandonne l'idée. Le contexte politique, la situation financière ne sont pas favorables. En 1967, on donne la priorité au couronnement du shah et on se repose la question : faut-il vraiment envisager d'autres fêtes ? Mais, à la fin des années 1960, alors que l'idée semble s'enliser, on ressort le projet de ses cartons. En réalité, pour Mohammad Reza Pahlavi, shah des shahs, le but est de profiter de l'occasion pour asseoir son prestige un peu plus encore et, surtout, pour faire rayonner son État... à une échelle planétaire. Pour parvenir à ce dessein, l'événement se doit donc d'être grandiose. Et, maintenant, il faut faire vite, car, en Iran, il manque de tout. Surtout d'infrastructures hôtelières. Sous la houlette de l'impératrice Farah, se met en place un comité d'organisation. Très vite, on retient le site archéologique de Persépolis, ancienne cité impériale sise au cœur de l'historique capitale de l'empire perse. Ses immenses plaines perdues au milieu du désert et ses palais en ruines sont le lieu idéal pour éblouir le monde. Comme le site est protégé, l'impératrice et ses conseillers se penchent sur un projet un peu dingue : édifier une ville... de tentes berbères ! « C'est surréaliste ! » Surréaliste et « impossible », estime le shah.

Mais « impossible » n'est pas Farah ! La *shabanou* en fait un défi personnel. Jour et nuit, elle étudie, elle spécule, se projette, envisage, retient des plans, en écarte d'autres. L'une de ses grandes problématiques ? Le climat désertique de Persépolis, les serpents et les scorpions. Elle se tourne vers la France et mandate l'entreprise de décoration parisienne Jansen. Le cahier des charges ? Développer une ville éphémère (sur 64 hectares, soit près de cinq fois la place de la Concorde) composée d'une soixantaine de tentes (dévolues aux invités) et d'une gigantesque tente-palais, pour la réception. Le plafond d'or de cette tente royale aux dimensions de cathédrale culminera à plus de 6 mètres et sera éclairé par d'immenses lustres de plexiglas, moins lourds mais tout aussi scintillants que le cristal ! Le projet pharaonique est digne des *Mille et Une Nuits*. Son coût aussi ! Première phase : faire couler des kilomètres de bitume pour relier Persépolis à l'aéroport de Téhéran où arriveront les convives. Le long du parcours qui sépare la capitale du site antique, des jardiniers, français eux aussi, plantent un gigantesque parc arboré, en plein désert. On y tend de grands filets transparents et on y lâche cinquante mille oiseaux afin que le trajet des invités soit ponctué d'« un chant venu du ciel ». Mais… avec un mercure qui frôle les 32 degrés le jour et zéro la nuit, aucune espèce ne survit. Envolées les voix du ciel ! Tant pis ! Dix jours avant les agapes, de Paris, arrive la brigade de toques blanches de chez Maxim's qui a fermé ses portes pendant quinze jours ! Avec elle, 18 tonnes des mets les plus fins, 12 000 bouteilles de whisky, autant de champagne et 25 000 flacons des meilleurs vins français.

Le défilé des têtes couronnées est sans précédent : soixante-neuf chefs d'État, dont l'empereur d'Éthiopie Haïlé Sélassié, accompagné de son chien Cheecheebee et de son collier de mille diamants, le roi Frederik XI de Danemark, Rainier et Grace, Baudouin et Fabiola, le prince Philip d'Édimbourg, la princesse Anne, le roi Hussein de Jordanie, le grand-duc Jean et la grande-duchesse Joséphine-Charlotte de Luxembourg, les rois de Grèce, du Népal, du Lesotho, le sultan d'Oman, l'émir du Qatar… Il y a des présidents aussi, des ministres, des ambassadeurs et une pluie de diplomates.

Pour chaque couple royal a été prévu un pavillon individuel couvert de draperies qui donnent l'aspect d'une tente berbère. Les cottages, ultra-climatisés, *of course*, sont pourvus de tout le confort et se déclinent en deux chambres (une pour *lords*, une pour *ladies*), un salon, une pièce à bagages, une autre réservée au personnel et une vaste penderie. Cadeau personnel du shah : une tapisserie à l'effigie de chaque souverain a été accrochée au-dessus des lits. Chaque table de nuit contient un flacon d'aspirine et... quelques serviettes hygiéniques. On n'est jamais trop prudent !

Au soir du 14 octobre, premier jour des festivités, Alexandre de Paris ne sait plus où donner de la tête. Il a une mer, que dis-je, un océan de diadèmes à fixer sur une montagne de chignons. Tandis qu'il officie sous la tente « coiffure », en cuisine, c'est la panique : il fait si chaud que le personnel, torse nu, est obligé de travailler en short... et en tongs ! Épouvanté, le chef du Maxim's leur commande des tranquillisants ! À moins que ce ne soit d'autres produits miracles, plus indicibles ! Les couacs se multiplient (à quelques heures de lancer le dessert par exemple, on ne trouve plus aucune machine à café !) ; pourtant, à la nuit tombée, le miracle opère. Sous le dais couronné, la réception tient toutes ses promesses. Robes longues, diadèmes, décorations militaires, smokings et souliers vernis arrêtent le temps. Le champagne – un Dom Pérignon rosé servi presque glacé – coule comme de l'eau. Sur des plateaux d'argent défilent des œufs de caille farcis au caviar de la mer Caspienne, de la mousse d'écrevisses, un sorbet arrosé de Moët & Chandon 1911 (une cuvée... servie à bord du *Titanic* !), de la selle d'agneau rôtie aux truffes, cinquante paons farcis au foie gras accompagnés de cailles, des anneaux de figues givrés au porto... Côté alcool, on y trouve un Château Lafite Rothschild cuvée 1945, un Château Haut-Brion cuvée 1964, un cognac prince Eugène... Tout est chic. Tout est cher. Et, pourtant, chez mes royaux, il y a une ambiance colonie de vacances.

Au total, les fêtes de Persépolis vont s'étaler durant cinq jours. Une immense parade militaire (du jamais-vu) met en son et en lumière les grands faits de guerre de la dynastie Achéménide. Il y a aussi des discours, des inaugurations d'expositions, des conférences, des concerts, des feux d'artifice... Persépolis fut une des plus flamboyantes réunions du gotha. Mais aujourd'hui, qu'en reste-t-il ? Sinon de douloureux souvenirs. La presse qui, au soir de la réception, fut éblouie et applaudit des deux mains ne va pas tarder à pointer du doigt les frais totalement fous et indécents de ce festin de rois. Le *Times* avance la somme de 100 millions de dollars. Ils sont, finalement bien loin du compte ! On blâme la facture de Maxim's, de la maison Alexandre, la construction des tentes, le caviar, les paons au foie gras, le Dom Pérignon, le Lafite Rothschild... On se scandalise des oiseaux sacrifiés, des tonnes de bagages, des rivières de broches, de colliers, de diadèmes... Est-il vrai qu'à 60 kilomètres à la ronde, on a créé des incendies volontaires pour éloigner toutes bêtes sauvages du site ? Que, dans le sable, on a répandu du poison, que beaucoup de bêtes sont mortes ? Oui, c'est vrai ! Mais on n'allait pas laisser dévorer rois et présidents ! Est-il vrai qu'au lieu de vraies fleurs, pour décorer la tente-palais, durant des mois, la maison Baccarat a taillé des compositions de roses toutes en cristal ? Oui, c'est vrai ! Car, dans le désert, il est impossible de conserver de vraies roses !

Vous le saisissez, que ces réponses sont ridicules, paraissent grotesques ! Et tant qu'on parle des « roses de cristal » et des « paons au foie gras », on ne parle pas du retentissement des fêtes de Persépolis. Parce que retentissement il y a eu, de tous côtés du globe. On ne parle pas non plus des publications de livres engendrées à l'occasion de l'événement, du rayonnement culturel, des deux mille cinq cents écoles construites et financées par le shah, on ne parle pas des rénovations des routes, des nouveaux hôtels, de ces touristes qui, désormais, débarquent, par charters entiers... L'ayatollah Khomeini et les mouvements républicains de gauche s'emparent de Persépolis. Bientôt, ils destitueront Mohammad Reza Pahlavi qui est déjà sur le chemin de l'exil, le chemin de la mort.

Aujourd'hui, de Persépolis, il ne reste qu'une ville d'ossatures métalliques. Les tentes royales devaient être récupérées par le Club Med, mais le vent salé a tout oxydé, tout grignoté. Des cottages en fils de soie lamé d'or qui ont fait rêver le monde, il n'y a plus que des épaves de rouille. Et le souvenir, lointain, d'une musique de fête et de bulles de champagne. Je repense souvent à cette cuvée de 1911, servie à bord du *Titanic*. J'y vois comme un présage. Un cri du ciel. Une mise en garde. Les fêtes de Persépolis furent les derniers feux du roi des rois. Un chant du cygne. Avant le naufrage d'un gigantesque empire. Que l'on disait insubmersible.

Philadelphie

Il y a certains lieux, certaines maisons, qui ont quelque chose en plus, un petit supplément qui fait toute la différence. C'est le cas de celle-ci : une maison de briques rouges avec de belles et hautes fenêtres ouvertes sur un parc, une maison-manoir au style colonial et au perron flanqué de deux colonnes blanches. Son adresse ? 3901, avenue Henry, à East Falls, au nord-ouest

de Philadelphie. Posée au cœur d'un immense jardin bordé d'un lac, la demeure de six chambres et quatre salles de bains – une révolution à l'époque – date de 1935. Mais… ce n'est ni le parc ni la qualité des matériaux ou le style géorgien pourtant très distingué de la propriété qui lui donnent tout son attrait… c'est son histoire. Ou, plutôt, celle de ses occupants. Il s'agit ni plus ni moins de la maison d'enfance d'une des personnalités les plus brillantes et les plus légendaires de la planète gotha, Grace Patricia Kelly.

La bâtisse étant édifiée à partir de 1930 par l'entreprise de construction Kelly – une briqueterie menée, de main de maître, par John Brendan Kelly, le père de Grace –, la future princesse n'est âgée que de quelques mois lorsque commence la construction. Détenteur de trois médailles d'or en catégorie aviron décrochées aux Jeux olympiques (deux lors des Jeux olympiques de 1920 à Anvers et une lors des Jeux olympiques d'été de 1924 à Paris), au début des années 1930, alors que l'Amérique vient d'être touchée par un krach boursier sans précédent, John Brendan Kelly, reconverti en *self-made-man*, est un entrepreneur à la tête d'une société dont le chiffre d'affaires ne cesse de croître. Sa maison sera la vitrine de son succès. Il la veut vaste, imposante et solennelle… d'où ces colonnes en enfilades côté rue, formant un perron, comme un déambulatoire. Bien plus tard, devenue princesse, Grace Kelly se souviendra : « C'était une grande et belle maison, mais c'était surtout notre maison. Un lieu où j'ai vécu heureuse. Je me rappelle mes sœurs, je me rappelle mon frère. Ils aimaient beaucoup le parc et la vie en extérieur. Moi, je préférais la quiétude de ma chambre. Lorsque j'y repense, ma chambre de petite fille me manque. »

Si l'enfance de Grace Kelly fut privilégiée certes, peut-être la princesse ne s'en souvient-elle pas au moment de ces confidences, elle fut aussi austère. Le visage pâle, presque blanc, souffrant d'une forte myopie, Grace fut une enfant fragile, souvent victime de crises d'asthme et de terribles maux de gorge. D'emblée, elle eut du mal à trouver sa place au cœur d'une famille – tous d'excellents sportifs – dont la seule monnaie d'échange semblait être l'esprit de compétition. Tandis que les autres – son père, son frère John B. Junior et ses deux sœurs, Margaret et Elizabeth – se lançaient dans des courses d'aviron sur le lac, Grace préférait la quiétude de sa chambre, une pièce couverte de papier peint en fleurs roses. Elle y collectionnait les poupées qu'elle enveloppait dans du papier de soie. Quand sa mère, l'intransigeante Margaret – une aristocrate prussienne, ancienne championne de natation et mannequin de mode –, quittait la maison, à pas feutrés, Grace se glissait dans sa chambre, dérobait quelques bracelets, quelques bijoux et revêtait la plus belle de ses robes. C'est dans la chambre de ses parents, face à un long miroir psyché, que la jeune fille a rêvé, pour la première fois, de devenir actrice.

On connaît la suite. À bientôt 10 ans, en 1939, Grace Patricia Kelly quitte la maison de famille pour suivre ses études au Couvent des Dames de l'Assomption, puis à la Stevens School de Germantown. C'est dans cet établissement que, à l'âge de 17 ans, elle va se passionner pour le théâtre et convaincre ses parents de la laisser rejoindre une pension de famille à New York afin de tenter sa chance sur les planches. Les contrats vont arriver très vite, on le sait. Un seul plan-séquence dans *Quatorze heures*, d'Henry Hathaway, où elle est vêtue d'un tailleur noir et d'une toque à voilette, et déjà les portes du temple Hollywood commencent à s'ouvrir. Après *Le train sifflera trois fois* aux côtés du beau Gary Cooper, de 1951, en 1956 elle sera à l'affiche d'une dizaine de films. Mais, malgré ce tourbillon du succès, Grace n'en oublie pas sa famille. Alors qu'elle entre de plain-pied dans le cercle constellé d'étoiles des actrices de légende, tout juste un tournage achevé, elle rejoint Philadelphie et assiste, en gants blancs et lunettes noires – célébrité oblige –, à côté de l'ensemble de son clan, à l'office du dimanche. La messe dominicale est, à chaque fois, suivie d'un déjeuner sous les lambris de la grande salle à manger. Grace Kelly a besoin de ces pauses, des trêves indispensables qui lui font oublier que sa vie entière, la moindre seconde de son existence, est vouée au cinéma.

C'est de leur salon de Philadelphie, rivés devant leur télévision que John et Margaret assistent, le 25 mars 1955, au sacre professionnel de leur fille. En direct du RKO Pantages Theatre d'Hollywood, devant une salle comble, elle se voit décerner l'oscar dc la meilleure actrice pour son rôle dans *Une fille de la province* de George Seaton. À Philadelphie, lorsqu'ils voient leur fille, leur sœur, qui manque défaillir au moment de s'emparer de la précieuse statuette, les Kelly hurlent leur joie et ne peuvent retenir leurs larmes.

Comme chaque année, la fête de Noël de 1955 se déroule, en famille, dans la villa de Philadelphie. Grace retrouve sa chambre de petite fille alors que les premières neiges commencent à tomber. L'année qui se profile va être exceptionnelle, va, à jamais, changer sa vie et faire entrer la maison des Kelly dans l'Histoire, mais la jeune femme ne le sait pas encore. Le jour du réveillon, un élégant monsieur au fort accent français se présente à la porte de la propriété et demande à parler à « Miss Kelly ». Vous l'avez compris, c'est Rainier, venu incognito. Tous deux se sont rencontrés au mois de mai, au cœur des jardins du palais princier, à l'occasion d'une séance photos organisée dans le cadre du festival de Cannes, pour le magazine *Paris Match*. Peut-on vraiment parler d'un coup de foudre ? Bientôt, les échotiers du monde entier vont se poser la question. Toujours est-il que les deux jeunes gens ont entretenu une longue correspondance, que le père Tucker, chapelain du prince, s'est abondamment renseigné sur les Kelly et qu'en cette nuit de la Nativité, si le souverain a traversé l'océan, c'est dans l'espoir de s'agenouiller et de rafler la main de la belle actrice. Chez les Kelly, la surprise est de taille. Si, bien sûr, ils savaient que Grace avait rencontré un prince régnant, ils n'en étaient pas au stade des fiançailles. Dans le vaste salon, face à la cheminée qui crépite et au sapin qui scintille, on rit, on applaudit, on félicite.

Les fiançailles sont rendues officielles le 5 janvier 1956. D'emblée, la maison de Philadelphie est assiégée par la presse. Journalistes et photographes affluent du monde entier et assaillent le perron. Le jeune couple s'est réfugié à l'étage où les parents de la future princesse tentent, tant bien que mal, de refuser l'accès à l'escalier. En une nuit, Grace Kelly devient l'enfant chérie des rédactions. C'est du salon de Philadelphie qu'elle donne sa première conférence de presse.

Le mariage du prince et de l'étoile le 19 avril 1956 reste l'un des épisodes les plus glamours de l'histoire des monarchies. Pour devenir princesse, la star oscarisée a tout abandonné, sa carrière d'actrice, sa religion, sa nationalité. En descendant du *SS Constitution*, l'immense paquebot qui l'a amenée dans le port de sa nouvelle patrie, elle a dit adieu à sa famille, à ses amis. Grace Kelly vient aussi de dire adieu à sa maison d'enfance, celle qui fut un refuge, un nid, lorsque sa carrière d'actrice la laissait incertaine. Il serait faux de dire que la princesse a totalement tourné le dos à ses jeunes années. Elle retrouvera la maison de Philadelphie à quelques reprises encore. En compagnie de ses enfants notamment. Ainsi, le prince Albert se rappelle très bien deux séjours chez ses grands-parents maternels. La toute première fois, il n'a pas encore 2 ans et se roule, dès l'entrée, dans l'immense tapis qui recouvre le plancher et conduit au salon. Le petit prince et ses parents sont de retour aux États-Unis trois ans plus tard. « Ma grand-mère m'avait installé dans une grande chambre, à l'étage. C'était la toute première fois que je dormais sans ma sœur, Caroline. J'ai regardé les voitures passer sur la route, et j'étais heureux, heureux d'être seul, je crois bien. » À coup sûr, la jeune mère partage ses souvenirs d'enfance avec son fils et sa fille, leur fait connaître les joies qui ont été les siennes dans ce havre de quiétude et de paix, loin des projecteurs, loin des tapis rouges et des paillettes du palais. À l'étage, derrière une des portes, elle montre de petites crevasses gravées dans le bois. Elles ont été faites par John Kelly, pour mesurer la croissance de ses enfants. Pourtant, malgré cette émotion, rien n'est plus vraiment pareil. À la moindre sortie du couple princier, une horde de paparazzis saute sur les petits princes, les bombardent de questions. Qu'en pense Grace ? Il y a bien longtemps qu'elle a appris à ne plus afficher qu'un masque implacable, il y a bien longtemps qu'elle ne s'exprime plus vraiment, que ce qu'elle pense n'est communiqué que par la voie du Palais. Est-elle déçue ? Retrouve-t-elle vraiment le cadre enchanteur de son enfance, apaisant de ces années où elle n'était pas encore une star ? Mystère ! En tout cas, en 1974, quatorze ans après la disparition de son époux, Margaret décide de vendre sa désormais trop vaste maison. Ni Grace ni son frère ni ses sœurs ne se portent acquéreur.

La maison de Philadelphie est vendue à une marginale qui débourse une fortune pour y installer ses chats et ses chiens. Elle va y rester plus de quarante ans. Quatre décennies sans travaux ou presque où l'imposante bâtisse et son parc vont considérablement vieillir, donnant parfois l'illusion d'être laissés à l'abandon. Mais la vieille dame reste debout, droite, fière. En juin 2016, à la suite de la mort de son propriétaire, la demeure se retrouve, à nouveau, sur le marché de l'immobilier. Heureusement, Albert bondit sur l'occasion et l'achète pour 775 000 dollars. Après des travaux de restauration, la vieille demeure devient le siège de la fondation américaine du prince, une enclave monégasque sur la côte Est. Le cœur des Kelly bat toujours en la belle cité de Philadelphie.

Philippe

Bruxelles, dimanche 21 juillet 2013. Dans l'hémicycle du palais de la Nation, devant les corps constitués, le regard grave, la voix posée, deux doigts tendus vers le ciel, dans son uniforme de général de l'armée de terre barré du cordon de l'ordre de Léopold, le septième roi des Belges prête serment. La veille, au palais des Beaux-Arts, celui qui n'était encore que le prince héritier a rendu hommage à son prédécesseur : « Sire, cher papa, c'est avec une grande émotion que nous fêtons, ce soir, le vingtième anniversaire de votre règne. S'il y a deux choses qui caractérisent votre personne, c'est votre humour et votre passion de la musique. Ces deux qualités sont votre façon toute personnelle de mettre les gens à l'aise, mais aussi de trouver un équilibre. Votre humour, lié à l'intelligence du cœur, permet de prendre du recul, de relativiser, de dédramatiser… »

Face à ce chapelet de compliments, on aurait pu croire que le nouveau souverain allait inscrire ses pas dans ceux de son père. C'était mal le connaître. Si la principale mission du monarque est de s'affirmer comme le nouveau symbole de l'unité du pays et de rassembler en devenant le roi de tous les Belges (en somme les mêmes défis que ceux d'Albert II), d'emblée, Philippe Ier impose son style. Plus conceptuel. Plus solennel. Dans les couloirs du château de Laeken, le protocole ne cesse de se durcir. Moins de deux mois après son intronisation, alors que le couple souverain entame, au pas de course, ses joyeuses entrées dans douze contrées de leur plat pays, la presse fait ses choux gras d'une anecdote. Mathilde refuse de se faire appeler « Madame » et réinstaure le titre de « Majesté », un usage qui avait disparu depuis la mort du roi Baudouin. Et s'il était là, dans l'ombre tutélaire du défunt roi, l'exemple que veut suivre Philippe Ier ? Il n'est un secret pour personne que l'oncle du souverain fut son père spirituel, son mentor. Est-ce aux conseils avisés du très respecté Baudouin que pense le nouveau roi au moment de constituer sa Maison ? Philippe limoge à tour de bras, impose ses propres hommes, en particulier son chef de cabinet, le diplomate Frans van Daele. Le successeur d'Albert II bouleverse également les mœurs politiques en introduisant dans son équipe la première conseillère d'origine étrangère. Rafike Yilmaz se voit ainsi nommée au service communication du palais, un département que le roi modernise puisque, dès le 22 juillet, la famille royale se dote d'un compte Twitter.

Commence ensuite un travail de fond. Sous le regard sévère de Léopold Ier, fondateur de la monarchie, le monarque reçoit, dans son bureau, un à un, les chefs politiques des différents partis de son royaume. Là où la mission pourrait s'avérer délicate, Philippe s'en sort à merveille. Face à ses détracteurs, les nationalistes flamands, le roi trouve les mots justes. Il faut dire qu'il connaît depuis longtemps les dangers qui menacent l'unité de la Belgique. En décembre 2004 déjà, alors que, comme duc de Brabant, il conduisait une mission économique en Chine, on se souvient de ses mots : « Dans notre pays, il y a des personnes, des extrémistes, des partis tels que le Vlaams Belang, qui sont contre la Belgique et veulent détruire notre nation. Je peux vous assurer qu'ils auront affaire à moi. Je peux être coriace, je ne me laisserai pas marcher sur les pieds. » Ces propos avaient provoqué un tollé. Sortant de son rôle constitutionnel, l'héritier osait donner un avis personnel. Si, au lendemain de cet incident, la communication du prince a pris, on le devine, un ton plus policé, ses idées, elles, n'ont pas bougé d'un iota.

Devenu roi, Philippe de Belgique continue à mettre tout en œuvre pour sauver son royaume. Ça passe aussi par des compromis. Ainsi, au lendemain de son intronisation, il accepte, sans rechigner, une forte révision, à la baisse, des dotations royales. La stratégie semble efficace puisque, un mois seulement après sa prise de fonction, le monarque peut récolter le fruit de sa première victoire : deux Belges sur trois ont une perception positive de leur roi, y compris en Flandre, un territoire pourtant défavorable à la monarchie. L'image n'est pas moins bonne à l'étranger. Le 8 novembre, Philippe et Mathilde sont aux Pays-Bas, chez leurs cousins et amis Willem-Alexander et Máxima. Les souverains bataves viennent, eux aussi, d'accéder au trône. Le voyage, qualifié de « visite d'amitié », en annonce d'autres. Le 2 décembre, le roi et la reine sont au grand-duché de Luxembourg. Alors qu'à Bruxelles un détraqué vient de menacer d'enlèvement la princesse Élisabeth, l'héritière du trône, Philippe et Mathilde ne modifient pas leur agenda mais pressent le pas. Le 6 février, ils sont reçus par François Hollande à l'Élysée, le 17 février, ils sont à Berlin et, le 19, à Rome. Le 13 mars, le couple royal déjeune au palais de Buckingham. Pour montrer les liens étroits qui unissent les deux Couronnes, Elizabeth II a convié les souverains belges dans ses appartements privés.

Le retour en leur royaume va être bondissant. Le 18 mars, en toute discrétion, le prince Laurent est admis d'urgence à l'hôpital. Victime d'une pneumonie, le frère cadet du roi est plongé dans un coma artificiel. On reproche rapidement à Albert et Paola de tarder à se rendre au chevet de leur fils. Le lieutenant général Vincent Pardoen, chef de la Maison et homme de confiance de l'ancien couple royal, décide alors de publier un communiqué dans lequel Paola se justifie, une initiative qu'il prend sans en avertir le palais. La sentence ne se fait pas attendre. Par voie de presse, le service communication de la cour annonce que Vincent Pardoen est limogé. Dans la foulée, le palais ajoute qu'Albert et Paola disposent désormais d'un nouveau conseiller, un capitaine de frégate choisi par leur fils ! Loin d'être uniquement anecdotique, cet épisode montre à quel point le septième souverain a parfaitement compris quelle arme redoutable sont les médias, une arme qu'il se doit de maîtriser. Une façon aussi d'affirmer son autorité et de dire : « Le roi, c'est moi ! »

Aujourd'hui, il vient de fêter ses dix ans de règne. Une décennie durant laquelle il s'est non seulement démarqué de la figure de son père mais a aussi réussi à effacer l'ombre laissée par Albert II avec le cas Delphine Boël. En recevant sa demi-sœur et en lui ouvrant les portes du palais, Philippe fait entrer dans tous les foyers de Belgique une famille recomposée. On le dit distant et un peu gauche, je le sais, mais ce que j'aime chez mon roi, c'est que, sous son sourire, la fermeté transparaît. Au pays du surréalisme, je suis convaincu que cette autorité est indispensable pour préserver l'unité du royaume !

Photographe

J'aurais pu vous parler d'Anthony Armstrong Jones, le mari-photographe de la princesse Margaret, de Mario Testino, de Chris Levine, que j'adore (il est le seul à avoir pu photographier la reine les yeux fermés), d'Annie Leibovitz ou d'Hugo Burnand qui a photographié le mariage de Charles et Camilla, de William et Kate et a été choisi pour les clichés officiels du récent couronnement, mais celui que j'ai voulu mettre en boîte ici est, à mon sens, plus génial encore. Photographe, écrivain, décorateur, peintre, sir Cecil Beaton, anobli par la reine en 1972, est, pour moi, le plus grand des plus grands.

Il avait pour habitude de se présenter ainsi : « Peintre, écrivain, décorateur, illustrateur, jardinier, humoriste, sorcier et accessoirement photographe. » À 3 ans, il tombe amoureux d'un cliché, celui de l'actrice Lily Eloise. Comme il est aussi épris de ses

sœurs, il se met à les photographier. Il fait des études à Harrow, puis à Cambridge où il s'amuse à déshabiller un camarade de classe et à l'immortaliser dans des poses antiques. De retour à Londres, il devient le Proust de la *high society* londonienne. Il saute sur tout, ne rate rien : pas un déjeuner, pas un dîner, pas un bal… Il a de l'esprit, mais trop peu de culture, cocktail idéal pour qui veut réussir dans le grand monde. On le compare à « un Cocteau avec un appareil photo », à « un Brummel avec un stylo », à « un Dalí de la mode ». Ça l'amuse ! Il décide d'être un *dandy* qui travaille.

De 1930 à 1979, il immortalise la famille royale britannique et y fait merveille. Beaton est un romantique qui adore la royauté et la nimbe de mystère, l'idéalise, lui insuffle faste et secrets. Dès le début, Cecil saisit que le portrait n'est pas tant affaire de ressemblance que de représentation. Il faut ne pas avoir de goût pour ne pas aimer Beaton. J'aurais adoré poser pour lui. Même dans le plus simple appareil !

Pizza Margarita

Il était une fois… un beau jour de 1889. Une reine d'Italie, belle et jeune encore, va donner ses lettres de noblesse… à une pizza !

En effet, en vacances à Naples au palais de Capodimonte, la reine Marguerite de Savoie (Margherita di Savoia), qui ne dédaigne jamais s'encanailler, fait convoquer le pizzaïolo le plus célèbre de la ville, Raffaele Esposito, et sa femme, Pasqualina Brandi. Sa Majesté veut goûter leur spécialité dont on parle tant !

Espérant conquérir le palais de leur reine, le couple imagine une pizza toute spéciale qu'ils baptisent, la « Margarita ».

Du basilic frais, de la mozzarella, des tomates, du sel et de l'huile d'olive. Vous l'avez compris, les couleurs des trois premiers ingrédients, le vert, le blanc et le rouge, forment le drapeau italien.

Leurs descendants qui tiennent aujourd'hui l'Antica Pizzeria Brandi (Salita Santa Anna di Palazzo – à deux pas du San Carlo) exhibent avec fierté la lettre de remerciements envoyée à leur ancêtre par le chef du service de la bouche de la maison de Sa Majesté. Une plaque, très officielle, figure même sur l'établissement.

Est-ce vraiment un hasard si, aujourd'hui, le futur chef de la maison de Savoie, Emmanuel Filiberto, s'est lancé – non sans succès – dans un *food-truck*, puis dans une chaîne de restaurants aux États-Unis et recrée les classiques de la cuisine italienne dont... l'incontournable Margarita ?

Ce n'était pas la première fois que la pizza acquérait ses titres de noblesse : en 1772, déjà, Ferdinand de Bourbon avait enfreint l'étiquette pour se précipiter chez Antonio Testa, dit n'Tuono, et se mêler, incognito, aux clients moins fortunés qui, debout, dévoraient une pizza fumante... pour deux centimes !

Possenhofen

C'est au bord du lac de Starnberg. Une grande bâtisse blanche. Un petit paradis bavarois, à l'orée de la forêt, où le duc Max et la duchesse Ludovika élevèrent Sissi, ses trois frères et ses quatre sœurs. Il y a un lac transparent, des biches, des faons, il y a des montagnes, des boutons d'or, des marguerites, des coqs de bruyère... La trilogie d'Ernest Marischka, si sucrée, va s'en émerveiller. Les scènes seront, en réalité, tournées dans un château autrichien. Enfant, je croyais qu'il s'agissait du vrai château. Comme ces séquences m'ont fait rêver ! Si, tout comme moi, vous avez, vous aussi, rêvé de visiter Possenhofen, triste réalité : le berceau de la plus grande des impératrices est devenu une résidence… divisée en appartements !

Prada

Il n'y a pas que le diable (et Meryl Streep en géniale Anna Wintour) qui s'habille en Prada ! Même le pape François a cédé à la tentation et arbore des modèles rouges de la maison. Sacrilège ? Miuccia Prada, la Milanaise, supplanterait-elle les fournisseurs romains du Vatican ?

Prada est fondée au début du siècle dernier, en 1913, lorsque Mario Prada, le grand-père de Miuccia, ouvre avec son frère Martino une boutique exclusive d'articles de luxe dans la prestigieuse galerie Vittorio Emanuele II, le passage couvert le plus chic de Milan. Entre le Dôme et la Scala, « Fratelli Prada » devient vite un lieu prisé de l'aristocratie et de la haute bourgeoisie. En 1919, l'artisan maroquinier reçoit le titre envié de « fournisseur officiel de la Maison royale d'Italie » et peut orner sa griffe des armoiries et des nœuds de la famille de Savoie. Il ouvre bientôt une seconde boutique via Manzoni, le début d'une saga légendaire. Mon compatriote Raf Simons en est désormais le directeur artistique et nombre de princesses, à commencer par ma chère Kate, y choisissent régulièrement des modèles.

Pudding

En Grande-Bretagne, il est *the* dessert, par excellence. Il en existe au moins mille : à la vanille, au chocolat, au caramel… À base de fruits frais, de fruits secs, de fruits confits… De gâteaux, de biscuits, de gelée, de marmelades… Il en existe au *lemon*, à la crème, à la meringue, à la poire, aux framboises, à la mangue et à tous les fruits de la passion. Au royaume de Leurs Gracieuses Majestés, tout est pudding. On en sert aux baptêmes, aux mariages, aux jubilés, aux anniversaires, aux couronnements… Et à chaque Noël. Certains se mangent froids, d'autres, tièdes, d'autres, chauds. On les savoure dans des assiettes, des verrines, des ramequins, dans toutes sortes de coupes. À la cuillère. Ou à la fourchette. On les déguste debout. Ou assis. On les nappe de crème anglaise, de crème pâtissière, de crème brûlée, de brandy, de xérès… On les flambe. On peut les servir avec du thé, du café. Mais aussi avec du vin couleur de paille. Il y a des *trifles*. Des génoises. Des flans. C'est une ode aux couleurs, aux parfums de la vieille Angleterre.

Plutôt qu'un cours d'histoire sur le roi des desserts *made in UK*, j'ai choisi de vous livrer une recette. Celle du *Christmas Pudding* servi, à chaque Noël, au château de Sandringham. Dans les cuisines de la vieille demeure, c'est Kathryn Cuthbertson, la cheffe pâtissière des cuisines de Buckingham Palace, qui le concocte. Le pudding royal est accompagné d'un beurre de cognac.

Autant vous prévenir : niveau de difficulté de cette recette : *** / ***

Il vous faut :

- 250 grammes de raisins secs de Corinthe, 250 grammes de raisins secs de Smyrne,
- 100 grammes d'écorces d'agrumes,
- 100 grammes de cerises confites coupées en deux,
- 150 grammes d'un mélange de fruits confits,
- 60 grammes de farine,
- 4 grammes de levure chimique,
- 10 cuillères à soupe de brandy,
- 200 grammes de vergeoise,
- 150 grammes de chapelure faite maison avec du pain de mie sec,
- 150 grammes d'amandes grillées et mixées assez grossièrement,
- 3 œufs,
- le jus et les zestes d'une orange et d'un citron,
- 1 pincée de sel,
- 1 pincée de bicarbonate de soude,
- 200 grammes de Végéyaline froide,
- 1 pomme coupée fin,
- 1 carotte coupée fin,

- 1 cuillère à soupe d'un mélange de cannelle, gingembre et muscade,
- 20 centilitres de bière brune,
- 200 grammes de beurre fin,
- 40 grammes de sucre roux
- 7 centilitres de brandy.

Vos emplettes sont faites ? Il vous faut maintenant : 1 moule à pudding, du papier cuisson, de la ficelle et du papier aluminium.

Cinq semaines précisément avant le réveillon de Noël, à vous de jouer.

Dans un bol, mélangez les raisins, les écorces d'agrumes, les cerises, et les fruits confits avec le brandy. Laissez-les se gorger d'alcool. Beurrez généreusement un moule à pudding. Dans un grand saladier, mélangez la farine, la levure, la chapelure, le sel, le bicarbonate, la vergeoise et les amandes, puis versez les œufs battus, les jus d'agrumes et la bière. Mélangez bien. Râpez la Végéyaline par-dessus, ajoutez la pomme, la carotte, les fruits alcoolisés, les zestes d'orange et de citron, les épices, puis mélangez de nouveau. Versez maintenant votre mélange dans un moule à pudding. Pliez en deux une feuille de papier cuisson. À 25 centimètres du bord, au centre, repliez sur 4 centimètres, ainsi, le pudding pourra gonfler pendant la cuisson. Posez la feuille sur le moule. Ficelez les pourtours bien solidement. Cuisez au bain-marie à feu doux pendant quatre heures et demie. N'oubliez pas de rajouter de l'eau chaude régulièrement. À la fin de la cuisson, laissez refroidir, puis remplacez la feuille de cuisson par une feuille de papier sèche. Protégez l'ensemble avec du papier aluminium, et conservez-le, au sec, jusqu'à Noël.

La veille du réveillon, reste à préparer le beurre de brandy. Malaxez 200 grammes de beurre fin, le sucre roux et le brandy et placez le mélange au réfrigérateur. Lorsque le beurre est pris, façonnez des quenelles entre deux cuillères à café, puis réservez-les au frais.

Le 24 décembre, cuisez de nouveau votre pudding durant deux heures selon le même procédé. Laissez tiédir puis, au moment de servir, démoulez dans un plat légèrement creux. Versez du brandy tout autour et… allumez le feu. Le *Christmas pudding made in* Sandringham se déguste chaud. Inutile de vous dire que si, dans la salle à manger aux tapisseries espagnoles, les Windsor sont *so excited* de retrouver la tradition, personne n'en abuse vraiment !

Qatar

On parle tant des princes du Qatar – ne serait-ce que par leur présence au club de foot du Paris Saint-Germain – que j'ai été plutôt stupéfait de ne découvrir, que très récemment, que l'émirat du Qatar n'a vraiment accédé à l'indépendance qu'en 1971 ! Le spécialiste des royautés que je suis fait donc amende honorable et s'incline devant l'émir et sa longue lignée. À côté de leurs voisins du Koweït : les Al Sabah ; du Bahreïn : les Al Khalifa ; ou d'Abu-Dhabi : les Al Nahayan (dont les dynasties sont au pouvoir depuis le milieu du XVIIIe siècle), les Al Thani du Qatar font un peu figure de parvenus ! Ils ont néanmoins quelques excuses : leur domaine, la péninsule de Qatar, était tellement désertique et inhospitalier que durant des siècles il fut qualifié par les Arabes de « terre oubliée des dieux ». Seuls quelques nomades osaient s'y aventurer furtivement.

Et, un jour, arriva l'or noir ! La signature (en 1935) d'un accord de concession avec l'Anglo-Persian Oil Company, la découverte (en 1940) du pétrole à Doukhan et le chargement (en 1949) du premier pétrolier au terminal d'Oum-Saïd changent la donne.

L'actuel émir du Qatar, le sixième, se nomme Tamim ben Hamad. Au pouvoir depuis 2013, il est l'un des hommes les plus riches au monde et réside très souvent en France. Pour votre gouverne, merveilleux grand vizir, si vous cherchez une bonne plume pour votre biographie officielle, sachez que mes tarifs sont tout à fait dans vos moyens. Je coûte nettement moins cher qu'un joueur du PSG ! Sachez que j'apprécie les carnets de « *sheiks* » illimités. Et que vous pouvez même me régler en actions de la Qatar Petroleum. J'adore les chameaux, les faucons, le lait de gazelle, les dattes, la première classe de Qatar Airways, les limousines climatisées avec chauffeur. Au fond, j'ai des goûts très simples. Je ne suis pas compliqué pour un sou. Nous trouverons, j'en suis sûr, un terrain d'entente !

Queen

Pendant soixante-dix ans, elle a incarné la fonction royale contre vents et marées. À croire qu'elle a inventé ce drôle de métier : régner. À croire qu'elle allait porter le sceptre pour l'éternité. Pourtant, que de tempêtes, que d'éclairs, que d'orages ! Que d'ouragans ! Sa seule obsession ? L'avenir de la Couronne. Qu'importent les sacrifices !

Jamais Elizabeth II n'a eu d'état d'âme. Elle était l'État ! Si elle avait dû se soucier des frustrations de son époux, des chagrins de sa sœur, des mauvais mariages de trois de ses quatre enfants, des dépressions nerveuses de sa trop célèbre belle-fille, des larmes et des griefs d'une actrice devenue duchesse, des petites (et des grandes) déceptions des uns et des autres, elle aurait été une épouse, une sœur, une mère, une grand-mère comme les autres. Or Elizabeth II fut tout sauf une femme comme les autres. Elizabeth II n'était pas seulement une reine. Elizabeth II était LA reine. La reine des reines. La reine du siècle.

La reine du monde. Unique. Iconique. « Extra-ordinaire ». Elizabeth II était géniale.

Reine de tous les records – les chiffres donnent le vertige. Si, au palais de l'Élysée, Emmanuel Macron fut son dixième président français, à Rome, derrière les hauts murs de la cité du Vatican, le pape François fut le septième souverain pontife à qui, en mars 2013, la cheffe des quatre-vingt-cinq millions d'anglicans a adressé ses congratulations pour sa montée sur le trône de saint Pierre.

Une reine, mais une femme aussi. Une femme au sang bleu et glacé. Une femme de devoir et de sacrifices. Une femme grave, consciencieuse, raide, conventionnelle, hors du temps. Mais tellement rock'n'roll. Tout chez cette royale *granny* était antinomique et fascinant. Infiniment royale, elle était, en fait, terriblement ritualisée, presque ennuyeuse. Sa Gracieuse Majesté n'aimait changer ni d'habitudes ni d'entourage ! Chaque matin, c'était cornemuses, thé de Chine (un nuage de lait, pas de sucre), *Times, Daily Telegraph et Sporting Life*, pour les résultats des courses hippiques. Le midi, après les audiences et deux heures de lecture de ses *red boxes* – coffrets de cuir rouge renfermant rapports secrets, analyses des services de renseignements civils et militaires et dépêches diplomatiques – qui faisaient d'elle, depuis soixante-dix ans, la femme la mieux informée du globe, elle s'octroyait un sherry ou une orange pressée (et amère). Vers 13 heures s'ensuivait un déjeuner léger (dont le menu était rédigé en français), servi autour d'une table en acajou (ovale).

Elle raffolait de côtes d'agneau, de filets de haddock, de terrines de saumon, de rognons au bacon, d'œufs brouillés aux anchois, adorait les artichauts, les chocolats noirs à la violette, les framboises. Tout comme les charades, la musique militaire, les corgis (mais uniquement s'ils étaient gallois !) et les chevaux de course. Elle détestait les fruits et légumes qui ne sont pas de saison, le caviar, le foie gras, les huîtres. Tout comme les caprices, les conflits, la vulnérabilité, les tables trop encombrées, l'eau trop chaude ou trop froide et la couleur pourpre nuancée de rouge que l'on appelle magenta ! Superstitieuse, elle maudissait le chiffre treize. Pas une seule fois elle n'a présidé un déjeuner ou un dîner de treize convives – quitte à inviter un écuyer à la dernière minute ! –, et, point tout aussi anecdotique (mais révélateur), en quarante-quatre ans de carrière, le *Britannia*, le yacht royal, véritable ambassadeur flottant de la Grande-Bretagne et du Commonwealth, n'a jamais compté de cabine numéro 13 !

Enfant, celle qui n'était encore que la *princess of York* préférait la géographie aux mathématiques et a appris plus aisément le français que l'allemand. Au seuil de sa vie, elle chérissait davantage le Scrabble que la lecture, la télévision que les jeux de cartes, privilégiait les œillets aux roses (trop épineuses), les freesias aux glaïeuls (trop encombrants) et marquait une nette attirance pour les grands chevaux et les petits chiens.

Chaque dépêche était signée à l'encre noire sur du papier armorié. En revanche, son journal intime, qu'elle rédigeait chaque soir avant de se coucher (seule et très consciencieusement), et son courrier personnel, abondant (dont elle libellait elle-même les enveloppes), étaient écrits à l'encre bleue et au stylo Parker. En public, elle trahissait son impatience en faisant tourner autour de son doigt sa bague de fiançailles. Depuis le 10 juillet 1947, ce solitaire de trois carats flanqué de dix petits diamants ronds ne la quittait jamais. Réceptions ou pas, elle se couchait toujours avant les douze coups de minuit et, lorsqu'elle changeait discrètement son sac de bras (qui ne contenait qu'un lipstick rouge vif Elizabeth Arden et des biscuits pour corgis), c'était le signal du départ : moins de trois minutes plus tard, Sa Majesté se retirait dans ses appartements.

À qui savait l'observer, la radiographier, elle était infiniment familière, mais sa véritable personnalité demeure pourtant un mystère. Et si, au fond, on avait cru la connaître ? Si on avait rêvé de la connaître ? Clement Attlee, ancien Premier ministre travailliste, a superbement illustré le propos : « À toujours mieux vouloir la saisir, chacun de nous veut, en vérité, mieux se connaître lui-même ! » En soixante-dix ans de règne, la femme la plus influente de la terre n'a accordé aucune interview. Jamais elle ne s'expliquait, jamais elle ne se plaignait – *Never complain, never explain* – et ne se confiait à aucun de ses collaborateurs.

Antinomique, on l'a dit, plus le temps a passé et plus Elizabeth II a fasciné et a surpris. Privilégiée, elle resta simple. Sacro-sainte, presque d'essence divine parce que bénie par Dieu, elle a eu jusqu'à son décès – et aujourd'hui encore – la stature d'une pop star. Plus électrique que les Rolling Stones. Plus iconique que Marilyn. Plus Warhol que Warhol. Globe-trotteuse, elle n'aimait, au fond, que ses châteaux perdus dans les brumes : Windsor, la plus vieille et plus vaste forteresse habitée du monde et son côté gothique à la Poudlard – devenu lieu de résidence permanente de la reine –, Balmoral et ses 32 000 hectares de forêts et de landes, Sandringham, la propriété des séjours hivernaux, qui a vu naître et mourir George VI, ce père qu'elle chérissait tant. C'était à l'aube du 6 février 1952. Elle avait 25 ans.

Mais ne vous y trompez pas : malgré le temps qui passait, sous ses tailleurs guimauve se profilait toujours une charpente d'acier. Si on la pensait parfois fragile, la reine des reines conservait la dureté d'un diamant !

Sa carrière, incomparable, lui a appris à ruser comme personne. Ainsi, puisque la Constitution lui interdisait de prendre officiellement la parole pour faire connaître son opinion, Elizabeth la merveilleuse usait de stratégie. Un exemple : en mars 2022, alors que Vladimir Poutine vient de déclarer la guerre à l'Ukraine, lors d'une entrevue avec Justin Trudeau, Premier ministre du Canada, qu'elle connaît depuis qu'il est enfant – son père, Pierre Elliott Trudeau, fut déjà l'un de ses Premiers ministres –, elle demande que soit posé, de façon négligée mais visible, un bouquet de tulipes jaunes et de freesias bleus, couleurs de l'Ukraine. Elle savait que les photos allaient devenir virales. De la ruse élisabéthaine !

Il est une autre habitude à laquelle jamais Sa Majesté ne dérogeait. Depuis 1952, chaque mardi, à 17 h 30 sonnantes, elle recevait le chef du gouvernement. Liz Truss était la quinzième. À sa naissance, en 1975, elle régnait déjà depuis plus de vingt-trois ans ! Le premier de ses Premiers était sir Winston Churchill. À l'annonce de la mort de George VI, quand le destin a choisi de basculer, c'est lui, le vieux lion, qui, sur le tarmac, à la descente de l'avion, avait accueilli ses premiers pas de jeune reine. Au pied de la passerelle, il a retiré son chapeau melon, s'est incliné profondément. Sur les archives sépia, frêle silhouette noire,

calme et détachée, un brin insensible déjà, on la voit lui tendre la main. Un autre monde.

Depuis le 8 septembre 2022, Elizabeth la grande, Elizabeth l'immense, n'est plus. On a refermé un livre. Comme une bible. Parce qu'elle était un peu une religion. Un point de repère. Un ancrage dans les orages de la vie. Le jour de ses funérailles, quatre milliards de téléspectateurs, émerveillés par un faste sorti du fond des âges, lui ont dit au revoir. Elle m'a offert mes plus belles pages du gotha. *Thank you, Lilibet. And bye-bye.*

Queen Mary

Pour vous, c'est, sans doute, le nom d'un paquebot. Pour moi, il s'agit assurément de la reine la plus corsetée de l'Histoire. Une reine de caractère dont le tempérament, souvent intraitable, influença beaucoup sa petite-fille, la future Elizabeth II. Il n'était pas rare d'apercevoir la reine Mary, sortant l'après-midi dans un costume pois de senteur. Elle resta presque toujours fidèle au même style de vêtements durant les quarante dernières années de sa vie : robes du soir perlées, manteaux et jupes tailleur, souliers pointus, parapluie roulé, large toque haut perchée sur son haut bouffant de cheveux et tenant lieu de couronne. Elle ne ressemblait qu'à elle-même, avec les élégantes excentricités

– l'ombrelle ou le parapluie, les costumes de ville couleur hortensia, les escarpins de lézard clair. La reine Mary s'était ainsi créé un aspect qui resta le même par tous les temps, qu'il fasse beau ou qu'il pleuve. Partout où on l'apercevait, sa silhouette était aussi nettement composée qu'une renoncule. En la voyant, on savait qu'on était en présence d'une altesse royale !

C'était une grande collectionneuse. Cet immense palais de Buckingham n'est-il pas un peu « sa chose » ? N'est-ce pas elle qui l'a rendu habitable, qui l'a débarrassé des « horreurs de petits bibelots » pour mettre en valeur ses vraies richesses ? Elle balaya palmiers en pot, tentures de peluche rouge, bronzes informes… Elle ratissa les greniers, en sortit les meubles anciens qui s'y empoussiéraient, arrangea de somptueuses salles de bains et encouragea son fils à faire installer le chauffage central.

Non contente de soutenir le roi avec une dévotion absolue, la reine Mary fit montre d'un véritable génie pour faire briller la monarchie britannique. Pendant la Première Guerre, elle décida avec le roi que la cour renoncerait à l'alcool « pendant toute la durée des hostilités ». Son mari se passa difficilement de son whisky-soda, mais l'omniprésence de sa reine l'empêcha de succomber. Un sacrifice si largement rapporté par la presse que personne n'imagina plus que les souverains vivaient dans le luxe au moment où le commun des mortels devait s'en passer.

Sous l'influence de la souveraine, la monarchie fit une religion du devoir et du dévouement. Se dépensant sans compter au chevet des blessés, Mary obligea les autres femmes de la famille à suivre son exemple jusqu'à ce que l'une d'elles finisse par se plaindre : « Je suis fatiguée et je déteste les hôpitaux. » À quoi la reine répliqua : « Vous appartenez à la famille royale d'Angleterre. Nous ne sommes jamais fatigués et nous aimons tous les hôpitaux. »

Mais, toute dévouée qu'elle fût au mythe de la Couronne et à la personne sacrée du roi, la reine Mary ne parvint jamais à résoudre un problème crucial : ses relations avec ses enfants. En outre, le fils aîné et héritier du roi, Edward VIII, rejeta presque toutes les valeurs défendues par ses parents, si bien que son court règne – de janvier à décembre 1936 – causa la plus grande crise de toute l'histoire des Windsor !

Coronation **Quiche**

Souvenez-vous ! À quelques semaines de leur couronnement, c'est le plat qui était choisi par Charles III et Camilla pour alimenter les grands pique-niques, les *garden & street parties,* et les nombreux déjeuners qui ont marqué les festivités du sacre. En 1953, Lilibet, elle, avait retenu du poulet. Outre-Manche, le *Coronation Chicken*, servi avec une sauce crémeuse au curry, est toujours à la carte de nombreux restaurants et est même devenu un classique de la cuisine anglaise.

Le trait d'union entre le plat d'Elizabeth II et celui de Charles III ? Tous deux peuvent être préparés assez tôt et sont peu coûteux, deux critères indispensables pour être estampillés « *coronation* » ! Ce qui est drôle dans cette quiche du couronnement c'est son clin d'œil bleu, blanc, rouge. La « *quiiiiiche* » de Charles III est, au fond, une lointaine cousine de la quiche lorraine, la mère de toutes les quiches, dont les origines remontent aux alentours de 1540. Alors, pourquoi ce choix ?

C'est un mystère comme très souvent avec Buckingham Palace mais on remarquera, détail savoureux, que ce plat est apparu, au XVIe siècle, sous le règne d'un autre Charles III. Un duc de Lorraine et de Bar, cousin des princes de Guise élevé à la cour des Valois et marié à Claude de France.

La *Coronation Quiche* est ultra-simple à réaliser. Ultra-bio. Ultra-économe. Comme Charles III en somme ! Je ne résiste pas à vous en livrer la recette.

Pour six personnes, vous aurez besoin d'un moule à tarte d'une vingtaine de centimètres de diamètre.

Astuce : si, comme moi, vous avez la flemme, optez pour un rouleau de pâte brisée déjà toute prête !

Pour la garniture :

♛ 125 millilitres de lait,
♛ 175 millilitres de crème fraîche,
♛ 2 œufs moyens,
♛ 1 cuillère à soupe d'estragon frais haché,
♛ du sel et poivre,
♛ 100 grammes de cheddar râpé,
♛ 180 grammes d'épinards cuits et légèrement hachés,
♛ 60 grammes de fèves cuites ou de soja.

Une fois la pâte sortie du réfrigérateur, farinez légèrement le plan de travail et étalez la pâte en un cercle un peu plus grand que le haut du moule et d'environ 5 millimètres d'épaisseur. Tapissez le moule avec la pâte en prenant soin de ne pas faire de trous, sinon le mélange pourrait couler.

Pour confectionner le corps de notre plat du couronnement, battez ensemble le lait, la crème, les œufs, les herbes et l'assaisonnement. Il faudra répartir la moitié du fromage râpé dans la base cuite à blanc, puis la garnir d'épinards hachés, de haricots et d'herbes, puis verser sur le mélange liquide.

Si nécessaire, remuez délicatement le mélange pour vous assurer que la garniture est uniformément dispersée, mais veillez à ne pas endommager le fond de tarte. Saupoudrez du reste de fromage, puis enfournez 20 à 25 minutes jusqu'à ce que la quiche soit légèrement dorée.

Rainier

En écrivant ces lignes, je me suis posé cette question : que reste-t-il, aujourd'hui, du prince Rainier ? Des photos, assurément. En sépia ou en couleur. Qui le représentent. L'œil sombre, le sourire parfois forcé, le menton haut, volontaire, la stature puissante. Rainier était un lutteur. Jamais il n'a baissé les bras. Toujours, il a voulu bien faire. Et seul. Rainier III, une incarnation. On a un peu oublié aujourd'hui à quel point pour être le premier, le seul, l'unique, pour être l'élu, il a mis de la distance, il a éloigné les courtisans, les profiteurs, ceux qui le trouvaient fragile, falot, ceux qui briguaient son trône.

Jamais il n'a connu la chaleur d'un foyer. Petit prince mélancolique, il est confronté, trop tôt, à un palais vide, à une mère fantasque, la princesse Charlotte, fille d'un prince et d'une blanchisseuse, qui s'estime, à tort ou à raison, mal mariée et incomprise. Impuissants, Rainier et sa sœur, Antoinette, voient leurs parents se déchirer. Le divorce est prononcé. Scandale. Esclandre. Sur ce Rocher pourtant balayé de soleil, la solitude étend son voile gris. Personne à qui parler, pas de confidents, pas d'amis. Seule la haute stature, la froide silhouette de son grand-père, le prince Louis II. Rainier

l'appelle « Monsieur ». Pour parfaire son éducation, il est expédié derrière les murs d'une pension anglaise. Tout est triste, tout est sévère, tout est froid. Douche à l'eau glacée, réprimandes, injonctions, coups de canne. C'est comme ça que se forge un caractère ! Celui de Rainier va être terrible. Il ne comptera sur personne, va se méfier de tous, va sentir, spéculer, réfléchir. Beaucoup, énormément. Et lorsqu'il agira, enfin, il n'y aura aucun regret, jamais !

La guerre éclate. Les chemises noires envahissent le blanc Rocher. Le trône vacille. Rainier ronge son frein. Plus jamais ça ! Monaco ne sera annexé par personne. Il va y veiller. Il monte sur le trône à l'âge de 26 ans. Libre de faire ce qu'il veut, de rassembler, de fédérer, de bâtir. Son ambition va être sans limite. Mais les caisses sont vides. Il lui faut de l'argent, beaucoup d'argent. Alors, ce bosseur acharné retrousse ses manches. Le petit État d'opérette connu pour ses cocottes bruissantes sous la soie, réputé pour ses tapis verts et son blanchiment d'argent, se métamorphose. Une ville moderne surgit des flots, des tours s'élèvent, victoire sur la mer qui recule, ne va plus cesser de reculer. Rainier n'a pas encore 30 ans, mais on commence à le prendre au sérieux. Il parle très peu mais fixe ses interlocuteurs dans les yeux. Au fond de son regard, une force d'Hercule. Les capitaux, les entreprises affluent. Cela ne lui suffit pas. Rainier, prince souverain, entend bien faire respecter l'intégrité nationale de son État. Même contre la France, même contre de Gaulle. Il sort vainqueur du bras de fer. Monaco est reconnu. Monaco prend sa place sur l'échiquier international. Monaco traite d'égal à égal avec les hautes puissances. Rainier a gagné, sur tous les fronts. Le jeune *play-boy* ne s'est pas laissé broyer.

Sonne l'heure d'aimer. Son mariage avec Grace Kelly braque les caméras du monde entier sur ce petit caillou battu par les flots. La reine d'Hollywood épouse le prince souverain. Et le sourire de la blonde actrice devient un sésame magique. Grace ne laisse pas, ne laissera personne indifférent, jamais. Rainier va bâtir, va reconstituer, une famille unie et heureuse. Trois enfants et une femme, si aimante, si belle. Une femme qui sert aussi ses desseins, il faut bien l'avouer. Tout est sans doute trop beau.

Et le bonheur, le vrai, le puissant, le fort, cette pluie d'or, n'est souvent qu'une averse !

1982. Un bruit de tôles fracassées s'élève dans un ciel bleu. La voiture de Grace. L'accident. Le bonheur s'en va au sortir d'un virage. Bonjour tristesse. Rien, plus jamais, ne sera comme avant. La star rejoint les étoiles dans un hommage planétaire. Et, dans un palais vide, Rainier est seul, à nouveau. Ce n'est pas tout à fait vrai. Demeurent les enfants. Source de joie, certes, mais aussi de soucis, de craintes. Et d'incompréhensions. Que d'incompréhensions ! La vie amoureuse des *golden-boys* et *golden-girls* du Rocher défraie la chronique, très souvent, trop souvent aux yeux de ce père aimant. Première mariée, Caroline est aussi la première divorcée. Et la mort s'abat une fois de plus sur la principauté, lui arrachant son second époux. Depuis la disparition de sa mère, Stéphanie se perd, se brûle, multiplie les aventures. Et lorsqu'elle croit, enfin, avoir trouvé le bonheur, un nouveau scandale éclate, éclabousse le palais, meurtrit davantage encore une princesse devenue Ouragan. Rainier doit faire face. Nouvelle union, nouvelle séparation. Un père console sa fille, veut croire, comme elle, à ce nouveau mariage, un de plus, veille tendrement sur ses petits-enfants et sur Albert. Ah, Albert… L'unique héritier est de plus en plus associé au trône. Mais à distance. Rainier ne montre que ce qu'il veut bien montrer, ne dévoile que ce qu'il veut dévoiler. Albert doit encore faire ses preuves. Surtout, Albert doit se marier. Pour prendre un jour la relève, il doit, à son tour, fonder une famille. Entre le père et le fils, dans leur forteresse en bord de mer, l'entente est parfois houleuse. Pourtant, au fond de lui, Rainier sait que le prince héréditaire est capable, le jour venu, de reprendre les affaires de l'État. Il continue, ne délègue rien. Pourtant, il est temps maintenant. Rainier est devenu vieux, fatigué. Son combat dure depuis plus d'un demi-siècle. Les alertes de santé se multiplient. Vieilli par les devoirs de sa charge, il prend l'habitude de se réfugier dans son atelier de sculptures. Il écoute une fugue de Bach ou le murmure sourd de la mer. Grace lui manque, encore et toujours. De plus en plus fort. Sur son bureau, dans leur chambre, les antichambres, les salons, partout, des photos d'elle, des albums entiers, où son sourire continue d'éclater. Elle était fière de lui.

Il le sait. Il n'en peut plus de l'attendre. Nous sommes le 6 avril 2005. L'aube vient de se lever sur la principauté. Il n'y a plus de souverain. Plus de patriarche. Il n'y a plus qu'un homme qui aime à nouveau. Rainier vient de rejoindre Grace.

Rania

Je la trouve belle, si belle. Et tellement élégante ! Pour moi, Rania cumule toutes les qualités. Et toutes les casquettes. Reine, épouse, mère de famille, militante… Depuis l'accession de son mari au trône hachémite, dans un royaume où la femme n'est pas vraiment encore l'égale de l'homme, elle se bat, se fait entendre. Quitte à déplaire ! Mais qui est vraiment Rania de Jordanie ?

Le 10 juin 1993, au matin de ses noces, personne ne la connaît encore. Et pourtant, il va suffire d'une poignée de secondes pour qu'elle fasse chavirer le monde. Sylphide, souriante, la jeune femme qui pose le pied à terre est éblouissante, d'une beauté presque surnaturelle. On comprend mieux désormais le « coup de foudre » dont a été victime le fils aîné du roi Hussein. Déjà, on ne s'étonne plus de ce mariage éclair. Certes, la belle Rania et Abdullah ne se connaissent que depuis cinq mois, mais qu'importe ! Lorsqu'elle descend de la longue voiture qui la dépose aux pieds de son prince, ils sont des milliers à s'émouvoir. Le chignon de la blanche mariée – une œuvre d'art ! – rivalise avec sa longue robe

brochée d'or, une création griffée Bruce Oldfield. La haute couture, la belle Rania va en faire son alliée. Bien plus qu'un accessoire, ses robes vont devenir une griffe, une signature. Mieux encore : une arme de combat.

Le 9 juin 1999 est la deuxième date que le couple a fixée avec l'Histoire. Après les trois mois de deuil réglementaires observés par la cour à la suite du décès du roi Hussein, le nouveau souverain du royaume hachémite est officiellement intronisé. Au cours de l'impressionnante cérémonie, la divine Rania se tient aux côtés de son époux. Pour cette journée d'exception, la reine la plus jeune du monde – elle a alors 28 ans – a confié la création de sa robe au génial couturier libanais Elie Saab. Le résultat est époustouflant : un fourreau découpé dans une mousseline striée d'or. L'entrelacs de broderies et le col bénitier confèrent au vêtement un côté des plus solennels. Mais pas seulement ! Très traditionnelle, la robe sied cependant parfaitement à une femme qui vit en osmose avec son temps. Comme le souligne une spécialiste : « Elle est, à la fois, très orientale mais ne renie aucun des codes imposés par l'Occident, place forte de la mode. » Sans dire un mot, la nouvelle reine vient d'emprunter le chemin de ce qui va devenir l'un de ses principaux combats : donner plus de libertés aux femmes. Son élégance – et ses dressings, pleins à craquer ! – sera sa meilleure arme politique. Mais attention, qu'on ne s'y trompe pas ! Chaque galon de ses robes, chaque perle de ses colliers ne vont avoir qu'une visée, toujours la même : servir les intérêts de cet engagement qu'elle prend à bras-le-corps. À ses détracteurs qui accusent l'épouse de leur souverain de dépenses somptuaires, Rania ne répond rien mais fait savoir qu'elle a refusé un diadème de 2 millions d'euros, cadeau du gouvernement pour la cérémonie d'investiture. En effet ! La jeune femme a préféré emprunter un joyau à l'une de ses belles-sœurs.

Tandis que le nouveau souverain se glisse lentement dans ses nouvelles fonctions, en reine de caractère, bien décidée à ne pas endosser le rôle d'une poupée réduite au silence, Rania milite pour la défense des droits des femmes et lance, en parallèle, une vaste campagne de sensibilisation aux problèmes de l'enfance maltraitée. Débloquant des fonds, s'entourant de spécialistes, elle crée le premier centre d'accueil pour les jeunes victimes et améliore la coordination entre pouvoirs publics et organismes locaux en charge de la protection de la famille.

Déjà mère de deux enfants – le prince Hussein né le 28 juin 1994 et la princesse Iman, née le 27 septembre 1996 – un peu plus d'un an après son accession au trône, la reine donne à nouveau la vie. La princesse Salma ouvre ses yeux au jour le 26 septembre 2000. Ce troisième enfant du couple souverain ne sera pas le dernier. Le 30 janvier 2005, la première famille du royaume hachémite accueille le prince Hashem.

Si être reine est important, être mère est essentiel à son équilibre. Pourtant, après chaque naissance, Rania met un point d'honneur à retrouver, très vite, le devant de la scène. « Lorsque je me réveille je me sens comme une personne normale, pas comme une reine », confie-t-elle à un journaliste. « Une grosse partie de mes journées est consacrée au peuple que je représente. C'est un honneur et un privilège d'avoir cette chance, de pouvoir faire une différence, une différence qualitative dans la vie des gens. C'est de ma responsabilité de tirer le meilleur parti de cette opportunité. »

Cette aide à l'enfance devient, pour elle, un combat primordial. En plus de la création de centres de protection des enfants contre les abus sexuels et les violences, elle initie également le programme NetAid World Schoolhouse, un projet destiné à favoriser l'accès à l'éducation. Inlassablement, elle visite des écoles, met en place de nouveaux projets éducatifs. Ses combats ne se limitent pas à la Jordanie. Voyageuse frénétique, elle mène ses batailles sur tous les fronts. Sa ligne de conduite ? Sois belle et, surtout, ne te tais pas ! Ses prises de position en faveur de la communauté palestinienne font d'elle une reine engagée sur la scène politique internationale. À Amman comme aux quatre coins du vieux royaume, bientôt, un mot court les rues : « Le charme et la force de notre reine vont obtenir plus de résultats que toute la politique du monde. »

Elle se soucie de tous. Il n'est pas une cause qui la laisse indifférente ! Avec enthousiasme et véhémence, la reine de Jordanie défend maintenant le microcrédit, un outil financier qui voit son concepteur, le Bangladeshi Muhammad Yunus, honoré du prix Nobel de la paix en octobre 2006. Le 26 janvier 2007, c'est à son tour d'être épinglée. Lors du Forum économique de Davos, l'Unicef la nomme au titre très gratifiant de premier Éminent défenseur des enfants. Au mois de mai de la même année, Rania lance cette fois un appel mondial pour l'aide aux enfants iraquiens.

Mais où puise-t-elle cette force ? Auprès des siens, assurément ! Levée tous les jours entre 6 h 30 et 7 heures, épaulée par une équipe de vingt personnes, elle mène de front ses devoirs de maman et ses obligations officielles. « Mes activités s'organisent en fonction des journées de mes enfants, confie-t-elle. Le simple fait de les aider à faire leurs devoirs me donne un sentiment très fort de sécurité. Avec eux, je suis vraiment moi. »

Loin des clichés parfois véhiculés, Rania de Jordanie est aussi une femme intrépide. Férue de footing qu'elle pratique, écouteurs de son iPod sur les oreilles, elle affectionne également les balades en hélicoptère. Surtout, dans les pires conditions météo ! Lors de ses plages de repos, elle confectionne d'épais albums où elle colle, par centaines, les photos de ses enfants. Pour se ressourcer, régulièrement, elle s'enferme dans un Spa, sur les rives de la mer Morte. En 2005, le *so chic Vanity Fair* lui décerne le prix de la femme la mieux habillée de la terre. Cette distinction va lui permettre de faire entendre sa voix un peu plus fort encore. Ses ensembles Prada, Hermès, ses robes du soir Elie Saab, Jean-Paul Gaultier, Narciso Rodriguez, Dominique Sirop, Chanel... sont moins une leçon de style qu'une manière bien à elle d'afficher ses convictions : « Pour toutes les Musulmanes, le voile ne devrait pas être une contrainte, mais un choix ! » Rania de Jordanie devient le symbole d'une femme orientale moderne qui ne renie pas ses origines. Les conservateurs s'offusquent, vont jusqu'à la menacer quand elle annonce qu'elle va lutter contre les crimes d'honneur. Qu'importe ! Rania n'a pas peur. La tête haute, elle poursuit son combat. En février 2007, dans le quotidien italien

Corriere della Sera, elle livre sa vision de la religion. « Imposer un voile à une femme est contraire aux principes de l'islam. Arborer un tchador doit être un libre choix personnel. » Cette fois, ses déclarations provoquent un véritable séisme. Néanmoins, elle parvient à faire entendre sa voix dans les plus hautes sphères. Quelques mois plus tard, dans une longue robe en crêpe griffée Elie Saab, elle reçoit un Bambi Award récompensant ses actions en faveur de l'enfance.

Le droit des femmes et la protection des enfants ne sont pas ses seuls chevaux de bataille. Régulièrement, la reine milite en faveur de la vaccination, des dons d'organes, de la défense du peuple palestinien. Inconditionnelle humaniste, Rania est également à la tête de la Fondation internationale contre l'ostéoporose, préside l'Initiative des Nations unies pour l'éducation des filles et apporte son haut parrainage à quantité de sociétés de bienfaisance. En juin 2009 lorsque arrivent les festivités célébrant les dix ans de règne du couple souverain, elle arbore une tunique de mousseline grège qui a comme un air de déjà-vu... Et pour cause ! Il s'agit de la robe Elie Saab, modernisée par une ceinture et des manches froncées, portée dix ans auparavant ! Quelques jours plus tard, le couple royal est surpris, en tête à tête, sillonnant le sud de la France en Harley Davidson. Modernes, accessibles, Abdullah et Rania vont jusqu'à prendre la pose face au téléphone portable d'un vacancier. Au mois d'août, ils sont vus à Porto-Vecchio. Moderne, cette reine l'est assurément. N'est-elle pas l'une des premières à avoir diffusé et relayé ses combats sur son compte Twitter ?

En mai 2006, elle est l'invitée d'Oprah, l'émission la plus regardée dans l'histoire de la télévision. Lors du talk-show, en direct, elle tord le cou aux clichés selon lesquels les Arabes sont des gens violents et extrémistes. Elle insiste aussi sur l'image de la femme : « Les musulmanes ne sont pas des opprimées ! » En 2009, envoyant au monde un message de tolérance et d'acceptation, elle est aux premières loges lors de la visite du Saint-Père en Jordanie. En 2011, le magazine *Forbes* la classe 53e femme la plus puissante du monde. Mais le printemps arabe (qui gronde) va porter un coup redoutable à l'incroyable indépendance dont jouissait jusqu'alors notre héroïne. Durant quelques semaines, la Jordanie connaît une vague de rébellion liée à la hausse des prix, au chômage et à la corruption. Le Premier ministre est obligé de démissionner. Plus grave pour notre star royale : trente-six chefs de tribunaux jordaniens lui reprochent des actes de corruption. Rania se serait servie de son statut pour entretenir des intérêts personnels. Sa famille, entre autres, aurait largement bénéficié de terrains et de terres agricoles « en guise de cadeaux ». En réalité, ce qu'on lui reproche surtout, c'est une trop grande implication dans la vie politique. En somme, l'heure est grave. Pour éviter de faire trembler la couronne hachémite, Rania est sommée de lever le pied. Et Abdullah sait qu'il a tout intérêt à ne pas envenimer ses relations avec les chefs tribaux qui représentent 40 % de la population et ont toujours été d'une loyauté totale envers la monarchie. Rania est sommée de se taire. Et de se faire oublier ! Vive et intelligente, la reine décide de se retirer du plan international. Mais elle fait promettre à son mari couronné de la laisser poursuivre son combat envers les Jordaniens les plus défavorisés. Une façon de rentrer (un peu) dans le rang sans vraiment se soumettre ! Privilégiant maintenant des vêtements simples ou traditionnels aux tenues de haute couture française et italienne, elle continue néanmoins de se donner tout entière, sans jamais compter. Elle sait que le temps est le meilleur des alliés. En réalité, la reine laisse passer l'orage. Et quelques mois plus tard, plus sémillante que jamais, elle foule, à nouveau, les tapis rouges étrangers dans de sublimes fourreaux griffés. Merveilleuse Rania !

Raspoutine

Grigori Raspoutine m'a toujours fasciné. Une stature d'athlète, un corps fort, des mains de géant et des yeux d'un bleu d'acier, un bleu d'eau froide, à se noyer dedans. « Quand Raspoutine plongeait son regard dans le vôtre, déjà, vous vous sentiez hypnotisé », raconteront ses contemporains. On dit aussi que jamais dame nature ne dota un homme aussi généreusement ! Mais… je m'éloigne !

Son histoire semble la trame d'un roman. Que j'aimerais, un jour, écrire son journal. Me prendre, moi aussi, pour Grigori Raspoutine, le sauveur du plus gigantesque empire du globe, l'ami intime de l'impératrice de toutes les Russies. Lui qui n'était rien, qu'un simple pécheur repenti, un prédicateur bravant les neiges de la campagne russe en clamant la parole de Dieu, un sorcier, un guérisseur, va réussir à s'imposer, à devenir essentiel, indispensable.

Il est présenté au couple impérial le premier jour du mois de novembre 1905. Au palais Alexandre, il s'assoit sur le canapé qu'on lui désigne, accepte le verre de madère qu'on lui tend. Il a les mains sales, la barbe longue et désordonnée, les cheveux gris, les dents gâtées. Face au chef suprême de cette terre qui s'étend à l'infini, il ne s'incline pas. Il regarde la tsarine droit dans les yeux. Sacrilège ! C'est elle qui a entendu parler de lui. Par l'entremise d'une de ses dames d'honneur. Il aurait les pouvoirs de sauver son fils, Alexis, seul héritier de l'empire. On ne le sait pas encore mais l'unique fils du couple impérial souffre d'hémophilie. Ce mal du sang qui se donne par les femmes mais n'atteint que les hommes proviendrait de la reine Victoria, la grand-mère d'Alexandra. Dans la vaste chambre de l'héritier, sous les lustres en cristal de Bohême, sous les toiles de maître et les lourdes tentures, sur un guéridon de marbre, dans de hauts flacons de verre, le *moujik* aperçoit les médicaments de l'enfant. Et il a ce mot : « Je vais te donner un conseil, Babouchka, éloigne tout ça de ton fils… Ça pourrait bien le tuer. » Génial Raspoutine ! Il n'a encore rien fait. Il n'a encore rien dit, ou presque, mais déjà,

déjà, lui que l'on dit « hâbleur », que l'on dit « paillard », a tout compris. À cet enfant qui souffre d'hémophilie, les médecins de la cour donnent de l'aspirine, un acide qui dilue le sang. Autant nourrir le diabétique que je suis de carrés de sucre et de cuillères de miel !

De plus en plus souvent, l'étrange personnage est vu dans le sillage des souverains. Mais c'est en décembre 1907 que sa « carrière impériale » va connaître un tournant fulgurant. À quelques jours des fêtes, le tsarévitch est victime d'une chute. Aussitôt, une grosse boule violacée apparaît sur le genou du petit garçon. Le temps de le ramener au palais et déjà l'enfant a perdu connaissance. Brûlant de fièvre, son corps est secoué de spasmes. Aucun médecin ne parvient à apaiser ses douleurs. L'impératrice ne le quitte plus. L'empereur n'ose pas s'éloigner. Raspoutine est appelé dans le plus grand secret. À l'insu des médecins surtout qui voient ce « charlatan » d'un bien mauvais œil.

À Tsarskoïé Selo, dans la nuit blanche de neige, ses bottes couvertes de boue s'impriment sur le velours rouge des longs tapis qui couvrent les couloirs. Dans la chambre impériale, ses grosses mains se posent sur le corps de l'héritier. De sa voix grave, profonde, une voix venue du fond des âges, Raspoutine lui parle de sa Sibérie natale, de ses vaches, de ses chevaux... La respiration de l'enfant se cale sur celle du vieil homme. En quelques secondes, Alexis ne crie plus, ne pleure plus, ne bouge plus. Il est comme anesthésié. Dans le lit au bois d'or, un sourire se pose sur ses lèvres blanches, il plonge dans le sommeil. Tapie dans l'ombre, Alexandra ferme les yeux. Elle doit s'appuyer contre la haute porte. Elle en est sûre désormais, cet homme est un saint. Il a été envoyé par Dieu !

Le *moujik* va bientôt rafler tous les pouvoirs. Pour Alexandra, son « ami » est « un saint », « un guide spirituel », « un allié de la Russie ». Il suffit qu'il apparaisse et le tsarévitch va soudainement mieux. Il est le seul vrai ami de l'héritier. Le seul vrai ami de la tsarine aussi. Elle lui propose une chambre, un appartement au palais. Raspoutine refuse. En revanche, elle insiste (et le paie à prix d'or) pour qu'il accompagne la famille impériale dans chacun de ses déplacements. Et, de visite en visite, de voyage en voyage, le Sibérien devient bien plus qu'un ami. Il se glisse dans le rôle de confident, de conseiller. Par l'entremise d'Alexandra, bientôt, il quitte la chambre de l'enfant pour gagner le bureau de l'empereur. Dans sa besace, le starets détiendrait également des remèdes en matière de politique. Et s'il avait aussi un remède magique, une potion, pour guérir l'État, pour sauver l'empire ?

On sait aujourd'hui que non. Le sang va couler sur la sainte Russie, terre bénie des dieux mais maudite des hommes. En 1909, l'« affaire Raspoutine » éclate. La presse, les services de police, la sécurité du palais révèlent les mœurs dissolues de l'« ami du couple impérial ». L'Église voit en lui « un homme dangereux ». Raspoutine fréquenterait des gens aux mœurs salaces, est accusé de viol, de perversions sexuelles. Dans les salons mondains, on se gausse. Il officierait dans des pensionnats de jeunes filles, dans des couvents. Et ça exciterait l'impératrice. Et ses filles. Les grandes-duchesses seraient d'ailleurs les maîtresses du Sibérien. Le scandale est vertigineux. À faire trembler le palais d'Hiver. L'affaire Raspoutine devient, en Russie, l'équivalent de l'affaire du collier, en France, pour Marie-Antoinette.

Vous l'avez compris, il faut que l'impératrice renonce à cette amitié un peu trop particulière. C'est une obligation ! Mais éloigner Raspoutine, n'est-ce pas un peu tuer Alexis ? Pas tout de suite en tout cas. La tsarine perd le plus sûr de ses alliés certes, se ronge, s'en veut tellement de conduire son fils à la mort que, dans la loge couronnée, au théâtre ou à l'opéra où elle s'efforce de paraître, elle est à ce point brisée, livide, à bout de forces, anéantie, que court ce mot : « L'impératrice est plus morte que vive. »

Le drame arrive pourtant de là où ne l'attend pas : de Sarajevo. Le 29 juin 1914, on apprend l'assassinat de l'archiduc François-Ferdinand. L'héritier du trône austro-hongrois est tombé sous les balles d'un nationaliste serbe. Dans l'heure qui suit, la mobilisation est générale. Le 14 août, l'Allemagne déclare la guerre à la Russie. Les morts vont bientôt se compter par millions. C'est le début de la fin, vous le savez. En 1917, les Romanov tomberont sous les balles. Mais nous n'y sommes pas, pas encore.

Comme Nicolas a décidé de prendre la tête de ses armées, pour l'heure, Alexandra reste seule au palais, avec ses filles, avec son fils, toujours souffrant. Et la tentation est trop forte ! Alors, cette femme qui vient d'être nommée régente, cette femme qui demeure surtout une mère qui a peur, fait revenir son ami. Et la presse titre : « Le départ de l'empereur annonce le début d'un nouveau règne, celui d'un guérisseur. » Bientôt, dans la moindre décision du palais on voit la main de Raspoutine.

Au printemps de l'année 1915, Nicolas rentre du front, pour quelques jours. Le tsar a le teint livide, le dos courbé, peine à marcher, à respirer. En vérité, il est totalement épuisé. La guerre a transformé le vaillant souverain en vieillard. Alix tente de le faire rire. Mais elle est choquée. Sur le quai de la gare, l'aurait-elle seulement reconnu ? Pas sûr ! Nicolas II repart et, à la vitesse de la poudre, un bruit court les rédactions, les salons, les bureaux ministériels : « La tsarine serait en train de droguer son royal époux. Pour mieux le dominer. Pour se débarrasser de lui. Et pour régner seule. Avec son escroc d'amant ! »

L'empire est perdu, ce n'est plus qu'une question de mois. Chacun le pressent. D'ailleurs, la fulgurante, l'extravagante, la totalement folle réussite de ce *moujik* devenu grand seigneur, presque boyard, n'est-elle pas la preuve que la sainte Russie, la noble Russie, est en train de basculer ? S'il reste une chance, une seule, de sauver la Couronne, de sauver les Romanov, de sauver l'aristocratie, et l'autocratie, et les privilèges, il faut assassiner Raspoutine. Une conjuration se forme. C'est le beau Felix Ioussoupov, prince Ioussoupov et comte Soumarokov-Elston, neveu par alliance du tsar, qui va s'en charger. Tandis que dans le plus luxueux des palais qui bordent la Neva, un complot se trame, le 25 décembre 1915, la tsarine dîne avec son ami, pour la dernière fois. À la lueur des chandelles, il a ces paroles prémonitoires : « Je vais être tué Babouchka. Ils vont m'éliminer. Fais attention à toi. À toi et aux tiens. De terribles dangers sont imminents. Ils vont tous se soulever contre vous. Ne fais confiance à personne. »

Le corps du guérisseur est repêché dans la Neva, le 1er janvier 1916. Un peu plus de deux ans plus tard, dans une nuit d'apocalypse, une nuit qui sonne la fin d'un monde, une salve de mitraillette s'abat sur Nicolas, Alexandra, Alexis et les grandes-duchesses. On racontera que la tsarine a tout juste eu le temps d'ébaucher un signe de croix ; que le tsarévitch a souri ; que les corps se sont effondrés sur le béton. Le petit prince sera achevé d'une balle dans la nuque. Il meurt dans les bras de son père. On racontera aussi qu'après les coups de feu, la tsarine et les grandes-duchesses étaient toujours debout, en vie. Les balles avaient ricoché contre les pierres précieuses que la mère et ses filles dissimulaient sous leurs vêtements.

Après l'exécution des Romanov, dans le village des tsars, les bolcheviques prennent la direction des jardins du palais Alexandre. Et profanent la tombe de Raspoutine. Stupeur : son corps, gigantesque, est resté intact. Plus étonnant encore : lorsque les révolutionnaires tentent d'incendier la dépouille, le cadavre résiste aux flammes. Et si le ciel n'en avait pas voulu ? Et si, comme les hommes, Dieu lui-même avait peur, lui aussi, de Grigori Raspoutine ? Et si, dans un autre monde, dans une autre vie, un géant venu d'une terre de grands froids parvenait à rejouer l'Histoire ?

Revolver

Le 29 mars 1956, à Estoril, au Portugal, va s'écrire l'une des pages les plus noires du gotha. En vacances pour la semaine sainte, les enfants du chef de la Maison royale d'Espagne et de la princesse María de Las Mercedes de Bourbon-Siciles jouent dans l'un des vastes salons de leur résidence d'été. Âgé de 18 ans, Juan Carlos – futur roi d'Espagne – est étudiant à l'Académie générale militaire depuis septembre 1951. Selon plusieurs sources, il semblerait que le prince décide de nettoyer l'une de ses armes, lorsque, tout à coup, le revolver tire un coup accidentel. Une balle se loge dans le front du prince Alfonso, 14 ans, le petit frère de Juan Carlos. L'infant est tué sur le coup.

On imagine le désarroi du futur monarque. Anéanti de culpabilité, un instant, le fils aîné du comte de Barcelone pense à se retirer dans un monastère. Pour le plus grand bonheur de l'Espagne, qui va être libérée de la dictature, le destin va en décider autrement.

Le jeune Alfonso fut enterré au Portugal. En 1992, à la demande de son père, ses restes seront transférés au Panthéon des Infants du Monastère de l'Escurial, nécropole des Bourbons d'Espagne.

Roc Agel

Niché sur les hauteurs de la principauté (au sommet du mont Agel, à 750 mètres d'altitude), Roc Agel n'est pas un palais, pas un château, pas même un manoir. Roc Agel est… une petite ferme. La princesse Grace l'avait d'ailleurs baptisé « le ranch ». Il y a des vaches qui paissent dans les prés, un potager bio, une laiterie qui transforme le lait en fromages et en glace. Il y a des arbres fruitiers, des étables, une écurie, des ânes, des chevaux, des poneys, des poules, des moutons… Jusque très récemment, dans les 56 hectares de jardins nichés sur ce domaine de Fontbonne, se trouvaient aussi deux éléphantes, Baby et Népal, sauvées, en 2011, par Stéphanie.

Roc Agel est, en fait, le cadeau de mariage du prince Rainier à sa très hollywoodienne épouse. C'est ici, au bord de la piscine et d'un barbecue, que Grace Kelly recevait ses amis d'avant : Elizabeth Taylor, Richard Burton, Franck Sinatra (qui est d'ailleurs le parrain de la princesse Stéphanie). C'est ici qu'elle tentait d'oublier, pour quelques heures, qu'elle n'était plus actrice. Juste une princesse. Le 13 septembre 1982, c'est en quittant Roc Agel pour rejoindre le palais d'ailleurs, que Grace trouve la mort, au volant de sa Rover.

Le domaine situé au fond d'une impasse est surveillé, en permanence, par deux caméras et deux carabiniers. Le ciel de Roc Agel est interdit de tout survol. En 2010, dès l'annonce des fiançailles du prince Albert, Charlène (qui, en quelques secondes, devient la fiancée la plus médiatisée du globe) est littéralement enfermée à Roc Agel. Comme séquestrée ! Durant des mois, sous la férule d'experts en tout genre, dont Virginia Gallico – déjà 85 ans à l'époque –, elle va apprendre les petits secrets qui transforment une femme en princesse souveraine. Albert la rejoignait après ses journées de travail au palais. Elle dira plus tard : « Ce fut, pour moi, les plus beaux instants. À l'abri des regards. Loin du stress, des critiques. » En mars 2022 après sa longue absence du Rocher, c'est ici, avec son jeune chien Khan, un Rhodesian Ridgeback, que Charlène s'établit pour sa convalescence. Ses parents, Michael et Lynette Wittstock, et son frère, le beau Gareth, viennent déjeuner régulièrement. Tout comme sa légendaire belle-mère dont le souvenir reste intact, Charlène adore Roc Agel. Bien plus qu'une maison, pour les Grimaldi… c'est un refuge.

Rolls-Royce

Tout le monde sait que la monarchie anglaise est la Rolls-Royce des royautés. Elle l'est d'autant plus que les garages de Buckingham Palace disposent de cinq véhicules de la célèbre firme. Mais certaines sont anciennes et mettent à rude épreuve le dos du roi fragilisé par tant de chutes de cheval, notamment au polo. (Ses lombaires sont si fragiles qu'un ostéopathe le suit en permanence, même en voyage officiel !)

Par précaution, Charles III utilise surtout la longue limousine de 6 mètres, offerte en 2002 à sa mère pour son Jubilé d'argent. À l'arrière, les deux sièges du véhicule sont surélevés de 10 centimètres par rapport à la normale – pour un souci de visibilité –, la moquette ainsi que les tapis en laine d'agneau arborent une couleur bleu pâle. C'est le véhicule choisi par Kate Middleton pour son arrivée à l'abbaye de Westminster diffusée, en mondovision, le 29 avril 2011, jour de ses noces. Dès la tombée de la nuit, des néons fluorescents éclairent l'intérieur où se trouvent une horloge et un lecteur de CD. Mais, ô horreur, si la *Silver Jubilee Car* est équipée d'une petite coiffeuse (qui renferme un miroir et des poudriers), il n'y a pas de minibar ! Vous imaginez le cauchemar pour Camilla, grande amatrice (tout comme moi) de *gin and tonic* (avec beaucoup de glaçons) !

Une petite suggestion à mes amis de Rolls-Royce. En 2022, vous avez vendu 6 021 véhicules, soit les ventes annuelles les plus élevées jamais enregistrées en cent dix-huit ans d'existence ! Un vrai triomphe ! Soyez bons princes, n'oubliez pas votre nouveau roi : offrez-lui votre dernier modèle… avec minibar intégré. Cela vous fera une pub… des plus royales. Et vous rendrez le sourire à votre vaillante reine !

Anastasia **Romanov**

Il n'y a pas très longtemps encore, aux environs de Stuttgart, dans une misérable cabane de bois, vivait une femme de 55 ans qui prétendait… être la grande-duchesse Anastasia (l'une des quatre filles du tsar Nicolas II massacré avec toute sa famille, à Iekaterinbourg, en 1918). Cette femme affirmait qu'elle avait miraculeusement réchappé à la mort. Chose étrange, sur son passé, elle racontait, avec moult détails, des faits et des anecdotes avec une précision troublante et… plusieurs personnes ayant fréquenté la cour l'avaient formellement reconnue !

Précisons ici qu'en 1990 – lorsqu'ont été retrouvés, exhumés et identifiés, les corps de la famille impériale – il n'y en avait que cinq ! Deux d'entre eux (celui du tsarévitch et de l'une des grandes-duchesses) manquaient à l'appel ! Alors, OK, lors des procès qu'elle a intentés, notre autoproclamée Anastasia n'a jamais pu fournir aucune preuve légale de son identité. Peut-être était-elle une aventurière, une mythomane, une aliénée. Peut-être les trois à la fois d'ailleurs. Mais, avouez qu'il fut permis de douter ! Et si, au fond, elle avait dit la vérité ? Je vous avoue que... j'y ai cru ! Je sais que ça a quelque chose d'utopique, d'irréel, mais... si, protégée des balles de ses assassins par des diamants dissimulés dans son corset (comme elle l'a prétendu), Anastasia avait survécu ? Cette thèse fut, d'emblée, peu probable, je vous l'accorde, mais, à défaut de preuve formelle du contraire, j'ai aimé la croire. Jusqu'au coup de théâtre !

Au mois de juillet 2007 sonnait un nouveau rebondissement. Sur un des lieux probables où les corps du tsarévitch et de l'une de ses sœurs auraient été enterrés, on retrouva des ossements de deux corps. D'après les premières conclusions, il s'agissait d'un jeune garçon âgé de 13 à 14 ans et d'une jeune femme âgée de 19 ou 20 ans, soit... l'âge du tsarévitch Alexis et de la grande-duchesse Maria au moment de leur mort ! En 2019, des analyses ADN réalisées par le laboratoire d'identification des forces armées américaines de Rockville, dans le Maryland, prouvent que les deux corps appartiennent bien à des enfants du dernier tsar de toutes les Russies. La science parle et fait taire, à tout jamais, la folle rumeur. Le masque tombe. Notre fabulatrice s'appelle en fait Anna Anderson ! Son histoire est la plus grande *fake news* royale du siècle dernier. Je fus déçu ! Et je ne fus pas le seul. J'aimais à croire qu'une jeune grande-duchesse, belle et fougueuse, était parvenue à défier la mort, à gagner sur le mal, à triompher de la folie des hommes. Il est des histoires dont on ne devrait jamais connaître la fin !

Romy

Nous sommes au printemps 1956. À Vienne. Il est 15 heures. Pour la troisième fois déjà, Romy rehausse son bustier, passe ses mains frêles sur ses épaules dénudées, se penche pour s'assurer des plis au bas de sa robe. Il y a un souci. Une première couturière accourt, suivie d'une deuxième. Comme une poupée aux yeux fixes, une poupée trop maquillée, un automate à ressorts, Romy se fige. Elle sait qu'elle ne doit plus bouger. Elle ferme les yeux, elle attend. Les secondes s'égrènent… pesantes, interminables. Dans son dos, des mains habiles saisissent sa taille, croisent, décroisent, recroisent un à un les lacets d'un corsage déjà trop serré. Sur le revers de la robe, une agrafe se défait. Vite, il faut une aiguille. Une aiguille. Et du fil !

Vous l'avez compris, nous sommes sous les lumières blanches du tournage des *Sissi*. Le réalisateur autrichien Ernst Marisckha vient de poser ses caméras au Prater. Sur le plateau, la tension est à son comble. On dit que les conditions de tournage de ce deuxième volet – *Sissi impératrice* – frôlent le délire. Dès l'aube, les Viennois sont déjà des centaines à scander le nom de leur nouvelle héroïne. Une méga-star d'à peine 16 ans ! Et la foule est toujours plus dense, plus compacte. Ce matin, durant un instant, le cordon de sécurité a manqué de rompre. Mais qu'importe ! Rien ne peut distraire Marischka. Les attentes sont trop fortes, les enjeux, trop importants. Avec cette saga, le réalisateur sait qu'il détient un sésame pour la gloire. Sorti sur les écrans viennois, puis allemands, il y a tout juste quelques mois (le 22 décembre 1955), d'emblée, *Sissi* a provoqué un délire. Ses 6 538 000 spectateurs ont détrôné *Autant en emporte le vent* ! En l'espace de quelques jours, le raz-de-marée a déferlé sur l'Europe et déversé sur son héroïne, la jeune Rose-Marie Albach surnommée « Romy », une gloire aussi soudaine qu'inattendue. Le monde chavire, tombe sous le charme (pour ne pas dire éperdument amoureux) de cette actrice au prénom qui claque, aux sourires de chat et aux cheveux de cuivre. « C'était incroyable, se souviendra-t-elle. On m'écrivait du monde entier. Des milliers de lettres. Je représentais une jeunesse rassurante. Pensez que, au même instant, on venait de tourner aux États-Unis *La Fureur de vivre* et que le mythe Bardot était à ses débuts. »

Amère et lucide évidence ! Et déjà ce jeu de la comparaison ! Mais, pour l'heure, *Sissi impératrice* connaît la même flamboyante carrière que le premier opus. Elle reçoit un Bambi, l'Oscar allemand. Déjà, sa mère surtout, Magda Schneider, actrice elle aussi qui incarne la duchesse Ludovika et qui, grâce à sa fille, connaît, enfin, cette gloire tant recherchée, la presse d'accepter un troisième film. Romy se cabre, a le courage de dire « non ». Elle a maintenant 18 ans. Elle est amoureuse du jeune acteur Horst Buchholz, le James Dean allemand. Et elle veut tourner à ses côtés. Ce sera *Monpti*, l'histoire d'une jeune fille moderne. Mais… c'est un saisissant échec. Le public ne la suit pas. Il veut sa Sissi. Pire, il l'exige. De guerre lasse, Romy accepte. Le titre est déjà trouvé. Ce sera *Sissi face à son destin*. Comme dans les deux premières productions, la recette de ce bavarois sucré est la même. On gomme tout aspect dramatique. Dans une Allemagne qui se reconstruit après les ravages de la guerre, il s'agit de continuer le rêve, de donner du charme, de la fantaisie. À nouveau, rien n'est trop beau. Les costumes, plus vrais que vrais, sont somptueux. Les figurants, trop nombreux. Désormais certain du succès, les gouvernements allemand et autrichien intéressés de redorer leur blason quelque peu terni ouvrent une ribambelle de châteaux historiques qui, dans une lumière trop chaude, renaissent un instant à la vie. Mais un instant seulement !

Pour certaines scènes, la perruque portée par Fraulein Schneider pèse près de 6 kilos. Romy se change dix fois, cent fois, mille fois. Ses volants, ses froufrous, ses traînes, ses crinolines feraient pâlir la véritable impératrice. Tout est très beau. Trop beau. Mais… rien ne va plus ! Entre les prises, épuisée, la star est à bout de nerfs. On doit suspendre le tournage. Mais songez aux acteurs, aux figurants, si nombreux, aux éclairagistes, aux perchistes, aux maquilleurs, aux couturiers, aux décors, aux châteaux… Même Schönbrunn a été fermé aux visiteurs. Et pour certaines séquences, on a bloqué un bras du Danube.

La trilogie séduit, au total, plus de dix millions de spectateurs. Alors… pourquoi pas un quatrième film ? Elle redit non. Mais cette fois, le ton est beaucoup plus ferme. Il est définitif. Magda supplie, Magda tempête. « Songe que le contrat est encore plus faramineux que les précédents ! » Tant pis ! « Plutôt cesser de tourner, déclare Romy à sa mère, que de jouer ces princesses en pâmoison. » Magda éclate en furie, juge sa fille « ingrate ». Et « égoïste ». Romy se souviendra : « Je me sentais ignorante. Au lieu d'apprendre à vivre, je tournais ! Au lieu de vivre, j'étais sur des plateaux de cinéma. J'ai toujours eu l'impression de ne rien savoir faire dans la vie et de savoir tout faire au cinéma. J'ai vécu longtemps dans une prison, dorée certes, mais une prison tout de même ! »

Alors, elle se le promet, plus jamais elle ne jouera de princesses à l'eau de rose, plus jamais elle ne sera l'interprète de ces contes de fées qu'elle déteste. Des histoires pour enfants sages. Actrice de tout son corps, de toute son âme, elle a une haute idée de son métier, elle sait ce dont elle est capable. Les fêlures qu'elle porte en elle, cette détresse que rien, jamais, ne pourra gommer vont lui permettre, on le sait maintenant, de devenir une immense actrice. J'ai beaucoup d'amitié pour Romy. « Sissi. Sissi. Sissi. Toujours Sissi. Je ne suis pas Sissi. Je ne suis plus Sissi. Je n'ai jamais été Sissi. » Je la comprends tellement. Parce que, parfois, moi non plus, je n'en peux plus de Sissi !

Il va falloir un magicien, superbe aristocrate italien, Luchino Visconti, pour qu'elle ose, enfin, affronter ses démons. Ce sera en 1972 dans *Ludwig ou le Crépuscule des dieux*. Je me souviens d'une séquence, anthologique, parmi tant d'autres. Haute silhouette noire, elle avance, d'un pas lent. Elle est dans la Galerie des glaces de son cousin Louis II, le roi de Bavière. Son visage pâle, si pâle, est dissimulé par une voilette piquetée de soie. Et soudain, dans le silence impressionnant du château, son rire éclate. Interminable. Moqueur. Sournois. Luchino Visconti vient de régler le sort de ce pâle fantôme qu'est Sissi. En incarnant la plus grande des impératrices, Romy peut aussi être autre chose qu'une charmante figurine en sucre rose. Elle est wagnérienne. Elle est meurtrie. Elle est froide. Elle est ambiguë. Elle est vraie surtout. Et ça change tout ! J'aime Romy… pour l'éternité !

Sacre

Vous connaissez l'adage : « Choisir, c'est renoncer. » Si je vous parle des cinq heures du couronnement de Victoria (le 28 juin 1838), je ne vous parle pas de celui d'Elizabeth II (le 2 juin 1953), le premier à avoir été télévisé. Si je choisis celui de Guillaume le Conquérant (la nuit de Noël 1066), je ne vous parle pas du sacre de Napoléon (le 2 décembre 1804) sous les voûtes glaciales de Notre-Dame de Paris, immortalisé par David. Si je choisis de vous raconter le couronnement des tsars (le premier eut lieu en 1613) en la cathédrale de la Dormition de Moscou, je délaisse ceux des empereurs romains et… comme je n'ai jamais pu choisir, comme j'aime autant le blanc que le noir, le miel que le sel, le jour que la nuit… j'ai choisi de tirer au sort. Un peu… comme on tire les rois ! Quel souverain est sorti de mon jeu ? Un empereur ! Un shah, plus précisément : Mohammad Reza Pahlavi. Partons donc pour l'Iran !

Ne dit-on pas que l'Orient regorge de merveilles ? Que ses richesses sont fabuleuses, ses trésors, fascinants ? C'est pour le crier à la face du monde que le 26 octobre 1967, jour même de ses 48 ans, et après vingt-six ans de règne, Mohammad Reza Pahlavi décidait de se couronner lui-même. Comme l'a fait Napoléon ! Cette cérémonie de sacre, ça fait des mois – pas loin d'une année entière d'ailleurs – que le souverain la prépare. Il la veut grandiose, somptueuse, symbolique aussi, la carte postale d'un empire à qui tout réussit. En toute discrétion, n'a-t-il pas envoyé des émissaires à Buckingham Palace pour s'inspirer du majestueux cérémonial du couronnement d'Elizabeth II célébré sous les voûtes de Westminster ? Le shah se souvient de la dalmatique d'or de la jeune reine, de la couronne de saint Edward, des caméras de télévision, de l'archevêque de Canterbury… Il s'en est largement inspiré, veillant, toutefois, à respecter les coutumes de son empire. Ainsi, sur le parcours qu'empruntera la voiture royale – un carrosse d'ébène aux vitres blindées incrusté de mille perles – pour mettre à l'honneur les savoir-faire de son pays, le divin monarque a fait couvrir les rues de kilomètres de tapis persans. Depuis l'aube blanche d'ailleurs, ces rues, transformées en voies triomphales, sont noires de monde. Partout, les drapeaux côtoient les portraits des souverains et de leur fils, le prince héritier, Reza Cyrus, 7 ans. Bien plus que le sacre d'un roi, ce 26 octobre restera à jamais gravé dans le cœur de l'Iran. Par amour pour la femme qu'il aime et en souverain éclairé, Mohammad Reza couronnera également sa troisième épouse, la jeune et belle Farah Diba. En cas de vacance du trône, elle sera la première femme à pouvoir exercer la régence. Une véritable révolution dans un pays arabe !

Dans les jardins luxuriants du palais du Golestan se pressent plus de deux mille cinq cents invités. Le *dress code* exigeait « des robes longues, des chapeaux sans bords et des gants blancs ». Malgré l'épouvantable chaleur, personne ne déroge aux exigences. Dans leur tenue haute couture, certaines élégantes se penchent vers une fontaine, prennent le temps de humer le parfum des jasmins déversés, par brassées entières, dans les bassins, puis, munies d'un précieux carton, cherchent leur place dans les hautes tribunes dressées tout spécialement pour l'occasion. Seuls cinq cents très privilégiés – soit la famille impériale, les membres du gouvernement et quelques chefs d'État – pourront prendre place dans l'immense Galerie des glaces où a été dressé le trône du paon, une merveille d'or et de pierreries. Comme ce fut le cas pour le sacre d'Elizabeth II, la majorité des invités suivront l'événement sur petits écrans.

Il est précisément 11 heures, comme indiqué par les services du protocole, lorsque les images commencent à s'agiter. Les hautes grilles du palais du Niavaran – une bâtisse de plus de 9 000 mètres carrés, résidence principale des souverains – grincent sur leurs gonds. Pas moins de huit chevaux, couleur de neige, sont indispensables pour tracter la majestueuse voiture impériale de plus d'une tonne. Le martèlement des sabots est étouffé par les lourds tapis persans. Partout, on n'entend que la foule, en délire. Et des applaudissements. Dans sa robe blanche, une création griffée Marc Bohan pour la maison Dior, la jeune reine est d'une beauté touchante. À ses côtés, le shah ne sourit pas. Il semble figé. Face au couple royal, dans son uniforme de carabinier, un bonbon dans l'une de ses mains, d'un air grave, le petit prince ne cesse de saluer la foule. Soudain, un bruit d'hélices déchire le ciel, intrigue l'héritier. Cadeau d'un peuple à son souverain, 17 532 roses vont être déversées, comme des gouttes de pluie, le long du cortège. Autant de fleurs qu'il y a eu de journées dans la vie du roi ! Seule Farah Diba était dans la confidence. Sur la banquette de soie, sa main gantée saisit celle de son époux, qui ferme les yeux. Comme pour mieux profiter de l'instant.

Déjà très émouvant, le cérémonial va maintenant laisser place à la solennité. Sous les lustres de cristal de la Galerie des glaces rutilent des bijoux comme on n'en voit jamais dans les cours occidentales. Sur la tiare des sœurs du shah, les princesses Ashraf et Shams, et de sa fille aînée, la princesse Shahanaz, les émeraudes ont la taille de noisettes. Plus modeste, la mère de Farah s'est contentée d'un léger diadème d'émeraudes, mais les diamants de son collier sont gros comme des noix ! Le souverain est maintenant face au trône du paon. Son regard fixe l'horizon. À sa droite, son épouse ne perd pas une seconde de l'instant. Elle connaît, par cœur, le long cérémonial qui va suivre. Pour l'heure, dans l'éclat de ses émeraudes, elle veille sur son fils, installé à la gauche du trône. Pas un bruit dans l'immense salle. Lentement, face au souverain, un militaire pose le genou à terre. Sur un coussin d'or est posée une épée de rubis. Arrivent ensuite la cape de cachemire, puis la couronne. L'assemblée retient son souffle. Il se passe quelque chose d'irréel. L'image semble sortie tout droit d'un livre d'enluminures. Sans trembler, le shah saisit ensuite le sceptre de brillants. C'est à présent au tour de la reine de s'avancer face au maître incontesté de tout l'empire. Imitant Joséphine plus d'un siècle plus tôt face à Napoléon, Farah pose les deux genoux à terre et croise les mains. Deux dames d'honneur couvrent ses frêles épaules du manteau du sacre, 7 mètres de velours vert et d'hermine constellés de mille pierres. La couronne qui s'apprête à faire d'elle la première femme de l'Iran est un joyau d'exception. Plus de 2 kilos, 105 perles, 34 rubis, 2 spinelles, 38 émeraudes et 1 469 brillants. Conçue tout spécialement par Van Cleef & Arpels qui, dans le plus grand secret, a officié, plus de six mois, dans les sous-sols du palais, cette merveille unique au monde ne sera coiffée que par une seule reine. « Il me sembla qu'il venait de consacrer toutes les femmes iraniennes », confiera, plus tard, la *shabanou*, se souvenant de l'instant. « Quatre ans plus tôt, quatre ans seulement, assimilées dans un même article de loi aux handicapés mentaux, nous n'avions même pas le droit élémentaire de désigner nos représentants ! Cette couronne effaçait des siècles d'humiliation, plus sûrement que toutes les lois, elle affirmait, solennellement, l'égalité de l'homme et de la femme. »

Je regarde souvent ces images. Elles sont un peu surréalistes. Je repense souvent à l'Iran impérial. Comme un enfant rêve devant de belles images. L'Iran impérial... est-il vrai que ça a vraiment existé ?

Prince de **Sagan**

Quand on est l'auteur de *Château en Suède*, on ne peut pas se choisir un nom de plume banal. À 18 ans, Françoise Quoirez ouvre un volume de Marcel Proust, cherche un nom, lorgne sur celui de Sagan et se l'approprie. Bonjour jeunesse ! Le choix est judicieux, ça lui colle à la peau et fait oublier, à jamais, Wilhelmine de Biron-Sagan qui vivait à Vienne sous Metternich. Elle était l'aînée des filles de Pierre de Courlande et hérita de la principauté de Sagan à la mort de son père. Sa sœur Dorothée devait épouser le comte de Périgord, neveu de Talleyrand. Je me verrais bien en « Bertrand, chevalier de Sagan ». Ça donnerait d'emblée du style au moindre de mes écrits. Et peut-être que les banquiers là-bas (en Basse-Silésie) protègent les pauvres et cigales écrivains et autorisent les généreux découverts bancaires ! Chère Françoise Sagan, vous qui avez si bien su parler de la légèreté et des bleus de l'âme, embarquez-moi dans votre cabriolet. Et roulons à toute allure !

Salade

Autrefois, à Buckingham Palace, lors des banquets, dès que le monarque posait son couteau et sa fourchette, son page, toujours en faction derrière lui, emportait son assiette. C'était le signal pour faire disparaître toutes les autres, que le convive ait fini ou non. Un peu frustrant, non ?

Ma Lilibet, une fois sur le trône, n'a pas précisément aboli cette coutume, elle l'a... contournée. Avec une petite astuce toute protocolaire ! Dans tout dîner de gala ou repas plus intime, comme elle mangeait peu et avait souvent terminé avant tout le monde, dans une assiette légèrement incurvée que l'on posait à ses côtés, on lui servait une petite salade. En attendant que le dernier des convives ait terminé, elle jouait légèrement, distraitement, avec les feuilles qu'on venait de lui servir. Une fois qu'elle avait posé sa fourchette, c'était le feu vert. Les valets de pied pouvaient alors entrer en action et desservir.

Il est à noter que parmi la multitude de couverts qui existe dans le monde, aucune ménagère digne de ce nom ne renferme de couteau à salade. On dit, très fréquemment, que couper une feuille de salade serait une offense faite à la maîtresse de maison. Cette règle date, en fait, du XVIIIe siècle. À l'époque, les couverts étaient en acier, un métal qui s'oxyde et rouille en présence de vinaigre. Utiliser un couteau pour couper sa salade était donc malpoli puisqu'il abîmait ledit couteau. Même si, aujourd'hui, l'acier est devenu inox, argent, or ou vermeil, l'usage demeure ! Si une feuille vous embête, privilégiez le tranchant de votre fourchette. Où aidez-vous d'un morceau de pain. Tout en continuant de sourire !

Sandwich

Au risque de vous décevoir, je vais moins vous parler de petits pains… que de lords. On a tous un peu oublié aujourd'hui que le sandwich (un mets que j'adooore) est une invention très aristocratique. On la doit, en effet, à un certain John Montagu, diplomate, grand amiral de la flotte du roi George III et… quatrième comte de Sandwich !

Sa genèse serait des plus cocasses. On raconte que John Montagu était un grand amateur de jeux. Ce qui est vrai ! Un jour de 1762, lancé dans une interminable partie de cartes dont lui seul et quelques lords avaient le secret, malgré les heures qui s'écoulaient et la faim qui le tenaillait, il ne voulut pas (une fois de plus) interrompre ce jeu qui le ravissait tant. Affamés, ses amis aristos supplièrent son fidèle valet en livrée de leur apporter de quoi se sustenter. Le serviteur eut alors une idée de génie : deux tranches de pain garnies de bœuf salé (une viande dont raffolait son maître) et de fromage. Pourquoi cette idée fut-elle géniale ? Parce que lord Sandwich put manger sans même quitter sa table de jeux et... sans se salir les mains ! Dans le salon, la succulente invention fut applaudie, vite adoptée et, bientôt, la vieille Angleterre, l'Europe et le monde allaient, eux aussi, succomber à cette nouvelle tendance : le sandwich.

L'histoire, vous en conviendrez, ne manque pas de sel. Mais... est-elle 100 % vraie ? Certains la trouvent un peu trop romancée et avancent qu'il est plus probable que le comte de Sandwich consommait ses gourmands petits pains fourrés à son bureau, où il passait le plus clair de son temps. Pas impossible puisque si notre lord était certes réputé pour aimer le jeu, il était aussi un bourreau de travail.

En vrai, que ce soit pour jouer ou pour œuvrer au bien de la flotte de George III, qu'importe. La trouvaille du valet du comte est l'un de mes plats favoris. En Belgique, lorsque vous commandez un sandwich fait de jambon, de fromage et de crudités, ça s'appelle... un dagobert ! Un autre clin d'œil 100 % royal à un grand roi qui se culottait à l'envers. Mais ça, c'est (encore) une autre histoire...

Sexe

Comme la politique, comme l'argent, comme la religion, en monarchie, en public du moins, on n'en parle jamais. Sujet interdit ! Et pourtant, le sexe, pardon, « les choses de l'amour », est au cœur même du système royal. Puisque sans enfant, pas d'héritier. Et si pas d'héritier, générique de fin ! Aux siècles derniers, la nuit de noces d'un héritier du trône se déroulait en public, pour s'assurer que le mariage avait été consommé ! Durant longtemps, on exigeait que la mariée arrive vierge face à l'autel. Après les traumatismes Soraya ou Fabiola et l'obligation *sine qua non* d'offrir un héritier au trône, on ne s'étend jamais sur le sujet mais l'on sait, par exemple, qu'à Monaco (et c'est pareil dans beaucoup de monarchies), avant de s'unir devant Dieu et les hommes, Charlène Wittstock, tout comme sa légendaire belle-mère, a dû passer un examen gynécologique afin de s'assurer... qu'elle serait en mesure de procréer !

Sissi

Bien sûr, tout n'est pas rose. Dans la belle histoire de Sissi, il y a même beaucoup de noir. Bien sûr, je pourrais vous parler de Rodolphe, du drame de Mayerling, de Louis II de Bavière, de son horreur de Vienne, de son obsession du poids, de sa peur de vieillir, de son côté excessif, tourmenté, je pourrais vous parler de sa mort... Mais puisque c'est « mon » petit dictionnaire, puisqu'il est à moi, puisque ce sont mes choix, j'ai voulu retenir une belle page. Celle de son mariage, un mariage d'amour. Souvenez-vous, le cinéma l'a si bien raconté : Sissi est encore une enfant lorsqu'elle dit adieu à sa Bavière, celle des montagnes, des lacs sombres et des animaux.

Nous sommes le 16 août 1853. Dans la charmante cité autrichienne de Bad Ischl, il sonne 14 heures. Une berline noire s'immobilise devant l'hôtel Austria. Partie la veille de Possenhofen – la résidence du duc Max en Bavière, près de Munich –, elle transporte la duchesse Ludovika et deux de ses filles, Hélène et Élisabeth. La sœur de l'archiduchesse Sophie a été conviée à l'anniversaire de son neveu, le jeune empereur François-Joseph. Les princesses gagnent leurs chambres dans l'effervescence. Dans une poignée de minutes, elles doivent assister à un premier lunch.

Dans les salons de la résidence d'été des Habsbourg, la révérence d'Hélène est parfaite. Derrière, Sissi se débrouille. François-Joseph s'avance vers ses cousines quand, soudain, son regard se fige. « Dieu, que Sissi a changé ! » Sa peau, son cou, ses lèvres... Elle est d'une beauté troublante ! Séduit par ses cils interminables, sa taille gracile, ses cheveux coiffés en bandeaux, l'empereur ne la quitte plus des yeux, il la dévore... Embarrassée, la jeune fille rougit, n'ose pas regarder sa mère, encore moins sa sœur. Depuis des mois, on parle de fiançailles entre Hélène et l'empereur d'Autriche. Ce projet devrait être officialisé dans quelques heures. Sissi voudrait fuir, disparaître sous terre. Et pourtant ! Elle n'en a pas fini avec les mondanités. Nouvelle surprise : alors qu'il était convenu qu'elle passe la soirée dans sa chambre, Sa Majesté insiste pour que sa « divine cousine » assiste au dîner.

La nuit vient de tomber quand les princesses s'inclinent, à nouveau, devant leur cousin. Si Hélène étrenne une somptueuse robe de satin blanc, Élisabeth s'est glissée dans une simple robe de voile. Sous les stucs de la salle de bal, François-Joseph lui tend une main gantée de blanc, l'aide à se relever. Un instant, il plonge ses yeux dans les siens. Il est certain de son choix désormais. C'est Sissi qu'il veut épouser ! Déjà, les douze coups de minuit retentissent. L'orchestre s'interrompt. D'un pas souple, le fringant souverain se dirige vers sa cousine. Il lui tend non seulement le bouquet du cotillon, mais aussi tous les autres bouquets de la corbeille. Cet accroc à la tradition qui honore exclusivement une jeune fille en éliminant les autres ne peut avoir qu'un sens : une demande de fiançailles !

Le lendemain, dès l'aube, l'archiduchesse Sophie est chargée, par son fils, de solliciter officiellement la main de la future impératrice d'Autriche. À 7 heures, la mère de l'empereur franchit les portes de l'hôtel Austria. Une question est sur toutes les lèvres : « Qu'en pense la principale intéressée ? » Quand on lui demande si elle aime François-Joseph, d'une voix blanche, Sissi répond : « Comment pourrait-on ne pas aimer cet homme ? Mais pourquoi avoir pensé à moi ? Pourquoi ? Quelle idée ! »

Il faut attendre la messe dominicale du 19 août pour assister à la première sortie publique du jeune couple. Sur le pas de la petite église, geste fort, l'archiduchesse Sophie s'efface devant sa nièce. « Je vous présente ma fiancée », dit François-Joseph, en s'agenouillant aux pieds du prélat. Désormais, l'annonce est officielle ! De relais en auberges, cochers, palefreniers, marmitons colportent l'heureuse nouvelle. Pendant quinze jours, les fêtes succèdent aux fêtes. Enfin, sous des centaines de regards – et autant de fleurs –, Élisabeth remonte en berline. Que le retour à Munich est étrange ! Partie pour devenir impératrice, Hélène revient en princesse bafouée. Partie en gamine espiègle et insouciante, Sissi rentre en future souveraine. Elle qui, hier encore, était ignorée de tous, pouvait disparaître dans la forêt, partir à l'aube et ne rentrer qu'à la nuit tombée fait maintenant l'objet d'une attention permanente.

Entre deux balades à cheval, celle qui n'est plus que « la fiancée de l'empereur » s'attelle à des cours d'italien, de hongrois et de français. Un professeur magyar est dépêché au bord du lac de Starnberg pour lui dispenser l'histoire du vaste empire qui sera bientôt le sien. Après des leçons de danse, de piano et de maintien, pendant des heures, Sissi pose devant un essaim de couturières et de modistes.

La signature du contrat de mariage a lieu le 4 mars 1854, au palais de la Ludwigstrasse, à Munich. Sans François-Joseph ! Un ballet de juristes défile devant les Wittelsbach réunis au grand complet. Sissi écoute, distraite. Le gouvernement autrichien lui octroie une pension annuelle de 100 000 florins, une rente cinq fois supérieure à celle de sa belle-mère ! Tandis que les notables noient l'assemblée sous une litanie de chiffres, dans les salles du palais, le fabuleux trousseau de la future impératrice est exposé au public. Quarante-trois robes, seize chapeaux, huit mantilles, vingt paires de gants, cent soixante-huit chemises, autant de paires de bas et de jupons… Il ne faudra pas moins de vingt-cinq malles – dix-sept grosses et huit petites – pour transporter cette impériale corbeille. Soudain, un point du traité attire l'attention de Sissi : la date de la cérémonie religieuse. Elle a été fixée au 24 avril !

Pour gagner sa nouvelle patrie, la belle fiancée prend place à bord d'un bateau décoré de plus de cinq mille roses, coupées la veille, dans les jardins de Schönbrunn. La traversée dure trois jours et deux nuits. Sur les rives du Danube, ils sont des centaines de milliers à acclamer le passage de la chaloupe d'or. Pour l'occasion, la fiancée la plus célèbre d'Europe a revêtu une robe de soie à crinoline rehaussée d'une longue cape blanche. Sissi n'en finit plus de saluer. Lorsque le navire amorce son entrée dans le port de Nussdorf, un charmant faubourg viennois, François-Joseph saute à bord du vapeur. Un instant, la frêle princesse disparaît sous l'étreinte de son fiancé, mais, déjà, protocole oblige, elle plonge en révérence devant sa future belle-mère. C'est la dernière fois qu'elle s'incline face à l'archiduchesse Sophie !

Après son entrée triomphale dans une capitale qui croule sous les festons et les guirlandes, le jour se lève enfin sur le 24 avril 1854. Depuis l'aube, des milliers de Viennois envahissent les rues. Isolée dans ses appartements, à l'abri des regards, Sissi répète, encore et encore, un cérémonial qu'elle connaît pourtant sur le bout des doigts. Il lui faut une éternité pour enfiler, aidée de six caméristes, sa robe de satin brodée d'or et nimbée d'un somptueux voile en dentelle de Bruxelles. Plus de quinze mille bougies brûlent sous les hautes voûtes gothiques de l'église des Augustins où la future impératrice est attendue par un cortège de soixante-dix évêques. Pour se rendre à la paroisse de la cour, il est 18 heures lorsque la blanche mariée prend place à bord du carrosse impérial, une merveille de plus de 4 tonnes (quatre personnes pourraient presque s'y tenir debout) aux vitres en cristal de Venise. Douze laquais en livrée accompagnent l'attelage. Comme l'exige l'étiquette, Sissi remonte la nef de l'édifice, entourée de sa mère et de sa tante. L'homme qui règne sur cinquante-deux millions de sujets l'attend au pied du maître-autel. Sous un baldaquin d'or, le cardinal Rauscher, archevêque de Vienne, prononce un sermon interminable qui salue le « dénuement » de la promise. L'amour de la jeune femme devra être « comme une île au milieu de tous les soucis d'un souverain »... Si François-Joseph prononce un oui énergique et franc, Sissi ne laisse échapper qu'un murmure. À l'extérieur, les applaudissements éclatent. Les cloches s'envolent. Déjà, la lourde citrouille d'or aux vitres de cristal s'ébranle à nouveau. La sortie des jeunes mariés est imminente. Sissi n'est plus duchesse en Bavière. Elle est désormais impératrice. Et reine de Jérusalem, de Croatie, grande-duchesse de Cracovie, de Toscane, duchesse de Lorraine, de Carinthie, de Raguse, grande-princesse de Transylvanie, margrave de Haute et basse-Lusace… Quarante-sept titres qui ressemblent à l'énoncé d'une mappemonde ! L'Autriche a une nouvelle souveraine. Le monde aura bientôt une héroïne. Sur l'échiquier, les dés sont en place. Terminées, les noces rose bonbon. L'histoire de Sissi, la vraie histoire, peut maintenant commencer à s'écrire. À l'encre noire…

Smoking

Quand les tailleurs londoniens Henry Poole & Co (l'une des meilleures maisons de Saville Row) créent, en 1860, une *smoking jacket* destinée à protéger le futur Edward VII de l'odeur et des cendres de ses cigares (d'où des revers de soie en cas de brûlure) lors de ses longues soirées aux tables de jeu, on était loin d'imaginer lancer une mode. Mais, peu à peu, il s'impose, devient *the* tenue de soirée, surtout, dans les années 1930. Longtemps, on le loua dans des maisons spécialisées car c'était un produit de luxe.

Pour les mondains, c'est un bleu de travail. Rainier de Monaco le portait en rouge. Révolutionnaire ! Charles d'Angleterre l'aime en velours. En 1966, Yves Saint Laurent eut l'idée de l'adapter au vestiaire féminin. C'est, peu à peu, devenu un classique. James Bond en a fait son quotidien et le porte, taillé sur mesure, dans un choix de couleurs à faire pâlir les espions de toutes autres nationalités.

Spéculoos

C'est un gâteau au parfum de cassonade. Pour moi, au parfum d'enfance. J'y revois ma grand-maman, en tablier blanc, derrière ses fourneaux. Dans la recette du spéculoos, il y a de la cannelle, du clou de girofle, de la muscade, du gingembre (en mon royaume, on les appelle « les quatre épices »… un peu comme il y a « les trois rois Mages »). Dans un spéculoos, il y a du sucre aussi, et du sel, et de la farine, et des œufs, et de la levure… mais, surtout, il y a beaucoup d'amour.

Le spéculoos est un peu ma madeleine à moi. Je me souviens de jours de pluie, de café léger (je déteste le café fort), d'une douce chaleur, de magazines de papier glacé, d'images de reines coiffées de diadème, d'images de rois en uniforme et du croquant d'un spéculoos. Je pouvais passer des heures à rêver. « Que fait Bertrand ? Il rêve ! » Je rêvais comme d'autres dînent, comme d'autres dorment. J'ai grandi, mes rêves ont grandi avec moi, sont devenus passion, sont devenus métier. À force de le toucher, le rêve s'est un peu éloigné. Mais pas les spéculoos. Ils sont partis avec moi. À Paris, lorsque j'ai débarqué de ma principauté de Liège, avec moi, j'avais des spéculoos, encore un peu chauds, tout juste sortis du four de grand-maman. Certains gâteaux sont plus cuits que d'autres, certains sont enrobés de sucre glace, sont couverts d'amandes. Moi, je les aime tous. Petite confidence : parfois, quand rien ne va plus, quand je doute de tout, même de ma passion pour Lilibet, pour Grace, pour Sissi, je mords dans un spéculoos.

Speech

Il est des discours de rois qui écrivent l'Histoire ! Le cinéma, avec le génial Colin Firth, y a d'ailleurs consacré un film remarquable. Dans cette entrée, j'ai souhaité vous faire revivre (en détail et côté coulisses) l'incroyable allocution télévisée d'Elizabeth II lors de la pandémie du coronavirus. Parce que ce fut l'une de ses dernières prises de parole et parce que cette séquence m'a profondément marqué. Merveilleuse Elizabeth ! Qui aurait cru que dans cette crise sans précédent que traversait alors le monde, c'est une femme de bientôt 94 ans

qui allait trouver les mots pour apaiser, rebooster, pour « rendre force et courage » aux cent trente millions de sujets qui composent son empire ?

L'exercice est rarissime. En soixante-huit ans de règne, *the Queen* n'avait pris la parole en dehors de ses discours traditionnels (Noël, l'ouverture du Parlement ou l'accueil de chefs d'État) qu'à quatre reprises. Quatre reprises seulement : en 1991, au cœur de la guerre du Golfe. En 1997, à la suite de la mort tragique de la princesse Diana (où elle fut forcée de le faire, d'ailleurs). En 2002, à la veille des obsèques de sa mère, *Queen Mum*, décédée à l'âge très respectable de 101 ans. Et en 2012, à l'occasion de son Jubilé de diamant.

En ce dimanche 5 avril 2020, à 21 heures précises (les allocutions royales n'ont jamais une minute de retard), aux quatre coins du monde, près de trente millions de téléspectateurs ont les yeux rivés sur leur petit écran. Le discours a été enregistré la veille, au château de Windsor, par un seul cameraman, de la BBC. Sa Majesté a écrit son *royal speech* en personne. Il va durer précisément quatre minutes et douze secondes. Le temps d'une chanson.

Avant le fond, arrêtons-nous, un instant, sur la forme. Magie des monarchies. Chez les Windsor, tout a valeur de symbole. La souveraine a revêtu une robe verte… couleur de l'espoir. Elle arbore trois rangs de perles, son collier fétiche. Pas le plus fastueux mais celui qu'elle préfère, celui que connaissent les Anglais, celui qui les rassure. Sur le bureau royal a été posé un rosier rouge, l'un des emblèmes et l'une des couleurs du vieux royaume. Et, en parlant de couleur, comment ne pas évoquer le choix du salon du château de Windsor ? Le salon blanc, comme un hommage, un de plus, aux blouses blanches, des soignants que la reine va particulièrement mettre à l'honneur.

L'heure est grave. Au moment où résonnent les mots de la souveraine, ce royaume auquel elle a voué sa vie pleure déjà près de cinq mille morts. Et le bilan va encore s'alourdir, elle le sait. À l'inverse de ses lointains ancêtres (Guillaume le Conquérant,

Richard Cœur de Lion, Henry VIII, Victoria...), en ce printemps 2020, elle n'a pas d'épée, pas de bouclier, elle n'a pas d'armée... Mais c'est pourtant bien à une guerre qu'elle se livre. Une guerre qu'elle livre à un ennemi invisible. Chef de l'Église, des armées, défenseur de la foi... Elizabeth II n'en demeure pas moins une femme de 93 ans. Mais, au moment de livrer bataille, sa voix ne tremble pas. « Nous vaincrons », dit-elle, faisant référence aux paroles d'une chanson qui marqua les Anglais pendant les années sombres. Un peu plus tard, les lèvres légèrement crispées (signe chez elle d'émotion), elle évoque sa sœur si belle et tant aimée, la défunte Margaret, et se souvient de son premier discours, en 1940, au début du conflit, où les deux princesses réfugiées au château de Windsor déjà (le décor n'a pas changé d'un iota) avaient enregistré une allocution à l'attention des enfants.

Alors que le Parlement est fortement critiqué, alors que le 10 Downing Street officialise que Boris Johnson (le quinzième Premier ministre de sa carrière) vient d'être transféré en soins intensifs des suites, lui aussi, du Coronavirus ; alors que Charles et William annonceront bientôt être, à leur tour, affaiblis par la maladie, c'est vers leur reine, que se sont tournés les Anglais. Vers leur reine et personne d'autre ! Malgré son refuge entre les hautes murailles du château de Windsor, Elizabeth II avait gardé l'ouïe fine. Comme personne, elle a su entendre les attentes de son peuple. Elle a su comprendre leurs besoins. Et leurs peurs. Outre-Manche, « Nous vaincrons » est, très vite, devenu un slogan. La promesse d'une femme immortelle !

Stéphanie de Monaco

C'est une princesse différente au sein de la galaxie gotha. Une princesse qui, avant de se trouver, va se perdre un peu... Une princesse aujourd'hui devenue forte par les blessures d'hier. J'ai une grande affection pour Stéphanie parce que, à une époque où tout était encore figé, conventionnel, elle est sortie du rang. Stéphanie est une preuve que le bonheur se gagne, se vole. Qu'importent les coups de poignard de la vie.

Privilège des benjamins et des benjamines, comme dans bien des foyers, entre les hauts murs de la forteresse des Grimaldi, Stéphanie est particulièrement couvée. Son enfance est heureuse, insouciante, ponctuée de jeux et d'éclats de rire, de baignades dans la piscine ou dans les eaux tout aussi bleues de la Méditerranée. Le week-end, Grace, Rainier et leurs enfants rejoignent le ranch de Roc Agel sur les hauteurs de la principauté, l'occasion de découvrir les trésors du potager et de s'adonner à de longues balades à poney. À l'aide d'une caméra, Grace immortalise ces instants. Le soir, à la lueur des bougies, on allume un barbecue. Stéphanie grandit, devient une demoiselle. Loin de l'image d'une petite fille modèle, « la princesse Blue-Jeans » entretient un côté rebelle.

Le 30 juillet 1982, à 17 ans, baccalauréat en poche, Stéphanie choisit le gala de la Croix-Rouge pour son premier bal officiel. En l'honneur de cette soirée si chère à sa mère, elle s'est glissée dans une robe longue. Coiffée par Alexandre, un collier de perles autour du cou, un bouquet de fleurs à la main, sous son sourire discret, déjà, Stéphanie quitte l'enfance, ses heures tendres. Les jours qui arrivent s'annoncent sombres. Un cataclysme ! Le 13 septembre, Grace et sa fille montent à bord d'une Rover qui doit les ramener au palais. Dans l'après-midi, Stéphanie doit rejoindre Paris pour commencer un stage au sein de la maison Dior. Depuis quelque temps déjà, la princesse émet le désir d'entamer des études dans le stylisme. L'épouse du prince Rainier a pris place derrière le volant, elle connaît le chemin par cœur. Après un kilomètre de route étroite et sinueuse, le coupé sport emprunte la départementale 53. Vous connaissez la suite.

Le lendemain, c'est sur son lit d'hôpital que Stéphanie apprend la tragédie. Jamais sa mère ne se réveillera. Il n'existe pas de mots pour dire l'indicible. Juste un insupportable silence. Un chagrin, immense. Et une absence. Qui va durer une éternité. Si le Rocher et le monde viennent de perdre la plus éblouissante des princesses, à 17 ans, une adolescente dit adieu à sa mère. Et se retrouve seule.

Malgré les demandes insistantes de Rainier à la presse implorant les médias de laisser sa fille se reposer, le jour de sa sortie d'hôpital, la « princesse survivante » est confrontée à une meute de photographes. Clichés émouvants mais ô combien déchirants. Toujours, Rainier a veillé sur sa benjamine avec énormément d'attention, toujours, il l'a couvée, il l'a aimée, mais ce lien est maintenant plus fort encore. Indestructible. Au-delà de la raison. Père et fille sont désormais unis dans une incommensurable douleur.

Pour la princesse adolescente commence une descente aux Enfers. Alors que Caroline est sur tous les fronts et tente, au mieux, de représenter sa mère, de faire oublier son absence, Stéphanie, plus fragile, cherche encore sa voie. En novembre 1984, elle est seule au volant de sa voiture lorsqu'un inconnu braque un fusil sur sa nuque. Qui est-il ? Que veut-il ? Mystère ! En tout cas, une fois de plus, la mort vient de la frôler. Un constat s'impose, comme une leçon : il faut saisir la vie, à bras-le-corps, avant qu'elle ne vous échappe ! Après avoir pratiqué la gymnastique, dessiné une collection de maillots de bain et de tenues de plage, en 1986, elle prend le chemin d'un studio d'enregistrement. Son premier titre, *Ouragan*, caracole, durant dix semaines, à la première place du top cinquante. Pour un coup d'essai, c'est un coup de maître. Stéphanie s'envole pour Paris, Londres, Los Angeles, est photographiée au côté de Paul Belmondo, d'Anthony Delon... Que dit Rainier ? Il tape du poing sur son bureau d'acajou, il élève la voix. Mais il a déjà perdu sa femme, ne peut se résoudre à perdre sa fille. Et si, après tout, « Steph de Monac' » réinventait le métier de princesse ? Parce que, attention, qu'on ne s'y trompe pas, malgré sa carrière de pop star, la fille du prince souverain continue d'être une princesse. En tailleur cintré sous un chapeau, coiffée, fardée, gantée, tous les 19 novembre, dans le chœur de la cathédrale, Son Altesse sérénissime rejoint les Grimaldi pour le traditionnel *Te Deum* qui, chaque année, ouvre les célébrations de la fête nationale. Un peu plus tard, au côté de sa sœur et de son frère, elle s'avance au balcon du palais. Et si la princesse est à ce point souriante, paraît à ce point comblée, c'est que, depuis une poignée de mois, elle n'est plus seule. Stéphanie est désormais une femme amoureuse. En 1990, le Palais a la joie d'annoncer ses fiançailles avec Jean-Yves Le Fur, un homme d'affaires très apprécié du prince Rainier. Mais se marie-t-on pour faire plaisir à papa ? Pas sûr ! Alors que les médias se prennent à rêver d'un exaltant mariage, en coulisse, la rupture a déjà commencé.

Stéphanie ne restera pas longtemps seule. C'est un garde du corps de papa, un certain Daniel Ducruet, qui va lui apporter l'amour, l'affection, la tendresse, l'assurance dont elle a tant besoin. Le 26 novembre 1992, en toute discrétion, à l'hôpital Princesse-Grace, Stéphanie connaît, à son tour, la joie de devenir mère. Le petit Louis ne recevra pas le titre de prince mais cela n'a aucune importance. L'essentiel est ailleurs, dans l'amour qui unit trois êtres et donne le jour à une nouvelle famille. Une famille qui, le 4 mai 1994, grandit encore grâce à l'arrivée d'une petite fille cette fois. Elle portera le doux prénom de Pauline.

Le temps des larmes et de la peur serait-il derrière elle ? Il semble bien, oui. Chaque jour que Dieu fait, Stéphanie goûte tout entière aux bonheurs qui lui sont donnés. Quel plus bel équilibre que celui d'une famille ? Après deux enfants et quatre années de vie commune, Rainier donne enfin son consentement au mariage. Ce paraphe du souverain signe le triomphe de l'amour. En 1995, à l'abri de tous regards, dans une robe courte en guipure de dentelles, la « princesse Ouragan » convole avec Daniel Ducruet. Seuls quelques intimes partagent ce moment.

À nouveau, les médias jouent des coudes et font le pied de grue. Pour une fois, ils n'obtiendront rien. Une seule photo du couple est diffusée par le service de presse. Sous le soleil, les tourtereaux respirent le bonheur. Pourtant, les nuages ne vont pas tarder à assombrir le joli tableau. La rupture entre la fille de la mythique princesse Grace et l'ancien garde du corps s'étale en une des tabloïds du monde entier. Quand il n'est plus partagé, que l'amour laisse un goût amer. Un goût de larmes. Elle l'avait presque oublié. En 1996, par un arrêt de la Cour de révision judiciaire, le mariage est officiellement dissous.

À l'abri des regards, Stéphanie pleure, Stéphanie souffre. Mais elle reste une inconditionnelle amoureuse. Le nouvel élu de son cœur, Jean-Raymond Gottlieb, est un agent de police affrété tout récemment à sa sécurité. Leur liaison dure le temps d'un feu de paille puisque, le 15 juillet 1998, lorsque la princesse donne la vie à une petite Camille, le couple (« tellement improbable », assurent les mauvaises langues) est déjà séparé. N'en déplaise aux cassandres (et, à Monaco, elles sont légion), Stéphanie et Jean-Raymond vont conserver une profonde amitié. En 1999, le baptême de la petite Camille réunit la famille souveraine et l'heureux papa, en la petite église Sainte-Dévote. Attentive, dévouée, aimante, avant d'être une princesse, désormais, Stéphanie sera, avant tout, une mère.

Quand trouvera-t-elle l'homme aux côtés de qui elle pourra marcher le reste de sa vie ? Elle l'ignore, mais, en tout cas, elle continue de le chercher. Le 12 septembre 2003, à Vandœuvres, dans le canton de Genève, en Suisse, elle épouse Adans Lopez Peres, un talentueux acrobate de nationalité portugaise qui officie au sein du célèbre cirque Knie. L'union célébrée dans la plus totale intimité ne réunit que les témoins et les trois enfants de la princesse. Les mauvaises langues prétendent que si Rainier a consenti à la noce, c'est uniquement parce que sa fille est enceinte. Mensonge ! Ces ragots ne visent qu'à déstabiliser l'équilibre du nouveau couple. Un équilibre très fragile toutefois, puisque le divorce est prononcé le 24 novembre 2004.

L'amour est une chose bien mystérieuse, bien insondable, le plus grand, le plus beau de tous les mystères, dit-on. Et si ce bonheur-là n'était pas fait pour elle ? Stéphanie n'y croit plus. Cette fois, elle est bien décidée à se rendre utile. Son titre de princesse, ses robes longues (qu'elle déteste), son prédicat (dont elle se moque) doivent servir une cause. Elle veut mettre sa notoriété au service des plus démunis. En 2003, elle crée l'association Femmes face au sida. Combattre la propagation de ce virus devient maintenant sa priorité. En juillet 2004, le projet est rebaptisé Fight Aids Monaco. L'organisation de lutte contre le VIH œuvre dans les domaines de l'information, de la prévention et du soutien. Présidente de la fondation, Son Altesse sérénissime est sur tous les fronts, se dévoue sans compter.

En 2005, au lendemain de la mort de Rainier, elle se voit confier la présidence du comité d'organisation du Festival international du cirque de Monte-Carlo. Créé en 1974 par son père, au fil des ans, l'événement a acquis une réputation internationale. D'emblée, Stéphanie s'implique pleinement dans la conception des spectacles. Le cirque, elle l'aime, à la folie. Il est la seule trace encore tangible qu'elle garde de son père. Et si Rainier était le seul homme qui ait vraiment compté ? Le seul homme qu'elle a vraiment aimé.

En juin 2010, après des mois d'investissement, à Carpentras, dans le Vaucluse, en présence de son frère, la princesse a l'immense joie d'inaugurer la Maison de Vie. Financé par Fight Aids Monaco, cet établissement unique accueille des personnes atteintes du VIH et leur permet d'« ouvrir une parenthèse » dans une existence souvent compliquée. Un an plus tard, en juillet 2011, sous une large capeline, Stéphanie est aux premiers rangs pour assister au mariage de son frère avec l'ex-championne Charlène Wittstock. Très proche de sa nouvelle belle-sœur, avec tout le tact et la diplomatie qui la caractérisent, Stéphanie n'hésite jamais à distiller quelques conseils. Sans s'imposer, on dit qu'elle est présente, à l'écoute, mais jamais intrusive. Lors de la naissance des jumeaux princiers, elle pleure d'émotion. Et dans l'« affaire Charlène », lorsque, enfin, après près d'un an d'absence, l'épouse du prince, souffrante encore, regagne son État, Stéphanie est au pied de l'hélicoptère, pour l'accueillir. Chez les Grimaldi, qui plus qu'elle en effet s'est senti perdu ? Senti tomber. Qui mieux qu'elle connaît le goût des larmes ? Certes.

Mais qui a à ce point le goût des autres aussi ? Stéphanie n'est plus la même, qu'on se le dise ! Ses enfants, Louis, Pauline et Camille, sa famille et ses proches sont devenus la source vitale de son équilibre. Elle les voit évoluer, se marier, avoir, à leur tour, des enfants. Elle les sait heureux, les sent comblés.

Alors, bien sûr, demeure une question : la « princesse Ouragan » a-t-elle vraiment, a-t-elle définitivement tiré un trait sur sa vie amoureuse ? Visiblement sereine, épanouie, en tout cas, plus que jamais, Stéphanie semble bien décidée à ne laisser personne lui dicter sa conduite. Et puis… dans les contes de fées 2.0, qui a dit qu'à une princesse moderne, il fallait, forcément, un prince charmant ?

Suède

C'est un petit royaume. Un pays de grand froid. Avec un roi, une reine, une princesse héritière mais, surtout, avec le plus charmant des princes. Un *play-boy* couronné. Carl Philip, ses shortys roses, jaunes, verts fluorescents, ses yeux noisette, ses cheveux marron glacé ondulés, son sourire ultra-*bright*, ses chemises blanches sur son torse glabre (ou parfois un peu moins), sa barbe de trois jours, ses tatouages, son allure chic mais négligée. Et son côté sportif : Carl Philip à l'armée (en treillis vert olive), Carl Philip et les chevaux ; les motos ; les hors-bord ; les plongeons dans les eaux bleues de la Méditerranée, les courses automobiles (qu'il va d'ailleurs disputer à haut niveau). Son côté artiste et engagé : Carl Philip photographe auprès des sans-abri. Son côté designer : Carl Philip dessine des couverts en argent, des assiettes, des

mugs, des bols en porcelaine, du linge de table, des tapis, des lunettes, des vases de cristal… Son côté entrepreneur : en collaboration avec Oscar Kylberg, en 2012, il lance une agence de design. Le duo Bernadotte & Kylberg collabore d'emblée avec plusieurs grands noms. Leur but ? « Mettre l'accent sur l'héritage du design scandinave, le minimalisme, la fonctionnalité et les détails graphiques. » Carl Philip amoureux. Et rebelle !

En 2010, le Palais annonce que le prince « a rompu » avec Emma Pernald, une publicitaire (sans doute un peu trop sage, dit-on) qui a partagé sa vie pendant plus de dix ans. Au même moment, le parti le plus torride de la planète gotha est aperçu, nonchalant, sur une plage, aux côtés d'une certaine Sofia Hellqvist. Les photos parues dès le lendemain dans les tabloïds déclenchent une véritable tornade médiatique. À tel point qu'au mois d'août, malgré l'été et un personnel réduit, le grand-maréchal de la cour est obligé de communiquer. Le fils du roi Carl XVI Gustaf et de la reine Silvia entretient bien une relation avec Sofia Hellqvist, « une demoiselle rencontrée quelques mois plus tôt ». La rumeur était donc fondée : le frère de la future reine est tombé éperdument amoureux de cette torride créature dont parle tout le royaume : une *playmate*, ex-miss tee-shirt mouillé, que les Suédois connaissent pour ses photos – sa plastique incendiaire couverte uniquement d'un boa constrictor – dans un magazine de charme.

Ils se sont rencontrés en juin 2009, en marge de l'Open de tennis de Bastad. Carl Philip fêtait ses 30 ans sur le *dancefloor* du carré VIP de Pepe Bodega – un club branché de la capitale suédoise. Ses amis étaient parvenus à l'entraîner pour lui changer un peu les idées, lui faire oublier sa grande histoire d'amour. D'ailleurs, parmi les intimes du prince, personne ne croyait vraiment que la rupture avec Emma était définitive. Il ne s'agissait sans doute que d'une « pause ». Le couple allait forcément se réconcilier… On sait maintenant qu'ils avaient tort. Grâce à Sofia, Carl tourne la page de sa première grande et seule vraie histoire d'amour de façon expéditive.

Mais immédiatement, on s'en doute, le passé de la « scandaleuse » ressurgit. Dans les magazines reparaissent des photos qui font rougir les ménagères et choquent les plus fervents défenseurs de la monarchie. On dit que Sofia prend des leçons de yoga, certes, mais ce que l'on retient surtout, c'est ce bruit : dans ses amis les plus proches figurerait une star du porno ! Ce qui aurait pu, ce qui aurait dû, fragiliser le jeune couple ne va que le souder davantage. Dans la tourmente, Carl Philip et Sofia tissent des liens qui deviennent inaltérables. Elle ne le sait pas encore, mais, déjà, la pétillante demoiselle marche sur la voie qui va faire d'elle une princesse royale. Une voie épineuse, certes, mais sur laquelle elle va tout de même rencontrer des alliés. À commencer par la princesse Victoria, particulièrement sensible à cette situation. L'héritière de la couronne de Suède a dû se battre pour imposer l'homme qu'elle aimait, Daniel Westling, son ancien coach sportif. Un combat qui a duré près de dix ans.

En avril 2011, première victoire ! Le jeune couple emménage ensemble dans un appartement sur l'île de Djurgården. Mais avant que Mlle Hellqvist ne gagne ses galons de princesse, elle doit policer son image. Plusieurs fois par semaine, après s'être investie dans des œuvres caritatives en compagnie de la femme d'affaires Barbro Ehnbom et de la comtesse Alice Trolle-Wachtmeister (l'ancienne préceptrice de la reine Silvia dans les années 1970), Sofia s'assoit sur le banc de l'école des rois. Leçons d'histoire, de géographie, de politique, cours de maintien, de diction, de protocole… L'« amie du prince » est également présentée à la styliste Camilla Astrand. Finis la frange, le piercing au nombril, la fleur tatouée sur le bras droit et les salons de bronzage. Les tenues décontractées sont définitivement rangées au vestiaire. Sofia la scandaleuse, la sculpturale, la caméléon, se glisse doucement (mais sûrement) dans le moule royal. Ses robes deviennent longues, ses talons, moins vertigineux, ses cheveux s'accrochent en chignon, ses sourires sont moins appuyés, ses yeux, moins maquillés.

Le 22 mai 2012, dans une robe rose cendré, Sofia pénètre sous les voûtes de la chapelle royale du palais de Drottningholm pour assister au baptême de la princesse Estelle. Certes, elle n'est pas assise au côté de Carl Philip, pas encore, mais les observateurs avisés savent que sa présence en une journée aussi solennelle est un geste fort et symbolique. Durant toute la cérémonie, le beau Carl ne la quitte pas des yeux. Le prince charmant veille. D'après les journaux, l'annonce des fiançailles serait imminente. Pourtant, rien ne vient. Les mauvaises langues prétendent que le fils des souverains n'est pas encore certain de son choix ; d'autres pensent qu'il attend le mariage de sa sœur cadette, la belle Madeleine. Le 25 octobre, un communiqué du palais officialise l'événement. Les noces de la benjamine du clan Bernadotte et de son fiancé américain, le financier Christopher O'Neill, ont lieu le 8 juin 2013. Une nouvelle fois, Sofia prend place sous les voûtes de la chapelle royale. Au moment de l'échange des consentements, elle ne peut retenir quelques larmes. Ce bonheur sera-t-il bientôt le sien ?

Sofia a raison de croire en son amoureux ! Le 27 juin 2014, comme il l'a fait pour Victoria et pour Madeleine, Carl XVI Gustaf donne enfin son consentement. Le mariage est prévu pour le 13 juin 2015. Sur la page Facebook de la cour, l'annonce est accompagnée d'un portrait. Avec ses longs cheveux châtains et sa robe bleu roi griffée Tina Törnqvist (l'ancienne styliste de la princesse Victoria), on la compare, un peu vite, à Kate Middleton. En tout cas, tout comme l'épouse du prince William, Sofia incarne désormais le visage des nouvelles princesses.

Si, à l'occasion de ses fiançailles, la duchesse de Cambridge a hérité de l'extraordinaire saphir de feu la princesse Diana, le joyau qu'a reçu Sofia n'est pas moins émouvant. « C'est Carl Philip lui-même qui a dessiné cette bague », déclare la jeune fiancée quelques heures plus tard, lors d'une conférence de presse improvisée dans les jardins du palais royal. Sous un soleil radieux, glissée dans une robe rouge signée cette fois du Français Roland Mouret, Sofia est parfaite.

Le 10 décembre, au côté de son athlétique fiancé sanglé dans un smoking couvert de décorations, la future princesse s'avance sous les immenses voûtes de la salle du Concert Hall. La prestigieuse assemblée retient son souffle. Pour sa première participation à cet événement le plus mondain du calendrier royal suédois, la jeune femme est éblouissante. La robe qu'elle porte, un corsage framboise rebrodé de strass, agrémenté d'une ample jupe en tulle nimbée d'une traîne, est un subtil mélange de féerie et de modernité. Sous son imposant chignon, Sofia ne marche pas, elle flotte, semble ne plus toucher terre. Plus complices, plus amoureux que jamais, les deux tourtereaux ne se quittent pas des yeux de toute la soirée. À table, lors du prestigieux dîner de gala, on murmure que cette robe est un test. L'une des nombreuses ébauches réalisées en vue de sa future robe nuptiale. Sofia voudrait une vraie robe de princesse, comme dans les contes de fées. Après tout, n'en a-t-elle pas déjà le prince ?

Au matin du grand jour, sa robe fut éblouissante ! La couronne suédoise a le don, comme nulle autre, pour organiser les mariages les plus romantiques du gotha. Au royaume d'Albion, ils sont certes grandioses, mais un peu trop figés à mon goût. Carl Philip est maintenant marié. Et il aura bientôt trois enfants : les princes Alexander, Gabriel et Julian (titrés duc de Södermanland, duc de Dalécarlie et duc de Halland). Adieu prince de mon cœur ! En ce jour de noces blanches, je me souviens avoir versé une larme. Pas tellement une larme d'émotion. Plutôt de tristesse, d'amertume. J'aurais aimé, moi aussi, épouser Carl Philip. Même si je suis un garçon. Même s'il est prince de sang. Même si Sofia est sublime. En regardant le bellâtre donner son consentement, je me suis souvenu de vacances d'été, à Sainte-Maxime. Je devais avoir 15 ans. Carl Philip était à la Villa Mirage, ancienne propriété du prince Bertil et de la princesse Lilian, que possède la couronne suédoise, en bord de Méditerranée. Le sud de la France est l'une des destinations favorites des Bernadotte. L'appartement où nous séjournions (et le hasard n'y est pour rien !) était situé juste en face de la villa blanche aux volets bleus et aux toits de tuiles ocre. J'ai acheté une paire de jumelles. Mes parents se sont questionnés. Notre balcon offrait une vue imprenable sur la mer et je souhaitais « observer les oiseaux ». Et quel oiseau ! Merci Carl, ce fut l'été le plus brûlant de mon adolescence !

The **Sun**

Le tabloïd le plus redoutable de la planète *people made in UK*. La terreur des *royals*. Chaque matin, au *breakfast*, chacun découvre ce qu'il aurait préféré cacher. Tous les paparazzis de la planète y déversent leurs exclusivités qui, dans l'heure, feront le tour du globe. Le tirage est à ce point impressionnant (1 240 000 exemplaires quotidiens) que *The Sun* fait la pluie et le beau temps au rayon cancans. Longtemps, en page 3, se dévoilait une pin-up aguichante. Désormais, ce sont les Meghan Markle, les Kate Moss, les Beckham, les Stallone, les Kardashian & Co qui servent d'amuse-gueules. Malgré les procès qui se profilent et l'omniprésence du *people* sur le Net, l'empire Murdoch fait encore frémir la forteresse de Buckingham.

Swatch

« De toutes mes montres, c'est ma Swatch que je préfère… » Elle est blanche. Elle est ronde. Surtout, elle est belle. Et tellement clin d'œil royal. Dans son cadran, c'est ma Lilibet qui égrène les secondes, rythme mes journées, veille sur mes nuits. Et chaque jour, *my Queen* se change. Le lundi, c'est jaune citron. Le mardi, vert gazon. Le mercredi, rouge passion… Seul son corgi reste le même, imperturbable.

Cette collection spéciale Jubilé baptisée *Majestic* a fait un tabac. Désormais épuisée, au marché noir, dans son coffret frappé d'un *Horse Guard*, *my Swatch* blanche se négocie jusqu'à 400 euros. N'essayez pas de me la voler, à mon poignet, ma Lilibet veille !

Taj Mahal

Nous sommes en Inde, en juin 1631. L'empereur est inconsolable ! En donnant naissance à son quatorzième enfant, son épouse vient de perdre la vie. L'impératrice Arjumand Bânu Begam, aussi connue sous le nom de Mumtaz Mahal, « la lumière du palais », était la femme favorite de l'empereur moghol. Rongé par le chagrin, Shâh Jahân veut offrir à sa défunte une dernière demeure digne de l'amour qu'il lui portait. Un seul mot d'ordre : l'édifice doit être la plus belle merveille au monde et doit répondre à un impératif : en cas de tremblement de terre, le tombeau dans lequel repose le corps de son épouse doit être épargné. Le soir même du décès, alors que l'empire tout entier entre en prière, les plus célèbres architectes d'Europe et d'Asie se penchent déjà sur l'ébauche des premiers croquis du célèbre Taj Mahal. Le mausolée sera une construction aux dimensions pharaoniques. Pas un tombeau mais un palais, « un château sus-

pendu dans les airs ». Le Taj Mahal s'élèvera à 56 mètres du sol sur un socle de grès rose et marbre blanc. La partie centrale de l'édifice, coiffée d'un dôme bulbeux de 26 mètres de hauteur, sera flanquée de quatre kiosques à dômes aux arcs polylobés.

Plus de mille éléphants sont réquisitionnés pour transporter des matériaux venus des quatre coins de l'empire. Le marbre blanc est extrait du Rajasthan, la turquoise et la malachite, du Tibet, le lapis-lazuli, du Sri Lanka, le corail, de la mer Rouge, la cornaline, de Perse et du Yémen, le cristal de roche, de l'Himalaya... Au total, vingt-huit types de pierres semi-précieuses sont utilisés pour composer les motifs incrustés dans le marbre blanc. Plus de vingt mille hommes se relaient jour et nuit... pendant vingt-deux ans !

Le Taj Mahal est un poème d'amour écrit dans du marbre. Un poème unique. D'ailleurs, pour s'assurer qu'il le reste, unique, dernière folie d'un souverain terrassé par la douleur, le grand moghol fait happer par sa garde impériale les meilleurs artisans de son chantier. Et les ampute de leur pouce. Sa déclaration d'amour, restera, à jamais, inégalée !

Couronnés et... **tatoués**

Le long d'un mollet, sur l'avant-bras, sur un torse, une nuque... Chaque soir de match, dans la fièvre des stades, les stars du ballon rond n'affichent pas que leurs prouesses techniques. Elles exhibent aussi des tatouages, par dizaines ! Sur les peaux musclées courent des prénoms, écrits en chinois, en hébreu, en gaélique, dans toutes les langues et avec tous les caractères du monde. Il y a des dates, des cercles, des croix, des cœurs, des signes maoris, tribaux, des mains d'enfants, des visages, des mots de la Bible... Lionel Messi, Neymar, Kylian Mbapé, Eden Hazard, Fernando Torres, David Beckham bien sûr sont les meilleurs ambassadeurs, les porte-drapeaux d'une passion qui touche aujourd'hui plus d'un Français sur dix. Mais les stars du ballon rond (et un chapelet de *peoples* : Justin Bieber, Lady Gaga, Robbie Williams, Brad Pitt, Tom Cruise, Johnny Depp, Eva Longoria, Scarlett

Johansson, Rihanna, Lindsay Lohan, Lily Allen...) ne sont pas les seules à succomber à cet engouement.

Si, aujourd'hui, le tatouage est devenu objet de fierté, matière à spectacle, une pratique purement artistique, il fut longtemps un marqueur ritualisant. Pratiqué depuis des millénaires, le marquage des corps a toujours revêtu de multiples significations et remonte à des temps immémoriaux. Depuis toujours d'ailleurs, les tatouages ont fasciné les cours, du château de Versailles aux fabuleux palais de Saint-Pétersbourg. Pierre le Grand, Catherine II, Nicolas II, ne furent-ils pas conquis ? Au royaume d'Angleterre, en 1066 déjà, le roi Harold II se faisait tatouer « Edith » et « England » sur la poitrine, pour honorer ses deux passions : sa femme et sa patrie. Plus tard, Edward VII (une croix de Jérusalem), George V (un tigre blanc et un dragon bleu), le prince Philippe, mari de Sa Très Gracieuse Majesté ou, plus récemment, lady Amelia Windsor (au moins quatre !) ont, eux aussi, succombé à l'encre et à l'aiguille. Tout comme sir Winston Churchill, Joseph Staline, Franklin Roosevelt, François-Ferdinand de Habsbourg, Frederik IX de Danemark, Amedeo III de Savoie...

Si, pour les hommes, le passage obligé dans une école militaire ou une formation dans la marine explique que la tradition ait été perpétuée, les plus jeunes y ajoutent sans doute une touche rock'n'roll. Exemple avec celle qui a toujours cultivé une image un rien rebelle, la princesse Stéphanie de Monaco, qui n'hésite pas à arborer des tatouages à la main, au poignet, dans le dos et à la cheville. Ses filles, Pauline Ducruet et Camille Gottlieb, les multiplient. Plus de dix pour la dernière. À Monaco d'ailleurs, la très royale Caroline et la *so chic* Charlotte ont, elles aussi, marqué leur peau à l'encre indélébile. Quant aux hommes, si leurs tattoos sont cachés durant l'année sous l'uniforme ou le costume, ils apparaissent durant l'été. On a pu ainsi découvrir le poisson que Frederik de Danemark porte à la cheville ou l'impressionnante collection d'Emmanuel-Philibert de Savoie : tête de taureau, aigle et cœur percé avec les prénoms de ses filles et de sa femme. En Suède, le jour de ses noces avec le beau Carl Philip, sous son voile de dentelles, Sofia Helqvist dévoilait un soleil sur la nuque. À quelques jours de son mariage, quand on lui a suggéré d'éventuellement faire disparaître ce soleil, en princesse moderne, Sofia s'est offusquée. Qu'a-t-elle répondu ? Que Sissi, la plus grande des impératrices, était, elle aussi tatouée ! Bravo Sofia, c'est exact. Une encre bleue, référence à son amour des grandes eaux, sur son épaule gauche !

Tea time

C'est Anna Maria Russel, septième duchesse de Bedford, qui, au milieu des années 1840, aurait lancé, avec le trio sandwiches, scones et gâteaux, la mode de prendre le thé en fin d'après-midi. Pour « chasser ce serrement de cœur qui s'installe entre le déjeuner et le dîner ». Dans le beau monde, le bruit court que la duchesse eut cette idée, au château de Belvoir, lors d'une visite au cinquième duc de Rutland. Précisons qu'à l'époque, on se contentait de deux repas par jour : un petit-déjeuner, très copieux, et un dîner servi entre 19 heures et 20 h 30. Prise d'une soudaine fringale, Sa Grâce demanda qu'on lui apporte un rafraîchissement léger composé de thé Darjeeling, de cakes et de petits carrés de pain garnis, un en-cas mis à la mode par lord Sandwich. Dans les jours qui suivirent, de retour chez elle, la duchesse de Bedford invita des amies à la rejoindre pour partager un thé dans ses appartements de Woburn Abbey. Cette pause gourmande fit immédiatement sensation ! Conquise par cette nouvelle mode très aristocratique, bientôt, la jeune reine Victoria institua ce nouveau rendez-vous – très vite baptisé *five o'clock tea* – au palais de Buckingham. La monarque savourait d'ailleurs son thé en lisant le *Times ! So british !* Et depuis lors, à l'occasion du *high tea* (instant traditionnel anglais que l'on pourrait traduire par « goûter dînatoire »), on verse le thé en l'honneur de la famille royale ! Si vous êtes invité à un *tea time* en compagnie du roi, au château de Windsor par exemple, il sera servi à 17 heures précises. Vous aurez le choix entre mille variétés de thés, du café, chaud ou froid, des boissons fraîches et des plateaux entiers de canapés et de petits fours, salés ou sucrés : sandwichs au concombre, à l'œuf et au cresson, au saumon fumé et à l'aneth, au bœuf et à la ciboulette, mini-éclairs au café, tartelettes aux pommes, à l'orange meringuée, cheese-cake au citron et aux raisins secs, scones à la marmelade de whisky… Sachez que la spécialité de Kathryn Cuthbertson, la cheffe de la pâtisserie royale, est les crêpes Suzette ! On les dit « mortelles ».

Petit conseil : l'idéal est de se servir à deux reprises. Une seule pourrait vouloir dire que l'on n'a pas apprécié ce qui nous a été offert. Et trois… serait vraiment *too much* !

Titanic

Une fois n'est pas coutume ! Pour vous parler du paquebot le plus fascinant de tous les océans, c'est au milieu de la plus verte campagne d'Angleterre que je vous emmène, dans le Yorkshire, au château de Downton Abbey. Souvenez-vous ! La géniale série de Julian Fellowes commence en avril 1912. Devant la nappe blanche de son petit-déjeuner, par télégramme, le comte de Grantham apprend le naufrage du *Titanic*. À bord de l'insubmersible paquebot voyageait Patrick Crawley, son héritier. Si l'histoire est purement fictive on s'en doute, en réalité, dans ses cabines lambrissées, l'immense et luxueux navire comptait bien quelques aristocrates. Dont Lucy Noël Leslie Martha Dyer-Edwardes, comtesse de Rothes. Elle me touche parce que cette comtesse écossaise a l'étoffe d'une vraie héroïne. Née un 25 décembre (tout comme l'impératrice Sissi), Lucy est la fille unique de Thomas Dyer-Edwardes et de son épouse, Clementina. Par son père, elle est

très fortunée. Par sa mère, coule dans ses veines le sang des ducs de Perth et de Melfort.

La jeune fille grandit entre l'hôtel particulier de Londres, le comté de Sussex où on passe les fêtes de fin d'année et la Normandie où la famille possède un manoir. En 1900, à Kensington, Lucy épouse Norman Leslie, dix-neuvième comte de Rothes. Ce titre remonte à l'an de grâce 1457 et est l'un des plus anciens de l'illustre royaume. Par mariage, la très honorable Lucy est également baronne Ballenbreich et lointainement apparentée à la famille royale. Voilà pour l'arbre généalogique ! Il dégouline de titres, vous l'avez compris. Pour le cadre, vous le connaissez déjà par cœur. Ai-je vraiment besoin de planter le décor ? Le 10 avril 1912, Lucy, ses parents, Gladys Cherry (une cousine de son mari), et une femme de chambre du nom de Cissy font partie des neuf cent cinquante-trois passagers qui quittent le port de Southampton pour le voyage inaugural le plus excitant de tous les temps. M. et Mme Dyer-Edwardes débarquent quelques heures seulement après le départ, lors de la première escale, dans le port de Cherbourg. Lucy, Gladys et leur femme de chambre poursuivent la traversée. Le comte les attend à New York. Depuis quelques mois, il parle d'un projet un peu fou : lancer une ferme agricole en Californie. Sans doute pour échapper à la pluie écossaise et au sinistre château familial en pierres de grès.

Lucy et Gladys prennent place à bord de la cabine C77. Souvenez-vous ! C'est exactement comme dans le film, la suite qu'occupe Rose DeWitt Bukater. Il y a un salon privé, un pont de promenade, une cheminée, de la soie tendue aux murs, de lourds rideaux de brocart que les dames de chambre en tablier et charlotte blanche tirent à la nuit tombée. Ce n'est pas une cabine, c'est un appartement. Avec une salle de bains où la vasque en vraie porcelaine offre quatre robinets, deux pour l'eau douce, deux pour l'eau de mer.

À bord, dans les quartiers réservés à la première classe, tout est confort et volupté. La journée, on y rédige son courrier, on lit, on rit, on prend le thé. À bord, il y a une piscine, un court de tennis, une salle de musculation, un gymnase, des bains turcs, un terrain de squash. Ce bateau est révolutionnaire ! Le soir, en smoking et robe longue, on dîne sous les lustres en cristal de la grande salle à manger. À la table du capitaine Smith, on croise John Jacob et Madeleine Astor, Benjamin Guggenheim et sa maîtresse, Henry Forbes Julian qui a fait fortune dans l'extraction minière, Elmer et Juliet Taylor qui vendent, à prix d'or, des kilomètres de papier d'emballage. Il y a Tyrell et Julia Cavendish également et la fameuse créatrice de mode dont toutes les aristos et les nouvelles fortunes s'entichent : Lucy Duff Gordon dite « Lucile ». Son second époux, sir Cosmo, un baronnet, est d'ailleurs un ami de Norman.

Sur le *Titanic*, la soirée du 14 avril s'achève. Il est 23 h 40. La comtesse et Gladys viennent tout juste de rejoindre leur suite. Face à la cheminée, la carafe et les verres de cristal posés sur un plateau d'argent frémissent légèrement. À peine une secousse. Mais vous connaissez le scénario. Dans la nuit noire, le *Titanic* frôle un iceberg. Gigantesque, colossal, le géant de givre crève la coque d'acier. Par centaines de litres, une eau froide, si froide, à vous glacer le sang, commence déjà à s'introduire dans les entrailles du navire. Mais remontons aux étages supérieurs, dans la lumière chaude des cabines de luxe. Il est minuit passé de quelques minutes lorsque la douce Cissy rallume les lumières de la suite C77. On dit qu'au moment de l'impact, dans sa cabine, elle vivait sa première nuit d'amour avec un membre d'équipage rencontré quelques heures plus tôt. Elle ne le reverra jamais. Que se passe-t-il ? Elle ne le sait pas. Mais ce doit être grave car les cabines du pont E, le quartier des domestiques, sont déjà sous eau. On lui a demandé d'habiller ses maîtresses, de les vêtir chaudement, et de faire vite…

Évidemment, vous vous en doutez, nos trois héroïnes n'ont aucun mal à mettre la main sur un gilet de sauvetage. Et toutes trois trouvent place à bord de l'un des premiers canots qui prend la mer. Le canot numéro 8. Mise à l'eau à 1 h 10 côté bâbord, la chaloupe ne compte que vingt-huit passagers, dont treize hommes. Alors qu'il pourrait en accueillir soixante-cinq !

Dans la nuit noire et glacée, la scène est apocalyptique. On dit que le tableau qui se joue est indescriptible. Parce que surréaliste. Ce paquebot était insubmersible. Les passagers qui ont pris place sur ces embarcations de fortune sont habités de l'intime conviction qu'ils vont se réveiller. Que ce cauchemar va s'arrêter. Mais l'horreur continue. Il est maintenant 2 h 18. Au loin, les lumières s'éteignent. Il n'y a plus qu'un quartier de lune sur une coque blanche. Une coque qui résiste encore, qui flotte encore. Mais pour combien de temps ? Les cris deviennent de plus en plus forts. Surtout, il y a un bruit qui s'élève. Un bruit sourd. Un bruit grave. Dans l'océan glacé, l'immense carcasse d'acier est en train de se déchirer en deux. Tandis que la partie avant disparaît, commençant sa course folle dans l'océan, la partie arrière, elle, s'élève, semble, un instant, défier le ciel. Avant de disparaître à son tour. C'est comme si rien, jamais, n'avait existé. À bord de notre canot, Thomas Jones, l'un des quatre membres d'équipage, se saisit des rames. Nerveusement, il pagaye vers le lieu du naufrage. C'est hallucinant. Les remous de l'océan donnent l'impression que l'eau bout. Les cris sont déchirants. « À fendre le cœur. » Comme si l'Atlantique pouvait pleurer. Mais dans le noir, à bord du canot, la voix de plusieurs hommes s'élève. Ils refusent, menacent de jeter Jones à l'eau. « Retourner sur place est, à coup sûr, aller au-devant de la mort », assurent-ils. « Les corps qui se débattent, qui convulsent vont faire chavirer l'embarcation. » Notre Lucy est épouvantée. « Je suis une femme, je suis la comtesse de Rothes. Ma famille est plus vieille, plus honorable que la famille royale. Oserez-vous, moi aussi, me menacer de me jeter à l'eau ? Il faut retourner sur place. Il y a des hommes, il y a des femmes, il y a des enfants à sauver. Ne voyez-vous pas qu'ils vont mourir ? » La comtesse crie, la comtesse hurle, mais personne ne la soutient. Pas même Gladys qui lui prend la main. Pour la « calmer ». La scène est à peu près semblable sur les treize canots qui ont été mis à l'eau. Sur le canot numéro 1, seules douze personnes sont à bord. La fameuse créatrice Lucy Christina Suntherland (qui se fait appeler « Lucile », souvenez-vous), son mari (le baronnet Cosmo Edmund Duff Gordon), trois de leurs domestiques et sept membres d'équipage. Lorsque les marins veulent eux aussi revenir sur l'emplacement du naufrage, ils les paient, pour qu'ils ne bougent pas. Et l'amie de notre comtesse, toujours si spirituelle, aura ce mot : « Ils risqueraient de mouiller ma robe. C'est un tissu qui ne le supporterait pas. »

Des heures plus tard, lorsque les survivants du *Titanic* seront recueillis par le *Carpathia* et que l'anecdote, comme tant d'autres, commencera à se répandre, notre Lucy s'avancera vers son amie. Et la giflera. Comme pour se venger des hommes qui, à la lumière de la lune, l'ont empêchée de rebrousser chemin. Dans les mois qui vont suivre, la créatrice sera entendue par une commission d'enquête sur le naufrage et niera avoir tenu pareils propos. Jamais plus la comtesse de Rothes ne remettra un pied dans les boutiques de son amie, une griffe qui, dès le lendemain du naufrage, va pourtant connaître un vif succès. Les prémices de la publicité !

La comtesse de Rothes n'aura également jamais plus les mêmes rapports avec sa cousine. Jusqu'à la fin de sa vie (en 1956), elle tricotera des vêtements pour enfants souffrant du froid. Comme si la comtesse pouvait réécrire le conte. Comme si elle pouvait rejouer ces heures glaciales et effacer le souvenir insupportable de cette nuit du 14 avril.

Tour d'Argent

En l'an de grâce 1582, naquit une auberge qui, sans les faveurs des rois et des dieux de la table, ne serait restée qu'un cabaret. En effet, cet établissement planté au milieu d'un terrain vague attenant au couvent des Bernardins allait devenir l'endroit à la mode, le rendez-vous des seigneurs et des courtisans. Rourteau, le propriétaire d'alors, inspiré par la silhouette de la tour du château de la Tournelle qui se profilait dans le ciel et que l'on appelait Tour d'Argent, s'en inspira pour dessiner le blason de son établissement. Henri III est la première tête couronnée à y dîner.

L'Histoire suit son cours mais les grands de l'époque continuent d'apprécier ce haut lieu de la gastronomie : Richelieu notamment. Le nom du duc de Luynes figure aussi au livre d'or. Les courtisans du Roi-Soleil n'hésitent pas à y venir de Versailles. La Tour d'Argent continue de maintenir son renom jusqu'à la Révolution. Alors, tout bascule : les hommes du 14 juillet prennent le blason de Rourteau pour les armoiries d'un prince, le malmènent. Classée « bien d'émigré », la Tour est vendue à l'encan. Napoléon redonne à Paris un restaurant : le chef des cuisines impériales, Lecoq, rachète les restes de la Tour. De père en fils, puis en gendre, peu à peu, l'adresse retrouve son prestige d'antan.

Au début de la IIIe République, un certain Paillard recueille l'héritage des Lecoq. Frédéric, premier maître d'hôtel à la Tour, lui achète le fonds et c'est l'apogée. Frédéric gère en maître absolu ce grand restaurant. Il exige de ses clients, fussent-ils des rois, le même sérieux, la même rigueur que ceux qu'il apporte à chacune de ses préparations. C'est à Frédéric que l'on doit la recette du « caneton Tour d'Argent », ce canard au sang tel que nous le connaissons encore aujourd'hui : c'est lui qui a l'idée, en 1890, d'attribuer à chacun un numéro particulier.

Après la guerre, André Terrail, puis son fils Claude ont imposé le décor légendaire de l'établissement. L'arrivée dans la salle à manger, où l'on accède par un ascenseur précieux comme un bibelot, vous arrache un cri d'émerveillement. D'un bout à l'autre des grandes baies, l'œil découvre un quart de la capitale. Tout à droite, le Génie de la Bastille semble près de s'envoler : dans le lointain, le Sacré-Cœur éblouissant de blancheur accroche toute la lumière et, comme à portée de la main, Notre-Dame, somptueuse et sereine, jaillit sous le scintillement de la Seine l'enserrant mollement dans son île. C'est une minute de perfection qui suspend le souffle. Tous les souverains d'Europe, de passage à Paris, y ont dîné au moins une fois, à commencer par Elizabeth et Philip, en 1948. Mais pas autant que la très poudrée *Queen Mum*, reine des gourmandes, devant l'éternel !

Royal **Train**

Au royaume de Sa Gracieuse Majesté, c'est un train qui m'a toujours fait rêver. Même si, au fond, il n'existe pas vraiment ! En effet, il n'y a pas de « train royal » au sens propre du terme. Actuellement, sur ordre du ministère des Transports, neuf voitures désignées comme étant « The Royal Train » sont affectées aux déplacements des membres de la famille royale. En fonction du Windsor qui va l'emprunter, elles peuvent être assemblées dans de nombreuses configurations.

Évidemment, à l'intérieur, on imagine de luxueuses voitures. Eh bien, détrompez-vous ! Le train royal est confortable, certes, mais pas luxueux. En réalité, il est surtout pratique et permet au souverain de continuer à travailler tout en se déplaçant. Certains wagons sont décorés de lambris en bois d'érable, équipés de stores ou de rideaux, garnis de beaux luminaires. Il y a des tableaux, des gravures anciennes. Le train est équipé d'une voiture salle à manger, d'une voiture salon, d'un bureau. Il y a des voitures tendues de soie rose, de soie bleue.

Chaque membre de la famille royale y a sa propre chambre à coucher (uniquement des lits d'une largeur d'un mètre) et sa propre salle de bains. Seule la voiture d'Elizabeth II était équipée d'une baignoire. Est-ce maintenant la reine Camilla qui l'utilise ? Cette information n'a pas encore été communiquée par Buckingham Palace.

Pour les aiguilleurs du rail, faire circuler ce convoi pas tout à fait comme les autres est, on l'imagine, un véritable casse-tête. Pour ne pas dire un défi ! Tous les trains normaux, censés sillonner les rails que doivent emprunter nos wagons royaux, voient leurs horaires modifiés (voire leur voyage carrément annulé) et leurs parcours, souvent considérablement bouleversés. C'est la raison pour laquelle, sur certains itinéraires, les Windsor, comme le commun des mortels, utilisent parfois une simple ligne commerciale.

Ce train est le moyen de transport préféré de la famille royale, depuis que la reine Victoria fut le premier monarque régnant à effectuer un voyage ferroviaire. C'était le 14 juin 1841. Elle se rendit de Windsor à Londres, où elle descendit en gare de Paddington. Le *Royal Train* tel que nous le connaissons aujourd'hui existe depuis 1977, lors du Jubilé d'argent où la reine et les Windsor ont parcouru à son bord des milliers de kilomètres. Plusieurs nouvelles voitures furent ajoutées et certaines anciennes, modernisées ou radiées. Toutes les voitures ont aujourd'hui été repeintes dans la couleur *Royal Purple*.

Ce qui est vraiment fascinant est, vous l'imaginez bien, qu'aucun contrôleur ne passe dans les voitures ; qu'aucune grève n'affecte jamais son service et qu'aucun retard ne vient troubler son parcours. Le *Royal Train* est la seule voiture ferroviaire au monde qui puisse se targuer de n'avoir jamais enregistré une seule minute de retard. Au départ, comme à l'arrivée ! Une voiture magique ! Un peu comme le train de Harry Potter en somme ! Sous mon trait d'humour, en réalité, moi qui prends le train comme d'autres, la voiture, j'en crève de jalousie !

Trooping the Colour

Au royaume d'Albion, il marque l'anniversaire officiel du souverain et a lieu chaque deuxième samedi de juin pour bénéficier d'une météo clémente. La revue, ce que les Anglais nomment avec beaucoup d'égards *The Big Parade*, commence à 10 heures. Elle se tient sur l'esplanade des *Horse Guards*, à Whitehall.

Ce lieu est l'un des plus célèbres de Londres et de l'histoire anglaise. Là se disputaient, sous Henri VIII et la reine Elizabeth Ire, des joutes où l'on croisait durement le fer. *The Trooping the Colour*, ou « Le rassemblement des couleurs », mobilise tous les bataillons, tous les escadrons de la Maison royale.

Pour la première cérémonie du règne de Charles III, c'est le Ier bataillon des Irish Guards (les gardes irlandais), régiment d'élite de la garde royale britannique créé en 1900, qui conduisit la cérémonie. Une majorité de soldats de religion catholique le composent. Leur uniforme est renommé : tunique rouge, bonnet noir en poil d'ours. Les autres célèbres régiments sont anglais (Coldstream), écossais, gallois. On différencie les gardes à la couleur de l'aigrette du bonnet, au nombre et à l'alignement des boutons et aux insignes du col et des épaulettes. Les Irlandais arborent un trèfle, *of course* !

Les troupes marchent au pas de parade, jetant en avant, comme des soldats de bois, un bras raidi dans une manche de drap rouge. Les tambours-majors coiffés de casquettes de velours comme des bombes de jockey, enfoncés jusqu'au menton dans leurs livrées à tranches d'or, rythment des mouvements de leur canne à pommeau d'argent le pas des soldats rouges. Les compagnies s'alignent au coude-à-coude, pivotent, claquent des talons, avancent ou reculent au commandement que lancent des capitaines dont on voit à peine les yeux sous le gros bonnet d'ours. Fracas de cavalerie… Ces toques noires, ces dolmans à brandebourgs, ces culottes à rouge passepoil, on comprend que l'artillerie de la garde tire son uniforme du souvenir des guerres napoléoniennes. La Wellington nostalgie est toujours ce qu'elle était.

Lorsque les troupes sont enfin en place, le terre-plein ressemble à un champ de coquelicots un jour où le vent ne souffle pas. C'est beau, c'est fort. Une longue clameur monte, vient du Mall, se propage, fait littéralement le tour de l'esplanade, des milliers de cris, de vivats annoncent l'arrivée du cortège. Précédés, escortés de *Horse Guards* et d'écuyers en frac rouge et haut-de-forme noir, les landaus arrivent. Vive la famille royale ! Sont à cheval Charles, Anne et William. Pendant plus d'une heure trente la représentation militaire déroule son immuable numéro, un grand ballet où le pas militaire remplace le pas de danse. À 12 h 25, le défilé prend fin : la famille royale regagne Buckingham par le Mall. Accompagné par deux cents soldats des Coldstream Guards, le clan royal finit par apparaître au balcon du palais pour être salué. Soixante-deux coups de canon sont tirés de Hyde Park et cent vingt-quatre, de la tour de Londres. Pourquoi ? Personne ne le sait plus vraiment. Ah, si, pardon. Parce qu'on est en Angleterre. Et que c'est la tradition !

Umberto

Lorsque l'ancien roi Umberto II d'Italie meurt le vendredi 18 mars 1983, dans une clinique de Genève, les réactions des milieux politiques italiens sont discrètes.

La mort a pris de vitesse les tractations engagées pour qu'Umberto de Savoie revoie son pays, ne fût-ce que le temps d'une agonie. C'est en terre étrangère que s'achève cet étonnant destin, tout entier résumé en deux chiffres : trente-quatre jours de règne pour trente-six ans d'exil. Le sort de la monarchie qui unifia la Péninsule s'achève sur cette image d'un vieux monsieur d'allure très britannique, vêtu de flanelle et de blazers qui, dans un salon de l'hôtel Beau-Rivage de Genève, incline avec bienveillance sa calvitie et ses bajoues vers l'hommage de courtisans démodés. Spectacle à la fois poignant et dérisoire.

Pourtant, Umberto II, né en 1904, a fait rêver l'Italie du début du siècle. Les fées, sur son berceau, avaient déposé la prestance, ce don qui fit tant défaut à son père Victor-Emmanuel, presqu'un nabot. Dès l'enfance, le joli *principino* imposait son costume marin à toutes les mammas d'Italie. Jeune homme, puis époux de la belle Marie-José, fille du roi des Belges, il fait rêver les midinettes. En lui, la maison de Savoie semble enfin avoir trouvé le monarque moderne que l'Espagne appréciera un demi-siècle plus tard avec Juan Carlos. Il a été élevé pour l'armée, à la dure, par un précepteur exigeant.

Lorsque Victor-Emmanuel III, par une décision qui fut fatale à son pays et à son trône, refuse de signer le décret qui eût, assez aisément, barré la route à la dictature mussolinienne, Umberto a 17 ans. Dans l'ensemble, les fascistes se méfient de cet héritier qui ne porta jamais la chemise noire. Le prince de Piémont ne rend au régime que l'hommage sans chaleur de beaucoup de ses compatriotes. Fils respectueux jusqu'à la dévotion, dans la tradition de la maison de Savoie, il n'a pas, en tout cas, ce beau mouvement de révolte qui aurait pu sauver le trône.

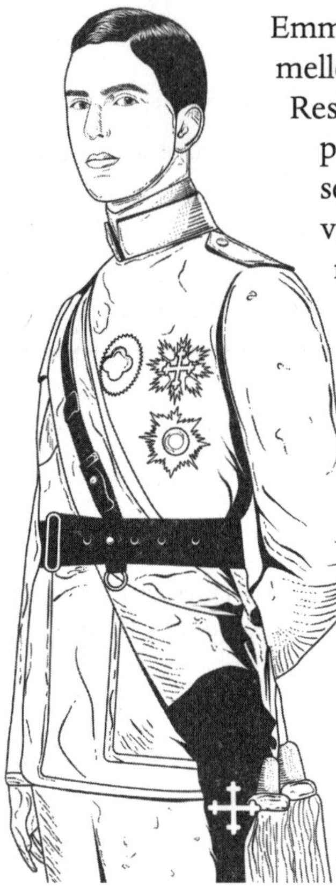

Au début de mai 1946, le vieux Victor-Emmanuel, se décidant enfin à abdiquer formellement, fait de son fils le roi Umberto II. Reste à obtenir l'assentiment du peuple pour le souverain-candidat. Umberto se lance dans la bataille, multipliant les voyages à travers l'Italie, dans un climat passionné où les coups pleuvent de toutes parts.

Le Sud monarchique acclame celui auquel le Nord faisait grise mine. Le pays, ravagé, étale sa division comme dans un ultime reniement de l'œuvre unificatrice de la Maison royale. Le verdict des urnes, le 2 juin, voit la république l'emporter sur la monarchie. Le « roi de mai » est destitué. Le 7 juin, Umberto et Marie-José, murés dans un silence digne, s'embarquent pour l'exil. L'une des plus anciennes dynasties d'Europe vient de tirer sa révérence.

Vaux-le-Vicomte

Il fut – mais très brièvement seulement – le grand rival de Versailles et l'ombre qui fit au Roi-Soleil envoya son imprudent propriétaire, le surintendant Fouquet, dans l'ombre d'un cachot. Pour sortir cette folie de terre, Fouquet fit appel à trois artistes à l'aube de leur carrière, Le Vau, pour l'architecture, Le Brun, pour la décoration et Le Nôtre, pour les jardins. Un tiercé en or !

Quand Nicolas Fouquet fait construire son château, dont le gros œuvre sera bâti en treize mois seulement, il est âgé de 40 ans et est au faîte de sa splendeur. Il a de nombreux amis, reçoit constamment le roi et sa cour. Jusqu'alors tout lui a réussi. N'a-t-il pas pris l'écureuil comme emblème ? Ce rongeur qui monte, qui monte, ne semble jamais s'arrêter de monter. En sa qualité de surintendant des finances, il gère, avec audace et intelligence, le trésor royal et parvient quelque temps durant à faire face aux dépenses publiques. Mais la dette de l'État s'accroît, le roi, que le train de vie de Fouquet, bien trop somptueux, presque injurieux, indispose, commence à le soupçonner de se servir des finances royales à son propre profit !

La magnificence du surintendant, les 18 millions de livres qu'il dépense pour bâtir son palais et arborer son parc, les fêtes qu'il y offre, fortifient les soupçons du souverain. Poussé par Colbert qui, chaque jour, contrôle, en secret, les opérations de Fouquet, en 1661, Louis XIV le fait arrêter. Trois semaines plus tôt s'est tenue, à Vaux, en présence du roi, l'une des fêtes les plus éblouissantes du grand siècle. Le souper, concocté par l'illustre Vatel, a été servi sur des tables de soie blanche croulant de vaisselle d'or, au milieu des jardins illuminés, et égayé par une représentation des *Fâcheux*, jouée par Molière, sur une scène dressée tout spécialement devant les grilles du château. À la fin des réjouissances, un feu d'artifice, grandiose, le plus beau jamais donné, embrase le ciel. Devant tant de splendeur, tant de couleurs, le roi soleil ne cesse de blêmir, comme éteint.

Mais qu'il est dangereux de trop s'approcher de l'astre couronné ! Après une instruction qui va durer quatre ans, Fouquet est condamné à la confiscation de ses biens. Bientôt, en la sinistre citadelle de Pignerol, il sera emprisonné à vie. Mais le domaine, lui, est sauvé. Attribué d'abord à Mme Fouquet, en 1705, il est vendu au maréchal de Villars, puis cédé par son fils à court d'argent au duc de Choiseul-Praslin, qui le restaure entièrement. En 1875, le domaine est acquis par M. Alfred Sommier, qui le sauve du démantèlement et de la ruine, remettant les jardins en état et reconstituant patiemment le décor et le cadre que Fouquet avait conçus. Le domaine est aujourd'hui la propriété des trois frères de Vogüé, qui, malgré son coût colossal, ont su en faire, à force d'innovations et de talent, une entreprise, des plus rentables.

Venise

On a oublié aujourd'hui les riches heures de la cité des doges. Quand Venise la sérénissime apparaît maintenant dans les colonnes couronnées des magazines de papier glacé, c'est surtout pour évoquer son prince, **Emmanuel-Filibert**, et sa princesse, **Clotilde Courau**. Elle est actrice, vous le savez. J'aime beaucoup Clotilde, pour son jeu, pour sa beauté, sa bonté, mais surtout, pour son équilibre. Elle a su éviter les pièges d'une surexposition à la Grace Kelly. Les tapis rouges et les soirées de gala, elle n'en abuse pas. D'ailleurs, quand on l'aperçoit sur papier glacé comme à la ville, c'est son naturel qui séduit. Elle est charmante, tout simplement.

L'actrice, révélée dans *Le Petit Criminel* de Jacques Doillon, est pleine de gouaille, pas oie blanche pour un sou. Dans son passé amoureux, Clotilde a aimé le tumultueux Guillaume Depardieu. Elle ne craint pas de montrer le tatouage qu'elle porte en haut de la cuisse. Quand Albert de Monaco, lors d'une compétition de charité sur le Rocher, lui présente le prince *play-boy* de Savoie, ex-clubbeur, jeune banquier, c'est un hold-up sentimental. « Il était l'exact opposé de ce qui me faisait rêver », raconte-t-elle alors. Elle va pourtant tomber follement amoureuse. En 2003, elle est enceinte pour les noces célébrées, en grande pompe, dans la basilique romaine de Sainte-Marie-des-Anges. Mais Jean-Paul II passe l'éponge. Habillée par Valentino (une sublime et très longue robe Empire), sous un diadème historique des reines d'Italie, elle pleure d'émotion. Et moi donc !

« Les rois, aujourd'hui, ne croient plus en la royauté. Le coup de pot, c'est qu'ils épousent des filles qui y croient encore », ironise mon cher Frédéric Mitterrand. 100 % d'accord !

Versailles

Depuis 1624, date où Louis XIII pose la première pierre de son rendez-vous de chasse, les travaux – agrandissements ou réparations – n'ont pratiquement jamais cessé. Un chantier permanent que cette demeure ! En fait, le château de Versailles ressemble à la toile de Pénélope. Depuis sa première pierre, il n'a connu que travaux et gravats. Quand on ne l'agrandit pas, on le transforme. Quand on ne le transforme plus, on le répare. Et quand, enfin, on cesse de le réparer, il tombe en morceaux. Et tout est à recommencer…

Si, comme on vient de le voir, en 1624, Louis XIII fait élever le bâtiment d'origine, il est nettement amélioré entre 1630 et 1634.

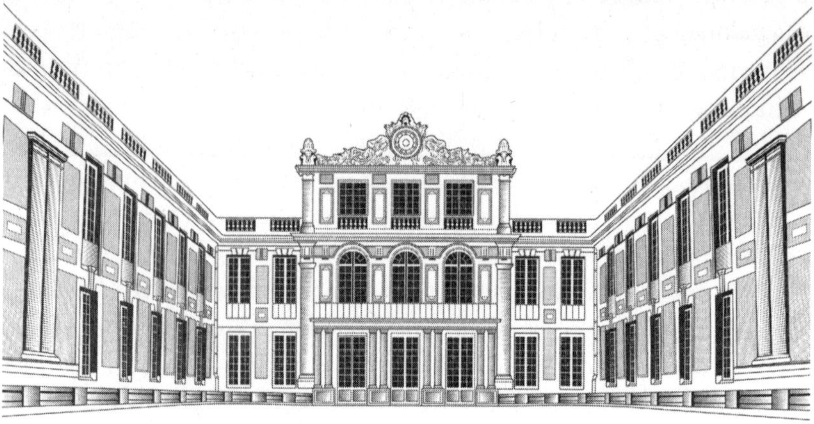

À peine installé sur le trône, le jeune Louis XIV entreprend une première campagne de travaux. L'architecte Louis Le Vau complète le quadrilatère de brique conçu sous le règne précédent par deux longs communs qui déterminent une avant-cour. Deux ans plus tard, nouvel accès de fièvre, plus sérieux cette fois. Trois corps de bâtiments viennent former un gigantesque bloc quadrangulaire autour de l'ancien château. On maçonne ferme jusque vers 1671. Quant à l'intérieur, il est entièrement transformé par les soins de François d'Orbay et de Charles Le Brun. Ce dernier réalise en particulier son chef-d'œuvre : l'escalier des Ambassadeurs en marbre polychrome et ces décors peints en trompe l'œil. Ces aménagements à peine terminés, Louis XIV charge Jules Hardouin-Mansart de poursuivre la tâche de Le Vau, décédé entre-temps. La cour d'honneur, côté ville, reçoit une nouvelle amplification, avec deux ailes supplémentaires. Côté jardin, il élève la façade que nous connaissons et construit la célèbre Galerie des glaces. Nous sommes en 1690, les caisses sont vides. Pourtant, on décide encore de bâtir une chapelle, achevée en 1710, cinq ans avant la mort du royal castor.

Sous le Roi-Soleil, chose que l'on sait peu, le palais était ouvert à quiconque voulait s'y rendre. La seule condition requise à celui qui voulait franchir les grilles était le port du chapeau et de l'épée, accessoires que l'on pouvait louer à l'entrée. Courtisans venus se faire remarquer, militaires chargés de la sécurité, notables, fournisseurs, domestiques (plus de cent lingères), on estime à plusieurs milliers les personnes franchissant chaque jour les grilles du palais.

Sous la Régence, Versailles connaît un bref moment de répit. Mais Louis XV, à peine majeur, décide de remanier l'intérieur du palais. Les grandes salles de marbre sont presque toutes remplacées par des pièces lambrissées, de taille plus modeste. Pour aménager en enfilade du sien un appartement pour sa fille Adélaïde, il n'hésite pas à détruire l'escalier des Ambassadeurs. Quel désastre ! Puis il s'attaque au gros œuvre. En 1770, Gabriel achève un nouvel opéra et décide d'habiller d'un fronton néoclassique les anciens communs de Le Vau. Louis XVI redécore à son tour une partie de l'intérieur. Mais les plans babyloniens que projette Boullée pour la transformation radicale du château resteront sur le papier. La Révolution vide entièrement le palais abandonné. Les meubles sont vendus aux enchères. Les tableaux gagnent les musées ; les livres et les médailles, la Bibliothèque nationale. On y installe un cabinet d'histoire naturelle et un conservatoire de musique. Napoléon a tout juste le temps de remeubler le Grand Trianon. La Restauration ne s'en occupe guère davantage. Résultat : le château se dégrade sérieusement. En 1830, son avenir est incertain. Une partie de l'opinion publique verrait bien ce symbole de la monarchie absolue par terre.

Louis-Philippe décide alors de le transformer – à ses frais – en musée d'Histoire, dédié « à toutes les gloires de la France ». Le palais est sauvé, mais l'intérieur est dévasté. Quand le musée est inauguré, en 1837, il ne reste rien des appartements de l'aile du Midi avalés par une gigantesque galerie des Batailles.

Les appartements royaux, la chapelle, la Galerie des glaces et l'Opéra sont néanmoins intacts. Plus pour longtemps ! La IIIe République naissante achève ce dernier en y installant le Sénat. Quant aux députés, ils occupent une salle construite au centre de l'aile du Midi. Ils y siégeront jusqu'en 1879. Le château s'endort, réveillé, tous les sept ans, par les parlementaires, qui se réunissent dans ce symbole de la monarchie absolue, pour y élire le nouveau président de la République. Cocasse ! En 1925, l'édifice menace ruine. La générosité de John D. Rockefeller permet de le sauver. Après la dernière guerre, une nouvelle série de travaux de longue haleine est entreprise. Arrive alors un génial conservateur aux origines bataves : un certain Gerald Van der Kemp. Avec sa seconde épouse, une Américaine très riche et très distinguée, il mobilise tant de donateurs qu'il permet d'achever les travaux et de remeubler les appartements. Peu à peu, Versailles se réveille.

L'extraordinaire bâtisse est désormais une grande machine à rêve et à touristes, gérée de main de maître. Le monde entier s'y presse. Mais, pour le journaliste privilégié que je suis, il suffit de s'y promener le soir après la fermeture, la nuit lors d'un tournage télévisé ou après un dîner de gala, pour sentir toute la beauté vulnérable du château, pour y jouer avec ses ombres. J'aime Versailles. Charnellement. Parce qu'il est grandiose et colossal, certes. Mais, ce n'est qu'une apparence. Il est surtout très fragile.

Victoria

On me demande souvent de comparer ma Lilibet à son aïeule, l'immense et imposante Victoria.

Elizabeth II a toujours été « raisonnable », de l'enfance à ses derniers jours. Toute sa vie durant, force est de constater qu'elle a fait preuve d'une constance nettement plus marquée que celle de bon nombre de ses prédécesseurs. Pour moi, elle avait, comme nulle autre, le devoir chevillé au corps.

On l'a un peu oublié aujourd'hui mais, même avant la mort prématurée de son époux, la reine Victoria se montrait de temps à autre d'humeur capricieuse et lunatique, à tel point que sa famille et ses ministres craignaient parfois pour sa santé mentale.

Il ne fait en revanche aucun doute que Victoria et Elizabeth partagent la même intelligence et la même perspicacité. Victoria était toutefois plus sensible à la flatterie. « Gladstone traite la reine comme un service public, moi je la considère comme une femme », disait Benjamin Disraeli. Bien entendu, la reine Victoria préférait Disraeli à Gladstone.

La reine Victoria était animée d'une détermination qui frôlait parfois l'entêtement, c'était notoire. Jamais, par exemple, elle n'a accepté de se séparer de John Brown, son domestique écossais aussi dévoué qu'alcoolique, malgré l'insistance de ses proches. Pas plus qu'elle n'a abandonné son secrétaire indien Abdul Karim, surnommé « le Munshi », dont la présence constante au côté de la souveraine agaçait quelque peu certains courtisans. C'était une têtue !

Si Elizabeth n'était pas aussi obstinée que son arrière-arrière-grand-mère, il est tout de même à noter que ses dames de compagnie jugeaient sévèrement Angela Kelly, son habilleuse, au point de parfois la considérer comme une nuisance. Mais la présence d'Angela était non négociable pour la reine. À tel point que c'est en sa compagnie, et en sa compagnie seulement, qu'elle fêta son dernier anniversaire, à Sandringham.

Pour moi, la principale différence entre ces deux très longs règnes est que Victoria fut reine et impératrice au moment où l'Empire britannique fut le plus étendu de l'Histoire, où sa nation fut la plus puissante du monde. En 1911, quand George V, le petit-fils de Victoria, est couronné, l'Empire britannique comprend plus de 412 millions de sujets, soit 23 % de la population mondiale de l'époque, et recouvre près d'un quart des terres émergées du globe. En 1953, quand Elizabeth, petite-fille de George V, est à son tour couronnée, l'empire a quasiment disparu et les quelques colonies restantes sont engagées sur la voie de l'indépendance.

Au début du XXIe siècle, Elizabeth II est surtout la grand-mère de William et Harry – ainsi que de Beatrice et Eugénie, de Peter Phillips et Zara Tindall, et de lady Louise Mountbatten-Windsor et James, vicomte Severn. À la fin du XIXe siècle, la veuve de Windsor sera, et à juste titre, surnommée « la grand-mère de l'Europe ».

Au xxe siècle, les enfants d'Elizabeth ont le droit d'épouser qui bon leur semble, mais tous ne font pas des choix des plus heureux, du moins à leur première tentative. Un siècle plus tôt, les enfants de Victoria se virent imposer leur conjoint. Leurs unions étaient censées contribuer à forger ou sécuriser des alliances internationales.

De façon peut-être plus affichée qu'Elizabeth, Victoria s'impliqua avec amour et sérieux dans son rôle de mère, de grand-mère et d'arrière-grand-mère. On se souvient que ma Lilibet sera plus réticente à se mêler de la vie de ses enfants.

Vignerons

Les princes et le vin, en voilà, une histoire atypique. Henrik de Danemark, l'époux de la reine Margarethe, était le plus connu des princes vignerons. Il est né à Talence, en Gironde, à 200 mètres d'un vignoble ô combien réputé, le château Pape-Clément. Un signe sans doute, puisqu'après avoir passé ses cinq premières années en Indochine, c'est à Cahors, dans le Lot, capitale historique du Quercy, un pays de pierres et d'eau, de collines et de vignes, que se déroule son enfance. Henri de Laborde de Monpezat grandit en observant les vendanges et les levers de soleil. Déjà, le sang de la vigne, son alchimie, ses mystères coulent dans ses veines. En 1967, devenu l'époux de la future reine de Danemark, le nouveau prince n'abandonne pas ses premières amours. Bien au contraire ! Cette passion va devenir un passe-temps, mieux, un véritable métier. Après avoir acquis en 1974 le château de Cayx et son domaine – un ancien fortin édifié au xve siècle entouré d'un vignoble de 21 hectares exposé plein sud –, Son Altesse royale entame une patiente restauration de la demeure et de ses prestigieux coteaux. Très vite, aidé par une équipe d'œnologues avertis, le prince vigneron propose une large gamme de vins. Et pas uniquement des crus d'exception !

Avec sa belle robe pourpre, ses arômes de fruits rouges, ses notes épicées, le « Château de Cayx » est présenté comme un vin charpenté et fruité. Il est complété par le « Rosé du prince de Danemark » et « La Cigaralle », un vin blanc que le prince a baptisé du nom du belvédère qui domine ses terres. Les caves du domaine renferment aussi des cuvées plus élaborées telles « L'Altesse », un vin blanc élevé neuf mois en barriques, « La Cuvée Majesté », un vin rouge vinifié dans un foudre de bois ou « La Royale », un rouge puissant à la robe noir ébène, aux notes épicées et vanillées. « Il m'est impossible d'imaginer une existence sans Cahors, sans la vigne, sans le vin. C'est l'essence même de la vie », me confiait le prince lors d'une interview.

D'autres personnalités du gotha se sont aussi laissées séduire par l'appel du dieu Dionysos. Le prince Félix de Luxembourg, deuxième fils du grand-duc Henri et de la grande-duchesse Maria Teresa, s'est, lui aussi, depuis son mariage avec Claire Lademacher, célébré le 21 septembre 2013 dans le Var, converti en prince vigneron. Le jeune homme est à la tête du château Les Crostes. Propriété de son beau-père, l'industriel allemand Helmut Lademacher, le domaine du XVIIe siècle caché dans les collines de Provence est posé au cœur de 55 hectares de vignes. L'apprentissage d'un prince, on s'en doute, est foncièrement différent de celui d'un exploitant viticole. Avant de délaisser les ors de la cour de Luxembourg pour le soleil du Midi, Félix a donc suivi plusieurs mois de formation accélérée au cours de laquelle lui ont été inculqués tous les secrets de l'œnologie. La production du château Les Crostes fait la part belle aux trois couleurs : des rouges tendres, aromatiques et très goûteux, des rosés aussi pâles que frais et des blancs à la robe dorée traversée de reflets vert clair, véritable performance dans une région où cette couleur ne représente, en moyenne, que 5 % des vins. Le domaine commercialise également deux méthodes champenoises, l'une rosée, baptisée « Claire », l'autre blanche, appelée « Gabriela », second prénom de la fille du couple.

Félix a-t-il suivi l'exemple du prince consort de Danemark ou celui de son petit-cousin, le prince Robert de Luxembourg, fils du prince Charles et de la princesse Joan ? En effet, depuis ses 18 ans, le petit-fils de feu la grande-duchesse Charlotte est impliqué dans la gestion du château Haut-Brion, un domaine viticole du Bordelais produisant un vin très réputé, acquis en

1935 par Clarence Dillon, le grand-père de la princesse Joan. Rejoignant à temps plein la direction de l'entreprise en 1997, le prince Robert en est devenu directeur général en 2002, fonction occupée jusqu'alors par son beau-père, le duc de Mouchy. Trois années plus tard, à son initiative, sont créés Clarence Dillon Wines, une maison de négoce, ainsi que Clarendelle, la première marque super premium de vins de Bordeaux. En parallèle, le prince Robert a également fait entreprendre des travaux de rénovation au château La Mission Haut-Brion, propriété voisine acquise par la princesse Joan en 1983, faisant aussi tomber dans le giron familial les crus associés Château Laville Haut-Brion et Château La Tour Haut-Brion.

Si tout comme moi, vous aimez, parfois, donner un clin d'œil royal à vos déjeuners, à vos dîners, vous avez désormais l'embarras du château !

Roger **Vivier**

Il est *le* grand artisan français du soulier de luxe. De 1937 à 1972, la presse le qualifie de « Fragonard du pied féminin ». Son extravagance concilie des recherches très contemporaines sur l'aérodynamisme avec toutes les formes possibles du chaussant. Son heure de gloire la plus royale fut de créer, en 1953, pour la jeune reine Elizabeth II, ses souliers du couronnement : une paire d'escarpins en cuir doré de chevreau avec le talon incrusté de diamants et de rubis. J'ai eu l'occasion de l'admirer en vrai : pas une pantoufle de verre, un bijou !

Voiture

Au fabuleux pays des reines et des rois, il est une trilogie qui me fascine, qui me hante : Astrid – Grace – Diana. Trois princesses blondes, aux yeux clairs, venues de pays neigeux, lointains ou brumeux, trois épouses de souverains ou futurs souverains, pas seulement des princesses, trois étoiles, trois stars… et trois accidents fatals… Trois accidents de voiture !

Remontons le temps. 29 août 1935. Un jeudi. Nous sommes en Suisse. Sur les rives du lac des Quatre-Cantons. Une Packard 120, un roadster à deux places, véritable petit bolide, serpente sur la route en lacets. Derrière le volant, Léopold III, le jeune et fringant roi des Belges. À ses côtés, la blondissime et tant aimée reine Astrid, née princesse de Suède. Aujourd'hui, le ciel est clair. Et sec. Quelques rayons de soleil pointent même au travers des nuages, pourtant, depuis deux jours, il ne cessait de pleuvoir. Tant et tant que les souverains ont choisi d'écourter leur séjour. Ils regagneront Bruxelles en fin de journée. Ce sont donc leurs dernières heures de détente. Le spider se dirige vers le petit village de Küssnacht (littéralement, « la nuit du baiser ») mais, sur la route en corniche bordée de vignobles, Léopold n'est pas certain du chemin qu'il emprunte. Sur ses genoux, Astrid déploie donc une carte. Mais… où sont-ils précisément ? Comment se repérer ? Il semble que le roi se penche quelques secondes. Pour mieux comprendre, mieux visualiser. Quelques secondes de trop puisque, déjà, la Packard dérape, glisse, la roue avant droite s'engage dans la rigole. Un virage et le véhicule heurte un muret, la roue perd son enjoliveur, se prend dans la glissière. Léopold accélère, fatale erreur. Le cabriolet franchit le parapet, capote, culbute, dévale dans un verger. Dans sa course folle, il percute deux arbres. Et finit en tonneaux. La carcasse du véhicule s'est enlisée dans des roseaux sauvages. La colonne de direction a plié sous le choc.

Léopold a une côte cassée, le visage en sang, de nombreuses fractures et ecchymoses. Mais il respire. Le corps d'Astrid, éjecté de la carlingue, gît, à quelques mètres, au pied d'un poirier. Son visage est presque intact. Comme le sera celui de Grace. Et celui de Diana. Troublantes similitudes. Dans ce carré de terre en lisière de lac, ce hameau de la nuit du baiser, cette princesse venue des neiges, devenue la quatrième reine des Belges semble dormir. Et son sommeil va durer une éternité. Elle avait 29 ans. Elle aura régné un an, six mois et six jours. Ses trois enfants, Joséphine-Charlotte, future grande-duchesse de Luxembourg, Baudouin, le prince héritier, et Albert, prince de Liège et futur Albert II, sont âgés de 7 ans et demi, presque 5 ans et 14 mois.

Le corps est rapatrié à bord d'un wagon funéraire dont on a baissé les stores. Dans les jours qui suivent, une foule noire, immense, inonde les rues de la capitale pour la plus grande manifestation d'émotion populaire qu'a connue le royaume noir, jaune rouge depuis sa création, en 1831. Dans le Salon du penseur où, entre des cierges et des fleurs, est exposée la dépouille, tous les jours, on s'évanouit. Et le 2 septembre, veille des funérailles qui seront radiodiffusées, après trois jours de chapelle ardente, lorsqu'il faut se résoudre à refermer les portes du palais, un cri déchirant s'élève de la foule et réclame sa reine. Deux millions de personnes se sont inclinées. C'est l'une des seules fois de son histoire que la Belgique connaît une vraie unité. Il n'y a plus de séparatisme, de querelles linguistiques, politiques. Dans les larmes, dans le drame, Astrid montre au monde qu'une reine peut être le ciment d'une nation. Elle était déjà tant aimée. Elle devient une icône. En suivant le lourd char funèbre aux tentures de velours noir, le bras droit dans un tissu de soie, un pansement sur la joue, la stature de Léopold, voûtée, blessée, affaiblie, fait peine à voir. Adieu

le bellâtre. En vrai, il est blessé à vie. Son visage est pétrifié de douleur. Pendant 6 kilomètres, le cœur en écharpe, les yeux mouillés de larmes, il traîne la jambe. Il boitille mais il ne la quitte pas, refusant de monter dans le carrosse prévu tout spécialement. Sa douleur est immense. À tel point qu'il a demandé que la carcasse de l'automobile soit ensevelie au plus profond du lac. Dans une nuit liquide. Une nuit d'encre. Pour oublier. Tout oublier. Pour réécrire le conte. La Packard 120, venue d'Amérique, était un cadeau de Léopold à Astrid. Ils venaient juste de la recevoir. Elle était sa première voiture. Rapide et nerveuse, à son image. Une surprise. Avant ses 30 ans, la reine avait décidé d'apprendre à conduire. Et Léo, de jouer au professeur.

« Rapide » et « nerveuse », deux qualificatifs qui peuvent aussi être donnés à la Rover 3 500 couleur marron glacé que conduit Grace au matin du 13 septembre 1982, sur les hauteurs de Monaco. La princesse vient de quitter le domaine de Roc Agel, ce ranch qui surplombe le Rocher. La princesse Stéphanie est assise à ses côtés. La banquette arrière de la voiture croule sous les valises et les boîtes à chapeaux. Les princesses ont voulu emporter tant et tant de vêtements que des robes, par dizaines, s'empilent, en cascades. C'est ahurissant ! Dans l'habitacle, il reste à peine assez de place pour deux personnes. La femme de chambre a bien proposé à Grace (pour ne pas dire qu'elle l'a suppliée) de laisser des bagages à Roc Agel et de venir les chercher plus tard, mais Son Altesse n'a rien voulu entendre, au contraire. Prétextant que son temps est compté, elle a décidé de partir sans chauffeur ce qui a permis d'empiler un peu plus de robes encore.

Depuis plusieurs jours, la princesse souffrait d'atroces migraines, mais, ce matin, elle se sent mieux. Demain, à Paris, Stéphanie commence un stage en stylisme, chez Dior. Ce rendez-vous avec son directeur artistique, Marc Bohan, un ami de Grace, est important. Elle accompagnera elle-même sa fille. Et tant pis si Rainier trouve ça « inutile » ! La départementale 37 qui mène à la principauté est une route étroite, dure, faite de lacets, de virages en épingle à cheveux et de pentes escarpées. Le pire de ses tournants se présente à 3 kilomètres environ de La Turbie :

il vire à 150 degrés. Grace et Stéphanie roulent depuis une demi-heure environ quand, à hauteur de Cap-d'Ail, dans un virage assez prononcé, soudain, la Rover zigzague, dévie, glisse sur le bitume, heurte un muret de sécurité, quitte la route en lacets et dégringole, à pic, pour s'écraser trente-huit mètres en contrebas, sur le parking d'une villa. « Dans l'urgence, j'ai tiré le frein à main », se rappellera Stéphanie, au cours d'une rare interview. « Quand on tire le frein à main, ça n'arrête pas une voiture. Mais dans l'affolement, en voulant faire quelque chose, j'ai fait ce que je croyais devoir faire. »

Le bruit est assourdissant. Une fumée blanche, épaisse, s'échappe du véhicule qui n'est plus qu'une carcasse. Stéphanie a le visage couvert de sang. On découvrira plus tard qu'elle souffre de fractures aux cervicales, de côtes et d'une clavicule cassées. Mais, pour l'heure, paniquée, l'adolescente crie, hurle. Elle est convaincue que sa mère est morte. En réalité, projeté sur la banquette arrière, le corps de Grace est toujours en vie. Mais son état est préoccupant. Inconsciente, elle est transportée, d'urgence, aux services de soins intensifs de l'hôpital qui porte son nom. Une heure après le drame, le palais se fend d'un premier communiqué : « La princesse Grace et sa plus jeune fille, la princesse Stéphanie, 17 ans, ont été victimes, en fin de matinée, d'un grave accident de la route [...]. La princesse qui souffre d'une fracture du fémur, et Stéphanie, atteinte de légères contusions, n'ont dû leur salut qu'à la présence d'esprit d'un témoin. La princesse Grace devra rester hospitalisée une dizaine de jours. L'accident serait dû à une défaillance mécanique de la voiture. »

Pour l'heure, c'est exact, on pense que Grace s'est fracturé le fémur. À son arrivée à l'hôpital, la princesse n'est pas dans un coma profond, elle réagit à la douleur mais... au fil des heures, cette douleur ne va cesser de s'aggraver. Et pour cause ! Les blessures de Grace sont surtout internes. Un examen neurochirurgical permet maintenant de constater une blessure à la tête, une fracture de la clavicule droite, une fracture des quatre premières côtes, deux blessures abdominales, un traumatisme au niveau des organes génitaux, un autre au fémur droit et plusieurs blessures à la cuisse. Le diagnostic vire soudain au stade de « très inquiétant ». Un examen du cerveau au scanner est maintenant jugé indispensable mais l'hôpital ne dispose pas de l'équipement nécessaire. Dans la soirée, on transporte alors la princesse (qui est maintenant dans un coma profond) dans un cabinet médical muni d'un tel appareil. Soulignons ici que si on a beaucoup glosé sur cette défaillance, le scanner n'existe alors que depuis deux ans et peu d'établissements en sont déjà équipés. Les résultats, on s'en doute, ne sont pas bons. La princesse souffre de deux lésions distinctes au cerveau : la première vient d'une hémorragie spontanée (donc causée avant l'accident), la seconde, d'une fracture de l'os frontal, lésion étant la conséquence du traumatisme lié à la chute. En fait, déjà, il n'y a plus d'espoir. Ramené à l'hôpital, le corps est placé sous respirateur artificiel. Les heures sont comptées. Grace plonge lentement dans une nuit, de plus en plus noire, de plus en plus dense, une nuit qui ne finira jamais. Le mardi, vers 19 heures, les nombreux appareils qui l'entourent fonctionnent encore, mais elle est déjà cliniquement morte. Il est 22 h 15 quand l'électroencéphalogramme devient totalement plat. Stéphanie ne sera informée de la mort de sa mère que le lendemain. On dit que son cri ressemble à celui d'un loup qui se sent condamné. Pas tellement un hurlement, au contraire, plutôt un chuintement, un cri intérieur, quelque chose qui se brise, se déchire.

Grace a été revêtue d'une robe de dentelles blanches et repose dans un cercueil d'acajou. Alexandre, le célèbre figaro (arrivé de toute urgence de Paris), est parvenu à la coiffer, comme si de rien n'était. Son maquillage est parfait. Comme Astrid, à Bruxelles, Grace n'est pas morte. Grace dort. Sonne minuit. Il est maintenant l'heure de communiquer : « L'état de santé de Son Altesse sérénissime la princesse Grace s'est aggravé dans la nuit du 13 au 14 septembre. En fin de journée, toute possibilité thérapeutique était dépassée et Son Altesse sérénissime est décédée d'une hémorragie vasculaire intracérébrale. » Le monde se réveille en deuil, abasourdi. Les Monégasques sortent dans les rues et prient, et crient, et pleurent. De la reine Elizabeth au pape Jean-Paul II, de François Mitterrand à Ronald Reagan, les télégrammes pleuvent. L'hommage est planétaire. Le palais n'a que quelques jours pour superviser les funérailles, que Rainier (anéanti) veut grandioses, une messe de *Requiem*. Le samedi 18 septembre, souverains, membres de familles royales, chefs d'État, mondains, artistes, intellectuels... se pressent sous les voûtes de la cathédrale. Souvenez-vous, c'est ici que le conte de fées avait commencé à s'écrire. En lettres d'or. Elles se teintent aujourd'hui d'une encre bien noire. Chose incroyable, inédite : Grace ne reçoit pas seulement les obsèques de l'épouse d'un souverain mais les honneurs d'un chef d'État qui aurait régné sur les cœurs. Les yeux mouillés de larmes, l'assemblée suit le cercueil, brillant, qui remonte, à pas saccadés, la nef qui embaume le lys. Indécentes, voyeuristes, les caméras accrochées sous les voûtes zooment. Le long des travées, on reconnaît Nancy Reagan, Danielle Mitterrand, la princesse de Liège, la grande-duchesse Joséphine-Charlotte de Luxembourg, Karim Aga Khan, le prince Bertil de Suède, la princesse Bénédicte de Danemark, l'ex-reine Anne-Marie de Grèce, le comte de Paris, l'ex-impératrice d'Iran, Mme Pompidou, Cary Grant, Mme David Niven, Mme Franck Sinatra, Fanny Ardant, Guy de Rothschild, la reine Sophie d'Espagne, le roi Baudouin et la reine Fabiola de Belgique... Derrière d'épaisses lunettes noires, les commentateurs s'attardent sur Diana, la nouvelle princesse de Galles. C'est la première apparition que la jeune épouse du prince Charles accomplit seule. Elle aussi, bientôt, sera baptisée « princesse des cœurs ». Et les similitudes, on le sait, ne vont pas s'arrêter là !

30 août 1997. Il est 15 h 20, heure française, quand le jet privé de Dodi Al-Fayed, un Gulfstream IV de couleur vert et or, en provenance d'Olbia, en Sardaigne, se pose sur le tarmac de l'aéroport du Bourget. À son bord, le fils du milliardaire égyptien Mohamed Al-Fayed et son nouvel amour, la femme la plus traquée du globe, Diana, l'ex-épouse du prince Charles. S'ils sont séparés depuis 1992, ça ne fait que dix mois que la « princesse des cœurs » est officiellement divorcée de l'héritier de la couronne britannique. Sur le parking de l'aéroport, quatre motards – des photographes professionnels munis d'énormes objectifs – guettent l'arrivée du couple. Le temps de quelques clichés, lointains, fugaces, déjà, les tourtereaux s'engouffrent dans une voiture aux vitres noires.

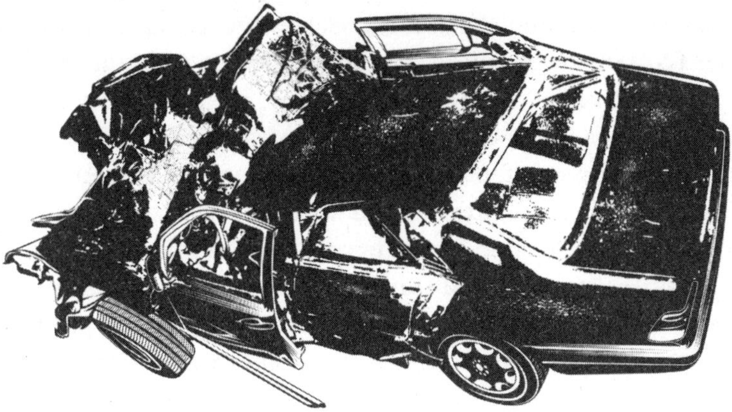

Il y a longtemps que les paparazzis ne l'ont vue aussi souriante, aussi détendue. Le couple vient de passer l'été à Saint-Tropez, dans la villa des Al-Fayed, en bord de mer. Des vacances, avec le prince William et le prince Harry, à sillonner la mer à bord du *Jonikal*, l'un des yachts de la famille, à nager, à rire, à s'aimer et à s'embrasser, comme si les vacances ne devaient jamais se terminer. Paris n'est qu'une étape de ce trip amoureux. Il est 16 h 35 quand ils arrivent au Ritz. Dodi – on l'apprendra plus tard – profite de quelques instants de liberté pour se rendre chez Repossi, place Vendôme, à deux pas, pour y retirer la bague qu'il a achetée, quelques jours plus tôt, dans la boutique de Monaco. Le nom du modèle ? « Dis-moi oui ». Tout un programme ! Diana, le regard dissimulé derrière des lunettes de soleil, se rend sur les Champs-Élysées pour y faire quelques achats dont une Xbox qu'elle a prévu d'offrir à Harry, le 15 septembre prochain, pour son treizième anniversaire. Elle est parvenue à mettre la main sur ce modèle tant convoité. Elle est persuadée qu'il va être fou de joie.

Cette escapade parisienne s'est un peu décidée à la dernière minute et aucun programme n'a vraiment été arrêté. Dodi a juste fait mention, à plusieurs reprises, qu'il aimerait lui montrer un lieu, un hôtel particulier, dans le bois de Boulogne, à l'orée de Paris. Le château du Bois, la villa qu'a occupée le sulfureux Edward VIII devenu duc de Windsor après son abdication et Wallis Simpson. C'est le père de Dodi qui en est l'occupant. La visite est prévue… demain elle pense bien, avant leur départ pour Londres où elle assistera à la rentrée scolaire des deux princes. Quand elle prend le temps d'y songer, ce serait drôle si cette villa… Bref !

En fin d'après-midi, ensemble, ils regagnent le pied-à-terre Al-Fayed, rue Arsène-Houssaye, dans le 8e arrondissement. Le temps de se doucher, de se changer, de se poser un peu aussi. Si ces minutes pouvaient durer des heures… Si la vie, la vraie vie, celle qui, souvent, se fait sourde quand elle ne doit pas nous blesser, pouvait ne jamais reprendre. Il est maintenant 21 h 45. Ils quittent l'appartement. Calmes et détendus, ils montent dans une Mercedes 600 SEL bleue, conduite par Philippe, le chauffeur attitré du milliardaire. Une vingtaine de reporters photographient le départ de la voiture. Diana prend même le temps de sourire. Elle a opté pour un jean, slim, de couleur blanche, et un blazer noir. Simple mais élégant. Tout à l'heure, peut-être était-elle distraite, peut-être était-elle au téléphone, elle ne s'est pas vraiment rendu compte que l'appartement était aussi proche des Champs-Élysées. Initialement, il était prévu qu'ils dînent Chez Benoît au cœur du Marais, mais… changement de programme. À 21 h 50, c'est face au Ritz tout compte fait que s'immobilise la Mercedes. À 22 h 15, le couple s'installe à une table de L'Espadon, le restaurant de l'hôtel mais… la curiosité des clients les met vite mal à l'aise. Diana sourit mais Dodi la connaît (déjà) par cœur. C'est un sourire forcé. Il serait plus judicieux qu'ils dînent dans un salon privé du premier étage. Pourquoi n'y a-t-il pas pensé ? Alors qu'ils empruntent l'escalier main dans la main, il donne l'ordre que l'on tire les rideaux qui habillent les cinq fenêtres du petit salon. C'est fait dans la seconde. Elle commande une sole de Douvres, du tempura de légumes et une omelette aux champignons et aux asperges, mais… elle touche à peine à son assiette. Sous les dorures de l'hôtel, tout est calme. Quelques notes de piano s'égrènent dans l'air. La lumière des bougies fait briller les stucs des miroirs, des plafonds. Comme dans un film.

À l'extérieur en revanche, la tension monte. Plus de vingt photographes attendent la sortie du couple. Alertés par cet attroupement, des dizaines de badauds commencent à gonfler les rangs.

Les photographes se sont alignés de l'autre côté de la contre-allée qui longe le Ritz mais, bientôt, ils sont débordés par les passants qui, peu à peu, par manque de place, s'agglutinent autour d'eux. La tension, on l'imagine, continue de monter. Les reporters ne sont pourtant pas au bout de leur surprise. C'est maintenant deux cars de touristes qui s'arrêtent et viennent encore grossir les rangs. L'entrée du Ritz est devenue une vraie attraction. Des automobilistes intrigués par la cohue ralentissent, provoquent un embouteillage place Vendôme. À 23 h 30, badauds et photographes sont maintenant plus d'une centaine. Dans cette joyeuse cohue (pour ne pas dire ce bordel !), quatre touristes armés de caméscopes et d'appareils photos jetables tentent même de pénétrer dans le hall de l'hôtel. Ils sont refoulés dès les premières marches. Plus de peur que de mal donc mais cette foule commence à inquiéter le personnel. Il est désormais évident que le départ de la princesse et du fils du propriétaire ne pourra se faire par l'entrée principale. Et ça paraît évident pour tout le monde ! *Di and lady Di* vont forcément trouver un subterfuge...

Les minutes s'écoulent. Interminables. À plusieurs reprises, Henri Paul, le directeur de la sécurité du palace, vient voir les nombreux photographes. Un rien condescendant, il reste sur les marches du palace, joue de la voix : « La sortie de la princesse et de Dodi, c'est pour bientôt », lance-t-il, narquois. Quinze minutes s'écoulent et Henri Paul revient. « Dans une demi-heure, ils partent. » Puis, trente minutes plus tard : « Vous n'aurez plus longtemps à attendre. » Personne n'est dupe. Les reporters savent bien que « M. Paul », comme disent ses sbires, ne donnera aucune info. Ce n'est pas le genre de la maison ! La tension monte, encore et encore. Ça fait des heures maintenant que les photographes attendent. Les passants s'agglutinent à leurs côtés, les bombardent de questions, en français, en anglais, en chinois...

Au regard de l'histoire, je le sais moi, vous le savez vous aussi, en effet, Diana et Dodi s'apprêtent bel et bien à quitter le Ritz. Nous voici (enfin) au cœur de l'action. Pour faire diversion, une Range Rover démarre à toute vitesse. Elle est vide. C'est un leurre destiné à tromper les photographes. Nous sommes maintenant aux premières minutes du dimanche 31 août. Il vient de sonner minuit lorsque deux Mercedes-Benz (dont la type 140 de Dodi) quittent le Ritz, en trombe elles aussi. Ce sont de nouveaux leurres. En fait, la princesse et le fils du milliardaire se trouvent dans une troisième voiture, une Mercedes-Benz 280S noire, immatriculée 688 LTV 75, qui sort du parking privé de l'hôtel.

Le chauffeur a reçu pour mission de les conduire rue Arsène-Houssaye, au-dessus des Champs-Élysées où le couple était encore il y a quelques heures. Le véhicule (il pèse près de 2 tonnes, souvenez-vous, et dispose de 194 chevaux sous le capot) est une voiture de location qui présente de nombreuses défaillances. Mais tout ça, nous ne le saurons que plus tard, trop tard. Le trajet est censé durer moins de cinq minutes. À toute vitesse, la Mercedes remonte la rue Cambon, suivie par quelques photographes à moto et scooter. Lady Di et Dodi sont assis à l'arrière. Diana a pris place à droite, derrière le siège passager où se tient Trevor Rees-Jones. C'est Henri Paul qui conduit. Ce Breton de 41 ans travaille depuis onze ans pour le palace. « HP » n'est pas un chauffeur professionnel mais il aurait suivi plusieurs stages de pilotage. Ce que l'on apprendra plus tard, c'est qu'au moment où il prend le volant, HP conduit sous l'emprise de plusieurs médicaments et que son taux d'alcool est de 1,87 gramme par litre de sang, soit plus de trois fois le seuil autorisé !

Dehors, il fait noir. Il fait chaud. La lumière des réverbères éclaire les pavés. La limousine se lance maintenant dans la rue de Rivoli, contourne la place de la Concorde et… au lieu de remonter les Champs-Élysées s'engage sur la voie Georges-Pompidou et le cours la Reine. Profitant de l'absence de feux rouges, elle emprunte la voie à grande vitesse. Elle est déjà à très vive allure. Pour semer les reporters, M. Paul a choisi de faire un détour. A-t-il vraiment eu le choix ? Même si les versions diffèrent, il semble que Dodi lui ait donné l'ordre d'emprunter des voies moins éclairées pour rendre plus difficiles les prises de vues des photographes qui utilisent un flash. Malgré la limitation à 50 kilomètres-heure, Henri Paul accélère encore. 80… 90… 100 kilomètres-heure. Il est précisément 0 h 19. La Mercedes atteint maintenant les 110 kilomètres-heure et pénètre, par l'entrée est, dans le tunnel de l'Alma. Face à la lourde berline, une Fiat Uno blanche. Chacun connaît la suite. La fin, devrait-on dire. Bruits de frein, accrochage, tête-à-queue, pilier numéro 13. Fracas de tôles, explosion de métal, de klaxon, lumières bleues, gyrophares rouges. Puis, le silence. Avant les larmes. Avant la colère. Avant le deuil. Avant le manque. La princesse est morte. L'icône vient de naître.

Wallis

Nous sommes le 11 décembre 1936, au cœur du vieux château de Windsor. La veille, entouré de ses trois frères, le fils aîné de feu George V a apposé sa belle et ronde signature en bas d'un document inédit. « Moi, Edward VIII, roi de Grande-Bretagne, d'Irlande et des dominions britanniques au-delà des mers, empereur des Indes, déclare ici ma décision irrévocable de renoncer au trône pour moi-même et mes descendants. » Le geste est inédit, révolutionnaire. Jamais un souverain n'a abandonné volontairement la couronne de l'empire. Celui qui n'a régné que trois cent vingt-cinq jours adresse maintenant une allocution radiophonique à ses sujets. Malgré l'heure tardive, aux quatre coins du globe, ils sont des millions à tendre l'oreille. « Voici arrivée l'heure où je peux enfin ouvrir mon cœur. Je n'ai jamais voulu vous dissimuler quoi que ce soit mais, jusqu'ici, la constitution m'interdisait de vous dire la vérité. L'homme qui vous parle aujourd'hui a renoncé au profit de son frère, le duc de York, à sa charge de roi et d'empereur. Vous savez parfaitement pourquoi je renonce. Cette décision ne

signifie nullement que j'oublie mon pays ou l'empire. Mais je vous demande instamment de comprendre qu'il m'est impossible de continuer à porter l'énorme fardeau de ma charge et d'accomplir mes devoirs de roi sans l'aide et le soutien de la femme que j'aime. Personne, je vous le jure, ne m'a influencé. La personne au cœur de cette affaire a tenté, en vain, de me dissuader. Que Dieu vous bénisse. Que Dieu garde le roi. »

Ces dernières semaines, Wallis l'a imploré de réfléchir. Presque supplié de ne pas renoncer au trône. Depuis leur première rencontre pourtant, en janvier 1931, lors d'un week-end de chasse, ils sont presque inséparables. Mais elle n'ignore pas, elle n'a jamais ignoré, qu'un prince de Galles, l'héritier d'une Couronne millénaire, ne pourrait épouser une roturière, deux fois divorcée de surcroît. Elle l'a dit, l'a répété, encore et encore. Mais l'obstination d'Edward n'a fait que croître. L'amour d'un roi, il en était persuadé, parviendrait à faire plier la Constitution. Il avait tort ! Dans la villa de Cannes où elle a trouvé refuge, Wallis n'a plus que ses yeux pour pleurer. Ce n'est pas de l'émotion, même si, elle en est consciente, le cadeau d'Edward est probablement la plus belle déclaration d'amour d'un roi. C'est de la peur. Depuis des semaines, elle est la cible des malades mentaux et des jaloux. « L'amplitude de la haine que j'avais inspirée et l'image atroce que les gens se faisaient de moi dans le monde entier dépassaient tout ce que j'avais pu imaginer », confiera-t-elle, des années plus tard, dans son autobiographie.

Le roi est devenu duc. Jamais plus il ne montera sur un trône. Jamais plus il n'obtiendra l'autorisation de vivre en Angleterre. Mais il est maintenant libre de convoler. L'union des « amants terribles » (sobriquet de la presse) est célébrée le 3 juin, au château de Candé, près de Tours, en France. Bien entendu, aucun représentant de la famille royale. Pas même un télégramme. On compte seize invités, les vrais amis, ceux des heures sombres. C'est le maire de Monts qui procède à l'échange des consentements. Le couple se rend ensuite dans la salle de musique où un révérend procède à la bénédiction de l'Église d'Angleterre. Avant de s'installer définitivement à Paris, dans un somptueux hôtel particulier en bordure du bois de Boulogne, propriété de l'État français, l'ex-roi et la nouvelle duchesse partent en voyage de noces. Direction la Sérénissime. Dans leur sillage, un cortège royal : deux cent vingt-six malles Goyard. Certains de ces bagages transportent les manteaux haute couture et les colliers sertis de diamants réservés aux chiens du couple.

En octobre, ils prennent la direction de l'Allemagne. Au programme ? Une rencontre avec les hauts dignitaires nazis, Goering, Goebbels, Ribbentrop, Himmler… Avant de rencontrer le Führer en personne. Les images font le tour du monde. *Shocking !* Pourtant, leur voyage s'éternise. En réalité, Wallis se sent comme un poisson dans l'eau. Reçue avec tous les honneurs, celle qui ne sera jamais reine ressent enfin, jusqu'à s'enivrer à en devenir folle, le délicieux frisson réservé ordinairement aux seules têtes couronnées. Hitler déplore qu'Edward ne soit plus roi. Une coupe à la main, Wallis admet qu'elle aurait fait une parfaite reine. Elle sera la femme la plus élégante de son temps, ne se contentant pas de suivre la mode, mais l'insufflant. Toutefois, la vraie passion de Wallis, ce sont les bijoux. Jamais elle n'aura accès aux joyaux de la Couronne. Qu'à cela ne tienne ! À cette femme pour qui il a déjà renoncé au trône, Edward va offrir un écrin de reine. Rien n'est trop beau. Ce ruissellement de pierres précieuses va, très vite, faire d'elle la plus grande ambassadrice de la place Vendôme, à Paris.

Dans leur château transformé en palais, pas moins de onze domestiques sont nuit et jour à leur disposition. Les Windsor ne quittent Paris que pour Saint-Tropez, Monaco, Gstaad, Miami, Marbella… Ils sont partout, mais jamais nulle part chez eux. Triste évidence : la seule chose qui remplit leur vie est le vide. Un vide vertigineux. Comblé par une débauche de luxe et d'excès. Comme une armure. Un bouclier contre l'ennui. Contre l'oubli. Contre la folie aussi. Edward s'éteint le 28 mai 1972, à 77 ans. Quelques semaines avant, déjà allongé sur son lit de mort, il a reçu Elizabeth II, en voyage officiel sur le territoire français. La visite a duré trente-sept minutes. Sur le perron de l'hôtel particulier, lors de la séance photos, les deux femmes n'ont que très mal dissimulé leur antipathie. Wallis survivra encore quatorze ans. Autant d'années d'errance. Victime d'une pneumonie, il ferme ses yeux encore incroyablement bleus à l'hôpital américain de Neuilly, le 24 avril 1986.

Wellington

Il y a le duc de Wellington. L'arche de Wellington. En Belgique, il y a l'hippodrome de Wellington... Mais j'ai choisi de vous parler de quelque chose de plus concret : le bœuf Wellington ! Cette création est liée à l'une des grandes figures de l'histoire britannique, Arthur Wellesley, duc de Wellington, militaire de renom, vainqueur, en 1815, de la bataille de Waterloo face à Napoléon, puis Premier ministre du Royaume-Uni. Il se dit que Wellington adorait déguster des filets de bœuf, des champignons et des truffes cuits en croûte. En voici la recette.

Pour six personnes, prévoir :

- 500 grammes de bœuf haché,
- 1 pâte feuilletée,
- 2 oignons,
- 1 carotte,
- 1 bâton de céleri,
- 1 pomme de terre,
- 10 champignons,
- 2 gousses d'ail,
- un verre de petits pois surgelés,
- 1 œuf,
- 4 branches de romarin,
- du sel et du poivre.

Préchauffez votre four à 180 °C. Pelez et émincez les oignons, la carotte, le céleri et la pomme de terre en dés d'un centimètre. Faites de même avec les champignons. Émincez l'ail. Faites revenir tous les légumes dans un fait-tout sur feu moyen avec deux cuillères d'huile d'olive. Émincez et ajoutez le romarin. Faites revenir pendant 10 minutes ou jusqu'à ce que les légumes deviennent tendres. Ajoutez les petits pois surgelés et laissez cuire pendant une minute supplémentaire. Réservez les légumes dans un bol jusqu'à ce qu'ils refroidissent. Cassez un œuf dans un bol puis battez-le. Ajoutez la viande hachée aux légumes avec la moitié de l'œuf battu. Salez et poivrez. Mélangez le tout. Étalez la pâte avec un centre plus large que les côtés. Placez la viande et les légumes au milieu et recouvrez avec la pâte feuilletée en la roulant. Dorez toute la surface avec le reste de l'œuf ou un peu de lait, à l'aide d'un pinceau. Mettez au four et laissez cuire pendant une heure.

Idée royale : comme le faisait Elizabeth II, servez ce plat un 18 juin, date de la victoire de notre cher duc, à Waterloo, contre un certain Napoléon !

William

Bravo Willy. Tu y es, enfin. Assis dans l'ombre de ce trône si grandiose, si fascinant. Ce trône pour lequel tu laisserais ta vie. Tu es maintenant prince de Galles, duc de Cornouailles, de Rothesay et de Cambridge, comte de Chester et de Strathearn, baron Carrickfergus. Tu es, surtout, le premier des héritiers. Il ne reste plus qu'une marche. La dernière des marches. Ce chemin, celui de la Couronne, a guidé toute ta vie. Il n'y a eu que

lui. Il n'y a eu rien d'autre. Depuis toujours, il guide tes pas. La Couronne est ta raison d'être. Comme elle est celle de Charles. Comme elle fut celle d'Elizabeth. Tu le sais toi aussi, il est moins ton père, elle est moins ta *mamy* qu'ils ne sont tes commandants suprêmes. Je me souviens de ta stature, parfaite, impressionnante, mais tellement froide William, tellement détachée, lors de cet hommage, grandiose, que vient de connaître le monde au décès de la reine des reines. Comme personne n'aurait pu le faire, sous les voûtes immenses de Westminster Hall, tandis que des centaines, des milliers de personnes continuaient de défiler devant la dépouille couverte de l'étendard royal, de l'orbe, du sceptre, de la couronne impériale, tu as pris la tête de la veillée des petits princes. Tu as été le premier à t'avancer, le pas saccadé. Tu n'es pas l'aîné, pourtant. Peter et Zara Phillips, les enfants de la princesse Anne, te devancent. Ça a un peu surpris la foule. Mais il en a toujours été ainsi. Tu as toujours été le premier. Sur les dalles de pierre blanches, tu t'es avancé donc, tes bottes de cuir et tes éperons rythmant la cadence des pas. Tu t'es placé face au catafalque. Ton frère, tes cousins, tes cousines ont pris place sur les côtés. Tu as attendu que retentissent les trois coups, comme au théâtre. Puis, une à une, tu as monté les marches de velours rouge, tu t'es incliné, puis tu t'es retourné. Ça a, de nouveau, surpris la masse noire des sujets venus eux aussi se recueillir. Pourquoi, chez les Windsor, veille-t-on un mort en lui tournant le dos ? Tu le sais, toi, Willy. Évidemment que tu le sais. Parce que chez les Windsor, seule compte la Couronne. Alors, on tourne son corps tout entier vers l'avenir. Jamais tu ne feras tienne cette si belle phrase de Faulkner reprise par ton frère : « Le passé n'est jamais mort, il n'est même jamais passé. » Tu es l'hériter de mille ans d'Histoire, certes, mais tu en es l'exact contraire. Tu es l'avenir de la millénaire institution. Et pour te sauver, pour t'affranchir, tu as compris, et c'est là tout ton talent, qu'il fallait te libérer du passé.

Petit garçon, on dit que, dans l'appartement de Kensington qu'occupaient tes parents, la nuit, lors des crises de larmes de ta mère, tu lui glissais des mouchoirs sous la porte de la salle de bains. Tu lui as promis de la protéger. Pour cela, tu voulais même devenir policier. Tu as pleuré avec elle. Avec elle, tu as rêvé à une autre histoire. Comme le fait un fils un peu perdu, un peu romantique, un peu effrayé surtout, avec une mère un peu trop fragile. Puis, il y a eu les crises, de plus en plus fréquentes, de plus en plus fortes, la séparation, le divorce, l'été 1997… Il y a eu Paris. Il y a eu la mort. Et cette marche, gênante, dans les rues de Londres, sous les yeux du monde. Elle a sonné un glas. Celui d'un certain dédain. D'une indolence. Une insouciance. Envolées, les heures de l'enfance. Tu n'as plus eu de maman. Et tu n'as plus été un fils. Plus jamais. Tu es devenu un orphelin. Parce que, malgré son amour, sa présence, Charles n'est pas vraiment un père, ne l'a jamais vraiment été. Charles est ton prédécesseur, celui qui t'ouvre la voie, celui qui te guide, te conseille, t'encourage. Charles est le futur roi.

Alors, je le répète, en cet été 1997, tout s'est cassé. Tu n'étais plus qu'un héritier. Elizabeth II qui bientôt allait entrer dans l'Histoire, devenir la légendaire, la Magnifique, t'a donné des leçons particulières. Malgré l'interminable attente de Charles, c'est toi l'élève royal le mieux préparé du globe. Dans les salons de Windsor si proches d'Eton, ton collège (le dernier choix de ta mère d'ailleurs), face à Elizabeth II, pas ta grand-mère, la chef du Commonwealth, la chef d'Église, la chef de clan, tu as écouté, tu as compris. Tu as vécu aussi, au plus profond de toi, le traumatisme laissé par Diana. Tu l'as un peu effacé de ta mémoire, comme tout ce qui fait trop mal, mais, au lendemain de la mort de ta mère, souviens-toi, jamais la lourde couronne qui, un jour, sera tienne n'a tremblé à ce point. Jamais, la famille royale, ta famille, celle dont tu seras un jour le maître incontesté, n'a été aussi fragile, ne s'est avancée aussi près du précipice. J'exagère un peu, il y a eu décembre 1936 en effet et l'abdication d'Edward VIII. Mais il était amoureux. Mais il était fou. Mais l'époque était différente. Mais ni toi ni moi n'étions là pour nous en souvenir. Néanmoins… parce que l'on s'éloigne, dans ces salons de Windsor, William, je le redis : tu as compris. Compris le mal que ta mère venait de faire. Tu as vu les plaies laissées, béantes. Le sang qui continuait de couler, l'encre noire en réalité dans les journaux, les tabloïds. Tu as senti le danger. Il fallait maintenant réparer. Et tu as pris cette mission à bras-le-corps. À bras le cœur. Parce que toi seul pouvais le faire. Tu t'es juré d'être irréprochable. Quitte à être froid, à imposer des kilomètres de distance, à élever des murailles, à être trop figé, à manquer de spontanéité, de naturel, à être un peu calculateur. Oh, tout s'est fait naturellement. Il a suffi de quelques mots, bien pesés, bien sentis, il a suffi de quelques phrases, pas méchantes mais très révélatrices, très vraies surtout à propos de ta mère. Et tu as pris un autre chemin. Définitivement. Sans plus jamais te retourner. L'allée d'un futur roi.

Oui, bravo Willy, je le redis. Encore et encore. Parce que tout est prestigieux, tellement réussi. Ton père était le premier Windsor diplômé d'une université, tu deviens l'héritier le plus bardé de diplômes. Eton, St Andrews, Cambridge... Un sans-faute. Ta formation militaire est excellente. Un modèle du genre ! Après avoir décroché tes galons de lieutenant à l'académie royale militaire de Sandhurst, te voilà dans le régiment des Blues & Royals des *Horse Guards*. Plus chic, on meurt ! Mais comme il ne te suffit pas d'être chic, tu vas être aussi efficace. Et pragmatique. Tu seras capitaine de l'air dans la Royal Air Force. Et parce que tu te veux complet, parce que tu te veux parfait, de façon à allier les trois composantes, la terre, l'air et l'eau, tu partiras, en hélicoptère, porter secours en mer. Te voilà entier. Total. Accompli. À la fois prince charmant et engagé. Comme tu aimes à la fois la terre, l'air et la mer, tu apprécies la ville et la campagne, les palais mais aussi les cottages. On te prête les yeux et les cheveux de ta mère, la gravité de ton père. Ton sourire s'affiche dans les tabloïds et dans *The Times*. Tu réussis tout ce que tu entreprends. Et partout. Tu sais d'où tu viens. Tu sais où tu vas.

Oh oui, tu sais où tu vas ! Tu sais tout le temps où tu vas. Et tu ne doutes pas. Parce que tu te donnes les moyens de ne pas douter. Comme lorsque tu remontes la nef de Westminster en ce 29 avril 2011. Ton mariage conte de fées est parfait ! Ta duchesse est parfaite. À ton image. Peut-être même trop parfaite. Avec le choix de Kate Middleton, tu t'assures de ne jamais connaître de bruits de larmes dans une salle de bains baignée d'obscurité. Noyée dans la peur. Tu t'assures de ne jamais connaître de doute, de n'essuyer aucun reproche. Jamais, en effet, tu n'auras à glisser de mouchoirs sous une porte cadenassée. Jamais, tu ne seras confronté à une future mère qui se jette dans un escalier, qui veut mourir, qui menace, devient dangereuse, devient gênante. Kate sert toutes tes ambitions. Bravo, à nouveau. Elle est du même bois que toi. Elle est, déjà, le joyau le plus scintillant de ta future couronne. Tu le sais. Parce que tu l'as voulu ainsi. Parce que, pour faire taire les blessures d'hier, pour les oublier, les effacer, il fallait une femme forte, assurément. Une femme capable d'endurer, de durer, d'aimer, de faire rêver. Il fallait aussi qu'elle soit jolie, mais pas trop. Qu'elle soit différente, mais pas trop. Qu'elle soit semblable à des millions de gens, mais pas trop. Qu'elle t'aime, mais pas trop. Il fallait qu'elle soit royale tout simplement. Mais pas trop. Pas trop vite en tout cas. Pas encore.

Ton chemin est parfait, William. Tu le sais. Tu t'en gargarises, d'ailleurs. Mais fais attention. Parce que tu sais qu'on a beau se raconter des histoires, se bercer d'illusions, mais, au fond, c'est faux, ce que tu crois. Le passé n'est jamais mort, jamais vraiment passé. Il y a des soubresauts qui reviennent. Comme des ritournelles. Il y a des cauchemars. Il y a des colères. Il y a des fureurs. On le sait, toi et moi. Harry est le seul à avoir osé te le dire. Harry est le seul à avoir posé de vrais mots sur ce faux visage qui est parfois le tien.

Tu sais mieux que quiconque, je pense, tellement mieux que nous, qu'il faut remporter mille batailles pour gagner une guerre et que ta croisade à toi, conquérir, conserver, rendre plus fort encore, ce trône d'Angleterre, est une campagne tellement dure, tellement rude, que tu dois tout lui sacrifier. Je suis d'accord. Mais si Elizabeth II et Victoria furent de si grandes reines, je suis convaincu que c'est parce qu'elles ont souffert. Elles n'ont fait que masquer leur douleur. On ne règne pas à coups de médailles ou de diplômes. Pas seulement, en tout cas. Demande à ma Lilibet. Elle le savait, je crois, mieux que personne. On règne surtout avec ses blessures.

Wimbledon

En bus, en métro (la District Line), en train (depuis la gare de Waterloo), quelle est cette folie qui s'empare de toute l'Angleterre dès la fin du mois de juin ? Le tournoi de Wimbledon, dans la banlieue au sud-ouest de Londres, relève d'une folie douce. Quel peuple saurait être aussi fou de tennis que les Anglais ? Quel autre peuple capable de passer des nuits, à la belle étoile, dans des sacs de couchage, pour avoir la chance de pénétrer à l'intérieur du sanctuaire, accueilli dans l'enceinte surmontée d'oriflammes, au pied de la forteresse corsetée de lierre donnant sur une vingtaine de théâtres de verdure, que les vénérables de l'All England Cup ? Qu'on se le dise, Wimbledon n'est pas un tournoi, c'est un couronnement !

Le Centre Court et son gazon passé au jaune après dix jours de canonnade sont l'objet de toutes les attentions. But de la manœuvre : surveiller l'entrée des invités de la Royal Box. Pippa est-elle là ? Marie-Christine de Kent a-t-elle pris un coup de vieux ? Le court central est en effet la seule enceinte de tennis au monde où la monarchie possède son avant-scène à la place d'honneur. La duchesse de Kent fut longtemps la grande prêtresse de Wimbledon. Ma chère Kate a pris la succession. La princesse de Galles fait la pluie et le beau temps sur Wimbledon et la petite Charlotte semble déjà prête à prendre, un jour, la succession de sa mère. Jeu, set et match pour super Kate !

Windsor (château)

Le château de prédilection de ma Lilibet. Elle y vécut les moments les plus intenses de sa jeunesse. Devenue reine, elle y passait Pâques et la plupart de ses week-ends. Elle le privilégia pour les dernières années de sa vie.

De loin, le château bâti par Guillaume le Conquérant semble un peu figé. À l'intérieur, cinq cents personnes y travaillent pourtant. Une vraie ruche !

Quand on entre dans l'enceinte, on est frappé par l'aspect disparate de l'ensemble. D'autant qu'au fil des siècles, les architectes ont eu la main un peu lourde. C'est un festival médiéval : une kyrielle de tourelles, donjons, clochetons, beffrois, mâchicoulis, arcs-boutants, contreforts…

Le château (le plus vaste et le plus vieux du monde à encore être habité) compte mille pièces et je conseille une boussole (mieux encore, un GPS) et de bonnes chaussures à celui qui remonte les quatre cent cinquante pendules de la demeure. Pour éviter de se perdre dans les dédales de couloirs, de halls, de galeries, de chambres, d'antichambres, les invités royaux ont droit à un page agitant, sur leur passage, un brûleur contenant de la lavande Yardley qu'il balance à bout de bras. Pour chasser l'odeur de moisi ou… les fantômes ?

Windsor (famille)

La monarchie britannique est beaucoup plus qu'un simple rouage dans la vie quotidienne des Anglais. C'est une institution romantique qui fait appel au sens esthétique. Les gens l'adorent parce qu'elle leur rappelle que la nation existe dans

une perspective historique, elle leur donne l'impression qu'ils sont uniques au monde et, évidemment, supérieurs aux autres nations. Elle repose donc également sur une tendance au snobisme, trait assez développé outre-Manche, il faut l'avouer.

À l'exception de la reine mère et de la princesse Diana, l'amour des Britanniques pour la monarchie a rarement dégénéré en une adulation excessive des grandes figures royales. La dévotion envers l'institution s'est toujours accompagnée d'une promptitude à critiquer ses représentants lorsque c'était nécessaire. La reine Elizabeth II a dû gagner l'estime de ses sujets. C'est presque à la force du poignet qu'elle est parvenue à la popularité qui fut la sienne à la fin de son règne. Elle a su montrer une constance et un équilibre admirables à une époque où les modes se succédaient à un rythme étourdissant, tandis que le prince Philip se dépensait sans compter pour les bonnes causes. Les louanges qui les accompagnèrent à leur disparition furent à la mesure de leur sens de l'abnégation et du devoir.

Charles, depuis qu'il est devenu roi, a fait une excellente impression, presque un parcours sans faute et la reine Camilla a été vivement applaudie pour son soutien parfait.

Hormis Andrew le pestiféré, la plupart des autres Windsor jouent leur rôle de diverses manières. L'un des grands mérites de la monarchie constitutionnelle est de permettre à une famille dont les membres ont des intérêts différents et des âges variés de jouer à la tête de la nation un rôle représentatif distinct du rôle exécutif. La présence de William et de son épouse, la si parfaite Kate, est un atout majeur pour l'avenir des Windsor.

Les principales faiblesses sont, à mon sens, les suivantes. L'entourage officiel du roi n'a pas encore une base sociale et ethnique assez large. Charles III se trouve à la tête d'un Commonwealth qui est à l'échelle du globe et il est le seul monarque avec le pape dont l'influence s'exerce dans le monde entier. La cour n'est même pas vraiment représentative de la société britannique.

Enfin, le programme de ses activités a tendance à être trop rigide. Elles sont trop régulièrement prévues longtemps à l'avance, alors que c'est souvent le geste spontané qui parle à l'imagination.

Mais ce sont des imperfections auxquelles on pourrait facilement remédier, et, à mon avis, les vertus de l'institution – et particulièrement celles de l'actuel titulaire – l'emportent de loin sur ses défauts. Si toutefois sir Clive Alderton (le secrétaire particulier de Sa Gracieuse Majesté) veut me recevoir… j'ai quelques idées à lui soumettre !

Winnie l'Ourson

Depuis des années, je me demandais d'où venait Winnie l'Ourson, qui en était l'inventeur. Qui avait si bien mis en scène Tigrou, Bourriquet, Grand Gourou, Maître Hibou et tous leurs amis ? Au point de devenir une institution *made in England* et d'avoir le droit d'inclure dans ses aventures le prince George, la reine Elizabeth et tout récemment Charles et Camilla.

Son auteur est Alan Alexander Milne. Né à Londres en 1882, il a fait ses études à Cambridge. Officiellement, c'est en contemplant l'ours en peluche de son fils qu'il inventa *Winnie*. Mais, en vrai, Milne s'est inspiré d'une oursonne ! Une oursonne canadienne ! Ces deux révélations fracassantes sont dues à Lindsay Mattick qui raconte la genèse de Willy l'Ourson. C'est l'arrière-grand-

père de l'auteur, un vétérinaire canadien, qui avait lui-même acheté l'ursidé à un trappeur en 1914. Pendant la Première Guerre mondiale, il dut quitter le Canada pour le Royaume-Uni. Il emmena l'oursonne qu'il baptisa Winnie en référence à sa ville natale, Winnipeg. Avant de devoir partir en France sur le front, il la confie au zoo de Londres, où elle devient vite une star. Le jeune Christopher Milne figure parmi ses fans. L'oursonne inspire ainsi son père, Alan Alexander Milne, qui écrit alors les aventures de *Winnie The Pooh.*

Cet animal, mascotte de régime, mais prisonnier d'un zoo, teinte d'une certaine mélancolie le personnage de Winnie. Le monde de l'enfance a parfois un petit goût cruel.

Winterhalter

Il était l'artiste favori de la reine Victoria, de Sissi et de l'impératrice Eugénie. Coqueluche des cours, il était le peintre des altesses et des petits princes. À tout jamais, il est le meilleur pinceau des crinolines ! Il fait un peu trop souvent dans le genre boite de chocolats (et, croyez-moi, le Belge que je suis en connaît un rayon !) mais quel charme, quelle aisance dans le trompe-l'œil d'étoffes, de broderies et de chevelures blondes et brunes. Il possède son métier, et quel coloriste : tissus rutilants, cachemires qui flattent l'œil sur fond turquoise. Il n'hésite jamais à chamarrer ses portraits. L'image que nous gardons du second Empire lui doit beaucoup. Cet Allemand était un virtuose. Un de plus !

Yves Saint Laurent

Quand Lalla Salma du Maroc inaugura, à Marrakech, le musée Yves-Saint-Laurent, le choix était parfait, tant ce couturier de génie, mon chouchou à moi je l'avoue, ne cessa d'habiller ses clientes comme des princesses des *Mille et Une Nuits*.

De Farah (dans sa robe de mariée) à Yasmina Aga Khan, de la duchesse de Windsor à la princesse de Rethy, de Marie-Hélène de Rothschild à Jacqueline de Ribes, toutes se vêtirent en Saint Laurent.

Il eut l'étoffe d'un vrai héros. Pendant près d'un demi-siècle, Yves Mathieu Saint-Laurent régna sur la mode. Par sa couture et son prêt-à-porter, il bouscula son temps, le fit entrer, à coups de crayons, à coups de ciseaux, dans une ère moderne. Sa révolution de velours bouleversa définitivement l'allure des femmes. Non seulement il habilla ses clientes avec des codes masculins pour leur donner l'allure du pouvoir, mais, paradoxe génial, il les rendit encore plus élégantes et racées, en sublimant leur féminité. Avec sa mode faite de mesure et d'audace, de sobriété et de théâtralité, il élève le vêtement au rang d'œuvre d'art. Il est le premier couturier vivant à entrer au musée. Il sortit le noir de sa couleur de deuil, sut marier comme personne le rouge au rose, fit passer le smoking du

fumoir au boudoir et exporta la saharienne sur les trottoirs de la rive gauche. Il rendit aussi hommage à Mondrian, Matisse, Braque, Picasso, Cocteau ou aux Ballets russes et chacun eut le souffle coupé devant tant de beauté. Moi, le premier.

Aujourd'hui encore, sa griffe n'a rien perdu de son mystère et de son magnétisme. J'idolâtre Yves Saint Laurent. Le créateur mais l'homme aussi, bouleversé, tourmenté, torturé. Il me hante. Je me souviens du 1er juin 2008, jour de sa mort. Il était 23 h 10. Il avait 72 ans. Cela faisait cinq ans déjà qu'il avait tiré sa révérence. Cinq ans qu'il ne buvait plus, ne se droguait plus, cinq ans qu'il cherchait la paix mais ne la trouvait pas. Pas vraiment. « J'ai moi-même tissé la corde qui me pendra », disait-il. Dans l'immense appartement de la rue de Babylone, on dit qu'il s'éteint dans les bras de sa mère. Que Pierre Bergé lui tient la main. Je me souviens de ce 1er juin. C'était un dimanche. Jour du bon Dieu. Enfin, il venait le chercher.

Léon Zitrone

J'ai un point commun avec lui, le maître des maîtres. Quand je prépare la retransmission du mariage d'Harry et Meghan, les funérailles du prince Philip, de la reine Elizabeth ou le couronnement de Charles III, je me barde d'une collection de fiches, parfois jusqu'à soixante-dix, grâce auxquelles je peux « meubler » l'antenne en multipliant les détails si la caméra s'attarde sur un vitrail ou le détail d'un chapiteau. C'est, je crois, ma seule ressemblance avec ce « dinosaure » de la télévision au physique d'empereur romain, même si j'essaie d'avoir une diction aussi soignée que la sienne et de ne pas me tromper dans l'utilisation de l'imparfait du subjonctif.

Je trouve sa longévité incroyable. Il s'impose dès 1960 pour les grands événements en eurovision. Son « mariage » du roi Baudouin jugé concluant, il devient le commentateur attitré des cérémonies royales pour la télévision française. Clin d'œil de l'histoire : c'est pour commenter les obsèques du roi Baudouin, en août 1993, qu'alors en retrait de la télévision, il revient à l'écran. Ces retrouvailles avec les téléspectateurs furent l'occasion pour lui d'un retour nostalgique sur plus de quarante années d'une relation passionnée avec la télévision : « On me pardonnera, je l'espère, l'émotion qui pourrait me submerger, on ne peut pas toujours brider ses sentiments, confiait-il, devant des millions de téléspectateurs. La télévision, c'est la vie, mon Dieu, que le temps passe ! »

Régulièrement, il m'arrive d'écouter sa voix de bronze. Et de me souvenir de son beau mot : « La vraie popularité, c'est d'éternuer à l'écran et de recevoir le lendemain des centaines de mouchoirs en papier ! »

Zizim

Vous me croyez assez zinzin pour créer à la dernière lettre de l'alphabet un prince nommé Zizim. Détrompez-vous ! Au XVe siècle, un frère du sultan Bazajet, le prince Djem dit Zizim, servit de monnaie d'échange entre le pape et le roi Charles VIII. Il fut emprisonné au château de Rochechinard puis au cœur de la Creuse, à Bourganeuf, qui porte d'ailleurs la trace de cette réclusion, sous la forme de la « tour Zizim ». Et de l'Empire ottoman à nos jours, il n'y a qu'un pas puisqu'une forte communauté turque exploite aujourd'hui les bois de la forêt limousine.

Zoulou

C'est sans doute la présence de la princesse Charlène de Monaco à ses obsèques en mars 2021 (elle tombera malade et restera bloquée là-bas pendant des mois) qui a attiré mon attention sur Goodwill Zwelithini, roi vénéré du peuple zoulou mais aussi figure controversée en Afrique du Sud. Un monarque sans pouvoir mais qui exerçait une grande influence sur les dix millions de personnes de son ethnie, la plus importante du pays.

Alors jeune homme de 23 ans, cet immense propriétaire terrien avait accédé au trône sous l'apartheid en 1971, après la mort de son père. En Afrique du Sud, les rois traditionnels sont reconnus par la Constitution et jouent un rôle symbolique souvent fort.

Vêtu de ses traditionnelles peaux de bêtes, il ne dédaigna pas recevoir les touristes pour financer son train de vie. Ne serait-ce que l'entretien de sa famille – six femmes et vingt-sept enfants (avec une Mercedes pour chaque reine) – et de ses sept palais.

Goodwill Zwelithini s'était surtout employé, depuis la fin de l'apartheid, à faire revivre les traditions, fêtes, et cérémonies et avait toujours estimé que la mise en valeur de la culture zouloue était aussi un atout économique.

À la surprise de tous, en mars 2021 donc, Charlène, très affectée, en larmes même, assiste à ses funérailles. Dans l'assemblée, elle est d'ailleurs la seule tête couronnée d'Europe. Sa présence sur place s'éternise. Tout d'abord, elle tente d'apaiser les tensions qui sont en train d'éclater dans la famille royale. Discorde d'héritage et de succession. La princesse joue les conciliatrices, avant de tomber malade, on l'a dit.

À Monaco, certaines langues prétendent, mais peut-être est-ce pour se moquer, que l'épouse du prince souverain parle mieux le zoulou que le français. Et qu'elle en aurait enseigné quelques rudiments à Jacques et Gabriella. Le marquis des Baux et la comtesse de Carladès parleront-ils, un jour, parlent-ils peut-être déjà, cette langue venue d'Afrique ? Dans un État où tout s'entend, tout se répète, tout se déforme, pour les jumeaux princiers les plus célèbres du globe, ces sons venus du fond des âges sont peut-être une bouffée d'air, une langue de secrets.

Table des matières

Crédits iconographiques de couverture

Grace Kelly, 1984, sérigraphie © The Andy Warhol Foundation for the Visual Arts, Inc., licence par Adagp, Paris 2023 ; cliché : Adagp Images, Paris 2023.

Reine Elizabeth II © Gary Hogben, The Scrabble Queen-Union Jack, art numérique, 2018.

Kristen Dunts dans le film *Marie-Antoinette* de Sofia Coppola, 2006, Collection Christophel © American Zoetrope.

Carl de Suède © Jacovides-Moreau / BESTIMAGE.

Princesse Charlène de Monaco © Nivière-Villard/Sipa press.

Accident de Lady Diana en 1997 © Atlas Press/MaxPPP.

Charles III et Lady Diana © Shutterstock.

Shah Reza et Farah d'Iran, Felipe, roi d'Espagne, William et Kate en poupées Barbies, garde de la reine Elizabeth II © Tous droits réservés.

Ce livre existe grâce au travail de toute une équipe.

Communication : Caroline Babulle, Solveig de Plunkett, Sabrina Bendali, Inès Paulin, Adélaïde Yvert.

Coordination administrative : Martine Rivierre.

Studio : Pascaline Bressan, Barbara Cassouto-Lhenry, Joël Renaudat.

Fabrication : Muriel Le Ménez, Céline Ducournau, Bernadette Cristini, Sophia Paroussoglou, Isabelle Goulhot.

Commercial, relation libraires et marketing : Catherine Lauprêtre, Ombeline Ermeneux, Élise Iwasinta, Arthur Rossi, Joséphine Saint-Paul, Aurélie Scart.

Cessions de droits : Élisabeth Stempak, Benita Edzard, Lucile Besse, Sonia Guerreiro, Costanza Corri.

Gestion : Sophie Veisseyre, Chloé Hocquet, Isabelle Déxès, Pierre Ekel.

Services auteurs : Viviane Ouadenni, Jean-François Rechtman, Catherine Reimbold, Anita Sevenant.

Ressources humaines : Mylène Bourreau, Carine Duchampt.

Juridique : Laëtitia Doré, Anaïs Rebouh, Valérie Robe, Lucie Bergeras, Julia Crosnier.

Avec le soutien des équipes d'Interforum et d'Editis qui participent à la création, la diffusion et la distribution de ce livre.

Canoros Vehit Canentes

Composition et mise en page
Nord Compo à Villeneuve-d'Ascq

Achevé d'imprimer en octobre 2023
par Normandie Roto Impression s.a.s.
61250 Lonrai (Orne)
N° d'édition : 66158/01 - N° d'impression : 2304535

Imprimé en France

KOCHEN UND KÜCHE präsentiert:

Rezepte über ein ganzes Jahr

Band 5

Band 1: 1. Auflage 1985, 1. bis 30. Tausend
Band 2: 1. Auflage 1987, 1. bis 20. Tausend
2. Auflage 1991, 21. bis 27. Tausend
Band 3: 1. Auflage 1989, 1. bis 15. Tausend
2. Auflage 1991, 16. bis 22. Tausend
Band 4: 1. Auflage 1990, 1. bis 15. Tausend
Band 5: 1. Auflage 1991, 1. bis 15. Tausend

Rezepte über ein ganzes Jahr, Band 5

Grafische Gestaltung: Holstein Design, Mogersdorf
Satz und Reproduktion: Repro Brüll, Saalfelden
Druck und Bindung: Druckerei Gerstmayer, Wien
Für den Inhalt verantwortlich: Kochen und Küche Zeitschriftenverlags- und Handelsgesellschaft m.b.H., Wien

ISBN 3 900 633 06 1

Das Buch „Rezepte über ein ganzes Jahr, Band 5“ ist auch direkt beim
Verlag KOCHEN UND KÜCHE, Postfach 750, A-1015 Wien,
zu bestellen.

INHALT

Frühling

Sommer

Herbst

Winter

Liebe Leserinnen und Leser!

Der Band 5 unserer beliebten Kochbuch-Serie „Rezepte über ein ganzes Jahr“ schließt chronologisch lückenlos an den Band 4 an.

Wie die bereits erschienenen vier Bände enthält auch dieser Band über dreihundert sorgsam ausgewählte Rezepte — jeweils mit Farbfotos —, wobei umfangreichere Rezepte zusätzlich noch mit zwei Detailbildern versehen sind. Die Texte sind so verfaßt, daß auch Anfänger an der Kunst des Kochens und am Ausprobieren der Rezepte Freude finden.

Bei der Gestaltung dieses Bandes haben wir uns wieder an die bewährte Einteilung in die vier Jahreszeiten — unter Einbeziehung der großen Festtage — gehalten, aber auch die saisonbedingten Angebote an Frischobst und Gemüse berücksichtigt.

Größter Beliebtheit erfreuen sich unsere Kochbücher in haus- und landwirtschaftlichen Fachschulen, wo sie aufgrund der anschaulichen Darstellung und der verständlichen Beschreibung der Kochvorschläge gerne als Unterrichts- und Lehrhilfe verwendet werden.

Ein alphabetisches und ein numerisches Inhaltsverzeichnis, sowie ein ausführliches Speisenregister und eine Erläuterung österreichischer Küchenausdrücke, sollen Ihnen das Nachschlagen erleichtern und ein rasches Handhaben ermöglichen.

Wir hoffen, daß es uns auch mit diesem Band gelungen ist, Ihren Wünschen gerecht zu werden, und bedanken uns für Ihre bisherige Treue.

Ihr

VERLAG KOCHEN UND KÜCHE

September 1991

Frühling

Mohn-Schokoladekuchen

aus Großmutters Kochbuch

Vorbereitung:

Die Kochschokolade in kleine Stücke schneiden und entweder im Backrohr oder im Wasserbad schmelzen lassen; die Butter auf Handwärme bringen und mit der Hälfte des gesiebten Staubzuckers und dem Vanillinzucker sehr schaumigrühren; nach und nach die Dotter beifügen und wieder schaumigrühren. Die Eiklar mit dem restlichen gesiebten Staubzucker und einer Prise Salz zu steifem Schnee schlagen; behutsam unter den Butterabtrieb heben und zuletzt den Mohn zusammen mit der Schokolade einrühren (oberes Bild).

Zubereitung:

Die Masse in eine gebutterte und bemehlte Rehrückenform füllen und an der Oberfläche glattstreichen; im vorgeheizten Backrohr bei 175 Grad etwa eine Stunde lang backen (Nadelprobe machen!) und den Kuchen in der Form überkühlen lassen; danach aus der Form stürzen und vollständig erkalten lassen. Nach einer Ruhezeit von zwei Stunden der Länge nach durchschneiden und den unteren Boden mit erhitzter Marmelade bestreichen (unteres Bild); den Kuchen zusammensetzen und mit der restlichen Marmelade außen bestreichen. Für die Zitronenglasur den Zitronensaft mit so viel gesiebtem Staubzucker verrühren, daß eine dickbreiige Masse entsteht; im Wasserbad so lange erwärmen, bis sie wieder dünnflüssig wird und die richtige Konsistenz bekommt; den Kuchen mit der Glasur gleichmäßig überziehen und erst nach dem Erstarren derselben portionieren.
Eine zartschmelzende, noble Mehlspeise für Ihr Kaffeekränzchen!

Einkaufsliste:

160 g Butter
160 g Staubzucker
160 g Kochschokolade
160 g geriebener Mohn
5 Eier
eine Prise Salz
1/2 Pkt. Vanillinzucker
100 g Himbeermarmelade

Saft einer Zitrone
Staubzucker nach Bedarf

Butter und Mehl für die Form

ERGIBT 12 STÜCK

Gebratene Putenbrust

mit Spinatfülle

Einkaufsliste:

1 kg Putenbrust
Salz, Pfeffer
300 g Blattspinat
1 mittlere Zwiebel
3 Knoblauchzehen
eine Prise Muskatnuß
150 g Mais aus der Dose
2 Dotter
40 g Öl
200 g Champignons
1/8 l Bratensaft
1/4 l Hühnersuppe

Vorbereitung:

Den Spinat waschen, in kochendem Salzwasser kurz blanchieren und gut abtropfen lassen; den Knoblauch schälen und in feine Scheibchen schneiden; Zwiebel schälen, fein hacken und in wenig Öl hell rösten; den Mais aus der Dose nehmen und gut abtropfen lassen. In die Putenbrust mit einem scharfen Messer der Länge nach einen taschenförmigen Einschnitt machen und das Fleisch mit Salz und Pfeffer einreiben (oberes Bild).

Zubereitung:

Spinat, Zwiebel, Knoblauch, Mais, Muskatnuß und Dotter zu einer Fülle verarbeiten; in die Fleischöffnung stopfen und diese mit Küchenspagat vernähen. Das restliche Öl in einer Bratpfanne erhitzen; die Putenbrust einlegen und rundum zu schöner Farbe braten; aus der Pfanne nehmen und warmstellen. Die Champignons waschen, putzen und blättrig aufschneiden; sodann im Bratrückstand kurz rösten und danach mit Bratensaft und Hühnersuppe aufgießen; das Fleisch wieder einlegen (unteres Bild) und unter häufigem Begießen mit Eigensaft 1 bis 1 1/2 Stunden im Backrohr fertigbraten; die Putenbrust in Scheiben aufschneiden und mit der Sauce anrichten.
Als Beilage zu diesem vorzüglichen Geflügel schlagen wir gedünsteten Reis und frischen Salat vor.
Getränkeempfehlung: milder Weißwein.

ERGIBT 4-6 PORTIONEN

Gratinierter Spargel

Einkaufsliste:

600 g Spargel
Salz, weißer Pfeffer
ein Stückchen Butter
Saft einer viertel Zitrone
1 TL glatt Mehl

Butter und Brösel
für die Form

140 g gekochter Beinschinken
ein halber Bund Petersilie
80 g geriebener Parmesan
80 g Butter

gehackte Petersilie
zum Bestreuen

 ERGIBT 4 PORTIONEN

für Feinschmecker

Vorbereitung:

Den Spargel putzen und zusammenbinden; zwei Liter Salzwasser mit einem Stück Butter, sowie dem Zitronensaft und dem gesiebten Mehl, gut verrühren; aufkochen lassen, den Spargel einlegen und etwa 20 Minuten weichkochen; im Sud erkalten lassen, herausnehmen und abtropfen lassen.

Zubereitung:

Den Schinken in feine Streifen schneiden; die Petersilie waschen und fein hacken. Eine geeignete, feuerfeste Form mit Butter ausstreichen und mit Bröseln bestreuen; den Spargel schichtenweise einlegen und die Schinkenstreifen darauf verteilen; mit geriebenem Parmesan bestreuen, mit zerlassener Butter beträufeln und zu guter Letzt mit gehackter Petersilie bestreuen; sodann im vorgeheizten Backrohr bei 240 Grad etwa 10 Minuten zu schöner Farbe überbacken, wobei der Spargel nicht zu viel Farbe annehmen darf, da er ansonsten leicht bitter wird.
So heiß wie möglich und mit frischem Salat als Beilage, wird diese überaus delikate Speise zu Tisch gebracht.

Kräutersuppe

Einkaufsliste:

100 g frische, junge Löwenzahnblätter
100 g frische Brennesselspitzen
50 g Sauerampfer
100 g Fisolen
50 g Champignons
1/2 Bund Petersilie
1 Bund Schnittlauch
etwas Kerbel und Kresse
Salz, Pfeffer aus der Mühle
ein Schuß Sherry
1 l fertige Rindsuppe
1/8 l Crème fraîche
2 Dotter

beliebige frische, gehackte Kräuter zum Bestreuen

mit frischem Gemüse

Vorbereitung:

Löwenzahnblätter, Sauerampfer und Brennesselspitzen sind in guten Reformhäusern oder im Fachhandel frisch erhältlich; wenn Sie aber die Möglichkeit haben, die Blätter selbst zu pflücken, so nützen Sie diese! Kräuter und Blätter kurz kalt waschen, abtropfen lassen und fein hacken; Fisolen waschen, putzen und klein würfeln.

Zubereitung:

Fisolen und Champignons in einem Edelstahltopf, ohne Fett, kurz anlaufen lassen; mit der Rindsuppe aufgießen und auf kleiner Flamme nicht zu weich kochen; mit Salz und etwas Pfeffer, sowie mit einem Schuß Sherry abschmecken; sodann die Kräuter und die Blätter beifügen und ganz kurz aufkochen lassen; den Topf zudecken und das Ganze einige Minuten ziehen lassen. Die Suppe zu guter Letzt mit Crème fraîche und den Dottern binden; sogleich anrichten, mit beliebigen Kräutern bestreuen und mit getoastetem Vollkornbrot unverzüglich auftragen.

ERGIBT 4-6 PORTIONEN

Klachelfleisch

aus der Steiermark

Einkaufsliste:

1 vordere Schweinsstelze
Salz, einige Pfefferkörner
eine Prise Thymian
2 Lorbeerblätter
1 Bund Petersilie
ein Schuß Weißweinessig
1/2 l Weißwein
je 200 g Karotten, Sellerie, Petersilienwurzel und Lauch
2 Knoblauchzehen

gehackte Petersilie zum Bestreuen

Vorbereitung:

Die Schweinsstelze beim Fleischer vorbestellen; einfrieren und danach in Scheiben sägen lassen; die Stelzenscheiben beidseitig salzen. Karotten, Sellerie und Petersilienwurzel schälen, waschen und in feine Streifen schneiden; Lauch waschen, putzen und ebenfalls in feine Streifen schneiden (oberes Bild). Petersilie waschen und hacken; Knoblauch schälen.

Zubereitung:

Das Fleisch in drei Liter Wasser zustellen; das Wurzelwerk, die Gewürze, den Knoblauch und den Wein beifügen und das Ganze zum Kochen bringen; auf kleiner Flamme weichkochen und das Fleisch aus dem Sud nehmen; überkühlen lassen und von Knochen, Fett und Schwarten befreien. Den Sud einkochen lassen und danach einen Schuß Essig, sowie die gehackte Petersilie beifügen; das Fleisch wieder dazugeben, kurz aufkochen lassen und anrichten. Das Klachelfleisch mit gehackter Petersilie bestreuen und mit heurigen, in Suppe gekochten Erdäpfeln, möglichst rasch zu Tisch bringen.
Diese steirische Spezialität ist zum Nachkochen sehr zu empfehlen!

ERGIBT 4 PORTIONEN

Erdbeer-Schüsserln

mit
Schokoladecreme

Einkaufsliste:

Biskuit:
3 Eier
70 g Feinkristallzucker
50 g glattes Mehl
50 g geriebene, ungeschälte Mandeln
30 g Butter
1/2 Pkt. Vanillinzucker
etwas geriebene Zitronenschale

Creme:
150 g Butter
60 g Kochschokolade
50 g Staubzucker
etwas Vanillinzucker
1 großes Stamperl Rum
1 Dotter

100 g Marillenmarmelade
30 g Kochschokolade zum Bestreichen
300 g Erdbeeren

Fett für die Förmchen
Schokoladedekor zum Verzieren

ERGIBT 6 STÜCK

Vorbereitung:

Für die Biskuits die ganzen Eier mit dem Vanillinzukker, der Zitronenschale und dem Kristallzucker über dem heißen Wasserbad dickcremig aufschlagen; vom Wasserbad nehmen und so lange weiterschlagen, bis die Masser erkaltet ist; nun das gesiebte Mehl, die Mandeln und zuletzt die zerlassene Butter einrühren; sodann in einen Dressiersack mit großer, glatter Tülle füllen. Die Tortelettförmchen ausfetten und die Biskuitmasse einfüllen (linkes Bild); im vorgeheizten Backrohr bei 190 Grad etwa 25 Minuten lang backen; die Törtchen noch warm aus den Formen lösen und erkalten lassen. Die Erdbeeren sorgfältig waschen, halbieren und gut abtropfen lassen.

Zubereitung:

Für die Creme die Butter auf Handwärme bringen und mit dem gesiebten Staubzucker und dem Vanillinzucker sehr schaumigrühren; 60 g Kochschokolade erweichen und nach und nach einrühren; Dotter und Rum beifügen und wieder schaumigrühren; die Creme sodann in einen Dressiersack (Sterntülle Nr. 5) füllen. 30 g Kochschokolade zerlassen und die Törtchen damit auf der Unterseite bestreichen; den Rand mit erhitzter Marmelade überziehen und in der Mitte etwas aushöhlen; in diese Vertiefung jeweils Buttercreme füllen und die Erdbeeren darauflegen (rechtes Bild); auch die Erdbeeren mit Marmelade überglänzen und auf jedes Törtchen eine Creme-Rosette aufdressieren; mit je einem Schokodekorblatt verzieren und die Schüsserln für ein bis zwei Stunden in den Kühlschrank stellen.
Eine Augenweide und wahre Gaumenfreude!

Brennessel-Risotto

Einkaufsliste:

200 g Langkornreis
40 g Butter
1 Schalottenzwiebel
3/4 l fertige Hühner- oder Rindsuppe
30 g getrocknete Steinpilze
2 Knoblauchzehen
Salz, Pfeffer aus der Mühle
eine Prise gemahlene Muskatnuß
1/8 l Weißwein
150 g Brennesselspitzen und zarte Blätter
1/8 l Schlagobers

geriebener Käse zum Bestreuen

Vorbereitung:

Die Brennessel sorgfältig waschen, gut abtropfen lassen und fein hakken; Zwiebel schälen und fein hakken; Knoblauch schälen und in feine Scheibchen schneiden; die Pilze in kaltem Wasser vorweichen, abtropfen lassen und hacken.

Zubereitung:

Die Butter in einer geräumigen Kasserolle aufschäumen lassen; Reis und Zwiebel beifügen und glasig anrösten; sodann mit der Hühner- oder Rindsuppe aufgießen und einmal aufkochen lassen; danach die Pilze, den Knoblauch, sowie Salz, Pfeffer und Muskatnuß dazugeben; alles zusammen auf kleiner Flamme 15 Minuten dämpfen. Den Wein aufkochen lassen und die Brennessel darin dämpfen; zum Risotto geben und das Ganze auf kleiner Flamme fertiggaren; zu allerletzt das Obers einrühren und noch einige Minuten ziehen lassen.

Mit geriebenem Käse bestreut, bringt man dieses würzige Reisgericht rasch zu Tisch.

ERGIBT 4 PORTIONEN

Vanille-Parfait mit Fruchtsauce

Einkaufsliste:

2 Dotter
60 g Staubzucker
1 Pkt. Vanillinzucker
3 Blatt Gelatine
60 g gekochter Reis
3/8 l Schlagobers
1 großes Stamperl Vanille-Likör

250 g Himbeeren
100 g Staubzucker
1 kleines Stamperl Himbeergeist
50 g Brombeeren
20 g Staubzucker

gehackte Pistazien und Himbeeren zum Garnieren

ERGIBT 4 PORTIONEN

Vorbereitung:

Die Dotter mit dem gesiebten Staubzucker und dem Vanillinzucker über dem heißen Wasserbad dickschaumig aufschlagen; vom Wasserbad nehmen und so lange weiterschlagen, bis die Masse kalt ist. Die Gelatine in kaltem Wasser vorweichen, ausdrücken und in wenig heißem Wasser auflösen. Das Obers aufschlagen und zusammen mit dem gekochten Reis, dem Likör und der Gelatine unter den Dotterabtrieb heben; diese Masse sodann in kleine Puddingförmchen füllen und für vier Stunden in das Tiefkühlfach stellen.

Zubereitung:

Himbeeren und Brombeeren waschen und abzupfen; die Himbeeren mit 100 g gesiebtem Staubzucker aufkochen lassen, pürieren und den Himbeergeist einrühren; die Brombeeren mit 20 g gesiebtem Staubzucker ebenfalls aufkochen lassen und pürieren; die beiden Saucen kaltstellen. Die Puddingförmchen kurz in heißes Wasser tauchen und stürzen; die Parfaits mit den Fruchtsaucen anrichten und zu guter Letzt mit gehackten Pistazien und Himbeeren verzieren.

Dieser feine, erlesene Nachtisch muß unbedingt gut gekühlt kredenzt werden.

Osterzopf

mit dreierlei Fülle

Vorbereitung:

Das Mehl mit dem Staubzucker versieben; die Germ in wenig lauwarmer Milch auflösen und zusammen mit der lauwarmen Butter, den Eiern, dem Salz und der Zitronenschale zum Mehlgemisch geben; die nötige Milch beifügen und alle Zutaten zu einem geschmeidigen Teig verarbeiten; so lange abschlagen, bis er seidig glänzt und Blasen wirft; zudecken und an einem warmen Ort eine halbe Stunde aufgehen lassen; den Teig dritteln, zu Kugeln formen und eine weitere halbe Stunde gehen lassen.

Zubereitung:

Arancini, Zitronat und Rosinen jeweils mit einem Stamperl Rum und einem Drittel der Marmelade vermengen; die Teigkugeln zu einem Rechteck ausrollen und je eine Fülle der Länge nach darauf verteilen (oberes Bild); drei dünne Strudel formen und zu einem Zopf flechten (unteres Bild); diesen auf ein gebuttertes Backblech legen und schön aufgehen lassen; sodann im vorgeheizten Backrohr bei 180-190 Grad etwas mehr als eine Stunde backen; erkalten lassen und dünn mit erhitzter Marmelade bestreichen. Zitronensaft und Staubzucker nach Bedarf zu einer dickbreiigen Masse verrühren; über dem heißen Wasserbad bis zur gewünschten Konsistenz erwärmen und mit dieser Glasur den Osterzopf gleichmäßig überziehen. Dieser wunderbare Germstriezel sollte auf Ihrem Ostertisch keinesfalls fehlen!

ERGIBT CA. 16 STÜCK

Einkaufsliste:

Teig:
500 g glattes Mehl
50 g Staubzucker
150 g Butter
4 Eier
eine Prise Salz
etwas geriebene Zitronenschale
35 g Germ
Milch nach Bedarf

Fülle:
je 100 g Arancini, Zitronat und Rosinen
150 g Marillenmarmelade
3 kleine Stamperln Rum

Butter für das Backblech
Marillenmarmelade zum Bestreichen
Saft einer Zitrone
Staubzucker nach Bedarf

Osterhasen

Einkaufsliste:

500 g glattes Mehl
35 g Germ
ca. 1/4 l Milch
80 g Butter
50 g Staubzucker
2 Dotter
1 Ei
5 g Salz
1 Pkt. Vanillinzucker
geriebene Schale einer Zitrone

Dotter zum Bestreichen
Butter für das Backblech

Vorbereitung:

Das Mehl in einen Weitling sieben und in die Mitte eine Vertiefung drücken; die lauwarme Milch hineingießen und die Germ hineinbröseln; einen weichen Vorteig bereiten und an einem warmen Ort schön aufgehen lassen. Währenddessen den Zucker sieben und die Butter schmelzen lassen; wenn der Vorteig richtig aufgegangen ist, verarbeitet man ihn mit den restlichen Zutaten (oberes Bild) zu einem glatten Teig und läßt ihn zugedeckt an einem warmen Ort eine halbe Stunde rasten.

Zubereitung:

Den Teig auf einer bemehlten Arbeitsfläche ca. 1 1/2 cm-dick ausrollen; mit einem scharfen Messerchen Ohren, Köpfe, Körper und Pfoten für Osterhasen in verschiedenen Größen ausschneiden (unteres Bild); die Teigstücke vom Mehl säubern und auf einem mit Butter bestrichenen Blech zusammensetzen; die Häschen mit Dotter bestreichen und im vorgeheizten Backrohr bei 210 Grad etwa 20 Minuten zu goldbrauner Farbe backen; auf dem Blech überkühlen lassen, vom Blech lösen und auf einem Gitter vollständig erkalten lassen.
Mit diesen originellen, herzigen Osterhaserln werden Sie bei Jung und Alt Begeisterung erwecken!

Ergibt 3-4 Osterhasen

Erdäpfelpastete

mit Selchfleisch

Einkaufsliste:

130 g glattes Mehl
60 g Butter
1 Dotter
Salz

250 g gekochtes Selchfleisch
500 g gekochte, mehlige Erdäpfel
20 g Butter
1 kleine Zwiebel
2 Eier
1 Bund Petersilie
3 EL Grieß
Pfeffer aus der Mühle
eventuell Obers zum Auflockern
Fett für die Form

Vorbereitung:

Das gesiebte Mehl mit 60 g Butter, einem Dotter und dem nötigen Salz, sowie etwas kaltem Wasser, zu einem festeren, glatten Teig verarbeiten; zugedeckt mindestens zwei Stunden im Kühlen rasten lassen. Zwiebel schälen, fein hacken und in 20 g Butter hell anrösten; die Erdäpfel schälen und durch das feine Sieb der Flotten Lotte passieren; das Selchfleisch fein hacken; die Petersilie waschen und fein hacken.

Zubereitung:

Erdäpfel, Fleisch, Zwiebel, Eier, Grieß und Petersilie, sowie Salz und Pfeffer, zu einer lockeren Masse verarbeiten; falls erforderlich, mit etwas Obers auflockern. Eine Pastetenform mit Butter ausstreichen; den Erdäpfelteig ausrollen und die Form damit auskleiden; die Erdäpfelmasse einfüllen und mit einem Teigblatt abdecken; mit einer Gabel mehrmals einstechen, um ein Entweichen der Luft zu ermöglichen; die Pastete sodann im vorgeheizten Backrohr bei 180 Grad etwa eine Stunde lang backen, aus der Form lösen und entspannen lassen; erst danach in Portionen aufschneiden.
Mit frischem Salat als Beilage, bringt man diese österliche Speise zu Tisch.

ERGIBT 12 STÜCK

Spinaträllchen-Suppe

Einkaufsliste:

2 Eier
eine Prise Salz
glattes Mehl nach Bedarf
Milch nach Bedarf

300 g Blattspinat
2 Knoblauchzehen
Salz, Pfeffer aus der Mühle
eine Prise gemahlene Muskatnuß
30 g Butter
30 g geriebener Parmesan

geriebener Parmesan zum Bestreuen
Butter für das Blech

1 l fertige Rindsuppe
Öl oder Butter zum Backen

Vorbereitung:

Die Eier mit einer Prise Salz und so viel gesiebtem Mehl verrühren, daß ein zäher Teig entsteht; mit Milch nach Bedarf bis zur Konsistenz eines Palatschinkenteiges verdünnen und eine halbe Stunde rasten lassen; in einer passenden Pfanne nacheinander dünne Palatschinken ausbacken und erkalten lassen. Den Spinat waschen, in reichlich Salzwasser blanchieren und gut abtropfen lassen; Knoblauch schälen und fein hacken.

Zubereitung:

Den Spinat fein hacken und mit Knoblauch, Salz, Pfeffer, Muskat und geriebenem Parmesan gut vermengen; die Fülle auf die Palatschinken streichen, dieselben einrollen und in etwa 3 cm-breite Stücke schneiden; die Röllchen auf ein mit Butter bestrichenes Blech legen, mit Käse bestreuen und mit zerlassener Butter beträufeln; sodann im vorgeheizten Backrohr bei 200 Grad etwa 15 Minuten lang überbacken und sogleich als Einlage in kochendheiße Rindsuppe geben.
Eine köstliche, herzhafte Suppe für Ihr Sonntagsmenü!

ERGIBT 4 PORTIONEN

Kaninchenragout

Ein Rezept für Kalorienbewußte

Vorbereitung:

Das Wurzelwerk waschen, schälen und in gefällige Würfel schneiden; Petersilie waschen; die Zwiebel schälen und mit den Nelken spikken. Das Kaninchen kurz unter fließendem Kaltwasser waschen, trockentupfen und in etwa 100 g-schwere Stücke teilen (oberes Bild), die man mit Salz und Pfeffer würzt. In einer geräumigen Pfanne die Butter erhitzen und die Kaninchenstücke darin anbraten; aus der Pfanne nehmen und warmstellen.

Zubereitung:

Den Bratrückstand entfetten und das Wurzelwerk darin hell anrösten; mit Weißwein ablöschen und mit etwas Suppe aufgießen; Zwiebel und Petersilie dazugeben und das Fleisch wieder einlegen (unteres Bild); unter öfterem Aufgießen mit der restlichen Suppe und nötigenfalls mit etwas Wasser, zugedeckt auf kleiner Flamme weichdünsten. Währenddessen die Champignons waschen, putzen und in feine Scheiben schneiden; das Obers mit dem Dotter und der Speisestärke glatt verrühren. Zwiebel und Petersilie aus dem Ragout nehmen, die Champignons hineingeben und einige Minuten mitköcheln lassen; das Ragout mit dem Obersgemisch binden und danach nicht mehr kochen lassen; anrichten, mit Schnittlauch bestreuen und möglichst heiß zu Tisch bringen.
Als Beilage zu diesem schmackhaften Ragout empfehlen wir Ihnen Croûtons und Salat, als Getränk einen lieblichen Weißwein.

1 Portion enthält:

316 Kcal = 1326 K-Joule

ERGIBT 4 PORTIONEN

Einkaufsliste:

1 junges Kaninchen, ca. 1,2 kg, küchenfertig hergerichtet
Salz, Pfeffer
eine halbe Zwiebel
einige Gewürznelken
40 g Butter
je 150 g gelbe Rüben, Karotten, Sellerie und Petersilwurzel
ein halber Bund Petersilie
1/8 l Weißwein
1/4 l Rindsuppe
100 g Champignons
1 Dotter
1/16 l Schlagobers
1 TL Speisestärke

Schnittlauch zum Garnieren

Marzipankranz

Aus Großmutters Kochbuch

Einkaufsliste:

Teig:

400 g glattes Mehl
80 g Staubzucker
100 g Butter
2 Eier
2 Dotter
eine Prise Salz
geriebene Schale einer Zitrone
1/2 Pkt. Vanillinzucker
1 großes Stamperl Rum
Milch nach Bedarf
30 g Germ

Fülle:

300 g Rohmarzipan
100 g Arancini
80 g Staubzucker
1 kleines Stamperl Kornbrand

Ei zum Bestreichen
Butter für das Blech

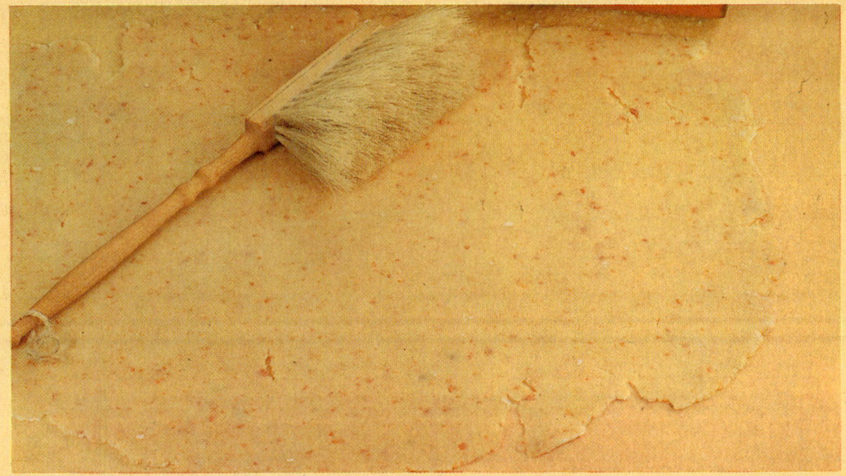

ERGIBT 16 STÜCK

Vorbereitung:

Die Germ in wenig lauwarmer Milch auflösen und mit etwas gesiebtem Mehl zu einem glatten Vorteig verrühren; diesen an der Oberfläche mit Mehl bestäuben und an einem warmen Ort gehen lassen. Inzwischen die Butter erwärmen; das restliche Mehl mit dem Staubzucker versieben; wenn der Vorteig schön aufgegangen ist und Risse zeigt, vermengt man ihn mit den restlichen Teigzutaten; alles zu einem glatten, geschmeidigen Teig verkneten und zugedeckt eine halbe Stunde rasten lassen; zusammenschlagen und nochmals eine halbe Stunde gehen lassen.

Zubereitung:

Das Marzipan klein schneiden und zusammen mit den Arancini durch die feine Scheibe des Fleischwolfes drehen; danach mit Staubzucker und Kornbrand verkneten. Den Germteig auf einer bemehlten Arbeitsfläche ausrollen; das Marzipan auf einer mit Staubzucker bestreuten Arbeitsfläche dünn ausrollen und auf den Teig legen (oberes Bild); diesen zu einem Strudel einrollen und daraus einen Kranz formen; auf ein gebuttertes Backblech legen und mit einem Messer rundum seichte Einschnitte machen; den Germteig auf dem Blech nochmals aufgehen lassen und mit versprudeltem Ei bestreichen (unteres Bild); noch etwas aufgehen lassen und anschließend im vorgeheizten Backrohr bei 190 Grad etwa eine Stunde lang backen; gegen Ende der Backzeit die Hitze etwas reduzieren; den Marzipankranz erst nach dem völligen Erkalten aufschneiden.
Ein beliebter, österlicher Jausenkuchen aus Großmutters Zeit!

Gebackene Lammkoteletts

Ein Rezept für Kalorienbewußte

Vorbereitung:

Die Lammkoteletts (achten Sie bitte beim Einkauf auf eine weiße Farbe des Fettes und auf eine schöne Rötung des Fleisches) kurz kalt waschen und trockentupfen; sodann mit Salz, Pfeffer aus der Mühle und Knoblauch würzen (oberes Bild).

Zubereitung:

Petersilie, Rosmarin, Thymian und Estragon waschen, trockentupfen und feinst hacken; die Semmelbrösel mit den Kräutern vermengen. Etwa 1/8 l Olivenöl mit 1/8 kg Butter in einer geräumigen Pfanne erhitzen; die Koteletts in Mehl andrücken, durch die versprudelten Eier ziehen und im Brösel-Kräutergemisch panieren (unteres Bild); in das erhitzte Fett einlegen und beidseitig zu schöner Farbe braten; aus der Pfanne nehmen und auf einem Küchenkrepp oder einer Serviette trockentupfen; auf vorgewärmten Tellern so rasch wie möglich servieren.

Zu diesen würzigen Koteletts empfehlen wir Spinatnockerln oder andere, feine Gemüsebeilagen, sowie als Getränk einen lieblichen Weißwein oder Roséwein.

1 Portion enthält:

342 Kcal = 1436 K-Joule

ERGIBT 4 PORTIONEN

Einkaufsliste:

8 Lammkoteletts à 120 g
Salz, Pfeffer aus der Mühle
4 Knoblauchzehen
glattes Mehl zum Andrücken
2 Eier
Semmelbrösel zum Panieren
ein halber Bund Petersilie
etwas frischer Rosmarin
ein Zweig Thymian
ein Zweig Estragon

Olivenöl-Buttergemisch zum Ausbacken

Gratinierte Spinatnockerln: Seite 36

Gratinierte Spinatnockerln

mit Parmesan überbacken

Einkaufsliste:

400 g Blattspinat
1 Dotter
Salz, Pfeffer
eine Prise gemahlene Muskatnuß
1 EL Schlagobers
eventuell Semmelbrösel zum Binden

Bechamel:

30 g Butter
30 g glattes Mehl
3/8 l Milch
ein Stück Lorbeerblatt
ein Stück Zwiebel
50 g geriebener Parmesan
2 Dotter

geriebener Parmesan zum Bestreuen
Butter und Semmelbrösel für die Form
Butter zum Backen

Vorbereitung:

Für die Sauce das Mehl in der Butter anschwitzen, ohne Farbe nehmen zu lassen; nach und nach mit der kalten Milch aufgießen und mit einer Schneerute glatt verrühren; Zwiebel, Lorbeer, Salz und Pfeffer beifügen und etwa 25 Minuten lang zu dicker Konsistenz verkochen lassen; durch ein feines Sieb streichen und vier Eßlöffel voll beiseitegeben; unter die restliche Sauce zwei Dotter und den Parmesan rühren. Den Spinat gründlich waschen, gut trocknen und fein hacken.

Zubereitung:

Den Spinat nötigenfalls ausdrücken und mit der Käsesauce, dem Dotter, sowie Obers, Salz, Pfeffer und Muskat vermischen; eventuell mit etwas Semmelbröseln binden und mit Hilfe zweier Eßlöffel aus der Masse Nockerln formen. In einer geeigneten Pfanne Butter erhitzen und die Nockerln darin beidseitig zu schöner Farbe backen; eine Auflaufform mit Butter ausstreichen und mit Semmelbröseln ausstreuen; die Nockerln einlegen und mit der Käsesauce überziehen; zum Schluß mit Parmesan bestreuen und im vorgeheizten Backrohr bei 220 Grad zu schöner, goldbrauner Farbe backen.
Ob als Hauptspeise oder als Beilage – dieser Nockerlauflauf schmeckt ganz einfach wunderbar

ERGIBT 4 PORTIONEN (8 BEILAGEPORTIONEN)

Erdbeeren „Farrar"

ein fruchtiges Eisdessert

Einkaufsliste:

160 g Haselnußeis
250 g Erdbeeren
2 EL Staubzucker
1 kleines Stamperl Maraschino
1/8 l fertiger Vanillepudding
1 Dotter
3 EL Schlagobers
einige Spritzer Rum

1/4 l Schlagobers
1 großes Stamperl Cognac
1 Pkt. Vanillinzucker

gehackte Pistazien zum Bestreuen

Vorbereitung:

Die Erdbeeren waschen, putzen und in Scheibchen schneiden; mit Staubzucker und Maraschino vermengen und im Kühlschrank durchziehen lassen. Den Pudding mit dem Dotter, 3 EL Schlagobers und dem Rum zu einer glatten Sauce verrühren; falls erforderlich, durch ein feines Sieb streichen und ebenfalls kaltstellen. Vier Dessertteller vorkuhlen.

Zubereitung:

Das Obers steif aufschlagen und Cognac, sowie Vanillinzucker, einrühren; auf jeden Teller ein Stück Haselnußeis geben und mit Erdbeeren und Vanillesauce garnieren; mit dem vanillierten Obers Rosetten aufdressieren und zu guter Letzt mit gehackten Pistazien bestreuen.

Gut gekühlt und so rasch wie möglich, soll dieser traumhafte Nachtisch kredenzt werden.

ERGIBT 4 PORTIONEN

Osterflecken

Einkaufsliste:

500 g glattes Mehl
30 g Germ
ca. 1/8 l Milch
220 g Butter
100 g Staubzucker
5 g Salz
2 Eier
3 Dotter
100 g ungeschwefelte Rosinen
einige Spritzer Rum
geriebene Schaler einer Zitrone und Orange

Dotter zum Bestreichen
Butter für das Blech

Vorbereitung:

Die Germ in wenig lauwarmer Milch auflösen und mit etwas gesiebtem Mehl zu einem weichen Teig verrühren; an der Oberfläche mit Mehl bestäuben und an einem warmen Ort gehen lassen. Das restliche Mehl am besten im Backrohr bei 50 Grad vorwärmen und auf eine Arbeitsfläche sieben; wenn der Vorteig schön aufgegangen ist, zum Mehl geben und mit der weichen Butter, dem Salz, der restlichen warmen Milch, sowie den Dottern, den Eiern und dem gesiebten Staubzucker zu einem glatten, nicht zu weichen Teig verarbeiten; zudecken und an einem warmen Ort eine halbe Stunde gehen lassen. Die Rosinen verlesen und mit dem Rum beträufeln.

Zubereitung:

Zitronen- und Orangenschale, sowie die Rosinen, zum Teig geben (oberes Bild) und gut einarbeiten; den Teig wieder zu einer Kugel formen und zugedeckt nochmals eine halbe Stunde gehen lassen; danach halbieren, wiederum zu Kugeln formen und ein drittes Mal schön aufgehen lassen; mit einem in Mehl getauchten Schöpfer in die Mitte eine Vertiefung drücken (mittleres Bild), sodaß ein sehr dicker Rand entsteht; die Teigflecken mit versprudeltem Dotter bestreichen, auf ein gebuttertes Backblech setzen und noch ein letztes Mal gehen lassen; mit einem Holzspießchen zackenförmig einstechen (unteres Bild) und im vorgeheizten Backrohr bei 180-190 Grad etwa 50 Minuten zu schöner Farbe backen; erst nach dem völligen Erkalten in Stücke aufschneiden.
Ein Osterbrot mit Tradition – für die Kaffeejause wie geschaffen!

ERGIBT 2 BROTE = 24 STÜCK

Ochsenschlepp

auf böhmische Art

Einkaufsliste:

1,2 kg Ochsenschlepp,
in Stücke gehackt
Salz, Pfeffer aus der Mühle
1 Zwiebel
1 gelbe Rübe
1 Karotte
ein Lorbeerblatt
etwas Zitronenschale
ein Schuß Essig
2 Knoblauchzehen
1 Bund Petersilie
30 g glattes Mehl
1/8 l Sauerrahm oder
Crème fraîche
40 g Schmalz

gehackte Petersilie zum
Bestreuen

ERGIBT 4 PORTIONEN

Vorbereitung:

Karotte und gelbe Rübe waschen, schälen und in kleine Stücke schneiden; Zwiebel schälen und hakken; das Fleisch mit Salz und mit Pfeffer aus der Mühle würzen (oberes Bild). Zwei Liter Wasser zum Kochen bringen; Fleisch, Wurzelwerk, Zwiebel, Lorbeer, Zitronenschale und Essig beifügen und alles zusammen zugedeckt, auf kleiner Flamme, nicht zu weich kochen; das Fleisch aus der Suppe nehmen und vom Knochen lösen; die Suppe abseihen und bereithalten; das Wurzelwerk durch ein feines Sieb streichen.

Zubereitung:

Knoblauch schälen und fein zerdrücken; Petersilie waschen und fein hacken. Das Schmalz erhitzen und das Mehl darin dunkel anrösten; den Knoblauch dazugeben, kurz mitrösten und mit so viel Kochsud aufgießen, daß eine dickere Sauce entsteht; Fleisch, Gemüsepüree, Sauerrahm oder Crème fraîche einrühren (unteres Bild) und einige Minuten glatt verkochen lassen; das Ganze nötigenfalls abschmecken und vor dem Auftragen mit gehackter Petersilie bestreuen. Dazu empfehlen wir Ihnen als Beilage Serviettenknödel und als Getränk ein gut gekühltes Bier.

Mürber Schokoladekuchen

Einkaufsliste:

140 g Butter
140 g glattes Mehl
140 g geriebene, ungeschälte Mandeln
140 g Staubzucker
60 g Kochschokolade
1 Pkt. Vanillinzucker
geriebene Schale einer halben Zitrone
3 Dotter
ein Stückchen Butter

Ei zum Bestreichen
gestiftelte Mandeln zum Belegen
Marillenmarmelade zum Überglänzen

Vorbereitung:

Das Mehl mit dem Staubzucker auf eine Arbeitsfläche sieben und in der Mitte eine Vertiefung machen; die kalte Butter in Flocken rundum verteilen; die Schokolade erweichen und in die Mehlmulde gießen; Mandeln, Zitronenschale und Vanillinzucker beifügen (oberes Bild) und die Zutaten gut abbröseln; die Dotter dazugeben und alles zusammen zu einem glatten Teig verkneten, den man in ein und zwei Drittel teilt; unter das eine Drittel ein Stückchen Butter kneten, damit eine dressierfähige Masse entsteht.

Zubereitung:

Die zwei Teigdrittel in eine Tortenform legen und die Oberfläche flachdrükken; das restliche Teigdrittel in einen Dressiersack (glatte Tülle Nr. 5) füllen und damit ein Teiggitter aufdressieren; dieses mit versprudeltem Ei bestreichen und mit Mandelstiften belegen (unteres Bild); den Mürbteig sodann im vorgeheizten Backrohr bei 170 Grad etwa eine Stunde lang bakken und in der Form erkalten lassen; die Torte aus der Form lösen, an der Oberfläche mit erhitzter Marmelade überglänzen und portionieren.

Eine himmlische Mehlspeise für die Feiertage!

ERGIBT 12 STÜCK

Gebackener Zander

leicht und bekömmlich

Einkaufsliste:

600 g Zanderfilets à 80 g
Saft einer Limette
Salz, weißer Pfeffer
einige Spritzer Worcestersauce
1 Bund Petersilie
1 Lorbeerblatt
Mehl und Semmelbrösel zum Panieren

Öl zum Backen
Petersilie und Limettenscheiben zum Garnieren

ERGIBT 4 PORTIONEN

Vorbereitung:

Petersilie waschen und hacken; die Fischfilets salzen, pfeffern und mit Limettensaft und Worcestersauce beträufeln; sodann mit gehackter Petersilie und Lorbeerstückchen bestreuen; solchermaßen vorbereitet, eine Stunde kaltstellen.

Zubereitung:

Die Filets mit Küchenkrepp trokkentupfen; in einem Gemisch aus einem Teil Mehl und zwei Teilen Semmelbrösel panieren; in heißem Öl schwimmend, ausbacken und auf Küchenkrepp gut abtropfen lassen; die Filets auf einer vorgewärmten Platte anrichten und, mit Limettenscheiben und Petersilie garniert, sogleich auftragen.
Als passende Beilage schlagen wir Kräutersauce und Salzkartoferln vor; dazu trinkt man natürlich spritzigen Weißwein, am besten einen Riesling.

Broccoli-Schöberlsuppe

Einkaufsliste:

50 g Butter
eine Prise Salz
3 Eier
80 g glattes Mehl
Pfeffer aus der Mühle
1 kleine Schalottenzwiebel
300 g Broccoli
20 g Butter
geriebener Parmesan zum Bestreuen
Butter und Brösel für das Blech
gehackte Petersilie zum Bestreuen
1 l fertige, kräftige Rindsuppe

ERGIBT 4 – 6 PORTIONEN

Vorbereitung:

Broccoli waschen, putzen und grob hacken; Zwiebel schälen und fein hacken. In einer Pfanne 20 g Butter erhitzen und die Zwiebel darin glasig anrösten; den Broccoli beifügen und auf kleiner Flamme ein paar Minuten andünsten; das Gemüsegemisch in einem Sieb gut abtropfen und erkalten lassen.

Zubereitung:

Die Butter auf Handwärme bringen und mit einer Prise Salz sehr schaumigrühren; nach und nach die Dotter beigeben und wieder schaumigrühren. Die Eiklar mit einer Prise Salz zu steifem Schnee schlagen; zusammen mit dem gesiebten Mehl und dem Gemüse unter den Dotterabtrieb heben und zuletzt mit Salz und Pfeffer abschmecken; die Masse sodann fingerdick auf ein gebuttertes und mit Bröseln bestreutes Blech streichen; mit geriebenem Parmesan bestreuen und im vorgeheizten Backrohr bei 210 Grad etwa 15 Minuten lang backen. Das Schöberl danach in Würfel oder Karos schneiden und als Einlage in die kochendheiße Rindsuppe geben. Mit gehackter Petersilie bestreut, wird diese schmackhafte Suppe dampfendheiß aufgetragen.
Im übrigen eignen sich die Schöberln auch ganz hervorragend zum Tiefkühlen, sodaß Sie am besten gleich eine größere Menge auf Vorrat zubereiten.

Ein Rezept für Kalorienbewußte

Koteletts Cipriano

Einkaufsliste:

4 dicke Schweinskoteletts ohne Knochen, à 180 g
Salz, Pfeffer
5 Wacholderbeeren
4 Salbeiblätter
1 Bund Petersilie
je ein Zweig Thymian und Rosmarin
3 Knoblauchzehen
100 g Butter
1 EL Speisestärke
2 große Zwiebeln
1/4 l Rotwein
1/8 l Bratensaft

Vorbereitung:

Zwiebeln schälen und in feine Scheiben schneiden; Knoblauch schälen und fein hacken; Wacholderbeeren fein hacken; Thymian, Rosmarin, Salbei und Petersilie waschen und ebenfalls fein hacken; die Koteletts beidseitig mit Salz und Pfeffer einreiben (oberes Bild). 60 g Butter mit den Kräutern, dem Knoblauch und der Speisestärke verrühren; zu einer glatten Masse verarbeiten kaltstellen.

Zubereitung:

In jedes Kotelett mit einem kleinen Messerchen quer zur Fleischfaser einen taschenförmigen Einschnitt machen; die Kräuterbutter einfüllen und die Öffnung jeweils sorgfältig mit Küchenspagat vernähen. Die restliche Butter in einer Pfanne erhitzen und die Koteletts darin an beiden Seiten scharf anbraten; aus der Pfanne nehmen und warmstellen. Im Bratrückstand die Zwiebeln anschwitzen lassen und die Koteletts wieder einlegen; sodann mit Rotwein aufgießen (unteres Bild) und auf kleiner Flamme so lange dünsten, bis das Fleisch gar ist; danach aus der Pfanne nehmen und warmhalten. Den Saft abseihen, mit dem Bratensaft vermischen und zu schöner Saucenkonsistenz einkochen lassen; die Koteletts mit der Sauce anrichten und mit Paradeisrisotto zu Tisch bringen.

Dazu schlagen wir als Beilage frischen, grünen Salat und als Getränk einen blumigen Rotwein vor.

1 Portion enthält:

410 Kcal = 1722 K-Joule

ERGIBT 4 PORTIONEN

Knittelfelder Schnitten

mit Vanillecreme gefüllt

Vorbereitung:

Die Eiklar mit einer Prise Salz zu steifem Schnee schlagen; Zitronensaft und einen Teil des gesiebten Zuckers beifügen und wieder steif aufschlagen; nach und nach den restlichen Zucker einrieseln lassen; zu sehr zähem, festen Schnee aufschlagen und die Haselnüsse darunterziehen (oberes Bild); die Masse auf ein mit Backpapier ausgelegtes Blech streichen (unteres Bild) und im vorgeheizten Backrohr bei 180 Grad etwa 20 Minuten lang backen; sodann auf eine mit Staubzucker bestreute Arbeitsfläche stürzen und das Papier abziehen.

Zubereitung:

Vier Eßlöffel Kristallzucker mit einem Eßlöffel Wasser verrühren und einmal aufkochen lassen; das Kirschwasser einrühren und diesen sogenannten Läuterzucker erkalten lassen. Für die Creme das Puddingpulver mit der Milch, dem Staub- und Vanillinzucker, sowie den Dottern glatt verrühren; über dem heißen Wasserbad so lange aufschlagen, bis die Masse dick wird; die Creme danach gut auskühlen lassen. Die Butter auf Handwärme bringen und sehr schaumigrühren; die Creme nach und nach einrühren und wieder schaumigschlagen. Den Kuchenboden in drei gleich breite Streifen schneiden und diese mit dem Läuterzucker beträufeln; zwei Schnitten mit Creme bestreichen, zusammensetzen und mit der dritten Schnitte abdecken. Die restliche Creme an Rand und Oberfläche verstreichen und mit den Mandeln bestreuen; die Schnitte für drei Stunden in den Kühlschrank stellen und erst danach portionieren.

Einkaufsliste:

6 Eiklar
250 g Staubzucker
Saft einer Zitrone
eine Prise Salz
250 g geröstete, geriebene Haselnüsse

4 EL Feinkristallzucker
1 kleines Stamperl Kirschwasser

Creme:

1/2 Pkt. Vanillepuddingpulver
1/8 l Milch
1 Pkt. Vanillinzucker
120 g Staubzucker
140 g Butter
5 Dotter

Backpapier für das Blech
geschälte, gehackte Mandeln zum Bestreuen

Eine besonders feine Mehlspeise aus der Steiermark – sehr zu empfehlen für Ihren sonntäglichen Kaffeetisch!

ERGIBT 12 STÜCK

Pichelsteiner Koteletts

Ein Rezept für Kalorienbewußte

Vorbereitung:

Zwiebel schälen und feinst hacken; Karotten kurz blanchieren und gut abtropfen lassen; Petersilie waschen und fein hacken; Champignons waschen, putzen, feinblättrig aufschneiden und mit Zitronensaft beträufeln. Die Koteletts kurz unter fließendem kalten Wasser abspülen, trockentupfen und mit Salz und Pfeffer einreiben (oberes Bild).

Zubereitung:

Das Öl in einer geräumigen Pfanne erhitzen und die Koteletts darin beidseitig zu schöner Farbe braten; aus der Pfanne nehmen und in eine feuerfeste Form legen. Den Bratrückstand entfetten und die Zwiebel darin hell anrösten; zusammen mit den Champignons, den Karotten und der Petersilie über das Fleisch geben; mit Bratensaft und Suppe aufgießen und die Form gut mit Alu-Folie verschließen (unteres Bild); das Ganze für etwa zwei Stunden bei 150 Grad in das Backrohr stellen. Die Koteletts sodann mit etwas Gemüse und Saft anrichten und, mit Petersilie bestreut, zu Tisch bringen.

Als Beilage zu diesem köstlichen Fleischgericht empfehlen wir Ihnen beliebige Teigwaren, in Butter geschwenkt.

1 Portion enthält:

490 Kcal = 1958 K-Joule

ERGIBT 4 PORTIONEN

Einkaufsliste:

4 Schweinskoteletts mit Knochen, à 200 g
Salz, Pfeffer aus der Mühle
1 mittlere Zwiebel
1 Pkt. Babykarotten, tiefgekühlt
250 g Champignons
Saft einer Zitrone
1 Bund Petersilie
50 g Öl
1/4 l Rindsuppe
1/8 l Bratensaft

gehackte Petersilie zum Bestreuen

Erdbeer-Potize

aus Germteig

Einkaufsliste:

450 g glattes Mehl
einige EL Schlagobers
20 g Germ
40 g Staubzucker
50 g Butter
2 Eier
1 Dotter
geriebene Schale einer halben Zitrone
eine Prise Salz
etwas Vanillinzucker
ca. 1/8 l Milch
350 g Erdbeeren
Saft einer Zitrone
ca. 150 g Kristallzucker
1 kleines Stamperl Cointreau

Butter für die Pfanne
Staubzucker zum Bestreuen

ERGIBT 12 STÜCK

Vorbereitung:

Das Mehl auf eine Arbeitsfläche sieben und in der Mitte eine Mulde machen; das Obers etwas erwärmen und die Germ darin auflösen; in die Vertiefung gießen und mit etwas Mehl einen weichen Vorteig bereiten; an der Oberfläche mit Mehl bestäuben und eine halbe Stunde gehen lassen. Die Erdbeeren waschen, abzupfen und halbieren; mit Zucker nach Geschmack (je nach Süße der Früchte) und dem Zitronensaft vermengen; gut durchkochen, daß eine dicke Sauce entsteht; durch ein feines Sieb streichen, erkalten lassen und mit dem Cointreau verfeinern.

Zubereitung:

Die Butter erwärmen und zusammen mit dem gesiebten Zucker, den Eiern und dem Dotter, sowie Zitronenschale, Vanillinzucker, Salz und lauwarmer Milch nach Bedarf mit dem Vorteig vermengen; zu einem weichen Germteig verkneten und zugedeckt eine halbe Stunde rasten lassen; danach auf einer bemehlten Arbeitsfläche etwa 1/2 cm-dick ausrollen und mit der Erdbeersauce bestreichen (oberes Bild); zusammenrollen und den Strudel in eine gebutterte Pfanne legen; mit einem Holzstäbchen mehrmals einstechen (unteres Bild) und an einem warmen Ort wiederum eine halbe Stunde gehen lassen; danach im vorgeheizten Backrohr bei 180-185 Grad etwa eine Stunde lang backen. Die Potize erst nach dem völligen Erkalten aus der Pfanne nehmen und leicht mit Staubzucker übersieben.
Ein herrlicher, ausgiebiger Jausenkuchen für den Sonntag Nachmittag!

Gemüse-Fischsalat

eine delikate Vorspeise

Einkaufsliste:

200 g Karotten
100 g Sellerie
150 g Erbsen tiefgekühlt
200 g säuerliche Äpfel
Saft einer halben Zitrone
1 Staude Endiviensalat
5 EL Olivenöl
4 EL Essig
1 Bund Petersilie

300 g Dorschfilet
Salz, Pfeffer
einige Spritzer Tabasco-Sauce
40 g Öl

ERGIBT 4 PORTIONEN

Vorbereitung:

Karotten und Sellerie waschen, schälen und in kleine Würfel schneiden; in kochendem Salzwasser blanchieren, gut abtropfen und erkalten lassen. Die Erbsen ebenfalls kurz blanchieren, abtropfen und erkalten lassen. Die Äpfel schälen, halbieren und vom Kerngehäuse befreien; in kleine Würfel schneiden und mit Zitronensaft beträufeln. Petersilie waschen und fein hacken; das Olivenöl mit dem Essig, Salz, Pfeffer und Petersilie vermischen; Karotten, Erbsen, Sellerie und Äpfel vermengen, mit der Marinade übergießen und kaltstellen.

Zubereitung:

Die Dorschfilets mit Salz, Pfeffer und Tabasco würzen; in einer geräumigen Pfanne das Öl erhitzen, die Filets einlegen und beidseitig braten lassen; aus der Pfanne nehmen und kaltstellen. Den Endiviensalat waschen, putzen und in feine Streifen schneiden; eine Salatplatte damit auslegen und den marinierten Salat darauf anrichten. Die Fischfilets zerpflücken, den Salat damit belegen, leicht pfeffern und gut gekühlt servieren.

Eine an Vitaminen reiche und sehr bekömmliche Vorspeise!

Liwanzen

gegossene Germdalken

Einkaufsliste:

220 g glattes Mehl
40 g Staubzucker
15 g Germ
1/4 l Milch
geriebene Schale einer halben Zitrone
eine Prise Salz
2 Eier

Butter zum Backen
Zimt-Zuckergemisch zum Bestreuen

ERGIBT 4 PORTIONEN

Vorbereitung:

Die Germ in der Hälfte der lauwarmen Milch auflösen; ca. 100 g gesiebtes Mehl beifügen und das Ganze zu einem weichen Vorteig abschlagen; zugedeckt an einem warmen Ort eine halbe Stunde gehen lassen; danach das restliche gesiebte Mehl, den Zucker, sowie Zitronenschale, Salz und Dotter, samt der restlichen lauwarmen Milch dazugeben und alles gut abschlagen; den Teig sodann eine weitere halbe Stunde gehen lassen.

Zubereitung:

Die Eiklar mit einer Prise Salz zu steifem Schnee schlagen und unter den Germteig heben; diesen dünnflüssigen Teig ein drittes Mal gehen lassen. In einer Dalkenpfanne (ähnlich einer Spiegeleierpfanne, nur etwas flacher) Butter erhitzen; mit einem kleinen Schöpfer Teigportionen einlegen und beidseitig schön goldbraun anbacken; aus der Pfanne nehmen, mit Zimtzucker bestreuen und möglichst rasch servieren.
Zu dieser ländlichen Süßspeise kann man nach Belieben – wie zu den Dalken – Powidl, Marmelade oder Topfen reichen.

Mango-Oberstorte

Einkaufsliste:

4 Eier
100 g Kristallzucker
1 Pkt. Vanillinzucker
90 g glattes Mehl
30 g Kakaopulver
eine Prise Backpulver
60 g Marillenmarmelade

Butter und Mehl für die Form

1/4 l Milch
1/2 Pkt. Vanillepuddingpulver
1 großes Stamperl Maraschino
2 reife Mangofrüchte
Saft einer Zitrone
1 Dotter
Staubzucker nach Bedarf
1/2 l Schlagobers
6 Blatt Gelatine

geriebene Haselnüsse und
Schokolade zum Bestreuen

ERGIBT 12 STÜCK

Vorbereitung:

Die ganzen Eier mit dem Kristall- und Vanillinzucker über dem heißen Wasserbad dickschaumig aufschlagen; vom Feuer nehmen und so lange weiterschlagen, bis die Masse erkaltet ist; das Mehl mit dem Kakao- und Backpulver versieben und unter die Eiermasse heben (oberes Bild); in eine gefettete und bemehlte Tortenform füllen und bei 180 Grad etwa 35 Minuten lang backen. Die Torte in der Form erkalten lassen und nach einer Ruhezeit von zwei Stunden in zwei Böden schneiden; einen Tortenboden mit erhitzter Marmelade bestreichen und den zweiten daraufsetzen. Aus der Milch und dem Puddingpulver laut Packungsvorschrift einen Pudding bereiten; erkalten lassen und durch ein feines Sieb streichen.

Zubereitung:

Die Mangos schälen, vom Kern lösen und das Fruchtfleisch fein pürieren; mit dem Pudding, Maraschino, Zitronensaft und dem Dotter, sowie mit Staubzucker nach Geschmack, glatt verrühren. Die Gelatine in kaltem Wasser vorweichen, gut ausdrücken und in ganz wenig heißem Wasser auflösen; das Obers steif aufschlagen und zusammen mit der Gelatine unter den Pudding ziehen. Den gefüllten Tortenboden in die Form zurücklegen und die Obersmasse daraufgeben (unteres Bild); die Oberfläche glattstreichen und die Torte für 4-6 Stunden in das Tiefkühlfach stellen; danach aus der Form lösen und mit einem Gemisch aus geriebenen Haselnüssen und geriebener Schokolade an Oberfläche und Rand bestreuen; aufgeschnitten wird die Torte sodann mit einem in heißes Wasser getauchten, abgetrockneten Messer.

Gerollter Rostbraten „Berti"

Ein Rezept für Kalorienbewußte

Vorbereitung:

Zwiebel schälen, halbieren und in Streifen schneiden; Karotte und gelbe Rübe waschen, schälen und in nicht zu dünne Streifen schneiden; die Essiggurkerln kurz kalt waschen, trockentupfen und ebenfalls in Streifen schneiden; das Fleisch etwas ausklopfen und mit Salz und Pfeffer würzen (oberes Bild).

Zubereitung:

Die Rostbraten dünn mit Senf bestreichen und mit den Füllezutaten belegen; zusammenrollen, mit Küchenspagat binden und auch außen mit Pfeffer aus der Mühle würzen (unteres Bild). In einer geräumigen Pfanne das Öl erhitzen und die Rouladen darin rundum zu schöner Farbe braten; aus der Pfanne nehmen und warmstellen. Den Bratrückstand entfetten und mit Mehl stauben; leicht anrösten, mit Bratensaft oder Rindsuppe aufgießen und verkochen lassen; die Rouladen wieder einlegen und auf kleiner Flamme weichdünsten, wobei man mit noch etwas Saft oder Suppe aufgießt; die Rouladen vom Spagat befreien und in ein passendes Geschirr setzen; sodann mit geriebenem Käse bestreuen und mit zerlassener Butter beträufeln; bei 220 Grad noch einmal kurz überbacken. Den Saft abseihen, mit den Rouladen anrichten und sogleich servieren.
Als Beilage zu diesen delikaten Rindsrouladen empfehlen wir Ihnen Teigwaren und frischen Salat, als Getränk einen blumigen Rotwein.

1 Portion enthält:

239 Kcal = 1004 K-Joule

ERGIBT 4 PORTIONEN

Einkaufsliste:

4 Rostbraten à 120 g
Salz, Pfeffer aus der Mühle
1 EL scharfer Senf
1 Zwiebel
1 Karotte
1 gelbe Rübe
2 Essiggurkerln
50 g Öl
etwas Mehl zum Stauben
Bratensaft oder Rindsuppe zum Aufgießen

geriebener Parmesan zum Bestreuen
Butter zum Beträufeln

Topfenguglhupf aus Germbuchteln

Einkaufsliste:

Teig:

350 g glattes Mehl
20 g Germ
Milch nach Bedarf
90 g Staubzucker
70 g Butter
eine Prise Salz
3 Dotter
2 Eier
geriebene Schale einer halben Zitrone
1/2 Pkt. Vanillinzucker

Fülle:

250 g passierter Topfen
80 g kandierte Kirschen
50 g Staubzucker
2 Eier
1 kleines Stamperl Rum
1 Pkt. Vanillepuddingpulver
geriebene Schale einer halben Zitrone

Butter für die Form
Ei zum Bestreichen
Staubzucker zum Bestreuen

ERGIBT 12 STÜCK

Vorbereitung:

Das Mehl in eine tiefe Schüssel sieben und in der Mitte eine Mulde machen; die Germ in wenig lauwarmer Milch auflösen und in die Vertiefung gießen; mit etwas Mehl zu einem weichen Vorteig verrühren, an der Oberfläche mit Mehl bestäuben und zugedeckt aufgehen lassen; danach mit den restlichen Teigzutaten zu einem glatten, nicht zu festen Teig verarbeiten, der seidig glänzen soll; zudecken und an einem warmen Ort eine halbe Stunde gehen lassen. Die kandierten Kirschen klein hacken; für die Fülle den Topfen mit dem Staubzucker, den Kirschen, den Eiern, sowie dem Rum, dem Puddingpulver und der Zitronenschale, glatt verrühren.

Zubereitung:

Den Teig auf einer bemehlten Arbeitsfläche kleinfingerdick ausrollen; in Quadrate schneiden und jeweils einen Eßlöffel Fülle daraufsetzen; zu Buchteln drehen und die Teigzipfel gut zusammendrücken (oberes Bild). Eine Guglhupfform ausfetten und eine Schichte Buchteln einlegen; mit versprudeltem Ei bestreichen und wieder eine Schichte Buchteln daraufsetzen (unteres Bild); diesen Vorgang so oft wiederholen, bis alle Buchteln aufgebraucht sind; an einem warmen Ort schön aufgehen lassen und danach im vorgeheizten Backrohr bei 190 Grad etwa 50 Minuten lang backen; aus dem Rohr nehmen und ungefähr 10 Minuten in der Form stehen lassen; sodann auf ein Kuchengitter stürzen und erst nach dem völligen Erkalten mit Staubzucker übersieben.
Ein nicht alltäglicher Guglhupf für die Kaffeejause!

Spinatsuppe *mit Kräutern*

Einkaufsliste:

300 g Blattspinat
300 g mehlige Erdäpfel
40 g magerer Speck
2 EL Öl
30 g glattes Mehl
1 EL feingehackte Zwiebel
1/2 Knoblauchzehe
1 l fertige Rindsuppe
Salz, Pfeffer
eine Prise gemahlene Muskatnuß
1 Pkt. 8-Kräuter tiefgekühlt

ERGIBT 4 PORTIONEN

Vorbereitung:

Den Spinat putzen, von Blattstielen und harten Teilen befreien und gründlich waschen; sodann in siedendem Salzwasser blanchieren, in einem Sieb gut abtropfen lassen und grob hacken. Die Erdäpfel waschen, schälen und in nußgroße Würfel schneiden; Knoblauch schälen und fein hacken; den Speck von der Schwarte schneiden und sehr fein würfeln.

Zubereitung:

Das Öl erhitzen und darin den Speck, die Zwiebel, den Knoblauch und das Mehl rösten; danach mit der Rindsuppe aufgießen und alles glatt verkochen lassen; die Erdäpfel und den Spinat beifügen und auf kleiner Flamme weichdämpfen; zum Schluß mit Salz, Pfeffer und Muskat würzen und die Kräuter dazugeben.

Diese wohlschmeckende Frühlingssuppe muß unbedingt sehr heiß aufgetragen werden.

Lammsteaks in Paradeissauce

Einkaufsliste:

4 Lammsteaks vom Schlegel, à 160 g
Salz, Pfeffer aus der Mühle
eine Prise Rosmarin
etwas Thymian und Majoran
ein Spritzer Worcestersauce
800 g reife Paradeiser
4 Knoblauchzehen
1 große Zwiebel
60 g Olivenöl
etwas Zitronensaft
1 Bund Petersilie
2 EL Paradeismark
300 g Champignons

in Butter geröstetes Weißbrot und Speckfisolen zum Garnieren

Vorbereitung:

Das Fleisch kurz kalt waschen und trockentupfen; mit Salz, Pfeffer, Rosmarin, Thymian, Majoran und Worcestersauce würzen; solchermaßen vorbereitet, zwei Stunden im Kühlen marinieren lassen. Die Paradeiser kurz in kochendheißes Wasser tauchen und schälen; Zwiebel und Knoblauch schälen und fein hacken; Petersilie waschen und fein hacken.

Zubereitung:

Das Olivenöl in einer geräumigen Pfanne erhitzen und die Steaks darin beidseitig zu schöner Farbe braten; aus der Pfanne nehmen und warmstellen. Den Bratrückstand entfetten und darin die Zwiebel samt dem Knoblauch hell anrösten; sodann Paradeismark, Petersilie, Thymian und Majoran dazugeben und kurz mitrösten; die Paradeiser zerdrücken, ebenfalls beifügen und das Ganze zum Schluß noch mit Zitronensaft, Salz und Pfeffer würzen; auf kleiner Flamme glatt verkochen lassen und danach durch ein feines Sieb streichen. Die Champignons waschen und blättrig aufschneiden; zusammen mit dem Fleisch in die Sauce geben und zugedeckt weichdünsten.

Die Steaks auf vorgewärmten Tellern anrichten, mit gerösteten Weißbrotschnitten und Speckfisolen garnieren, und möglichst rasch zu Tisch bringen.

ERGIBT 4 PORTIONEN

Gefüllte Gans

Aus Großmutters Kochbuch

Vorbereitung:

Die Semmeln in dicke Scheiben schneiden und in der Milch anweichen; Zwiebel schälen und fein hacken; die Gänseleber in etwa nußgroße Stücke schneiden; Petersilie waschen und fein hacken; die Champignons waschen, putzen und in dickere Scheiben schneiden (oberes Bild). 30 g Öl oder Gänseschmalz erhitzen und darin die Leber samt der Zwiebel anbraten; die Champignons beifügen, etwas mitbraten und erkalten lassen. Die Semmeln sehr gut ausdrücken und in der heißen Butter auf kleiner Flamme so lange rösten, bis sich die Masse von Geschirr und Kochlöffel löst; danach erkalten lassen.

Zubereitung:

Die Semmelmasse mit der Leber, der Petersilie, sowie mit Ei und Dotter vermengen; sodann mit Salz und Pfeffer würzig abschmecken. Die Gans innen und außen gründlich waschen und trockentupfen; innen mit Majoran und außen mit Salz einreiben; die Fülle hineinstopfen und die Öffnung mit Küchenspagat vernähen; die Gans so zusammenbinden, daß sie beim Braten ihre Form behält; in eine passende Bratpfanne legen und mit 30 g sehr gut erhitztem Öl übergießen (unteres Bild); anschließend bei 180-190 Grad, unter häufigem Begießen mit Hühnersuppe, im Backrohr zwei bis drei Stunden garbraten. Den Spagat entfernen und die Gans zerteilen; auf einer vorgewärmten Platte anrichten, mit Kresse garnieren und mit dem entfetteten Saft zu Tisch bringen.

Ein herrlich knuspriges Geflügel für den Sonntagstisch!

Einkaufsliste:

1 bratfertige Gans, ca. 2,5 kg
Salz, Pfeffer
eine Prise Majoran
4 Semmeln
Milch zum Anweichen
60 g Butter
1 Gänseleber
80 g Zwiebel
30 g Öl oder Gänseschmalz
2 Dotter
1 Ei
1 Bund Petersilie
4 große, schöne Champignons
30 g Öl
Hühnersuppe zum Übergießen
Kresse zum Garnieren

ERGIBT 6 PORTIONEN

Bröselkuchen

Einkaufsliste:

120 g Butter
150 g Staubzucker
150 g Kochschokolade
200 g feine Biskuit- oder Biskottenbrösel
100 g Pinienkerne
3 Eier
1 Dotter
eine Prise Salz
1 Pkt. Vanillinzucker
1 kleines Stamperl Rum

Butter und Brösel für die Form
Staubzucker zum Bestreuen

Vorbereitung:

Die Pinienkerne fein hacken; die Schokolade erwärmen und zergehen lassen; die Butter auf Handwärme bringen und mit dem gesiebten Staubzucker, dem Vanillinzucker und einer Prise Salz sehr schaumigrühren; nach und nach die Eier, den Rum und den Dotter beifügen und wieder schaumigrühren; zum Schluß die feingeriebenen Brösel, die Pinien und die Schokolade einrühren (oberes Bild).

Zubereitung:

Eine Kastenform mit Butter ausstreichen und mit Bröseln ausstreuen; die Masse in die Form füllen (unteres Bild) und an der Oberfläche glattstreichen; sodann im vorgeheizten Backrohr bei 180 Grad etwa eine Stunde lang backen (Nadelprobe!). Den Kuchen in der Form überkühlen lassen, aus der Form stürzen und mit Staubzucker bestreuen; erst nach dem völligen Erkalten in Portionen aufschneiden.

ERGIBT 12 STÜCK

Windtorte

mit Erdbeer-Buttercreme

Vorbereitung:

Die Eiklar mit dem Zitronensaft und der halben Zuckermenge steif aufschlagen; nach und nach den restlichen Zucker einrieseln lassen und nochmals zu sehr steifem, schnittfähigen Schnee schlagen; die Mandeln behutsam unterziehen und die Masse in einen Dressiersack mit glatter Tülle Nr. 8 füllen; drei Böden in der Größe einer Tortenform, sowie 12 Busserln und 12 Stangerln auf ein mit Backpapier ausgelegtes Blech dressieren; mit Staubzucker bestreuen (oberes Bild) und im vorgeheizten Backrohr bei 180 Grad etwa 15 Minuten lang hell backen (die Böden sollen innen noch weich und saftig sein); die Windstücke danach sofort vom Blech lösen.

Zubereitung:

Die Butter auf Handwärme bringen und mit dem gesiebten Staubzucker, dem Vanillinzucker, sowie dem Vanillepudding verkneten und sehr schaumigrühren; nach und nach das Kirschwasser beigeben und wieder schaumigrühren. Die Erdbeeren waschen, abzupfen und in kleine Stücke schneiden; ungefähr ein Drittel der Creme auf einen Tortenboden streichen und einen Teil der Erdbeeren darauf anordnen; den zweiten Boden daraufsetzen, wieder mit einem Drittel der Creme bestreichen und mit Erdbeeren belegen (unteres Bild); den dritten Boden aufsetzen und die Torte an Oberfläche und Rand mit Creme einstreichen. Die restliche Creme in einen Dressiersack (Sterntülle Nr. 5) füllen und damit portionsweise Rosetten aufdressieren; die Torte sodann an der Oberfläche und seitlich mit Biskuitbröseln und geriebenen Mandeln bestreuen; außen herum mit halbierten Baiserstangerln garnieren und jede Rosette mit einem Baiserplätzchen verzieren; zu allerletzt mit Erdbeeren belegen und für zwei Stunden in den Kühlschrank stellen. Mit einem in heißes Wasser getauchten, abgetrockneten Messer wird diese cremig-fruchtige Torte portioniert.

Einkaufsliste:

6 Eiklar
240 g Feinkristallzucker
Saft einer halben Zitrone
250 g geriebene, ungeschälte Mandeln
Staubzucker zum Bestreuen

250 g Butter
90 g Staubzucker
1 Pkt. Vanillinzucker
1/8 l fertiger Vanillepudding
2 große Stamperln Kirschwasser

250 g reife, feste Erdbeeren
geriebene Mandeln und Biskuitbrösel zum Bestreuen
Backpapier für das Blech

ERGIBT 12 STÜCK

Madeira-Kalbsnieren

mit überbackenen Erdäpfeln

Einkaufsliste:

500 g schön geputze Kalbsnieren
Salz, Pfeffer aus der Mühle
40 g Butter
1 kleines Stamperl Gin
1/8 l Madeira-Wein
1/8 l Bratensaft
1/2 Bund Petersilie
10 Wacholderbeeren

400 g gekochte Erdäpfel
geriebener Käse zum Bestreuen
Butter zum Beträufeln

ERGIBT 4 PORTIONEN

Vorbereitung:

Die Nierndерln gründlich putzen und unter fließendem, kalten Wasser waschen; danach trockentupfen und in Würfel schneiden. Petersilie waschen und fein hacken; die Erdäpfel schälen und in nicht zu dünne Scheiben schneiden; in vier Portionen aufteilen und diese auf ein gefettetes Backblech setzen; jeweils mit Käse bestreuen und mit erhitzter Butter beträufeln.

Zubereitung:

Die Niere mit Salz und Pfeffer würzen; die Butter in einer passenden Pfanne erhitzen, die Niere beifügen und rasch an allen Seiten braten; sodann mit dem Gin flambieren und mit dem Madeira-Wein ablöschen; zuletzt mit Bratensaft aufgießen, Petersilie und Wacholder dazugeben und einige Minuten weiterdünsten lassen. Währenddessen die Erdäpfelscheiben im Backrohr bei 230 Grad überbacken und mit der Niere zu Tisch bringen.
Ein überaus köstliches, schmackhaftes Pfannengericht!

Knoblauchsuppe

mit gerösteten Brotschnitten

Einkaufsliste:

1 mittlere Zwiebel
1 Knoblauchknolle
40 g Schmalz oder Butter
20 g glattes Mehl
1 1/2 l fertige Rindsuppe
1/8 l Crème fraîche
Salz, Pfeffer aus der Mühle
einige Spritzer Worcestersauce

in Schmalz oder Butter
geröstete Brotschnitten
gehackte Petersilie zum
Bestreuen

Vorbereitung:

Zwiebel schälen und fein hacken; Knoblauch schälen und ebenfalls fein hacken. Schmalz oder Butter in einem geräumigen Topf erhitzen; Zwiebel, Knoblauch und Mehl beifügen und unter ständigem Rühren zu goldbrauner Farbe rösten.

Zubereitung:

Das Zwiebel-Knoblauchgemisch mit der kalten Suppe aufgießen und glatt verrühren; danach etwa eine halbe Stunde auf kleiner Flamme köcheln lassen; in den letzten zehn Kochminuten die Crème fraîche unterrühren und mitkochen lassen. Die Suppe zum Schluß mit Salz, frisch gemahlenem Pfeffer und Worcestersauce würzen und die gerösteten Brotschnitten als Einlage geben.
Mit Petersilie bestreut, wird diese kräftigende und gesunde Suppe dampfendheiß aufgetragen.

ERGIBT 4 PORTIONEN

Früchtekuchen

mit Schokoladeglasur

Einkaufsliste:

80 g Staubzucker
8 Dotter
1 Ei
1 Pkt. Vanillinzucker
110 g glattes Mehl
40 g Zitronat
40 g Aranzini
40 g Korinthen
40 g gemischte, kandierte Früchte

Butter und Mehl für die Form
200 g fertige Schokoladeglasur
100 g Marillenmarmelade
kandierte Kirschen zum Belegen

ERGIBT CA. 16 STÜCK

Vorbereitung:

Die Dotter mit dem ganzen Ei, dem gesiebten Staubzucker und dem Vanillinzucker im heißen Wasserbad dickschaumig aufschlagen; vom Wasserbad nehmen und kaltschlagen; die Früchte klein hacken, mit dem Mehl vermengen und unter den Abtrieb ziehen (oberes Bild).

Zubereitung:

Zwei Kastenformen mit Butter ausstreichen und mit Mehl bestäuben; die Masse zu gleichen Teilen in die Formen füllen (unteres Bild) und an der Oberfläche glattstreichen; danach im vorgeheizten Backrohr bei 180 Grad etwa 35 Minuten lang backen. Die Kuchen in der Form überkühlen lassen, noch warm aus der Form lösen und auf einem Kuchengitter vollständig erkalten lassen; sodann mit erhitzter Marmelade dünn bestreichen; mit der laut Packungsvorschrift aufgelösten (oder selbst zubereiteten) Schokoladeglasur gleichmäßig überziehen und zu guter Letzt mit kandierten Kirschen portionsweise belegen.
Nach dem Erstarren der Glasur wird dieser vortreffliche Jausenkuchen mit einem in heißes Wasser getauchten Messer aufgeschnitten.

Andrássy-Gulyás

feurig und pikant

Einkaufsliste:

800 g Gulaschfleisch vom Rind (Hals oder Wadschinken)
400 g Zwiebeln
je 1 roter und grüner Paprika
Salz, Pfeffer
eine Prise Kümmel
2 Knoblauchzehen
40 g Schmalz oder Öl
40 g edelsüßes Paprikapulver
300 g mehlige Erdäpfel
4 Paradeiser
1/4 l Sauerrahm

eingelegte, scharfe Pfefferoni und gehackte Petersilie zum Garnieren

ERGIBT 4 PORTIONEN

Vorbereitung:

Zwiebeln schälen und in feine Streifen schneiden; Paprikaschoten waschen, halbieren, ausputzen und in Streifen schneiden. Knoblauch schälen und zerdrücken; das Fleisch in Würfel schneiden und mit Salz, Pfeffer, sowie Kümmel und Knoblauch würzen (oberes Bild). Das Schmalz oder Öl in einer Kasserolle erhitzen; das Fleisch zusammen mit den Zwiebeln darin anbraten; sodann die Paprikastreifen und das Paprikapulver beifügen und mit etwas Wasser oder Rindsuppe aufgießen; das Fleisch zugedeckt nicht ganz weich dünsten.

Zubereitung:

Die Erdäpfel waschen, schälen und klein würfeln; die Paradeiser kurz in kochendes Wasser tauchen, schälen und vierteln. Erdäpfel, Paradeiser und Sauerrahm in das Gulasch geben (unteres Bild) und das Ganze nötigenfalls abschmecken; zugedeckt eine weitere halbe Stunde dünsten lassen; anrichten, mit scharfem Pfefferoni garnieren und mit gehackter Petersilie bestreuen.
Mit Nockerln oder Tarhonya als Beilage, wird diese ungarische Spezialität möglichst heiß zu Tisch gebracht. In unserem Nachbarland wird das Andrássy-Gulyás auch gerne in kleinen Silberkesseln kredenzt.

Erdbeertorte

aus feinem Germteig

Einkaufsliste:

280 g glattes Mehl
3 EL Schlagobers
20 g Germ
100 g Butter
90 g Staubzucker
4 Dotter
1 Pkt. Vanillinzucker
geriebene Schale einer halben Zitrone
eine Prise Salz
2 Eiklar
50 g geriebene Mandeln
350 g Erdbeeren

Ei zum Bestreichen
Butter für die Form
Staubzucker zum Bestreuen

ERGIBT 12 STÜCK

Vorbereitung:

Das Obers erwärmen und die Germ darin auflösen; mit etwas gesiebtem Mehl zu einem weichen Vorteig verrühren, den man an einem warmen Ort gehen läßt. Die Butter erweichen und mit der Hälfte des gesiebten Zuckers sehr schaumigrühren; nach und nach die Dotter, sowie den Vanillinzucker, das Salz und die Zitronenschale einrühren und alles zusammen nochmals sehr schaumigrühren. Die Eiklar mit dem restlichen Zucker zu steifem Schnee schlagen und unter den Butterabtrieb heben; zuletzt das gesiebte Mehl, die Mandeln und den Vorteig einmengen (oberes Bild) und alles zu einem glatten Teig verarbeiten.

Zubereitung:

Die Hälfte des Teiges in eine gebutterte Tortenform füllen und mit dreiviertel der Erdbeermenge belegen; den restlichen Teig daraufgeben und mit den bemehlten Händen die Oberfläche glattdrücken; mit versprudeltem Dotter bestreichen und portionsweise mit halbierten Erdbeeren belegen (unteres Bild); den Germteig an einem warmen Ort eine halbe Stunde gehen lassen und danach im vorgeheizten Backrohr bei 175 Grad etwa eine Stunde lang backen; in der Form erkalten lassen, aus der Form lösen und leicht mit Staubzucker bestreuen.
Ein Germkuchen besonderer Art für die Sonntagsjause!

Kalte Joghurt-Früchtecreme

Einkaufsliste:

1/4 l Joghurt
1/4 l Schlagobers
1 Ei
50 g Staubzucker
1/2 Pkt. Vanillinzucker
4 Blatt Gelatine
etwas Zitronensaft
1 großes Stamperl Cointreau
200 g Mandarinen aus der Dose
einige Cocktailkirschen
1 Kiwi

Vanille- und Erdbeersauce zum Garnieren

ERGIBT 6 PORTIONEN

Vorbereitung:

Die Mandarinen aus der Dose nehmen und gut abtropfen lassen; kleine Parfaitförmchen mit den Mandarinenspalten und den Cocktailkirschen am Boden auslegen; Kiwi schälen und in kleine Stücke schneiden; mit den restlichen Mandarinen, den Kirschen, sowie dem Zitronensaft und dem Cointreau, vermengen und kaltstellen. Die Gelatine in kaltem Wasser vorweichen.

Zubereitung:

Das Obers steif aufschlagen und mit dem Joghurt verrühren; das Ei mit dem Staub- und Vanillinzucker über dem heißen Wasserbad dickcremig aufschlagen; vom Wasserbad nehmen und so lange weiterschlagen, bis die Masse erkaltet ist. Die Gelatine ausdrücken und in ganz wenig heißem Wasser auflösen; zusammen mit dem Obersgemisch unter den Eischaum heben, die Früchte behutsam darunterziehen und diese Masse sodann in die vorbereiteten Förmchen füllen; für vier Stunden in das Tiefkühlfach und danach weitere zwei Stunden in den Kühlschrank stellen; die Förmchen kurz in heißes Wasser tauchen und auf eine passende Platte stürzen.
Mit Vanille- und Erdbeersauce garniert, werden diese herrlich erfrischenden Desserts sofort kredenzt.

Crêpes Suchard

mit Himbeeren und Schokolade

Einkaufsliste:

3 Eier
glattes Mehl nach Bedarf
Milch nach Bedarf
eine Prise Salz
Butter zum Backen

40 g Butter
3 EL Staubzucker
1/16 l Schlagobers
2 EL geriebene Bitterschokolade
2 EL geriebene Kochschokolade
1 kleines Stamperl Cognac

Himbeeren, Himbeersauce und Schlagobers zum Garnieren

ERGIBT 4 PORTIONEN

Vorbereitung:

Die Eier mit einer Prise Salz und dem nötigen gesiebten Mehl zu einem zähen Teig verrühren; mit Milch nach Bedarf zu einem dünnflüssigen Palatschinkenteig verarbeiten und eine halbe Stunde rasten lassen. In einer Palatschinkenpfanne etwas Butter erhitzen und den Teig jeweils dünn eingießen; nacheinander Palatschinken ausbacken, mit einem kleinen Tortenreifen rund ausstechen und bereithalten.

Zubereitung:

In der Palatschinkenpfanne sodann 40 g Butter erhitzen und den gesiebten Staubzucker darin zu hellem Karamel schmelzen; auf ganz schwacher Flamme mit dem Obers glatt vermengen, die Schokolade einrühren und anziehen lassen; mit dem Cognac flambieren und die Crêpes jeweils auf einer Seite in die Schokolademasse tauchen; vorsichtig herausnehmen, dreieckig zusammenklappen und auf vorgewärmten Desserttellern anrichten; zu guter Letzt mit geschlagenem Obers, Himbeersauce und Himbeeren verzieren und sogleich kredenzen.
Ein Nachtisch für Verwöhnte!

Gespickte Kalbsnuß

in feiner Rahmsauce

Einkaufsliste:

1 Kalbsnuß, ca. 1 kg
80 g fetter Speck zum Spicken
80 g Karotten zum Spicken
Salz, Pfeffer aus der Mühle

40 g Hamburger Speck
60 g Karotten
60 g Sellerie
100 g Zwiebeln
2 Paradeiser
1 EL glattes Mehl
1 TL scharfer Senf
1/8 l Bratensaft
ein Stückchen Thymian
ein Stückchen Lorbeer
etwas Petersilie
1/2 l Weißwein
50 g Öl
1/4 l Créme fraîche

ERGIBT 4-6 PORTIONEN

Vorbereitung:

Zwiebeln schälen und fein hacken; den Hamburger Speck von der Schwarte schneiden und klein würfeln; die Paradeiser kurz in kochendheißes Wasser tauchen, schälen und vierteln; 60 g Karotten und Sellerie waschen, schälen und fein hacken; 80 g Karotten schälen, waschen und in Keile schneiden; den fetten Speck von der Schwarte trennen und ebenfalls in Keile schneiden; anfrieren lassen und danach das Fleisch mit den Speck- und Karottenkeilen spicken; die Kalbsnuß anschließend mit Salz und Pfeffer würzen (oberes Bild).

Zubereitung:

Das Fleisch mit Küchenspagat zusammenbinden; in einer geräumigen Pfanne das Öl erhitzen, die Kalbsnuß einlegen und rundum scharf anbraten; aus der Pfanne nehmen und warmstellen. Im Bratrückstand Zwiebeln, Wurzelwerk und Mehl anrösten; den Senf beifügen, mit Bratensaft aufgießen und verkochen lassen; sodann Paradeiser, Petersilie, Thymian und Lorbeer dazugeben und das Fleisch wieder einlegen (unteres Bild); unter häufigem Begießen mit Wein und Eigensaft im vorgeheizten Backrohr bei 210 Grad etwa 1 1/2 Stunden lang braten; aus der Pfanne nehmen, den Spagat entfernen und das Fleisch entspannen lassen. Den Saft entfetten und durch ein feines Sieb streichen; aufkochen lassen und mit versprudelter Créme fraîche binden.
Den Kalbsbraten in Scheiben aufschneiden und mit dem Saft auf einer vorgewärmten Platte anrichten.
Beilage: in Butter geschwenkte Teigwaren.

Weincreme-Torte

Einkaufsliste:

4 Eier
130 g Feinkristallzucker
1/2 Pkt. Vanillinzucker
geriebene Schale einer viertel Zitrone
30 g Butter
140 g glattes Mehl

Creme:

1/2 l Weißwein
100 g Kristallzucker
1 Vanilleschote
3 Dotter
8 Blatt Gelatine
1/2 l Schlagobers

etwas Ribiselmarmelade und weiße Tortenglasur
Fett und Mehl für das Backblech

ERGIBT 12 STÜCK

Vorbereitung:

Die vier Dotter mit einem Drittel des Feinkristallzuckers, dem Vanillinzucker und der Zitronenschale sehr schaumigrühren; die Eiklar mit dem restlichen Zucker zu steifem Schnee schlagen, den man zusammen mit der zerlassenen Butter und dem gesiebten Mehl vorsichtig unter den Dotterabtrieb hebt (oberes Bild); sodann ein Drittel dieser Masse in der Größe eines Tortenbodens etwa 4 mm-dick auf ein befettetes und bemehltes Backblech streichen; im vorgeheizten Backrohr bei 210 Grad zu heller Farbe backen; den Rand des Tortenbodens sorgfältig nachschneiden und das Blatt sofort vom Blech lösen. Auf diese Art und Weise werden noch zwei weitere Tortenblätter hergestellt.

Zubereitung:

Das schönste Tortenblatt mit erhitzter Marmelade bestreichen und mit der laut Packungsvorschrift aufgelösten Glasur dünn überziehen; das Tortenblatt dann in zwölf gleich große Stücke schneiden. Die Gelatine in kaltem Wasser vorweichen; die Vanilleschote der Länge nach aufschneiden und zusammen mit dem Kristallzucker in den Wein geben; den Wein zum Kochen bringen und danach auf ca. 75 Grad abkühlen lassen; die Dotter mit Hilfe einer Schneerute unterziehen und die Vanilleschote entfernen. Die Gelatine gut ausdrücken und in der Wein-Dottermasse auflösen; die Creme sodann unter öfterem Umrühren auf 20 Grad abkühlen lassen. Das Obers steif aufschlagen und unter die Weincreme ziehen; einen der Tortenböden in einen Tortenreifen legen und die Hälfte der Creme einfüllen (unteres Bild); den zweiten Boden darauflegen und die restliche Creme darauf verteilen. Die Torte etwa fünf Stunden im Kühlschrank erstarren lassen und erst danach aus der Form lösen; mit einem in heißes Wasser getauchten Messer in zwölf Portionen aufschneiden und mit den vorbereiteten Deckblättern belegen.

Haferflockenstangerln

Einkaufsliste:

160 g Haferflocken
60 g Mehl
eine Prise Salz
1 Ei
3-4 EL Milch
50 g Butter
1 TL Backpulver

Ei zum Bestreichen
Käse zum Bestreuen
Butter für das Blech

mit Käse überbacken

Zubereitung:

Die Haferflocken mit dem gesiebten Mehl, dem Backpulver, dem Ei und Salz, sowie der Milch und der lauwarmen Butter, zu einem festeren Teig verarbeiten; auf einer bemehlten Arbeitsfläche 3-4 mm-dünn ausrollen und mit versprudeltem Ei bestreichen; sodann mit geriebenem Käse bestreuen und in Stangerln schneiden; diese auf ein gebuttertes Backblech setzen und im vorgeheizten Backrohr bei 210 Grad schön knusprig-braun backen; auf dem Blech überkühlen lassen, vom Blech lösen und vollständig erkalten lassen.
Ein leichtes Knabbergebäck zu Bier oder Wein – schnell bereitet und äußerst wohlschmeckend.

ERGIBT 1 BLECH VOLL = CA. 40 STÜCK

Milzschnitten-Suppe

für den Muttertagstisch

Einkaufsliste:

2 Semmeln vom Vortag
250 g geschabte Milz
1 kleine Zwiebel
2 Knoblauchzehen
1 EL Öl
Salz, Pfeffer aus der Mühle
je eine Prise Majoran und Thymian
Semmelbrösel zum Binden
1 l fertige, kräftige Rindsuppe

Butter zum Backen
Schnittlauch zum Bestreuen

Vorbereitung:

Zwiebel schälen und feinst hacken; im erhitzten Öl goldgelb rösten und erkalten lassen. Knoblauch schälen und zerdrücken; die Milz mit Zwiebel, Knoblauch, Salz und Pfeffer, sowie Majoran und Thymian, gut vermengen; mit Semmelbröseln binden und die Masse sodann in einen Dressiersack mit glatter Tülle Nr. 6 füllen.

Zubereitung:

Die Semmeln in 1 cm-breiten Abständen tief einschneiden; in diese Einschnitte die Milzmasse dressieren und im Kühlschrank anziehen lassen; danach in dünne Scheiben schneiden und in heißer Butter beidseitig goldbraun backen.
Die Milzschnitten als Einlage in kochendheiße Rindsuppe geben und vor dem Auftragen mit Schnittlauch bestreuen.

ERGIBT 4 PORTIONEN

Überraschungskuchen

Vorbereitung:

Die Eier mit dem gesiebten Staubzucker und dem Vanillinzucker sehr schaumigrühren; die Butter auf Handwärme bringen und mit der gesiebten Speisestärke schaumigrühren; sodann mit dem Eierabtrieb gut verrühren und zum Schluß das mit Backpulver versiebte Mehl, sowie die Zitronenschale untermengen (oberes Bild). Eine Ringform mit Butter bestreichen und mit Mehl ausstreuen; die Masse einfüllen und im vorgeheizten Backrohr bei 190 Grad etwa eine Stunde lang backen; den Kuchen ca. 10 Minuten in der Form rasten lassen; danach auf ein Kuchengitter stürzen und erkalten lassen. Die Schokolade klein hacken; das Obers aufkochen, die Schokolade einrühren und einmal aufkochen lassen; den Cointreau einrühren und die Creme sodann erkalten lassen.

Zubereitung:

Von der Kuchenunterseite einen 2 cm-dicken Boden wegschneiden und beiseitelegen; das Kucheninnere mit einem kleinen Löffel oder einem Parisienne-Ausstecher rundum aushöhlen. Die Creme schaumigrühren und nach und nach die Butter einrühren; die Mandeln einmengen und die Creme in einen Dressiersack mit großer Lochtülle füllen; in den ausgehöhlten Kuchen eindressieren und den Boden wieder aufsetzen (unteres Bild); den Kuchen umdrehen und mit erhitzter Marmelade bestreichen. Die Schokoladeglasur laut Packungsvorschrift auflösen und den Kuchen damit überziehen; zwei Stunden im Kühlschrank rasten lassen und danach mit einem in heißes Wasser getauchten Messer portionieren.

Ein außergewöhnlicher Kuchen für das schönste Fest des Jahres!

ERGIBT 12 STÜCK

Einkaufsliste:

200 g Butter
200 g Staubzucker
80 g Erdäpfelstärke
120 g glattes Mehl
4 Eier
1/2 Pkt. Vanillinzucker
1/2 Pkt. Backpulver
geriebene Schale einer halben Zitrone

Creme:

200 g Kochschokolade
200 ml (knapp 1/4 l) Schlagobers
1 kleines Stamperl Cointreau
50 g Butter
50 g gestiftelte Mandeln

Marillenmarmelade zum Bestreichen
Schokoladeglasur zum Überziehen
Butter und Mehl für die Form

Kalbskoteletts in Papierhülle

Ein Rezept für Kalorienbewußte

Vorbereitung:

Zwiebel schälen und fein hacken; Petersilie waschen und ebenfalls fein hacken; Champignons waschen, putzen, in Scheiben schneiden und mit etwas Zitronensaft vermengen; die Koteletts leicht klopfen und mit Salz und Pfeffer einreiben (oberes Bild); die Speckscheiben halbieren.

Zubereitung:

Die Butter erhitzen und die Zwiebel darin hell anrösten; Champignons und Petersilie beifügen und auf kleiner Flamme so lange dünsten, bis das Wasser gänzlich verdunstet ist; diese Masse sodann erkalten lassen. Aus Butterpapier vier große Herzen schneiden und jeweils auf eine Hälfte eine halbierte Speckscheibe legen; ein Kotelett daraufsetzen, mit den Champignongemisch bestreichen und wiederum mit einer Speckscheibe belegen; die zweite Herzhälfte darüberschlagen und am Rand gut zusammendrücken (unteres Bild). Die Koteletts auf einen Rost legen und im vorgeheizten Backrohr bei 250 Grad 6-8 Minuten überbacken; beim Wenden darauf achten, daß kein Saft austritt und weitere 6-8 Minuten braten lassen; auf vorgewärmten Tellern in der Papierhülle anrichten und erst bei Tisch öffnen.
Als Beilage zu diesen interessant zubereiteten Kalbskoteletts empfehlen wir Ihnen Champignonreis und als Getränk einen milden Weißwein.

1 Portion enthält:

234 Kcal = 936 K-Joule

ERGIBT 4 PORTIONEN

Einkaufsliste:

4 Kalbskoteletts ohne Knochen, à 140 g
Salz, Pfeffer
4 dünne Speckscheiben
200 g Champignons
20 g Butter
1 Schalottenzwiebel
etwas Zitronensaft
ein halber Bund Petersilie

Butter für das Papier

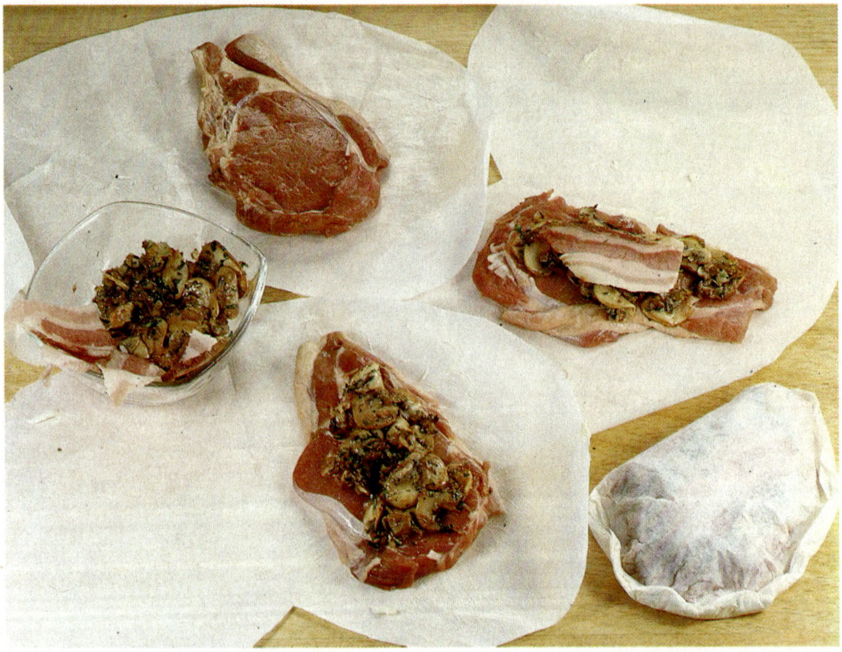

Nuß-Weichseltorte

Aus Großmutters Kochbuch

Einkaufsliste:

5 Eier
100 g Feinkristallzucker
60 g geriebene Walnüsse
80 g glattes Mehl
50 g geriebene Biskotten- oder Biskuitbrösel
30 g Butter
je eine Prise Salz und Zimt
Butter und Mehl für die Form

1/2 l entsteintes Weichselkompott
ca. 2 EL Vanillepuddingpulver
1 kleines Stamperl Kirschwasser

Creme:
250 g Butter
80 g Staubzucker
100 g Kochschokolade

1 Dotter
1 großes Stamperl Rum

Marillenmarmelade zum Bestreichen
Milchschokolade zum Glasieren
Schokodekorblätter zum Verzieren

ERGIBT 12 STÜCK

Vorbereitung:

Die Dotter mit einer Prise Salz und der halben Zuckermenge sehr schaumigrühren; die Eiklar mit dem restlichen Zucker zu steifem Schnee schlagen und unter den Dotterabtrieb heben; 30 g Butter zerlassen und zusammen mit den geriebenen Nüssen, dem gesiebten Mehl, sowie den Bröseln und dem Zimt, einrühren (oberes Bild); die Masse in eine gebutterte und bemehlte Tortenform füllen und im vorgeheizten Backrohr bei 190 Grad etwa 50 Minuten lang backen; nach dem Erkalten aus der Form lösen und nach einer Ruhezeit von zwei Stunden in drei Böden schneiden. Das Weichselkompott abseihen und drei Eßlöffel von dem Saft mit dem Puddingpulver verrühren; den restlichen Saft aufkochen lassen und mit dem Pulvergemisch binden; die Weichseln und das Kirschwasser einrühren, einmal aufkochen lassen und kaltstellen.

Zubereitung:

Für die Creme die Butter auf Handwärme bringen und mit dem gesiebten Staubzucker sehr schaumigrühren; die Schokolade erweichen und zusammen mit dem Dotter nach und nach einrühren; den Rum beifügen, wieder schaumigrühren und die Creme sodann in einen Dressiersack mit großer Lochtülle füllen. Das Weichselgelee ebenfalls in einen Dressiersack mit großer, glatter Tülle füllen und abwechselnd mit der Creme spiralenförmig auf zwei der Tortenböden dressieren (unteres Bild); den dritten Boden daraufsetzen und die Torte rundum glatt verstreichen; sodann an Rand und Oberfläche mit erhitzter Marmelade bestreichen und für drei Stunden in den Kühlschrank stellen. Die Glasur laut Packungsvorschrift auflösen und die Torte damit gleichmäßig überziehen; zu guter Letzt mit den Dekorblättchen verzieren und nach dem Erstarren der Glasur mit einem in heißes Wasser getauchten, abgetrockneten Messer portionieren.

Forellenfilet-Salat

eine delikate Vorspeise

Einkaufsliste:

1 Forelle
1/8 l Weißwein
etwas Zitronensaft
Salz, einige Pfefferkörner
einige Petersilienstengel
250 g Paradeiser
1 Salatgurke
1 EL Essig
3 EL Mayonnaise
1 TL Paradeismark
2 EL gehackte Petersilie

Salatblätter zum Auslegen der Schüssel
1 hartgekochtes Ei und etwas Vogerlsalat zum Garnieren

Vorbereitung:

Die Forelle gut säubern und waschen; den Weißwein mit 1/4 l Wasser, Zitronensaft, Salz, Pfefferkörnern und Petersilstengel aufkochen; etwas einkochen lassen und den Fisch einlegen; zugedeckt bei Siedehitze pochieren, aus dem Sud nehmen und erkalten lassen; danach filetieren, enthäuten, in Stücke schneiden und kaltstellen. Die Paradeiser waschen und kurz in kochendes Wasser tauchen; schälen, halbieren, die Kerne entfernen und das Fruchtfleisch in Würfel schneiden. Die Gurke waschen und in Streifen schneiden; mit den Paradeiswürfeln, Essig und etwas Salz vermengen und kaltstellen.

Zubereitung:

Die Mayonnaise mit Paradeismark und Petersilie verrühren; eventuell etwas nachsäuern und unter den Salat heben. Eine Salatschüssel mit schönen Salatblättern auslegen; den Mayonnaisesalat darauf anrichten und die Filetstücke schön anordnen. Das Ei in Scheiben schneiden und ebenso wie den Vogerlsalat für die Garnierung verwenden.
Zu diesem erquickenden Vorspeisensalat reicht man als Beilage getoastetes Weißbrot und als Getränk einen sehr leichten, spritzigen Weißwein.

ERGIBT 4 VORSPEISEPORTIONEN

Schinkenknöderl-Suppe

mit Kräutern

Einkaufsliste:

3 Semmeln vom Vortag
Milch zum Anweichen
Salz, weißer Pfeffer
etwas geriebene Muskatnuß
1 kleine Schalottenzwiebel
1 Bund Petersilie
1/2 Bund Schnittlauch
2 Eier
eventuell etwas Semmelbrösel zum Binden
100 g Beinschinken in dünnen Scheiben
200 g Butter

1 l fertige, kräftige Rindsuppe
beliebige, gehackte Kräuter zum Bestreuen

Vorbereitung:

Die Semmeln in kleine Würfel schneiden; Zwiebel schälen, feinst hacken, in Butter hell anrösten und erkalten lassen; Petersilie und Schnittlauch waschen und fein hacken; den Schinken fein würfeln.

Zubereitung:

Die Semmelwürfel mit dem Schinken, den Kräutern, der Zwiebel, sowie Salz, Pfeffer und Muskatnuß gut vermengen; die Eier beifügen, mit der nötigen Milch aufgießen und das Ganze zu einer Knödelmasse verarbeiten; eventuell mit Semmelbröseln nach Bedarf binden, die Masse fest zusammendrücken und 20 Minuten rasten lassen; danach kleine Knöderln formen und in Salzwasser weichköcheln lassen.
Die Knöderln als Einlage in kochendheiße Rindsuppe geben und diese vor dem Auftragen mit den gehackten Kräutern bestreuen.

ERGIBT 4 PORTIONEN

Grillage-Auflauf

eine süße Hauptspeise

Einkaufsliste:

120 g geröstete Haselnüsse
120 g Feinkristallzucker
1/4 l Milch
50 g Kristallzucker
100 g Butter
eine Prise Salz
1 Pkt. Vanillinzucker
150 g glattes Mehl

5 Eier
60 g Feinkristallzucker

Butter und Mehl für die Form
Öl für das Backblech
Staubzucker zum Bestreuen

Vorbereitung:

Den Feinkristallzucker möglichst in einer Kupferpfanne auf kleiner Flamme schmelzen und goldgelb bräunen lassen; die Haselnüsse einrühren und kurz mitrösten; sodann auf ein mit Öl bestrichenes Blech leeren, erkalten lassen und fein reiben. Die Milch mit 50 g Zucker, der Butter, sowie Salz und Vanillinzucker, aufkochen lassen; das gesiebte Mehl einkochen und so lange auf dem Feuer rühren, bis sich die Masse von Geschirr und Kochlöffel löst; überkühlen lassen und die Dotter einarbeiten.

Zubereitung:

Die Eiklar mit 60 g Zucker zu steifem Schnee schlagen und zusammen mit der geriebenen Grillage unter die Dottermasse heben (oberes Bild); das Ganze in eine gebutterte und bemehlte Form füllen (unteres Bild) und im vorgeheizten Backrohr bei 175 Grad 50-60 Minuten zu schöner Farbe backen. Den Auflauf vor dem Servieren leicht mit Staubzucker übersieben und am besten mit Erdbeersauce zu Tisch bringen.

Eine wunderbare Haupt- oder Nachspeise für Freunde süßer Kost!

**ERGIBT
4 HAUPTSPEISEPORTIONEN**

Gutsherren-Pörkölt

ein ungarisches Fleischgericht

Vorbereitung:

Zwiebeln schälen und fein hacken; Knoblauch schälen und in feine Scheibchen schneiden; Petersilie waschen und fein hacken; Champignons waschen und vierteln. Das Fleisch in etwa 40 g-schwere Würfel schneiden und mit Salz und Pfeffer würzen (oberes Bild).

Zubereitung:

Das Schmalz oder Öl in einer geräumigen Kasserolle erhitzen und die Zwiebeln darin glasig anrösten; den Knoblauch beifügen und etwas mitrösten; das Paprikapulver darin aufzischen lassen und alles mit einem Schuß Essig ablöschen; das Rindfleisch dazugeben, mit Kümmel würzen und zugedeckt auf kleiner Flamme – möglichst im eigenen Saft – 1 bis 1 1/2 Stunden nicht zu weich dünsten; nötigenfalls mit etwas Wasser oder Rindsuppe aufgießen, die restlichen Fleischsorten und den Wein beifügen (unteres Bild) und das Ganze zugedeckt weichdünsten; zuletzt die Champignons und die Petersilie einmengen und das Pörkölt abgedeckt noch ein Weilchen dünsten lassen.

Mit Tarhonya als Beilage und mit einem fächerartig aufgeschnittenen Essiggurkerl garniert, wird das Gutsherren-Pörkölt unverzüglich aufgetragen.

ERGIBT 6 PORTIONEN

Einkaufsliste:

400 g Gulaschfleisch vom Rind, z.B. Wadschinken
300 g Gulaschfleisch vom Kalb
300 g Schweinsschlegel
Salz, Pfeffer aus der Mühle
400 g Zwiebeln
3 Knoblauchzehen
50 g Schmalz oder Öl
40 g Paprikapulver, edelsüß
ein Schuß Essig
eine Prise Kümmel
1/4 l trockener Weißwein
ein Bund Petersilie
150 g Champignons

Rhabarberschnitten

Einkaufsliste:

4 Eier
90 g Kristallzucker
eine Prise Salz
1/2 Pkt. Vanillinzucker
80 g glattes Mehl
30 g Öl

1 kg Rhabarber
1/4 l Weißwein
100 g Kristallzucker
je ein Stück Zimtrinde und Zitronenschale
einige Gewürznelken
80 g Marillenmarmelade
3 Eiklar
90 g Staubzucker

Staubzucker zum Bestreuen
Backpapier für das Backblech

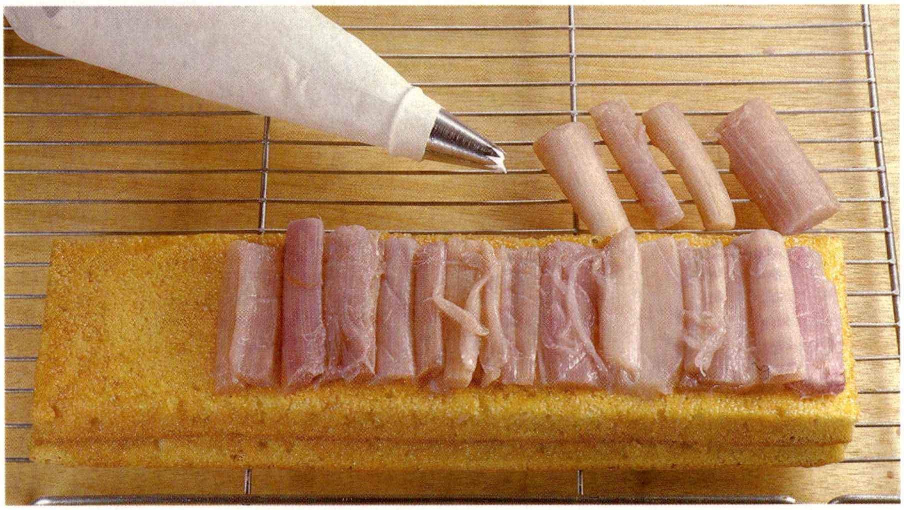

ERGIBT 12 STÜCK

Vorbereitung:

Die Dotter mit einer Prise Salz, einem Drittel des Zuckers und dem Vanillinzucker sehr schaumigrühren; die Eiklar mit dem restlichen Zucker zu steifem Schnee schlagen und zusammen mit dem gesiebten Mehl, sowie dem Öl, unter den Dotterabtrieb ziehen (oberes Bild). Ein Backblech mit Backpapier auslegen und die Masse der Länge nach auf das halbe Blech streichen; im vorgeheizten Backrohr bei 200 Grad 15-20 Minuten zu schöner, goldgelber Farbe backen und auf dem Blech erkalten lassen. Das Biskuit vom Papier lösen und in zwei gleich breite Streifen schneiden; einen davon mit erhitzter Marmelade bestreichen und den zweiten Streifen darauflegen; die Schnitte auch an Rand und Oberfläche mit Marmelade bestreichen.

Zubereitung:

Den Rhabarber waschen, sorgfältig schälen und in 10 cm-lange Stücke schneiden; den Wein mit 1/4 l Wasser, dem Zucker, sowie Zimt, Zitronenschale und Gewürznelken aufkochen; den Rhabarber einlegen und mehr ziehen als kochen lassen; aus dem Sud nehmen und sehr gut abtropfen lassen. Die Eiklar mit dem gesiebten Staubzucker zu sehr steifem Schnee schlagen und diesen in einen Dressiersack (Sterntülle Nr. 5) füllen. Die Schnitte dicht mit den Rhabarberstücken belegen (unteres Bild) und den Schnee daraufdressieren; im vorgeheizten Backrohr bei 210 Grad kurz überbacken, sodaß die Schneehaube eine ganz leichte Bräunung bekommt; den Kuchen etwas überkühlen lassen und sodann mit einem in heißes Wasser getauchten, abgetrockneten Messer portionieren.
Vor dem Servieren wird diese saftige Mehlspeise leicht mit Staubzucker übersiebt.

Panadelsuppe

nach einem altbewährten Rezept

Einkaufsliste:

3 Semmeln vom Vortag
80 g Butter
1 l fertige, kräftige Kalbs- oder Rindsuppe
1/8 l Schlagobers
2 Dotter
1 Pkt. 8-Kräuter, tiefgekühlt

Petersilie zum Bestreuen

ERGIBT 4 PORTIONEN

Vorbereitung:

Die Semmeln mit einem scharfen Messerchen entrinden und in kleine Würfel schneiden; in kaltem Wasser anweichen und gut ausdrücken. Die Butter in einer Kasserolle erwärmen, die Semmeln beifügen und unter ständigem Rühren auf kleiner Flamme so lange bearbeiten, bis ein glatter, seidig glänzender Teig entsteht.

Zubereitung:

Nach und nach die siedendheiße Suppe unterrühren und mit einer Schneerute aufschlagen; unter öfterem Umrühren eine halbe Stunde köcheln lassen. Das Obers mit den Dottern verrühren und zusammen mit den Kräutern in die nicht mehr kochende Suppe einrühren.

Die Panadelsuppe anrichten, mit Petersilie bestreuen und dampfendheiß auftragen.

Gemüse-Omelett

als kleine Zwischenmahlzeit

Einkaufsliste:
pro Person berechnet

3 Eier
eine Prise Salz
2 EL Milch
Butter zum Backen
je 100 g Spargel, junge Karotten, Broccoli und Karfiol
Safte einer Zitrone
ein Stückchen Butter

Petersilie, Sauerrahm und Ketchup zum Verzieren

ERGIBT 1 PORTION

Vorbereitung:

Spargel schälen, putzen und in etwa 5 cm-lange Stücke schneiden; Salzwasser mit etwas Butter und Zitronensaft versehen und die Spargelstücke darin weichkochen; im Sud erkalten lassen und bereithalten. Die Karotten schälen, waschen und in Salzwasser nicht zu weich kochen; kalt abschrecken und gut abtropfen lassen. Broccoli und Karfiol waschen, putzen und in Röschen zerteilen; in Salzwasser mit Zitronenzusatz al dente, d.h. nicht zu weich, kochen und in einem Sieb gut abtropfen lassen.

Zubereitung:

Die Eier mit einer Prise Salz und der Milch glatt versprudeln; in einer Palatschinkenpfanne die Butter erhitzen und den Teig eingießen; auf einer Seite anbacken, das Omelett wenden und auch an der anderen Seite backen. Das vorbereitete Gemüse kurz in Salzwasser aufkochen und gut abtropfen lassen; das Omelett bis zur Hälfte damit füllen und zusammenklappen; auf einem vorgewärmten Teller anrichten und mit Petersilie, Sauerrahm und Ketchup garnieren.

Ein ausgesprochen wohlschmeckender, bekömmlicher Imbiß!

Pfirsichkolatschen

mit Vanillepudding gefüllt

Einkaufsliste:

Teig:

350 g glattes Mehl
100 g Staubzucker
eine Prise Salz
1/2 Pkt. Vanillinzucker
90 g Butter
1/8 l Crème fraîche
geriebene Schale einer halben Zitrone
2 Dotter
1 Ei

Fülle:

1/4 l Milch
1/2 Pkt. Vanillepuddingpulver
etwas Vanillinzucker
3 EL Kristallzucker
2 Dotter
3 schöne, reife Pfirsiche
1 kleines Stamperl Pfirsichlikör

6 Mandelstifterln
Ei zum Bestreichen
Butter für das Blech

ERGIBT 6 STÜCK

Vorbereitung:

Das Mehl mit dem Staubzucker auf eine Arbeitsfläche sieben und in der Mitte eine Mulde machen; die Butter in Stückchen rundum verteilen, die Dotter und die restlichen Teigzutaten beifügen (oberes Bild) und alles rasch zu einem nicht zu weichen Teig verkneten; in Alu-Folie wickeln und zwei Stunden im Kühlen rasten lassen. Aus der Milch, dem Puddingpulver, sowie dem Kristall- und Vanillinzucker, laut Packungsvorschrift einen Pudding bereiten; noch heiß, die Dotter einrühren und den Pudding erkalten lassen; danach durch ein feines Sieb streichen und bereithalten.

Zubereitung:

Die Pfirsiche waschen, halbieren, entsteinen und innen mit dem Likör beträufeln. Den Teig auf einer bemehlten Arbeitsfläche zu einem Rechteck von ca. 50 × 30 cm ausrollen und das Mehl von der Oberfläche kehren; den Teig sodann in sechs 14 cm-große Quadrate schneiden und aus dem Rest sechs kleine Quadrate zum Belegen ausschneiden; die Puddingmasse auf die großen Teigstücke streichen und jeweils eine Pfirsichhälfte darauflegen; die Teigzipfel übereinanderschlagen und in der Mitte mit den kleinen Quadraten belegen; jeweils mit einem Mandelstifterl befestigen (unteres Bild) und die Kolatschen auf ein leicht gebuttertes Backblech legen; sodann mit versprudeltem Ei bestreichen und im vorgeheizten Backrohr bei 180-190 Grad etwa 25 Minuten lang zu schöner, goldgelber Farbe backen; erst nach dem völligen Erkalten aufwarten.

Ein wunderbares Gebäck für die Kaffeejause – cremig und fruchtig!

Gebratenes Rindsnierndrl

in Kräuterrahmsauce

Einkaufsliste:

600 g Rindsniere
400 g Rindsleber
60 g Zwiebel
300 g Champignons
60 g Öl
Salz, Pfeffer aus der Mühle
Saft einer halben Zitrone
je ein Sträußchen Basilikum, Bohnenkraut, Petersilie, Majoran und Dille

einige Spritzer Worcestersauce
1/8 l Bratensaft
1/8 l Créme fraîche
1/8 l Schlagobers

beliebige Kräuter zum Bestreuen

ERGIBT 4 PORTIONEN

Vorbereitung:

Zwiebel schälen und fein hacken; Kräuter waschen und fein hacken; Champignons putzen, waschen, in Scheiben schneiden und mit Zitronensaft beträufeln; die Niere und die Leber säuberlich waschen, putzen und mit Pfeffer würzen (oberes Bild).

Zubereitung:

In einer geräumigen Pfanne das Öl erhitzen; die Innereien darin anbraten und warmstellen. Im Bratrückstand die Zwiebel goldgelb rösten, die Champignons beifügen und mitrösten lassen; sodann die Kräuter, sowie Worcestersauce und Bratensaft, dazugeben und das Ganze mit Salz und Pfeffer würzen; die Innereien wieder einlegen (unteres Bild) und zugedeckt fertigschmoren lassen; aus der Pfanne nehmen, aufschneiden und warmstellen. Die Sauce mit dem Obers und der Créme fraîche aufkochen und zusammen mit den Innereien auf einer vorgewärmten Platte anrichten; zum Schluß mit den Kräutern bestreuen und rasch zu Tisch bringen. Als Beilage zu dieser pikanten Innereienpfanne empfehlen wir gedünsteten Reis und als Getränk einen blumigen Rotwein.

Kohlsprossen-Salat

mit Karotten

Einkaufsliste:

400 g Kohlsprossen
200 g kleine Karotten
100 g durchzogener Speck
1 große Zwiebel
beliebige Kräuter wie Estragon, Petersilie, Schnittlauch und Kerbel
Salz, Pfeffer aus der Mühle
6 EL Essig
6 EL Öl

Salatblätter zum Auslegen
beliebige, gehackte Kräuter zum Bestreuen

 ERGIBT 4 PORTIONEN

Vorbereitung:

Die Kohlsprossen putzen, waschen und in Salzwasser nicht zu weich kochen; in einem Sieb mit kaltem Wasser abschrecken und gut abtropfen lassen. Die Karotten schälen, waschen und ebenfalls in Salzwasser kochen, abschrecken und abtropfen lassen; Zwiebel schälen und in feine Ringe schneiden; Kräuter waschen und fein hacken; den Speck von der Schwarte trennen und in feine Streifen schneiden.

Zubereitung:

Für die Marinade das Öl mit dem Essig, Salz und Pfeffer, sowie dem nötigen Wasser und den Kräutern verrühren; Zwiebel, Kohlsprossen und Karotten beifügen, alles gut vermengen und für eine Stunde in den Kühlschrank stellen. Währenddessen den Speck in einer passenden Pfanne auslassen und ein wenig braten lassen; danach in ein Sieb zum Abtropfen geben. Die Salatblätter waschen und eine Salatschüssel damit auslegen; den Sprossensalat darauf anrichten und vor dem Auftragen mit den Kräutern und den Speckstreifen bestreuen.

Eine an Vitaminen reiche, delikate Vorspeise!

PFIRSICHE „BENEDICTINE"

MIT WALNUSSEIS

Einkaufsliste:

100 g Kristallzucker
1 Pkt. Vanillinzucker
8 Pfirsichhälften
100 g Marillenmarmelade
2 große Stamperln Kräuterlikör
ein Spritzer Rum
200 g Walnußeis

gehobelte Mandeln zum Bestreuen
Schokoladespäne und Hohlhippen zum Verzieren

ERGIBT 4 PORTIONEN

Vorbereitung:

Den Zucker mit 1/8 l Wasser und dem Vanillinzucker aufkochen lassen; die Pfirsichhälften einlegen und zugedeckt auf kleiner Flamme etwa 15 Minuten ziehen lassen; aus dem Sud nehmen, schälen und in der Zuckerlösung bereithalten. Vier Dessertteller im Kühlschrank vorkühlen.

Zubereitung:

Die Marillenmarmelade mit vier Eßlöffel der Zuckerlösung aufkochen lassen und die Pfirsiche darin erhitzen; den Kräuterlikör und den Rum dazugeben und flambieren (anzünden). Das Eis auf die vorgekühlten Teller aufteilen, je zwei Pfirsichhälften darauflegen und mit der heißen Sauce überziehen; die Pfirsichhälften mit Mandelblättchen und das Eis mit Schokoladespänen bestreuen; mit Hohlhippen verzieren und die Desserts möglichst rasch servieren.
Ein himmlischer Nachtisch – einfach und schnell in der Zubereitung!

Rahmrindsschnitzel

Ein Rezept für Kalorienbewußte

Vorbereitung:

Zwiebeln schälen und klein würfeln; Karotten, Sellerie und Petersilwurzel waschen, schälen und ebenfalls in kleine Würfel schneiden. Das Fleisch mit Salz und mit Pfeffer aus der Mühle würzen (oberes Bild); in einer geräumigen Pfanne das Öl erhitzen und das Fleisch darin beidseitig rasch zu schöner Farbe braten; aus der Pfanne nehmen und warmstellen. Den Bratrückstand entfetten.

Zubereitung:

Im Bratrückstand die Zwiebel und das Wurzelwerk gut anrösten; mit Rotwein ablöschen, mit Bratensaft aufgießen und verkochen lassen. Petersilie und Dille waschen und fein hacken; die ganze Gurke waschen und in kurze Streifen schneiden. Den Rahm versprudeln und zusammen mit der Hälfte der Gurkenstreifen und dem Fleisch in das Wurzelwerk geben (unteres Bild); zugedeckt sehr langsam weichdünsten und eventuell mit noch etwas Bratensaft, Suppe oder Wasser aufgießen; die Schnitzel sodann aus der Sauce nehmen und warmstellen. Die Sauce durch ein feines Sieb streichen und nochmals aufkochen lassen; die restlichen Gurkenstreifen samt der gehackten Petersilie dazugeben und das Ganze zum Schluß mit Worcestersauce und Zitronensaft abschmecken; danach das Fleisch wieder einlegen und alles zusammen erhitzen. Die halbe Gurke waschen, ebenfalls in Streifen schneiden und mit der gehackten Dille vermengen.

Die Schnitzel mit der Sauce und den Gurkenstreiferln anrichten und sogleich zu Tisch bringen.

Einkaufsliste:

4 Rindsschnitzel von der Schale, à 160 g
Salz, Pfeffer aus der Mühle
40 g Öl
je 50 g Karotten, Sellerie, Petersilienwurzel und Zwiebeln
1/8 l Bratensaft
ein Schuß Rotwein
1/4 l Sauerrahm
1 Gurke
je ein Spritzer Worcestersauce und Zitronensaft

je ein Bund Petersilie und Dille
eine halbe Gurke

1 Portion enthält:

264 Kcal = 1109 K-Joule

ERGIBT 4 PORTIONEN

Mandeltorte

Vorbereitung:

Die Eier mit dem Feinkristallzucker, dem Vanillinzucker und Salz, mit einer Schneerute über dem heißen Wasserbad dickschaumig und heiß aufschlagen; danach so lange weiterschlagen, bis die Masse wieder erkaltet ist; sodann behutsam das gesiebte Mehl, die Mandeln und die Zitronenschale einrühren (oberes Bild); die Masse in eine gebutterte und bemehlte Tortenform füllen und im vorgeheizten Backrohr bei 190 Grad ca. 45 Minuten lang backen; die Torte in der Form erkalten lassen und nach zwei Stunden Ruhezeit in zwei Böden schneiden.

Zubereitung:

Das Marzipan zerkleinern und mit dem gesiebten Staubzucker, Kornbrand und Honig zu einer glatten Masse verkneten; ein Drittel der Marzipanmasse in der Größe einer Torte ausrollen. Die beiden Tortenböden dünn mit erhitzter Marmelade bestreichen; auf einen Boden das Marzipanblatt legen und den zweiten Boden, mit der bestrichenen Seite nach unten, daraufsetzen (unteres Bild); gut andrücken und die Torte an Rand und Oberfläche mit Marmelade bestreichen. Das restliche Marzipan dünn ausrollen und die Torte damit eindecken; anschließend dünn mit Eiklar bestreichen und mit geriebenen Mandeln bestreuen; zu guter Letzt leicht überzuckern und mit den Mandeln verzieren.

Eine wundervolle Torte für Ihren Sonntagstisch!

ERGIBT 12 STÜCK

Einkaufsliste:

5 Eier
150 g Feinkristallzucker
1 Pkt. Vanillinzucker
eine Prise Salz
100 g glattes Mehl
150 g geriebene, ungeschälte Mandeln
geriebene Schale einer Zitrone
300 g Rohmarzipan
100 g Staubzucker
1 kleines Stamperl Kornbrand
1 EL Honig
150 g Marillenmarmelade

Butter und Mehl für die Form
Eiklar zum Bestreichen
ungeschälte, geriebene Mandeln zum Bestreuen
Staubzucker zum Übersieben
Mandeln zum Verzieren

Gefüllte Scholle

Ein Rezept für Kalorienbewußte

Vorbereitung:

Zwiebeln schälen und fein hacken; Petersilie waschen und fein hacken; Champignons waschen, putzen, in Scheiben schneiden und mit etwas Zitronensaft beträufeln. Die Scholle-Filets auftauen lassen und beidseitig mit Salz, Pfeffer und Zitronensaft würzen (oberes Bild).

Zubereitung:

Das Öl in einer geräumigen Pfanne erhitzen und darin Zwiebeln und Champignons scharf anrösten; sodann Petersilie und Paradeismark beifügen und das Ganze mit Salz und Pfeffer würzen; nötigenfalls mit etwas Wasser oder Rindsuppe aufgießen, zu dicklicher Konsistenz einkochen und erkalten lassen. Die Filets jeweils mit zwei Eßlöffel Champignonfülle belegen und zusammenrollen; die Röllchen in Mehl andrücken und danach in verschlagenem Ei und den Böseln wenden (unteres Bild); in stark erhitztem, tiefen Öl zu schöner, goldbrauner Farbe backen und anschließend auf einem Küchenkrepp gut abtropfen lassen; die Filets auf einer vorgewärmten Platte anrichten und mit Zitronenstückchen garnieren.

Zu dieser schonenden, leichten Kost reicht man als Beilage gebratene Petersil-Erdäpfel.

1 Portion enthält:

232 Kcal = 974 K-Joule

ERGIBT 4 PORTIONEN

Einkaufsliste:

600 g Scholle-Filets tiefgekühlt
100 g weiße Zwiebeln
150 g Champignons
1 Bund Petersilie
Salz, Pfeffer aus der Mühle
Saft einer Zitrone
20 g Öl
1 TL Paradeismark

Mehl zum Andrücken
Ei und Brösel zum Panieren
Öl zum Backen
Zitronenstückchen
zum Garnieren

Naturreis-Kroketten

Einkaufsliste:

300 g Naturreis
eine kleine Zwiebel
1 kleine Karotte
300 g mageres, gekochtes Selchfleisch
1 Bund Petersilie
2 Dotter
1 Ei
40 g Olivenöl

Rindsuppe zum Aufgießen
Salz, Pfeffer aus der Mühle
geriebener Parmesan nach Bedarf
2 EL Semmelbrösel

Öl für das Blech
Ei und Semmelbrösel zum Panieren

Öl zum Backen
gehackte Petersilie zum Bestreuen

mit Selchfleisch

Vorbereitung:

Zwiebel schälen und feinst hacken; Karotte waschen, schälen und in kleinste Würfelchen schneiden; das Selchfleisch klein hacken; Petersilie waschen und fein hacken; Dotter und Ei gut versprudeln. Die Hälfte des Öles in einer Pfanne erhitzen, den Reis beifügen und unter ständigem Rühren leicht anrösten lassen; mit Rindsuppe nach Bedarf aufgießen und zugedeckt weichdünsten.

Zubereitung:

Das restliche Öl erhitzen, Zwiebel und Karotte beifügen, mit etwas Wasser oder Rindsuppe aufgießen und weichdünsten; zusammen mit dem Selchfleisch und der Petersilie unter den Reis mengen; sodann das Eigemisch, den geriebenen Parmesan und zwei EL Semmelbrösel unterheben und alles gut vermischen; zum Schluß mit Salz und mit Pfeffer aus der Mühle würzen und die Masse auf ein mit Öl bestrichenes Blech 2 cm-dick auftragen; im Kühlschrank anziehen lassen und anschließend in Kroketten schneiden; dieselben in Ei und Bröseln panieren und in heißem Fett ausbacken; auf einem Küchenkrepp gut abtropfen lassen, sogleich anrichten und mit gehackter Petersilie bestreuen.
Serviert werden diese schmackhaften Kroketten mit einer Remouladensauce und frischem, grünen Salat.

ERGIBT 4 PORTIONEN

Zimtparfait

mit Erdbeersauce

Einkaufsliste:

2 Eier
1 TL gemahlener Zimt
3 EL Honig
1 Pkt. Vanillinzucker
2 Blatt Gelatine
1/4 l Schlagobers

1 Pkt. Erdbeeren tiefgekühlt
1 großes Stamperl Cointreau
2 EL Kristallzucker
einige Tropfen Zitronensaft

geschlagenes Obers,
Schokodekor und geriebene
Nüsse zum Verzieren

ERGIBT 4 PORTIONEN

Vorbereitung:

Die Eier mit dem Zimt, dem Honig und dem Vanillinzucker über dem heißen Wasserbad dickschaumig aufschlagen; vom Wasserbad nehmen und so lange weiterschlagen, bis die Masse erkaltet ist. Währenddessen die Gelatine in kaltem Wasser vorweichen, gut ausdrücken und in ganz wenig heißem Wasser auflösen. Das Obers steif aufschlagen und zusammen mit der Gelatine unter die Eiermasse ziehen; zum Stocken in eine Kastenform füllen und für vier Stunden in den Tiefkühlschrank stellen.

Zubereitung:

Zwei Drittel der Erdbeeren mit dem Kristallzucker aufkochen lassen; sodann durch ein feines Sieb streichen und mit dem Cointreau, dem Zitronensaft, sowie den restlichen Erdbeeren, vermengen; gut verrühren und die Sauce kaltstellen. Aus dem erstarrten Parfait mit einem Eßlöffel Nockerln ausstechen und mit der Erdbeersauce anrichten; mit geschlagenem Obers, Schokodekor und geriebenen Nüssen hübsch verzieren und sogleich kredenzen.

Ein herrliches Dessert für Verwöhnte!

Haselnußtorte

Aus Großmutters Kochbuch

Einkaufsliste:

5 Eier
100 g Feinkristallzucker
1 Pkt. Vanillinzucker
80 g glattes Mehl
90 g geriebene Haselnüsse
50 g Biskotten- oder Biskuitbrösel
eine Prise Zimt
50 g Öl
100 g Marillenmarmelade

Creme:

200 g Butter
80 g Staubzucker
100 g Haselnußnougat
1 großes Stamperl Nußlikör

Butter und Mehl für die Form
ganze und geriebene Haselnüsse zum Garnieren

ERGIBT 12 STÜCK

Vorbereitung:

Die Dotter mit der Hälfte des Zuckers, zwei Eßlöffeln Wasser und dem Vanillinzucker schaumigrühren; die Eiklar mit dem restlichen Zucker zu steifem Schnee schlagen und behutsam unter den Dotterabtrieb heben; zuletzt das gesiebte Mehl, sowie Nüsse, Brösel, Zimt und Öl einrühren (oberes Bild) und die Masse in eine gebutterte und bemehlte Form füllen; im vorgeheizten Backrohr bei 190 Grad etwa 40 Minuten lang backen und die Torte in der Form erkalten lassen; danach aus der Form lösen und nach zwei Stunden Ruhezeit in drei Böden schneiden; die Tortenblätter sodann mit erhitzter Marillenmarmelade bestreichen.

Zubereitung:

Die Butter auf Handwärme bringen und mit dem gesiebten Staubzucker sehr schaumigrühren; den Nougat im heißen Wasserbad auflösen und zusammen mit dem Likör unter den Butterabtrieb ziehen; alles nochmals sehr schaumigrühren und sodann zwei Drittel der Creme auf zwei Tortenböden streichen; die Böden zusammensetzen und mit dem dritten Tortenblatt abschließen (unteres Bild); einen kleinen Teil der verbliebenen Creme in einen Dressiersack (Sterntülle Nr. 4) füllen; mit der restlichen Creme die Torte an Oberfläche und Rand bestreichen und Rosetten aufdressieren; mit jeweils einer Haselnuß garnieren und die Torte seitlich mit geriebenen Haselnüssen einstreuen; für zwei bis drei Stunden in den Kühlschrank stellen und danach mit einem in heißes Wasser getauchten Messer portionieren.

Schweinskarree

mit Kräuterkruste

Einkaufsliste:

1 kg Schweinskarree ohne Knochen und Schwarte
Salz, Pfeffer
1 TL englisches Senfmehl (Senfpulver)
1 Zwiebel
5 EL beliebige, gehackte Kräuter, wie Petersilie, Majoran, Schnittlauch, Rosmarin und Estragon
1/8 l Öl
3 EL Haferflocken
1 Ei
Rindusppe zum Übergießen

Vorbereitung:

Zwiebel schälen, grob hacken und mit den Kräutern und dem Öl vermischen; das Fleisch salzen, pfeffern und mit Senfmehl (im Delikatessenhandel erhältlich) bestreuen (oberes Bild); in die Kräutermarinade legen und im Kühlschrank zugedeckt zwei Stunden rasten lassen, wobei man das Karree einmal wendet.

Zubereitung:

Das Fleisch aus der Marinade nehmen und gut abtropfen lassen; im vorgeheizten Backrohr bei 220 Grad – unter öfterem Begießen mit Rindsuppe – etwa eine Stunde lang braten; danach etwas entspannen lassen. Die Kräuter und die Zwiebel abseihen und mit den Haferflocken und dem Ei vermengen; etwas salzen und pfeffern und auf den Braten streichen (unteres Bild); das Karree bei 200 Grad etwa eine halbe Stunde, unter öfterem Begießen mit Eigensaft, fertigbraten; aus der Pfanne nehmen und den Saft abseihen; den Braten aufschneiden und auf einer vorgewärmten Platte mit dem Saft anrichten.

Wir schlagen Ihnen vor, diesen rustikalen Schweinsbraten mit Erdäpfelknödeln als Beilage und einem Krügerl Bier aufzuwarten.

ERGIBT 4 PORTIONEN

Salzburger Nockerln

Einkaufsliste:

6 Eier
60 g Kristallzucker
1 Pkt. Vanillinzucker
40 g Butter
1/16 l Schlagobers
30 g glattes Mehl

Staubzucker zum Bestreuen

Vorbereitung:

Das Backrohr auf 210 Grad erhitzen; die Dotter mit dem Vanillinzucker schaumigrühren; die Eiklar zu steifem Schnee aufschlagen; nach und nach den Zucker einschlagen. Das Obers und die Butter in eine Auflaufform geben und in das Backrohr stellen. Ein kleinwenig Schnee mit den Dottern verrühren (oberes Bild) und danach behutsam das gesiebte Mehl, den restlichen Schnee und das Dottergemisch vermengen.

Zubereitung:

Nun mit einer Teigkarte große Nockerln in die heiße Auflaufschale setzen (unteres Bild) und im Backrohr etwa 10 Minuten lang zu schöner, goldgelber Farbe backen; dabei sollen die Nockerln schön aufgehen und innen noch cremig sein; sodann überzuckern und in der Auflaufform rasch zu Tisch bringen.
Salzburger Nockerln sind eine sehr beliebte, österreichische Süßspeise.

ERGIBT 4 PORTIONEN

Erdäpfellaibchen

mit Selchfleisch

Einkaufsliste:

600 g mehlige Erdäpfel (Bintje)
Salz, Pfeffer
200 g Selchfleisch
50 g Grieß
30 g glattes Mehl
2 Eier
1 Bund Petersilie
1 Zwiebel
eine Prise Majoran
ein Stückchen Butter
30 g Schmalz oder Öl

wenig Semmelbrösel zum Andrücken
Fett zum Ausbacken

ERGIBT 4 PORTIONEN

Vorbereitung:

Die Erdäpfel waschen und in genügend Salzwasser kochen; schälen und noch warm durch das feine Sieb der Flotten Lotte passieren. Zwiebel schälen, fein hacken und in Schmalz oder Öl goldgelb rösten; das Selchfleisch in kleine Würfel schneiden; die Petersilie waschen und fein hacken.

Zubereitung:

Die Butter etwas erwärmen; zusammen mit den Erdäpfeln, dem Grieß und gesiebtem Mehl, sowie Salz, Pfeffer, Majoran, Petersilie, Zwiebel und den Eiern zu einem nicht zu festen Teig verarbeiten; vierteln und jeweils Laibchen formen, die man in wenig Semmelbröseln andrückt. In einer geräumigen Pfanne das Fett erhitzen, die Laibchen einlegen und beidseitig zu schöner, goldbrauner Farbe backen; aus der Pfanne nehmen, gut abtropfen lassen und rasch servieren.
Zu diesem einfachen, aber äußerst wohlschmeckenden Spargericht paßt am besten frischer Salat nach Saison.

Grammelstrudel

eine rustikale Mehlspeise

Einkaufsliste:

220 g frische Grammeln
450 g glattes Mehl
140 g Staubzucker
1 MS Backpulver
eine Prise Salz
1 Ei
2 Dotter
1/8 l Sauerrahm
eventuell etwas Milch

Preiselbeermarmelade zum Füllen
Ei zum Bestreichen

ERGIBT 12 STÜCK

Vorbereitung:

Die Grammeln fein hacken; das Mehl mit dem Staubzucker und dem Backpulver auf eine Arbeitsfläche sieben; sodann mit den Grammeln, dem Ei, den Dottern, sowie Sauerrahm, Salz und eventuell etwas Milch, zu einem weichen Teig verarbeiten; zugedeckt zwei Stunden im Kühlen rasten lassen.

Zubereitung:

Den Teig auf einer bemehlten Arbeitsfläche etwa 1 cm-dick und 20 cm-breit in der Länge eines Backbleches ausrollen; ein Teigdrittel der Breite nach dick mit Marmelade bestreichen und den Teig von der bestrichenen Seite her einrollen; den Strudel auf ein Backblech legen und mit einer Gabel mehrmals einstechen; an der Oberfläche mit versprudeltem Ei bepinseln und sodann im vorgeheizten Backrohr bei 180 Grad etwa 50 Minuten lang backen. Den Grammelstrudel auf dem Blech erkalten lassen, in Portionen aufteilen und mit süßer Milch oder Buttermilch aufwarten.

Eine Mehlspeise, die besonders im ländlichen Raum sehr beliebt und bekannt ist.

Kirschenkuchen

Vorbereitung:

Einen kleinen Teil der Milch mit dem Puddingpulver glatt verrühren; die restliche Milch mit dem Kristallzucker aufkochen und danach mit einer Schneerute das Puddingpulvergemisch, die Dotter und das Kirschwasser einrühren; den Pudding erkalten lassen und durch ein feines Sieb streichen. Die Kirschen waschen, entstielen und entkernen; mit dem Kirschwasser beträufeln, mit einer Prise Zimt bestreuen und ziehen lassen.

Zubereitung:

Den Plunderteig laut Packungsvorschrift antauen und auf einer bemehlten Arbeitsfläche in der Länge eines Backbleches und einer Breite von ca. 26 cm ausrollen; davon einen 18 cm-breiten Streifen, sowie je zwei Streifen von 1 cm bzw. 2 cm Breite schneiden (oberes Bild); den breiten Streifen auf ein leicht gefettetes Blech legen und mit einer Gabel mehrmals einstechen; die Längsränder mit versprudeltem Ei bestreichen und die breiteren Streifen darauflegen; diese wiederum mit Ei bepinseln und mit den schmäleren Streifen abdecken; die Schnitte an einem warmen Ort etwa eine halbe Stunde gehen lassen und danach die Puddingmasse zwischen den Längsstreifen verteilen; mit den Kirschen bestreuen (unteres Bild) und die Teigränder mit versprudeltem Ei bestreichen; die Schnitte nochmals etwas aufgehen lassen und im vorgeheizten Backrohr bei 200 Grad 25-35 Minuten lang zu schöner Farbe bakken; erst nach dem völligen Erkalten portionieren.
Das feine Kirscharoma gibt diesem saftigen Kuchen seine besondere Note!

ERGIBT 12 STÜCK

Einkaufsliste:

400 g Plunderteig, tiefgekühlt
1/4 l Milch
1/2 Pkt. Vanillepuddingpulver
80 g Kristallzucker
2 Dotter
1 großes Stamperl Kirschwasser

400 g reife Kirschen
1 kleines Stamperl Kirschwasser
eine Prise gemahlener Zimt

Ei zum Bestreichen

Gebackenes Schweinsbrüstel

Einkaufsliste:

1 kg ausgelöste Schweinsbrust, ohne Schwarte
Salz, einige Pfefferkörner
ein Stück Zwiebel
2 Karotten
eine halbe Sellerieknolle
1 Petersilienwurzel
2 Eier
Mehl und Semmelbrösel zum Panieren
Öl zum Backen

gehackte Petersilie und Zitronenscheiben zum Garnieren

Vorbereitung:

Das Fleisch mit Salz einreiben, zusammenrollen und mit Küchenspagat binden; Karotten, Petersilienwurzel und Sellerie waschen, schälen und in grobe Stücke schneiden; Zwiebel schälen und grob schneiden (oberes Bild). Das Fleisch mit dem Gemüse und einigen Pfefferkörnern in genügend Wasser – wie für eine Suppe – zustellen und auf kleiner Flamme etwa zwei Stunden lang weichkochen; die Schweinsbrust herausnehmen und erkalten lassen (die Suppe kann anderweitig verwendet werden).

Zubereitung:

Die Eier mit einer Prise Salz versprudeln; den Spagat vom Fleisch lösen und eventuelles Randfett entfernen; die Schweinsbrust sodann in etwa 1 cm-breite Scheiben schneiden und diese in Mehl, den versprudelten Eiern und den Bröseln panieren (unteres Bild). In einer geräumigen Pfanne Öl erhitzen und die Fleischscheiben, darin schwimmend, goldgelb ausbacken; herausnehmen und auf einem Küchenkrepp gut abtropfen lassen; auf einer vorgewärmten Platte anrichten, mit Petersilie und Zitronenscheiben garnieren und rasch servieren.

Als Beilage zu diesem vorzüglichen Fleischgericht empfehlen wir Ihnen frischen Salat nach Saison.

ERGIBT 4 PORTIONEN

Wiener Salat

eine erfrischende Vorspeise

Einkaufsliste:

150 g gekochte Erdäpfel (Kipfler)
1 grüner Paprika
3 reife, feste Paradeiser
eine halbe Salatgurke
1 Bund Frühlingszwiebeln
1 kleiner, grüner Salat
je ein Bund Petersilie und Dille
6 EL Öl
4 EL Weißweinessig
Saft einer halben Zitrone
Salz

ERGIBT 4 PORTIONEN

Vorbereitung:

Die Erdäpfel schälen und in dünne Scheiben schneiden; Paradeiser kurz in kochendes Wasser tauchen, schälen und in Scheiben schneiden; Paprika waschen, halbieren, ausputzen und in Streifen schneiden; Zwiebeln waschen und in nicht zu dünne Ringe schneiden; Gurke waschen, halbieren und in Stücke schneiden; den Salat von den äußeren Blättern befreien, waschen und vierteln.

Zubereitung:

Erdäpfel, Paprika, Paradeiser, Gurke und Zwiebel in einer tiefen Schüssel behutsam vermengen; das Öl mit dem Essig, sowie Salz, Zitronensaft und dem nötigen Wasser verrühren. Die Kräuter waschen und fein hacken; mit der Marinade vermengen und über das Gemüse gießen; den Salat 20 Minuten im Kühlen ziehen lassen und danach in einer passenden Schüssel anrichten; die grünen Salatherzerln kurz marinieren lassen und damit den Salat zu guter Letzt garnieren.
Eine Vorspeise mit besonders reichem Vitamingehalt und belebender Wirkung.

Kirschencreme

ein flaumiges Dessert

Einkaufsliste:

3 Eier
120 g Feinkristallzucker
1 Pkt. Vanillinzucker
Saft und Schale einer halben Zitrone
2 große Stamperln Kirschwasser
4 Blatt Gelatine
3/8 l Schlagobers
300 g Kirschen

Schokoladespäne und Kirschen zum Garnieren

Vorbereitung:

Die Kirschen waschen, entstielen und entkernen; mit etwas Kirschwasser marinieren und solchermaßen vorbereitet, für eine Stunde in den Kühlschrank stellen. Währenddessen die Eier mit dem Vanillin- und Kristallzucker, sowie dem Zitronensaft und der -schale, über dem heißen Wasserbad dickcremig aufschlagen. Vier Dessertgläser vorkühlen.

Zubereitung:

Die Masse vom Wasserbad nehmen und so lange weiterschlagen, bis sie erkaltet ist; die Gelatine in kaltem Wasser vorweichen, ausdrücken und in ganz wenig heißem Wasser auflösen. Das Obers steif aufschlagen und zusammen mit der Gelatine und dem restlichen Kirschwasser unter die Eiermasse heben. Die Hälfte der vorbereiteten Kirschen in die Gläser füllen und die Hälfte der Creme darauf verteilen; die restlichen Kirschen daraufgeben und mit der verbliebenen Creme abschließen. Die Desserts eine Stunde in den Kühlschrank stellen und vor dem Auftragen mit Schokoladespänen und Kirschen verzieren.

Ein leichter Nachtisch für Schlekkermäulchen.

ERGIBT 4 PORTIONEN

Topfentascherln

Aus Großmutters Kochbuch

Einkaufsliste:

Teig:
400 g mehlige Erdäpfel
120 g glattes Mehl
40 g Grieß
30 g Butter
1 Ei
eine Prise Salz

geriebene Schale einer halben Zitrone

Fülle:
150 g magerer, passierter Topfen
50 g Butter
80 g Staubzucker
2 Dotter
2 EL Sauerrahm
etwas geriebene Zitronenschale
eine Prise Salz

Butterbrösel zum Wälzen
Staubzucker zum Bestreuen

ERGIBT 4 PORTIONEN

Vorbereitung:

Die Erdäpfel waschen und in Salzwasser weichdämpfen; noch heiß schälen und danach durch eine Erdäpfelpresse drücken; auseinanderbreiten, ausdampfen und erkalten lassen; sodann mit den restlichen Teigzutaten (linkes Bild) zu einem festeren Teig verarbeiten; zu einer Rolle formen und eine halbe Stunde rasten lassen. Falls die Erdäpfel nachlassen, kann man noch etwas Mehl oder Grieß einarbeiten; sollte der Teig aber zu fest sein, muß man ihn mit einem Dotter lockern.

Zubereitung:

Für die Fülle die Butter erweichen und mit dem gesiebten Staubzucker, dem Salz und der Zitronenschale sehr schaumigrühren; sodann die Dotter, den Topfen und den Sauerrahm glatt einrühren; diese Masse in einen Dressiersack (glatte Tülle Nr. 10) füllen. Den Erdäpfelteig auf einer bemehlten Arbeitsfläche etwa 1 cm-dick ausrollen; mit einem Rosettenausstecher (Durchmesser 12 cm) Plätzchen ausstechen und jeweils das Mehl von der Oberfläche kehren; einen Tupfen Fülle daraufdressieren und rundum mit verdünntem Ei bestreichen; die Teigkreise zusammenklappen und die Ränder gut andrücken (rechtes Bild). Die Tascherln in reichlich Salzwasser – aufgeteilt auf mehrere Partien – auf kleiner Flamme kochen; behutsam mit einem Kochlöffel vom Boden der Kasserolle abheben und, sobald sie an der Oberfläche schwimmen, noch zwei Minuten kochen lassen; mit einem Lochschöpfer herausheben und kurz mit kaltem Wasser abschrecken. Die Tascherln in heißen Butterbröseln wenden, wieder erhitzen und sogleich anrichten; vor dem Auftragen noch kräftig mit Staubzucker übersieben.

Zu dieser köstlichen Mehlspeise – in der Wiener Küche auch „Taschkerln" genannt – reicht man frische Erdbeersauce oder beliebiges Kompott.

Malagacreme-Torte

feines Mandelbiskuit

Einkaufsliste:

5 Eier
100 g Feinkristallzucker
70 g glattes Mehl
50 g Biskotten- oder Biskuitbrösel
80 g geriebene, ungeschälte Mandeln
30 g Butter
1/2 Pkt. Vanillinzucker
100 g Marillenmarmelade

Creme:

250 g Butter
70 g Staubzucker
80 g Kochschokolade
1/16 l Malagawein
1 Dotter
1 kleines Stamperl Rum

Butter und Mehl für die Form
ungeschälte, geriebene Mandeln zum Bestreuen
geschälte Mandeln zum Verzieren

ERGIBT 12 STÜCK

Vorbereitung:

Für das Biskuit fünf Dotter mit der Hälfte des Kristallzuckers und dem Vanillinzucker sehr schaumigrühren; die Eiklar mit dem restlichen Zucker zu steifem Schnee schlagen und behutsam unter den Dotterabtrieb ziehen; die Butter leicht erwärmen und zusammen mit einem Gemisch aus Mehl, Mandeln und Biskuitbröseln unterheben (oberes Bild); die Masse sodann in eine gefettete und bemehlte Tortenform füllen; im vorgeheizten Backrohr bei 180 Grad etwa 40 Minuten lang backen und in der Form erkalten lassen; die Torte danach aus der Form lösen und nach zwei Stunden Ruhezeit in drei Böden schneiden.

Zubereitung:

Die Kochschokolade klein hacken und im Wasserbad schmelzen lassen; die Butter erweichen, mit dem gesiebten Staubzucker verkneten und sehr schaumigrühren; nach und nach Wein, Rum und Dotter unterheben und wieder schaumigrühren. Die Marmelade erhitzen und die Böden damit bestreichen; zwei Drittel der Creme auf zwei der Tortenböden streichen (unteres Bild) und die Böden zusammensetzen; einen kleinen Teil der Creme in einen Dressiersack (Rosettentülle Nr. 3) füllen und mit der restlichen Creme Rand und Oberfläche der Torte einstreichen; zum Schluß mit den Mandeln bestreuen, portionsweise Rosetten aufdressieren und diese mit jeweils einer geschälten Mandel garnieren. Die Torte für zwei Stunden in den Kühlschrank stellen und danach mit einem in heißes Wasser getauchten, abgetrockneten Messer portionieren.
Eine wunderbare Torte für den festlichen Kaffeetisch!

Sellerie-Rindsschnitzel

Einkaufsliste:

4 Rindsschnitzel vom hinteren Ausgelösten, à 180 g
Salz, Pfeffer aus der Mühle
1 Sellerieknolle
2 Karotten
1 Bund Frühlingszwiebeln
50 g Öl
1/4 l Bratensaft oder sehr kräftige Rindsuppe

gehackte Petersilie zum Bestreuen

Vorbereitung:

Sellerie und Karotten waschen, schälen und in nicht zu dünne Stäbchen schneiden; Zwiebeln waschen, putzen und in fingerbreite Ringe schneiden; das Fleisch beidseitig mit Salz und Pfeffer aus der Mühle würzen (oberes Bild).

Zubereitung:

Das Öl in einer geräumigen Pfanne erhitzen und die Schnitzel einlegen; an beiden Seiten rasch zu schöner Farbe braten, herausnehmen und warmstellen. Den Bratrückstand entfetten und das Gemüse darin anrösten; mit etwas Bratensaft oder Suppe aufgießen und zu den Schnitzeln geben (unteres Bild); zudecken und auf kleiner Flamme weichdünsten, wobei man nach und nach mit dem restlichen Saft aufgießt.

Die Schnitzel anrichten, mit gehackter Petersilie bestreuen und – mit gratinierten Nudeln als Beilage – rasch zu Tisch bringen.

ERGIBT 4 PORTIONEN

Dunkle Kirschentorte

Einkaufsliste:

140 g Butter
140 g Staubzucker
eine Prise Salz
1/2 Pkt. Vanillinzucker
geriebene Schale einer halben Zitrone
5 Eier
100 g Biskuit- oder Biskottenbrösel
60 g ungeschälte, geriebene Mandeln
30 g glattes Mehl
1 MS Backpulver

300 g dunkle, reife Kirschen
2 Backoblaten
50 g Kristallzucker
1 TL gemahlener Zimt

Backpapier für die Form
Staubzucker zum Bestreuen

ERGIBT 12 STÜCK

Vorbereitung:

Die Butter auf Handwärme bringen und mit der Hälfte des gesiebten Zuckers, einer Prise Salz, dem Vanillinzucker und der Zitronenschale sehr schaumigrühren; nach und nach die Dotter einmengen und wieder sehr schaumigrühren. Die Eiklar mit dem restlichen, gesiebten Zucker zu sehr steifem Schnee schlagen und behutsam unter den Butterabtrieb heben; zuletzt die Bröseln und Mandeln, sowie das mit dem Backpulver versiebte Mehl, einrühren (oberes Bild).

Zubereitung:

Kirschen waschen, entstielen und entkernen. Eine Tortenform mit Backpapier auskleiden und die Biskuitmasse einfüllen; mit Oblaten abdecken und mit den Kirschen belegen (unteres Bild); zum Schluß mit Zimtzucker bestreuen und danach im vorgeheizten Backrohr bei 180 Grad etwa 50 Minuten langsam backen. Die Torte erst nach dem völligen Erkalten aus der Form lösen und das Papier abziehen; mit etwas Staubzucker übersieben und in Portionen aufschneiden.
Ein Jausenkuchen wie in guten, alten Zeiten, den zu probieren sich lohnt!

Himbeer-Sabayon

ein phantastisches Dessert

Einkaufsliste:

2 Eier
90 g Staubzucker
1 Pkt. Vanillinzucker
1/8 l Weißwein
1 großes Stamperl Himbeergeist
Saft einer halben Zitrone
200 g Himbeeren
Staubzucker nach Geschmack
1/4 l Schlagobers
4 Blatt Gelatine
150 g Himbeeren

geschlagenes Obers und Himbeeren zum Garnieren

ERGIBT 4 PORTIONEN

Vorbereitung:

200 g Himbeeren waschen, abzupfen und mit Staubzucker nach Geschmack vermengen; einmal aufkochen lassen, danach durch ein feines Sieb streichen und erkalten lassen; die restlichen Himbeeren waschen, abzupfen und kaltstellen. Die Eier mit dem gesiebten Staubzucker, dem Vanillinzucker und dem Wein über dem heißen Wasserbad sehr schaumigrühren; vom Feuer nehmen und so lange weiterschlagen, bis die Masse wieder erkaltet ist. Vier Dessertschalen vorkühlen.

Zubereitung:

Die Gelatine in kaltem Wasser vorweichen, ausdrücken und in ganz wenig heißem Wasser auflösen; das Obers steif aufschlagen und zusammen mit dem Himbeergeist, dem Zitronensaft, sowie dem Himbeerpüree und der Gelatine, unter die Eiermasse heben. Die Dessertschalen jeweils bis zur Hälfte mit der Creme füllen, Himbeeren einlegen und die restliche Creme darauffüllen; anschließend im Kühlschrank stocken lassen.

Mit geschlagenem Obers und Himbeeren verziert, wird das Sabayon gut gekühlt aufgewartet.

Sommer

Ringlottenstrudel

Einkaufsliste:

400 g Blätterteig tiefgekühlt
80 g Butter
1 kg Ringlotten
1 großes Stamperl Rum
1 Pkt. Vanillinzucker
140 g geriebene Walnüsse
80 g Biskuit- oder Semmelbrösel
Zucker nach Geschmack
geriebene Schale einer Zitrone

Fett und Mehl für das Blech
Ei zum Bestreichen

Vorbereitung:

Den Blätterteig antauen lassen. Die Ringlotten waschen, halbieren, entsteinen und vierteln; die Ringlottenstückchen sodann mit dem Rum und Vanillinzucker vermengen und ziehen lassen. Ein Backblech befetten und bemehlen.

Zubereitung:

Den Teig auf einer bemehlten Arbeitsfläche etwa 3 mm-dünn zu einem Rechteck ausrollen und mit zerlassener Butter beträufeln; zwei Teigdrittel der Länge nach mit den Ringlottenstückchen belegen; sodann mit den Nüssen und den Bröseln, sowie mit Zitronenschale und Zucker nach Geschmack bestreuen (oberes Bild); den Teig hernach von der unbestrichenen Seite her einrollen, die Enden einschlagen und den Strudel, mit der Naht nach unten, auf das Backblech legen; mit einem Holzstäbchen an der Oberfläche mehrmals einstechen und zuletzt mit versprudeltem Ei bestreichen (unteres Bild); anschließend im vorgeheizten Backrohr bei 210 Grad etwa 35 Minuten lang zu schöner, goldbrauner Farbe backen; den Strudel auf dem Blech erkalten lassen und in Portionen aufteilen.

Diese wunderbare, saftige Mehlspeise wird großen Anklang finden!

ERGIBT 12 STÜCK

Hieferl-Steaks

mit Pilzrahmsauce

Einkaufsliste:

4 Scheiben vom Hieferscherzel (Rind) à 220 g
Salz, grober Pfeffer aus der Mühle
40 g getrocknete Steinpilze
1 große Zwiebel
1 Bund Petersilie
50 g Öl
40 g Butter
30 g glattes Mehl
1/4 l Schlagobers
1/4 l Bratensaft

etwas Rindsuppe zum Aufgießen
gehackte Petersilie zum Bestreuen

ERGIBT 4 PORTIONEN

Vorbereitung:

Verwenden Sie bitte für dieses Gericht nur gut gereiftes, abgelagertes Rindfleisch erster Qualität!
Pilze verlesen und in kaltem Wasser einweichen; Zwiebel schälen und feinst hacken; Petersilie waschen und hacken; das Fleisch mit Salz einreiben (oberes Bild).

Zubereitung:

Das Öl in einer geräumigen Pfanne erhitzen, die Steaks einlegen (eventuell auf zwei Partien) und beidseitig etwa 4 Minuten lang braten; aus der Pfanne nehmen, mit grobem Pfeffer würzen und warmstellen. Den Bratrückstand entfetten und die Butter darin schmelzen lassen; Zwiebel und Mehl beifügen und goldbraun rösten; die Pilze gut ausdrücken, ebenfalls dazugeben und das Ganze mit etwas Rindsuppe ablöschen; sodann mit Bratensaft aufgießen und zuletzt das Obers und die gehackte Petersilie einmengen (unteres Bild); die Sauce auf starker Flamme so lange einkochen lassen, bis sie schön deckt, d.h. eine mollige Konstistenz angenommen hat. Das Fleisch auf einer vorgewärmten Platte anrichten, mit der Sauce übergießen und mit Petersilie bestreuen; serviert werden diese saftigen Steaks mit Butterreis und einer beliebigen Gemüsegarnitur.
Als Getränk empfehlen wir Ihnen einen blumigen Rotwein, wie z.B. Blauburgunder.

Glasierte Kalbsleber

Ein Rezept für Kalorienbewußte

Einkaufsliste:

800 g Kalbsleber
Salz, Pfeffer aus der Mühle
eine Prise Cayennepfeffer
einige Spritzer Zitronensaft
50 g Öl
1 TL Zucker
1/4 l Bratensaft
einige Spritzer
Worcestersauce

beliebiges Gemüse zum
Garnieren

ERGIBT 4 PORTIONEN

Vorbereitung:

Die Leber von der Haut und harten Teilen befreien; sodann in kleinfingerdicke Scheiben schneiden; mit Pfeffer aus der Mühle, sowie mit Cayennepfeffer würzen und mit etwas Zitronensaft beträufeln; solchermaßen vorbereitet, für eine Stunde in den Kühlschrank stellen.

1 Portion enthält:

271 Kcal = 1138 K-Joule

Zubereitung:

Das Öl in einer geräumigen Pfanne erhitzen und die gebeizten Leberschnitzel einlegen; an beiden Seiten rasch zu etwas Farbe braten, herausnehmen und warmstellen. Im Bratrückstand den Zucker schmelzen lassen, mit dem Bratensaft aufgießen und dabei den Bratensatz lösen; die Sauce zu molliger Konsistenz verkochen lassen und zuletzt mit Salz und Worcestersauce würzen.
Die Leber auf vorgewärmten Tellern anrichten und mit der Sauce übergießen; beliebiges, zartes Gemüse als Beilage dazugeben und sogleich servieren.

Roquefort-Törtchen aus Blätterteig

Einkaufsliste:

150 g Blätterteig tiefgekühlt
120 g Roquefort-Käse
80 g geriebener Parmesan
50 g Butter
1/8 l Schlagobers
2 Eier
Salz, Pfeffer aus der Mühle
eine Prise Cayennepfeffer
ein Spritzer Worcestersauce

Kümmel zum Bestreuen
Fett für die Förmchen

ERGIBT 8 STÜCK

Vorbereitung:

Den Blätterteig antauen lassen; den Roquefort-Käse durch ein feines Sieb streichen und mit dem Parmesan, den Eieren, dem Obers und der weichen Butter glatt verrühren; die Masse mit Salz und mit Pfeffer aus der Mühle, sowie mit Cayennepfeffer und Worcestersauce pikant würzen.

Zubereitung:

Acht kleine Tortelett-Förmchen leicht befetten; den Blätterteig dünn ausrollen und die Förmchen damit auskleiden; den Teig mit einem Holzstäbchen leicht einstechen und die Käsemasse in die Förmchen füllen; mit Kümmel bestreuen und im vorgeheizten Backrohr etwa 30 Minuten lang backen.
Ofenwarm zu Bier oder Wein kredenzt, sind diese pikanten Törtchen ein unvergleichlicher Genuß!

Nektarinenkuchen

aus Topfenteig

Einkaufsliste:

200 g Butter
200 g Staubzucker
1 Pkt. Vanillinzucker
eine Prise Salz
geriebene Schale einer halben Zitrone
4 Eier
250 g magerer, passierter Topfen
250 g glattes Mehl
1/8 l Sauerrahm
ca. 1,2 kg Nektarinen

gehobelte Mandeln und Staubzucker zum Bestreuen
Backpapier für das Blech

Vorbereitung:

Die Butter erweichen und mit der Hälfte des gesiebten Zuckers, dem Vanillinzucker, sowie dem Salz und der Zitronenschale sehr schaumigrühren; nach und nach die Dotter und den Topfen einrühren und nochmals sehr schaumigrühren. Die Eiklar mit dem restlichen Zucker zu steifem Schnee schlagen und zusammen mit dem Sauerrahm und dem gesiebten Mehl unter die Topfenmasse heben (oberes Bild). Die Nektarinen waschen, halbieren und die Kerne entfernen.

Zubereitung:

Die Masse fingerdick auf ein mit Backpapier ausgelegtes Blech streichen und mit den Nektarinenhälften belegen; danach mit den gehobelten Mandeln und dem Staubzucker bestreuen (unteres Bild) und im vorgeheizten Backrohr bei 180 Grad etwa 40 Minuten lang backen; den Kuchen auf dem Blech erkalten lassen und anschließend in Portionen aufteilen. Von diesem saftigen Jausenkuchen werden Ihre Gäste begeistert sein!

ERGIBT CA. 20 STÜCK

Lammnüßchen à la minute

Ein Rezept für Kalorienbewußte

Einkaufsliste:

600 g ausgelöstes Lammfleisch vom Schlegel
Salz, Pfeffer aus der Mühle
250 g Champignons
Saft einer Zitrone
40 g Olivenöl
20 g Butter
2 kleine Schalottenzwiebeln
4 Knoblauchzehen
1 Bund Petersilie
1/8 l Weißwein
1 TL Speisestärke

1 Portion enthält:

242 Kcal = 1016 K-Joule
(ohne Beilage)

ERGIBT 4 PORTIONEN

Vorbereitung:

Zwiebeln schälen und feinst hacken; Knoblauch schälen und in feine Scheibchen schneiden; Petersilie waschen und fein hacken. Champignons waschen, putzen und in nicht zu dünne Scheiben schneiden; mit etwas Zitronensaft beträufeln, um ein Braunwerden zu verhindern. Das Fleisch von eventuellen Sehnen, Häutchen und Fett befreien; danach in kleine, dünne Schnitzerln schneiden und mit Salz, sowie mit Pfeffer aus der Mühle, würzen (oberes Bild).

Zubereitung:

Das Olivenöl zusammen mit der Butter in einer geräumigen Pfanne erhitzen; die Schnitzerln einlegen und beidseitig zu schöner Farbe braten; aus der Pfanne nehmen und warmstellen. Den Bratrückstand entfetten und darin die Zwiebeln samt dem Knoblauch hell anrösten; Champignons und Petersilie beifügen und das Ganze mit Weißwein und Zitronensaft ablöschen; das Fleisch wieder einlegen (unteres Bild) und alles zusammen kurz dünsten lassen. Die Speisestärke mit wenig Wasser verrühren, die Sauce damit binden und nötigenfalls noch etwas abschmecken.
Die Schnitzerln in der Sauce anrichten und mit Safran- oder Curryreis, sowie frischem Salat als Beilage, rasch zu Tisch bringen.

Gedünstete Hühnerleber

in Madeira-Sauce

Einkaufsliste:

500 g Hühnerleber
250 g Champignons
Salz, Pfeffer aus der Mühle
50 g Öl
ein Stückchen Butter
2 mittlere Schalottenzwiebeln
1 kleines Stamperl Cognac
1/8 l Madeira-Wein
1/8 l Bratensaft
1 Bund frischer Estragon

gehackter roter Paprika und Estragon zum Garnieren

Vorbereitung:

Die Hühnerleber waschen, gut abtropfen lassen, putzen und in etwa nußgroße Stücke schneiden; Zwiebeln schälen und feinst hacken; Champignons waschen, putzen und vierteln bzw. halbieren; Estragon waschen und fein hacken.

Zubereitung:

In einer geräumigen Pfanne das Öl erhitzen; Zwiebeln, Champignons und Leber beifügen und schwingend rösten; das Öl abgießen, ein Stück Butter in die Pfanne geben und alles zusammen kurz weiterbraten; sodann mit Salz und mit Pfeffer aus der Mühle würzen, mit Cognac ablöschen und flambieren; abschließend mit Madeira-Wein und Bratensaft aufgießen und etwa 20 Minuten lang dünsten lassen; die Leber anrichten und, mit rotem Paprika und frischem Estragon garniert, rasch zu Tisch bringen.
Als Beilage schlagen wir körnig-locker gedünsteten Reis und als Getränk einen blumigen Rotwein vor.

ERGIBT 4 PORTIONEN

Pistazien-Dessert

mit Erdbeeren

Einkaufsliste:

1/2 l Milch
1/2 Pkt. Vanillepuddingpulver
50 g geschälte Pistazien
2 EL Milch
70 g Kristallzucker
4 Blatt Gelatine
2 Dotter
1/4 l Schlagobers
150 g Erdbeeren
1 kleines Stamperl Maraschino

gehackte Pistazien zum Bestreuen

Vorbereitung:

Die Gelatine in kaltem Wasser vorweichen; 4 EL Milch mit dem Puddingpulver glatt verrühren; die Pistazien mit 2 EL Milch fein mixen. Die restliche Milch mit dem Zucker aufkochen lassen; das Milch-Puddinggemisch einrühren und zu cremiger Konsistenz verkochen lassen. Die Gelatine gut ausdrücken. Die Creme vom Feuer nehmen und, noch heiß, die Pistazienmilch, Gelatine und Dotter einrühren; während des Erkaltens mehrmals umrühren. Vier Dessertgläser vorkühlen.

Zubereitung:

Das Obers steif aufschlagen und unter die ausgekühlte, fast schon gestockte Creme ziehen; die Masse in eine Form füllen und frieren lassen. Die Erdbeeren waschen, abzupfen und in Scheiben schneiden; mit dem Maraschino-Likör vermengen und kaltstellen. Aus dem Gefrorenen mit einem Eßlöffel Nockerln ausstechen; abwechselnd mit den Erdbeeren schichtenweise in die vorbereiteten Gläser füllen und obenauf mit gehackten Pistazien bestreuen.
Dieses himmlische Dessert muß selbstverständlich raschest aufgewartet werden!

ERGIBT 12 STÜCK

Ribiselschnitten

mit Schneehaube

Einkaufsliste:

60 g Butter
70 g Staubzucker
4 Eier
80 g glattes Mehl
geriebene Schale einer halben Zitrone
1/2 Pkt. Vanillinzucker
100 g Ribiseln

3 Eiklar
110 g Staubzucker
1 Pkt. Vanillinzucker
150 g Ribiseln

Butter und Mehl für die Form
Staubzucker zum Bestreuen

Vorbereitung:

100 g Ribiseln waschen und abrebeln. Die Butter auf Handwärme bringen und mit einem Drittel des gesiebten Staubzuckers, sowie der Zitronenschale und dem Vanillinzucker, sehr schaumigrühren; nach und nach die Dotter einrühren und das Ganze nochmals sehr schaumigrühren. Die vier Eiklar mit dem restlichen gesiebten Zucker zu steifem Schnee schlagen; zusammen mit dem gesiebten Mehl und den Ribiseln unter den Butterabtrieb heben (oberes Bild). Die Masse sodann in eine gebutterte und bemehlte, längliche Form füllen und im vorgeheizten Backrohr bei 180 Grad etwa 35 Minuten backen (Nadelprobe machen!); den Kuchen in der Form überkühlen lassen, aus der Form stürzen und vollständig erkalten lassen.

Zubereitung:

150 g Ribiseln waschen, abrebeln und sehr gut abtropfen lassen; danach auf dem Kuchen verteilen. Die Eiklar zu steifem Schnee schlagen; nach und nach den gesiebten Zucker einfließen lassen, zu sehr steifem Schnee aufschlagen und zuletzt den Vanillinzucker einrühren. Die Hälfte der Schneemasse mit einer Palette auf die Kuchenoberfläche streichen und den Rest in einen Dressiersack, Sterntülle Nr. 4, füllen (unteres Bild); damit Rosetten aufdressieren und diese mit Staubzucker bestreuen. Den Kuchen im vorgeheizten Backrohr bei 220 Grad so lange überbacken, bis der Schnee leicht gebräunt ist; auskühlen lassen und mit einem nassen Messer (damit der innen noch cremige Schnee nicht kleben bleibt) in Schnitten portionieren.
Ein herrlich saftiger, etwas säuerlicher Kuchen für den Kaffeetisch!

ERGIBT 12 STÜCK

Karotten-Selleriestrudel

mit gekochtem Rinderbrustkern

Einkaufsliste:

Teig:
200 g glattes Mehl
1 EL Öl
ein Spritzer Essig
eine Prise Salz
Öl zum Bestreichen

Fülle:
300 g Karotten
300 g Sellerie
200 g mehlige Erdäpfel
100 g Zwiebeln
50 g Butter
50 g geriebener Parmesan
1/8 l Créme fràiche
2 Eier
Salz, Pfeffer aus der Mühle
etwas Cayennepfeffer
1 Bund Petersilie

600 g Rinderbrustkern
eine halbe Zwiebel
1 Bund Suppengrün

Fett für das Blech
gehackte Petersilie und
gerissener Kren zum Bestreuen

ERGIBT 4 PORTIONEN

Vorbereitung:

Das Mehl in eine Schüssel sieben; lauwarmes Wasser mit etwas Essig säuern; nach Bedarf mit dem Mehl vermengen, das Öl und eine Prise Salz beifügen und einen weichen, geschmeidigen Teig bereiten; auf einen mit Öl bestrichenen Teller legen, den Teig an der Oberfläche ebenfalls mit Öl bepinseln und eine Stunde rasten lassen. Die halbe Zwiebel mit der Schnittfläche nach unten auf der heißen Herdplatte bräunen; das Suppengrün waschen und schälen; Sellerie und Karotten waschen, schälen und in Streifen schneiden; Erdäpfel waschen, schälen und klein würfeln; Zwiebeln schälen und in feine Ringe schneiden; Petersilie waschen und fein hacken (oberes Bild). Das Fleisch in kaltem Wasser zustellen und das Suppengrün, sowie die Zwiebelhälfte, beifügen; mit dem nötigen Salz würzen und auf kleiner Flamme weichköcheln lassen; den dabei entstehenden Schaum des öfteren mit einem Sieb abschöpfen.

Zubereitung:

Die Butter in einem geräumigen Topf erhitzen; Zwiebelringe, Karotten, Sellerie und Erdäpfel darin anrösten und erkalten lassen. Die Créme fràiche mit den Eiern, dem Parmesan und der Petersilie vermengen; mit Salz, Pfeffer aus der Mühle und Cayennepfeffer würzen und alles glatt verrühren; sodann gut mit dem gerösteten Gemüse vermischen. Den Strudelteig auf einer bemehlten Arbeitsfläche so dünn wie möglich ausrollen; danach auf einem mit Mehl bestäubtem Tuch mit beiden Handrücken dünn ausziehen und die dickeren Teigenden abzupfen; die Fülle der Länge nach in der Mitter verteilen (unteres Bild) und den Teig mit Hilfe des Tuches einrollen; den Strudel sodann auf ein gefettetes Backblech legen und im vorgeheizten Backrohr bei 210 Grad etwa 50 Minuten lang backen.
Den Gemüsestrudel portionieren und mit dem Suppenfleisch und etwas Suppe anrichten; mit Petersilie und Kren bestreuen und sogleich zu Tisch bringen.

Kalbsschulter Burgunder Art

mit Zwiebeln und Champignons

Einkaufsliste:

800 g ausgelöste Kalbsschulter
1/2 l Rotwein (Blauburgunder)
1/2 l Rindsuppe
Salz, Pfeffer aus der Mühle
15 ganz kleine Zwiebelchen
200 g Champignons
30 g Butter
25 g glattes Mehl
30 g Öl

gehackte Petersilie zum Bestreuen

ERGIBT 4 PORTIONEN

Vorbereitung:

Das Fleisch zurechtputzen, in etwa 80 g-schwere Würfel schneiden und mit Salz, sowie mit Pfeffer aus der Mühle würzen; die Zwiebelchen schälen; die Champignons putzen und waschen.

Zubereitung:

Das Öl in einem geräumigen Topf erhitzen, die Fleischwürfel hineingeben und an allen Seiten zu schöner Farbe braten; mit Rotwein aufgießen und – unter häufigem Aufgießen mit dem restlichen Wein und der Rindsuppe – zugedeckt weichschmoren lassen; 20 Minuten vor Ende des Kochvorganges Zwiebeln und Champignons beifügen. Das Mehl mit der Butter verkneten und das Ragout damit binden; anrichten und zu guter Letzt mit gehackter Petersilie bestreuen.
Mit in Butter geschwenkten Teigwaren als Beilage bringt man dieses vortreffliche Kalbsragout zu Tisch.

Nudel-Käseauflauf

für Freunde fleischloser Kost

Einkaufsliste:

250 g grüne Tagliatelle
250 g weiße Tagliatelle
Salz, weißer Pfeffer
400 g Mascarpone
5 EL Schlagobers
3 Eier
2 Dotter
1 EL Paradeismark
eine Prise Cayennepfeffer
1 Bund Petersilie

Butter und Brösel für die Form
80 g geriebener Parmesan zum Bestreuen
50 g Butter in Flocken zum Belegen

ERGIBT 4 – 6 PORTIONEN

Vorbereitung:

Die Nudeln in reichlich Salzwasser (pro 150 g ca. 1 l Wasser) al dente, d.h. nicht zu weich kochen; in ein Sieb leeren, mit kaltem Wasser abspülen und gut abtropfen lassen. Eine passende Auflaufform mit Butter ausstreichen und mit Bröseln bestreuen; Petersilie waschen und fein hacken.

Zubereitung:

Den Mascarpone mit Schlagobers, Eiern, Dottern, Paradeismark und Cayennepfeffer glatt verrühren; Petersilie beifügen und das Ganze würzig mit Salz und weißem Pfeffer abschmecken; die Masse unter die Nudeln mengen und in die Auflaufform füllen; zu guter Letzt mit geriebenem Parmesan bestreuen und mit Butterflocken belegen; sodann im vorgeheizten Backrohr bei 180 Grad etwa 40 Minuten lang zu schöner, goldbrauner Farbe überbacken.

Den Auflauf, noch heiß, in der Pfanne portionieren und mit frischem Salat zu Tisch bringen – eine ausgiebige und äußerst schmackhafte Mahlzeit!

Pfirsichfleck

Einkaufsliste:

200 g passierter Magertopfen
180 g Butter
140 g Staubzucker
5 Eier
1/2 Pkt. Vanillinzucker
1/8 l Crème fraîche
100 g Kochschokolade
200 g glattes Mehl
geriebene Schale einer Zitrone
ca. 1,5 kg Pfirsiche
Marillenmarmelade zum Überglänzen
gestiftelte Mandeln zum Bestreuen
Backpapier für das Blech

Vorbereitung:

Die Butter erweichen und mit der Hälfte des gesiebten Staubzuckers sehr schaumigrühren; nach und nach die Dotter und den Vanillinzucker einmengen und wieder schaumigrühren; zuletzt den Topfen und die Crème fraîche unterrühren. Die Eiklar mit dem restlichen Zucker zu steifem Schnee schlagen und unter den Dotterabtrieb heben; zum Schluß das gesiebte Mehl, die geriebene Schokolade und die Zitronenschale einrühren (oberes Bild). Die Pfirsiche waschen, halbieren, entsteinen und fächerartig aufschneiden.

Zubereitung:

Ein Backblech mit Backpapier auslegen und die Topfenmasse auf zwei Drittel des Bleches streichen; mit den Pfirsichen dicht belegen (unteres Bild) und im vorgeheizten Backrohr bei 190 Grad etwa 50 Minuten zu schöner Farbe backen. Den Kuchen noch heiß mit Marmelade überglänzen und mit gestiftelten Mandeln bestreuen; erst nach dem völligen Erkalten portionieren.
Dieser Obstkuchen ist nicht nur besonders saftig, sondern auch sehr ausgeprägt im Aroma.

ERGIBT 12 STÜCK

Kiwi-Topfentorte

aus Mürbteig

Einkaufsliste:

130 g glattes Mehl
50 g Staubzucker
70 g Butter
1/2 Pkt. Vanillinzucker
eine Prise Salz
1 Ei

500 g magerer, passierter Topfen
130 g Staubzucker
1 großes Stamperl Maraschino
Saft einer halben Zitrone
5 Blatt Gelatine
5 Kiwifrüchte

1/4 l Schlagobers
1 kleines Stamperl Cognac
2 Blatt Gelatine
60 g geriebene Walnüsse

geriebene Walnüsse und Staubzucker zum Bestreuen

ERGIBT 12 STÜCK

Vorbereitung:

Das Mehl mit dem Staubzucker auf eine Arbeitsfläche sieben und die kalte Butter in kleinen Stücken rundum verteilen; Salz, Vanillinzucker und Ei beifügen (oberes Bild) und alles rasch zu einem Mürbteig verkneten; in Alu-Folie wickeln und zwei Stunden im Kühlschrank rasten lassen.

Zubereitung:

Den Teig auf einer bemehlten Arbeitsfläche ausrollen; den Boden und Rand einer Tortenform damit auslegen und im vorgeheizten Backrohr bei 200 Grad etwa 25 Minuten zu schöner Farbe backen. Den Topfen mit dem gesiebten Staubzucker, dem Maraschino und dem Zitronensaft sehr schaumigrühren. 5 Blatt Gelatine in kaltem Wasser einweichen, gut ausdrücken und in wenig heißem Wasser auflösen; unter die Topfenmasse heben und die Hälfte davon in die Form füllen; die Kiwis schälen, halbieren und auf der Topfenmasse anordnen (unteres Bild); die restliche Topfenfülle daraufgeben und drei Stunden im Kühlschrank anziehen lassen. Das Obers mit dem Cognac steif aufschlagen; zwei Blatt Gelatine in kaltem Wasser vorweichen, ausdrücken und in etwas Wasser auflösen; zusammen mit den Nüssen unter die Obersmasse rühren. Die erstarrte Topfentorte behutsam aus der Form lösen und die Obers-Nußmasse kuppelartig darauf verteilen; an der Oberfläche mit geriebenen Nüssen bestreuen und die Torte für eine weitere Stunde in den Kühlschrank stellen; vor dem Portionieren ausgiebig mit Staubzucker bestreuen.

Diese cremig-fruchtige Torte muß unbedingt gut gekühlt serviert werden!

Marillen im Schlafrock

mit Marzipanfülle

Einkaufsliste:

300 g Plunderteig
12 Marillen
120 g Rohmarzipan
80 g Staubzucker
1 EL Honig
1 großes Stamperl Marillenlikör
1/2 Pkt. Vanillinzucker
eine Prise Zimt

Ei zum Bestreichen
Butter für das Blech

ERGIBT 12 STÜCK

Vorbereitung:

Den Plunderteig antauen lassen. Die Marillen waschen, entlang der Rinne bis zum Kern einschneiden und diesen vorsichtig herauslösen; die Marillenhälften mit etwas Zimt, dem Vanillinzucker und einem halben Stamperl Likör beträufeln. Das Marzipan klein schneiden und sodann mit dem gesiebten Staubzucker, dem Honig und dem restlichen Likör vermengen.

Zubereitung:

Die Marzipanmasse in zwölf gleich große Kugeln teilen und diese anstatt der Kerne in die Marillen füllen. Den Teig auf einer bemehlten Arbeitsfläche etwa 3 mm-dünn ausrollen und in zwölf große Quadrate scheiden; aus den Teigresten zwölf kleine Quadrate zum Belegen ausschneiden. Die großen Quadrate mit je einer Marillenhälfte belegen und die Teigränder mit versprudeltem Ei bestreichen; die Teigzipfel übereinanderschlagen und die Kolatschen an der Oberfläche ebenfalls mit Ei bestreichen; die kleinen Teigquadrate obenauf setzen und auch mit Ei bepinseln. Die Kolatschen sodann auf ein leicht gefettetes Backblech legen und eine halbe Stunde aufgehen lassen; danach im vorgeheizten Backrohr bei 200 Grad etwa 20 Minuten lang goldgelb backen; erst nach dem völligen Erkalten aufwarten.
Eine süße Köstlichkeit, die Begeisterung hervorrufen wird!

Schokolade-Joghurtcreme

mit Pfirsichen

Einkaufsliste:

1/4 l Joghurt
70 g Staubzucker
1 Pkt. Vanillinzucker
Saft einer halben Zitrone
1 großes Stamperl Rum
80 g zartbittere Schokolade
1/4 l Schlagobers
3 Blatt Gelatine
3 reife Pfirsiche
1 kleines Stamperl Cointreau

Schokoladespäne und Minzeblättchen zum Garnieren

ERGIBT 4 PORTIONEN

Vorbereitung:

Die Pfirsiche waschen, halbieren, entkernen und klein würfeln; sodann mit dem Cointreau vermengen und kühlstellen. Die Schokolade mit einem kleinen Messerchen fein schaben; die Gelatine in kaltem Wasser vorweichen.

Zubereitung:

Das Joghurt mit dem gesiebten Staubzucker, dem Vanillinzucker, dem Zitronensaft und dem Rum glatt verrühren; die Gelatine in ganz wenig heißem Wasser auflösen und unter das Joghurtgemisch ziehen. Das Obers steif aufschlagen und zusammen mit der Schokolade einrühren. Die Pfirsichstücke in vier Dessertgläser aufteilen und die Creme darauffüllen; eine Stunde kaltstellen und vor dem Servieren mit Schokoladespänen und Minzeblättern garnieren.
Gut gekühlt kredenzt, bietet dieses Dessert wirklich Erfrischung bei sommerlicher Hitze.

Ossobuco

in Salbei-Paradeissauce

Vorbereitung:

Die Paradeiser waschen, kurz in kochendheißes Wasser tauchen, schälen und vierteln; Zwiebel schälen und hacken; Knoblauch schälen und in feine Scheibchen schneiden; Salbei und Petersilie gründlich waschen; die Stelzenscheiben mit Salz und Pfeffer würzen (oberes Bild).

Zubereitung:

Das Öl in einer geräumigen Pfanne erhitzen; die Stelzenscheiben in Mehl andrücken und beidseitig rasch zu schöner Farbe braten; aus der Pfanne nehmen und warmstellen. Im Bratrückstand Zwiebel und Knoblauch anbraten; die Paradeiser beifügen, kurz durchrösten lassen und mit Weißwein ablöschen; Zitronensaft und Petersilie dazugeben, das Fleisch wieder einlegen (unteres Bild) und das Ganze unter öfterem Aufgießen mit Suppe auf kleiner Flamme etwa 1 1/2 Stunden weichköcheln lassen. Die Champignons waschen, putzen und vierteln, bzw. die kleineren halbieren; das Fleisch aus der Sauce nehmen und warmstellen. Die Sauce durch ein feines Sieb streichen und wieder zum Kochen bringen; die Champignons und Stelzenscheiben hineingeben und ein Weilchen erhitzen; das Ossobuco nötigenfalls abschmecken und mit Makkaroni zu Tisch bringen.

Als Getränk zu diesem pikanten Fleischgericht empfehlen wir Ihnen einen leichten, italienischen Rotwein.

ERGIBT 4 PORTIONEN

Einkaufsliste:

1 Kalbsstelze,
in Scheiben geschnitten
(beim Fleischer vorbestellen)
Salz, Pfeffer aus der Mühle
Mehl zum Andrücken
500 g Paradeiser
1 Zwiebel
3 Knoblauchzehen
1/8 l Weißwein
6 Salbeiblätter
Saft einer Zitrone
1 Bund Petersilie
ca. 1/4 l Kalbs- oder Rindsuppe
200 g Champignons
40 g Olivenöl

Linzer Krapferln

kleines Teegebäck

Einkaufsliste:

150 g Butter
60 g Staubzucker
2 Dotter
200 g glattes Mehl
geriebene Schale einer halben Zitrone
eine Prise Salz
1/2 Pkt. Vanillinzucker

Ei zum Bestreichen
gehobelte Mandeln zum Bestreuen
Marillenmarmelade zum Füllen
Staubzucker zum Bestreuen
Butter und Mehl für das Blech

Vorbereitung:

Die Butter auf Handwärme bringen und mit dem gesiebten Staubzukker, dem Salz, sowie der Zitronenschale und dem Vanillinzucker, sehr schaumigrühren; nach und nach die Dotter beifügen, wieder schaumigrühren und zuletzt das Mehl unterheben (oberes Bild). Ein Backblech leicht befetten und mit Mehl bestäuben.

Zubereitung:

Die Masse in einen Dressiersack (glatte Tülle Nr. 12) füllen und damit kleine Krapferln auf das Blech dressieren; in der Mitte jeweils leicht eindrücken und mit versprudeltem Ei bestreichen; sodann mit gehobelten Mandeln bestreuen und im vorgeheizten Backrohr bei 190 Grad etwa 20 Minuten zu schöner, goldgelber Farbe bakken. Die Krapferln nach dem Erkalten mit heißer Marmelade füllen und leicht mit Staubzucker übersieben.

Ein wunderbar mürbes Gebäck zu Tee und Kaffee!

ERGIBT CA. 25 STÜCK

Leberstrudelsuppe

Einkaufsliste:

150 g glattes Mehl
1/2 EL Öl
1/2 EL Essig
eine Prise Salz
400 g Rindsleber
40 g Butter
1 große Zwiebel
2 Knoblauchzehen
1 Bund Petersilie
eine Prise Majoran
Salz, Pfeffer aus der Mühle
etwas Thymian
2 Dotter
1 Ei

Butter für das Blech und zum Bestreichen
1 l fertige Rindsuppe
Schnittlauch zum Bestreuen

Vorbereitung:

Das gesiebte Mehl mit dem Öl, Salz und lauwarmem Essigwasser nach Bedarf zu einem feinen, weichen Teig verarbeiten; mit Öl bestreichen und etwa 20 Minuten rasten lassen. Die Leber in reichlich Salzwasser 20 Minuten kochen und danach fein faschieren; Zwiebel schälen, fein hakken und in 40 g Butter hell rösten; Knoblauch schälen und fein hacken; Petersilie waschen und fein hacken.

Zubereitung:

Die Leber mit Zwiebel, Knoblauch und Petersilie, sowie den Dottern und dem Ei, sehr gut vermengen; sodann mit Salz, Pfeffer, Majoran und Thymian recht würzig abschmecken. Den Teig auf einer bemehlten Arbeitsfläche so dünn wie möglich ausrollen; auf einem mit Mehl bestäubten Tuch mit den beiden Handrücken hauchdünn ausziehen; die Fülle auf zwei Drittel des Teiges verteilen und diesen mit Hilfe des Tuches – von der unbestrichenen Seite her beginnend – zu einem dünnen Strudel einrollen; auf ein mit Butter bestrichenes Blech legen und an der Oberfläche mit zerlassener Butter bepinseln; im vorgeheizten Backrohr bei 210 Grad 25-30 Minuten lang zu schöner, goldbrauner Farbe backen; den Strudel portionieren und als Einlage in kochendheiße Rindsuppe geben.
Da sich der Leberstrudel hervorragend zum Einfrieren eignet, empfehlen wir Ihnen, gleich auf Vorrat zu backen.

ERGIBT 12 PORTIONEN

Rahmpalatschinken

eine warme Hauptspeise

Einkaufsliste:

Teig:

4 Eier
glattes Mehl nach Bedarf
Milch nach Bedarf
eine Prise Salz

Butter zum Backen

Fülle:

80 g Butter
70 g Staubzucker
4 Eier
1/2 Pkt. Vanillinzucker
geriebene Schale einer halben Zitrone
1/4 l Sauerrahm
1/8 l Schlagobers
80 g Rosinen
4 EL Biskuit- oder Biskottenbrösel

Butter und Brösel für die Form
Staubzucker zum Bestreuen

Vorbereitung:

Die Eier mit einer Prise Salz versprudeln und mit so viel gesiebtem Mehl verrühren, daß ein zäher Teig entsteht; mit Milch nach Bedarf zu einem dünnflüssigen Teig verarbeiten, den man eine halbe Stunde rasten läßt; danach in einer passenden Pfanne dünne Palatschinken ausbacken.

Zubereitung:

Für die Fülle die Butter mit der Hälfte des gesiebten Zuckers sehr schaumigrühren; sodann zwei Dotter, sowie Zitronenschale und Vanillinzucker, einrühren; nach und nach den Sauerrahm und das Obers untermengen. Vier Eiklar mit dem restlichen Zucker zu steifem Schnee schlagen; zusammen mit den Rosinen und den Bröseln unter den Butterabtrieb heben. Mit der Hälfte der Fülle die Palatschinken bestreichen und zusammenrollen; diese sodann in eine gebutterte und mit Bröseln ausgestreute Auflaufform schichten. Die restliche Fülle mit den verbliebenen Dottern glatt verrühren, falls erforderlich, noch etwas Obers oder Milch einrühren und über die Palatschinken gießen; im vorgeheizten Backrohr bei 200 Grad etwa 40 Minuten lang überbacken und vor dem Auftragen tüchtig mit Staubzucker übersieben.

Bei dieser süßen Hauptspeise kommen die Naschkätzchen der Familie voll und ganz auf ihre Rechnung.

ERGIBT 4 PORTIONEN

Gedünsteter Rahmrindsbraten

nach Wiener Art

Vorbereitung:

Zwiebeln schälen und fein hacken; 60 g Champignons waschen, putzen und fein hacken; Karotten, Sellerie und Petersilwurzel waschen, schälen und in grobe Würfel schneiden; das Fleisch mit Salz und Pfeffer einreiben (oberes Bild).

Zubereitung:

In einer Bratpfanne das Öl erhitzen und das Fleisch darin rundum anbraten; aus der Pfanne nehmen und warmstellen. Im Bratrückstand die gehackten Champignons, das Wurzelwerk und die Zwiebeln zu etwas Farbe rösten; Paradeismark beifügen und mitrösten lassen; das Ganze mit Bratensaft aufgießen und verkochen lassen; danach das Fleisch wieder einlegen (unteres Bild) und unter häufigem Begießen mit Eigensaft, sowie mit Wasser oder Suppe, im vorgeheizten Backrohr bei 210 Grad etwa 1 bis 1 1/2 Stunden lang weichbraten. Die eingelegten Champignons in Scheiben schneiden; den Braten aus der Pfanne nehmen und den Saft durch ein feines Sieb streichen; die Crème fraîche mit dem Sauerrahm versprudeln und mit den in Scheiben geschnittenen Champignons und dem Bratensaft vermengen; einige Minuten verkochen lassen und zuletzt mit Zitronensaft, Worcestersauce, sowie Salz und Pfeffer, würzig abschmecken.
Den Rindsbraten aufschneiden, mit der Champignonsauce auf einer vorgewärmten Platte anrichten und sogleich zu Tisch bringen.
Als Beilage empfehlen wir Ihnen Teigwaren, in Butter geschwenkt.

ERGIBT 4 PORTIONEN

Einkaufsliste:

800 g weißes Scherzel
Salz, Pfeffer aus der Mühle
40 g Öl
je 80 g Sellerie, Petersilwurzel und Karotten
80 g Zwiebeln
60 g Champignons
1 EL Paradeismark
1 EL Worcestersauce
Zitronensaft nach Geschmack
1/8 l Bratensaft
1/8 l Crème fraîche
1/8 l Sauerrahm
150 g eingelegte Champignons

Stephanie-Cremetorte

Aus Großmutters Kochbuch

Einkaufsliste:
4 Eier
140 g Staubzucker
80 g geriebene Kochschokolade
90 g geriebene Haselnüsse
geriebene Schale einer halben Zitrone
1/2 Pkt. Vanillinzucker

Creme:
250 g Butter
90 g Staubzucker
100 g Kochschokolade
60 g Bitterschokolade
1 Pkt. Vanillinzucker
1 großes Stamperl Rum
1 großes Stamperl Cointreau
1 Dotter

Butter und Mehl für das Blech
geschälte Mandeln,
geriebene Haselnüsse und
kandierte Kirschen zum
Verzieren

ERGIBT 12 STÜCK

Vorbereitung:

Die Dotter mit der Hälfte des gesiebten Staubzuckers, sowie der Zitronenschale und dem Vanillinzucker, sehr schaumigrühren. Die Eiklar mit dem restlichen Zucker zu sehr steifem Schnee schlagen und unter den Dotterabtrieb heben; zuletzt die Haselnüsse und die Kochschokolade unterziehen (oberes Bild). Ein Backblech gut mit Butter befetten und mit Mehl bestäuben; mit Hilfe eines Tortenreifens einen Kreis darauf markieren und ein viertel der Schoko-Nußmasse dünn daraufstreichen; im vorgeheizten Backrohr bei 210 Grad etwa 15 Minuten lang backen, sofort vom Blech lösen und rundum gleichschneiden; aus der restlichen Masse auf die gleiche Art und Weise drei weitere Tortenblätter herstellen.

Zubereitung:

Für die Creme die Butter auf Handwärme bringen und mit dem gesiebten Staubzucker und dem Vanillinzucker sehr schaumigrühren; die Bitter- und Kochschokolade zerlassen, unter den Butterabtrieb mengen und wieder schaumigrühren; nach und nach Rum, Likör und Dotter beifügen und alles zu einer schaumigen, leichten Creme aufschlagen. Mit zwei drittel der Creme die Tortenblätter füllen (unteres Bild) und einen kleinen Teil der Creme in einen Dressiersack (Sterntülle Nr. 5) geben; die verbliebene Creme an Oberfläche und Rand der Torte glatt verstreichen; zu guter Letzt mit geriebenen Haselnüssen bestreuen und portionsweise Rosetten aufdressieren; diese abschließend mit Mandel- und Kirschenstückchen verzieren und die Torte sodann zwei Stunden im Kühlschrank anziehen lassen.
Diese feine Torte wird jedem festlichen Anlaß gerecht!

Soja-Huhn

Ein Rezept für Kalorienbewußte

Einkaufsliste:

1 Huhn, ca. 1,2 kg
3 Schalottenzwiebeln
2 rote Paprikaschoten
200 g Sojabohnensprossen
2 Knoblauchzehen
1/2 EL Currypulver
Salz, Pfeffer
40 g Olivenöl
1/4 l Hühnersuppe
1-2 EL Sojasauce

gehackter, roter Paprika und gehackte Petersilie zum Bestreuen

Vorbereitung:

Die Sojasprossen aus der Dose nehmen, in einem Sieb gründlich mit kaltem Wasser abspülen und gut abtropfen lassen; Zwiebeln schälen und fein hacken; Knoblauch schälen und zerdrücken; Paprikaschoten waschen, halbieren, ausputzen und klein würfeln. Das Huhn enthäuten und das Fleisch von den Knochen lösen; in größere Stücke schneiden und diese mit Salz, Pfeffer und Curry würzen (oberes Bild).

Zubereitung:

Das Öl in einer geräumigen Pfanne erhitzen und die Zwiebeln darin glasig anrösten; das Fleisch und den Knoblauch beifügen und mitrösten lassen; mit der Hühnersuppe aufgießen und alles langsam verkochen lassen; Paprikastückchen und Sojasprossen dazugeben (unteres Bild) und das Ragout zugedeckt auf kleiner Flamme weichdünsten; zum Schluß mit Sojasauce abschmecken, anrichten und vor dem Auftragen mit gehacktem Paprika und Petersilie bestreuen.

Als Beilage zu diesem köstlichen Geflügel empfehlen wir Ihnen körnig gedünsteten Reis und frischen Salat nach Saison.

1 Portion enthält:

314 Kcal = 1318 K-Joule

ERGIBT 4 PORTIONEN

Zwiebel-Tartelettes

mit Blätterteig bereitet

Einkaufsliste:

300 g Blätterteig tiefgekühlt
500 g Zwiebeln
140 g durchzogener Frühstücksspeck
40 g Butter
4 Eier
2 EL glattes Mehl
Salz, Pfeffer aus der Mühle
ca. 1/8 l Milch
2 EL Schlagobers

ERGIBT 6 STÜCK

Vorbereitung:

Den Blätterteig laut Packungsvorschrift antauen lassen; Zwiebeln schälen und in feine Ringe schneiden; den Speck von der Schwarte schneiden und fein würfeln; die Eier mit dem gesiebten Mehl, sowie Salz und Pfeffer, gut verrühren.

Zubereitung:

Den Teig auf einer bemehlten Arbeitsfläche etwa 3 mm-dünn ausrollen, sechs Tortelett-Förmchen damit auslegen und eine halbe Stunde rasten lassen. In einer Pfanne Butter und Speck erhitzen; die Zwiebelringe beifügen und so lange dünsten, bis die Flüssigkeit fast zur Gänze verdampft ist (die Zwiebelringe sollen aber nicht braun werden); das Ganze überkühlen lassen und mit dem Eiergemisch sorgfältig vermengen; die Masse mit Milch nach Bedarf und mit Obers lokkern und sodann in die vorbereiteten Förmchen füllen; anschließend im vorgeheizten Backrohr bei 210 Grad etwa 25 Minuten lang goldbraun backen.
Diese knusprig-würzigen Tartelettes reicht man ofenwarm zu Bier oder Wein.

Salat „Laurana"

mit Spargel

Einkaufsliste:

300 g Spargel
150 g Champignons
150 g Fisolen
100 g Sellerie
100 g gekochter Schinken
ein Stückchen Butter
Saft einer Zitrone
Salz
6 EL Olivenöl
4 EL Sherry-Essig
Pfeffer aus der Mühle
1 kleine Schalottenzwiebel
ein halber Bund Petersilie

Salatblätter zum Auslegen

Vorbereitung:

Spargel sorgfältig schneiden, putzen und waschen; genügend Salzwasser mit einem Stückchen Butter und Zitronensaft versehen, Spargel einlegen und darin etwa 20 Minuten lang weichkochen; aus dem Sud nehmen, erkalten lassen und in Stücke schneiden. Den Schinken in nicht zu feine Streifen schneiden; die Fisolen waschen, putzen, in Salzwasser blanchieren und mit kaltem Wasser abschrecken. Sellerie putzen, waschen und in Salzwasser nicht zu weich kochen; herausnehmen, erkalten lassen und in ebenfalls nicht zu feine Streifen schneiden; alle obengenannten Zutaten gut kühlen.

Zubereitung:

Zwiebel schälen und feinst hacken; Petersilie waschen und fein hacken; Champignons waschen, putzen, in nicht zu dünne Scheiben schneiden und mit dem restlichen Zitronensaft beträufeln. Das Öl mit Essig, Salz, Pfeffer, Zwiebel und Petersilie, sowie dem nötigen Wasser, gut verrühren; die Champignons und die Marinade zum übrigen Gemüse geben und vorsichtig unterheben; alles zusammen einige Minuten im Kühlschrank durchziehen lassen. Eine passende Schüssel oder Schale mit Salatblättern auslegen und das Gemüse darauf anrichten.
Eine Vorspeise, die Lebenskraft vermittelt!

**ERGIBT
4 VORSPEISEPORTIONEN**

Vollkornbrote mit Dinkel-Weizen

Einkaufsliste:

250 g Dinkel-Weizen
300 g frisch gemahlener Weizen
100 g Leinsamen
30 g Germ
Salz
je eine Prise Fenchselsamen, Kardamom und Koriander

Fett für das Backblech
Kümmel zum Bestreuen

Vorbereitung:

Die Germ in etwa 2/10 l lauwarmem Wasser auflösen; sodann mit frisch-gemahlenem Weizen nach Bedarf zu einem weichen Teig verarbeiten; an der Oberfläche mit Mehl bestäuben und eine Stunde rasten lassen. Den Dinkel in reichlich Salzwasser auf kleiner Flamme weichkochen, abseihen und erkalten lassen. Wenn die Oberfläche des Dampfels (Vorteiges) grobe Risse zeigt, verarbeitet man es mit den restlichen Zutaten (oberes Bild) zu einem nicht zu weichen Teig; falls erforderlich, noch etwas Wasser oder Mehl einarbeiten.

Zubereitung:

Den Teig zu einer Kugel formen, mit einem Tuch zudecken und an einem warmen Ort eine halbe Stunde aufgehen lassen; danach in zwei gleich große Stücke teilen und diese zu Wecken formen; auf ein leicht gefettetes Backblech legen und an der Oberfläche mehrmals quer einschneiden; mit Kümmel bestreuen (unteres Bild) und auf dem Blech etwa eine weitere Stunde schön aufgehen lassen; anschließend im vorgeheizten Backrohr bei 200 Grad 35-40 Minuten lang backen und auf dem Blech erkalten lassen.

Dieses gesunde, wohlschmeckende Vollkornbrot entfaltet sein volles Aroma erst nach ca. 24 Stunden und ist bei trockener Lagerung auch längere Zeit haltbar.

**ERGIBT
2 WECKEN À 500 G**

Nuß-Kaffeetorte

elegant und fein

Einkaufsliste:

5 Eier
90 g Feinkristallzucker
80 g glattes Mehl
70 g geriebene Walnüsse
50 g Biskottenbrösel
1/2 Pkt. Vanillinzucker
eine Prise Salz

Creme:

1/2 Pkt. Vanillepuddingpulver
1/4 l Milch
2 Dotter
2 EL löslicher Kaffee
1 großes Stamperl Kaffeelikör
200 g Butter
90 g Staubzucker

Butter und Mehl für die Form
80 g Marillenmarmelade
helle Schokoladeglasur zum Überziehen
dunkle Schokoladeglasur und halbierte, geschälte Mandeln zum Verzieren

ERGIBT 12 STÜCK

Vorbereitung:

Für das Biskuit die Dotter mit einer Prise Salz, dem Vanillinzucker und der Hälfte des Kristallzuckers sehr schaumigrühren. Die Eiklar mit dem restlichen Zucker zu steifem Schnee schlagen; die Biskottenbrösel mit dem gesiebten Mehl und den Nüssen vermengen; die Dotter unter den Schnee ziehen und das Mehlgemisch einrühren (oberes Bild). Die Masse in eine gebutterte und bemehlte Form füllen; sodann im vorgeheizten Backrohr bei 190 Grad etwa 45 Minuten lang backen und in der Form erkalten lassen; aus der Form lösen und nach einer Ruhezeit von zwei Stunden in zwei Böden schneiden.

Zubereitung:

Aus dem Puddingpulver und der Milch laut Packungsvorschrift einen Pudding bereiten; in den noch heißen Pudding die Dotter, den Kaffee und den Likör einrühren. Die Butter mit dem gesiebten Staubzucker sehr schaumigrühren; nach und nach den Pudding unterziehen und wieder schaumigrühren. Einen Tortenboden mit der Creme bestreichen und den zweiten Boden daraufsetzen (unteres Bild); die Torte an Rand und Oberfläche mit erhitzter Marmelade bestreichen und für zwei Stunden in den Kühlschrank stellen. Die Glasur laut Packungsvorschrift auflösen und die Torte damit überziehen; erstarren lassen und danach mit der dunklen Glasur und den Mandeln verzieren; aufgeschnitten wird die Torte mit einem in heißes Wasser getauchten, abgetrockneten Messer.
Ein nobler Aufputz für Ihren Kaffeetisch!

Schweinsfilets „Parma“

Ein Rezept für Kalorienbewußte

Einkaufsliste:

600 g Schweinsfilet (Jungfernbraten)
Salz, weißer Pfeffer
2 Eier
1 Dotter
60-80 g geriebener Parmesan
2-4 EL feine Semmelbrösel
30 g Olivenöl
1/2 EL Butter

20 g Hamburger Speck
30 g Olivenöl
1 mittlere Zwiebel
4 Knoblauchzehen
3 EL Paradeismark
je eine Prise Thymian und Oregano
3 reife Paradeiser
kräftige Rindsuppe zum Aufgießen
1/2 Bund Petersilie
etwas Zitronensaft

1 Portion enthält:

415 Kcal = 1743 K-Joule

ERGIBT 4 PORTIONEN

Vorbereitung:

Knoblauch schälen und in feine Scheibchen schneiden; Paradeiser waschen, kurz in kochendes Wasser tauchen, schälen und klein würfeln; Zwiebel schälen und fein hacken. Die Eier mit dem Dotter, dem Parmesan und Semmelbröseln nach Bedarf gut verrühren. Das Fleisch von eventuellen Sehnen und Häutchen befreien und in Medaillons schneiden; mit dem Handballen flachdrücken und mit Salz und Pfeffer würzen (oberes Bild). Für die Sauce den Speck klein schneiden; in einer Pfanne 30 g Olivenöl erhitzen und darin die Speckwürfel und die Zwiebel anrösten; Knoblauch, Paradeismark, Salz und weißen Pfeffer, sowie Thymian und Oregano beifügen und durchrösten; zuletzt die Paradeiser dazugeben, mit Suppe aufgießen und alles zusammen auf kleiner Flamme zu einer Sauce verkochen lassen.

Zubereitung:

Das Öl zusammen mit der Butter in einer geräumigen Pfanne erhitzen; die Medaillons einlegen und an beiden Seiten scharf anbraten; aus der Pfanne nehmen und auf ein leicht gefettetes Blech legen; mit dem Käse-Eiergemisch bestreichen (unteres Bild) und im vorgeheizten Backrohr bei 220 Grad etwa 10 Minuten lang überbacken, wobei das Fleisch innen noch leicht rosa sein soll. Die Sauce zum Schluß mit gehackter Petersilie und Zitronensaft abschmecken und mit den Filets servieren.
Zu dieser Delikatesse empfehlen wir als Beilage gratinierte Grießplätzchen und in Essig eingelegtes, feines Gemüse.

Gratinierte Grießplätzchen: Seite 184

Gratinierte Grießplätzchen

eine herrliche Beilage

Einkaufsliste:

200 g Grieß
1 l Milch
60 g Butter
eine Prise Salz
eine Prise gemahlene Muskatnuß
2 Dotter
50 g geriebener Parmesan

geriebener Parmesan zum Bestreuen
Butter zum Beträufeln

Vorbereitung:

Die Milch mit der Butter, sowie Salz und Muskatnuß, aufkochen; den Grieß einrieseln lassen und auf kleiner Flamme unter öfterem Umrühren etwa 15 Minuten dick einkochen; vom Feuer nehmen und kurz überkühlen lassen; danach den Dotter und den geriebenen Käse einrühren; die Masse sodann etwa daumendick auf ein mit kaltem Wasser befeuchtetes Blech aufstreichen und erkalten lassen.

Zubereitung:

Mit einem gezahnten, runden Ausstecher (Durchmesser 5 cm) Plätzchen ausstechen und auf einer feuerfesten Gratinierplatte anordnen; mit dem geriebenen Käse bestreuen, mit Butter beträufeln und im vorgeheizten Backrohr bei 210 Grad so lange überbakken, bis der Käse schön gebräunt ist. Sie können die Grießplätzchen entweder als Beilage, oder mit frischem Salat, auch als Hauptspeise reichen.

ERGIBT 4 VORSPEISEPORTIONEN

Prager Hochzeitssuppe

Einkaufsliste:

50 g Butter
40 g glattes Mehl
2 EL feingehackte Zwiebel
1 l fertige, kräftige Rindsuppe
120 g Preßschinken
120 g Champignons
100 g Erbsen tiefgekühlt
1 Bund Petersilie
eine Prise gemahlene Muskatnuß
Salz, Pfeffer
1/8 l Schlagobers
2 Dotter

ERGIBT 4 PORTIONEN

Vorbereitung:

Die Champignons waschen, putzen und vierteln; den Schinken in kleine Würfel schneiden; Petersilie waschen und fein hacken; das Obers mit den Dottern glatt verrühren.

Zubereitung:

In einem ausreichend großen Suppentopf die Butter erhitzen und die Zwiebel darin kurz anschwitzen lassen; sodann mit Mehl stauben und nur kurz rösten, da das Mehl keine Farbe annehmen soll; nach und nach die Rindsuppe eingießen und unter öfterem Umrühren 25 Minuten köcheln lassen. Die Suppe anschließend durch ein Sieb seihen und wieder zum Kochen bringen; Schinken, Champignons, Petersilie und Gewürze dazugeben und alles zusammen weitere 10 Minuten köcheln lassen; ganz zuletzt die Erbsen beifügen und einige Minuten mitkochen. Die Suppe vom Feuer nehmen, mit dem Dotter-Obersgemisch binden und unverzüglich dampfendheiß zu Tisch bringen.

Diese traditionelle, festliche Suppe aus unserem nördlichen Nachbarland wird allen Anlässen gerecht!

Nougat-Kaffeeroulade

Aus Großmutters Kochbuch

Vorbereitung:

Die ganzen Eier mit dem Zucker über Dunst mit einer Schneerute warm aufschlagen; den Kessel vom Wasserbad nehmen und die Masse so lange weiterschlagen, bis sie wieder erkaltet ist; das gesiebte Mehl, die Nüsse, sowie Zitronenschale und Zimt einrühren (oberes Bild) und die Masse sodann fingerdick auf ein mit Backpapier ausgelegtes Blech streichen; im vorgeheizten Backrohr bei 190 Grad etwa 20 Minuten lang backen; das Biskuit danach auf ein mit Mehl bestäubtes Papier stürzen und das Backpapier behutsam abziehen; mit Hilfe des Papieres einrollen und zusammengerollt erkalten lassen.

Zubereitung:

Die Butter auf Handwärme bringen und mit dem gesiebten Staubzukker sehr schaumigrühren; das Obers mit dem Rum vermengen und den Kaffee darin auflösen. Den Nougat im Wasserbad auflösen und nach und nach unter den Butterabtrieb ziehen; die Kaffeemischung und die Dotter einrühren und wieder sehr schaumigrühren. Die Roulade auseinanderrollen und mit der Hälfte der Creme bestreichen; wieder zusammenrollen und im Kühlschrank anziehen lassen. Einen Teil der verbliebenen Creme in einen Dressiersack (Sterntülle Nr. 5) füllen; mit der restlichen Creme die Roulade außen bestreichen (unteres Bild); zu guter Letzt mit Schokoladespänen bestreuen, portionsweise Ornamente aufdressieren und mit Schokodekorblättchen verzieren. Die Roulade vor dem Portionieren mindestens zwei Stunden in den Kühlschrank stellen.

Einkaufsliste:

6 Eier
120 g Feinkristallzucker
100 g glattes Mehl
70 g geriebene Haselnüsse
etwas geriebene Zitronenschale
eine Prise Zimt

220 g Butter
100 g gesiebter Staubzucker
120 g Haselnuß-Nougat
2 EL löslicher Kaffee
1 EL Obers
1 großes Stamperl Rum
2 Dotter

Backpapier für das Blech
Schokoladespäne und
Dekorblättchen zum Verzieren

Sollten Sie zum Kaffee einladen, paßt diese feine Roulade ganz besonders gut!

ERGIBT 12 STÜCK

Speck-Käsebrot

aus Vollkornmehl

Einkaufsliste:

400 g Roggen-Vollkornmehl
300 g Weizenvollkornmehl
6 g Salz
50 g Schmalz oder Öl
je eine Prise Kardamom, Fenchel, Koriander und Kümmel gemahlen
100 g Leinsamenschrot
150 g fester Emmentaler Käse
200 g durchzogener Hamburger Speck
1 kleine Schalottenzwiebel
30 g Germ
Milch-Wassergemisch nach Bedarf (1:1)

Milch zum Bestreichen
Leinsamenschrot und Kümmel zum Bestreuen
etwas Fett für das Backblech

**ERGIBT
2 BROTE À CA. 500 G**

Vorbereitung:

Zwiebel schälen und feinst hacken; den Speck von der Schwarte schneiden und klein würfeln; den Käse in kleine Würfelchen schneiden; etwas Milch-Wassergemisch erwärmen und die Germ darin auflösen. Das Weizenmehl auf eine Arbeitsfläche sieben und in der Mitte eine Mulde machen; das Germgemisch hineinleeren und mit etwas Mehl zu einem weichen Vorteig verrühren (oberes Bild).

Zubereitung:

Den Vorteig an einem warmen Ort eine halbe Stunde gehen lassen. Den Speck in einer Pfanne erhitzen und die Zwiebel darin glasig rösten; auskühlen lassen und mit den restlichen Teigzutaten (unteres Bild) zu einem festeren Teig verkneten; halbieren, zu zwei Kugeln formen und eine weitere halbe Stunde gehen lassen; danach zu Wecken formen und diese an der Oberfläche gitterartig einschneiden; mit Milch bestreichen, mit Kümmel und Leinsamen bestreuen und auf ein leich gefettetes Backblech setzen; die Wecken nochmals schön aufgehen lassen und im vorgeheizten Backrohr bei 220 Grad etwa 40 Minuten lang knusprig-braun backen.
Ein ideales Brot für eine rustikale Brettljause!

Gedünstete Kräuterrostbraten

in würziger Sauce

Vorbereitung:

Zwiebel schälen und fein hacken; Austernpilze waschen, putzen und in Streifen schneiden; Paradeiser kurz in kochendheißes Wasser tauchen, schälen und in Scheiben schneiden. Das Fleisch ganz leicht klopfen und beidseitig mit Salz und Pfeffer einreiben (oberes Bild). Die Steinpilze in kaltem Wasser einweichen, abtropfen lassen und feinst hacken; die Champignons aus dem Glas nehmen, in einem Sieb mit kaltem Wasser abspülen und in Scheibchen schneiden.

Zubereitung:

Das Öl in einer passenden Pfanne erhitzen und die Schnitzel darin an beiden Seiten scharf anbraten; aus der Pfanne nehmen und warmstellen. Im Bratrückstand die Zwiebel rasch anrösten; Paradeiser und Austernpilze dazugeben und mitrösten lassen; sodann mit Bratensaft und Crème fraîche aufgießen und alles verkochen lassen. Steinpilze, Champignons und Kräuter beifügen und das Ganze mit Salz, Pfeffer, sowie mit Worcester- und Sojasauce, würzen; das Fleisch wieder einlegen (unteres Bild) und zugedeckt auf kleiner Flamme weichendünsten; dabei nötigenfalls mit noch etwas Bratensaft oder Suppe aufgießen; die Sauce soll eine mollige Konsistenz aufweisen.

Die Rostbraten mit der Sauce anrichten und mit jungem Gemüse servieren.

Getränkeempfehlung: Blauburgunder

ERGIBT 4 PORTIONEN

Einkaufsliste:

4 Rostbraten à 180 g
Salz, Pfeffer aus der Mühle
50 g Öl
1 kleine Zwiebel
200 g Austernpilze
2 Paradeiser
1/4 l Bratensaft
1/8 l Crème fraîche
20 g getrocknete Steinpilze
100 g eingelegte Champignons
4 EL gehackte, beliebige Kräuter wie: Petersilie, Salbei, Thymian, Rosmarin, Kerbel und Schnittlauch
je ein Spritzer Worcester- und Sojasauce

Italienischer Salat

mit Käse und Salami

Einkaufsliste:

200 g Muschel-Teigwaren
150 g italienische Salami
150 g Emmentaler Käse
je ein roter und grüner Paprika
1 Stange Lauch
2 kleine Zwiebeln
Salz

1 Bund Dille
2 Knoblauchzehen
6 EL Weißweinessig
6 EL kalt gepreßtes Olivenöl
eine Prise Pfeffer

Vorbereitung:

Die Teigwaren in kochendem Salzwasser al dente, d.h. nicht zu weich kochen; in einem Sieb mit kaltem Wasser abspülen und gut abtropfen lassen. Salami und Käse in nicht zu feine Streifen schneiden; Paprikaschoten waschen, halbieren und ausputzen; sodann in Streifen schneiden und in Salzwasser blanchieren; ebenfalls kalt abschrecken und gut abtropfen lassen. Den Lauch waschen und in Ringe schneiden; Zwiebeln schälen und feinnudelig schneiden.

Zubereitung:

Für die Marinade die Dille waschen und fein schneiden; Knoblauch schälen und feinst hacken; das Öl mit dem Essig, dem Knoblauch, der Dille, sowie Salz und Pfeffer, gut verrühren; danach mit den Salatzutaten vermengen und für zwei Stunden in den Kühlschrank stellen. Den Salat anrichten und mit Weißbrot als Beigabe zu Tisch bringen.
Eine sommerliche Vorspeise mit reichem Vitamingehalt!

ERGIBT 4 VORSPEISEPORTIONEN

Pikante Käsetoasts

zu Bier oder Wein

Einkaufsliste:

4 Toastbrotscheiben
Butter zum Bestreichen
80 g geriebener Chester Käse
Salz, Pfeffer aus der Mühle
eine Prise Cayennepfeffer
2-3 Dotter
etwas helles Bier
1 EL scharfer Senf

beliebiges, frisches Gemüse
zum Garnieren

ERGIBT 4 PORTIONEN

Zubereitung:

Den Käse (Sie können auch frisch gemahlenen Parmesan verwenden) mit den Dottern, dem Bier und dem Senf, sowie mit Salz, Cayennepfeffer und Pfeffer aus der Mühle, zu einer streichfähigen Masse verrühren. Die Toastbrotschnitten diagonal durchschneiden, sodaß Dreiecke entstehen; diese zuerst mit Butter und danach mit dem Käsegemisch bestreichen und auf ein trockenes Blech legen; im vorgeheizten Backrohr bei 200 Grad so lange überbacken, bis der Käse geschmolzen ist und etwas Farbe angenommen hat.

Die Toasts überkühlen lassen und noch warm kredenzen.
Ein schmackhafter Imbiß für Zwischendurch!

Ringlottenknödel

Vorbereitung:

Die Milch mit Wasser, Salz und Butter zum Kochen bringen; das gesiebte Mehl einrühren und so lange rösten, bis die Masse sich zusammenballt und leicht von Geschirr und Kochlöffel löst; auskühlen lassen und hernach die Dotter einzeln einarbeiten (oberes Bild); alles zu einem glatten Teig verarbeiten und 20 Minuten im Kühlschrank rasten lassen. Das Marzipan zerkleinern und mit dem gesiebten Staubzucker glatt verkneten; danach in zwölf gleich große Stücke teilen und diese wiederum zu Kugeln formen.

Zubereitung:

Die Ringlotten waschen, entstielen und entlang der Rinne einschneiden; den Kern jeweils herauslösen und statt dessen eine Marzipankugel einfüllen. Den Teig auf einer bemehlten Arbeitsfläche etwa 3 mm-dünn ausrollen und in Quadrate schneiden; mit je einer Ringlotte belegen, den Teig darüberschlagen und Knödel formen (unteres Bild); in leicht kochendes Salzwasser einlegen und etwa 15 Minuten lang auf kleiner Flamme köcheln lassen; die Knödel behutsam herausnehmen und in einem Sieb gut abtropfen lassen; sodann im Mohn-Zuckergemisch wälzen, anrichten und mit zerlassener Butter beträufeln.

Eine süße Hauptspeise, die hellauf begeistern wird!

ERGIBT 4 PORTIONEN

Einkaufsliste:

1/4 L Milch
1/4 L Wasser
5 g Salz
50 g Butter
300 g glattes Mehl
5 Dotter

100 g Rohmarzipan
30 g Staubzucker
12 Ringlotten

Salzwasser zum Kochen
Mohn-Zuckergemisch zum Wälzen
Butter zum Beträufeln

Gebratener Schweinsschlegel in Kümmelglacé

Einkaufsliste:

1,2 kg Jungschweinschlegel ohne Knochen, mit Schwarte
Salz, Pfeffer
1 EL Kümmel
3 Knoblauchzehen
200 g Lauch
100 g Champignons
100 g Karotten
40 g Öl
1/2 EL Paradeismark
3/8 l Rindsuppe

Vorbereitung:

Lauch waschen, putzen und in Ringe schneiden; Champignons waschen, putzen und fein hacken; Karotten waschen, schälen und in kleinere Stücke schneiden; Knoblauch schälen und zerdrücken. Das Fleisch zehn Minuten in kochendes Salzwasser legen, abtropfen und erkalten lassen; die Schwarte mit einem scharfen Messerchen in Abständen von etwa 1 cm einschneiden; das Fleisch mit Salz, etwas Pfeffer, Kümmel und Knoblauch einreiben (oberes Bild).

Zubereitung:

Das Öl in einer Bratpfanne erhitzen und das Fleisch darin rundum anbraten; aus der Pfanne nehmen und warmstellen. Im Bratrückstand Lauch, Karotten und Champignons hell anrösten; das Paradeismark beifügen und kurz mitrösten; mit einem Teil der Suppe aufgießen und das Fleisch wieder einlegen (unteres Bild); im vorgeheizten Backrohr bei 220 Grad 50-70 Minuten, unter häufigem Begießen mit Eigensaft und der restlichen Suppe, fertigbraten; das Fleisch aus der Sauce nehmen und vor dem Aufschneiden 20 Minuten entspannen lassen; den Saft durch ein feines Sieb seihen.

Den Braten in Scheiben schneiden und auf einer vorgewärmten Platte mit dem Saft anrichten; dazu schlagen wir als Beilage gedünstetes Kraut und Erdäpfelknödel vor.

ERGIBT 6 PORTIONEN

Pfeffer

Kohlpflanzel-Suppe

nach einem alten Rezept

Einkaufsliste:

1 mittlerer Kohlkopf
1 mittlere Zwiebel
30 g Hamburger Speck
ca. 100 g Semmelbrösel
3 Eier
Salz, Pfeffer aus der Mühle

Butter und Brösel für die Form
Ei zum Bestreichen
Schnittlauch zum Bestreuen

 ERGIBT 4 PORTIONEN

Vorbereitung:

Den Kohl waschen, putzen und vierteln; den Strunk und die groben Blattrippen entfernen und die Kohlviertel sodann in reichlich Salzwasser weichkochen; in einem Sieb mit kaltem Wasser abschrecken, sehr gut abtropfen lassen und fein hacken. Zwiebel schälen und fein schneiden; den Speck von der Schwarte schneiden und klein würfeln.

Zubereitung:

Die Speckwürfel in einer geräumigen Pfanne erhitzen; Zwiebel beifügen und mitrösten lassen; den Kohl und die halbe Menge der Semmelbrösel dazugeben und etwas mitrösten; die Masse erkalten lassen und danach mit den Eiern und den restlichen Semmelbröseln vermengen; zuletzt mit Salz und Pfeffer würzen und in eine gebutterte und mit Bröseln ausgestreute Form füllen, mit Ei bestreichen und im vorgeheizten Backrohr bei 200 Grad etwa eine halbe Stunde lang backen, aus der Form lösen und erkalten lassen. Den Pflanzel in Würfel schneiden und als Einlage in kochendheiße Rindsuppe geben.
Die Suppe mit Schnittlauch bestreuen und möglichst heiß zu Tisch bringen.

Türkische Beurrecks

mit Käsefülle

Einkaufsliste:

2 Eier
Salz
Milch und glattes Mehl nach Bedarf
Öl zum Backen

30 g glattes Mehl
30 g Butter
3/8 l Milch
je ein Stückchen Lorbeer und Zwiebel
300 g Emmentaler Käse
Cayennepfeffer nach Geschmack

glattes Mehl, Eier und Semmelbrösel zum Panieren
Öl zum Backen

ERGIBT CA. 10 STÜCK

Vorbereitung:

Die Eier mit dem Salz und gesiebtem Mehl nach Bedarf zu einem sehr zähen Teig verrühren; mit so viel Milch verdünnen, daß ein dünnflüssiger Palatschinkenteig entsteht, den man 20 Minuten rasten läßt; in erhitztem Öl nacheinander dünne Palatschinken ausbacken und erkalten lassen. In einer Pfanne die Butter erhitzen, das Mehl einrühren und eine helle Einmach bereiten; mit der Milch aufgießen und glatt verrühren; zuletzt Zwiebel und Lorbeer beifügen, salzen und unter öfterem Umrühren sehr dick einkochen lassen.

Zubereitung:

Den Käse in kleine Würfel schneiden. Die Bechamelsauce etwas erkalten lassen und Zwiebel samt Lorbeer herausnehmen; danach mit dem Käse und Cayennepfeffer gut vermengen und vollständig erkalten lassen. Die Palatschinken halbieren; aus der Käsemasse kleine Röllchen formen und diese jeweils auf die Palatschinkenhälften legen; dieselben einrollen und mit einem halben Zahnstocher fixieren; anschließend im Mehl, den verklopften Eiern und den Semmelbröseln panieren. In einer genügend großen Pfanne ausreichend Öl erhitzen und die Röllchen, darin schwimmend, goldgelb ausbacken; herausnehmen, gut abtropfen lassen und warm kredenzen. Als Beilage zu diesem feurigen Imbiß reicht man pikantes, in Essig eingelegtes Gemüse.

Radetzky-Torte

Aus Großmutters Kochbuch

Einkaufsliste:

9 Dotter
200 g Staubzucker
200 g geriebene Haselnüsse
110 g geriebene Kochschokolade
50 g Biskuit- oder Biskottenbrösel
110 g glattes Mehl
6 Eiklar
geriebene Schale einer halben Zitrone
etwas Zimt und Nelken, gemahlen

100 g Marillenmarmelade
fertige Schokoladeglasur

Butter und Mehl für die Form
gehackte Pistazien zum Bestreuen

ERGIBT 12 STÜCK

Vorbereitung:

Die Dotter mit der Hälfte des Zuckers sehr schaumigrühren; die Eiklar mit dem restlichen Zucker zu steifem Schnee schlagen; die Haselnüsse mit der Schokolade, dem gesiebten Mehl, den Biskuitbröseln, sowie der Zitronenschale und den Gewürzen, gut vermengen; zuletzt den Schnee behutsam unter den Dotterabtrieb heben und das Nuß-Schokoladegemisch einrühren (oberes Bild).

Zubereitung:

Die Masse in eine gefettete und bemehlte Tortenform füllen (unteres Bild) und bei 180 Grad etwa 50 Minuten lang backen; in der Form erkalten lassen und nach einer Ruhezeit von zwei Stunden aus der Form lösen. Die Torte sodann in drei Böden schneiden; zwei davon mit erhitzter Marmelade bestreichen und die Tortenblätter wieder zusammensetzen; die restliche Marmelade an Oberfläche und Rand verstreichen. Die Glasur laut Packungsvorschrift auflösen und die Torte damit gleichmäßig überziehen; zu guter Letzt mit gehackten Pistazien bestreuen und erst nach dem Erstarren der Glasur portionieren.
Eine sehr feine, schlichte Torte für eine Einladung zum Kaffee!

Senf-Fleisch

pikant Gedünstetes

Einkaufsliste:

400 g Schweinsschulter
400 g Rindfleisch vom Schlegel (Dünstfleisch)
400 g Zwiebeln
80 g Öl
1 EL Essig
Salz, Pfeffer
1/2 EL Kümmel
1 EL Paradeismark
3 Knoblauchzehen
1 EL glattes Mehl
2 EL scharfer Senf
1/8 l Crème fraîche

Bratensaft oder kräftige Suppe zum Aufgießen
gehackte Petersilie zum Bestreuen

Vorbereitung:

Zwiebeln schälen und in Scheiben schneiden; das Schweine- und Rindfleisch in dünne Scheiben schneiden, die man mit Salz, Pfeffer und Kümmel würzt; Knoblauch schälen und in feine Scheibchen schneiden (oberes Bild).

Zubereitung:

Das Öl in einer geräumigen Pfanne erhitzen und die Zwiebeln darin zu heller Farbe rösten; mit Essig ablöschen, das Fleisch und den Knoblauch beifügen (unteres Bild), und alles zusammen unter öfterem Aufgießen mit Saft oder Suppe nicht ganz weichdünsten; zuletzt mit Mehl stauben, Senf, Paradeismark und Crème fraîche einrühren und alles fertigdünsten lassen; anrichten und vor dem Auftragen mit gehackter Petersilie bestreuen.

Als Beilage zu diesem würzigen Fleischgericht schlagen wir Ihnen Semmelknödel vor.

ERGIBT 4 PORTIONEN

Gefüllter Rindsbraten

Ein Rezept für Kalorienbewußte

Vorbereitung:

Eine kleine Zwiebel schälen und feinst hacken; Knoblauch schälen und zerdrücken; das Faschierte mit zwei EL Wasser, Zwiebel und Knoblauch, sowie, Salz, Pfeffer und einer Prise Majoran gut verkneten; drei Karotten waschen und schälen. Das Rindfleisch zu einer großen Platte schneiden (am besten lassen Sie das gleich vom Fleischer zubereiten) und auf einer Arbeitsfläche ausbreiten; mit Salz und Pfeffer würzen und die faschierte Masse daraufstreichen; sodann mit den Karotten belegen (oberes Bild), zusammenrollen und mit Küchenspagat umwickeln. Karotte, Sellerie und Petersilwurzel waschen, schälen und in grobe Stücke schneiden; Zwiebel schälen und ebenfalls grob schneiden; die frischen Kräuter waschen.

Zubereitung:

Das Öl in einer Bratpfanne erhitzen und die Roulade darin rundum zu schöner Farbe braten; aus der Pfanne nehmen und warmstellen. Im Bratrückstand das Wurzelwerk und die Zwiebel hell anrösten; danach mit Mehl stauben und mit etwas Suppe aufgießen; die Kräuter beifügen und das Fleisch wieder einlegen (unteres Bild); im vorgeheizten Backrohr bei 220 Grad – unter häufigem Begießen mit Suppe, Bratensaft und Eigensaft – etwa 1 1/2 Stunden lang braten; das Fleisch aus der Pfanne nehmen, vom Spagat befreien und in Scheiben aufschneiden. Den Saft durch ein Sieb streichen und zusammen mit dem Fleisch auf einer vorgewärmten Platte anrichten.

Mit Petersilie garniert, wird dieser delikate Braten sogleich aufgetragen.

Einkaufsliste:

600 g Rindsschale
200 g faschiertes Schweinskarree
3 Karotten
1 kleine Zwiebel
2 Knoblauchzehen

Salz, Pfeffer aus der Mühle
eine Prise Majoran

40 g Öl
1 Zwiebel
je ein Stückchen Karotte, Sellerie und Petersilwurzel
je ein Sträußchen Salbei, Thymian, Petersilie und Estragon
etwas Mehl zum Stauben
1/4 l Rindsuppe
1/4 l Bratensaft

Petersilie zum Garnieren

1 Portion enthält:

378 Kcal = 1588 K-Joule

ERGIBT 6 PORTIONEN

Pfeffer

Salat-Rahmsuppe

Einkaufsliste:

1 großes Salathäuptel
1 mittlere Zwiebel
60 g Preßschinken
30 g Öl
20 g Butter
1 l Hühner- oder Rindsuppe
1 Bund Petersilie
Salz, Pfeffer
eine Prise Muskatnuß
eine Prise Zucker
1/8 l Crème fraîche
1/8 l Sauerrahm
ca. 50 g eiskalte Butter
2 kleine Karotten
100 g Erbsen tiefgekühlt

 ERGIBT 4 PORTIONEN

mit Gemüse

Vorbereitung:

Den Salat waschen, putzen, von groben Teilen befreien und hacken; Zwiebel schälen und fein hacken; den Schinken in feine Streifen schneiden. Karotten waschen, schälen und in kleine Würfel schneiden; in Salzwasser nicht zu weich kochen und abtropfen lassen; Erbsen blanchieren und ebenfalls abtropfen lassen; Petersilie waschen und fein hacken.

Zubereitung:

Das Öl in einem geräumigen Topf erhitzen und die Schinkenstreifen darin knusprig braten; aus dem Topf nehmen und abtropfen lassen; das Öl abgießen, 20 g Butter aufschäumen lassen und die Zwiebel darin hell anrösten; den Salat beifügen und etwa 10 Minuten lang dünsten; mit der Suppe aufgießen, verkochen lassen und sodann im Mixer pürieren; zum Schluß mit Petersilie, Salz und Pfeffer, sowie Zucker und Muskatnuß, würzig abschmecken. Die Crème fraîche mit dem Sauerrahm versprudeln und in die nicht mehr kochende Suppe einrühren; die eiskalte Butter in Stückchen schneiden, in die Suppe geben und mit einer Schneerute aufschlagen. Die Suppe anrichten und mit den Erbsen, Karotten und Schinkenstreifen als Einlage, dampfendheiß auftragen.

Gefüllte Kohlrabi

mit Reis-Selchfleischfülle

Einkaufsliste:

4 junge Kohlrabi
Salz
250 g gekochter Langkornreis
100 g gekochtes, saftiges Selchfleisch
1 mittlere Zwiebel
20 g Butter
50 g Butter
2 Dotter
Pfeffer aus der Mühle
1 Bund Petersilie
30 g geriebener Parmesan
1/4 l Rindsuppe oder Bratensaft

gehacktes, junges Kohlrabigrün zum Bestreuen

ERGIBT 4 PORTIONEN

Vorbereitung:

Kohlrabi waschen, schälen und von eventuellen groben, fasrigen Teilen befreien; in reichlich Salzwasser etwa 20 Minuten lang blanchieren und danach erkalten lassen; abdeckeln und mit einem Parisienne-Ausstecher aushöhlen (das Innere können Sie für Gemüsesuppe oder ähnliches verwenden). Zwiebel schälen und feinst hacken; das Fleisch in kleine Würfelchen schneiden; Petersilie waschen und fein hacken.

Zubereitung:

Die Zwiebel in 20 g Butter hell anrösten; die restlichen 50 g Butter auf Handwärme bringen und mit einer Prise Salz, sowie mit Pfeffer aus der Mühle, sehr schaumigrühren; nach und nach die Dotter einrühren und diesen Abtrieb sodann mit Reis, Zwiebel, Fleisch, Petersilie und Parmesan vermengen; nötigenfalls mit noch etwas Salz und Pfeffer abschmecken und die Masse in die ausgehöhlten Kohlrabi füllen. In einer geeigneten Pfanne die Suppe oder den Bratensaft erhitzen und die Kohlrabi hineinstellen; zugedeckt im Backrohr bei 200 Grad unter öfterem Begießen mit Eigensaft etwa eine halbe Stunde fertigschmoren lassen; auf einer vorgewärmten Platte mit dem Saft anrichten und zu guter Letzt mit dem Kohlrabigrün bestreuen.
Feinschmecker werden ihre Freude an diesem außergewöhnlichen Gemüse haben.

Schweinskoteletts „Nelson"

mit Zwiebelpüree überbacken

Einkaufsliste:

4 ausgelöste Koteletts, à 160 g
Salz, Pfeffer aus der Mühle
300 g Zwiebeln
20 g Butter
1/8 l kräftige Rindsuppe
1 TL Speisestärke
1 Bund Petersilie
50 g Butter
50 g geriebener Emmentaler Käse
Butter für das Blech

Vorbereitung:

Zwiebeln schälen und in feine Streifen schneiden; Petersilie waschen und fein hacken; das Fleisch beidseitig leicht kopfen und mit Salz und Pfeffer würzen (oberes Bild). Die Zwiebeln in kochendem Salzwasser blanchieren und in einem Sieb gut abtropfen lassen; sodann in 20 g erhitzter Butter dämpfen, ohne Farbe nehmen zu lassen; mit der Suppe aufgießen und verkochen lassen; danach im Mixer pürieren und wieder aufkochen. Die Speisestärke mit ganz wenig kalter Suppe oder Wasser verrühren und das Püree damit binden; zu guter Letzt mit Salz, Pfeffer und Petersilie würzen.

Zubereitung:

50 g Butter in einer geräumigen Pfanne erhitzen und die Koteletts darin an einer Seite langsam braten; sobald an der Oberfläche wasserhelle Tropfen austreten, die Koteletts mit der ungebratenen Seite nach unten auf ein leicht gefettetes Blech legen; mit dem Püree bestreichen und abschließend mit geriebenem Käse bestreuen (unteres Bild); danach im vorgeheizten Backrohr bei 200 Grad etwa 25 Minuten lang überbacken.
Mit einer Tomatensauce und in Butter geschwenkten Teigwaren wird dieses überaus schmackhafte Fleischgericht serviert; dazu empfehlen wir als Getränk Rosè- oder Weißwein.

ERGIBT 4 PORTIONEN

Gewürzkuchen aus Vollkornmehl

Einkaufsliste:

130 g Honig
1 Ei
1 Dotter
etwas geriebene Zitronenschale
je 1/2 TL geriebene Nelken, Zimt und Piment
370 g Weizen-Vollkornmehl
1/2 TL Backpulver
ca. 1/8 l Milch
1/16 l Schlagobers

Butter und Mehl für die Form
Staubzucker zum Bestreuen

Vorbereitung:

Ei, Dotter, Honig und Zitronenschale sehr schaumigrühren; danach Nelken, Zimt und Piment einrühren; das Mehl mit dem Backpulver vermengen und abwechselnd mit dem Obers und der Milch unter die Dottermasse ziehen (oberes Bild).

Zubereitung:

Eine Rehrückenform mit Butter ausstreichen und mit Mehl bestäuben; die Masse einfüllen und an der Oberfläche glattstreichen (unteres Bild); im vorgeheizten Backrohr bei 175 Grad etwa 45 Minuten lang backen; den Kuchen in der Form kurz überkühlen lassen, aus der Form stürzen und auf einem Kuchengitter vollständig erkalten lassen; vor dem Portionieren ausgiebig mit Staubzucker übersieben.

Dieser herrliche Jausenkuchen hat den Vorteil, daß er nach einigen Tagen ein noch intensiveres Aroma bekommt!

ERGIBT 12 STÜCK

Honigkuchen

Einkaufsliste:

400 g Plunderteig
400 g Honig
410 g geriebene, ungeschälte Mandeln
100 g Pinienkerne
geriebene Schale einer Zitrone
eine Prise gemahlener Zimt
eine Prise gemahlene Gewürznelken
1 großes Stamperl Rum
Dotter zum Bestreichen

Butter für das Blech
gehackte Mandeln zum Bestreuen
Staubzucker zum Bestreuen

Vorbereitung:

Den Plunderteig auftauen lassen. Den Honig aufkochen, die Mandeln einrühren und verkochen lassen; Pinienkerne, Zitronenschale, Rum, sowie Zimt- und Nelkenpulver, einrühren (oberes Bild) und die Masse erkalten lassen; danach in einen Dressiersack (glatte Tülle Nr. 12) füllen.

Zubereitung:

Den Teig auf einer bemehlten Arbeitsfläche etwas ausrollen und der Länge nach sechs ca. 2 cm-breite Streifen abschneiden; das verbliebene Teigrechteck auf ein leicht gebuttertes Backblech legen und an den Längsseiten mit versprudeltem Dotter bestreichen; je einen Teigstreifen darauflegen, ebenfalls mit Dotter bepinseln und diesen Vorgang mit den restlichen Streifen wiederholen, wobei der letzte Streifen obenauf jeweils auch mit Dotter bestrichen wird. Die Fülle in der Mitte spiralenförmig aufdressieren (unteres Bild) und den Teig aufgehen lassen; die Schnitte sodann mit gehackten Mandeln bestreuen und im vorgeheizten Backrohr bei 190 Grad etwa 35 Minuten lang backen; auf dem Blech erkalten lassen, mit Staubzucker übersieben und portionieren.
Ein wunderbarer Kuchen für den Nachmittagskaffee!

 ERGIBT 12 STÜCK

Mango-Erdbeercreme

ein sommerliches Dessert

Vorbereitung:

Die Mango waschen, schälen und das Fruchtfleisch vom Kern lösen; klein schneiden und mit dem Kristallzucker, dem Zitronensaft und dem Vanillinzucker aufkochen lassen; danach im Mixer fein pürieren und erkalten lassen; mit dem Rum verrühren und kaltstellen. Die Erdbeeren waschen, abzupfen und halbieren; mit Honig nach Geschmack (je nach Zuckergehalt der Früchte) und dem Maraschino vermengen und ebenfalls kaltstellen. Vier Dessertgläser vorkühlen.

Zubereitung:

Das Mangopüree mit dem Joghurt und dem Topfen, sowie mit Staubzucker nach Bedarf, glatt verrühren. Die Erdbeeren in die vorgekühlten Gläser aufteilen und die Creme darauffüllen; mit halbierten Erdbeeren garnieren und mit gehackten Pistazien bestreuen.

Dieses fruchtige Dessert muß unbedingt gut gekühlt aufgewartet werden.

ERGIBT 4 PORTIONEN

Einkaufsliste:

1 reife Mango
60 g Kristallzucker
Saft einer halben Zitrone
1/2 Pkt. Vanillinzucker
1 kleines Stamperl Rum
300 g Erdbeeren
1 kleines Stamperl Maraschino
etwas Honig
1/4 l Joghurt
200 g magerer, passierter Topfen
ca. 80 g Staubzucker

halbierte Erdbeeren und gehackte Pistazien zum Garnieren

Rettichsalat

mit Schinken und Paprika

Einkaufsliste:

300 g Bierrettich
300 g Paradeiser
150 g Preßschinken
2 grüne Paprikaschoten

1/2 Bund Dille
1/2 Bund Estragon
Salz, weißer Pfeffer
8 EL Olivenöl
4 EL Weinessig
1 EL Sojasauce
Saft einer Zitrone

ERGIBT 4 PORTIONEN

Vorbereitung:

Den Rettich schälen, waschen, der Länge nach halbieren und in feine Scheibchen schneiden; die Paradeiser waschen und in dünne Spalten schneiden; die Paprikaschoten waschen, halbieren, ausputzen und in feine Streifen schneiden; den Schinken ebenfalls in feine Streifen schneiden. Alle diese Zutaten in einer tiefen Schüssel gut vermengen und vorkühlen.

Zubereitung:

Dille, Petersilie und Estragon waschen und fein hacken; das Öl mit dem Essig, sowie Salz, Pfeffer, Sojasauce und Zitronensaft, glatt verrühren; die Kräuter unter die Marinade rühren und danach behutsam unter das vorgekühlte Gemüse mengen. Den Salat anschließend zwei Stunden im Kühlschrank ziehen lassen; auf einer vorgekühlten Platte oder in einer Schüssel anrichten und mit getoastetem Weißbrot auftragen.
Eine an Vitaminen reiche und sehr bekömmliche Vorspeise.

Pörkölt-Rindsschnitzel in Paprika-Specksauce

Einkaufsliste:

4 Rindsschnitzel von der Rose, à 160 g
Salz, Pfeffer aus der Mühle
100 g Hamburger Speck
1 große Zwiebel
je ein grüner und gelber Paprika
100 g Champignons
50 g edelsüßes Paprikapulver
ein Schuß Essig
1/8 l Bratensaft
1/4 l Rindsuppe

Vorbereitung:

Die Champignons waschen, putzen und blättrig aufschneiden; den Speck von der Schwarte schneiden und klein würfeln; Zwiebel schälen und fein hacken; die Paprikaschoten waschen, halbieren, ausputzen und in kleine Würfel schneiden; das Fleisch mit Salz und mit Pfeffer aus der Mühle einreiben (oberes Bild).

Zubereitung:

Den Speck in einer geräumigen Pfanne auf kleiner Flamme auslassen; die Speckwürfel aus der Pfanne nehmen und bereithalten; die Schnitzel einlegen und beidseitig scharf anbraten; aus der Pfanne nehmen und warmstellen. Im Bratrückstand Zwiebel, Champignons und Paprikawürferln hell anrösten; sodann das Paprikapulver beifügen und kurz mitrösten; mit einem Schuß Essig ablöschen und das Ganze mit dem Bratensaft und der Suppe aufgießen; die Schnitzel wieder einlegen (unteres Bild) und zugedeckt auf kleiner Flamme weichdünsten.
Zu diesen äußerst pikanten Rindsschnitzeln serviert man als Beilage Tarhonya und in Streifen geschnittene Paprikaschoten.

ERGIBT 4 PORTIONEN

Trüffelkrapferln

mit Pariser Creme gefüllt

Vorbereitung:

Die Dotter mit der halben Zuckermenge und dem Vanillinzucker sehr schaumigrühren; die Eiklar mit dem restlichen Zucker zu steifem Schnee schlagen und diesen unter die Dottermasse heben; das Mehl mit der Speisestärke versieben und zum Schluß darunterziehen (oberes Bild); die Masse in einen Dressiersack (glatte Tülle Nr. 12) füllen und auf ein mit Backpapier ausgelegtes Blech Krapferln aufdressieren (unteres Bild); dieselben leicht mit Speisestärke übersieben und anschließend im vorgeheizten Backrohr bei 200 Grad etwa 15 Minuten lang backen; am Anfang des Backvorganges das Rohr einen Spalt offen halten.

Zubereitung:

Die Krapferln auf dem Blech erkalten lassen; sodann behutsam vom Papier lösen und an der Unterseite etwas aushöhlen; auf ein Kuchengitter legen und mit heißer Marillenmarmelade überziehen. Für die Creme die Kochschokolade klein hacken; das Obers aufkochen, die Schokolade einrühren und die Creme unter ständigem Rühren einmal aufkochen lassen; nach dem Erkalten mit einer Schneerute schaumig aufschlagen und zuletzt die handwarme Butter, sowie den Cognac und die Zitronenschale, einrühren; wieder schaumigrühren und in einen Dressiersack (glatte Tülle Nr. 10) füllen; die Creme auf die halbe Anzahl der Krapferln dressieren und diese mit den ungefüllten Krapferln zusammensetzen. Die Glasur laut Packungsvorschrift auflösen, die Krapferln damit überziehen und vor dem Stocken der Glasur jeweils mit einem halbierten Pistazienkern belegen.

Einkaufsliste:

5 Dotter
6 Eiklar
100 g Feinkristallzucker
1/2 Pkt. Vanillinzucker
80 g glattes Mehl
50 g Speisestärke
120 g Marillenmarmelade
helle Schokoladeglasur zum Überziehen

250 g Kochschokolade
1/4 l Schlagobers
50 g Butter
1 kleines Stamperl Cognac
etwas geriebene Zitronenschale

Speisestärke zum Übersieben
Backpapier für das Blech
geschälte, halbierte Pistazien zum Belegen

ERGIBT 12-16 STÜCK

Gebackene Zucchini

Einkaufsliste:

1 kg reife, feste Zucchini
etwas Zitronensaft
Salz, Pfeffer aus der Mühle
2 Knoblauchzehen
Mehl zum Andrücken
2 Eier
30 g geriebener Parmesan
40 g Semmelbrösel
Öl zum Backen

2 Dotter
1/4 l Olivenöl
1 TL scharfer Senf
einige Spritzer Worcestersauce
einige Tropfen Zitronensaft
je ein Bund Petersilie, Dille,
Estragon und Majoran

mit Kräuterremoulade

Vorbereitung:

Zucchini gründlich waschen, putzen und in kleinfingerdicke Scheiben schneiden; Knoblauch schälen und zerdrücken; die Kräuter waschen und fein hacken; die Zucchinischeiben mit Pfeffer, Zitronensaft und Knoblauch würzen. Die zwei Dotter mit dem Senf, der Worcestersauce, sowie Salz, Pfeffer und Zitronensaft glatt verrühren; das Öl unter ständigem Rühren tropfenweise einfließen lassen, sodaß eine glatte Mayonnaise entsteht; die gehackten Kräuter einrühren und die Remoulade kaltstellen.

Zubereitung:

Die Zucchinischeiben zuerst in Mehl andrücken, dann durch das Ei und zuletzt durch ein Gemisch aus Semmelbröseln und Parmesan ziehen; danach in gut erhitztem Öl herausbacken und auf einem Küchenkrepp gut abtropfen lassen; zuletzt salzen und mit der gut gekühlten Remoulade anrichten. Mit frischem Salat nach Saison bringt man diese vortreffliche, leichte Mahlzeit zu Tisch.

ERGIBT 4 PORTIONEN

Paradeis-Palatschinken

pikant gefüllt

Einkaufsliste:

3 Eier
140 g glattes Mehl
1/4 l Milch
eine Prise Salz
Öl zum Backen

400 g Paradeiser
1 mittlere Zwiebel
30 g Öl
50 g Hamburger Speck
Salz, Pfeffer
je eine Prise Oregano, Majoran und Thymian
3 Knoblauchzehen
ein halber Bund Petersilie
etwas Rindsuppe zum Aufgießen

frisch geriebener Parmesan zum Bestreuen
50 g Butter zum Belegen
Butter für die Form

Vorbereitung:

Die Eier mit dem gesiebten Mehl, der Milch und einer Prise Salz zu einem glatten, dünnflüssigen Teig verrühren; 20 Minuten rasten lassen und danach in erhitztem Öl dünne Palatschinken ausbacken. Zwiebel und Knoblauch schälen und fein hacken; den Speck von der Schwarte schneiden und ebenfalls fein hacken; Petersilie waschen und fein hacken; die Paradeiser kurz in kochendes Wasser tauchen, schälen und in kleine Würfel schneiden.

Zubereitung:

Das Öl in einer geräumigen Pfanne erhitzen und den Speck zusammen mit der Zwiebel darin anbraten; Paradeiswürfel, Petersilie und Knoblauch beifügen, nach Geschmack würzen und mit etwas Rindsuppe aufgießen; auf kleiner Flamme so lange dünsten lassen, bis die Flüssigkeit fast zur Gänze verdampft ist und die Fülle eine streichfähige Konsistenz aufweist; die Palatschinken damit bestreichen und dreieckig zusammenklappen. Eine Auflaufform mit Butter befetten und die Palatschinken einlegen; mit geriebenem Käse bestreuen und zu guter Letzt mit Butterflocken belegen; sodann im vorgeheizten Backrohr bei 200 Grad etwa 10 Minuten lang goldbraun überbacken.

ERGIBT 4 PORTIONEN

Feine Pfirsichtorte

Aus Großmutters Kochbuch

Einkaufsliste:

180 g Butter
120 g Staubzucker
eine Prise Salz
1/2 Pkt. Vanillinzucker
etwas geriebene Zitronenschale
5 Eier
110 g glattes Mehl
90 g geschälte, geriebene Mandeln
400 g Pfirsiche

gehobelte Mandeln zum Bestreuen
etwas Staubzucker zum Bestreuen
Butter und Mehl für die Form

ERGIBT 12 STÜCK

Vorbereitung:

Die Butter auf Handwärme bringen und mit der Hälfte des gesiebten Zuckers, dem Salz und dem Vanillinzucker, sowie der Zitronenschale, sehr schaumigrühren; nach und nach die Dotter beifügen und wieder schaumigrühren. Die Eiklar mit dem restlichen Zucker zu steifem Schnee schlagen und unter den Butterabtrieb heben; zum Schluß das gesiebte Mehl und die Mandeln einrühren (oberes Bild). Die Pfirsiche waschen, halbieren, entkernen und danach vierteln.

Zubereitung:

Die Masse in eine gefettete und bemehlte Tortenform füllen und mit den Pfirsichspalten belegen; mit den Mandeln bestreuen (unteres Bild) und im vorgeheizten Backrohr bei 180 Grad etwa eine Stunde lang backen. Die Torte in der Form erkalten lassen, aus der Form lösen und vor dem Portionieren leicht mit Staubzucker übersieben.
Diese besonders saftige und aromatische Mehlspeise können wir Ihnen für die Kaffeejause bestens empfehlen!

Pikanter Grillteller

Einkaufsliste:

700 g weißes Scherzel vom Schwein (ausgelöster Teil aus dem Schlegel)
Salz, Pfeffer aus der Mühle
200 g Champignons
1 kleine Zwiebel
1 Bund Petersilie
20 g Butter
etwas Essig
etwas Bratensaft oder Rindsuppe
1 großer Paradeiser
2 grüne Paprika
eine halbe Salatgurke
Olivenöl zum Bepinseln

Kräuterbutter:
125 g Butter
Salz
4 Knoblauchzehen
je ein Bund Petersilie und Estragon

gehackte Petersilie zum Bestreuen

ERGIBT 4 PORTIONEN

Vorbereitung:

Zwiebel schälen und hacken; Petersilie waschen und fein schneiden; Champignons waschen, putzen und in Scheiben schneiden. Das Fleisch in etwa 3 cm-dicke Schnitzel schneiden; diese jeweils bis knapp an den Rand einschneiden, auseinanderklappen (linkes Bild) und mit Salz und Pfeffer würzen. Paradeiser waschen und in Scheiben schneiden; Gurke waschen und in schräge Scheiben schneiden; Paprikaschoten waschen, halbieren, ausputzen und in 1 cm-breite Streifen schneiden. Für die Kräuterbutter Knoblauch schälen und zerdrücken; Petersilie und Estragon waschen und fein hacken; die Butter auf Handwärme bringen und mit Salz so lange aufschlagen, bis sie weiß ist; sodann Knoblauch und Kräuter einrühren und die Butter auf einen Teller streichen; bis zur Verwendung in das Tiefkühlfach stellen.

Zubereitung:

In einer Pfanne 20 g Butter erhitzen; Zwiebel und Champignons darin anbraten und mit Essig ablöschen; mit etwas Bratensaft oder Suppe aufgießen und einkochen lassen; danach Petersilie, Salz und Pfeffer einrühren und die Masse erkalten lassen; auf die Schnitzel verteilen, dieselben zusammenklappen und mit einem Zahnstocher fixieren (rechtes Bild). Auf einen Holzkohlengrill etwas Alu-Folie legen, mit Olivenöl bepinseln und das Gemüse darauf langsam grillen; die Schnitzel auflegen und 4-6 Minuten anbraten lassen; wenden, mit Öl bepinseln und auch an dieser Seite bei starker Hitze 4-6 Minuten lang grillen. Das Fleisch mit der Kräuterbutter und dem Gemüse anrichten und dieses vor dem Servieren mit gehackter Petersilie bestreuen.
Vorschläge für dazupassende, würzige Saucen finden Sie auf Seite 230.

Grillsaucen

Die von uns vorgestellten Saucen sind speziell für am Rost gebratenes Fleisch, vor allem Schweinefleisch, geeignet.

Sauce piquante

Einkaufsliste:

4 EL Weißwein
1/2 EL Weißweinessig
2 Schalotten
1/4 l Sauce demi-glace oder Bratensaft
2 Essiggurkerln
1 Bund Petersilie
1 Bund Estragon
Salz, Pfeffer aus der Mühle

Sauce béarnaise

Einkaufsliste:

1 Schalotte
etwas Thymian Lorbeer und gestoßene Pfefferkörner
ein Schuß Essig
2-3 Eidotter
250 g Butter
etwas Cayennepfeffer
1 Bund Estragon
Salz

Sauce hachée

Einkaufsliste:

2 Schalotten
3 Champignons
20 g Butter
ein Schuß Essig
1/2 EL Paradeismark
1/4 l Sauce demi-glace oder Bratensaft
100 g Preßschinken
1 Bund Petersilie
1/2 EL Kapern

Zubereitung: (Sauce piquante)

Die feingehackten Schalotten mit dem Weißwein, ebensoviel Wasser und dem Essig bis zur Hälfte einkochen lassen; danach mit dem Bratensaft aufgießen und verkochen lassen; die feingehackten Gurkerln und Kräuter einmengen und die Sauce zuletzt mit Salz und Pfeffer würzig abschmekken.

Zubereitung: (Sauce béarnaise)

Die feingehackte Schalotte mit den Gewürzen, dem Essig und einigen Eßlöffeln Wasser eindicken lassen; nach dem Überkühlen durch ein feines Sieb streichen; sodann die Dotter beifügen und über Dampf zu dicker Konsistenz aufschlagen; vom Feuer nehmen und die zerlassene Butter einschlagen; die Sauce zu guter Letzt mit Salz, Cayennepfeffer und gehacktem Estragon würzen.

Zubereitung: (Sauce hachée)

Die gehackten Schalotten und Champignons in der Butter hell anschwitzen lassen; mit Essig ablöschen, das Paradeismark beifügen und kurz durchrösten; danach mit dem Bratensaft ablöschen und schön durchkochen lassen; zum Schluß den gehackten Schinken einmengen und die Sauce mit gehackten Kapern und feingehackter Petersilie vollenden.

Überbackene Forellen

Einkaufsliste:

4 Forellenfilets à 120 g
je ein Stückchen Sellerie, Karotte und Petersilwurzel
ein Stück Lorbeerblatt
ein Zweig Thymian
Salz, Pfeffer
ein Schuß Essig
1/4 l trockener Weißwein
3 EL geriebener Emmentaler Käse
Butter zum Beträufeln

20 g Butter
20 g glattes Mehl
3/8 l Milch
40 g geriebener Parmesan
2 Dotter

gehackte Petersilie zum Bestreuen
Zitronenspalten zum Garnieren

leicht und bekömmlich

Vorbereitung:

Aus der Butter und dem Mehl eine helle Einmach bereiten; mit der Milch aufgießen und langsam etwa eine halbe Stunde lang unter öfterem Umrühren verkochen lassen; danach durch ein Sieb streichen und, noch heiß, mit dem Parmesan und den Dottern verrühren. Das Wurzelwerk waschen, schälen und klein schneiden; sodann in einem halben Liter Wasser zustellen und zusammen mit dem Weißwein, Essig, Lorbeer und Thymian, sowie mit Salz und Pfeffer, aufkochen lassen.

Zubereitung:

Die Filets in den Sud einlegen und zugedeckt auf ganz kleiner Flamme etwa 15-20 Minuten ziehen lassen; aus dem Sud nehmen, erkalten lassen und enthäuten; mit der Innenseite nach unten in ein feuerfestes Geschirr legen und mit der Sauce überziehen; zuletzt mit Käse bestreuen und mit Butter beträufeln; anschließend im vorgeheizten Backrohr bei 220 Grad 8-10 Minuten überbacken. Die Filets auf einer vorgewärmten Platte anrichten; vor dem Auftragen mit gehackter Petersilie bestreuen und mit Zitronenspalten garnieren. Als Beilage zu diesem delikaten Fischgericht empfehlen wir Ihnen frischen Salat und als Getränk einen blumigen Weißwein.

ERGIBT 4 PORTIONEN

Thymian-Fleisch

mit Paprika und Kräutern

Einkaufsliste:

600 g Kalbsschulter
Salz, Pfeffer
2 rote Paprikaschoten
2 Zwiebeln
4 Essiggurkerln
je ein Bund Thymian und Petersilie
1/4 l Bratensaft oder sehr kräftige Rindsuppe
40 g Öl
1 kleines Stamperl Cognac

Vorbereitung:

Die Paprikaschoten waschen, halbieren, ausputzen und in feine Streifen schneiden; Zwiebeln schälen und in feine Ringe schneiden; die Essiggurkerln gut abtropfen lassen und feinnudelig schneiden; das Fleisch in dünne Blättchen schneiden, die man mit Salz und Pfeffer würzt (oberes Bild); die Kräuter waschen und gut abtropfen lassen.

Zubereitung:

Das Öl in einer großen Pfanne erhitzen und das Fleisch zusammen mit dem Zwiebel darin anbraten; danach mit dem Cognac ablöschen und flambieren (mit einem Streichholz anzünden); sodann die Paprikastreifen, Essiggurkerln und die Kräuter beifügen (unteres Bild) und alles etwas durchrösten lassen; mit Bratensaft oder Suppe aufgießen und zugedeckt langsam weichdünsten; nötigenfalls mit noch etwas Salz und Pfeffer abschmecken und sogleich servieren.

Als Beilage zu diesem wohlschmeckenden Pfannengericht empfehlen wir Ihnen körnig-locker gedünsteten Reis.

ERGIBT 4 PORTIONEN

Mohn-Cremetorte

Einkaufsliste:

150 g Butter
180 g Staubzucker
1/2 Pkt. Vanillinzucker
etwas geriebene Zitronenschale
5 Eier
50 g glattes Mehl
180 g geriebener Mohn
50 g Speisestärke
120 g Marillenmarmelade

Creme:

200 g Butter
1/2 Pkt. Vanillepuddingpulver
1/4 l Milch
70 g Kristallzucker
120 g geriebener Mohn
1 großes Stamperl Rum

kandierte Angelika
zum Verzieren
Butter und Mehl für die Form

ERGIBT 12 STÜCK

Vorbereitung:

150 g Butter mit einem Drittel des gesiebten Zuckers, dem Vanillinzucker und der Zitronenschale sehr schaumigrühren; nach und nach die Dotter beigeben und wieder schaumigrühren. Die Eiklar mit dem restlichen gesiebten Zucker zu steifem Schnee schlagen und unter den Butterabtrieb heben; das gesiebte Mehl mit dem Mohn und der Speisestärke vermengen und behutsam unter den Abtrieb ziehen (oberes Bild).

Zubereitung:

Die Masse in eine gefettete und bemehlte Tortenform füllen und an der Oberfläche glatt verstreichen (unteres Bild); sodann im vorgeheizten Backrohr bei 200 Grad etwa 50 Minuten lang backen; in der Form erkalten lassen und erst danach aus der Form lösen; die Torte nach einer Ruhezeit von zwei Stunden in drei Böden schneiden und diese jeweils mit erhitzter Marmelade bestreichen. Aus der Milch und dem Puddingpulver laut Packungsvorschrift einen Pudding bereiten; den Zucker und den Mohn einrühren und die Masse unter öfterem Umrühren erkalten lassen. Die Butter auf Handwärme bringen und sehr schaumigrühren; den Pudding und den Rum beifügen, nochmals schaumigrühren und nötigenfalls mit etwas Staubzucker abschmecken; zwei Tortenblätter mit der Creme bestreichen, zusammensetzen und mit dem dritten Blatt abdecken; mit der restlichen Creme Oberfläche und Rand der Torte bestreichen und einen Teil davon in einen Dressiersack mit Rosettentülle füllen; portionsweise Rosetten aufdressieren und jeweils mit einem Angelikastückchen verzieren.

Die Torte zwei Stunden in den Kühlschrank stellen und danach mit einem in heißes Wasser getauchten Messer in Portionen aufschneiden.

Sellerie-Apfelsalat

mit hohem Vitamingehalt

Einkaufsliste:

400 g Sellerie
1/2 EL glattes Mehl
Saft einer halben Zitrone
Salz
3 säuerliche Äpfel
Saft einer halben Zitrone

1/4 l Sauerrahm
5 EL Apfel- oder Kräuteressig
1 EL scharfer Senf
Salz, Pfeffer aus der Mühle
1 Bund Petersilie

Salat- und Sellerieblätter zum Auslegen
gehackte Petersilie zum Bestreuen
Sellerieblätter zum Garnieren

Vorbereitung:

Sellerie waschen, schälen und vierteln; das Mehl mit reichlich kaltem Wasser, sowie Zitronensaft und Salz, glatt verrühren; zum Kochen bringen, die Selleriestücke einlegen und auf kleiner Flamme weichkochen lassen; sodann abseihen und mit kaltem Wasser abschrecken. Die Petersilie waschen und fein hacken; den Sauerrahm mit dem Essig, dem Senf, der gehackten Petersilie, sowie Salz und Pfeffer, gut verrühren.

Zubereitung:

Die Äpfel waschen, vierteln und vom Kerngehäuse befreien; danach in dünne Spalten schneiden und mit dem Zitronensaft vermengen; den Sellerie in dünne Blätter schneiden und zusammen mit den Apfelspalten in die Marinade geben. Eine Salatschüssel mit gewaschenen Sellerie- und Salatblättern auslegen und den Salat darauf anrichten; mit gehackter Petersilie bestreuen, mit Sellerieblättern garnieren und rasch servieren.
Eine köstlich erfrischende Vorspeise an heißen Tagen!

**ERGIBT
4 VORSPEISEPORTIONEN**

Hühner-Royalesuppe

Einkaufsliste:

1 Suppenhuhn
1 Suppengrün
einige Fädchen Safran
einige Pfefferkörner
Salz
1 Zwiebel

300 g Hühnerleber
1/16 l Schlagobers
3 Dotter
1 Ei
Salz, Pfeffer aus der Mühle
1 kleines Stamperl Cognac
eine Prise gemahlene Muskatnuß

Schnittlauch zum Bestreuen

ERGIBT 4-6 PORTIONEN

Vorbereitung:

Das Suppenhuhn sorgfältig putzen; das Suppengrün waschen und putzen bzw. schälen; die Zwiebel halbieren und mit der Schnittfläche nach unten auf der Herdplatte bräunen. Das Huhn zusammen mit dem Suppengrün, dem Safran und den Pfefferkörnern, sowie Salz und Zwiebel, in zwei Liter kaltem Wasser zustellen; langsam etwa 1 1/2 Stunden kochen lassen und ab und zu mit einem Lochschöpfer abschäumen.

Zubereitung:

Die Hühnerleber im Mixer pürieren und durch ein feines Sieb streichen; sodann mit dem Obers, den Dottern und dem Ei, sowie Salz, Pfeffer, Muskat und Cognac, zu einer glatten Masse verarbeiten; durch ein Sieb in eine mit Alu-Folie ausgelegte Kastenform gießen und dann im heißen Wasserbad etwa 50 Minuten lang mehr ziehen als kochen lassen; vollständig erkalten lassen und danach in Würfel schneiden. Die kochendheiße Suppe abseihen und die Würfel als Einlage geben; vor dem Auftragen mit Schnittlauch bestreuen und sogleich servieren.

Eine ausgesprochen feine Suppe für den Sonntagstisch!

Pfirsich-Plunderteiggebäck

Vorbereitung:

Etwas Milch mit dem Puddingpulver verrühren; die restliche Milch mit dem Kristall- und Vanillinzucker aufkochen; das Milch-Puddinggemisch einrühren, aufkochen und eindicken lassen; den Rum beifügen und den Pudding erkalten lassen. Den Plunderteig antauen lassen; die Pfirsiche waschen, halbieren, entsteinen und in Spalten schneiden.

Zubereitung:

Den Teig auf einer bemehlten Arbeitsfläche ca. 36 × 24 cm groß ausrollen; das Mehl von der Oberfläche kehren und den Teig in sechs Quadrate schneiden; jeweils einen Eßlöffel Pudding daraufsetzen und einen Teigzipfel mit versprudeltem Ei bestreichen; den gegenüberliegenden Teigzipfel einschlagen und den bestrichenen darüberlegen (oberes Bild). Die Tascherln auf ein leicht gefettetes Backblech legen; mit Ei bepinseln und zuletzt die Pfirsichspalten links und rechts in die Öffnung schlichten (unteres Bild); mit Zitronensaft und Maraschino beträufeln und die Gebäckstücke auf dem Blech aufgehen lassen; sodann im vorgeheizten Backrohr bei 200 Grad etwa 25 Minuten lang zu schöner, goldbrauner Farbe backen; auf dem Blech überkühlen lassen und die Pfirsiche mit heißer Marillenmarmelade überglänzen; zu guter Letzt mit gehackten Mandeln bestreuen und leicht mit Staubzucker übersieben.

Ein wunderbares Kaffeegebäck – fruchtig und saftig!

ERGIBT 6 STÜCK

Einkaufsliste:

1 Pkt. Plunderteig tiefgekühlt
2/10 l Milch (knapp 1/4 l)
1 Pkt. Vanillepuddingpulver
3 EL Kristallzucker
1/2 Pkt. Vanillinzucker
1 kleines Stamperl Rum
6 reife, feste Pfirsiche

etwas Zitronensaft
etwas Maraschino

Ei zum Bestreichen
Butter für das Blech
Marillenmarmelade zum Bepinseln
gehobelte Mandeln zum Bestreuen
Staubzucker zum Bestreuen

Schweinskoteletts in Blätterteig

mit Pilzfülle

Vorbereitung:

Die Champignons waschen, putzen und in dünne Scheiben schneiden; Zwiebel schälen und fein hacken. Die Butter in einer geräumigen Pfanne erhitzen und darin die Champignons samt der Zwiebel anrösten; sodann mit Salz, Pfeffer, Kümmel und Paradeismark würzen und alles durchrösten; mit ein wenig Wasser oder Suppe ablöschen und kurz verkochen lassen; Petersilie waschen und fein hacken. Das Fleisch beidseitig leicht klopfen und mit Salz und Pfeffer würzen (oberes Bild). Den Blätterteig antauen lassen.

Zubereitung:

Das Öl erhitzen und die Koteletts darin an beiden Seiten leicht anbraten; aus der Pfanne nehmen und auskühlen lassen; die Petersilie unter das Champignongemisch mengen und dieses auf den Koteletts verteilen. Den Blätterteig auf einer bemehlten Arbeitsfläche dünn ausrollen und vierteln; jeweils ein Kotelett auf ein Teigviertel legen und den Teigrand bis zur Mitte mit versprudeltem Dotter bestreichen; den Teig taschenförmig zusammenschlagen und die Ränder gleichschneiden; mit einer Gabel gut andrücken, die Teigoberfläche mehrmals einstechen (unteres Bild) und mit Dotter bestreichen; die Koteletts sodann auf ein leicht gefettetes Backblech legen und im vorgeheizten Backrohr bei 220 Grad etwa 15 Minuten lang zu schöner Farbe backen.

Diese außergewöhnlichen Schweinskoteletts werden – mit Schnittlauchsauce und Gemüse garniert – sehr heiß zu Tisch gebracht.

ERGIBT 4 PORTIONEN

Einkaufsliste:

4 Schweinskoteletts à 140 g
Salz, Pfeffer aus der Mühle
30 g Öl
250 g Champignons
30 g Butter
1 mittlere Zwiebel
1 TL Kümmel
1 TL Paradeismark
1 Bund Petersilie
400 g Blätterteig tiefgekühlt

Dotter zum Bestreichen
etwas Butter für das Blech

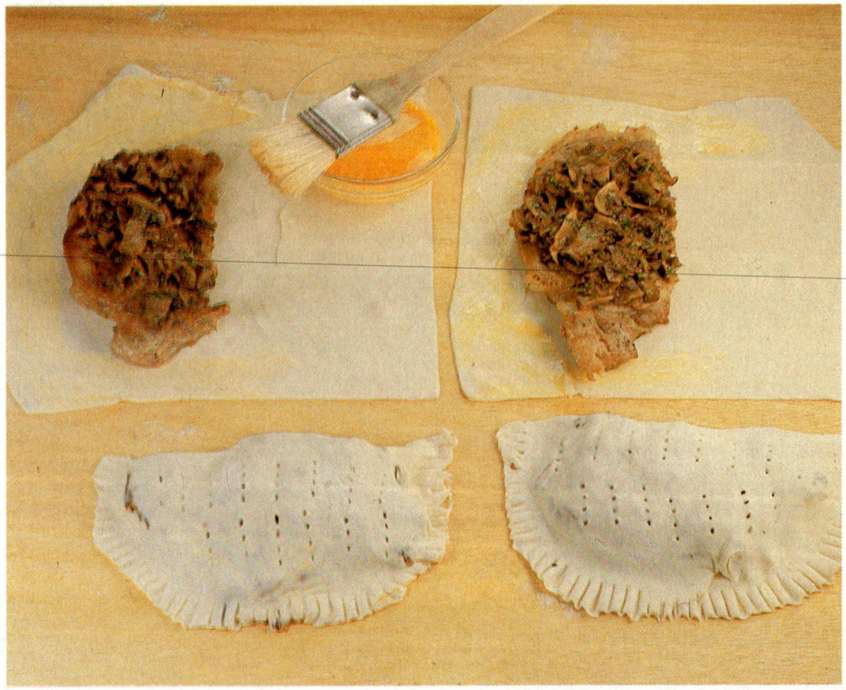

Pilzcroquetten

eine köstliche, kleine Mahlzeit

Einkaufsliste:

30 g Butter
30 g glattes Mehl
ca. 1/4 l Milch
ein Stückchen Lorbeerblatt
ein Zweig Thymian
eine Prise Muskatnuß
Salz, weißer Pfeffer
2 Dotter

300 g Steinpilze
70 g Zwiebel
1/2 Bund Petersilie
Semmelbrösel nach Bedarf
1 EL Öl

Semmelbrösel zum Panieren
Öl zum Backen
Zitronenscheiben und
Mayonnaise zum Garnieren

Vorbereitung:

Die Butter schmelzen lassen und mit einer Schneerute das gesiebte Mehl einrühren; ohne Farbe nehmen zu lassen, rösten und mit der kalten Milch aufgießen; glatt verrühren und mit Lorbeer, Thymian, sowie Salz, Pfeffer und Muskatnuß, würzen; auf kleiner Flamme zu einer sehr dicken Bechamel einkochen und überkühlen lassen; noch warm, die Dotter einrühren und vollständig erkalten lassen. Zwiebel schälen und feinst hacken; die Pilze putzen, waschen und fein hacken; zusammen mit der Zwiebel in etwas Öl rösten und erkalten lassen. Petersilie waschen und fein hacken.

Zubereitung:

Die Bechamel (sie soll die Konstistenz eines sehr festen Puddings haben) durch ein feines Sieb streichen; sodann mit dem Pilzgemisch, der Petersilie, sowie Semmelbröseln nach Bedarf, gut vermischen; so viele Brösel beifügen, daß eine leicht formbare Masse entsteht, die nötigenfalls noch nachgewürzt wird. Aus dieser Masse nun Croquetten formen, in Semmelbröseln panieren und in tiefem Öl schön braun ausbacken; gut abtropfen lassen und sogleich anrichten. Mit Zitronenscheiben und Mayonnaise garniert, bringt man diese vortreffliche Pilzspeise unverzüglich zu Tisch.

ERGIBT 4 PORTIONEN

Maraschino-Erdbeeren

Einkaufsliste:

300 g Erdbeeren
120 g Staubzucker
1 großes Stamperl Maraschino
Saft einer halben Zitrone
3/8 l Schlagobers
1/2 Pkt. Vanillepuddingpulver
1/4 l Milch
3 EL Zucker
1 kleines Stamperl Cognac
Staubzucker nach Geschmack

Erdbeerscheiben zum Verzieren

Vorbereitung:

Die Erdbeeren waschen und abzupfen; mit dem Maraschino und dem gesiebten Staubzucker vermengen und für zwei Stunden in den Kühlschrank stellen; danach einmal aufkochen und durch ein feines Sieb passieren; die Sauce mit dem Zitronensaft vermengen und kaltstellen. Aus dem Puddingpulver, der Milch und dem Zucker laut Packungsvorschrift einen Pudding bereiten, den man erkalten läßt.

Zubereitung:

Vier Dessertgläser vorkühlen. Den Pudding durch ein feines Sieb streichen; sodann mit dem Cognac und Staubzucker nach Geschmack glatt verrühren. Das Obers steif aufschlagen und unter die Puddingcreme ziehen; abwechselnd mit der Erdbeersauce in die vorgekühlten Gläser füllen und für eine Stunde in den Kühlschrank stellen. Die Desserts mit Erdbeerscheiben verzieren und gut gekühlt zu Tisch bringen; dazu kann man nach Belieben kleines, knuspriges Backwerk reichen.

ERGIBT 4 PORTIONEN

Erdäpfeltascherln

aus Nudelteig

Einkaufsliste:

300 g glattes Mehl
3 Eier
Salz

300 g gekochte, mehlige Erdäpfel
150 g passierter Magertopfen
1 kleine Zwiebel
30 g Öl

Pfeffer aus der Mühle
Kümmel

Eiklar zum Bestreichen

250 g Preßschinken
100 g grob geriebener Parmesan
ein halber Bund Petersilie
Butter zum Beträufeln

Vorbereitung:

Das gesiebte Mehl mit den Eiern, dem Salz und lauwarmem Wasser nach Bedarf zu einem festen Teig verarbeiten; halbieren, zu Kugeln formen und eine halbe Stunde rasten lassen. Die Erdäpfel schälen und fein passieren; die Zwiebel schälen, fein hacken und in erhitztem Öl goldgelb rösten; den Topfen mit den Erdäpfeln, der Zwiebel, sowie Salz, Pfeffer und Kümmel, gut vermengen. Die Petersilie waschen und fein hacken; den Schinken in Streifen schneiden und sodann mit der Petersilie und dem Käse vermischen.

Zubereitung:

Eine Teigkugel auf einer bemehlten Arbeitsfläche dünn ausrollen; in Abständen von etwa 4 cm jeweils einen Teelöffel Fülle daraufsetzen und den Teig rundum mit Eiklar bestreichen (oberes Bild). Die zweite Teighälfte ausrollen und darüberlegen; mit einem umgedrehten Ausstecher die Teigkuppen andrücken; sodann mit einem passenden Ausstecher ausstechen (unteres Bild) und die Ränder andrücken; die Tascherln danach in reichlich Salzwasser – aufgeteilt auf mehrere Partien – 8 bis 10 Minuten lang kochen; abseihen, mit kaltem Wasser abschrecken und gut abtropfen lassen; auf feuerfesten Tellern portionsweise anrichten und mit dem Käse-Schinkengemisch bestreuen; zuletzt mit zerlassener Butter beträufeln und im vorgeheizten Backrohr bei 220 Grad so lange überbacken, bis der Käse geschmolzen ist und eine schöne Bräunung aufweist.

Diese Köstlichkeit wird mit frischem Salat nach Saison möglichst heiß kredenzt – Sie werden begeistert sein!

ERGIBT 4 PORTIONEN

Zucchini-Salat mit Dille

Einkaufsliste:

600 g Zucchini
3 Knoblauchzehen
1 mittlere Zwiebel
1 Bund Dille
1/4 l Joghurt
1/8 l Sauerrahm
Salz, weißer Pfeffer
4 EL Weißweinessig

Salatblätter zum Auslegen

ERGIBT 4 PORTIONEN

Vorbereitung:

Zucchini waschen, putzen und auf einer groben Reibe raspeln; salzen und für zwei Stunden in den Kühlschrank stellen. Knoblauch schälen und fein zerdrücken; Zwiebel schälen und in sehr feine Streifen schneiden; Dille waschen und fein schneiden.

Zubereitung:

Das Joghurt mit dem Sauerrahm, sowie Essig und Knoblauch, glatt verrühren; Zucchini gut ausdrücken und zusammen mit dem Zwiebel und der Dille in die Marinade geben; nötigenfalls salzen und pfeffern und eine weitere halbe Stunde kaltstellen. Eine große Schale mit Salatblättern auslegen, den Zucchini-Salat darauf anrichten und mit Dille garnieren.

Ein Salat für Feinschmecker – köstlich und erfrischend!

Panierte Schwarzwurzeln

mit Kräutermayonnaise

Einkaufsliste:

800 g Schwarzwurzeln
etwas Milch
Salz
etwas Zitronensaft
glattes Mehl, Eier und Semmelbrösel zum Panieren

Kräutermayonnaise:
2 Dotter
etwas Zitronensaft
Salz, weißer Pfeffer
ein Schuß Worcestersauce
Öl nach Bedarf
beliebige gehackte Kräuter wie Dille, Petersilie, Schnittlauch und Estragon

Zitronenscheiben zum Garnieren
Öl zum Backen

Vorbereitung:

Die Schwarzwurzeln waschen und schälen; sodann in einem Gemisch aus Wasser, Salz, Milch und Zitronensaft weichkochen und im Sud erkalten lassen. Für die Mayonnaise die Dotter mit Salz, Pfeffer, Zitronensaft und Worcestersauce glatt verrühren; das Öl mit einer Schneerute tropfenweise einrühren und den Abtrieb zuletzt mit den Kräutern vermengen; die Mayonnaise bis zur Verwendung im Kühlschrank aufbewahren.

Zubereitung:

Die Wurzeln aus dem Sud nehmen und auf einem Küchenkrepp gut abtropfen lassen; danach in der Mitte durchschneiden und salzen; anschließend in Mehl wenden, in die versprudelten Eier tauchen und zuletzt in den Semmelbröseln panieren. In einer passenden Pfanne reichlich Öl erhitzen und die Wurzeln darin goldgelb backen; herausnehmen und gut abtropfen lassen; anrichten, mit Zitronenscheiben garnieren und mit der Sauce servieren.
Als Beilage zu dieser außergewöhnlichen Mahlzeit schlagen wir Ihnen frischen, grünen Salat vor.

ERGIBT 4 PORTIONEN

Mohn-Streuselkuchen

mit Äpfeln

Einkaufsliste:

Teig:

350 g Weizenvollkornmehl
1/4 l Milch
20 g Germ
40 g Butter
70 g Honig
1 Ei
1 Dotter
eine Prise Salz
geriebene Schale einer Zitrone
1 Pkt. Vanillinzucker

Butter für das Blech

4 große Äpfel einer säuerlichen Sorte
eine Prise Zimt

Streusel:

70 g Mohn
70 g Butter
70 g Staubzucker
70 g geriebene Haselnüsse

Staubzucker zum Bestreuen

ERGIBT 12 STÜCK

Vorbereitung:

Das Mehl auf einer Arbeitsfläche sieben und in der Mitte eine Mulde machen; die Milch erwärmen, die Germ darin auflösen und in die Vertiefung gießen; mit etwas Mehl zu einem weichen Vorteig verrühren und an der Oberfläche mit Mehl bestäuben; an einem warmen Ort etwa eine halbe Stunde aufgehen lassen und danach mit den restlichen Teigzutaten (oberes Bild) zu einem glatten, geschmeidigen Teig verkneten; zu einer Kugel formen und zugedeckt an einem warmen Ort eine weitere halbe Stunde gehen lassen. Für den Streusel die Butter mit dem Mohn, dem Zucker und den Haselnüssen, fein abbröseln.

Zubereitung:

Den Teig auf einer bemehlten Arbeitsfläche in der Größe eines Backbleches ausrollen und auf ein mit Butter bestrichenes Blech legen. Die Äpfel schälen, grob reißen und auf dem Teig verteilen; mit Zimt und Streusel bestreuen (unteres Bild) und nochmals schön aufgehen lassen; sodann im vorgeheizten Backrohr bei 200 Grad etwa 40 Minuten lang backen; den Kuchen auf dem Blech erkalten lassen und vor dem Portionieren mit Staubzucker übersieben.

Ein wunderbarer und sehr ausgiebiger Jausenkuchen!

Curry-Filets

Ein Rezept für Kalorienbewußte

Vorbereitung:

Die Äpfel waschen, schälen, achteln und vom Kerngehäuse befreien; die Apfelspalten in Scheiben schneiden und mit dem Zitronensaft vermengen. Die Ananasscheiben gut abtropfen lassen und in kleine Stücke schneiden; Zwiebeln waschen, putzen und in nicht zu feine Ringe schneiden. Das Fleisch von Sehnen, Fett und Häutchen befreien und in etwa 60 g-schwere Stücke schneiden; leicht klopfen und danach mit Salz und Pfeffer, sowie mit Currypulver, würzen (oberes Bild).

Zubereitung:

Das Olivenöl erhitzen, die Filets einlegen und beidseitig etwa vier Minuten anbraten; aus der Pfanne nehmen und warmstellen. Den Bratrückstand entfetten, Zwiebel, Ananas- und Apfelstückchen beifügen und leicht anrösten lassen; mit etwas Suppe aufgießen und sodann das Paradeismark und die Sojasauce dazugeben; verkochen lassen und die Filets wieder einlegen (unteres Bild), jedoch nicht mehr kochen, sondern nur ziehen lassen. Die Speisestärke mit dem Ananassaft verrühren; die Filets aus der Pfanne nehmen und wieder warmstellen; die Sauce mit dem Stärkegemisch binden und nötigenfalls noch mit Sojasauce, Salz oder Pfeffer abschmecken. Die Filets mit der Sauce anrichten und mit Schnittlauch bestreut zu Tisch bringen.
Zu diesen delikaten Filets reicht man als Beilage körnig gedünsteten Reis und frischen Salat.

1 Portion enthält:

338 Kcal = 1420 K-Joule

ERGIBT 4 PORTIONEN

Einkaufsliste:

800 g Schweinsfilets
Salz, Pfeffer aus der Mühle
etwas Currypulver
40 g Olivenöl
1 Bund junge Zwiebeln
200 g Ananasscheiben aus der Dose
200 g Äpfel
etwas Zitronensaft
etwas Rind- oder Hühnersuppe
1 EL Sojasauce
1 EL Paradeismark
1/2 EL Speisestärke
4 EL Ananassaft

Schnittlauch zum Bestreuen

Kokos-Strudel *mit Mandeln*

Vorbereitung:

200 g gesiebtes Mehl mit dem Essig, einer Prise Salz und dem Öl, sowie handwarmem Wasser nach Bedarf, zu einem glatten, weichen Strudelteig verarbeiten; den Teig so lange abschlagen, bis er seidig glänzt und Blasen wirft; sodann zu einer Kugel formen, mit Öl bepinseln und auf einen mit Öl bestrichenen Teller legen; so vorbereitet eine halbe Stunde rasten lassen. Währenddessen die sechs Dotter mit einem Drittel des Zuckers, dem Vanillinzucker und der Zitronenschale sehr schaumigrühren; die Eiklar mit dem restlichen Zucker zu steifem Schnee schlagen; zusammen mit den Mandeln, dem gesiebten Mehl und dem Kokosette unter die Dottermasse heben (oberes Bild).

Zubereitung:

Den Teig auf einer bemehlten Arbeitsfläche so dünn wie möglich ausrollen; danach auf einem mit Mehl bestäubten Tuch mit den Handrücken sehr dünn ausziehen; die dickeren Ränder wegschneiden und den Strudelteig mit zerlassener Butter beträufeln; die Fülle daraufstreichen und den Teig mit Hilfe des Tuches einrollen; die Enden andrücken und den Strudel mit dem Teigschluß nach unten auf ein gefettetes Blech legen; zum Schluß mit versprudeltem Ei bestreichen und mit Kokosette bestreuen (unteres Bild); den Strudel im vorgeheizten Backrohr bei 200 Grad etwa 40 Minuten lang backen (Nadelprobe machen!) und auf dem Blech erkalten lassen.

Ein herrlicher Jausenkuchen mit ganz besonderem Aroma!

ERGIBT 12 STÜCK

Einkaufsliste:

200 g glattes Mehl
1 EL Essig
eine Prise Salz
1 EL Öl

1 Dotter
5 Eier
130 g Feinkristallzucker
1 Pkt. Vanillinzucker
geriebene Schale einer halben Zitrone
200 g ungeschälte, geriebene Mandeln
70 g glattes Mehl
130 g Kokosette
70 g Butter

Fett für das Backblech
Ei zum Bestreichen
Kokosette zum Bestreuen

Zimt-Äpfel *auf Blätterteig*

Einkaufsliste:

300 g Blätterteig tiefgekühlt
3 Äpfel
70 g Kristallzucker
1/2 l herber Weißwein, z.B. Welschriesling
2 Stangen Zimt
einige Gewürznelken
Schale einer halben Zitrone
1/4 l fertiger Vanillepudding
1 kleines Stamperl Calvados (Apfelbrand)
1 kleines Stamperl Rum

Zimt zum Bestreuen
Ei zum Bestreichen
Marillenmarmelade zum Überziehen

ERGIBT 6 PORTIONEN

Vorbereitung:

Aus einem dickeren Pappkarton einen Apfel mit Stiel und Blatt ausschneiden; den Blätterteig antauen lassen. Die Äpfel waschen, schälen, halbieren und vom Kerngehäuse befreien; sodann im Weißwein zusammen mit Zucker, Zimt, Nelken und Zitronenschale nicht zu weich dämpfen; in ein Sieb legen und gut abtropfen lassen.

Zubereitung:

Den Blätterteig auf einer bemehlten Arbeitsfläche etwa 3 mm-dünn ausrollen; mit Hilfe der Schablone die Äpfel ausschneiden und auf ein leicht gefettetes Backblech setzen. Den Pudding mit dem Calvados und dem Rum verrühren; auf die Teigäpfel verteilen und jeweils eine gedünstete Apfelhälfte darauflegen; mit Zimt bestreuen und den Teig mit versprudeltem Ei bestreichen; die Gebäckstücke auf ein mit kaltem Wasser benetztes Blech setzen und im vorgeheizten Backrohr bei 200 Grad etwa 25 Minuten lang goldgelb backen; noch heiß, mit erhitzter Marmelade bestreichen und die Zimtäpfel ofenwarm kredenzen.
Ein saftig-knuspriges Backwerk, das Augen und Gaumen erfreut!

Herbst

Wiener Nußauflauf

eine süße Hauptspeise

Einkaufsliste:

5 Eier
100 g Staubzucker
1 Pkt. Vanillinzucker
120 g geriebene Walnüsse
50 g Biskuit- oder Semmelbrösel
30 g Butter
geriebene Schale einer halben Zitrone
5 Briochekipferln oder anderes Gebäck
1/4 l Milch
1 großes Stamperl Rum

Butter und Biskuitbrösel für die Form
Staubzucker zum Bestreuen

Sauce:
1/2 l Milch
1 Pkt. Vanillepuddingpulver
80 g Kristallzucker
2 Dotter
1/8 l Schlagobers
1 großes Stamperl Rum
60 g geriebene Walnüsse

ERGIBT 4 – 6 PORTIONEN

Vorbereitung:

Die fünf Dotter mit der Hälfte des gesiebten Staubzuckers und dem Vanillinzucker sehr schaumigrühren; die Eiklar mit der restlichen Zuckermenge zu steifem Schnee schlagen und behutsam unter den Dotterabtrieb ziehen; die Butter zerlassen und zusammen mit den Nüssen, den Bröseln und der Zitronenschale einrühren (oberes Bild).

Zubereitung:

Das Briochegebäck in dünne Scheiben schneiden; die Milch mit dem Rum vermengen und die Briochescheiben damit beträufeln; eine Auflaufform mit Butter ausstreichen und mit Bröseln ausstreuen; mit den Gebäckscheiben auslegen und die Dotter-Nußmasse einfüllen (unteres Bild); an der Oberfläche glattstreichen und im vorgeheizten Backrohr bei 180 Grad etwa 40 Minuten lang zu schöner Farbe backen. Den Auflauf überkühlen lassen, aus der Form stürzen und mit Staubzucker übersieben. Für die Sauce vier Eßlöffel Milch mit dem Puddingpulver verrühren; die restliche Milch mit dem Zucker aufkochen und mit dem Milchgemisch binden; vom Feuer nehmen, Dotter und Obers einrühren und zu guter Letzt den Rum und die Nüsse unterrühren; den Auflauf portionieren und mit der Sauce anrichten.
Diese herrliche, warme Mehlspeise wird sicherlich eine willkommene Abwechslung in Ihrem Küchenfahrplan bieten.

Schweinsröllchen

mit Eierschwammerln gefüllt

Einkaufsliste:

4 Schweinsschnitzel von der Schale, à 150 g
120 g Bratwurstfülle (beim Fleischer vorbestellen)
Salz, Pfeffer aus der Mühle
1 große Zwiebel
1 Bund Petersilie
300 g Eierschwammerln
40 g Öl
Butter zum Anbraten
1/4 l Bratensaft oder Rindsuppe

gehackte Petersilie zum Bestreuen

Vorbereitung:

Zwiebel schälen und fein hacken; Petersilie waschen und hacken; die Schwammerln waschen, putzen und in Streifen schneiden; das Fleisch beidseitig klopfen und mit Salz und Pfeffer würzen (oberes Bild).

Zubereitung:

Die Schwammerln zusammen mit der Zwiebel in erhitztem Öl anrösten; mit Salz und Pfeffer würzen und die Petersilie beifügen. Die Wurstfülle zu gleichen Teilen auf die Schnitzel streichen und die Schwammerln darauf verteilen; die Schnitzel einrollen und mit Küchenspagat zusammenbinden (unteres Bild). In einer passenden Pfanne etwas Butter erhitzen und die Fleischröllchen einlegen; rundum anbraten, nach und nach mit Bratensaft oder Suppe aufgießen und auf kleiner Flamme zugedeckt weichdünsten; den Spagat entfernen, die Röllchen mit der Sauce anrichten und mit gehackter Petersilie bestreuen.

Als Beilage zu diesem vorzüglichen Fleischgericht empfehlen wir Ihnen körnig-locker gedünsteten Reis.

ERGIBT 4 PORTIONEN

Kalbsbries mit Schwammerlsauce

Ein Rezept für Kalorienbewußte

Einkaufsliste:

800 g Kalbsbries
1/2 EL glattes Mehl
Salz
300 g Eierschwammerln
2 Schalottenzwiebeln
je ein Sträußchen Thymian, Petersilie und Estragon
40 g Butter
1/8 l Bratensaft
1/8 l Crème fraîche
Pfeffer aus der Mühle
Cayennepfeffer nach Geschmack

Thymian und Estragon zum Garnieren

1 Portion enthält:

232 Kcal = 974 K-Joule

ERGIBT 4 PORTIONEN

Vorbereitung:

Zwei Liter kaltes Wasser mit dem gesiebten Mehl und dem Salz glatt versprudeln; das Bries zurechtputzen, in das Salzwasser einlegen und auf kleiner Flamme zum Kochen bringen; etwa 15-20 Minuten bei schwacher Hitze mehr ziehen als kochen lassen; danach sofort mit kaltem Wasser abschrecken, enthäuten, salzen und in 1 cm-dicke Scheiben schneiden. Die Schwammerln waschen, putzen und in Streifen schneiden; Zwiebeln schälen und fein hacken; die Kräuter waschen und fein hacken (oberes Bild).

Zubereitung:

Die Butter in einer geräumigen Pfanne erhitzen und die blanchierten Briesscheiben darin beidseitig zu schöner Farbe braten; aus der Pfanne nehmen und warmstellen. Den Bratrückstand entfetten, Zwiebel und Schwammerln darin anrösten und die Kräuter dazugeben (unteres Bild); zuletzt mit dem Bratensaft und der Crème fraîche aufgießen und das Ganze zu molliger Saucenkonsistenz verkochen lassen; abschließend mit Salz und mit Pfeffer aus der Mühle, sowie mit Cayennepfeffer nach Geschmack, würzen. Die Medaillons mit der Schwammerlsauce anrichten, mit den Kräutern garnieren und mit Curryreis zu Tisch bringen.
Ein spritziger Weißwein ist das passende Getränk zu dieser äußerst schmackhaften Mahlzeit.

Oststeirischer Apfelstrudel

aus feinem Germteig

Einkaufsliste:

Teig:

210 g glattes Mehl
100 g Butter
2 Dotter
eine Prise Salz
2 EL Staubzucker
1/2 Pkt. Vanillinzucker
20 g Germ
3 EL Milch

Fülle:

600 g säuerliche Äpfel
eine Prise Zimt
Saft einer Zitrone
Kristallzucker nach Geschmack
Schale einer Zitrone
80 g Rosinen

Ei zum Bestreichen
Butter für das Blech

ERGIBT 12 STÜCK

Vorbereitung:

Das Mehl mit dem Staubzucker auf eine Arbeitsfläche sieben und in der Mitte eine Mulde machen; die Germ in der lauwarmen Milch auflösen, mit wenig Mehl zu einem weichen Vorteig verrühren und in die Vertiefung gießen; an der Oberfläche mit Mehl bestäuben und eine halbe Stunde gehen lassen; wenn die Oberfläche des Vorteiges grobe Risse zeigt (oberes Bild), vermengt man ihn mit den restlichen Teigzutaten; alles zusammen zu einem glatten Teig verkneten und an einem warmen Ort zugedeckt eine halbe Stunde gehen lassen.

Zubereitung:

Für die Fülle die Äpfel schälen, vierteln, vom Kerngehäuse befreien und in dünne Spalten schneiden; die Rosinen verlesen und sodann mit Zimt, Zitronensaft und Zucker nach Geschmack vermischen; so lange dünsten, bis die Äpfel zwar weich, aber nicht zerfallen sind. Die Zitronenschale feinst hacken und unter die Fülle mengen; den Teig auf einem bemehlten Tuch etwa kleinfingerdick zu einem Rechteck ausrollen und die Fülle der Länge nach daraufgeben (unteres Bild); eine Teigseite darüberschlagen und mit versprudeltem Ei bestreichen; sodann die zweite Teigseite darüberschlagen und den Strudel mit der Naht nach unten auf ein gebuttertes Blech legen; an der Oberfläche ebenfalls mit Ei bepinseln und mit einer Gabel ein Muster daraufzeichnen; eine weitere halbe Stunde auf dem Blech aufgehen lassen und danach im vorgeheizten Backrohr bei 200 Grad etwa 40 Minuten lang zu schöner, goldgelber Farbe backen; den Strudel erst nach dem völligen Erkalten in Portionen aufteilen.

Eine herrliche Jausenmehlspeise, saftig und sehr aromatisch!

Marzipan-Törtchen

ein kleines Kaffeegebäck

Einkaufsliste:

1 Pkt. Blätterteig tiefgekühlt
60 g Butter
60 g Rohmarzipan
60 g Staubzucker
3 Eier
70 g glattes Mehl
etwas Vanillinzucker
etwas geriebene Zitronenschale
eine Prise Salz
1 kleines Stamperl Mandellikör

Butter für die Förmchen
gehackte Mandeln zum Bestreuen
Staubzucker zum Übersieben

ERGIBT 6 STÜCK

Vorbereitung:

Den Blätterteig antauen lassen; die Butter auf Handwärme bringen; das Marzipan zerkleinern und zusammen mit der Butter und der Hälfte des gesiebten Staubzuckers sehr schaumigrühren; nach und nach die Dotter einmengen und wieder schaumigrühren.

Zubereitung:

Den Teig auf einer bemehlten Arbeitsfläche etwas ausrollen; die Tortelette-Förmchen leicht buttern und mit dem Teig auslegen; die Böden mehrmals einstechen und den Teig entspannen lassen. Die Eiklar mit dem restlichen Zucker zu steifem Schnee schlagen; zusammen mit dem gesiebten Mehl, dem Vanillinzucker, der Zitronenschale, sowie Salz und Likör, unter den Dotterabtrieb heben; die Masse sodann in die vorbereiteten Förmchen füllen und mit gehackten Mandeln bestreuen; im vorgeheizten Backrohr bei 190 Grad etwa 35 Minuten lang zu schöner, goldgelber Farbe backen. Die Törtchen erst nach dem völligen Erkalten aus den Förmchen lösen und ausgiebig mit Staubzucker übersieben.

Ein ganz besonders feines Backwerk für Ihr Kaffeekränzchen!

Steinpilzsuppe

mit Erdäpfeln

Einkaufsliste:

300 g Steinpilze
300 g mehlige Erdäpfel
40 g Butter
30 g glattes Mehl
1 kleine Zwiebel
1 l fertige Rindsuppe
1/8 l Sauerrahm
1/8 l Schlagobers
Salz, Pfeffer
eine Prise Kümmel
1 Bund Petersilie

gehackte Petersilie
zum Bestreuen

ERGIBT 4 PORTIONEN

Vorbereitung:

Die Pilze waschen, putzen und in nicht zu dünne Scheiben schneiden; die Erdäpfel waschen, schälen, in 1×1 cm-große Würfel schneiden und in kaltem Wasser bereithalten; Zwiebel schälen und fein hacken; Petersilie waschen und fein hacken; den Sauerrahm mit dem Obers glatt versprudeln.

Zubereitung:

Die Butter in einem geräumigen Topf schmelzen lassen und die Zwiebel darin goldgelb rösten; mit einer Schneerute das Mehl einrühren und – ohne Farbe nehmen zu lassen – etwas anrösten; sodann mit der Suppe aufgießen und alles verkochen lassen. Die Pilze und Erdäpfel beifügen und das Ganze auf kleiner Flamme etwa 20 Minuten köcheln lassen. 5 Minuten vor Ende des Kochvorganges das Rahmgemisch einrühren, mit Salz und Pfeffer würzen, sowie Kümmel und Petersilie dazugeben; die Suppe einige Minuten köcheln lassen und vor dem Auftragen mit gehackter Petersilie bestreuen. Wichtig ist, daß diese ländliche Pilzsuppe sehr heiß zu Tisch gebracht wird!

Topfen-Grießknödel

mit Himbeersauce

Einkaufsliste:

500 g magerer, passierter Topfen
50 g Butter
5 Eier
120 g feiner Grieß
ca. 120 g Semmelbrösel
200 g glattes Mehl
geriebene Schale einer Zitrone
eine Prise Salz

100 g Grieß
50 g Butter

Staubzucker zum Bestreuen

Vorbereitung:

Die Butter auf Handwärme bringen und mit dem Topfen schaumigrühren; nach und nach die Eier einmengen und wieder schaumigrühren; sodann den Grieß und die Semmelbrösel, sowie Zitronenschale und Salz, einrühren (oberes Bild) und die Masse eine halbe Stunde rasten lassen.

Zubereitung:

Das gesiebte Mehl in die Topfenmasse einarbeiten und den Teig zu Kugeln formen; diese wiederum zu Strängen rollen und davon etwa 60 g-schwere Stücke abschneiden; daraus Knöderln formen (unteres Bild), in kochendes Salzwasser einlegen und etwa 15 Minuten lang mehr ziehen als kochen lassen. Währenddessen die Butter erhitzen und den Grieß darin leicht rösten; die Knöderln mit einem Lochschöpfer herausheben, gut abtropfen lassen und im Grieß wälzen; anrichten und zu guter Letzt mit Staubzucker übersieben.

Zu Tisch bringt man diese flaumigen Topfenknödel mit Himbeer- oder anderer, beliebiger Fruchtsauce.

ERGIBT 4 PORTIONEN

Tournedos „Gourmet"

mit Hühnerleber gefüllt

Vorbereitung:

Zwiebel schälen und fein hacken; Petersilie waschen und fein hakken; die Hühnerleber putzen und in kleine Teile schneiden. Das Rindfleisch (verwenden Sie nur gut abgelegenes Fleisch, welches Sie nötigenfalls bei Ihrem Fleischer vorbestellen) mit einem scharfen Messer taschenförmig einschneiden (oberes Bild).

Zubereitung:

Das Öl in einer geräumigen Pfanne erhitzen und darin die Hühnerleber samt Zwiebel anbraten; mit Salz und mit Pfeffer aus der Mühle, sowie mit Worcestersauce würzen und mit dem Rotwein ablöschen; sodann die gehackte Petersilie beifügen und den Rotwein einkochen lassen. Die Masse in die Fleischtaschen füllen und dieselben mit Zahnstochern verschließen (unteres Bild); die Steaks beidseitig mit Salz und Pfeffer würzen und in erhitzter Butter an jeder Seite 4-6 Minuten lang braten; aus der Pfanne nehmen und warmstellen. Den Bratrückstand entfetten und mit dem Bratensaft ablöschen; verkochen lassen und danach durch ein Sieb seihen.
Die Steaks mit dem Saft anrichten und, mit Curryreis als Beilage, servieren.

Ein Fleischgericht für Feinschmekker.

ERGIBT 4 PORTIONEN

Einkaufsliste:

4 Steaks vom Rindslungenbraten à 180 g
Salz, Pfeffer aus der Mühle
1 kleine Zwiebel
200 g Hühnerleber
ein Spritzer Worcestersauce
1 Bund Petersilie
etwas Rotwein zum Ablöschen
30 g Öl
40 g Butter
etwas Bratensaft zum Ablöschen

Reissalat „Derby"

mit Schinken und Erbsen

Einkaufsliste:

200 g gekochter Langkornreis
200 g Erbsen tiefgekühlt
150 g Preßschinken
150 g Champignons
Saft einer Zitrone
je ein Bund Schnittlauch und Petersilie
etwas frischen Estragon
etwas frische Pimpinelle
etwas Majoran und Oregano
6 EL Olivenöl
5 EL Weißweinessig
Salz, weißer Pfeffer
Radiccioblätter für die Form

Vorbereitung:

Die Erbsen kurz blanchieren und in ein Sieb leeren; mit kaltem Wasser abschrecken und gut abtropfen lassen. Die Champignons waschen, putzen, dünnblättrig schneiden und mit Zitronensaft beträufeln; den Schinken in feine Streifen schneiden; die Kräuter waschen und fein hacken. Eine Salatplatte vorkühlen.

Zubereitung:

Alle obengenannten Zutaten mit dem Reis vermengen und in einer Salatschüssel kaltstellen. Das Öl mit dem Essig, sowie Salz und weißem Pfeffer verrühren; mit etwas Wasser verdünnen und unter den Salat mischen. Die Radiccioblätter waschen und die Salatplatte damit auslegen; den Salat darauf anrichten und mit getoastetem Weißbrot zu Tisch bringen.
Eine besonders schmackhafte und gehaltvolle Vorspeise!

ERGIBT 4 VORSPEISEPORTIONEN

Krautauflauf

Einkaufsliste:

1 kleiner Krautkopf
Salz, Pfeffer aus der Mühle
eine Prise Kümmel
3 Knoblauchzehen
1 mittlere Zwiebel
100 g durchzogener Speck
1/2 l Milch
4 Eier
80 g geriebener Parmesan
eine Prise Cayennepfeffer
1 Bund Petersilie

Speckscheiben zum Auslegen der Form
geriebener Käse zum Bestreuen
Butter zum Beträufeln

ERGIBT 4 PORTIONEN

mit Käse überbacken

Vorbereitung:

Den Krautkopf von den äußeren Blättern befreien, halbieren und den Strunk herausschneiden; das Kraut sodann fein hobeln, salzen und zwei Stunden bei Zimmertemperatur stehen lassen. Den Speck von der Schwarte trennen und in feine Streifen schneiden; Zwiebel schälen und in feine Ringe schneiden; Knoblauch schälen und feinst hacken; Petersilie waschen und fein hacken.

Zubereitung:

Die Eier mit der Milch, dem Parmesan und Cayennepfeffer nach Geschmack versprudeln; den Speck anrösten, die Zwiebelringe beifügen und mitrösten lassen; das Kraut gut ausdrücken und dazugeben; mit Salz und Pfeffer würzen, Kümmel und Knoblauch beifügen und zugedeckt weichdämpfen. Eine feuerfeste Form mit dünnen Speckscheiben auslegen; das Kraut mit der Petersilie vermengen und einfüllen; mit dem Milchgemisch übergießen, mit geriebenem Käse bestreuen und zu guter Letzt mit zerlassener Butter beträufeln; danach im vorgeheizten Backrohr bei 180 Grad etwa 50 Minuten lang überbacken.
Zu diesem köstlichen Auflauf reicht man als Beilage frischen Salat nach Saison.

Nußschnitten

ein feiner Kaffeekuchen

Einkaufsliste:

8 Eier
280 g Staubzucker
eine Prise Salz
1/2 Pkt. Vanillinzucker
eine Prise gemahlener Zimt
120 g helle Biskuitbrösel
60 g Speisestärke
50 g Butter
280 g geriebene Walnüsse

gehackte Walnüsse zum Bestreuen
Staubzucker zum Bestreuen
Backpapier für das Blech

Vorbereitung:

Die Dotter mit einer Prise Salz und einem Drittel des gesiebten Staubzuckers, sowie dem Vanillinzucker und dem Zimt, sehr schaumigrühren; die Eiklar mit dem restlichen gesiebten Zucker zu steifem Schnee schlagen; unter den Dotterabtrieb heben und die restlichen Zutaten einrühren (oberes Bild).

Zubereitung:

Ein Blech mit Backpapier auslegen und die Nußmasse daraufstreichen (unteres Bild); mit den gehackten Nüssen bestreuen und im vorgeheizten Backrohr bei 190 Grad etwa 40 Minuten lang bakken. Den Kuchen auf dem Blech erkalten und zwei Stunden rasten lassen; vom Blech nehmen und das Papier behutsam ablösen; die Schnitte mit Staubzucker übersieben und portionieren.

Eine flaumige und leichte Mehlspeise für die Kaffeejause!

ERGIBT 12-14 SCHNITTEN

Käse-Vollkornweckerln

Einkaufsliste:

400 g Weizenvollkornmehl
400 g Roggenvollkornmehl
25 g Germ
ca. 1/4 l Milch
6 g Salz
1 Ei
200 g Emmentaler Käse, dünn aufgeschnitten
80 g Butter oder Schmalz
120 g Leinsamen
je eine Prise Kardamom, Kümmel, Fenchel und Koriander

Ei zum Bestreichen
geriebener Käse und Paprikapulver zum Bestreuen
Fett für das Backblech

ERGIBT 12 STÜCK

Vorbereitung:

Die Germ in der lauwarmen Milch auflösen und mit etwas Weizenmehl zu einem weichen Vorteig verrühren; diesen an der Oberfläche mit Mehl bestäuben und an einem warmen Ort aufgehen lassen. Den Emmentaler in kleine Würfel schneiden; wenn der Vorteig grobe Risse zeigt, mit den restlichen Teigzutaten (oberes Bild) zu einem nicht zu festen Teig verarbeiten; zugedeckt an einem warmen Ort eine halbe Stunde gehen lassen und danach in zwölf Teile schneiden; diese wiederum zu Kugeln formen und eine weitere halbe Stunde gehen lassen.

Zubereitung:

Die Teigkugeln zu Weckerln formen und mit versprudeltem Ei bestreichen; sodann mit geriebenem Käse und Paprikapulver bestreuen (unteres Bild), auf ein befettetes Backblech setzen und nochmals gehen lassen; anschließend im vorgeheizten Backrohr bei 200 Grad 35-40 Minuten lang knusprig-braun backen.

Einzeln verpackt, eignen sich diese Vollkornweckerln hervorragend zum Einfrieren; ofenwarm kredenzt, schmeckt dieses würzige Gebäck natürlich am allerbesten!

ein rustikales Jausengebäck

Mais-Salat mit Leinsamen

Einkaufsliste:

300 g Mais aus der Dose
80 g Zwiebel
150 g Emmentaler Käse
120 g Brie
100 g Leinsamen
1 Bund Petersilie

Marinade:

4 EL Öl
4 EL Weißweinessig
Salz und Pfeffer aus der Mühle
Cayennepfeffer nach Geschmack

Radiccioblätter zum Auslegen
Schnittlauch und Petersilie zum Garnieren

Vorbereitung:

Den Mais aus der Dose nehmen, in einem Sieb gut mit kaltem Wasser abspülen und danach abtropfen lassen; Zwiebel schälen und in Würfel schneiden; Emmentaler und Brie in kleinere Würfel schneiden; Petersilie waschen und fein hacken.

Zubereitung:

Essig, Öl, Salz und Pfeffer, sowie Cayennepfeffer nach Geschmack, glatt verrühren; mit etwas Wasser verdünnen und mit den Salatzutaten vermengen; sodann zwei Stunden im Kühlschrank ziehen lassen. Eine vorgekühlte Salatschüssel mit Radiccioblättern auslegen und den Salat darauf anrichten; vor dem Auftragen noch mit Petersilie und Schnittlauch garnieren.
Wir empfehlen Ihnen, diese erfrischende Vorspeise mit getoastetem Weißbrot aufzuwarten.

ERGIBT 4 PORTIONEN

Endiviensuppe

mit Speck und Knoblauch

Einkaufsliste:

1 Endiviensalat
80 g Hamburger Speck in Scheiben
1 mittlere Zwiebel
3 Knoblauchzehen
1 Bund Petersilie
Salz, Pfeffer aus der Mühle
2 EL glattes Mehl
1 l fertige Rindsuppe

ERGIBT 4 PORTIONEN

Vorbereitung:

Den Salat waschen, putzen und in feine Streifen schneiden; den Speck von der Schwarte trennen und in sehr feine Streifen schneiden; Knoblauch schälen und in Scheibchen schneiden; Zwiebel schälen und in kleine Würferln schneiden; Petersilie waschen und fein hacken.

Zubereitung:

Den Speck in einem großen Suppentopf auslassen; Zwiebel beifügen und mitrösten; Mehl und Knoblauch dazugeben und anlaufen lassen; nach und nach mit der Suppe aufgießen und alles glatt verkochen lassen; sodann den Salat beigeben und etwa 10 Minuten lang auf kleiner Flamme köcheln lassen; zuletzt mit Salz und Pfeffer würzig abschmecken und die gehackte Petersilie unterrühren. Diese kräftigende, außergewöhnliche Suppe muß unbedingt dampfendheiß serviert werden.

Tiroler Oberstorte

mit Früchtefüllung

Einkaufsliste:

5 Eier
100 g Staubzucker
70 g glattes Mehl
90 g ungeschälte, geriebene Mandeln
50 g Butter
20 g Speisestärke
eine Prise Zimt

Fülle:

1/2 Pkt. Vanillepuddingpulver
1/4 l Milch
1 großes Stamperl Rum
1/4 l Schlagobers
6 Blatt Gelatine
je 150 g Ananas und Pfirsiche aus der Dose

Butter und Mehl für die Form
Schlagobers zum Bestreichen und Verzieren
Angelika- und Pfirsichstückchen zum Verzieren
geriebene Mandeln zum Bestreuen

ERGIBT 12 STÜCK

Vorbereitung:

Die Dotter mit der Hälfte des gesiebten Staubzuckers sehr schaumigrühren; die Eiklar mit dem restlichen Zucker zu steifem Schnee schlagen und behutsam unter die Dottermasse ziehen; die Butter zerlassen und zusammen mit dem gesiebten Mehl, den Mandeln, der Speisestärke und dem Zimt vorsichtig einrühren (oberes Bild); die Masse in eine gefettete und bemehlte Tortenform füllen und bei 190 Grad im vorgeheizten Backrohr etwa 40 Minuten lang backen. Die Torte in der Form erkalten lassen und erst nach einer Ruhezeit von zwei Stunden aus der Form lösen; sodann in zwei Böden schneiden.

Zubereitung:

Die Gelatine in kaltem Wasser vorweichen; die Früchte aus der Dose nehmen, gut abtropfen lassen und in kleine Stücke schneiden. Aus der Milch und dem Puddingpulver laut Packungsvorschrift einen Pudding bereiten; erkalten lassen und danach durch ein feines Sieb streichen. Das Obers steif aufschlagen; die Gelatine ausdrücken und in wenig heißem Wasser auflösen; sodann zusammen mit den Früchten und dem Rum unter das Obers ziehen (unteres Bild). Einen Tortenboden in die gereinigte Form legen und die Obersmasse darauffüllen; mit dem zweiten Boden abdecken und die Torte für mindestens vier Stunden in das Tiefkühlfach stellen; danach aus der Form lösen und an Rand und Oberfläche mit geschlagenem Obers bestreichen; den Tortenrand mit einer gezahnten Teigkarte verzieren; auf die Tortenoberfläche Rosetten aufdressieren und diese mit Pfirsich- und Angelikastückchen belegen.
Die Torte zuletzt noch mit geriebenen Mandeln bestreuen und mit einem in heißes Wasser getauchten, abgetrockneten Messer portionieren.

Schweinsragout

mit allerlei Gemüse

Einkaufsliste:

400 g Schweinsschulter ohne Knochen und Schwarte
Salz, Pfeffer aus der Mühle
2 Knoblauchzehen
eine Prise Kümmel
1 große Zwiebel
50 g Öl
40 g glattes Mehl
300 g mehlige Erdäpfel
1 Dose Paradeiser (netto 230 g)
5 EL Perlzwieberln aus dem Glas
1 Pkt. Babykarotten tiefgekühlt
2 Lorbeerblätter
etwas frischer Thymian
1/2 l Rindsuppe zum Aufgießen

gehackter Thymian zum Bestreuen

ERGIBT 4 PORTIONEN

Vorbereitung:

Die Perlzwieberln aus dem Glas nehmen, in ein Sieb leeren, mit kaltem Wasser abspülen und gut abtropfen lassen; Zwiebel schälen und fein hacken; Knoblauch schälen und zerdrücken; die Karotten blanchieren, mit kaltem Wasser abschrecken und ebenfalls abtropfen lassen; die Paradeiser aus der Dose nehmen; die Erdäpfel waschen, schälen, klein würfeln und in kaltem Wasser bereithalten. Das Fleisch in etwa 30 g-schwere Würfel schneiden; sodann mit Salz und Pfeffer, sowie mit Kümmel und Knoblauch würzen (oberes Bild).

Zubereitung:

In einer passenden Pfanne das Öl erhitzen und das Fleisch zusammen mit der Zwiebel darin anrösten; mit Mehl stauben und mitrösten lassen; sodann Erdäpfel, Paradeiser, Perlzwieberln und Karotten dazugeben und zu guter Letzt mit Lorbeer und Thymian würzen (unteres Bild); danach mit der Suppe aufgießen und alles zusammen zugedeckt weichdünsten lassen.

Das Ragout anrichten, mit gehacktem Thymian bestreuen und rasch auftragen.

Winzerschnitten mit Weinbeeren

Einkaufsliste:

4 Eier
100 g Feinkristallzucker
70 g Butter
110 g glattes Mehl
1 Pkt. Vanillinzucker
geriebene Schale
einer halben Zitrone
eine Prise Salz
60 g Marillenmarmelade

Creme:

150 g Butter
40 g Staubzucker
80 g Kochschokolade
1/2 Pkt. Vanillinzucker
1 kleines Stamperl Rum

500 g Weintrauben
1 Pkt. klares Tortengelee

Schokoladespäne
zum Verzieren
Biskuitbrösel zum Bestreuen

ERGIBT 12 STÜCK

Vorbereitung:

Die Dotter mit dem Vanillinzucker, der Zitronenschale und einem Drittel der Zuckermenge sehr schaumigrühren; die Eiklar mit einer Prise Salz und der restlichen Zuckermenge zu steifem Schnee schlagen; zusammen mit der zerlassenen Butter und dem gesiebten Mehl unter den Dotterabtrieb heben (linkes Bild). Ein Backblech mit Backpapier auslegen und etwa bis zur Mitte mit dem Teig bestreichen; diesen sodann im vorgeheizten Backrohr bei 190 Grad ca. 15 Minuten lang backen; den Kuchenboden noch heiß vom Papier lösen und in zwei etwa 12 cm-breite Streifen schneiden. Die Weinbeeren waschen, entstielen und schälen; danach halbieren, entkernen und kaltstellen.

Zubereitung:

Die Biskuitstreifen mit erhitzter Marmelade bestreichen. Für die Creme die Butter mit dem gesiebten Staubzucker und dem Vanillinzucker sehr schaumigrühren. Die Schokolade im Wasserbad schmelzen und langsam in den Butterabtrieb einfließen lassen; wieder schaumigrühren und zuletzt den Rum unterrühren; zwei Drittel der Creme auf einen der Biskuitböden streichen und die Schnitten zusammensetzen (rechtes Bild). Einen Teil der verbliebenen Creme in einen Dressiersack (Sterntülle Nr. 3) füllen und mit der restlichen Creme die Schnitte an der Oberfläche und am Rand bestreichen; mit Biskuitbröseln bestreuen, am linken und rechten Rand Rosetten aufdressieren und in der Mitte mit Weinbeeren belegen. Das Tortengelee laut Packungsvorschrift auflösen, über die Weinbeeren gießen und anziehen lassen.
Zu guter Letzt die Schnitte rundum mit Schokoladespänen eindecken und für zwei Stunden in den Kühlschrank stellen; danach mit einem in heißes Wasser getauchten Messer portionieren.

Gedünstete Zunge

auf Champagnerkraut

Einkaufsliste:

600 g Kalbszunge
Salz, Pfeffer
1 Suppengrün
1 kleine Zwiebel
1 Knoblauchzehe
40 g Butter
1/4 l Weißwein
1/8 l Schlagobers
1 EL grüne Pfefferkörner
einige Spritzer Worcestersauce
1 Bund Petersilie

1 kleiner Krautkopf
1 mittlere Zwiebel
eine Prise Zucker
1/2 l Sekt
eine Prise Kümmel
20 g Butter
2 säuerliche Äpfel
Zitronensaft zum Abschmecken

Schnittlauch zum Bestreuen

ERGIBT 4 PORTIONEN

Vorbereitung:

Das Suppengrün gründlich waschen; die Zunge kurz kalt waschen und zusammen mit dem Suppengrün, einigen Pfefferkörnern und dem nötigen Wasser zustellen; zugedeckt weichköcheln und im Sud erkalten lassen. Die Zunge enthäuten und in feine Streifen schneiden; die kleine Zwiebel schälen und ebenfalls in feine Streifen schneiden; die mittlere Zwiebel schälen und hacken; das Kraut waschen, putzen, vom Strunk befreien, fein hobeln und salzen; die Petersilie waschen und fein hacken; den Knoblauch schälen und ebenfalls fein hacken.

Zubereitung:

20 g Butter erhitzen, Zwiebelstreifen und Zucker beifügen und hell anschwitzen lassen; das Kraut dazugeben, etwas andünsten und mit Kümmel würzen; sodann mit etwas Sekt aufgießen und langsam weichköcheln lassen; dabei immer nur so viel Sekt nachgießen, wie unbedingt erforderlich ist. In einer geräumigen Pfanne 40 g Butter erhitzen und darin die Zungenstreifen mit der gehackten Zwiebel anbraten; mit Salz, Pfeffer, Knoblauch, Petersilie und Worcestersauce pikant würzen; danach mit Weißwein und Obers aufgießen und alles zu einer molligen Sauce verkochen lassen. Währenddessen die Äpfel schälen, achteln und das Kerngehäuse entfernen; die Apfelspalten in ganz wenig Butter oder Öl braten. Die Pfefferkörner in die Sauce geben und diese zuletzt mit etwas Zitronensaft abschmecken; mit dem Kraut und den Äpfeln anrichten und mit Schnittlauch bestreut zu Tisch bringen.

Spiegeleier „Metternich"

mit Käse überkrustet

Einkaufsliste:

pro Person berechnet:

100 g Champignons
einige Tropfen Zitronensaft
20 g Butter
Salz, Pfeffer
etwas Petersilie

2 Eier
Butter zum Braten
geriebener Chester- oder Emmentalerkäse zum Bestreuen

gehackte Petersilie zum Bestreuen

Vorbereitung:

Die Champignons waschen, putzen, feinblättrig aufschneiden und mit etwas Zitronensaft beträufeln; Petersilie waschen und fein hacken. 20 g Butter in einer Pfanne erhitzen und die Champignons darin anbraten; salzen, pfeffern und zum Schluß die Petersilie unterrühren.

Zubereitung:

Die Champignons in einer gußeisernen Pfanne verteilen; in einer Eierpfanne etwas Butter erhitzen und zwei Spiegeleier bereiten, die man auf die Champignons legt; mit Käse bestreuen und mit Salz und Pfeffer würzen; anschließend im vorgeheizten Backrohr bei 250 Grad kurz überbacken, bis der Käse geschmolzen ist.
Mit Petersilie bestreut, bringt man diesen köstlichen Imbiß unverzüglich zu Tisch.

ERGIBT 1 PORTION

Gitterkuchen *mit Birnen*

Aus Großmutters Kochbuch

Einkaufsliste:

300 g Blätterteig tiefgekühlt
5 Eier, 100 g glattes Mehl
100 g Feinkristallzucker
60 g geriebene Kochschokolade
1 Pkt. Vanillinzucker
geriebene Schale einer halben Zitrone
1 kg reife, feste Birnen, Saft einer halben Zitrone
60 g gestiftelte Mandeln

Butter für das Backblech
Marillenmarmelade zum Bestreichen
ca. 100 g Blätterteig für das Gitter

ERGIBT 12 STÜCK

Vorbereitung:

Den Teig laut Packungsvorschrift antauen lassen; 300 g auf einer bemehlten Arbeitsfläche in der Größe eines Backbleches dünn ausrollen und auf ein leicht gefettetes Backblech legen; den restlichen Teig ebenfalls ausrollen und für das Gitter in Streifen schneiden. Die Birnen (Sie können natürlich auch Äpfel verwenden) schälen, halbieren und vom Kerngehäuse befreien; danach in dünne Spalten schneiden und mit dem Zitronensaft beträufeln.

Zubereitung:

Die Dotter mit der Hälfte des gesiebten Zuckers, dem Vanillinzukker und der Zitronenschale sehr schaumigrühren; die Eiklar mit dem restlichen gesiebten Zucker zu steifem Schnee schlagen und unter die Dottermasse heben; zum Schluß behutsam das gesiebte Mehl und die Schokolade darunterziehen. Den Teigboden mit einer Gabel mehrmals einstechen und die Masse darauf verteilen (oberes Bild); mit den Birnenspalten belegen und mit den Teigstreifen ein Gitter auflegen; zuletzt mit Mandelsplittern bestreuen (unteres Bild) und im vorgeheizten Backrohr bei 200 Grad etwa 45 Minuten lang zu schöner Farbe backen. Die Marmelade einmal aufkochen lassen und den noch heißen Kuchen damit überglänzen; vollständig erkalten lassen und erst danach in Portionen aufteilen.

Majoranbraten

Rindfleisch mit feiner Sauce

Vorbereitung:

Majoran putzen und waschen; Zwiebeln schälen und in feine Ringe schneiden; Paradeiser waschen, kurz in kochendheißes Wasser tauchen, schälen und vierteln. Das Fleisch kurz mit kaltem Wasser abspülen und trockentupfen; danach mit Salz und mit Pfeffer aus der Mühle einreiben (oberes Bild).

Zubereitung:

Das Öl in einer Bratpfanne stark erhitzen; das Fleisch einlegen und an allen Seiten zu schöner, brauner Farbe braten; herausnehmen und warmstellen. Im Bratrückstand die Zwiebeln dunkel anrösten und mit Essig ablöschen; sodann mit Wein und Bratensaft aufgießen und das Fleisch wieder einlegen; die Paradeiser und den Majoran beifügen (unteres Bild) und alles zusammen im vorgeheizten Backrohr bei 210 Grad – unter häufigem Begießen mit Eigensaft und eventuell etwas Wasser oder Rindsuppe – ca. eine Stunde fertigbraten; das Fleisch warmstellen und entspannen lassen. Währenddessen den Saft durch ein sehr feines Sieb streichen; den Braten in Scheiben aufschneiden und mit dem Saft auf einer vorgewärmten Platte anrichten; sodann mit in Butter geschwenkten Teigwaren zu Tisch bringen.
Ein würziger, schmackhafter Braten für Ihren Sonntagstisch!

ERGIBT 4 PORTIONEN

Einkaufsliste:

800 g Rindfleisch vom Zapfen, gut abgelegen
350 g Zwiebeln
ein Sträußchen frischer Majoran
3 reife Paradeiser
Salz, Pfeffer aus der Mühle
ein Schuß Essig
3/8 l Bratensaft
1/8 l Madeirawein
40 g Öl

Matrosengericht „Pochouse"

mit Rotweinsauce

Einkaufsliste:

600 g Dorschfilets
1/4 L Rotwein
1 Lorbeerblatt
1 Thymianzweig
etwas Petersilie
Salz, Pfeffer aus der Mühle

150 g Hamburger Speck
120 g Champignons
1 EL Butter
20 g Speisestärke
1 mittlere Zwiebel

gehackte Petersilie zum Bestreuen

ERGIBT 4 PORTIONEN

Vorbereitung:

Den Speck von der Schwarte trennen und in 1 × 1 cm-große Würfel schneiden; Zwiebel schälen und ebenfalls klein würfeln; Champignons waschen, putzen und vierteln; die kalte Butter mit einer Gabel zerdrücken und mit der Speisestärke vermengen; die Kräuter sorgfältig waschen.

Zubereitung:

Die Fischfilets auf den Boden einer Kasserolle legen und mit dem Rotwein übergießen, die Kräuter beifügen und mit Salz, sowie mit Pfeffer aus der Mühle würzen; alles auf ganz schwacher Flamme zum Köcheln bringen und langsam garen lassen. Die Filets vorsichtig aus der Kasserolle nehmen und warmstellen; den verbliebenen Sud mit dem Butter-Stärkegemisch binden und aufkochen lassen; den Speck mit der Zwiebel und den Champignons scharf anbraten. Die Dorschfilets mit dem Gerösteten anrichten und mit der Rotweinsauce übergießen.
Mit gehackter Petersilie bestreut, wird dieses delikate Fischgericht sehr heiß zu Tisch gebracht.

Nußparfait

ein wundervolles Dessert

Einkaufsliste:

2 Dotter
1 Ei
100 g Staubzucker
1 Pkt. Vanillinzucker
6 Blatt Gelatine
1 großes Stamperl Rum
1/4 l Schlagobers
120 g geriebene Haselnüsse

Haselnüsse, Schokoladespäne und geschlagenes Obers zum Verzieren

ERGIBT 6 STÜCK

Vorbereitung:

Dotter und Ei mit dem gesiebten Staubzucker und dem Vanillinzukker mit einer Schneerute über dem heißen Wasserbad warm aufschlagen; vom Feuer nehmen und kaltschlagen. Die Gelatine in kaltem Wasser vorweichen.

Zubereitung:

Das Obers steif aufschlagen und zusammen mit dem Rum und den Nüssen unter die Eiermasse heben; die Creme in Parfaitförmchen füllen und für mindestens sechs Stunden in das Tiefkühlfach stellen; die Förmchen danach in heißes Wasser tauchen und die Parfaits auf eine vorgekühlte Platte stürzen; vor dem Servieren hübsch mit geschlagenem Obers, Schokoladespänen und Haselnüssen verzieren.
Ein himmlischer Nachtisch für große und kleine Schleckermäulchen!

Guglhupf
„Maria Theresia"

Aus Großmutters Kochbuch

ERGIBT 12 STÜCK

Einkaufsliste:

280 g glattes Mehl
ca. 1/8 l Milch
20 g Germ
120 g Butter
90 g Staubzucker
eine Prise Salz
1 Pkt. Vanillinzucker
3 Dotter
1 Ei
geriebene Schale einer Zitrone
je 50 g Pinienkerne,
feingehackte Schokolade,
mit Rum befeuchtete Korinthen
und feingehacktes Zitronat

Butter und Mehl für die Form
vanillierter Staubzucker zum
Bestreuen

Vorbereitung:

Das Mehl auf eine Arbeitsfläche sieben und in der Mitte eine Mulde machen; die Germ in der lauwarmen Milch auflösen und in die Vertiefung gießen; mit etwas Mehl zu einem weichen Vorteig verrühren, an der Oberfläche mit Mehl bestäuben und etwa eine Stunde rasten lassen. Währenddessen die Butter auf Handwärme bringen und mit dem gesiebten Staubzucker, sowie einer Prise Salz und dem Vanillinzukker, sehr schaumigrühren; nach und nach die Dotter und das Ei einmengen und wiederum schaumigrühren; den schön aufgegangenen Vorteig sodann mit dem Dotterabtrieb, der Zitronenschale und dem restlichen Mehl vermischen (linkes Bild); nötigenfalls noch etwas Milch beifügen, sodaß der Teig schön weich ist; mit dem Kochlöffel so lange abschlagen, bis er Blasen wirft und an der Oberfläche seidig glänzt.

Zubereitung:

Den Germteig sodann zudecken und zum Gehen an einen warmen Ort stellen; noch einmal mit einem Kochlöffel durchschlagen und zu guter Letzt Pinienkerne, Korinthen, Zitronat und Schokolade einarbeiten (rechtes Bild). Eine hohe Guglhupfform, z.B. eine Wasserbadform, mit Butter befetten und mit Mehl bestäuben; den Germteig zweidrittelhoch einfüllen und bis zwei Finger unter dem Rand der Form an einem warmen Ort aufgehen lassen; anschließend im vorgeheizten Backrohr bei 175 Grad etwa 50-60 Minuten lang backen; eventuell mit Alu-Folie abdecken, damit die Oberfläche nicht zu dunkel wird; wenn der Kuchen durch ist (Nadelprobe machen!), heiß auf ein Kuchengitter stürzen und sofort mit dem Staubzucker bestreuen; erst nach dem völligen Erkalten in Portionen aufschneiden.
Eine wunderbare Mehlspeise für die Sonntagsjause!

Schweinskoteletts Balkan-Art

ERGIBT 4 PORTIONEN

Einkaufsliste:

4 Koteletts vom Schopf, mit Knochen, à 180 g
Salz, Pfeffer
1 TL Kümmel
50 g Schmalz
1 Zwiebel
4 grüne Paprikaschoten
1/4 l Bratensaft
1 EL Paradeismark
4 – 6 kleine Zwiebeln oder Schalotten
etwas Olivenöl

Paprikapulver zum Bestreuen

Vorbereitung:

Die große Zwiebel schälen und in feine Streifen schneiden; Paprikaschoten waschen, halbieren, ausputzen und in lange, etwa 2 cm-breite Streifen schneiden; das Fleisch mit Salz, Pfeffer und Kümmel einreiben (oberes Bild). Die kleinen Zwiebeln oder Schalotten schälen; in einer Pfanne etwas Olivenöl erhitzen, die Zwiebeln beifügen und auf kleiner Flamme zugedeckt weichdünsten.

Zubereitung:

Das Schmalz in einer geräumigen Pfanne erhitzen, die Koteletts einlegen und an beiden Seiten zu schöner Farbe braten; aus der Pfanne nehmen und warmstellen. Im Bratrückstand die Zwiebelstreifen gut durchrösten und mit dem Bratensaft ablöschen; das Paradeismark beigeben und das Fleisch wieder einlegen (unteres Bild); unter häufigem Begießen bzw. Wenden, auf kleiner Flamme weichdünsten. Die Paprikastreifen salzen und in etwas Olivenöl rösten; die Koteletts sodann mit dem Saft, den Zwiebeln und den Paprikastreifen anrichten und abschließend mit Paprikapulver bestreuen. Als zusätzliche Beilage empfehlen wir Ihnen Petersilkartofferln und als Getränk einen herben Rotwein.

Erdäpfel-Vogerlsalat

Einkaufsliste:

600 g Erdäpfel (Kipfler)
200 g Vogerlsalat
Salz
Saft einer Zitrone

2 Dotter
Salz, Pfeffer
1 TL Senf
Saft einer halben Zitrone
einige Spritzer Worcestersauce
ca. 1/8 l Öl
Essig zum Abschmecken
4 EL Sauerrahm
4 Essiggurkerln
1 Bund Petersilie
1 Bund Schnittlauch
1 kleine Zwiebel
Schnittlauch zum Bestreuen

mit Kräutermayonnaise

Vorbereitung:

Die Erdäpfel waschen, in kaltem Salzwasser zustellen und weichdämpfen; in der Schale erkalten lassen, schälen und in dünne Scheiben schneiden. Den Vogerlsalat waschen, putzen und mit dem Saft einer Zitrone beträufeln; die Gurkerln in dünne Scheiben schneiden; Schnittlauch und Petersilie waschen und fein hacken; Zwiebel schälen und feinst hacken.

Zubereitung:

Die Dotter mit dem nötigen Salz, sowie mit Pfeffer, Senf, Zitronensaft und Worcestersauce glatt verrühren; nach und nach tropfenweise das Öl einrühren und das Ganze zu einer feinen Mayonnaise aufschlagen; mit Essig abschmecken und zuletzt den Sauerrahm unterrühren. Die Mayonnaise zu den Erdäpfeln und den Gurkerln geben, Kräuter und Zwiebel beifügen und alles gut miteinander vermengen. Den Erdäpfelsalat gut kühlen und danach mit dem Vogerlsalat als Garnierung, anrichten; vor dem Auftragen wird diese erquickende, vitaminreiche Vorspeise noch tüchtig mit Schnittlauch bestreut.

ERGIBT 4 PORTIONEN

Salzbrezerln mit Kümmel

ein würziges Knabbergebäck

Einkaufsliste:

200 g glattes Mehl
150 g Butter
150 g mehlige, gekochte Erdäpfel (z.B. Bintje)
Salz, Cayennepfeffer nach Geschmack

Ei zum Bestreichen
Kümmel zum Bestreuen
Fett für das Backblech

ERGIBT CA. 20 STÜCK

Vorbereitung:

Die Erdäpfel schälen, noch warm durch das feine Sieb der Flotten Lotte passieren und erkalten lassen; die Butter auf Handwärme bringen und mit der Erdäpfelmasse und dem gesiebten Mehl zu einem festeren Teig verkneten; mit Salz und Cayennepfeffer nach Geschmack würzen und noch einmal gut durcharbeiten; den Teig sodann bei Zimmertemperatur zugedeckt rasten lassen.

Zubereitung:

Den Teig in Stücke schneiden und diese auf einer bemehlten Arbeitsfläche zu etwa 1 cm-dicken und 20 cm-langen Stangerln rollen; zu Brezerln formen und auf ein leicht gefettetes Backblech setzen; mit versprudeltem Ei bestreichen und mit Kümmel bestreuen; danach im vorgeheizten Backrohr bei 180 Grad etwa 20 Minuten lang zu schöner, goldbrauner Farbe bakken. Die Brezerln noch warm vom Blech lösen und auf einem Gitter erkalten lassen.
Diese knusprige Salzbäckerei paßt wunderbar zu gut gekühltem Bier oder Wein.

Schokolade-Auflauf

eine süße Köstlichkeit

Einkaufsliste:

120 g Butter
120 g Staubzucker
3 Semmeln vom Vortag
Milch zum Anweichen
6 Eier
eine Prise Salz
100 g Kochschokolade
120 g ungeschälte, geriebene Mandeln
60 g Biskuitbrösel

Butter und Biskuitbrösel für die Form
Staubzucker zum Bestreuen

Vorbereitung:

Die Butter erweichen und mit dem gesiebten Staubzucker sehr schaumigrühren; die Kochschokolade zerlassen. Die Semmeln in der Milch anweichen, gut ausdrücken und passieren; nach und nach mit den Dottern, sowie der erweichten Schokolade, unter den Butterabtrieb rühren. Die Eiklar mit einer Prise Salz zu steifem Schnee schlagen und behutsam unterheben; die Mandeln mit den Bröseln vermengen und löffelweise einrühren (oberes Bild).

Zubereitung:

Eine feuerfeste Auflaufform mit Butter ausstreichen und mit Bröseln ausstreuen; die Schokolademasse einfüllen (unteres Bild) und an der Oberfläche glattstreichen; sodann im vorgeheizten Backrohr bei 160 Grad etwa eine Stunde lang backen; den Auflauf mit Staubzucker übersieben und sogleich portionieren.
Diese wundervolle Süßspeise wird heiß – mit Schokolade- und Vanillesauce garniert – zu Tisch gebracht.

ERGIBT 4 - 6 PORTIONEN

Klostertorte

Aus Großmutters Kochbuch

Einkaufsliste:

Teig:

280 g glattes Mehl
160 g Staubzucker
160 g Butter
1 Pkt. Vanillinzucker
4 Dotter
Saft einer Zitrone

100 g Marillenmarmelade zum Bestreichen

Fülle:

4 Eier
2 Dotter
110 g Staubzucker
200 g ungeschälte, geriebene Mandeln
40 g glattes Mehl

Staubzucker zum Bestreuen

ERGIBT 12 STÜCK

Vorbereitung:

Das Mehl mit dem Staubzucker auf eine Arbeitsfläche sieben und in der Mitte eine Mulde machen; die Butter in Stückchen zerteilen und zusammen mit dem Vanillinzucker in die Vertiefung geben; sodann die restlichen Teigzutaten (oberes Bild) beifügen und alles zu einem glatten Teig verarbeiten; zu einer Rolle formen, in Alu-Folie wickeln und zwei Stunden im Kühlschrank rasten lassen; danach auf einer bemehlten Arbeitsfläche etwa 4 mm-dick ausrollen und damit den Boden und Rand einer Tortenform auskleiden; den Teig am oberen Rand mit einer Gabel rundum andrücken; die Teigform sodann zur Gänze mit erhitzter Marmelade bestreichen.

Zubereitung:

Die ganzen Eier mit den Dottern und dem gesiebten Staubzucker sehr schaumigrühren; das gesiebte Mehl und die Mandeln einrühren und die Masse in den Tortenboden füllen (unteres Bild); anschließend im vorgeheizten Backrohr bei 160 Grad langsam etwa 70 Minuten backen. Die Torte in der Form vollständig erkalten lassen und dann erst aus der Form lösen; ein Tortendekorblatt darauflegen und mit Staubzucker ein Muster darübersieben.

Specknockerl-Suppe

Einkaufsliste:

200 g feiner Grieß
1/4 l Milch
100 g durchzogener Speck
100 g Zwiebel
2 Eier
Salz
1 Bund Petersilie
Semmelbrösel nach Bedarf

gehackte Petersilie zum Bestreuen
1 l fertige Rindsuppe

ERGIBT 4 - 6 PORTIONEN

Vorbereitung:

Zwiebel schälen und fein hacken; den Speck von der Schwarte schneiden und klein würfeln; zusammen mit der Zwiebel hell anrösten und erkalten lassen. Den Grieß mit der kalten Milch und dem nötigen Salz glatt verrühren; unter ständigem Rühren einmal aufkochen lassen und, noch warm, die Eier unterrühren; die Masse sodann erkalten lassen. Petersilie waschen und fein hacken.

Zubereitung:

Die Grießmasse mit dem Speck-Zwiebelgemisch und der Petersilie gut vermengen; Semmelbrösel nach Bedarf beifügen und alles zu einer Nokkerlmasse verarbeiten; zwei Eßlöffel in kaltes Wasser tauchen und damit Nockerln ausstechen; diese in kochendes Salzwasser einlegen und etwa 10 Minuten lang auf kleiner Flamme mehr ziehen als kochen lassen. Die Specknockerln als Einlage in kochendheiße Rindsuppe geben; die Suppe vor dem Auftragen mit gehackter Petersilie bestreuen und sogleich zu Tisch bringen.

Weißkrautsalat mit Äpfeln

ein erfrischender Rohkostteller

Einkaufsliste:

400 g Weißkraut
Salz, weißer Pfeffer
eine große Zwiebel
3 große, reife, feste Paradeiser
3 säuerliche Äpfel
Saft einer halben Zitrone
6 EL Olivenöl
4 EL Weißweinessig
je ein Sträußchen Thymian, Majoran, Petersilie und Pimpinelle
Salatblätter zum Auslegen
Eischeiben und Petersilie zum Garnieren

ERGIBT 4 VORSPEISEPORTIONEN

Vorbereitung:

Das Kraut von den äußeren Blättern befreien und halbieren; den Strunk und grobe Blattrippen entfernen und das Kraut fein hobeln; salzen, zusammenpressen und zwei Stunden im Kühlschrank durchziehen lassen. Die Paradeiser kurz in kochendes Wasser tauchen, schälen und in Würfel schneiden; Zwiebel schälen, halbieren und in feine Streifen schneiden; Kräuter waschen und fein hacken.

Zubereitung:

Das Kraut fest ausdrücken; die Äpfel waschen, vierteln und vom Kerngehäuse befreien; danach in dünne Spalten schneiden und mit dem Zitronensaft vermengen. Olivenöl, Essig, Kräuter, Salz und Pfeffer, sowie Wasser nach Bedarf, verrühren; alle Salatzutaten in einer tiefen Schüssel vermengen und die Marinade behutsam unterheben; den Salat sodann weitere zwei Stunden im Kühlschrank ziehen lassen.
Die Salatblätter waschen und vier Teller damit auslegen; den Salat darauf anrichten und, mit Eischeiben und Petersilie garniert, unverzüglich auftragen.

Lauchschnitzel mit Kräutern

Ein Rezept für Kalorienbewußte

Einkaufsliste:

4 Schweinsschnitzel von der Schale, à 160 g
Salz, Pfeffer aus der Mühle
400 g Lauch
40 g Öl
1 mittlere Zwiebel
3 Knoblauchzehen
1/8 l Crème fraîche
je ein Sträußchen Thymian, Oregano und Majoran

Oregano zum Garnieren

Vorbereitung:

Lauch waschen, putzen und in nicht zu feine Ringe schneiden; Kräuter waschen und feinst hakken; Zwiebel schälen, halbieren und in feine Streifen schneiden; Knoblauch schälen und in feine Scheibchen schneiden; das Fleisch beidseitig mit Salz und Pfeffer würzen und klopfen (oberes Bild).

Zubereitung:

Das Öl in einer großen Pfanne erhitzen und darin die Schnitzel beidseitig anbraten; aus der Pfanne nehmen und warmstellen. Im Bratrückstand Zwiebel und Lauch zu schöner Farbe rösten und mit Salz und Pfeffer würzen; danach Knoblauch, Kräuter und Crème fraîche beifügen und die Schnitzel wieder einlegen (unteres Bild); falls erforderlich, mit etwas Suppe oder Wasser aufgießen und das Ganze zugedeckt auf kleiner Flamme köcheln lassen.
Die Schnitzel mit der Sauce anrichten und vor dem Auftragen mit Oregano garnieren.

Als Beilage zu diesem überaus schmackhaften Fleischgericht schlagen wir Ihnen gedünsteten Reis und frischen Salat vor.

1 Portion enthält:

310 Kcal = 1301 K-Joule

ERGIBT 4 PORTIONEN

Birnenstrudel

Vorbereitung:

Aus dem gesiebten Mehl, sowie Öl, Salz und lauwarmem, mit Essig gesäuertem Wasser nach Bedarf, einen weichen Strudelteig bereiten; mit einem Kochlöffel so lange abschlagen, bis er Blasen wirft und seidig glänzt; sodann auf einen mit Öl bestrichenen Teller legen, die Oberfläche mit Öl bepinseln und den Teig solchermaßen eine halbe Stunde rasten lassen. Die Crème fraîche mit dem Sauerrahm, den Dottern, sowie Vanillinzucker, Puddingpulver und gesiebtem Staubzucker, glatt verrühren.

Zubereitung:

Die Birnen schälen, halbieren, vom Kerngehäuse befreien und in dünne Scheiben schneiden. Den Teig auf einem bemehlten Tuch so dünn wie möglich ausrollen; danach mit beiden Handrücken hauchdünn ausziehen und die dickeren Teigränder wegzupfen; die Butter zerlassen und den Strudelteig damit beträufeln; die Birnenspalten darauf verteilen und das Rahmgemisch darübergießen; zum Schluß die gehackten Nüsse und die Zitronenschale darüberstreuen (oberes Bild). Den Teig mit Hilfe des Tuches einrollen und die Enden zusammendrehen; den Strudel sodann mit dem Teigschluß nach unten auf ein gefettetes Blech legen und mit versprudeltem Ei bestreichen; zuletzt mit gehackten Nüssen bestreuen (unteres Bild) und im vorgeheizten Backrohr bei 210 Grad etwa 50 Minuten lang zu schöner Farbe backen.

Portioniert wird dieser saftige Strudel erst nach dem völligen Erkalten.

ERGIBT 12 STÜCK

Einkaufsliste:

Teig:

250 g glattes Mehl
2 EL Öl
eine Prise Salz
ein Schuß Essig

Fülle:

1 kg reife, feste Birnen
200 g gehackte Walnüsse
feingehackte Schale einer Zitrone
1/8 l Crème fraîche
1/8 l Sauerrahm
2 Dotter
1 Pkt. Vanillinzucker
1/2 Pkt. Vanillepuddingpulver
80 g Staubzucker
50 g Butter

Ei zum Bestreichen
Fett für das Blech
gehackte Nüsse zum Bestreuen

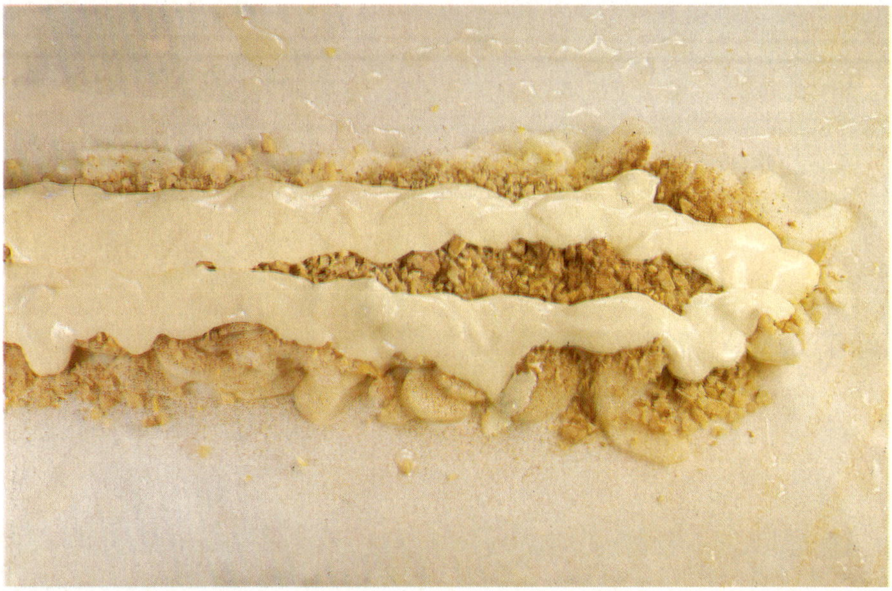

Geschnetzelte Putenbrust

Ein Rezept für Kalorienbewußte

Einkaufsliste:

600 g Putenbrust
200 g Zwiebeln
200 g Champignons
200 g Paradeiser
Saft einer halben Zitrone
30 g Öl
1 Bund Estragon
1/8 l Schlagobers
Salz, Pfeffer
etwas Paradeismark
eine Prise Curry

Estragon zum Bestreuen

1 Portion enthält:

320 Kcal = 1324 K-Joule

ERGIBT 4 PORTIONEN

Vorbereitung:

Zwiebeln schälen und feinst hacken; Paradeiser waschen, kurz in kochendheißes Wasser tauchen, kalt abschrecken, schälen und klein würfeln; Champignons waschen, putzen, in dünne Scheiben schneiden und mit Zitronensaft beträufeln. Die Putenbrust in etwa 5 cm-lange und 1 cm-dicke Stäbchen schneiden, die man mit Salz und Pfeffer würzt (oberes Bild).

Zubereitung:

Estragon waschen und fein hacken. Das Öl in einer geräumigen Pfanne erhitzen und darin Zwiebel und Fleisch zusammen scharf anbraten; Champignons, Paradeiser, Estragon und Obers beifügen (unteres Bild) und das Ganze mit Paradeismark und Curry würzen; auf kleiner Flamme etwa 20 Minuten dünsten lassen und nötigenfalls mit noch etwas Wasser oder Obers aufgießen, sodaß eine mollige Sauce entsteht. Das Geschnetzelte anrichten, mit Estragon garnieren und rasch zu Tisch bringen; dazu schlagen wir als Beilage gedünsteten Reis vor.

Speckgrießknödel

Einkaufsliste:

110 g Grieß
60 g fetter Selchspeck
1/4 l Milch
1 Ei
1 Dotter
Salz

Butterbrösel und gehackte Petersilie zum Bestreuen

1 mittlerer Kohlkopf
1 mittlere Zwiebel
3 Knoblauchzehen
50 g Speck
1/2 Bund Petersilie
eine Prise Kümmel
Salz, Pfeffer aus der Mühle
etwas Rindsuppe zum Aufgießen

ERGIBT 4 PORTIONEN

mit Kohlgemüse

Vorbereitung:

Den fetten Speck sehr klein würfeln und in einer Kasserolle auslassen; den Grieß dazugeben, kurz mitrösten und mit der Milch aufgießen; verkochen lassen und nach dem Überkühlen das nötige Salz beigeben; sodann Ei und Dotter einrühren und alles zu einer Knödelmasse verarbeiten. Den Kohl waschen und putzen; vom Strunk und den dicken Blattrippen befreien und in nicht zu feine Streifen schneiden; Zwiebel schälen und fein hacken; Petersilie waschen und fein hacken; Knoblauch schälen und zerdrücken.

Zubereitung:

Zwei Liter Salzwasser zum Kochen bringen; den restlichen Speck von der Schwarte trennen und in feine Streifen schneiden; zusammen mit der Zwiebel anrösten, den Kohl und die Gewürze beifügen und etwas mitrösten lassen; das Ganze mit der Rindsuppe aufgießen und auf kleiner Flamme köcheln lassen (immer nur so viel Suppe nachgießen, wie unbedingt nötig ist); aus dieser Masse dann acht Knödel formen und in leicht wallendes Salzwasser einlegen; bei schwacher Hitze 12-15 Minuten lang köcheln lassen, herausnehmen und in einem Sieb gut abtropfen lassen. Den Kohl anrichten, die Knödel darauf verteilen und zuletzt mit Butterbröseln bestreuen.

Zu dieser zünftigen Mahlzeit gehört selbstverständlich ein Krügerl gut gekühltes Bier.

Haselnußstangerln

eine zarte Spritzbäckerei

Einkaufsliste:

220 g Feinkristallzucker
6 Eiklar
150 g geriebene, geröstete Haselnüsse
feingeriebene Schale einer halben Zitrone

Oblaten zum Backen

ERGIBT 1 1/2 BLECHE = CA. 40 STÜCK

Vorbereitung:

Die Eiklar steifschlagen, nach und nach den Zucker einrühren und zu einem sehr festen, schnittfähigen Schnee schlagen; die geriebenen Haselnüsse und die Zitronenschale behutsam darunterziehen und die Masse in einen Dressiersack (glatte Tülle Nr. 12) füllen.

Zubereitung:

Die Backoblaten in etwa fingerbreite und ebenso lange Streifen schneiden; auf ein Backblech legen und die Nußmasse daraufdressieren; sodann im vorgeheizten Backrohr bei 160 Grad ca. 20 Minuten lang knusprigbraun backen; die Stangerln sofort heiß vom Blech lösen und auf einem Kuchengitter erkalten lassen.
Diese kleine Kaffeebäckerei hat den Vorteil, daß sie in einer gut verschließbaren Dose mindestens eine Woche haltbar ist.

Soufflierte Nußpalatschinken

Einkaufsliste:

4 Eier
ca. 200 g glattes Mehl
ca. 3/8 l Milch
eine Prise Salz
Öl zum Backen

Fülle:

100 g magerer, passierter Topfen
100 g Staubzucker
50 g Butter
1/2 Pkt. Vanillinzucker
geriebene Schale einer halben Zitrone
eine Prise Zimt
1 großes Stamperl Rum
2 Dotter
1/8 l Sauerrahm
200 g geriebene Walnüsse
1/2 Pkt. Vanillepuddingpulver

1/2 l Milch
80 g Staubzucker
2 Eier

Butter für die Form
Staubzucker zum Bestreuen

ERGIBT 4 - 6 PORTIONEN

Vorbereitung:

Für den Teig vier Eier mit dem gesiebten Mehl, einer Prise Salz und Milch nach Bedarf glatt versprudeln und 20 Minuten rasten lassen; in einer Palatschinkenpfanne etwas Öl erhitzen und nacheinander dünne Palatschinken ausbacken, die man erkalten läßt. Die Butter auf Handwärme bringen und mit dem Topfen, dem gesiebten Staubzucker, sowie Vanillinzucker, Zitronenschale, Zimt und Rum, sehr schaumigrühren; nach und nach die Dotter und den Sauerrahm einmengen und wieder schaumigrühren; zuletzt das Puddingpulver und die Nüsse darunterziehen.

Zubereitung:

Eine feuerfeste Form mit Butter ausstreichen; jede Palatschinke mit Fülle bestreichen, zusammenrollen und halbieren (oberes Bild); die Palatschinkenhälften, mit der Schnittfläche nach oben, dachziegelförmig in die Form schlichten. Die Milch mit dem gesiebten Staubzucker und den Eiern glatt versprudeln und über die Palatschinken gießen (unteres Bild); diese sodann im vorgeheizten Backrohr bei 180 Grad etwa 35 Minuten lang backen; mit Staubzucker übersieben und sofort zu Tisch bringen.

Eine süße Hauptspeise für anspruchsvolle Naschkätzchen.

Apfeltorte „Stephanie"

Aus Großmutters Kochbuch

Einkaufsliste:

Teig:

330 g glattes Mehl
200 g Butter
110 g Staubzucker
2 Dotter
geriebene Schale einer halben Zitrone
1/2 Pkt. Vanillinzucker
eine Prise Salz
1 EL Sauerrahm

Creme:

1 Vanilleschote
1 Ei
1/4 l Milch
1 Pkt. Vanillepuddingpulver
80 g Feinkristallzucker

5 Äpfel einer säuerlichen Sorte
Saft einer Zitrone

Backpapier für die Form
Linsen zum Blindbacken
Marillenmarmelade zum Bestreichen

ERGIBT 12 STÜCK

Vorbereitung:

Sämtliche Teigzutaten zu einem glatten Mürbteig verkneten, in Alu-Folie wickeln und zwei Stunden im Kühlschrank rasten lassen; danach auf einer bemehlten Arbeitsfläche etwa 4 mm-dick ausrollen und damit den Boden und Rand einer Tortenform auskleiden; mit Backpapier auslegen und mit Linsen auffüllen (oberes Bild); den Teigboden im vorgeheizten Backrohr bei 200 Grad etwa 25 Minuten lang vorbacken; danach die Linsen und das Backpapier herausnehmen und den Tortenboden erkalten lassen.

Zubereitung:

Die Vanilleschote der Länge nach aufschneiden und das Mark herausschaben; den Dotter mit ein paar Tropfen Milch und dem Puddingpulver glatt verrühren. Das Eiklar mit dem Zucker zu steifem Schnee schlagen; die restliche Milch mit dem Vanillemark aufkochen und das Dottergemisch einrühren; unter ständigem Rühren zu cremiger Konsistenz aufkochen lassen und zuletzt den Schnee einschlagen; die Creme vom Feuer nehmen und sofort in die Tortenform füllen. Die Äpfel waschen, schälen, halbieren und vom Kerngehäuse befreien; in dünne Spalten schneiden, in die Form schlichten und mit Zitronensaft beträufeln; die Torte sodann im vorgeheizten Backrohr bei 200 Grad etwa 40 Minuten lang fertigbacken; noch heiß, mit erhitzter Marmelade bestreichen und erst nach dem völligen Erkalten portionieren.

Vollkornlaibchen

mit Reis und Gemüse

Vorbereitung:

Zwiebel schälen und hacken; den Lauch waschen, putzen und in feine Ringe schneiden; den Reis auf ein Backblech geben und im Backrohr bei 150 Grad etwa 20 Minuten nachtrocknen lassen. Den Mais aus der Dose nehmen und gut abtropfen lassen; die Karotten waschen, schälen und auf einer groben Küchenreibe reißen; Petersilie waschen und fein hacken (oberes Bild).

Zubereitung:

Alle obengenannten Zutaten mit dem Parmesan vermengen und mit Salz und Pfeffer würzen; die Butter auf Handwärme bringen und mit einer Prise Salz und den Eiern schaumigrühren; in das Gemüse einrühren (unteres Bild) und die Masse eventuell mit Semmelbröseln binden (sie soll weich, aber formfähig sein). In einer geräumigen Pfanne ausreichend Öl erhitzen; aus der Reismasse mit einem kleinen Schöpfer Laibchen formen und in das heiße Öl einlegen; flachdrücken und an beiden Seiten ca. 10 Minuten zu goldgelber Farbe backen; herausnehmen und auf einem Küchenkrepp gut abtropfen lassen.
Die Laibchen anrichten, mit gehackter Petersilie bestreuen und mit Kräutermayonnaise, sowie mit frischem Salat nach Saison, rasch zu Tisch bringen.
Eine köstliche Mahlzeit für Freunde von Vollwertkost!

ERGIBT 4 – 6 PORTIONEN

Einkaufsliste:

280 g Mais aus der Dose
250 g Karotten
200 g Lauch
200 g gekochter Vollkornreis
1 mittlere Zwiebel
1 Bund Petersilie
60 g Butter
3 Eier
Salz, Pfeffer aus der Mühle
50 g geriebener Parmesan
eventuell Semmelbrösel zum Binden

Öl zum Backen
gehackte Petersilie zum Bestreuen

Biersuppe

mit Weißbrotcroûtons

Einkaufsliste:

4 Dotter
1 TL Kristallzucker
1 l helles Bier
Salz, Pfeffer aus der Mühle

4 Toastbrotscheiben
Butter zum Braten
beliebige Kräuter zum Bestreuen

Vorbereitung:

Die Kräuter waschen und feinst hakken; die Toastbrotscheiben entrinden und in Stäbchen schneiden; Butter erhitzen, die Stäbchen darin rundum goldgelb anbraten und warmhalten.

Zubereitung:

Die Dotter mit 6 Eßlöffel Bier und dem Zucker etwas schaumigrühren; in einem hohen Topf das restliche Bier aufkochen lassen und mit einer Schneerute das Dotter-Biergemisch einrühren; unter ständigem Schlagen wie eine Creme aufkochen lassen und zum Schluß mit Salz und mit Pfeffer aus der Mühle würzig abschmecken.
Mit den Weißbrotcroûtons als Einlage und mit den Kräutern bestreut, bringt man diese zünftige Suppe dampfendheiß zu Tisch.

 ERGIBT 4 PORTIONEN

Pilzknödel *in Paprikasauce*

Einkaufsliste:

5 Semmeln vom Vortag
2 EL glattes Mehl
Salz, Pfeffer aus der Mühle
3 Eier
Milch nach Bedarf
je ein Bund Estragon und Petersilie
1 große Zwiebel
200 g Eierschwammerln
120 g gekochtes Selchfleisch
40 g Schmalz oder Butter

Sauce:

1 mittlere Zwiebel
je ein roter, grüner und gelber Paprika
1 EL edelsüßes Paprikapulver
30 g Butter
3 Knoblauchzehen
1 Bund Petersilie
Salz, Pfeffer aus der Mühle
ein Schuß Essig
1/8 l Schlagobers
1/8 l Crème fraîche

Petersilie zum Garnieren

Vorbereitung:

Für die Knödelmasse die Semmeln klein würfeln; Zwiebel schälen und fein hacken; die Schwammerln waschen, putzen und in feine Streifen schneiden; Kräuter waschen und feinst hacken; das Selchfleisch in kleine Würfel schneiden. In einer passenden Pfanne Schmalz oder Butter erhitzen und darin die Schwammerln samt der Zwiebel anrösten; Selchfleisch und Kräuter beifügen und die Masse erkalten lassen.

Zubereitung:

Die Semmelwürferln mit dem Mehl, sowie mit Salz und Pfeffer, gut vermengen; die Eier, das Schwammerlgemisch, sowie Milch nach Bedarf beifügen und alles vermischen; die Masse zusammenpressen und 15 Minuten rasten lassen. Für die Sauce die Paprikaschoten waschen, halbieren, ausputzen und in feine Streifen schneiden; Petersilie waschen und fein hakken; Zwiebel schälen und ebenfalls in feine Streifen schneiden; Knoblauch schälen und in feine Scheibchen schneiden. Die Butter erhitzen und darin Zwiebel- und Paprikastreifen anschwitzen lassen; mit Paprikapulver, Knoblauch, sowie Salz und Pfeffer würzen und die Petersilie beifügen; sodann mit Essig ablöschen, mit Obers und Crème fraîche aufgießen und die Sauce zu molliger Konsistenz verkochen lassen. Aus der Knödelmasse mit nassen Händen Knödel formen und in kochendes Salzwasser einlegen; etwa 20 Minuten mehr ziehen als kochen lassen, herausheben und mit der Paprikasauce anrichten.
Mit Petersilie garniert, wird dieses köstliche Pilzgericht sofort sehr heiß serviert.

ERGIBT 4 PORTIONEN

Nuß-Rumkuchen

mit Zitronenglasur

Einkaufsliste:

80 g Butter
90 g Staubzucker
50 g glattes Mehl
120 g feingehackte Walnüsse
3 EL Schlagobers
4 Eier
1 Pkt. Vanillinzucker
geriebene Schale einer halben Zitrone
eine Prise Salz
30 Biskotten
ca. 1/4 l Milch
1 großes Stamperl Rum

Backpapier für die Form
Marillenmarmelade zum Überziehen
Saft von zwei Zitronen
Staubzucker nach Bedarf

ERGIBT CA. 12 STÜCK

Vorbereitung:

Die Butter auf Handwärme bringen und mit einem Drittel des Staubzuckers, sowie dem Vanillinzucker, Salz und Zitronenschale, sehr schaumigrühren; nach und nach die Dotter und das Obers einmengen und alles wieder sehr schaumigrühren. Die Eiklar mit dem restlichen Zucker zu steifem Schnee schlagen; zusammen mit den Nüssen und dem gesiebten Mehl unter den Butterabtrieb heben (oberes Bild); eine Königskuchenform mit Backpapier auslegen.

Zubereitung:

Die Milch mit dem Rum vermengen und die Biskotten kurz durchziehen; den Boden der Kuchenform damit auslegen und einen Teil der Masse daraufstreichen; wieder eine Schichte getränkte Biskotten darauflegen, mit Kuchenmasse bestreichen (unteres Bild) und diesen Vorgang so oft wiederholen, bis alles aufgebraucht ist; mit der Nußmasse abschließen und den Kuchen im vorgeheizten Backrohr bei 180 Grad etwa 40 Minuten lang backen; in der Form überkühlen lassen und danach auf ein Kuchengitter stürzen; das Backpapier behutsam abziehen und den Kuchen vollständig erkalten lassen; anschließend mit erhitzter Marmelade überziehen. Für die Glasur den Zitronensaft mit gesiebtem Staubzucker nach Bedarf verrühren, sodaß eine sehr zähe Masse entsteht; im heißen Wasserbad unter ständigem Rühren erhitzen, bis sie wieder dünnflüssig und glasierfähig wird; den Kuchen mit der Glasur gleichmäßig überziehen und erst nach dem Erstarren derselben mit einem in heißes Wasser getauchten, abgetrockneten Messer portionieren.
Besonders erfrischend wirkt dieser saftige und aromatische Kuchen durch die Zitronenglasur.

Kohlauflauf

mit Bratenfleisch

Einkaufsliste:

1 mittlerer Kohlkopf
300 g Schweinsbratenreste
2 Zwiebeln
1 Bund Petersilie
Salz, Pfeffer
100 g Semmelbrösel
4 Eier
1/4 l Milch

geriebener Parmesan zum Bestreuen
gehackte Petersilie zum Bestreuen
Backpapier für die Form

Vorbereitung:

Zwiebeln schälen und in nicht zu kleine Würfel schneiden; Petersilie waschen und fein hacken; das Fleisch in Würfel schneiden; den Kohl halbieren und vom Strunk befreien; sodann in reichlich Salzwasser zugedeckt weichkochen; sehr gut abtropfen und erkalten lassen (oberes Bild).

Zubereitung:

Eine feuerfeste Form mit Backpapier auslegen; eine Schichte Kohlblätter einlegen und darauf Zwiebel, Petersilie, Fleisch und Semmelbrösel, sowie Salz und Pfeffer, streuen; wieder Kohlblätter einlegen, mit den vorgenannten Zutaten bestreuen und diesen Vorgang so oft wiederholen, bis alles aufgebraucht ist (unteres Bild). Die Eier mit der Milch versprudeln und über den Auflauf gießen; zuletzt mit dem geriebenen Parmesan bestreuen und im vorgeheizten Backrohr bei 180 Grad etwa eine Stunde lang backen.

Mit gehackter Petersilie bestreut, wird diese ausgiebige Hausmannskost unverzüglich aufgetragen.

ERGIBT 4 PORTIONEN

Orosz-Suppe

Eintopf mit faschierten Laibchen

Einkaufsliste:

je 100 g Karotten, Sellerie und Petersilwurzel
300 g Kohl
100 g Zwiebeln
200 g Erdäpfel
4 Knoblauchzehen
2 Paradeiser
1 Bund Schnittlauch
1 l fertige Rindsuppe
Salz, Pfeffer
300 g faschiertes Rindfleisch
1 EL Zwiebel, in Öl geröstet
1 Dotter
Semmelbrösel zum Binden
1/2 Bund gehackte Petersilie
Öl zum Backen

Vorbereitung:

Karotten, Sellerie und Petersilwurzel schälen, waschen und in kleine Stücke schneiden; Zwiebeln schälen und fein hacken; Knoblauch schälen und in feine Scheibchen schneiden; Schnittlauch waschen und fein schneiden; den Kohl waschen, von Strunk und groben Blattrippen befreien und in 2 cm-breite Streifen schneiden; die Erdäpfel waschen, schälen und in etwa nußgroße Würfel schneiden; Paradeiser kurz in kochendheißes Wasser tauchen und enthäuten. Alle diese Zutaten mit der Rindsuppe und 1/2 l kaltem Wasser zustellen und auf kleiner Flamme zum Kochen bringen; mit Salz und Pfeffer würzen und langsam etwa 45 Minuten köcheln lassen.

Zubereitung:

Das faschierte Rindfleisch mit Zwiebel, Dotter, gehackter Petersilie, sowie Salz und Pfeffer, gut vermengen; sodann mit Semmelbröseln nach Bedarf binden und aus der Masse kleine Laibchen formen, die man in Semmelbröseln wälzt; in einer passenden Pfanne das Öl gut erhitzen und die Laibchen darin rundum schön braun backen.

Die Suppe anrichten, mit gehackter Petersilie bestreuen und, mit den Laibchen als Einlage, dampfendheiß auftragen.

gehackte Petersilie zum Bestreuen

ERGIBT 4 – 6 PORTIONEN

Gefüllte Käsescheibchen

ein würziges Knabbergebäck

Einkaufsliste:

1 Pkt. Blätterteig tiefgekühlt
80 g geriebener Parmesan
100 g Butter
100 g Gorgonzola-Käse
Salz, Cayennepfeffer nach Geschmack
Ei zum Bestreichen

roter Paprika zum Garnieren

ERGIBT CA. 20 STÜCK

Vorbereitung:

Den Blätterteig laut Packungsvorschrift antauen lassen und auf einer bemehlten Arbeitsfläche dünn ausrollen; mit der Hälfte des Parmesans bestreuen, zusammenklappen und wieder ausrollen; sodann mit dem restlichen Parmesan bestreuen, wiederum zusammenklappen und den Teig danach etwa 4 mm-dick ausrollen; mit einem gezahnten Ausstecher (Durchmesser 4 cm) Kreise ausstechen und auf ein mit kaltem Wasser befeuchtetes Backblech setzen; die Teigplätzchen mit einer Gabel mehrmals einstechen und die halbe Anzahl davon mit versprudeltem Ei bestreichen; danach im vorgeheizten Backrohr bei 210 Grad 12-15 Minuten lang zu schöner, goldgelber Farbe backen; die Scheibchen noch heiß vom Blech lösen und auf einem Kuchengitter erkalten lassen.

Zubereitung:

Den Gorgonzola durch ein sehr feines Sieb streichen; die Butter auf Handwärme bringen und zusammen mit dem Käse, sowie mit Salz und Cayennepfeffer nach Geschmack, sehr schaumigrühren; die Masse in einen Dressiersack (Rosettenrülle Nr. 3) füllen und auf die unbestrichenen Scheibchen dressieren; die mit Ei bestrichenen Scheibchen daraufsetzen und mit der restlichen Creme kleine Rosetten daraufdressieren; diese wiederum mit jeweils einem roten Paprikastückchen verzieren und die Plätzchen im Kühlschrank eine Stunde anziehen lassen.

Dieses hübsche, kleine Käsegebäck paßt ganz ausgezeichnet zu Bier oder Wein.

Gefüllte Putenschnitzel

Ein Rezept für Kalorienbewußte

Einkaufsliste:

4 Putenschnitzel à 200 g
Salz, Pfeffer aus der Mühle
100 g magerer, passierter Topfen
1 mittlere Zwiebel
20 g Butter
2 Dotter
1 Bund Petersilie

Mehl, Ei und Semmelbrösel zum Panieren
Öl zum Backen
Zitronenspalten und Petersilie zum Garnieren

Vorbereitung:

Zwiebel schälen und fein hacken; Petersilie waschen und fein hakken; den Topfen mit den Dottern, sowie mit Salz und Pfeffer, glatt verrühren. Die Schnitzel so einschneiden, daß eine taschenförmige Öffnung entsteht (oberes Bild); die Butter erhitzen und die gehackte Zwiebel darin hell anrösten lassen.

Zubereitung:

Petersilie und Zwiebel unter den Topfen rühren und diese Masse sodann in die Fleischtaschen füllen; die Öffnungen jeweils mit einem Zahnstocher verschließen; die Schnitzel sodann in Mehl, verklopftem Ei und Bröseln panieren (unteres Bild). In einer geräumigen Pfanne Öl erhitzen, die Schnitzel einlegen und langsam backen; herausnehmen und auf einer Serviette abtropfen lassen; vor dem Auftragen mit Zitronenspalten und Petersilie garnieren und sogleich zu Tisch bringen.

Zu diesem schmackhaften Geflügel schlagen wir Ihnen als Beilage Petersil-Erdapferln vor.

1 Portion enthält:
324 Kcal = 1358 K-Joule

ERGIBT 4 PORTIONEN

Pischinger Torte

Vorbereitung:

Die Oblaten mindestens zwei Stunden im Kühlschrank vorkühlen; die Butter auf Handwärme bringen und mit dem gesiebten Staubzucker und dem Vanillinzucker so lange schaumigrühren, bis sie weiß ist. Die Schokolade klein hacken und erwärmen; nach und nach zusammen mit den Dottern, dem Pudding und dem Rum unter den Butterabtrieb ziehen (oberes Bild); die Masse wieder stark schaumigrühren.

Zubereitung:

Die Oblaten mit der Creme bestreichen und zusammensetzen (unteres Bild), wobei das oberste Blatt unbestrichen bleibt; die Torte für zwei Stunden zum Erstarren in den Kühlschrank stellen; danach mit erhitzter Marillenmarmelade an Rand und Oberfläche bestreichen. Die Schokoladeglasur laut Packungsvorschrift auflösen (noch besser jedoch ist eine nach Ihrem Hausrezept bereitete Glasur) und die Torte damit gleichmäßig überziehen; zu guter Letzt mit Schokoladespänen bestreuen und mit einem in heißes Wasser getauchten, abgetrockneten Messer portionieren.

Diese Torte ist einfach zu bereiten, sieht elegant aus und schmeckt wundervoll!

ERGIBT 12 STÜCK

Einkaufsliste:

1 Pkt. runde Oblaten
250 g Butter
110 g Staubzucker
1/2 Pkt. Vanillinzucker
150 g Kochschokolade
30 g Bitterschokolade
1/4 l fertiger Vanillepudding
2 Dotter
1 großes Stamperl Rum

Marmelade zum Bestreichen
Tortenglasur zum Überziehen
Schokoladespäne zum Verzieren

Mais-Schöberlsuppe

mit frischen Kräutern

Einkaufsliste:

2 Eier
2 Dotter
60 g Butter
Salz, Pfeffer aus der Mühle
Cayennepfeffer nach Geschmack
250 g Mais aus der Dose
40 g glattes Mehl
40 g geriebener Parmesan
1 Bund Petersilie
Semmelbrösel nach Bedarf

Butter und Semmelbrösel für die Form
geriebener Käse zum Bestreuen
Schnittlauch zum Bestreuen
1 l fertige Rindsuppe

ERGIBT 4-6 PORTIONEN

Vorbereitung:

Den Mais aus der Dose nehmen und in einem Sieb gut abtropfen lassen; Petersilie waschen und fein hacken; eine geeignete Form mit Butter ausstreichen und mit Semmelbröseln ausstreuen.

Zubereitung:

Die Butter auf Handwärme bringen und mit den Eiern, den Dottern, sowie Salz, Pfeffer und Cayennepfeffer nach Geschmack, sehr schaumigrühren; sodann die Maiskörner und die Petersilie, sowie das gesiebte Mehl und den Parmesan unterheben und die Masse eventuell mit Semmelbröseln binden; danach in die Form füllen, mit geriebenem Käse bestreuen und im vorgeheizten Backrohr bei 180 Grad etwa 20 Minuten lang zu schöner Farbe backen; aus der Form stürzen und in Würfel schneiden.

Die Schöberln als Einlage in kochendheiße Rindsuppe geben und, mit Schnittlauch bestreut, rasch zu Tisch bringen.

Pistazienkrapferln

ein kleines Biskuitgebäck

Einkaufsliste:

200 g Blätterteig tiefgekühlt
3 Eier
90 g Kristallzucker
1/2 Pkt. Vanillinzucker
geriebene Schale einer halben Zitrone
80 g glattes Mehl
60 g feingehackte Pistazien
40 g Butter

Butter für die Förmchen
gehackte Pistazien zum Bestreuen

ERGIBT 6 STÜCK

Vorbereitung:

Den Blätterteig antauen lassen und auf einer bemehlten Arbeitsfläche dünn ausrollen; sechs Torteletttförmchen mit Butter ausstreichen und mit Blätterteig auslegen; die Teigböden mit einer Gabel mehrmals einstechen. Die Dotter mit einem Drittel des Zuckers, sowie dem Vanillinzucker und der Zitronenschale sehr schaumigrühren; die Eiklar mit dem restlichen Zucker zu steifem Schnee schlagen und behutsam unter den Dotterabtrieb heben.

Zubereitung:

Die Butter zerlassen und zusammen mit dem gesiebten Mehl und den gehackten Pistazien unter die Dottermasse ziehen; die Masse in die vorbereiteten Förmchen füllen, mit gehackten Pistazien bestreuen und im vorgeheizten Backrohr bei 180 Grad etwa 30 Minuten lang backen; die Törtchen erst nach dem Erkalten aus den Formen lösen.

Ein wunderbares Backwerk zu Kaffee oder Tee!

Vollkorn-Nußstrudel

Aus Großmutters Kochbuch

Einkaufsliste:

400 g Weizenvollkornmehl
100 g Honig
35 g Germ
1/4 l Milch
100 g Butter
geriebene Schale einer halben Zitrone
1/2 Pkt. Vanillinzucker
eine Prise Zimt
eine Prise Salz

Fülle:

300 g gehackte Haselnüsse
100 g Honig
100 g gehacktes Zitronat
1 großes Stamperl Rum
eine Prise Zimt

Butter für das Blech
Ei zum Bestreichen
ungeschälte Mandeln zum Belegen

ERGIBT 12 STÜCK

Vorbereitung:

Das Mehl auf eine Arbeitsfläche sieben und in der Mitte eine Mulde machen; die Milch erwärmen und die zerbröselte Germ darin auflösen; mit etwas Mehl zu einem weichen Vorteig verrühren und in die Mehlmulde geben; an der Oberfläche mit Mehl bestäuben und eine halbe Stunde gehen lassen; danach mit den restlichen Teigzutaten (oberes Bild) zu einem nicht zu weichen Teig verkneten, wobei man nach Bedarf noch etwas Milch oder Mehl beigeben kann; den Teig zu einer Kugel formen und an einem warmen Ort zugedeckt eine halbe Stunde gehen lassen.

Zubereitung:

Den Teig auf einer bemehlten Arbeitsfläche dünn zu einem Rechteck ausrollen; sodann mit dem Honig beträufeln und die Nüsse, sowie Zimt und Zitronat, darüberstreuen; zuletzt mit dem Rum beträufeln (unteres Bild) und einrollen; den Strudel auf ein gefettetes Backblech legen und mit versprudeltem Ei bestreichen; mit ungeschälten Mandeln belegen und zwischen den Mandeln mit einem kleinen Messerchen jeweils einen Einschnitt machen; den Strudel an einem warmen Ort eine halbe Stunde gehen lassen und danach im vorgeheizten Backrohr bei 170 Grad etwa 40 Minuten lang backen; erkalten lassen und in Portionen aufschneiden.

Wildschweinmedaillons

mit Weintrauben

Einkaufsliste:

8 Medaillons vom Schlegel, à 80 g
1/2 l Rotwein
2 Lorbeerblätter
einige Wacholder- und Pfefferkörner
2 Knoblauchzehen
Salz
40 g Öl
300 g helle Weintrauben
30 g Butter
30 g Feinkristallzucker
Saft und Schale einer Orange
1 kleines Stamperl Cognac
evtl. 1 TL Speisestärke

ein Sträußchen Thymian zum Garnieren

ERGIBT 4 PORTIONEN

Vorbereitung:

Knoblauch schälen und zerdrücken. Die Medaillons mit Salz einreiben und in eine Porzellanschüssel schlichten; mit den Gewürzen und dem Knoblauch bestreuen und mit dem Rotwein übergießen (oberes Bild); solchermaßen vorbereitet, 2 bis 4 Stunden im Kühlschrank marinieren lassen. Die Orange mit einem scharfen Messerchen so abschälen, daß die weiße Innenhaut an der Frucht verbleibt; die Orangenschale sodann in sehr feine Streifen schneiden. Die Weintrauben waschen und gut abtropfen lassen.

Zubereitung:

Das Fleisch aus der Rotweinbeize nehmen und sehr gut abtropfen lassen; die Beize abseihen und bereithalten. In einer Pfanne das Öl erhitzen und die Medaillons darin beidseitig scharf anbraten; aus der Pfanne nehmen und warmstellen. Den Bratrückstand entfetten und die Butter darin aufschäumen lassen; den Zucker beifügen und zu Karamel schmelzen; die Weinbeeren darin glasieren, mit dem Cognac ablöschen und flambieren (entzünden); mit etwas Rotweinbeize aufgießen und glatt verkochen lassen; zuletzt die Orangenschale und das Fleisch dazugeben und das Ganze unter ständigem Zugießen von etwas Beize langsam weichdünsten lassen; die Sauce eventuell noch mit in Rotwein verrührter Speisestärke binden.

Zu Tisch bringt man dieses schmackhafte Wildgericht mit gedünsteten Birnenhälften, gefüllt mit Preiselbeeren, und mit einem Thymiansträußchen garniert. Als traditionelle Beilage zu Wild empfehlen wir Ihnen Semmelknödel.

WEINGUT
SCHLOSS FELS
WEINBAUGEBIET

Pikante Palatschinken

auf ungarische Art

Einkaufsliste:

3 Eier
glattes Mehl nach Bedarf
Milch nach Bedarf
eine Prise Salz
Öl zum Backen

300 g Kalbshirn
100 g Zwiebel
Salz, Pfeffer aus der Mühle
1 Bund Petersilie
3 Eier
20 g Öl

Butter zum Beträufeln
gehackte Petersilie zum Bestreuen

ERGIBT 4 PORTIONEN

Vorbereitung:

Die Eier mit einer Prise Salz und so viel gesiebtem Mehl verrühren, daß ein sehr zäher Teig entsteht; mit Milch nach Bedarf zu dünnflüssiger Konsistenz verrühren. In einer Palatschinkenpfanne etwas Öl erhitzen und nacheinander dünne Palatschinken ausbacken, die man warmstellt. Für die Fülle das Hirn enthäuten, sorgfältig reinigen und fein hacken; Zwiebel schälen und fein hacken; Petersilie waschen und fein hacken.

Zubereitung:

In einer Pfanne 20 g Öl erhitzen und die Zwiebel darin anrösten; das Hirn beifügen, mit Salz, Pfeffer und Petersilie würzen und so lange rösten, bis das Hirn stockt; sodann die Eier darüberschlagen, verrühren und leicht stocken lassen. Die Palatschinken mit der Fülle bestreichen und einrollen; danach in eine mit etwas Butter bestrichene Pfanne legen und an der Oberfläche etwa 1 cm-tief einschneiden; zuletzt mit Butter beträufeln und im vorgeheizten Backrohr bei 200 Grad überbacken.

Mit gehackter Petersilie bestreut, werden diese überaus würzigen Palatschinken rasch serviert.

Apfelauflauf

eine süße Hauptspeise

Einkaufsliste:

3 Eier
120 g Staubzucker
1/2 Pkt. Vanillinzucker
geriebene Schale einer halben Zitrone
eine Prise Zimt
100 g helle Biskuitbrösel
300 g säuerliche Äpfel
Saft einer halben Zitrone

Backpapier für die Form
Zimt-Kristallzuckergemisch zum Bestreuen

ERGIBT 4 PORTIONEN

Vorbereitung:

Eine geeignete, feuerfeste Form mit Backpapier auslegen; die ganzen Eier mit dem gesiebten Staubzucker, dem Vanillinzucker, sowie Zimt und Zitronenschale, sehr schaumigrühren; anschließend die feingeriebenen Biskuitbrösel vorsichtig darunterziehen.

Zubereitung:

Die Äpfel waschen, schälen, halbieren und vom Kerngehäuse befreien; danach in dünne Spalten schneiden und mit dem Zitronensaft beträufeln. Den Boden und Rand der Auflaufform mit den Apfelspalten auslegen und die Eiermasse einfüllen; im vorgeheizten Backrohr bei 170-175 Grad langsam etwa 40 Minuten backen; den Auflauf aus der Form stürzen und das Papier behutsam abziehen.

Mit Zimtzucker bestreut, wird diese herrliche Süßspeise sogleich auftragen.

Grammeltorte

Aus Großmutters Kochbuch

Einkaufsliste:

400 g glattes Mehl
1/2 Pkt. Backpulver
200 g Staubzucker
300 g frische, feinfaschierte Grammeln
3 Eier
1 Pkt. Vanillinzucker
geriebene Schale einer Zitrone
je eine Prise gemahlener Zimt und gemahlene Nelken
150 g passierte Preiselbeermarmelade

Ei zum Bestreichen
Mandelblättchen zum Bestreuen
Backpapier für die Form

ERGIBT 12 STÜCK

Vorbereitung:

Das Mehl mit dem Backpulver und dem gesiebten Staubzucker auf eine Arbeitsfläche sieben und in der Mitte eine Mulde machen; die Grammeln in die Vertiefung geben, Eier, Zimt- und Nelkenpulver, sowie Vanillinzucker und Zitronenschale beifügen (oberes Bild) und alles zu einem glatten Teig verarbeiten; in Alu-Folie wickeln und zwei Stunden im Kühlschrank rasten lassen.

Zubereitung:

Zwei Drittel des Teiges auf einer bemehlten Arbeitsfläche in der Größe einer Tortenform ausrollen; in eine mit Backpapier ausgekleidete Form legen und mit der Marmelade bestreichen. Aus dem restlichen Teig kleinfingerdicke Stränge formen; einen Teigstrang rundum andrücken und mit den verbliebenen ein gitterförmiges Muster auflegen (unteres Bild); das Teiggitter mit versprudeltem Ei bestreichen und die Torte an der Oberfläche mit Mandelblättchen bestreuen; sodann im vorgeheizten Backrohr bei 180 Grad etwa 50 Minuten zu schöner Farbe backen; in der Form überkühlen lassen, aus der Form lösen und erst nach dem völligen Erkalten portionieren.

Ein altbewährtes Rezept, das Sie unbedingt versuchen sollten.

Krautrouladen

mit Speck und Zwiebel

Einkaufsliste:

1 kleiner Krautkopf
Salz, Pfeffer
400 g gebratenes Schweinefleisch (Bratenreste)
1 mittlere Zwiebel
2 Knoblauchzehen
1 Bund Petersilie
2 Semmeln vom Vortag
2 Eier
1/2 TL Kümmel
20 g Öl
ca. 1/4 l Rindsuppe oder Bratensaft zum Aufgießen

etwas Öl zum Anbraten
gehackte Petersilie zum Bestreuen

ERGIBT 4 PORTIONEN

Vorbereitung:

Das Kraut waschen, die äußeren Blätter entfernen und den Strunk kegelförmig herausschneiden; den Krautkopf im Ganzen in kochendes Salzwasser einlegen und 20-30 Minuten kochen; danach sehr gut abtropfen lassen, die äußeren Blätter ablösen (8 bis 12 Stück, je nach Größe) und das Innere grob hakken. Den Schweinsbraten in Würfel schneiden; Petersilie waschen und fein hacken; Zwiebel schälen und hacken; Knoblauch schälen und zerdrücken (oberes Bild).

Zubereitung:

Das Bratenfleisch zusammen mit der Zwiebel und dem gehackten Kraut in etwas Öl anrösten und überkühlen lassen; die Semmeln klein würfeln und mit dem Gerösteten, den Eiern und der Petersilie, sowie mit Knoblauch, Kümmel, Salz und Pfeffer, recht gut vermengen; die Masse auf die Krautblätter aufteilen und dieselben zusammenrollen; jeweils mit einem Zahnstocher fixieren (unteres Bild) und die Rouladen sodann in 20 g heißem Öl rundum anbraten; nach und nach mit Rindsuppe oder Bratensaft aufgießen und weichdünsten.
Vor dem Auftragen mit gehackter Petersilie bestreuen. Eine kräftige und äußerst wohlschmeckende Hausmannskost!

Rohkost-Salat

mit Sellerie und Äpfeln

Einkaufsliste:

400 g Knollensellerie
2 mittlere Karotten
2 säuerliche Äpfel
Saft einer Zitrone
6 EL Olivenöl
2 EL Sherry-Essig
je ein Sträußchen Estragon, Petersilie und Pimpinelle
Salz, Pfeffer aus der Mühle

Chicoréeblätter und Schnittlauch zum Garnieren

ERGIBT 4 VORSPEISEPORTIONEN

Vorbereitung:

Sellerie und Karotten waschen, schälen und in zündholzähnliche Streifen (Julienne) schneiden; mit dem Zitronensaft vermengen und für zwei Stunden in den Kühlschrank stellen. Die Kräuter waschen und feinst hacken; das Olivenöl mit den Kräutern, dem Essig, Salz und Pfeffer, sowie dem nötigen Wasser, zu einer Marinade verrühren.

Zubereitung:

Vier Salatschalen im Kühlschrank vorkühlen. Die Äpfel waschen, vierteln und vom Kerngehäuse befreien; sodann in feine Blättchen schneiden und mit dem Wurzelwerk und der Kräutermarinade vermengen; den Salat für weitere 20 Minuten in den Kühlschrank stellen und danach in den vorgekühlten Schalen anrichten; zu guter Letzt mit Chicoréeblättern und Schnittlauch garnieren.
Dieser vitaminreiche Gemüsecocktail muß unbedingt gut gekühlt serviert werden; dazu reicht man mit Knoblauch getoastetes Weißbrot.

ORANGENCREME-DESSERT

Einkaufsliste:

Orangen (ungespritzt) für 1/4 l Saft
60 g Feinkristallzucker
60 g Würfelzucker
3 Eier
feingeschnittene Schale einer Orange
4 Blatt Gelatine
1/16 l trockener Weißwein
1/4 l Schlagobers

Schokoladespäne, Orangenfilets und feingeschnittene Orangenschale zum Verzieren

ERGIBT 4 PORTIONEN

herrlich erfrischend

Vorbereitung:

Die Gelatine in kaltem Wasser vorweichen; die Zuckerwürfel an den Orangen so lang reiben, bis sie sich verfärben und das Aroma der Früchte angenommen haben; die Orangen auspressen und den Würfelzucker darin auflösen. Vier Dessertschalen vorkühlen.

Zubereitung:

Die Dotter mit dem Orangensaft und der feingeschnittenen Schale verrühren; den Weißwein etwas erwärmen und die Gelatine darin auflösen. Die Eiklar mit dem restlichen Zucker zu steifem Schnee schlagen und zusammen mit der Gelatine unter das Orangen-Dottergemisch heben. Das Obers steif aufschlagen und vorsichtig darunterziehen; die Creme sodann in die vorgekühlten Schalen füllen und vor dem Servieren mit Schokoladespänen, Orangenfilets und Orangenschale verzieren.

Dieser leichte, bekömmliche Nachtisch wird gut gekühlt kredenzt!

Cluny-Torte

Einkaufsliste:

4 Eier
120 g Feinkristallzucker
100 g Butter
100 g glattes Mehl
etwas Vanillinzucker und geriebene Zitronenschale
Butter und Mehl für die Form

Creme:

200 g Butter
100 g Staubzucker
1/4 l fertiger Vanillepudding
40 g feinstgehackte Pistazien
150 g Marillenmarmelade
1 kleines Stamperl Benediktinerlikör

Saft einer Zitrone
1 kleines Stamperl Benediktinerlikör
gesiebter Staubzucker nach Bedarf

geröstete, gehackte Haselnüsse und etwas Kochschokolade zum Verzieren

Vorbereitung:

100 g Butter auf Handwärme bringen und mit der Hälfte des Kristallzuckers und dem Vanillinzucker sehr schaumigrühren; nach und nach die Dotter einmengen und wieder schaumigrühren. Die Eiklar mit dem restlichen Zucker zu steifem Schnee schlagen und unter den Butterabtrieb heben; zuletzt das gesiebte Mehl zusammen mit der Zitronenschale unterrühren (oberes Bild); die Masse in eine gebutterte und bemehlte Tortenform füllen und im vorgeheizten Backrohr bei 180 Grad etwa 40 Minuten lang backen. Die Torte erkalten lassen und nach zwei Stunden Ruhezeit einmal durchschneiden.

Zubereitung:

Für die Creme die Butter erweichen und mit dem gesiebten Staubzucker, sowie dem Pudding, sehr schaumigrühren; nach und nach den Likör und die Pistazien unterheben und wieder sehr schaumigrühren. Die Marmelade erhitzen und die Tortenböden damit bestreichen; die Creme auf einem Tortenboden verteilen (unteres Bild) und den zweiten Boden daraufsetzen; die Torte sodann zum Erstarren der Creme in den Kühlschrank stellen. Für die Glasur den Zitronensaft mit einem Stamperl Likör und dem gesiebten Staubzucker dickbreiig verrühren; im heißen Wasserbad bis zu glasierfähiger Konsistenz erwärmen und die Torte damit gleichmäßig überziehen.

Die Torte seitlich mit gehackten Haselnüssen eindecken; die Kochschokolade erwärmen, in ein kleines Stanitzerl füllen und die Torte damit verzieren; erst nach dem Erstarren der Glasur portionieren.

ERGIBT 12 STÜCK

Schollefilets „Monte Carlo"

Ein Rezept für Kalorienbewußte

Einkaufsliste:

600 g Schollefilets
Saft einer Zitrone
Salz, weißer Pfeffer
1 Zitrone
1/4 l trockener, spritziger Weißwein
1 Bund Petersilie
80 g Anchovisfilets
2 Schalottenzwiebeln
3 Knoblauchzehen
50 g Butter

Zitronenscheiben und Petersilie zum Garnieren

Vorbereitung:

Die Petersilie waschen und fein hacken; die Filets antauen lassen und in eine Porzellanschüssel schichten; mit Salz und Pfeffer würzen und mit dem Zitronensaft beträufeln; die Zitrone in Scheiben schneiden und die Filets damit belegen; mit dem Weißwein übergießen (oberes Bild) und mit einem Drittel der gehackten Petersilie bestreuen.

Zubereitung:

Die Hälfte der Anchovisfilets fein hacken; Schalotten und Knoblauch schälen und fein hacken. Die Fischfilets aus der Marinade nehmen und gut abtropfen lassen; in einer großen Pfanne die Hälfte der Butter erhitzen und die Filets darin beidseitig zu schöner Farbe braten; aus der Pfanne nehmen und warmstellen. Im Bratrückstand die restliche Butter aufschäumen lassen; Knoblauch, Schalotten, gehackte Anchovis und Petersilie dazugeben (unteres Bild) und alles gut durchrösten lassen; das Ganze sodann in ein Sieb zum Abtropfen geben. Die Schollefilets mit Petersil-Erdäpfeln anrichten und mit dem Gerösteten bestreuen; zuletzt mit Zitronenscheiben, Petersilie und den restlichen Anchovisfilets garnieren und sogleich auftragen.

1 Portion enthält:

836 Kcal = 209 K-Joule

ERGIBT 4 PORTIONEN

Haselnußpudding

Einkaufsliste:

4 Eier
110 g Kristallzucker
1/2 Pkt. Vanillinzucker
geriebene Schale einer halben Zitrone
eine Prise Salz
200 g geröstete Haselnüsse
100 g Biskotten- oder Biskuitbrösel

Butter und Biskuitbrösel für die Form
Staubzucker zum Bestreuen

ERGIBT 6 – 8 PORTIONEN

warm oder kalt serviert

Vorbereitung:

Eine Gugelhupfform mit Butter ausstreichen und mit feingeriebenen Bröseln ausstreuen; die Dotter mit einem Drittel der Zuckermenge, dem Vanillinzucker und der Zitronenschale sehr schaumigrühren. Die Eiklar mit dem restlichen Zucker und einer Prise Salz zu sehr steifem Schnee schlagen; die Haselnüsse fein reiben.

Zubereitung:

Die Dotter unter den Schnee ziehen, die geriebenen Haselnüsse unterheben und zuletzt die Biskuit- oder Biskottenbrösel einrühren; die Masse in die vorbereitete Gugelhupfform füllen und diese in einen großen Topf stellen; mit so viel kaltem Wasser auffüllen, daß die Form zu zweidrittel im Wasserbad steht; langsam zum Kochen bringen und zugedeckt etwa 40 Minuten lang im Wasserbad köcheln lassen. Den Pudding noch warm aus der Form stürzen, erkalten lassen und mit Staubzucker übersieben.
Sie können diesen köstlichen Nachtisch aber auch warm mit Haselnußsauce kredenzen.

Palozen-Suppe

aus unserem Nachbarland

Einkaufsliste:

500 g Lammschulter, entbeint und zugeputzt
200 g Zwiebeln
30 g Öl
Salz, Pfeffer aus der Mühle
150 g Fisolen tiefgekühlt
150 g mehlige Erdäpfel
1 EL edelsüßes Paprikapulver
ein Schuß Essig
eine Prise Kümmel
2 Lorbeerblätter
1/4 l Sauerrahm
1/2 EL glattes Mehl

ERGIBT 4 PORTIONEN

Vorbereitung:

Die Lammschulter in kleine Würfel schneiden; Zwiebeln schälen und fein hacken; die Fisolen antauen lassen und in etwa 3 cm-lange Stücke schneiden; die Erdäpfel waschen, schälen, ebenso wie das Fleisch würfeln und in kaltem Wasser bereithalten; den Sauerrahm mit dem Mehl glatt versprudeln.

Zubereitung:

Das Öl in einem geräumigen Topf erhitzen, Zwiebel und Fleisch beifügen und hell anrösten; das Paprikapulver dazugeben, kurz aufzischen lassen und mit einem Schuß Essig ablöschen; sodann mit dem Sauerrahmgemisch aufgießen, kurz verkochen lassen und mit Salz und Pfeffer, sowie Kümmel und Lorbeer würzen; das Ganze mit etwa einem Liter heißem Wasser aufgießen und aufkochen lassen. Die Erdäpfel abtropfen lassen, zusammen mit den Fisolen in den Topf geben und weichköcheln. Wenn die Suppe eine mollige Konsistenz aufweist, bringt man sie unverzüglich sehr heiß zu Tisch.

Maroni-Pudding

mit Vanillesauce

Einkaufsliste:

400 g Maronipüree
1 kleines Stamperl Rum
30 g Staubzucker

80 g Butter
200 g Staubzucker
5 Eier
80 g Biskuit- oder Biskottenbrösel
70 g geriebene Walnüsse

Butter und Brösel für die Form
Staubzucker zum Bestreuen

Vanillesauce:

1/2 l Milch
1 Pkt. Vanillepuddingpulver
80 g Kristallzucker
2 Dotter
1 großes Stamperl Rum
1 Pkt. Vanillinzucker
1/8 l Schlagobers

ERGIBT 12 NACHSPEISEPORTIONEN

Vorbereitung:

Das Maronipüree (Kastanienreis) auftauen lassen; sodann mit einem kleinen Stamperl Rum und 30 g gesiebtem Staubzucker zu einer glatten Masse verkneten. Eine Puddingform mit Butter ausstreichen und mit Bröseln ausstreuen. Die Butter auf Handwärme bringen und mit der Hälfte des gesiebten Staubzuckers sehr schaumigrühren; nach und nach das Maronipüree und die Dotter einmengen und wieder schaumigrühren; die Eiklar mit dem restlichen Zucker zu steifem Schnee schlagen und zusammen mit den Bröseln und den Nüssen unter den Dotterabtrieb ziehen (oberes Bild).

Zubereitung:

Die Masse in die Form füllen (unteres Bild) und diese in einen geeigneten Topf stellen; so viel kaltes Wasser eingießen, daß es bis zur Hälfte der Form reicht; auf kleiner Flamme zum Kochen bringen und den Topf danach zudecken; eine Stunde mehr köcheln als kochen lassen (Nadelprobe machen!). Währenddessen das Puddingpulver mit 5 EL Milch glatt verrühren; die restliche Milch mit dem Zucker aufkochen, das Puddinggemisch einrühren und dicklich verkochen lassen; in die noch heiße Masse die Dotter, den Vanillinzucker und den Rum einrühren und die Sauce etwas überkühlen lassen; zu guter Letzt mit dem Schlagobers verdünnen und gut verrühren.
Den fertigen Pudding aus der Form stürzen und portionieren; mit Staubzucker übersieben und sogleich mit der Vanillesauce zu Tisch bringen.

Blätterteig-Marzipantorte

Vorbereitung:

Die Vanilleschote der Länge nach aufschneiden und das Mark mit einem scharfen Messerchen herausschaben; die Butter auf Handwärme bringen. Das Marzipan klein schneiden und mit dem gesiebten Staubzucker, der Butter, den Dottern, dem Vanillemark und dem Kirschwasser (oberes Bild) zu einer geschmeidigen Masse verkneten. Den Blätterteig antauen lassen und auf einer bemehlten Arbeitsfläche dünn ausrollen; einen kleineren Teigboden mit einem Durchmesser von 22 cm und einen größeren mit 24 cm Durchmesser ausstechen.

Zubereitung:

Den kleineren Teigboden auf ein leicht gefettetes Backblech legen; die Marzipanmasse daraufstreichen und den Teigrand mit versprudeltem Dotter bestreichen; sodann den größeren Teigboden darauflegen und rundum mit einer Gabel gut andrücken; ebenfalls mit der Gabel ein Muster einritzen und die Tortenoberfläche mit Dotter bepinseln; zum Schluß mit geschälten Mandeln belegen (unteres Bild) und die Torte im vorgeheizten Backrohr bei 200 Grad etwa 40 Minuten lang backen; erst nach dem völligen Erkalten in Portionen aufschneiden.

ERGIBT 12 STÜCK

Einkaufsliste:

400 g Blätterteig, tiefgekühlt
200 g Rohmarzipan
100 g Staubzucker
80 g Butter
4 Dotter
1 großes Stamperl Kirschwasser
1 Vanilleschote

Dotter zum Bestreichen
geschälte Mandeln zum Belegen

etwas Butter für das Blech

Vanille-Maronidessert

mit Preiselbeeren

Einkaufsliste:

1/4 l Milch
1/2 Pkt. Vanillepuddingpulver
1 Dotter
80 g Staubzucker
1 großes Stamperl Rum
200 g Maronipüree
1 Vanilleschote
3 Blatt Gelatine
1/2 l Schlagobers
60 g Preiselbeermarmelade

geschlagenes Obers, Schokoladedekorblättchen und kandierte Kirschen zum Verzieren

Vorbereitung:

Einen kleinen Teil der Milch mit dem Puddingpulver glatt verrühren; die restliche Milch aufkochen lassen, das Puddingpulvergemisch einrühren und glatt verkochen lassen; noch heiß, den Dotter und den Staubzucker einrühren und die Masse erkalten lassen; danach durch das feine Sieb der Flotten Lotte passieren und den Rum einrühren. Die Vanilleschote der Länge nach halbieren und das Innere herausschaben; die Puddingmasse in zwei Teile teilen; in die eine Hälfte das Maronipüree und in die andere das Vanillemark rühren. Vier Dessertgläser vorkühlen.

Zubereitung:

Die Gelatine in kaltem Wasser vorweichen. Die Marmelade in die Dessertgläser aufteilen. Das Obers steif aufschlagen; die Gelatine in etwas heißem Wasser auflösen und mit dem Obers glatt verrühren; jeweils eine Hälfte mit der Maronimasse und eine mit der Vanillemasse verrühren; zuerst die Maronicreme und danach die Vanillecreme in die Dessertgläser füllen und diese für zwei Stunden in den Kühlschrank stellen; die Desserts nach dem Erstarren der Creme mit geschlagenem Obers, Schokoladeblättchen und kandierten Kirschen verzieren.
Dieser himmlische Nachtisch muß unbedingt gut gekühlt kredenzt werden.

ERGIBT 4 PORTIONEN

Winter

Marzipanzopf

Vorbereitung:

Das Mehl mit dem Staubzucker auf eine Arbeitsfläche sieben und in der Mitte eine Mulde machen; die Germ im lauwarmen Obers auflösen und in die Vertiefung gießen; mit etwas Mehl-Zuckergemisch zu einem weichen Vorteig verrühren, an der Oberfläche mit Mehl bestäuben und an einem warmen Ort eine halbe Stunde gehen lassen; wenn das Dampfel grobe Risse zeigt, die restlichen Teigzutaten beifügen und alles zu einem glatten, seidigglänzenden Teig verarbeiten; denselben zugedeckt an einem warmen Ort eine weitere halbe Stunde gehen lassen.

Zubereitung:

Das Marzipan mit dem Rum und dem gesiebten Staubzucker glatt verkneten; den Germteig dritteln, auf einer bemehlten Arbeitsfläche ausrollen und jeweils zu einem Dreieck von etwa 20 cm Seitenlänge schneiden. Die Marzipanmasse ebenfalls dritteln und zu Strängen formen; je eine Rolle auf ein Teigdreieck legen (oberes Bild) und dieses von der Breitseite her einrollen; sodann aus den drei Strängen einen Zopf flechten (unteres Bild) und mit versprudeltem Ei bestreichen; zuletzt mit Mandelsplittern bestreuen und auf ein gebuttertes Backblech legen; an einem warmen Ort nochmals eine halbe Stunde aufgehen lassen und danach im vorgeheizten Backrohr bei 180 Grad etwa eine Stunde lang backen. Den Zopf auf dem Blech überkühlen lassen, noch warm vom Blech lösen und erst nach dem völligen Erkalten portionieren.

Eine festliche Germmehlspeise für Ihre Adventjause!

ERGIBT 12 STÜCK

Einkaufsliste:

250 g glattes Mehl
100 g Staubzucker
20 g Germ
3 EL Schlagobers
125 g Butter
eine Prise Salz
1 Pkt. Vanillinzucker

geriebene Schale einer halben Zitrone

150 g Rohmarzipan
50 g Staubzucker
1 großes Stamperl Rum

Ei zum Bestreichen
gestiftelte Mandeln zum Bestreuen
Butter für das Blech

Maronistangerln

ein zartes Spritzgebäck

Einkaufsliste:

120 g Maronipüree
110 g glattes Mehl
70 g Butter
70 g Staubzucker
1 Ei
1 Dotter
1 kleines Stamperl Rum
1 Pkt. Vanillinzucker

Butter für das Blech
Staubzucker zum Bestreuen

Vorbereitung:

Die Butter erweichen und mit dem Maronipüree, dem gesiebten Staubzucker, sowie dem Vanillinzucker und dem Rum, sehr schaumigrühren; sodann das Ei und den Dotter einrühren und zuletzt das gesiebte Mehl einarbeiten; die Masse danach in einen Dressiersack (Sterntülle Nr. 6) füllen.

Zubereitung:

Auf ein gefettetes Backblech etwa fingerlange Stangerln dressieren und im vorgeheizten Backrohr bei 190 Grad ca. 25 Minuten zu schöner Farbe backen; noch heiß vom Blech lösen und auf einem Kuchengitter erkalten lassen.
Die Stangerln in einer Keksdose aufbewahren und vor dem Kredenzen mit Staubzucker übersieben.

ERGIBT 1 BLECH = CA. 30 STÜCK

Prinzeß-Krapferln

mit Marzipan und Kokos

Einkaufsliste:

200 g Rohmarzipan
100 g Staubzucker
150 g Kokosette
geriebene Schale einer halben Zitrone
2 Dotter

ca. 40 runde Backoblaten
Dotter zum Bestreichen
geschälte, halbierte Mandeln zum Belegen

ERGIBT CA. 40 STÜCK

Vorbereitung:

Das Marzipan klein schneiden und mit den Dottern, dem gesiebten Staubzucker, dem Kokosette und der Zitronenschale glatt verkneten; die Masse zu einer Rolle formen und eine halbe Stunde rasten lassen.

Zubereitung:

Die Marzipanrolle in etwa walnußgroße Stücke schneiden und zu Kugerln drehen; diese wiederum zu kleinen Kegeln formen und auf die Backoblaten setzen; mit versprudeltem Dotter bestreichen und mit jeweils vier Mandelhälften belegen; die Hütchen auf ein Backblech setzen und zwei Stunden trocknen lassen; danach im vorgeheizten Backrohr bei 240 Grad etwa 15 Minuten lang goldbraun backen (die Krapferln fließen dabei etwas auseinander); noch heiß vom Blech lösen und auf einem Kuchengitter erkalten lassen.
Dieses besonders saftige Backwerk ist in einer gut verschlossenen Dose mehrere Wochen haltbar.

Gefüllte Lammbrust für den Adventtisch

Vorbereitung:

Petersilie waschen, fein hacken und mit den Eiern versprudeln; die Erbsen kurz in kochendheißem Wasser blanchieren, in einem Sieb mit kaltem Wasser abschrecken und gut abtropfen lassen; die Semmeln in kleine Würfel schneiden; die Lammbrust zwischen den Rippen und der oberen Fleischschichte taschenförmig einschneiden (oberes Bild); Zwiebeln schälen und in feine Ringe schneiden; Knoblauch schälen und in feine Scheibchen schneiden.

Zubereitung:

Das Eiergemisch mit den Semmelwürferln, dem Obers, den Erbsen, sowie Salz und Pfeffer, gut vermengen; die Masse in die Brustöffnung füllen und dieselbe mit Küchenspagat vernähen; das Fleisch mit einigen Salbeiblättern belegen und mit Spagat zusammenbinden; zuletzt rundum mit Salz und Pfeffer einreiben. In einer geräumigen Pfanne das Öl erhitzen und darin Knoblauch und Zwiebelringe anrösten; mit etwas Suppe aufgießen, die Lammbrust einlegen (unteres Bild) und im vorgeheizten Backrohr bei 210 Grad – unter häufigem Begießen mit Eigensaft und Rindsuppe – etwa 1 1/2 Stunden lang braten.
Die Lammbrust aufschneiden und mit etwas entfetteter Sauce und einer Garnitur aus Paradeisscheiben und Salbeiblättern zu Tisch bringen.

Ein festlicher Braten für den Adventsonntag!

ERGIBT 4 – 6 PORTIONEN

Einkaufsliste:

1 Lammbrust, ca. 1,5 kg
Salz, Pfeffer aus der Mühle
3 Eier
1 Bund Petersilie
3 Semmeln vom Vortag
1/8 l Schlagobers
120 g Erbsen tiefgekühlt
einige Salbeiblätter
50 g Öl
2 Zwiebeln
4 Knoblauchzehen
etwas Rindsuppe zum Aufgießen

Paradeisscheiben und Salbeiblätter zum Garnieren

Hausfreunde

ein altbewährtes Rezept

Einkaufsliste:

3 Eier
140 g Feinkristallzucker
100 g glattes Mehl
100 g Walnüsse
100 g ungeschälte Mandeln
100 g Rosinen

Butter und Mehl für das Blech
Staubzucker zum Bestreuen

ERGIBT 1 BLECH = CA. 40 STÜCK

Vorbereitung:

Die ganzen Eier mit dem Zucker etwa 20 Minuten lang schaumigrühren; währenddessen die Walnüsse und Mandeln grob hacken und mit den Rosinen vermengen.

Zubereitung:

Nüsse, Mandeln und Rosinen zusammen mit dem gesiebten Mehl unter den Eierabtrieb rühren; die Masse sodann ca. 1 cm-dick auf ein gefettetes und bemehltes Backblech streichen und im vorgeheizten Backrohr bei 180 Grad etwa 20 Minuten lang backen; die Mehlspeise, noch heiß, auf dem Blech in etwa fingerlange Schnitten schneiden; nach dem vollständigen Auskühlen behutsam in eine gut verschließbare Keksdose schlichten.

Diese traditionelle Adventbäckerei sollten Sie auf jeden Fall in Ihr vorweihnachtliches Backprogramm aufnehmen.

Butterkeks *mit Pignoli*

Einkaufsliste:

120 g Butter
210 g glattes Mehl
150 g Staubzucker
5 Dotter
je eine Prise Anis und Zimt
etwas geriebene Zitronenschale

Butter und Mehl für das Blech
Pinienkerne zum Bestreuen
Ei zum Bestreichen

ERGIBT 1 BLECH = CA. 40 STÜCK

Vorbereitung:

Das gesiebte Mehl und den Staubzucker auf eine Arbeitsfläche sieben und in der Mitte eine Mulde machen; die Dotter hineingeben und die Butter in kleinen Stücken rundum verteilen; Anis, Zimt und Zitronenschale beifügen und sämtliche Zutaten rasch zu einem glatten Teig verarbeiten; in Alu-Folie wickeln und eine Stunde im Kühlschrank rasten lassen.

Zubereitung:

Den Teig auf einer bemehlten Arbeitsfläche etwa 4 mm-dick ausrollen; mit einem runden, glatten Ausstecher (Durchmesser 4 cm) Plätzchen ausstechen und mit versprudeltem Ei bepinseln; danach mit Pinienkernen bestreuen und auf ein gebuttertes und bemehltes Backblech legen; anschließend im vorgeheizten Backrohr bei 200 Grad etwa 20 Minuten lang backen; die Kekserln vom Blech lösen und auf einem Kuchengitter erkalten lassen.
In einer gut verschließbaren Dose können Sie diese Pignoliplätzchen einige Wochen aufbewahren.

Karlsbader Krapferln

Einkaufsliste:

220 g glattes Mehl
50 g Staubzucker
140 g Butter
2 Dotter
eine Prise Salz
1/2 Pkt. Vanillinzucker
geriebene Schale einer halben Zitrone

Dotter zum Bestreichen
geröstete, gehackte Haselnüsse zum Bestreuen
100 g Marillenmarmelade
1 kleines Stamperl Rum

Butter für das Blech

ERGIBT CA. 30 STÜCK

mit Marmelade gefüllt

Vorbereitung:

Das Mehl mit dem Staubzucker auf eine Arbeitsfläche sieben und die kalte Butter in kleinen Stückchen darauf verteilen; Dotter, Salz, Vanillinzucker und Zitronenschale dazugeben und rasch einen glatten Teig bereiten; eine halbe Stunde im Kühlen rasten lassen.

Zubereitung:

Den Teig auf einer bemehlten Arbeitsfläche etwa 4 mm-dünn ausrollen und mit einem gezahnten Ausstecher (Durchmesser 4 cm) Kreise ausstechen; die halbe Anzahl mit einem ganz kleinen Ausstecher (Durchmesser 1 cm) in der Mitte nochmals ausstechen und danach mit Dotter bestreichen; mit den gehackten Haselnüssen bestreuen und zusammen mit den ganzen Teigkreisen auf ein gebuttertes Backblech legen; im vorgeheizten Backrohr bei 180 Grad etwa 25 Minuten lang zu schöner, goldgelber Farbe backen; die Plätzchen noch heiß vom Blech lösen und auf einem Kuchengitter erkalten lassen. Die ganzen Kekserln mit Marillenmarmelade bestreichen und die ausgestochenen daraufsetzen; die restliche Marmelade mit dem Rum aufkochen, jeweils in die Vertiefung der Krapferln füllen und erkalten lassen.

Dieses überaus mürbe Backwerk ist in einer gut verschlossenen Dose etwa drei Wochen lang haltbar.

Kokoskipferln

Einkaufsliste:

100 g Butter
60 g Staubzucker
2 Dotter
geriebene Schale einer halben Zitrone
140 g glattes Mehl
120 g Kokosette
1/2 Pkt. Backpulver

Butter und Mehl für das Blech
Ei zum Bestreichen
Kokosette zum Bestreuen

knusprig und fein

Vorbereitung:

Die Butter auf Handwärme bringen und mit dem gesiebten Staubzukker und der Zitronenschale sehr schaumigrühren; nach und nach die Dotter einmengen und wieder schaumigrühren; zuletzt das mit dem Backpulver versiebte Mehl und das Kokosette einarbeiten und gut verkneten; den Teig sodann eine halbe Stunde im Kühlen rasten lassen.

Zubereitung:

Den Teig zu einer Rolle formen, kleine Stücke davon abschneiden und zu Kipferln formen; mit Ei bestreichen, auf ein gebuttertes und bemehltes Backblech setzen und im vorgeheizten Backrohr bei 180 Grad etwa 25 Minuten lang bakken; die Kipferln noch warm vom Blech lösen und auf einem Kuchengitter erkalten lassen.

ERGIBT 1 BLECH = CA. 30 STÜCK

Catalani-Brot

Aus Großmutters Kochbuch

Einkaufsliste:

10 Dotter
180 g Feinkristallzucker
180 g glattes Mehl
1 Pkt. Vanillinzucker
geriebene Schale einer halben Zitrone
50 g Arancini
50 g Zitronat
50 g Rosinen
50 g kandierte Kirschen
50 g kandierte Marillen
1 großes Stamperl Rum
Saft einer halben Zitrone

Backpapier für die Form
Vanillin-Staubzuckergemisch zum Bestreuen

ERGIBT 12 STÜCK

Vorbereitung:

Die kandierten Früchte klein hacken, mit dem Rum und dem Zitronensaft vermengen und solchermaßen vorbereitet, marinieren lassen. Die Dotter mit dem Feinkristall- und dem Vanillinzucker, sowie der Zitronenschale, etwa 15 Minuten lang sehr schaumigrühren; zum Schluß das gesiebte Mehl und die gehackten Früchte einrühren (oberes Bild).

Zubereitung:

Eine Kastenform mit Backpapier auslegen und die Masse einfüllen; an der Oberfläche glatt verstreichen (unteres Bild) und im vorgeheizten Backrohr bei 180 Grad etwa 50 Minuten lang backen; den Kuchen in der Form vollständig erkalten lassen, aus der Form lösen und das Papier behutsam abziehen.
Dieses aromatische und gut haltbare Früchtebrot wird vor dem Portionieren ausgiebig mit vanilliertem Staubzucker übersiebt.

Feines Kalbsgulasch

Ein Rezept für Kalorienbewußte

Vorbereitung:

Die Pilze waschen, putzen und feinblättrig aufschneiden, bzw. die getrockneten in kaltem Wasser vorweichen; Zwiebeln schälen und fein hacken; Knoblauch schälen und feinst hacken; Petersilie waschen und fein schneiden. Das Fleisch in etwa 40 g-schwere Würfel schneiden und mit Salz, Pfeffer und Kümmel würzen (oberes Bild).

Zubereitung:

Das Öl in einer großen Pfanne erhitzen und das Fleisch zusammen mit den gehackten Zwiebeln anbraten; Knoblauch beifügen und mitrösten lassen; scharfes und süßes Paprikapulver dazugeben, kurz aufzischen lassen und mit ganz wenig Wasser untergießen; zu guter Letzt Pilze und Petersilie beifügen (unteres Bild) und alles zusammen auf kleiner Flamme eine halbe Stunde köcheln lassen. Die Crème fraîche glatt verrühren, in das Gulasch geben und so lange ziehen lassen, bis das Fleisch weich ist.

Dieses außerordentlich schmackhafte Gulasch wird vor dem Auftragen mit gehackter Petersilie bestreut und sofort dampfendheiß serviert.

1 Portion enthält:

321 Kcal = 1348 K-Joule

ERGIBT 4 PORTIONEN

Einkaufsliste:

600 g Kalbsschlegel, ausgelöst
Salz, Pfeffer aus der Mühle
1/2 TL Kümmel
40 g Öl
200 g Zwiebeln
2 Knoblauchzehen
1/2 TL scharfes Paprikapulver
1 EL edelsüßes Paprikapulver
1 Bund Petersilie
250 g Steinpilze oder entsprechende Menge getrocknete Pilze
1/8 l Crème fraîche

gehackte Petersilie zum Bestreuen

Leberschöberl-Suppe

Einkaufsliste:

120 g Kalbsleber
1 mittlere Zwiebel
2 Knoblauchzehen
40 g Öl
2 Eier
50 g glattes Mehl
eine Messerspitze Backpulver
Salz, Pfeffer aus der Mühle
eine Prise Majoran

Butter und Brösel für die Form
1 l fertige, kräftige Rindsuppe
Schnittlauch zum Bestreuen

ERGIBT 4-6 PORTIONEN

Vorbereitung:

Zwiebel schälen und fein hacken; die Leber in dünne Schnitzel schneiden; Knoblauch schälen und fein hacken. Das Öl in einer geräumigen Pfanne erhitzen und darin Leber, Zwiebel und Knoblauch gemeinsam anrösten; mit Salz, Pfeffer und Majoran würzen und die Leber erkalten lassen; sodann zweimal durch die feine Scheibe des Fleischwolfes faschieren.

Zubereitung:

Die Dotter sehr schaumigrühren; nach und nach das Faschierte beifügen und gut verrühren. Die Eiklar mit einer Prise Salz zu sehr steifem Schnee schlagen; zusammen mit dem mit Backpulver versiebten Mehl unter die Dotter-Lebermasse heben. Eine passende Form mit Butter befetten und mit Bröseln ausstreuen; die Masse einfüllen und im vorgeheizten Backrohr bei 200 Grad etwa 20 Minuten lang backen; das Schöberl aus der Form lösen, etwas überkühlen lassen und danach in Würfel oder Karos schneiden, die man als Einlage in kochendheiße Rindsuppe gibt.
Die Suppe mit Schnittlauch bestreuen und rasch zu Tisch bringen.

Zuckernüsse

Einkaufsliste:

120 g Staubzucker
220 g glattes Mehl
50 g geriebene, geschälte Mandeln
50 g Butter
1 Ei
4 EL Schlagobers
eine Prise Backpulver
1/2 Pkt. Vanillinzucker
geriebene Schale einer halben Zitrone
je eine Prise Zimt und Nelken

Ei zum Bestreichen
Hagelzucker zum Bestreuen
Butter für das Blech

Zwei Tage vorher bereiten!

Vorbereitung:

Die Butter erweichen; das mit dem Backpulver versiebte Mehl und den mit Vanillinzucker versiebten Staubzucker mit der Butter und den geriebenen Mandeln, dem Ei, dem Schlagobers, sowie Zitronenschale, Zimt- und Nelkenpulver, zu einem geschmeidigen Teig verarbeiten; daraus eine Rolle formen und in etwa 30 Stücke teilen.

Zubereitung:

Die Teigstücke zu Kugerln formen, etwas flachdrücken und mit versprudeltem Ei bestreichen; in Hagelzucker andrücken, auf ein gebuttertes Backblech setzen und im vorgeheizten Backrohr bei 180 Grad etwa 25 Minuten lang backen. Die Zuckernüsse auf dem Blech erkalten lassen und mindestens zwei Tage lang in einer gut verschlossenen Keksdose aufbewahren.
Ein zuckersüßes Backwerk, das seinem Namen wirklich gerecht wird.

ERGIBT CA. 30 STÜCK

Gedünstete Schweinskarbonaden

in Senfsauce

Einkaufsliste:

4 Schweinskarbonaden (Stück aus dem Schopfbraten) ohne Knochen, à 160 g
Salz, Pfeffer
etwas Kümmel
3 Knoblauchzehen
1 Bund Petersilie
4 mittlere Zwiebeln
1/2 EL glattes Mehl
1 EL Senfpulver
50 g Öl oder Schmalz
1/4 l Rindsuppe
1/8 l Crème fraîche
1/8 l Sauerrahm
100 g magerer Hamburger Speck

ERGIBT 4 PORTIONEN

Vorbereitung:

Zwiebel schälen, halbieren, in nicht zu feine Ringe schneiden und mit dem Mehl, sowie dem Senfpulver, bestreuen; Petersilie waschen und fein hacken; Knoblauch schälen und in feine Scheibchen schneiden; das Fleisch mit Salz, Pfeffer und Kümmel würzen (oberes Bild).

Zubereitung:

Das Öl in einer Bratpfanne erhitzen und die Schweinskarbonaden darin beidseitig rasch anbraten; aus der Pfanne nehmen und warmstellen. Im Bratrückstand Zwiebelringe und Knoblauch zu etwas Farbe rösten; sodann die gehackte Petersilie und die Rindsuppe beifügen, alles glatt verkochen lassen und das Fleisch wieder einlegen (unteres Bild). Die Crème fraîche mit dem Sauerrahm versprudeln und über das Fleisch gießen; alles zusammen zugedeckt auf kleiner Flamme so lange weichköcheln lassen, bis die Sauce eine mollige Konsistenz aufweist. Den Speck von der Schwarte trennen, in Streifen schneiden und in einer Pfanne rasch abbraten. Die Karbonaden mit der Sauce anrichten; die Speckstreifen abtropfen lassen und darüberstreuen.

Ingwerplätzchen

Einkaufsliste:

280 g Roggenvollkornmehl
100 g Staubzucker
100 g Honig
eine Prise Backpulver
2 Eier
2 TL Anis
1 TL Ingwer

Ei zum Bestreichen
Mandelblättchen zum Bestreuen
Butter und Mehl für das Blech

ERGIBT 1 BLECH = CA. 30 STÜCK

aus Vollkornmehl

Vorbereitung:

Das Mehl auf eine Arbeitsfläche sieben, in die Mitte eine Vertiefung drücken und die Eier, sowie den Honig, hineingeben; den mit dem Backpulver vermengten Staubzukker darübersieben, Anis und Ingwer beifügen und alles zu einem glatten Teig verarbeiten.

Zubereitung:

Den Teig auf einer bemehlten Arbeitsfläche etwa 1/2 cm-dick ausrollen; mit einem Ausstecher (Durchmesser 4 cm) Kreise ausstechen und mit Ei bestreichen; danach mit Mandelblättchen bestreuen und die Plätzchen auf ein gebuttertes und bemehltes Backblech legen; im vorgeheizten Backrohr bei 175 Grad etwa eine halbe Stunde lang backen und noch warm vom Blech lösen; auf einem Kuchengitter erkalten lassen und in eine gut verschließbare Dose geben.
Die Ingwerplätzchen entfalten erst nach einigen Wochen ihr volles, typisches Aroma.

Christstollen

Einkaufsliste:

Teig:
420 g glattes Mehl
ca. 1/8 l lauwarme Milch
35 g Germ
190 g Butter
90 g Staubzucker
5 g Salz
3 Dotter
geriebene Schale einer Zitrone
1 Pkt. Vanillinzucker
etwas Wasser

90 g Rosinen
60 g Aranzini
60 g Zitronat
80 g gestiftelte Mandeln
1 kleines Stamperl Rum

Butter zum Bestreichen
Vanillin-Staubzuckergemisch zum Wälzen

Vorbereitung:

Die kandierten Früchte, Rosinen und Mandeln mit dem Rum vermengen und bei Zimmertemperatur marinieren lassen. Das Mehl auf eine Arbeitsfläche sieben und in der Mitte eine Mulde machen; die Germ in der lauwarmen Milch auflösen und in die Vertiefung gießen; mit etwas Mehl einen weichen Vorteig bereiten, an der Oberfläche mit Mehl bestäuben und an einem warmen Ort so lange gehen lassen, bis das Dampfel grobe Risse aufweist; sodann die restlichen Teigzutaten beifügen (oberes Bild) und mit Wasser nach Bedarf zu einem festeren Germteig verkneten; zu einer Kugel formen und an einem warmen Ort zugedeckt gehen lassen.

Zubereitung:

Den Teig auf einer bemehlten Arbeitsfläche ausrollen und die marinierten Früchte einarbeiten (unteres Bild); noch einmal aufgehen lassen und danach in vier Teile schneiden; diese wiederum zu Stollen formen und auf ein leicht gebuttertes Blech legen; nochmals gehen lassen, mit zerlassener Butter bestreichen und im vorgeheizten Backrohr bei 170 Grad etwa 50 Minuten lang backen. Die Stollen auf einem Kuchengitter etwas abkühlen lassen, wieder mit zerlassener Butter bestreichen und danach im Zuckergemisch wälzen (dadurch bekommen sie ihre typische, gelblich-weiße Kruste); erst nach dem völligen Erkalten luftdicht in Folie verpacken.

Diese herrlichen Weihnachtsstollen entfalten ihr volles Aroma nach zwei Tagen!

ERGIBT 4 STOLLEN

Filet-Steaks mit Gemüsereis

Ein Rezept für Kalorienbewußte

Einkaufsliste:

4 gut abgelegene Steaks vom Rindslungenbraten, à 180 g
Salz, Pfeffer aus der Mühle
einige Spritzer Worcestersauce
40 g Öl oder Butterschmalz

200 g Langkornreis
100 g Karotten
100 g Erbsen tiefgekühlt
100 g Zwiebeln
1 grüner Paprika
1 Bund Petersilie
20 g Butter
Rindsuppe zum Aufgießen

Butter für die Förmchen
geriebener Käse zum Bestreuen
Paradeisstückchen, Kräuterbutter, Petersilie und pikante Saucen zum Garnieren

1 Portion enthält:

384 Kcal = 1613 K-Joule

ERGIBT 4 PORTIONEN

Vorbereitung:

Den Reis drei Minuten in kochendem Salzwasser blanchieren und in einem Sieb mit kaltem Wasser abschrecken; Karotten waschen, schälen und in kleine Stücke schneiden; Zwiebeln schälen und fein hacken; Erbsen kurz in kochendem Salzwasser blanchieren und in einem Sieb abtropfen lassen; die Paprikaschote waschen, halbieren, ausputzen und in feine Streifen schneiden; Petersilie waschen und fein hakken; die Steaks mit Salz, Pfeffer und Worcestersauce würzen (oberes Bild).

Zubereitung:

Die Butter in einer großen Pfanne erhitzen und darin Zwiebel, Karotten und Paprikastreifen anrösten; Reis, Erbsen und Petersilie beifügen (unteres Bild) und kurz mitrösten lassen; salzen, pfeffern und etwa fingerhoch über das Reisgemisch mit Rindsuppe aufgießen; alles zusammen auf kleinster Flamme weichdünsten lassen. Vier passende Förmchen mit ein wenig Butter ausstreichen, den Gemüsereis hineindrücken und warmstellen. In einer Pfanne Öl oder Butterschmalz erhitzen und die Steaks einlegen; an beiden Seiten nach Ihrem persönlichen Geschmack braten, wobei die Bratdauer von fünf Minuten pro Seite nicht überschritten werden soll.
Den Gemüsereis auf vorgewärmte Teller stürzen, mit geriebenem Käse bestreuen und nach Belieben garnieren; die Steaks auflegen und so rasch wie möglich servieren.

Ein wahrhaft erlesenes Fleischgericht für den Heiligen Abend!

Weihnachts-Suppe mit Gänseleber

Einkaufsliste:

je 150 g Karotten, Sellerie und Petersilwurzel
1 kleiner Kohlrabi
1 Stange Lauch
ein Stückchen Zwiebel
20 g Butter
1 l fertige Rindsuppe
Salz, Pfeffer
1/8 l Schlagobers
50 g eiskalte Butter

200 g Gänseleber
40 g Öl
einige Spritzer Worcestersauce

in Butter geröstete Weißbrotwürfel und gehackte Petersilie zum Bestreuen

ERGIBT 4 PORTIONEN

Vorbereitung:

Karotten, Sellerie, Petersilwurzel und Kohlrabi waschen, schälen und in kleine Stücke schneiden; Lauch waschen, putzen und ebenfalls in kleine Stücke schneiden. 20 g Butter erhitzen und das obige Gemüse zusammen mit der Zwiebel anrösten; sodann mit Suppe und etwas Wasser aufgießen und auf kleiner Flamme weichdämpfen; anschließend mit dem Mixstab pürieren und durch ein sehr feines Sieb streichen.

Zubereitung:

Die Gänseleber putzen, kurz mit kaltem Wasser waschen und trockentupfen; das Öl erhitzen und die Leber darin rundum zu schöner Farbe braten; erst danach mit Salz, Pfeffer und Worcestersauce würzen. Die Suppe erhitzen und das Obers einrühren; die eiskalte Butter mit einer Schneerute oder einem Mixstab einschlagen; zu allerletzt die Suppe mit Salz und Pfeffer würzig abschmecken und anrichten. Die Gänseleber aufschneiden, als Einlage in die dampfendheiße Suppe geben und diese – mit gerösteten Weißbrotwürferln und gehackter Petersilie bestreut – sogleich zu Tisch bringen.

Eine wahrhaft festliche Suppe für Feinschmecker!

Haselnußbusserln

Einkaufsliste:

4 Eiklar
1 Dotter
160 g geröstete, geriebene Haselnüsse
140 g Staubzucker
eine Prise Salz
geriebene Schale einer halben Zitrone
1/2 Pkt. Vanillinzucker

ca. 35 Backoblaten

ERGIBT 1 BLECH = CA. 35 STÜCK

eine süße Weihnachtsbäckerei

Vorbereitung:

Die Eiklar mit einer Prise Salz zu steifem Schnee schlagen; nach und nach den gesiebten Zucker einrieseln lassen und nochmals sehr steif aufschlagen; Dotter, Haselnüsse, Zitronenschale und Vanillinzucker vorsichtig darunterziehen und die Masse in einen Dressiersack (glatte Tülle Nr. 12) füllen.

Zubereitung:

Die Oblaten auf einem Backblech verteilen und die Haselnußmasse daraufdressieren; die Busserln im vorgeheizten Backrohr bei 200 Grad etwa 15 Minuten lang zu heller Farbe backen und noch heiß vom Blech lösen; danach auf einem Kuchengitter vollständig erkalten lassen.

Diese knusprigen Nußbusserln können Sie in einer Keksdose problemlos über die Feiertage auf bewahren.

Gefüllte Weihnachtsente

für den Festtagstisch

Vorbereitung:

Die Nudeln in kochendes Salzwasser geben und 4-5 Minuten sehr stark kochen lassen; danach in ein Sieb leeren und mit kaltem Wasser abschrecken. Petersilie waschen und fein hacken; Zwiebel schälen und in kleine Würfel schneiden. Die Ente innen und außen sorgfältig putzen, waschen und trockentupfen; sodann mit Salz, Majoran und etwas Pfeffer würzen (oberes Bild).

Zubereitung:

Die Zwiebel in 20 g Butter goldgelb rösten. 80 g Butter auf Handwärme bringen, mit den ganzen Eiern sehr schaumigrühren und mit Salz, Pfeffer und Muskatnuß würzen; Nudeln, Zwiebel und Petersilie beifügen und alles gut vermengen; die Ente damit füllen (unteres Bild) und die Öffnung gut vernähen; das Geflügel mit Küchenspagat so zusammenbinden, daß es beim Braten die Form behält; im vorgeheizten Backrohr bei 210-220 Grad etwa 40 Minuten lang an der Bauchseite braten und dabei anfangs mit der Hälfte der Suppe nach und nach übergießen; die Ente sodann wenden und unter öfterem Begießen – jetzt aber mit Eigenfett und Bratensaft – ca. eine Stunde lang fertigbraten; aus der Pfanne nehmen, vom Spagat befreien und warmstellen. Den Bratensaft entfetten und mit der restlichen Suppe, sowie dem Cognac, verkochen; die Ente tranchieren, anrichten und den Bratensaft separat dazureichen.

Zu diesem traditionellen Weihnachtsgeflügel empfehlen wir Ihnen als Beilage Rotweinkraut oder frischen Salat und als Getränk einen blumigen Rot- oder Roséwein.

ERGIBT 4 – 6 PORTIONEN

Einkaufsliste:

eine junge Ente, ca. 2 kg
140 g Bandnudeln
Salz, Pfeffer aus der Mühle
1/2 EL Majoran
20 g Butter
1 mittlere Zwiebel
1 Bund Petersilie
80 g Butter
2 Eier
etwas geriebene Muskatnuß
1/4 l Enten- oder Hühnersuppe
1 kleines Stamperl Cognac

Dalmatiner Schnitten

mit Mandelschnee

Einkaufsliste:

250 g glattes Mehl
100 g Butter
60 g Staubzucker
2 Eier
1 Dotter
etwas Vanillinzucker und geriebene Zitronenschale

3 Eiklar
160 g Staubzucker
230 g geriebene, ungeschälte Mandeln
1 Pkt. Vanillinzucker

Backpapier für das Blech
Dotter zum Bestreichen

ERGIBT 12 STÜCK

Vorbereitung:

Das Mehl mit dem Staubzucker auf eine Arbeitsfläche sieben, in der Mitte eine Mulde machen und die kalte Butter in Stückchen rundum verteilen; Eier, Dotter, etwas Vanillinzucker und geriebene Zitronenschale beifügen (oberes Bild) und alle Zutaten rasch zu einem glatten Teig verkneten; in Alu-Folie wickeln und zwei Stunden im Kühlschrank rasten lassen.

Zubereitung:

Die Eiklar mit dem Staub- und Vanillinzucker steif aufschlagen; die geriebenen Mandeln unterheben und die Masse in einen Dressiersack (Sterntülle Nr. 6) füllen. Den Teig in der Länge eines Backbleches und einer Breite von etwa 12 cm ausrollen; rundum einen erhöhten Rand andrücken und diesen mit versprudeltem Dotter bestreichen; die Mandel-Schneemasse aufdressieren (unteres Bild) und die Schnitte im vorgeheizten Backrohr bei 180 Grad etwa 30 Minuten lang backen; noch heiß vom Blech lösen, auf einem Kuchengitter erkalten lassen und portionieren.
Ein wunderbarer, leichter Kuchen für den weihnachtlichen Kaffeetisch!

Gemüsepüree-Suppe

mit Kräutern

Einkaufsliste:

200 g Broccoli tiefgekühlt
150 g Sellerie
150 g Karotten
150 g Karfiol
1 mittlere Zwiebel
30 g Butter
20 g glattes Mehl
1 l fertige Rindsuppe
Salz, Pfeffer aus der Mühle
1/8 l Crème fraîche
50 g eiskalte Butter
beliebige, frischgehackte Kräuter

geröstete Weißbrotschnitten als Einlage
gehackte Petersilie zum Bestreuen

ERGIBT 4 PORTIONEN

Vorbereitung:

Sellerie und Karotten waschen, schälen und in gröbere Stücke schneiden; Karfiol waschen, putzen und in die einzelnen Röschen zerteilen; Zwiebel schälen und fein hacken.

Zubereitung:

30 g Butter erhitzen und darin Zwiebel samt Mehl hell anrösten; nach und nach mit kalter Suppe aufgießen und glatt verkochen lassen; Broccoli, Karotten, Sellerie und Karfiol beifügen und auf kleiner Flamme weichköcheln lassen; das Gemüse sodann im Mixer oder mit einem Mixstab pürieren und mit Salz und Pfeffer abschmecken; Crème fraîche dazugeben und einmal kurz aufkochen lassen; die eiskalte Butter in kleinen Stückchen mit einer Schneerute einschlagen und die Suppe damit binden; zum Schluß beliebige, frischgehackte Kräuter einmengen.
Mit in Butter gerösteten Weißbrotschnitten als Einlage und mit gehackter Petersilie bestreut, wird diese köstliche, cremige Suppe dampfendheiß aufgetragen.

Nuß-Sternchen

ein kleines Mürbteiggebäck

Einkaufsliste:

240 g glattes Mehl
120 g Butter
60 g Staubzucker
3 Dotter
2 EL Sauerrahm

3 Eiklar
120 g Staubzucker
120 g geriebene Haselnüsse

Butter für das Blech
Staubzucker zum Bestreuen

ERGIBT 1 BLECH = CA. 35 STÜCK

Vorbereitung:

Das Mehl mit dem Staubzucker auf eine Arbeitsfläche sieben und die kalte Butter in kleinen Stückchen darauf verteilen; Dotter und Sauerrahm beifügen und alles zusammen rasch zu einem glatten Teig verkneten; in Alu-Folie wickeln und eine Stunde im Kühlschrank rasten lassen.

Zubereitung:

Den Teig auf einer bemehlten Arbeitsfläche ca. 4 mm-dünn ausrollen und Sternchen von etwa 6 cm Durchmesser ausstechen, die man auf ein gefettetes Backblech setzt. Die Eiklar mit dem gesiebten Zukker zu sehr steifem, schnittfesten Schnee schlagen; die geriebenen Haselnüsse einrühren und die Masse in einen Dressiersack (glatte Tülle Nr. 6) füllen; damit kleine Häufchen auf die Sterne dressieren und diese sodann im vorgeheizten Backrohr bei 190 Grad etwa 25 Minuten lang zu schöner Farbe backen; heiß vom Blech lösen, auf einem Kuchengitter erkalten lassen und vor dem Aufwarten mit Staubzucker bestreuen.

Diese hübsche Weihnachtsbäckerei paßt gut unter den Lichterbaum.

Pikanter Pfefferkarpfen

Ein Rezept für Kalorienbewußte

Vorbereitung:

Zwiebeln schälen, halbieren und in feine Ringe schneiden; Wurzelwerk waschen, schälen und in zündholzförmige Streifen schneiden; Lauch waschen, putzen, halbieren und in feine Streifen schneiden; Knoblauch schälen und in Scheibchen schneiden. Den Fisch filetieren und an der Innenseite mit Salz und weißem Pfeffer würzen; mit Zitronensaft beträufeln, mit den Knoblauchscheibchen und 1 EL gehackter Petersilie bestreuen und beizen lassen (oberes Bild).

Zubereitung:

Petersilie waschen und fein hacken; das Öl in einer geräumigen Pfanne erhitzen; die Filets mit der Hautseite in Mehl andrücken und mit der bemehlten Seite nach unten in das heiße Öl einlegen; zu schöner Farbe braten, wenden und langsam fertigbraten; aus der Pfanne nehmen und warmstellen .
Im Bratrückstand das Wurzelwerk, den Lauch und die Zwiebeln zu heller Farbe rösten; mit Wein ablöschen und zuletzt das Obers, zusammen mit der Petersilie und den Pfefferkörnern, dazugeben (unteres Bild); auf starker Flamme einige Minuten durchkochen lassen, bis die Sauce eine mollige Konsistenz aufweist. Die Filets zerteilen, mit der Wurzelsauce anrichten und zum Schluß mit Zitronenspalten und Petersilie garnieren.
Als Beilage zu diesem traditionellen Weihnachtsessen schlagen wir vor, Salzkartofferln zu servieren.
Getränkeempfehlung: Welschriesling

1 Portion enthält:

362 Kcal = 1520 K-Joule

ERGIBT 4 PORTIONEN

Einkaufsliste:

1 Karpfen, ca. 1,2 kg, küchenfertig hergerichtet
Salz, weißer Pfeffer
2 Knoblauchzehen
Saft einer Zitrone
1 EL gehackte Petersilie
je 200 g Karotten, gelbe Rüben, Sellerie und Petersilwurzel
200 g weiße Zwiebeln
200 g Lauch
1 Bund Petersilie
2 EL grüne, eingelegte Pfefferkörner
1/4 l Welschriesling
1/8 l Schlagobers

40 g Olivenöl
Mehl zum Bestäuben
Zitronenspalten und Petersilblätter zum Garnieren

Nuß-Karottentorte

Aus Großmutters Kochbuch

Einkaufsliste:

5 Eier
140 g Staubzucker
200 g Karotten
200 g geriebene Walnüsse
50 g glattes Mehl
1 Pkt. Vanillinzucker
geriebene Schale einer halben Zitrone
Saft einer halben Zitrone

Butter und Semmelbrösel für die Form
Staubzucker zum Bestreuen

Vorbereitung:

Die Karotten waschen, schälen und fein reißen; die Dotter mit einem Drittel des gesiebten Zuckers, dem Vanillinzucker und der Zitronenschale sehr schaumigrühren; die Eiklar mit dem restlichen Zukker zu sehr steifem Schnee schlagen und unter die Dottermasse heben; zuletzt das gesiebte Mehl zusammen mit den Karotten, den Nüssen und dem Zitronensaft darunterziehen (oberes Bild).

Zubereitung:

Eine Tortenform mit Butter ausstreichen und mit Bröseln ausstreuen; die Masse einfüllen, an der Oberfläche glattstreichen (unteres Bild) und im vorgeheizten Backrohr bei 180 Grad etwa 50 Minuten lang backen (Nadelprobe machen!). Die Torte in der Form erkalten lassen und nach zwei Stunden Ruhezeit aus der Form lösen; mit etwas Staubzucker übersieben und portionieren.
Diese außergewöhnliche Torte mit dem feinen Aroma sollten Sie unbedingt einmal probieren!

ERGIBT 12 STÜCK

Nockerlgröstel

Einkaufsliste:

200 g glattes Mehl
1 Ei
eine Prise Salz
einige Tropfen Öl
2 Zwiebeln
140 g durchzogener Speck
50 g Butter
1 Bund Petersilie
Salz, Pfeffer aus der Mühle
8 Eier

scharfes Paprikapulver zum Bestreuen

ERGIBT 4 PORTIONEN

mit Speck und Eiern

Vorbereitung:

Aus dem gesiebten Mehl, dem Ei, Öl und Salz, sowie kaltem Wasser nach Bedarf, rasch einen festen Teig bereiten; nicht zu lange abschlagen, damit er nicht zähe wird, und etwa 20 Minuten rasten lassen; danach auf einem bemehlten Brett kleine Nockerln schneiden und dieselben in reichlich kochendes Salzwasser geben; 6 bis 8 Minuten lang kochen lassen, in ein Sieb leeren und mit kaltem Wasser abschrecken.

Zubereitung:

Zwiebeln schälen, halbieren und in feine Streifen schneiden; Petersilie waschen und fein hacken; den Speck von der Schwarte trennen und in feine Streifen schneiden. In einer geräumigen Pfanne die Butter erhitzen und darin Zwieblstreifen und Speck anbraten; etwas entfetten, Nockerln und Petersilie beifügen und anrösten lassen; mit Salz und Pfeffer würzen und die Eier darüberschlagen; unter etwas Rühren nur stocken lassen und zu guter Letzt mit Paprikapulver bestreuen.

Zu dieser sättigenden Mahlzeit paßt am besten frischer Salat und ein gut gekühltes Bier.

Ein Tip von uns – bereiten Sie das Gröstel nach Möglichkeit portionsweise zu!

PARISER STANGERLN

eine süße Mandelbäckerei

Einkaufsliste:

130 g ungeschälte, geriebene Mandeln
120 g Staubzucker
1 Eiklar
eine Prise gemahlener Zimt
1/2 Pkt. Vanillinzucker

80 g Staubzucker
1 Eiklar
einige Tropfen Zitronensaft

Butter und Mehl für das Blech
Staubzucker zum Bestreuen

ERGIBT CA. 15 STÜCK

Vorbereitung:

Die Mandeln mit dem gesiebten Staubzucker, dem Zimt und Vanillinzucker, sowie dem Eiklar, rasch zu einem glatten Teig verkneten; in der Länge eines Backbleches zu einem 6 cm-breiten und ca. 5 mm-dicken Streifen ausrollen; den Teigstreifen sodann auf ein gefettetes und bemehltes Backblech legen.

Zubereitung:

Den restlichen Staubzucker sieben und mit dem Eiklar und einigen Tropfen Zitronensaft sehr schaumigrühren; die Zitronenmasse auf den Teigstreifen streichen und diesen im vorgeheizten Backrohr bei 170 Grad etwa 20 Minuten lang backen; die Schnitte noch heiß mit einem nassen Messer in Stangerln aufschneiden und auf einem Kuchengitter vollständig erkalten lassen; vor dem Servieren ausgiebig mit Staubzucker übersieben.

Pariser Stangerln sind ein sehr beliebtes Kaffeegebäck – zart und mürb!

Gefülltes Huhn

nach Art der Großmutter

Einkaufsliste:

1 junges Huhn mit 1,2 kg
Salz, Pfeffer
100 g grüner Speck
100 g Zwiebeln
150 g Semmelbrösel
4 Stk. Hühnerleber
20 g Öl
1 Bund Petersilie
2 Eier
ca. 1/4 l Hühnersuppe

Vorbereitung:

Den Speck fein würfeln; Zwiebeln schälen und klein hacken; Petersilie waschen und hacken; Hühnerleber putzen, waschen und jeweils halbieren; das Huhn innen und außen sorgfältig waschen und zurechtputzen (oberes Bild). In einer Pfanne 20 g Öl erhitzen und die Leber darin rasch anbraten, wobei sie nicht ganz durch sein soll.

Zubereitung:

Den Speck in einer geräumigen Pfanne erhitzen; die Zwiebeln beifügen und alles zusammen goldgelb rösten; erkalten lassen und sodann mit der Leber, den Semmelbröseln, der Petersilie und den Eiern zu einer Fülle verarbeiten, die man zuletzt mit Salz und Pfeffer würzt. Das Huhn innen und außen mit Salz und Pfeffer einreiben; die Fülle zwischen Brusthaut und Brustfleisch, sowie in die Bauchhöhle stopfen (unteres Bild); das Huhn mit Küchenspagat zusammenbinden, damit es beim Braten seine Form behält; danach unter öfterem Begießen mit Eigensaft und Hühnersuppe bei 200 Grad etwa eine Stunde lang zu schöner, goldbrauner Farbe braten. Das Huhn zerteilen und auf einer vorgewärmten Platte mit zartem, gedünsteten Gemüse anrichten.
Dieses knusprige Geflügel paßt zu jedem Anlaß!

ERGIBT 4 PORTIONEN

Apfel-Blätterteigstrudel

mit Nüssen

Einkaufsliste:

400 g Blätterteig, tiefgekühlt
90 g Feinkristallzucker
3 Eier
1 Pkt. Vanillinzucker
geriebene Schale einer halben Zitrone
je eine Prise Zimt und Nelkenpulver
200 g geriebene Walnüsse
30 g Vanillepuddingpulver
600 g säuerliche Äpfel
1 kleines Stamperl Rum
Saft einer Zitrone

Butter für das Blech
Dotter zum Bestreichen
Staubzucker zum Bestreuen

Vorbereitung:

Den Blätterteig laut Packungsvorschrift antauen lassen; die Eier mit dem Zucker, dem Vanillinzucker und der Zitronenschale im heißen Wasserbad dickschaumig aufschlagen; danach so lange weiterschlagen, bis die Masse erkaltet ist; sodann die geriebenen Nüsse, das gesiebte Puddingpulver, sowie Zimt und Nelkenpulver einrühren (oberes Bild).

Zubereitung:

Die Äpfel waschen, schälen, vierteln und in dünne Spalten schneiden; mit Rum und Zitronensaft beträufeln und marinieren lassen. Den Blätterteig halbieren und auf einer bemehlten Arbeitsfläche jeweils dünn ausrollen; das Mehl abkehren und die Hälfte der Nußmasse auf der Längsseite des Teigblattes verteilen; die halbe Menge der Apfelspalten darüberstreuen (unteres Bild) und die Teigränder mit Dotter bestreichen; den Teig über die Fülle schlagen und an den Enden gut zusammendrükken; mit der zweiten Teighälfte ebenso verfahren und die Strudel sodann mit dem Schluß nach oben auf ein gebuttertes Backblech legen; die Oberfläche ebenfalls mit Dotter bepinseln und in Abständen von etwa 2 cm schräg einschneiden; die Strudel etwas entspannen lassen und anschließend im vorgeheizten Backrohr bei 210 Grad etwa 30 Minuten zu schöner, goldgelber Farbe backen; auf dem Blech erkalten lassen und erst danach portionieren.

Vor dem Servieren wird diese ausgezeichnete Jausenmehlspeise leicht mit Staubzucker übersiebt.

ERGIBT 12 STÜCK

Bárány-Paprikás

Lammfleisch-Ragout

Einkaufsliste:

800 g ausgelöste Lammschulter
Salz, Pfeffer aus der Mühle
100 g magerer Speck
100 g Zwiebeln
je ein roter und grüner Paprika
4 Knoblauchzehen
2 EL Paradeismark
1 TL Kümmel
1 EL edelsüßes Paprikapulver
1/4 l Sauerrahm

Majoran zum Garnieren

Vorbereitung:

Die Paprikaschoten waschen, halbieren, ausputzen und klein würfeln; Zwiebeln schälen und fein hacken; den Speck ebenfalls klein würfeln; das Fleisch in etwa nußgroße Stücke schneiden (oberes Bild). Knoblauch schälen und zerdrücken.

Zubereitung:

Den Speck in einer geräumigen Pfanne auslassen und rösten; die Zwiebeln beifügen und goldgelb mitrösten lassen; sodann das Fleisch dazugeben, mit Salz, Pfeffer und Knoblauch würzen und rundum schön anbraten; danach möglichst im eigenen Saft etwa eine halbe Stunde schmoren lassen; Paprikapulver, Paprika, sowie Paradeismark und Kümmel beigeben (unteres Bild) und mit etwas Wasser aufgießen; alles zusammen auf kleiner Flamme weichdünsten lassen. Den Sauerrahm versprudeln, in das Ragout gießen und ca. 20 Minuten mitköcheln lassen. Das Paprikafleisch anrichten, mit Majoran garnieren und mit gedünstetem Reis oder Tarhonya zu Tisch bringen.

Eine beliebte, ungarische Spezialität – feurig und pikant!

ERGIBT 4 PORTIONEN

Kapuziner Rahmsuppe

mit geröstetem Weißbrot

Einkaufsliste:

30 g Butter
40 g Reisstärke (Reismehl)
3/4 l Rindsuppe
1/4 l Milch
Salz, weißer Pfeffer
300 g Champignons
Saft einer halben Zitrone
1/4 l Schlagobers
2 Dotter
etwas geriebene Muskatnuß

in Butter geröstete Weißbrotwürfel
etwas Schnittlauch zum Bestreuen

 ERGIBT 4 PORTIONEN

Vorbereitung:

Die Butter schmelzen lassen und das Reismehl einrühren; ganz hell anschwitzen lassen, mit der Rindsuppe und der Milch aufgießen und glatt verrühren; das Ganze etwa 40 Minuten verköcheln lassen; sodann mit Salz und weißem Pfeffer würzen und durch ein feines Sieb oder Tuch passieren.

Zubereitung:

Die Champignons putzen, waschen und in Scheiben schneiden, die man mit Zitronensaft beträufelt; die Suppe wieder zum Kochen bringen; die Champignons, sowie drei Viertel des Obers beifügen und etwa 15 Minuten mitköcheln lassen. Das restliche Obers mit den Dottern glatt verrühren; die Suppe vom Feuer nehmen und mit dem Obersgemisch binden; abschließend mit ein wenig Muskatnuß würzen und mit Schnittlauch bestreuen.

Mit gerösteten Weißbrotwürferln als Einlage bringt man diese äußerst kräftigende, ländliche Suppe dampfendheiß zu Tisch.

Pochierte Zanderfilets

Ein Rezept für Kalorienbewußte

Einkaufsliste:

4 Zanderfilets à 100 g
1/4 l Weißwein (Riesling)
einige Pfefferkörner
ein Stückchen Lorbeer
Salz
je 150 g Karotten, Sellerie, gelbe Rüben und Petersilwurzel
150 g Kräutermayonnaise
3 EL Sauerrahm

Zitronenfilets und Petersilie zum Garnieren

1 Portion enthält:

260 Kcal = 1092 K-Joule

Vorbereitung:

1/4 l Wasser mit dem Wein, den Pfefferkörnern, sowie Salz und Lorbeer aufkochen lassen; auf die Hälfte reduzieren und danach abseihen. Das Wurzelwerk schälen, waschen und in feine Streifen schneiden; die Fischfilets salzen; die Mayonnaise mit dem Sauerrahm glatt verrühren und kaltstellen.

Zubereitung:

Die Filets in die leicht kochende Weinlösung einlegen und beidseitig 3-5 Minuten pochieren (bei leichter Hitze ziehen lassen); aus dem Sud nehmen und kaltstellen. Das Wurzelwerk im Sud al dente, d.h. nicht zu weich kochen, gut abtropfen und erkalten lassen.
Die Filets mit dem Wurzelwerk anrichten und mit der Sauce überziehen; zuletzt mit Zitronenscheiben und Petersilie garnieren und dieses delikate Fischgericht gut gekühlt servieren.

ERGIBT 4 PORTIONEN

Maroni-Vanilletorte

Einkaufsliste:

300 g Plunderteig tiefgekühlt
1 Pkt. Vanillepuddingpulver
1/2 l Milch
2 Dotter
60 g Kristallzucker
200 g Maroni
50 g Staubzucker
1 großes Stamperl Rum
1 Vanilleschote
1/2 l Schlagobers
6 Blatt Gelatine

1/4 l Schlagobers
etwas Staubzucker
1 kleines Stamperl Rum

etwas Maronipüree,
Schokodekor und geriebene
Nüsse zum Verzieren

ERGIBT 12 STÜCK

Vorbereitung:

Den Plunderteig laut Packungsvorschrift antauen und auf einer bemehlten Arbeitsfläche dünn ausrollen; zwei Teigkreise in der Größe einer Tortenform ausschneiden und auf ein leicht gefettetes Backblech legen; mit einer Gabel mehrmals einstechen und im vorgeheizten Backrohr bei 210 Grad etwa 15 Minuten lang backen. Die Maroni schälen und etwa 20 Minuten lang im Wasser kochen; sodann die innere Haut entfernen und die Maroni durch ein feines Sieb passieren; das Püree mit 50 g Staubzucker und dem Rum glatt verrühren. Aus der Milch und dem Vanillepuddingpulver laut Packungsvorschrift einen Pudding bereiten; noch heiß, den Kristallzucker und die Dotter einrühren und erkalten lassen; danach durch ein feines Sieb streichen.

Zubereitung:

Die Gelatine in kaltem Wasser vorweichen; ein Drittel des Puddings unter das Kastanienpüree ziehen; die Vanilleschote der Länge nach aufschneiden, das Mark herausschaben und unter den restlichen Pudding rühren. 1/2 l Obers steif aufschlagen; die Gelatine gut ausdrücken und in ganz wenig heißem Wasser auflösen; zusammen mit dem Obers zu gleichen Teilen unter das Kastanienpüree bzw. unter den Pudding heben (oberes Bild); jede Masse behutsam glatt verrühren. Einen der Tortenböden in eine Tortenform legen und die Kastanienmasse einfüllen; den zweiten Boden darauflegen und mit der Vanillemasse auffüllen (unteres Bild); die Oberfläche glattstreichen und die Torte vier Stunden im Tiefkühlfach anziehen lassen; danach vorsichtig aus der Form lösen. 1/4 l Obers steif aufschlagen und mit Rum, sowie Staubzucker nach Bedarf, abschmecken; die Torte damit an Rand und Oberfläche bestreichen; das restliche Obers in einen Dressiersack (Rosettentülle) füllen. Den Tortenrand mit geriebenen Nüssen eindecken; etwas Maronipüree durch ein Sieb drücken und in der Mitte der Tortenoberfläche verteilen; außen herum portionsweise Rosetten aufdressieren und diese mit Schokoladeblättchen verzieren. Aufgeschnitten wird diese einmalige Torte mit einem in heißes Wasser getauchten, abgetrockneten Messer.

Gefülltes Kraut mit Schweinefleisch

Einkaufsliste:

1 Weißkrautkopf, ca. 1,5 kg
400 g faschiertes Schweinefleisch
Salz, Pfeffer, 3 Knoblauchzehen
1 TL Kümmel, eine Prise Majoran
2 Eier
ca. 80 g Semmelbrösel
80 g Zwiebeln, 1 EL Öl
2 EL gehackte Petersilie
200 g fetter Speck, dünnblättrig geschnitten
etwas Rindsuppe zum Aufgießen

Vorbereitung:

Zwiebeln schälen und fein hacken; Knoblauch schälen und zerdrücken. Das Faschierte mit Salz, Pfeffer, Knoblauch, sowie Kümmel und Majoran würzen; Eier und Semmelbrösel beifügen und alles gut vermengen. Den Krautkopf sorgfältig säubern und mit Hilfe eines Parisienne-Ausstechers aushöhlen (oberes Bild); das herausgestochene Krautinnere können Sie für Strudelfülle o.ä. verwenden. In einem geräumigen Topf etwa 5 Liter Salzwasser zum Kochen bringen und den Krautkopf einlegen; auf kleiner Flamme 10 Minuten lang kochen, vorsichtig aus dem Wasser nehmen und gut abtropfen lassen.

Zubereitung:

Die Zwiebeln in erhitztem Öl goldgelb rösten und unter das Faschierte mengen; die Masse sodann in das ausgehöhlte Kraut füllen und dieses mit den Speckscheiben umwickeln (mittleres Bild); den Krautkopf mit Küchenspagat zusammenbinden (unteres Bild) und in eine passende Kasserolle setzen; mit ein wenig Rindsuppe untergießen und im vorgeheizten Backrohr bei 170 Grad – unter häufigem Begießen mit Eigensaft und Rindsuppe – etwa eine Stunde lang garen; das Kraut ca. 20 Minuten entspannen lassen und erst danach aufschneiden.
Als ideales Getränk zu dieser vorzüglichen, nicht alltäglichen Mahlzeit, empfehlen wir Ihnen ein gut gekühltes Bier.

ERGIBT 4 PORTIONEN

Silvestergrog

die heiße Stärkung

Einkaufsliste:

1 l kräftiger, schwarzer Tee
4 EL brauner Rohrzucker
6 EL Feinkristallzucker
4 Orangen
2 Zitronen
1/8 l weißer Rum

Zitronenscheiben zum Garnieren

ERGIBT 4 – 6 PORTIONEN

Vorbereitung:

Drei Orangen und die Zitronen auspressen; die vierte Orange so schälen, daß die weiße Innenhaut an der Schale haften bleibt; das reine Fruchtfleisch sodann in dünne Scheiben schneiden und dabei den Saft auffangen.

Zubereitung:

In einem großen Topf aus Edelstahl den Kristallzucker unter ständigem Rühren auf kleiner Flamme schmelzen lassen; langsam zu braunem Karamel rösten lassen, nach und nach den Tee aufgießen und den Karamel mit Hilfe einer Schneerute auflösen; sodann den Rohrzucker, Orangen- und Zitronensaft, sowie den Rum beifügen; das Ganze erhitzen, aber nicht kochen lassen; zum Schluß die Orangenscheiben dazugeben und den Grog so heiß wie möglich kredenzen, wobei die Gläser mit jeweils einer Zitronenscheibe garniert werden.

Ihre Gäste werden diese köstliche Erquickung begeistert annehmen.

Pester Kümmelschnitten

Einkaufsliste:

2 Eier
140 g Feinkristallzucker
280 g glattes Mehl
1 EL Kümmel
eine Prise Salz

Backpapier für das Blech
Dotter zum Bestreichen

ERGIBT CA. 30 SCHEIBEN

ein köstliches Knabbergebäck

Vorbereitung:

Die ganzen Eier mit dem Zucker und einer Prise Salz so lange schaumigrühren, bis die Masse beginnt, weiß zu werden; danach das gesiebte Mehl und den Kümmel einarbeiten und alles zu einem glatten Teig verkneten; diesen auf einer bemehlten Arbeitsfläche zu einem länglichen Wecken formen.

Zubereitung:

Den Wecken auf ein mit Backpapier ausgelegtes Blech legen und mit Dotter bestreichen; sodann im vorgeheizten Backrohr bei 180 Grad etwa 35 Minuten lang backen; aus dem Rohr nehmen, überkühlen lassen und in kleinfingerdicke Scheiben schneiden; dieselben wiederum auf das Backblech legen und im Backrohr bei 120 Grad trocknen lassen.
Dieses knusprige, zwiebackartige Gebäck reicht man zu Tee oder Kaffee!

Punschroulade

für den Silvesterabend

Einkaufsliste:

5 Eier
100 g Feinkristallzucker
100 g glattes Mehl
eine Prise Salz
1/2 Pkt. Vanillinzucker

Backpapier für das Blech

Fülle:

300 g Schokolade- und Nußbiskuitreste
100 g Walnüsse
je 30 g Aranzini und Zitronat
100 g Marillenmarmelade
60 g Kochschokolade
2 große Stamperln Rum
1/16 l sehr starker, schwarzer Tee

100 g Marillenmarmelade
Saft einer Zitrone
Staubzucker nach Bedarf

ERGIBT 12 STÜCK

Vorbereitung:

Die Dotter mit einem Drittel der Zuckermenge und dem Vanillinzucker sehr schaumigrühren; die Eiklar mit einer Prise Salz und dem restlichen Zucker zu sehr steifem Schnee schlagen; diesen zusammen mit dem gesiebten Mehl unter den Dotterabtrieb heben (oberes Bild); die Biskuitmasse sodann auf ein mit Backpapier ausgelegtes Blech streichen und im vorgeheizten Backrohr bei 220 Grad etwa 15 Minuten lang backen; das Biskuit mit Hilfe des Papieres noch heiß vom Blech ziehen und ein Rechteck ausschneiden; mit etwas Mehl bestäuben und im noch warmen Zustand einrollen.

Zubereitung:

Die hellen und dunklen Biskuitreste klein würfeln; die Nüsse, sowie Zitronat und Aranzini fein hacken; die Schokolade und ebenso 100 g Marmelade erwärmen und mit sämtlichen Füllezutaten zu einer formfähigen Masse verarbeiten; danach zu einer Rolle in der Länge des Biskuitbodens formen und kaltstellen. Die Biskuitroulade wieder aufrollen und das Mehl säuberlich abkehren; sodann wenden und das Papier abziehen; die restliche Marmelade erhitzen und die Hälfte davon auf den Biskuitboden streichen; die Punschrolle darauflegen (unteres Bild), das Biskuit wieder einrollen und an der Oberfläche mit der verbliebenen Marmelade bestreichen. Für die Glasur den Zitronensaft mit so viel gesiebtem Zucker verrühren, daß eine dicke, zähe Masse entsteht; diese unter ständigem Rühren im Wasserbad so lange erwärmen, bis sie eine glasierfähige Konsistenz erreicht hat; die Roulade damit gleichmäßig überziehen und erst nach dem völligen Erstarren der Glasur mit einem in heißes Wasser getauchten, abgetrockneten Messer portionieren.

Feine Hühnerpastete in Blätterteig gehüllt

Einkaufsliste:

400 g Blätterteig tiefgekühlt
300 g mageres Kalbfleisch
300 g ausgelöstes Hühnerfleisch
300 g mageres Schweinefleisch
200 g grüner Speck
200 g eingelegte Essigchampignons
je zwei ausgelöste Hühnerbrüste und Keulen
Salz, Pfeffer aus der Mühle
30 g Öl
1 EL Pastetengewürz (im Fachhandel oder bei Ihrem Fleischer erhältlich)
etwas Thymian, Majoran und Kümmel
2 Dotter
2 mittlere Zwiebeln
4 Knoblauchzehen

Backpapier für die Form
Dotter zum Bestreichen

ERGIBT 1 PASTETE, CA. 1,5 KG (1 PORTION = 12 DAG)

Vorbereitung:

Hühnerbrüste und Keulen mit Salz und Pfeffer würzen; Zwiebeln und Knoblauch schälen und fein hacken. In einer geräumigen Pfanne 30 g Öl erhitzen und das Hühnerfleisch darin scharf anbraten; herausnehmen und im Bratrückstand Zwiebel und Knoblauch gut anrösten. Hühner-, Schweine- und Kalbfleisch zusammen mit dem Speck zweimal durch die feine Scheibe des Fleischwolfes drehen; sodann mit den Gewürzen und den Dottern vermengen (oberes Bild), das Zwiebelgemisch dazugeben und alles gut miteinander verarbeiten. Den Blätterteig antauen lassen; die Champignons aus dem Glas nehmen und gut abtropfen lassen.

Zubereitung:

Eine Pastetenform mit Backpapier auslegen; den Teig auf einer bemehlten Arbeitsfläche dünn ausrollen und die Form damit auskleiden, wobei der Teig über den Formrand hängen soll. Aus der Fleischmasse zwei Wecken in Formgröße formen; davon einen in die Form legen und die Hälfte der Champignons darauf verteilen; die Hühnerbrüste und Keulen daraufgeben und die restlichen Champignons darüberstreuen (unteres Bild); mit dem verbliebenen Fleisch abschließen und den Teig von einer Seite darüberschlagen; mit Dotter bestreichen und die zweite Teigseite darüberlegen; sodann mit einem gezahnten Ausstecher versetzt Löcher ausstechen und mit Dotter auspinseln; die ausgestochenen Teigkreise hübsch auf der Oberfläche anordnen und ebenfalls mit Dotter bestreichen. Die Pastete nunmehr im vorgeheizten Backrohr bei 190 Grad etwa 1 1/2 Stunden lang backen (nach dem Garwerden tritt aus den Löchern wasserklares Fett aus) und in der Form vollständig erkalten lassen; hernach aus der Form lösen und das Papier behutsam abziehen; vor dem Aufschneiden im Kühlschrank gut anziehen lassen.
Eine wahre Delikatesse für Ihre Silvesterparty!

Zitronenstrudel

Aus Großmutters Kochbuch

Vorbereitung:

Das gesiebte Mehl mit dem Öl, einer Prise Salz, sowie mit Essig gesäuertem, lauwarmen Wasser nach Bedarf, zu einem weichen, glatten Teig verarbeiten; zu einer Kugel formen, auf einen mit Öl bestrichenen Teller legen und auch an der Oberfläche mit Öl bepinseln; den Teig so vorbereitet, eine halbe Stunde rasten lassen. Ein Backblech mit Butter bestreichen.

Zubereitung:

Die Butter auf Handwärme bringen und mit der Hälfte des gesiebten Zuckers, dem Vanillinzucker und den Dottern sehr schaumigrühren. Die Eiklar mit dem restlichen Zucker zu steifem Schnee schlagen und unter den Butterabtrieb heben; zuletzt das gesiebte Mehl, den Zitronensaft und die geriebene Zitronenschale einrühren (oberes Bild). Den Teig auf einer bemehlten Arbeitsfläche so dünn wie möglich ausrollen und danach auf einem bemehlten Tuch mit beiden Handrücken hauchdünn ausziehen; die Fülle (ca. 5 EL davon zum Bestreichen des Strudels zurückbehalten) der Länge nach auf ein Drittel des Teiges streichen (unteres Bild) und diesen mit Hilfe des Tuches von der bestrichenen Seite her einrollen; die dickeren Teigenden wegzupfen und den Strudel auf das Backblech legen; mit der restlichen Fülle an der Oberfläche bestreichen und im vorgeheizten Backrohr bei 200 Grad etwa 40 Minuten lang backen; den Strudel auf dem Blech erkalten lassen und erst danach portionieren.

ERGIBT 12 STÜCK

Einkaufsliste:

Teig:

200 g glattes Mehl
1 EL Öl
einige Spritzer Essig
eine Prise Salz

Öl zum Bestreichen

Fülle:

4 Eier
110 g Staubzucker
60 g Butter
40 g glattes Mehl
1/2 Pkt. Vanillinzucker
Saft und geriebene Schale von zwei Zitronen

Butter für das Blech

Gemüsesülzchen

mit Karotten und Broccoli

Einkaufsliste:

200 g Broccoli
200 g Karotten
200 g Champignons
Saft einer halben Zitrone
3/4 l kräftige Rindsuppe
2 Pkt. Aspik
1 großes Stamperl Sherry
einige Spritzer Worcestersauce
Salz

Petersilie zum Garnieren

ERGIBT 4–6 PORTIONEN

Vorbereitung:

Broccoli waschen, putzen, zerteilen und in Salzwasser blanchieren; in ein Sieb leeren, mit kaltem Wasser abspülen und auskühlen lassen. Karotten schälen, in nicht zu dünne Scheiben schneiden und ebenso wie den Broccoli behandeln; Champignons waschen, putzen, blättrig aufschneiden und in Zitronenwasser kurz blanchieren. Das Aspik laut Packungsvorschrift quellen lassen und in der Rindsuppe auflösen; sodann salzen und mit Worcestersauce, Sherry und eventuell Essig nach Geschmack würzen.

Zubereitung:

In jedes der Förmchen zwei Eßlöffel Aspik geben und stocken lassen; danach das Gemüse darauf verteilen und mit dem restlichen Aspik auffüllen; mindestens drei Stunden – noch besser jedoch über die Nacht – im Kühlschrank stocken lassen; die Förmchen anschließend kurz in heißes Wasser tauchen und auf eine Platte stürzen. Die Gemüsesülzchen mit gehackter Petersilie garnieren und mit feingeschnittenem, grünen Salat umkränzen.
Ob als Vorspeise oder kleiner Imbiß gereicht – zu empfehlen sind diese würzigen, kleinen Sülzchen in jedem Fall.

Pikanter Zungensalat

Einkaufsliste:

1 kleine, geräucherte Rindszunge
300 g Karfiol
300 g Broccoli
2 rote Schalottenzwiebeln
Salz, Pfeffer aus der Mühle
5 EL Weißweinessig
6 EL Olivenöl
ein Bund Petersilie
Saft einer Zitrone

Salatblätter zum Auslegen der Form

ERGIBT 4 PORTIONEN

mit Gemüse

Vorbereitung:

Die Zunge in reichlich kaltem Wasser zustellen und auf kleiner Flamme langsam weichköcheln lassen (wenn Sie dem Sud Wurzelwerk, Pfefferkörner und Lorbeerblatt beifügen, erhalten Sie eine geselchte Suppe, die Sie weiterverwenden können); die Zunge mit kaltem Wasser abschrecken, enthäuten und vollständig erkalten lassen. Eine Salatplatte vorkühlen.

Zubereitung:

Karfiol und Broccoli waschen, putzen, in Röschen zerteilen und gesondert in Salzwasser blanchieren; sodann in einem Sieb mit kaltem Wasser abschrecken und gut abtropfen lassen. Petersilie waschen und fein hacken; Schalotten schälen und in feine Ringe schneiden; die Zunge in sehr feine Scheiben schneiden. Drei Eßlöffel Essig mit dem Öl, sowie Salz, Pfeffer, gehackter Petersilie und etwas Wasser gut verrühren; Zunge und Zwiebel beifügen und im Kühlschrank zwei Stunden marinieren lassen. Broccoli und Karfiol mit Zitronensaft und dem restlichen Essig vermengen und ebenfalls im Kühlschrank ziehen lassen. Die vorgekühlte Platte mit den Salatblättern auslegen, Karfiol- und Broccoliröschen rundum verteilen und den Salat darauf anrichten.
Zu dieser delikaten Vorspeise reicht man getoastetes Weißbrot und bringt sie gut gekühlt zu Tisch.

Apfelmostbraten

Ein Rezept für Kalorienbewußte

Vorbereitung:

Zwiebeln schälen und fein hacken; Knoblauch schälen und in feine Scheibchen schneiden; den Speck von der Schwarte trennen und in feine Streifchen schneiden; die Rostbraten leicht klopfen und beidseitig mit Salz und mit Pfeffer aus der Mühle würzen (oberes Bild).

Zubereitung:

Die Butter in einer geräumigen Pfanne erhitzen und das Fleisch darin an beiden Seiten scharf anbraten; aus der Pfanne nehmen und warmstellen. Im Bratrückstand Speck, Zwiebel und Knoblauch anrösten, mit Mehl stauben und dunkel anlaufen lassen; sodann mit dem Mostgemisch aufgießen und die Rostbraten wieder einlegen (unteres Bild); zugedeckt auf kleiner Flamme weichdünsten und, wenn nötig, mit noch etwas Most, Wasser oder Suppe aufgießen; die Sauce soll zum Schluß eine mollige Konsistenz aufweisen.
Die Rostbraten mit dem Saft anrichten, mit gehackter Petersilie besteuen und, mit beliebigem Gemüse garniert, rasch zu Tisch bringen.

Als Beilage zu diesem vorzüglichen Fleischgericht schlagen wir in Butter geschwenkte Teigwaren vor.

1 Portion enthält:

392 Kcal = 1646 K-Joule

ERGIBT 4 PORTIONEN

Einkaufsliste:

4 Rostbraten à 180 g
Salz, Pfeffer aus der Mühle
100 g magerer Speck
150 g Zwiebeln
3 Knoblauchzehen
50 g Butter
40 g glattes Mehl
1/8 l roter Traubenmost
3/8 l Apfelmost (vergoren)

gehackte Petersilie zum Bestreuen
beliebiges Gemüse zum Garnieren

Schokolade-Pastete

aus Plunderteig

Einkaufsliste:

2 Pkt. Plunderteig tiefgekühlt
90 g Butter
80 g Kristallzucker
80 g Kochschokolade
50 g Biskuitbrösel
60 g geriebene Walnüsse
3 Eier
1 Pkt. Vanillinzucker
2 Semmeln
Milch zum Anweichen

Dotter zum Bestreichen
Staubzucker zum Bestreuen

Vorbereitung:

Den Plunderteig laut Packungsvorschrift antauen lassen; auf einer leicht bemehlten Arbeitsfläche etwas ausrollen und mit der Hälfte des Teiges Boden und Rand einer Tortenform auskleiden; mit einer Gabel den Teigboden mehrmals einstechen. Aus der zweiten Teighälfte einen Boden in der Größe der Form ausschneiden (oberes Bild).

Zubereitung:

Die Semmeln in der Milch anweichen, gut ausdrücken und durch das feine Sieb der Flotten Lotte passieren. Die Kochschokolade im Rohr erweichen; die Butter mit dem Vanillinzucker sehr schaumigrühren; nach und nach die Dotter, sowie die Schokolade einmengen und wieder schaumigrühren. Die Eiklar mit dem Zucker zu steifem Schnee schlagen; zusammen mit den Biskuitbröseln, den Nüssen und den passierten Semmeln unter den Butterabtrieb heben; die Masse in die ausgekleidete Form füllen (unteres Bild) und mit dem Teigboden abdecken; gut andrücken und mit versprudeltem Dotter bestreichen; den Plunderteig etwas aufgehen lassen und danach im vorgeheizten Backrohr bei 180 Grad etwa 40 Minuten lang backen; erst nach dem völligen Erkalten aus der Form lösen, mit etwas Staubzucker übersieben und portionieren.
Ein ganz außergewöhnlicher, exzellenter Kuchen für die Kaffeestunde!

ERGIBT 12 STÜCK

Forelle in Aspik

Einkaufsliste:

2 frische Forellen à 300 g
Salz, einige Pfefferkörner
ein Schuß Essig
1/4 l Weißwein
ein Bund Suppengrün
1 Zwiebel
2 Karotten
eine halbe Selleriewurzel
10 Blatt Gelatine
ein Bund Zierpetersilie

ERGIBT 4 – 6 PORTIONEN

Vorbereitung:

Das Suppengrün waschen, schälen und fein hacken; Zwiebel schälen und in feine Ringe schneiden; die Forellen feinsäuberlich putzen. 3/4 l Wasser mit dem Weißwein und dem Essig vermengen; Salz, Pfefferkörner, Suppengrün und Zwiebelringe beifügen und aufkochen lassen; die Fische einlegen und auf ganz kleiner Flamme so lange ziehen lassen, bis die Augen weiß werden; die Forellen sodann vorsichtig aus dem Sud nehmen und erkalten lassen; den Sud durch ein feines Tuch seihen.

Zubereitung:

Karotten und Selleriewurzel schälen und in recht feine Streifen schneiden; in kochendem Salzwasser blanchieren, in einem Sieb gut abtropfen lassen und in den Kühlschrank stellen. Von den Forellen die Haut behutsam abheben, die Filets ablösen und ebenfalls kühlstellen. Die Gelatine in kaltem Wasser vorweichen; die Zierpetersilie waschen; die Gelatine gut ausdrücken und in etwas warmem Sud auflösen; danach unter den schon erkalteten Sud mengen und den Boden einer Pastetenform ca. 1 cm-hoch ausgießen; erstarren lassen und einige Petersilsträußchen darauflegen; abwechselnd Wurzelwerkstreifen und Filets einlegen und mit Petersilsträußchen abschließen; den restlichen Sud darübergießen (falls er schon gestockt ist, kann er noch einmal leicht erwärmt werden) und das Ganze mindestens vier Stunden lang im Kühlschrank erstarren lassen; aus der Form lösen und mit einem sehr scharfen Messer in Portionen aufschneiden.
Forelle in Aspik bringt man mit Öl, gutem Essig und Schalottenzwiebeln zu Tisch.
Ein sehr empfehlenswerter Vorschlag für Ihr Silvesterbuffet!

Selleriesuppe

Einkaufsliste:

1 mittlere Sellerieknolle
40 g Butter oder Schmalz
2 EL glattes Mehl
1 l fertige Rindsuppe
Salz, Pfeffer aus der Mühle
eine Prise Kümmel
ein Bund Petersilie

Selleriegrün zum Bestreuen

ERGIBT 4 PORTIONEN

für den Neujahrstag

Vorbereitung:

Die Sellerieknolle waschen, putzen, schälen und in feine Stäbchen schneiden; Petersilie und Selleriegrün waschen und fein hacken; die Butter oder das Schmalz erhitzen, die Selleriestücke beifügen und goldgelb rösten.

Zubereitung:

Das gesiebte Mehl mit dem Sellerie vermengen und ebenfalls hell anrösten; nach und nach mit der kalten Suppe aufgießen und alles glatt verkochen lassen; zu guter Letzt mit Salz, Pfeffer und Kümmel würzen und die Suppe etwa 20 Minuten lang köcheln lassen; fünf Minuten vor Ende der Kochzeit die gehackte Petersilie dazugeben und die Suppe anrichten; mit Selleriegrün bestreuen und sogleich dampfendheiß auftragen.
Die richtige Erquickung nach einer turbulenten Silvesternacht!

Neujahrs-Kleeblatt

Einkaufsliste:

5 Eier
100 g Feinkristallzucker
1 Pkt. Vanillinzucker
geriebene Schale einer halben Zitrone
120 g glattes Mehl
60 g Butter
100 g passierte Ribiselmarmelade

Fondantglasur oder fertige, weiße Tortenglasur
4 EL Staubzucker
einige Tropfen Eiklar
einige Tropfen grüne Lebensmittelfarbe

Vorbereitung:

Die Dotter mit einem Drittel des Zuckers, dem Vanillinzucker und der Zitronenschale sehr schaumigrühren; die Eiklar mit dem restlichen Zucker zu steifem Schnee schlagen; die Butter zerlassen und zusammen mit dem Schnee und dem gesiebten Mehl unter den Dotterabtrieb heben (oberes Bild). Die Masse auf ein mit Backpapier ausgelegtes Backblech streichen und im vorgeheizten Backrohr bei 200 Grad 15-20 Minuten lang backen; den Biskuitboden mit Hilfe des Backpapieres vom Blech ziehen und erkalten lassen.

Zubereitung:

Aus steifem Karton je eine Schablone für das Kleeblatt und den Stengel schneiden; aus dem Biskuitboden jeweils zwei Blätter und zwei Stengel ausschneiden; ein Blatt mit erhitzter Marmelade bestreichen und das zweite Blatt daraufsetzen (unteres Bild); das Kleeblatt sodann auch an der Oberfläche und rundum mit Marmelade bestreichen. Die Glasur laut Packungsvorschrift auflösen und das Biskuit damit überziehen. Das Eiklar mit dem gesiebten Staubzucker zu einer dickbreiigen Masse verrühren und mit der Lebensmittelfarbe vermengen; aus Butterpapier ein Stanitzel anfertigen und die Spitze wegschneiden (ähnlich einem kleinen Dressiersack); die Fondantmasse einfüllen und das Kleeblatt damit hübsch verzieren.
Ein originelles Backwerk für die Silvesterparty!

ERGIBT 12 STÜCK

Prosit
Neujahr!

Gesurter Jungschweinbraten

Drei Tage vorher bereiten!

Vorbereitung:

Das Fleisch mit der Schwarte nach unten kurz in kochendes Wasser legen und die Schwarte danach kreuz und quer 1/2 cm-tief einschneiden; das Salz mit dem Pökelsalz vermengen und die Schweinsbrust damit einreiben; in ein Porzellangeschirr geben und mit ungeschältem, zerschnittenen Knoblauch, Lorbeerblättern, sowie zerdrückten Wacholder- und Pfefferkörnern, bestreuen (oberes Bild); das Fleisch solchermaßen vorbereitet, drei Tage im Kühlschrank suren lassen und dabei des öfteren wenden; eventuell entstehende Flüssigkeit immer wieder entfernen.

Zubereitung:

Karotten und Selleriewurzel waschen, schälen und in kleine Stükke schneiden; Zwiebel schälen und grob hacken; in einer Bratpfanne ganz wenig Öl erhitzen, das Gemüse darin anrösten und mit einem Schuß Essig ablöschen; mit etwas Wein aufgießen und verkochen lassen. Die Schweinsbrust aus der Sur nehmen, mit einem feuchten Tuch abreiben und mit der Schwarte nach unten in die Pfanne einlegen; den Thymian beifügen (unteres Bild) und das Fleisch im vorgeheizten Backrohr bei 210 Grad – unter öfterem Begießen mit dem restlichen Wein – etwa 1 1/2 Stunden lang braten; nach der halben Bratzeit wenden und mit Kümmel bestreuen. Den Braten etwa 10 Minuten lang entspannen lassen, aufschneiden und mit der Wurzelsauce zu Tisch bringen.
Ein herzhaftes Essen für den ersten Tag im Jahr!

ERGIBT 4 PORTIONEN

Einkaufsliste:

800 g magere Jungschweinbrust mit Schwarte, ohne Knochen
Salz, einige Pfefferkörner
1 TL Pökelsalz
5 Knoblauchzehen
2 Lorbeerblätter
einige Wacholderbeeren
2 Karotten
ein Stück Selleriewurzel
1 kleine Zwiebel
1 EL Öl zum Rösten
ein Schuß Essig
1/4 l trockener Weißwein
ein Sträußchen Thymian
Kümmel zum Bestreuen

Pariserspitz

Pariser Creme auf Mürbteigplätzchen

Einkaufsliste:

110 g glattes Mehl
40 g Staubzucker
70 g Butter
eine Prise Salz
1/2 Pkt. Vanillinzucker

Creme:

300 g Kochschokolade
1/4 l Schlagobers
1/2 Pkt. Vanillinzucker
1 kleines Stamperl Cointreau
50 g Butter

Backpapier für das Blech
Schokoladeglasur zum Überziehen

ERGIBT CA. 25 STÜCK

Vorbereitung:

Das Mehl mit dem Staubzucker auf eine Arbeitsfläche sieben; die kalte Butter rundum in Flocken verteilen; Salz und Vanillinzucker beifügen und alles zusammen rasch zu einem glatten Teig verarbeiten; diesen in Alu-Folie wickeln und zwei Stunden im Kühlschrank rasten lassen. Für die Creme die Schokolade klein hacken; das Obers mit dem Vanillinzucker zum Kochen bringen, die Schokolade dazugeben und einmal aufkochen lassen; zum Schluß den Cointreau einrühren und die Masse erkalten lassen.

Zubereitung:

Den Teig auf einer bemehlten Arbeitsfläche etwa 5 mm-dick ausrollen; mit einem kleinen Ausstecher (Durchmesser 3-4 cm) Plätzchen ausstechen (oberes Bild) und auf ein mit Backpapier ausgelegtes Blech legen; im vorgeheizten Backrohr bei 190 Grad ca. 10 Minuten lang zu heller Farbe backen. Die restliche Butter auf Handwärme bringen und mit der Schokolademasse vermengen; schaumig aufschlagen und dabei nötigenfalls noch etwas erwärmen; die Creme sodann in einen Dressiersack (glatte Tülle Nr. 12) füllen und spitzförmig auf die Kekse dressieren (unteres Bild); anschließend mindestens drei Stunden lang im Kühlschrank anziehen lassen. Die Schokoladeglasur laut Packungsvorschrift auflösen; das Konfekt eintauchen und zum Erstarren der Glasur kaltstellen.

Ein besonders erlesenes, zartschmelzendes Naschwerk für Verwöhnte!

Kohlsprossen-Suppe

mit Karotten

Einkaufsliste:

30 g glattes Mehl
40 g Butter
1 l fertige Rindsuppe
3 große, mehlige Erdäpfel (Bintje)
1 Pkt. Kohlsprossen tiefgekühlt
1/2 Pkt. kleine Karotten tiefgekühlt
Salz, Pfeffer aus der Mühle
eine Prise gemahlene Muskatnuß
3 EL Schlagobers
2 Dotter

junge Sellerieblätter zum Garnieren

ERGIBT 4 PORTIONEN

Vorbereitung:

Die Erdäpfel waschen, schälen und in Würfel schneiden; die Butter in einem großen Topf erhitzen und das Mehl darin hell anrösten; mit der kalten Suppe aufgießen und aufkochen lassen. Ein Drittel der Kohlsprossen, sowie die Erdäpfel beifügen und weichkochen lassen. Die Suppe im Mixer pürieren und durch ein feines Sieb streichen; mit Salz, Pfeffer und Muskatnuß würzen und wieder zum Kochen bringen.

Zubereitung:

In die kochende Suppe die restlichen Kohlsprossen und die Karotten geben; sodann auf kleiner Flamme nicht zu weich kochen. Das Obers mit den Dottern glatt verrühren und die nicht mehr kochende Suppe damit binden.

Mit jungen Sellerieblättern garniert, bringt man diese erstklassige Gemüsesuppe dampfendheiß zu Tisch.

Marzipanbäckerei

aus Plunderteig

Einkaufsliste:

1 Pkt. Plunderteig tiefgekühlt
150 g Rohmarzipan
70 g Staubzucker
1 kleines Stamperl Rum
50 g Marillenmarmelade

Dotter zum Bestreichen
gestiftelte Mandeln zum Bestreuen
Butter für das Backblech

ERGIBT 12 STÜCK

Vorbereitung:

Den Plunderteig laut Packungsvorschrift antauen lassen; das Marzipan in kleine Stücke schneiden und mit dem gesiebten Staubzucker und dem Rum zu einer glatten Masse verarbeiten; die Marmelade erwärmen.

Zubereitung:

Den Teig auf einer bemehlten Arbeitsfläche zu doppelter Größe ausrollen und eine Hälfte mit Marmelade bestreichen; das Marzipan in der Größe der bestrichenen Teighälfte ausrollen und auf die Marmeladefläche legen; den unbestrichenen Teil darüberschlagen und etwas andrücken; in zwölf Rechtecke schneiden und diese auf ein leicht gebuttertes Backblech legen; sodann mit versprudeltem Dotter bestreichen und mit den Mandelstiften bestreuen; im vorgeheizten Backrohr bei 210 Grad etwa 20 Minuten zu schöner, goldgelber Farbe backen; die Gebäckstücke auf dem Blech überkühlen lassen und danach die Ränder glattschneiden.

Ofenwarm serviert, kommt das feine Aroma dieser knusprigen Bäckerei besonders zur Geltung.

Muskatnußtorte

ein Gewürzkuchen besonderer Art

Einkaufsliste:

100 g glattes Mehl
200 g Staubzucker
200 g geriebene, ungeschälte Mandeln
100 g geriebene, geschälte Mandeln
1 MS Backpulver
5 Dotter
1 Ei
geriebene Schale einer halben Zitrone
je eine Prise Zimt- und Nelkenpulver
eine kräftige Prise gemahlene Muskatnuß
eine Prise Neugewürz

Butter für die Form
Ei zum Bestreichen

ERGIBT 12 STÜCK

Vorbereitung:

Das Mehl mit dem Staubzucker und dem Backpulver auf eine Arbeitsfläche sieben und in der Mitte eine Vertiefung machen; das Ei und die Dotter hineingeben, Mandeln und Gewürze beifügen (oberes Bild) und alles zu einem glatten Teig verkneten, den man eine halbe Stunde bei Zimmertemperatur rasten läßt.

Zubereitung:

Eine Tortenform mit Butter ausstreichen; zwei Drittel des Teiges in der Größe der Form ausrollen und in die Form legen; den restlichen Teig etwa 4 mm-dünn ausrollen und in 1 cm-breite Streifen schneiden, die man gitterartig auf den Teigboden legt; aus dem verbliebenen Teig eine Umrandung andrücken (unteres Bild) und die Tortenoberfläche mit versprudeltem Ei bestreichen; die Gewürzmasse sodann im vorgeheizten Backrohr bei 170 Grad etwa 50 Minuten lang zu schöner, goldbrauner Farbe backen; die Torte noch warm aus der Form lösen und erst nach dem vollständigen Erkalten portionieren.
Die etwas ungewöhnlichen Gewürze verleihen dieser Torte ihr interessantes Aroma – ein Ausprobieren lohnt sich!

Schweinsfilets mit Dörrzwetschken

Ein Rezept für Kalorienbewußte

Vorbereitung:

Die Zwetschken mit dem Cognac marinieren; Zwiebeln schälen und fein hacken; Knoblauch schälen und in feine Scheibchen schneiden; die Paradeiser kurz in kochendes Wasser tauchen, schälen und vierteln. Das Fleisch in etwa 20 cm-lange Stücke schneiden und zurechtputzen; in jedes Filet mit einem scharfen Messer der Länge nach einen Einschnitt machen und die Zwetschken einfüllen (oberes Bild); die Filets sodann mit Salz und Pfeffer würzen.

Zubereitung:

Das Öl in einer geräumigen Pfanne erhitzen; die Filets einlegen und rundum zu schöner Farbe braten; aus der Pfanne nehmen und warmstellen. Im Bratrückstand die Zwiebeln goldgelb anrösten; Knoblauch und Paradeiser beifügen und alles zu einer Sauce verkochen lassen; danach mit Wein aufgießen und mit Estragon würzen. Das Fleisch wieder einlegen (unteres Bild) und zugedeckt ca. eine halbe Stunde weichköcheln lassen; den Saft abseihen und nötigenfalls mit etwas Speisestärke binden; die Filets aufschneiden und mit dem Saft anrichten.
Mit Champignonreis als Beilage bringt man diese pikanten Schweinsfilets zu Tisch und reicht dazu einen blumigen Rotwein.

1 Portion enthält:

350 Kcal = 1470 K-Joule

ERGIBT 4 PORTIONEN

Einkaufsliste:

800 g Schweinsfilets
Salz, Pfeffer
150 g entsteinte Dörrzwetschken
1 großes Stamperl Cognac
120 g Zwiebeln
2 Knoblauchzehen
3 Paradeiser
etwas frischer Estragon
1/4 l Rotwein
30 g Olivenöl
eventuell Speisestärke zum Binden

Nougat-Oberssschnitten

eine besondere Feinheit

Einkaufsliste:

3 Eier
90 g Feinkristallzucker
80 g glattes Mehl
1 Pkt. Vanillinzucker

1/2 l Milch
1 Pkt. Vanillepuddingpulver
250 g heller Nougat
80 g Kristallzucker
1 Pkt. Vanillinzucker
1 kleines Stamperl Cognac
6 Blatt Gelatine
1/2 l Schlagobers

1/8 l geschlagenes Obers
1 kleines Stamperl Cognac
Schokoladespäne zum Verzieren

ERGIBT 12 STÜCK

Vorbereitung:

Die Dotter mit dem Vanillinzucker und einem Drittel des Zuckers sehr schaumigrühren; die Eiklar mit dem restlichen Zucker zu steifem Schnee schlagen und diesen zusammen mit dem gesiebten Mehl behutsam unter den Dotterabtrieb heben (oberes Bild); die Masse sodann fingerhoch auf ein mit Backpapier ausgelegtes Blech streichen und im vorgeheizten Backrohr bei 200 Grad etwa 15-20 Minuten lang backen. Das Biskuit erkalten lassen und danach in zwei verschieden breite, in eine Kastenform passende Streifen schneiden (für den Kuchenboden bzw. die Abdeckung).

Zubereitung:

Aus der Milch und dem Vanillepuddingpulver laut Packungsvorschrift einen Pudding bereiten; den Nougat zerkleinern; in den noch heißen Pudding den Zucker, sowie Vanillinzucker, Nougat und Cognac einrühren; alles zu einer glatten Masse verrühren, erkalten lassen und danach durch ein feines Sieb streichen. Die Gelatine in kaltem Wasser vorweichen, ausdrücken und in wenig warmem Wasser auflösen; 1/2 l Obers steif aufschlagen und zusammen mit der Gelatine unter die Puddingmasse heben. Eine Kastenform mit Klarsichtfolie auskleiden und den schmäleren Biskuitstreifen einlegen; die Puddingcreme einfüllen (unteres Bild) und mit dem breiteren Biskuitstreifen abdecken; die Schnitte sodann für vier Stunden in den Kühlschrank stellen; hernach vorsichtig aus der Form stürzen und die Folie abziehen. Das Obers mit Cognac verfeinern und damit die Schnitte an der Oberfläche bestreichen; mit Schokoladespänen bestreuen und mit einem in heißes Wasser getauchten, abgetrockneten Messer portionieren.

Gefüllte Leber

Einkaufsliste:

4 Rindsleberschnitzel à 130 g
Salz, Pfeffer aus der Mühle
250 g Champignons
1 mittlere Zwiebel
40 g Öl
1/2 EL Paradeismark
einige Spritzer Worcestersauce
1 Bund Petersilie
1 Knoblauchzehe
2 Semmeln
Milch zum Anweichen
2 Eier

Mehl, Ei und Semmelbrösel
zum Panieren
Öl zum Backen
Petersilie und Zitronenscheiben
zum Garnieren

ERGIBT 4 PORTIONEN

Vorbereitung:

Champignons waschen, putzen und dünnblättrig aufschneiden; Zwiebel schälen und fein hacken; Knoblauch schälen und zerdrücken; Petersilie waschen und hacken. Das Öl in einer Pfanne erhitzen und die Zwiebel mit den Champignons darin anrösten; mit Salz, Pfeffer, Knoblauch, Worcestersauce und Paradeismark würzen, etwas anrösten und erkalten lassen. Die Semmeln in der Milch einweichen, ausdrücken und zusammen mit den Eiern, den Champignons und der Petersilie zu einer Fülle verarbeiten. Die Leberschnitzel mit Pfeffer und etwas Worcestersauce würzen.

Zubereitung:

Die Fülle auf die Schnitzel verteilen, diese taschenförmig zusammenklappen und mit Zahnstochern fixieren (oberes Bild); sodann der Reihe nach in Mehl, versprudeltem Ei und Semmelbröseln panieren (unteres Bild). In einer geräumigen Pfanne gut fingerhoch Öl erhitzen und die Schnitzel darin beidseitig langsam zu schöner Farbe braten; herausnehmen und gut abtropfen lassen; auf einer vorgewärmten Platte anrichten und, mit Zitronenscheiben und Petersilie garniert, zu Tisch bringen.
Dazu schlagen wir als Beilage gebackenes Erdäpfelpüree oder Gemüse, und als Getränk einen spritzigen Weißwein vor.

Liptauer

ein pikanter Brotaufstrich

Einkaufsliste:

250 g Brimsen (Schafkäse)
200 g Butter
2 EL edelsüßes Paprikapulver
scharfes Paprikapulver nach Geschmack
1 TL Kümmel
Salz, Pfeffer aus der Mühle
1 große Zwiebel
3 Knoblauchzehen
6 Kapern
2 Essiggurkerln
1 EL scharfer Senf
eventuell etwas Bier oder Mineralwasser

Zwiebelringe, Paprikapulver und Schnittlauch zum Garnieren

Vorbereitung:

Kümmel grob hacken; Zwiebel schälen und feinst hacken; Essiggurkerln und Kapern ebenfalls feinst hacken; Knoblauch schälen und zerdrücken; die Butter auf Handwärme bringen und mit dem Brimsen verkneten.

Zubereitung:

Das Butter-Käsegemisch mit dem Senf zu einer sehr glatten Masse verrühren; sodann mit Paprikapulver, Kümmel, Salz und Pfeffer würzig abschmecken; Zwiebel, Knoblauch, Gurkerln und Kapern einrühren und nötigenfalls mit Bier oder Mineralwasser auflockern; diesen Abtrieb eine halbe Stunde im Kühlschrank anziehen lassen und vor dem Auftragen mit Schnittlauch, Zwiebelringen und Paprikapulver garnieren.
Zu diesem rustikalen Aufstrich reicht man Schwarzbrot und ein Krügerl gut gekühltes Bier.

ERGIBT 6 PORTIONEN

Gratinierte Spinatpalatschinken

Einkaufsliste:

3 Eier
120 g glattes Mehl
eine Prise Salz
Milch nach Bedarf
Butter zum Backen

300 g Blattspinat tiefgekühlt
50 g durchzogener Speck
1 mittlere Zwiebel
Salz, Pfeffer aus der Mühle
eine Prise gemahlene Muskatnuß
etwas Rindsuppe zum Aufgießen

geriebener Käse zum Bestreuen
Butterflöckchen zum Belegen

ERGIBT 4 PORTIONEN

mit Käse überbacken

Vorbereitung:

Die Eier mit dem gesiebten Mehl und einer Prise Salz zu einem sehr zähen Teig verrühren; so viel Milch beifügen, daß ein dünnflüssiger Palatschinkenteig entsteht, den man eine halbe Stunde rasten läßt; in etwas erhitzter Butter nacheinander dünne Palatschinken ausbacken und bereithalten. Zwiebel schälen und in feine Ringe schneiden; den Speck von der Schwarte trennen und klein würfeln.

Zubereitung:

In einer passenden Pfanne Speck und Zwiebelringe zusammen glasigrösten; den Spinat dazugeben und auf kleiner Flamme auftauen lassen; mit Salz, Pfeffer und Muskatnuß würzen, mit etwas Suppe aufgießen und kurz verkochen lassen; die Spinatfülle sodann auf die Palatschinken verteilen und diese jeweils dreieckig zusammenklappen; in eine feuerfeste Form legen, mit geriebenem Käse bestreuen und abschließend mit Butterflöckchen belegen; die Palatschinken im vorgeheizten Backrohr bei 200 Grad so lange überbacken, bis der Käse geschmolzen ist.

Eine kleine Mahlzeit, die hervorragend schmeckt!

Schokolade-Maronitorte

Einkaufsliste:

100 g Butter
100 g Staubzucker
100 g Kochschokolade
6 Eier
100 g glattes Mehl
100 g geriebene Mandeln

300 g Maronipüree
1 großes Stamperl Rum
etwas Zitronensaft
100 g Staubzucker
1 Pkt. Vanillinzucker
150 g Butter

etwas Ribiselmarmelade zum Bestreichen
Schokoladeglasur zum Glasieren
geschälte, gekochte oder gebratene Maroni zum Verzieren

ERGIBT 12 STÜCK

Vorbereitung:

Das Mehl sieben und mit den Mandeln vermengen; die Schokolade im Wasserbad schmelzen lassen. Die Butter mit der Hälfte des gesiebten Zuckers sehr schaumigrühren; nach und nach die Dotter und die Schokolade einrühren. Die Eiklar mit dem restlichen Zucker zu steifem Schnee schlagen und zugleich mit dem Mandel-Mehlgemisch unter den Abtrieb ziehen (oberes Bild); die Masse in eine gefettete und bemehlte Tortenform füllen und an der Oberfläche glattstreichen; im vorgeheizten Backrohr bei 200 Grad etwa 40 Minuten lang backen (Nadelprobe machen!). Die Torte in der Form erkalten lassen, aus der Form lösen und nach einer Ruhezeit von zwei Stunden in zwei Böden schneiden.

Zubereitung:

Das Maronipüree mit dem Rum, dem Zitronensaft, dem gesiebten Staubzucker und dem Vanillinzucker zu einer glatten Masse verrühren. Die Butter sehr schaumigrühren, das Püree dazugeben und die Masse nochmals schaumigrühren; falls erforderlich, mit noch etwas Rum abschmecken. Die Fülle auf einen der Tortenböden streichen (unteres Bild), den zweiten Boden daraufsetzen und die Torte für zwei Stunden in den Kühlschrank stellen; danach mit erhitzter Marmelade bestreichen und mit der laut Packungsvorschrift aufgelösten Glasur gleichmäßig überziehen; erkalten lassen und sodann mit einem in heißes Wasser getauchten Messer eine portionsweise Einteilung treffen; mit jeweils einer Maroni belegen und die Torte vorsichtig aufschneiden.
Eine noble, zartschmelzende Torte für einen festlichen Anlaß!

Speckbraten

ein saftiges Karree

Einkaufsliste:

800 g Schweinskarree ohne Knochen
250 g Speckscheiben
200 g Zwiebeln
Salz, Pfeffer
1 EL glattes Mehl
1/2 l helles Bier
je eine Prise Majoran, Thymian und Oregano
eine Prise Kümmel
1 Knoblauchzehe

Vorbereitung:

Zwiebeln schälen und fein hakken; das Karree an der Fettrandseite der Länge nach fächerartig tief einschneiden; in die so entstandenen Taschen jeweils eine Speckscheibe legen (oberes Bild); das Karree wieder in die alte Form bringen und mit Küchenspagat zusammenbinden; den restlichen Speck klein würfeln.

Zubereitung:

Die Speckwürfel in einer Bratpfanne auslassen; das Fleisch mit Salz, Pfeffer, Kümmel und Knoblauch würzen; in die Pfanne legen und rundum zu schöner Farbe braten; herausnehmen und warmstellen. Im Bratrückstand die Zwiebeln goldgelb rösten und mit Mehl stauben; mit Majoran, Thymian und Oregano würzen und danach mit Bier aufgießen; zu molliger Sauce verkochen lassen und das Fleisch wieder einlegen (unteres Bild); im vorgeheizten Backrohr bei 210 Grad unter häufigem Begießen mit Eigensaft und dem restlichen Bier etwa 1 1/2 Stunden fertigbraten; den Braten aus der Pfanne nehmen und entspannen lassen. Den Saft durch ein feines Sieb seihen; das Karree aufschneiden und mit dem Saft anrichten.

Als Beilage zu dieser rustikalen Mahlzeit schlagen wir Ihnen Sauerkraut und Erdäpfelknödel vor.

ERGIBT 4 PORTIONEN

Blutwurst-Auflauf

mit Erdäpfeln

Vorbereitung:

Die Erdäpfel waschen und in Salzwasser weichkochen; erkalten lassen, schälen und in Scheiben schneiden. Zwiebeln schälen und fein hacken; Knoblauch schälen und zerdrücken; Petersilie waschen und hacken. Die Blutwurst in fingerdicke Scheiben schneiden; sodann mit Salz, Pfeffer und zerdrücktem Knoblauch würzen; 50 g Schmalz oder Öl erhitzen und die Wurstscheiben darin braten; danach erkalten lassen (oberes Bild).

Zubereitung:

Eine feuerfeste Auflaufform mit Butter ausstreichen und mit Bröseln bestreuen; 30 g Fett erhitzen und die Zwiebeln darin goldbraun rösten. Eine Schichte Erdäpfelscheiben in die Form geben und die Hälfte der Zwiebeln darüberstreuen; mit etwas Petersilie bestreuen und die Wurstscheiben darauf verteilen; wieder mit Petersilie bestreuen, die restlichen Zwiebeln daraufgeben und die Erdäpfel einschichten; zu guter Letzt die verbliebene Petersilie darüberstreuen. Den Sauerrahm mit den Eiern und dem nötigen Salz versprudeln; dieses Gemisch sodann über die Erdäpfel gießen (unteres Bild); den Auflauf zum Schluß mit Butterflocken belegen und im vorgeheizten Backrohr bei 200 Grad etwa eine Stunde lang zu schöner Farbe backen.

Zu dieser herzhaften Hausmannskost empfehlen wir als Beilage frischen Salat und als Getränk ein gut gekühltes Bier.

ERGIBT 4 PORTIONEN

Einkaufsliste:

600 g Blutwurst
Salz, Pfeffer
2 Knoblauchzehen
50 g Schmalz oder Öl
1 kg mehlige Erdäpfel
30 g Schmalz oder Öl
2 große Zwiebeln
1 Bund Petersilie
1/2 l Sauerrahm
3 Eier

Butter und Brösel für die Form
Butterflocken zum Belegen

Orangen-Cremetorte

Aus Großmutters Kochbuch

Einkaufsliste:

5 Eier
120 g Feinkristallzucker
130 g glattes Mehl
1 Pkt. Vanillinzucker
geriebene Schale von zwei Orangen

1/4 l fertiger Vanillepudding
250 g Butter
100 g Staubzucker
4 Stk. Würfelzucker
1 Orange
1 Stamperl Cointreau
80 g geriebene, geröstete Haselnüsse
100 g Orangenmarmelade

Butter und Mehl für die Form
geriebene Mandeln zum Bestreuen
Cocktailkirschen zum Verzieren

ERGIBT 12 STÜCK

Vorbereitung:

Die Dotter mit der halben Zuckermenge und dem Vanillinzucker dickschaumig aufschlagen; die Eiklar mit dem restlichen Zucker zu steifem Schnee schlagen und zusammen mit dem gesiebten Mehl und der feingeriebenen Orangenschale unter die Dottermasse heben (oberes Bild); in eine gebutterte und bemehlte Tortenform füllen und im vorgeheizten Backrohr bei 200 Grad etwa 50 Minuten lang backen. Die Torte nach einer Ruhezeit von zwei Stunden aus der Form lösen und in zwei Böden schneiden.

Zubereitung:

Die Würfelzuckerstücke an der Schale der Orange kräftig reiben und danach im Cointreau auflösen; die Butter auf Handwärme bringen und mit dem gesiebten Staubzucker sehr schaumigrühren. Den Pudding durch ein feines Sieb passieren und nach und nach – zusammen mit den Haselnüssen und dem Cointreau – unter den Butterabtrieb rühren; die Creme nochmals tüchtig aufschlagen und einen kleinen Teil davon in einen Dressiersack (Sterntülle Nr. 6) füllen. Einen Tortenboden mit der Hälfte der erhitzten Marmelade bestreichen und ein Drittel der Creme darauf verteilen; den zweiten Tortenboden darauflegen und mit der restlichen Marmelade bestreichen; mit der verbliebenen Creme Rand und Oberfläche der Torte einstreichen (unteres Bild); portionsweise Rosetten aufdressieren und jeweils mit einer kandierten Kirsche verzieren; zuletzt die Torte an Rand und Oberfläche mit geriebenen Mandeln bestreuen und für drei Stunden in den Kühlschrank stellen; danach mit einem in heißes Wasser getauchten Messer in Portionen aufschneiden.

Truthahn-Salat mit Gemüse

Einkaufsliste:

400 g untere Truthahnschenkel
Salz, Pfeffer
20 g Öl
200 g gelbe Rüben
150 g Erbsen tiefgekühlt
je ein roter und grüner Paprika
2 säuerliche Äpfel
Saft von zwei Zitronen
etwas Weißweinessig
4 EL Olivenöl
einige Spritzer Worcestersauce

Paradeiser zum Garnieren

ERGIBT
4 VORSPEISEPORTIONEN

Vorbereitung:

Die Truthahnschenkel mit Salz und Pfeffer einreiben; gemeinsam mit dem Öl in eine Bratpfanne geben und im vorgeheizten Backrohr bei 200 Grad – unter öfterem Begießen mit Wasser oder Suppe – ca. eine Stunde lang braten; aus der Pfanne nehmen und erkalten lassen. Die gelben Rüben waschen, schälen und in kleine Würfel schneiden; in kochendem Salzwasser blanchieren und in einem Sieb gut abtropfen lassen. Die Erbsen ebenfalls blanchieren und abtropfen lassen. Vier Salatschalen vorkühlen.

Zubereitung:

Die Paprikaschoten waschen, halbieren, ausputzen und in kleine Würfel schneiden; die Äpfel schälen, vierteln, vom Kerngehäuse befreien und ebenfalls klein würfeln. Das Fleisch von den Knochen lösen und in feine Streifen schneiden; sodann mit den restlichen Gemüsezutaten behutsam vermengen. Zitronensaft, Essig, Öl, Worcestersauce, Salz und ein wenig Pfeffer zu einer glatten Marinade verrühren; über die Salatzutaten gießen und den Salat für zwei Stunden in den Kühlschrank stellen; danach in den vorgekühlten Schalen anrichten und mit den Paradeisern garnieren.
Wir empfehlen Ihnen, zu dieser delikaten und an Vitaminen reichen Vorspeise Vollkornbrot zu reichen.

Broccoli-Torte

Einkaufsliste:

200 g glattes Mehl
Milch nach Bedarf
15 g Germ
eine Prise Salz
5 EL Joghurt
4 EL Öl
2 Eier
1 Pkt. Broccoli tiefgekühlt

1/8 l Crème fraîche
1/4 l Milch
4 Eier
50 g geriebener Parmesan
Salz, weißer Pfeffer
eine Prise Cayennepfeffer

Butter und Brösel für die Form
geriebener Emmentaler Käse und Butterflocken zum Bestreuen

mit Käse überbacken

Vorbereitung:

Das Mehl auf eine Arbeitsfläche sieben und in der Mitte eine Mulde machen; die Germ in wenig lauwarmer Milch auflösen und in die Vertiefung gießen; Salz, Joghurt, Öl und zwei Eier beifügen und alles zu einem glatten, nicht zu festen Teig verarbeiten; zugedeckt an einem warmen Ort eine halbe Stunde rasten lassen. Broccoli in kochendem Salzwasser kurz blanchieren; in ein Sieb leeren, mit kaltem Wasser abschrecken und gut abtropfen lassen.

Zubereitung:

Eine feuerfeste Form mit Butter bestreichen und mit Bröseln ausstreuen; den Germteig auf einer bemehlten Arbeitsfläche ausrollen und die Form damit auskleiden. Crème fraîche mit der Milch, den Eiern, dem Parmesan, sowie Salz, Pfeffer und etwas Cayennepfeffer, glatt versprudeln. Den Broccoli auf dem Teig verteilen und mit dem Eiergemisch übergießen; mit geriebenem Käse und Butterflocken bestreuen und im vorgeheizten Backrohr bei 190 Grad etwa 50 Minuten lang zu schöner Farbe backen.

Eine besonders schmackhafte und ausgiebige Mahlzeit!

ERGIBT 4 PORTIONEN

Rosinenbuchteln

Vorbereitung:

Das Mehl mit dem Zucker auf eine Arbeitsfläche sieben und in der Mitte eine Mulde machen; die Germ in der lauwarmen Milch auflösen und mit etwas Mehl zu einem weichen Vorteig verrühren; in die Vertiefung gießen, mit Mehl bestäuben und eine halbe Stunde aufgehen lassen. Wenn die Oberfläche des Vorteiges grobe Risse zeigt, werden die restlichen Teigzutaten beigefügt; alles zu einem weichen, glatten Teig verkneten und zugedeckt an einem warmen Ort etwa 20 Minuten rasten lassen.

Zubereitung:

Die Rosinen mit dem Vanillinzucker, den Nüssen und dem Rum zu einer Masse verarbeiten; den Germteig auf einer bemehlten Arbeitsfläche etwa 5 mm-dick ausrollen und mit einem Krapfenausstecher Kreise ausstechen; auf jeden Teigkreis einen Teelöffel Fülle setzen (unteres Bild) und Buchteln formen; diese in zerlassene Butter tauchen und dicht nebeneinander in eine gebutterte Form schlichten; schön aufgehen lassen und im vorgeheizten Backrohr bei 190 Grad etwa 40 Minuten lang backen.

Diese flaumigen Buchteln schmekken besonders gut, wenn man sie ofenwarm mit Vanillesauce kredenzt.

ERGIBT CA. 25 STÜCK

Einkaufsliste:

400 g glattes Mehl
70 g Staubzucker
20 g Germ
1/8 l Milch
2 Eier
2 Dotter
geriebene Schale einer halben Zitrone
eine Prise Salz
80 g Butter

Fülle:

200 g verlesene Rosinen
90 g geriebene Walnüsse
2 große Stamperln Rum
1 Pkt. Vanillinzucker

Butter zum Eintauchen

Ungarisches Sauerfleisch

Savanyú-Vetrece

Einkaufsliste:

800 g ausgelöste Rindsschulter
120 g geräucherter Speck
60 g Schweineschmalz
200 g Zwiebeln
3 Knoblauchzehen
Schale von zwei Zitronen
Salz, Pfeffer aus der Mühle
2 Lorbeerblätter
2 EL edelsüßes Paprikapulver
1 TL Senf
2 TL brauner Rohrzucker
3/8 l trockener Weißwein (Burgunder)
1/4 l Sauerrahm
1 EL glattes Mehl

gehackte Petersilie zum Bestreuen

Vorbereitung:

Den Sauerrahm mit dem Mehl glatt versprudeln; Zwiebeln schälen und feinst hacken; Knoblauch schälen und in feine Scheibchen schneiden; den Speck von der Schwarte trennen und in Streifen schneiden; die Zitronenschale in feine Streifen schneiden; das Fleisch in längliche Stücke bzw. Stäbchen schneiden und mit Salz, sowie mit Pfeffer aus der Mühle, würzen (oberes Bild).

Zubereitung:

Das Schmalz in einer geräumigen Pfanne gut erhitzen; Speck und Zwiebel darin hell anrösten, den Knoblauch beifügen und mitrösten lassen; sodann das Fleisch dazugeben und möglichst rasch anrösten; danach die Hitze reduzieren und das Ganze mit Paprikapulver, Zitronenschale, Senf, Zucker und Lorbeer würzen; mit dem Wein aufgießen (unteres Bild) und alles zusammen auf kleiner Flamme weichköcheln lassen; wenn nötig, noch etwas Wein oder Suppe nachgießen. Sobald das Fleisch schön weich ist, rührt man das Sauerrahmgemisch ein und läßt alles noch einige Minuten köcheln; das Gericht nach Belieben scharf abschmecken, anrichten und zuletzt mit Petersilie bestreuen.

Als Beilage zu dieser Spezialität aus unserem Nachbarland reicht man in Butter geschwenkte Teigwaren oder – noch passender – ungarische Tarhonya.

ERGIBT 4 PORTIONEN

Gebackener Sellerie

ein köstliches Gemüse

Einkaufsliste:

2 große, feste Sellerieknollen
1 EL glattes Mehl
Saft einer Zitrone
Salz
Mehl zum Andrücken
3 Eier
40 g Kürbiskerne
(aus dem Reformhaus)
40 g Semmelbrösel

Öl zum Backen

ERGIBT 4 PORTIONEN

Vorbereitung:

Den Sellerie gründlich waschen, schälen und dabei eventuelle dunkle Stellen entfernen; zwei Liter kaltes Wasser salzen, mit Zitronensaft versehen und das Mehl darin versprudeln; die Sellerieknollen einlegen und das Wasser auf kleiner Flamme zum Kochen bringen; den Sellerie etwa eine halbe Stunde lang nicht zu weich kochen; danach in kaltes Wasser legen und auskühlen lassen. Die Kürbiskerne entweder mit dem Mixstab oder im Mixbecher zermahlen und mit den Semmelbröseln vermengen.

Zubereitung:

Die erkalteten Knollen in fingerdicke Scheiben schneiden; mit etwas Salz würzen und in Mehl andrücken; sodann durch die versprudelten Eier ziehen und im Semmelbröselgemisch panieren. In einer passenden Pfanne fingerhoch Öl erhitzen, die Selleriescheiben einlegen und rasch beidseitig goldgelb backen; auf einem Küchenkrepp abtropfen lassen und mit Kräutermayonnaise und beliebigem Salat anrichten.

Dieses einfache, aber herrliche Gemüsegericht muß unbedingt sehr heiß serviert werden.

Kiwi-Parfait

ein anspruchsvolles Dessert

Einkaufsliste:

4 mittlere, reife Kiwifrüchte
eine halbe, reife Banane
Saft einer halben Zitrone
1 großes Stamperl Kiwilikör
2 Dotter
1 Ei
100 g Staubzucker
3/8 l Schlagobers
1 Pkt. Vanillinzucker
2 Blatt Gelatine

Schokoladespäne, Kiwistückchen und Orangen- oder Cumquatstückchen zum Garnieren

ERGIBT 4 – 6 PORTIONEN

Vorbereitung:

Die Kiwis schälen und durch ein feines Sieb streichen oder mit dem Mixstab pürieren; die Banane schälen und feinst zerdrücken; mit dem Kiwipüree, Zitronensaft und mit Kiwilikör verrühren und kaltstellen. Die Gelatineblätter in kaltem Wasser vorweichen; die Dotter und das Ei mit dem gesiebten Staubzucker über Dunst dickcremig aufschlagen; vom Wasserbad nehmen und so lange weiterschlagen, bis die Masser erkaltet ist.

Zubereitung:

Das Obers mit dem Vanillinzucker steif aufschlagen; die Gelatine ausdrücken und in ganz wenig heißem Wasser auflösen; zusammen mit dem Obers unter das Püree ziehen; die Masse sodann in eine geeignete Glas- oder Gefrierform füllen und für 4-6 Stunden in das Tiefkühlfach stellen. Aus dem Parfait mit einem Eßlöffel Nockerln ausstechen, die man mit Schokoladespänen verziert; zu guter Letzt garniert man noch mit Kiwi- und Orangen- oder Cumquatstückchen und kredenzt diese leichte, fruchtige Gaumenfreude so schnell wie möglich.

Indianer-Torte

gefüllt mit Kaffeecreme

Einkaufsliste:

4 Eier
110 g Feinkristallzucker
90 g glattes Mehl
eine Prise Salz
etwas Vanillinzucker
Butter und Mehl für die Bleche

Creme:

1/4 l Milch
1/2 Pkt. Vanillepuddingpulver
1 EL löslicher Kaffee
100 g Marillenmarmelade
200 g Butter
100 g Staubzucker
1 kleines Stamperl Kaffeelikör
1 Dotter

helle Schokoladeglasur zum Überziehen

ERGIBT 12 STÜCK

Vorbereitung:

Vier Dotter mit einem Drittel des Kristallzuckers und dem Vanillinzucker sehr schaumigrühren; die Eiklar mit dem restlichen Zucker und einer Prise Salz zu steifem Schnee schlagen; löffelweise das gesiebte Mehl und den Schnee unter den Dotterabtrieb heben (linkes Bild); sodann jeweils ein Viertel der Masse in der Größe eines Tortenbodens dünn auf gefettete und bemehlte Backbleche streichen (rechtes Bild); im vorgeheizten Backrohr bei 190 Grad etwa 15 Minuten lang zu heller Farbe backen; die Böden heiß vom Blech lösen und rundum gleichschneiden.

Zubereitung:

Für die Creme aus der Milch und dem Puddingpulver laut Packungsvorschrift einen Pudding bereiten; noch heiß, den Kaffee einrühren und darin auflösen; den Pudding erkalten lassen und durch ein feines Sieb streichen. Die Tortenblätter dünn mit erhitzter Marmelade bestreichen; die Butter auf Handwärme bringen und mit dem gesiebten Staubzucker sehr schaumigrühren; löffelweise den Pudding beigeben und wieder schaumigrühren; zuletzt den Kaffeelikör und den Dotter beifügen und gut verrühren. Drei der Tortenböden mit der Creme bestreichen und zusammensetzten; den vierten Tortenboden, mit der Marmeladeseite nach oben, darauflegen und leicht andrücken; die Torte dann für zwei Stunden in den Kühlschrank stellen. Die Glasur laut Packungsvorschrift auflösen und die Torte damit gleichmäßig überziehen; nach dem Erstarren der Glasur mit einem in heißes Wasser getauchten, abgetrockneten Messer portionieren.
Eine überaus elegante und feine Torte für einen festlichen Anlaß!

Forelle im Käsemantel

Fisch – schnell bereitet

Einkaufsliste:

2 Forellen à 400 g
Salz, weißer Pfeffer
Saft einer halben Zitrone
1/2 Bund Petersilie
glattes Mehl zum Andrücken
2 Eier
50 g geriebener Emmentaler- oder Gouda-Käse
50 g Semmelbrösel

Öl zum Backen
gehackte Petersilie zum Bestreuen

Vorbereitung:

Die Fische gründlich unter fließendem, kalten Wasser waschen und trockentupfen; mit einem scharfen Messer den Fischkopf abtrennen und entlang des Rückgrates einen Einschnitt bis zu den Gräten machen; auf diese Art und Weise die Filets ablösen (oberes Bild); sodann mit Zitronensaft, Salz und etwas weißem Pfeffer würzen. Petersilie waschen und fein hacken.

Zubereitung:

Die Filets mit Petersilie bestreuen und in Mehl andrücken; danach durch die versprudelten Eier ziehen und in einem Gemisch aus Bröseln und Käse panieren (unteres Bild). In einer geräumigen Pfanne das Öl gut erhitzen und die Filets einlegen; beidseitig etwa 6-8 Minuten zu schöner Farbe backen, herausnehmen und gut abtropfen lassen; auf einer vorgewärmten Platte anrichten, mit Zitronenspalten garnieren und mit gehackter Petersilie bestreuen; sodann mit Petersilkartofferln und Mayonnaise oder Sauce tartare zu Tisch bringen.
Besonders schmackhaft und knusprig ist dieses einfach bereitete Fischgericht!

ERGIBT 4 PORTIONEN

Mohnsoufflés

mit Weißweinbirnen

Einkaufsliste:

3 Eier
70 g Butter
50 g Staubzucker
50 g Weißbrotwürfel
ca. 1/8 l Weißwein
1 Pkt. Vanillinzucker
eine Prise Salz
geriebene Schale einer halben Zitrone
1 kleines Stamperl Rum
90 g frisch gemahlener Mohn

4 reife, aber feste Birnen
1/2 l herber Weißwein
100 g Kristallzucker
ein Stückchen Zimtrinde
ein Stück Zitronenschale
einige Gewürznelken
ein Stamperl Birnengeist

1 Pkt. Heidelbeeren tiefgekühlt
100 g Staubzucker
Saft einer Zitrone

Butter und Brösel für die Förmchen
Staubzucker zum Bestreuen

ERGIBT 6 PORTIONEN

Vorbereitung:

Die Birnen waschen und schälen; den Weißwein mit einem halben Liter Wasser vermengen; die Birnen, sowie den Zucker, die Zimtrinde, die Zitronenschale und die Gewürznelken, beifügen und auf kleiner Flamme nicht zu weich kochen; sodann den Birnengeist dazugeben und die Birnen im eigenen Sud erkalten lassen. Die Hälfte der Heidelbeeren mit dem Staubzucker aufkochen lassen; danach durch ein feines Sieb streichen und die restlichen Beeren einmengen; die Sauce mit Zitronensaft abschmecken und warmstellen.

Zubereitung:

Die Brotwürfel mit dem Wein befeuchten. Die Butter mit Vanillinzucker, Salz, Rum und Zitronenschale sehr schaumigrühren; nach und nach die Dotter beigeben und wieder schaumigrühren. Die Eiklar mit dem gesiebten Staubzucker zu steifem Schnee schlagen; zusammen mit den Brotwürferln und dem Mohn unter den Butterabtrieb heben (oberes Bild); diese Masse dann in einen Dressiersack füllen. Sechs feuerfeste Förmchen mit Butter ausstreichen und mit Bröseln ausstreuen; mit der Mohnmasse füllen (unteres Bild) und in ein heißes Wasserbad stellen; auf ganz kleiner Flamme etwa 20 Minuten pochieren, die Soufflés sodann behutsam aus den Formen stürzen und mit Staubzucker bestreuen. Die Birnen aus dem Sud nehmen und gut abtropfen lassen; die Soufflés mit den Birnen und der Heidelbeersauce anrichten und sogleich zu Tisch bringen.

Eine wahre Köstlichkeit!

Erdäpfel-Paprikagulasch

Einkaufsliste:

500 g Erdäpfel einer mehligen Sorte
40 g Butter
je ein roter, grüner und gelber Paprika
1 große Zwiebel
2 EL edelsüßes Paprikapulver
ein Spritzer Essig
ca. 1 l Rindsuppe
Salz, Pfeffer
je eine Prise Kümmel und Majoran
1/2 Bund Petersilie
1 Lorbeerblatt
1/4 l Sauerrahm

Sauerrahm und Paprikapulver zum Garnieren

 ERGIBT 4 PORTIONEN

mit Sauerrahm

Vorbereitung:

Zwiebel schälen und fein hacken; Erdäpfel schälen, in kleine Würfel schneiden und in kaltem Wasser bereithalten; Petersilie waschen und fein hacken; Paprikaschoten waschen, halbieren, ausputzen und klein würfeln.

Zubereitung:

Die Butter in einem großen Topf erhitzen und die Zwiebel darin goldgelb rösten; die Paprika und das Paprikapulver beifügen, kurz durchrösten und mit Essig ablöschen; sodann mit ca. 1 Liter Rindsuppe aufgießen und alles glatt verkochen lassen; die Erdäpfel in einem Sieb gut abtropfen lassen und ebenfalls dazugeben; das Ganze mit Salz, Pfeffer, Kümmel, Majoran, sowie mit Petersilie und Lorbeer, würzen und auf kleiner Flamme etwa eine halbe Stunde köcheln lassen. Den Sauerrahm glatt versprudeln, ungefähr 5 Minuten vor Ende des Kochvorganges einrühren und mitkochen lassen. Das Gulasch anrichten und zuletzt mit Sauerrahm und Paprikapulver garnieren.
Zu diesem rustikalen Eintopf paßt am besten ein Stück Schwarzbrot mit einem Gläschen Bier.

Heringe in Aspik

für Ihr Buffet

Einkaufsliste:

400 g marinierte Heringe (Russen)
200 g Erbsen tiefgekühlt
12 eingelegte Chilis
10 Essiggurkerln
2 Stangen Lauch
1/2 l Weißwein
1/2 l klare Fisch- oder Rindsuppe
1 kleines Glas trockener Sherry
einige Spritzer Sojasauce
Salz, weißer Pfeffer
Essig nach Geschmack
8 Blatt Gelatine

Zwiebelstreifen und Paprikapulver zum Garnieren

ERGIBT CA. 8 PORTIONEN

Vorbereitung:

Die Heringe aus der Marinade nehmen, gut abtropfen lassen und in etwa 3 cm-lange Streifen schneiden; die Chilischoten aus dem Glas nehmen, in einem Sieb mit kaltem Wasser abbrausen und ebenfalls gut absinken lassen; die Erbsen kurz in kochendem Wasser blanchieren, in ein Sieb leeren und ebenso abtropfen lassen; die Gurkerln in feine Streifen schneiden; den Lauch waschen, putzen, in dünne Ringe schneiden, in Salzwasser blanchieren und abtropfen lassen.

Zubereitung:

Die Suppe entfetten und sodann mit dem Wein, dem Sherry, der Sojasauce, sowie Salz, Pfeffer und Essig nach Geschmack, verrühren; die Gelatine in kaltem Wasser vorweichen, gut ausdrücken und in wenig heißer Suppe auflösen; danach unter die restliche Suppe rühren. Eine Rehrückenform mit etwas Gelee ausgießen und einen Teil der Heringsstücke und Chilis einlegen; den Lauch mit den Gurkerln und Erbsen, sowie mit den restlichen Heringen und Chilis vermengen; in die Form geben und das verbliebene Gelee darübergießen; mindestens fünf Stunden – am besten jedoch über eine Nacht – im Kühlschrank stocken lassen; danach die Form kurz in heißes Wasser tauchen und auf eine geeignete Platte stürzen; das Aspik zu guter Letzt mit Zwiebelstreifen garnieren und mit Paprikapulver bestreuen.

Schwarzbrot, Essig und Öl, sowie Salz und Pfeffer, werden zu diesem delikaten Imbiß separat gereicht.

Apfel-Mohntorte

Aus Großmutters Kochbuch

Einkaufsliste:

6 Eier
200 g Staubzucker
eine Prise Salz
1 Pkt. Vanillinzucker
geriebene Schale einer halben Zitrone
200 g gemahlener Mohn
110 g geriebene Walnüsse
4 mittlere, säuerliche Äpfel
Saft einer halben Zitrone

Butter und Mehl für die Form
Staubzucker zum Bestreuen

ERGIBT 12 STÜCK

Vorbereitung:

Die Dotter mit einem Drittel der gesiebten Zuckermenge, dem Vanillinzucker und dem Salz sehr schaumigrühren; die Eiklar mit dem restlichen Zucker zu steifem Schnee schlagen. Währenddessen die Äpfel schälen, vierteln, vom Kerngehäuse befreien und in dünne Spalten schneiden; mit Zitronensaft beträufeln und bereithalten. Die Dottermasse unter den Schnee heben und sodann die Nüsse, den Mohn, sowie die Äpfel und Zitronenschale, gleichzeitig darunterziehen (oberes Bild).

Zubereitung:

Die Masse in eine gebutterte und bemehlte Form füllen und an der Oberfläche glattstreichen (unteres Bild); im vorgeheizten Backrohr bei 170 Grad etwa 50 Minuten lang backen (Nadelprobe machen!) und die Torte in der Form erkalten lassen; nach einer Ruhezeit von zwei Stunden aus der Form lösen und mit Staubzucker übersieben. Wenn Sie dieser wunderbaren Torte ein besonders dekoratives Aussehen verleihen wollen, legen Sie vor dem Überzuckern einen Scherenschnitt aus Butterpapier darauf (im Papierhandel erhältlich).
Eine empfehlenswerte Mehlspeise für Ihren Kaffeetisch!

Rostbraten in Pfeffersauce

Ein Rezept für Kalorienbewußte

Vorbereitung:

Das Fleisch (bestellen Sie einige Tage vorher bei Ihrem Fleischer und verwenden Sie nur Fleisch erster Qualität) mit dem Cognac beträufeln und zwei Stunden marinieren lassen; Zwiebel schälen und fein hacken; die Pfefferkörner aus dem Glas nehmen, in einem Sieb mit kaltem Wasser abspülen und gut abtropfen lassen; Petersilie waschen und fein hacken (oberes Bild).

Zubereitung:

Das Fleisch beidseitig mit Salz, Pfeffer und Senf einreiben. In einer geräumigen Pfanne das Öl erhitzen und das Fleisch darin – unter mehrmaligem Wenden – insgesamt 10-12 Minuten lang braten; aus der Pfanne nehmen und warmstellen. Das Öl aus der Pfanne gießen und die Zwiebel kurz anrösten lassen; die Pfefferkörner beifügen, kurz mitrösten und das Ganze mit Bratensaft und Schlagobers aufgießen (unteres Bild); die Petersilie dazugeben und alles zusammen schön verkochen lassen; den Sauerrahm versprudeln und in die Sauce einrühren.

Die Rostbraten mit der Sauce anrichten und mit in Butter geschwenkten Teigwaren, sowie mit grünem Salat als Beilage, zu Tisch bringen.

1 Portion enthält:

365 Kcal = 1538 K-Joule

ERGIBT 4 PORTIONEN

Einkaufsliste:

4 Rostbraten à 200 g
1 kleines Stamperl Cognac
Salz, Pfeffer aus der Mühle
2 TL scharfer Senf
40 g Öl
2 EL grüne Pfefferkörner aus dem Glas
1/2 Bund Petersilie
1 kleine Schalottenzwiebel
2 EL Bratensaft
1/4 l Schlagobers
2 EL Sauerrahm

Parmesan-Erdäpfel

Knuspriges zu Bier oder Wein

Einkaufsliste:

500 g mehlige Erdäpfel
Salz, Pfeffer aus der Mühle
eine Prise gemahlene Muskatnuß
3 EL Schlagobers
50 g geriebener Parmesan
1 Ei
2 Dotter

geriebener Parmesan zum Bestreuen
Ei zum Bestreichen
Butter für die Förmchen
Butterflocken zum Belegen

ERGIBT 12 STÜCK

Vorbereitung:

Die Erdäpfel waschen und in Salzwasser weichkochen; abseihen, noch heiß schälen und auf ein Backblech legen; im Backrohr bei 150 Grad etwa 20 Minuten lang nachtrocknen lassen; danach durch das feine Sieb der Flotten Lotte passieren. Kleine Tortelettförmchen mit etwas Butter ausstreichen.

Zubereitung:

Die passierten Erdäpfel mit dem Obers, dem Parmesan, sowie dem Ei und den Dottern, zu einer Masse verarbeiten; mit Salz, Pfeffer und Muskatnuß würzig abschmekken und in die Förmchen drücken; sodann auf ein Backblech stürzen und mit versprudeltem Ei bestreichen; mit frisch geriebenem Parmesan bestreuen, mit Butterflokken belegen und im vorgeheizten Backrohr bei 180 Grad etwa 20 Minuten lang überbacken.

Dieses rustikale Jausengebäck wird ofenwarm kredenzt und schmeckt einfach herrlich!

Feine Waffeln

Einkaufsliste:

3 Eier
eine Prise Salz
1/2 Pkt. Vanillinzucker
geriebene Schale einer halben Zitrone
ca. 130 g glattes Mehl
ca. 1/4 l Weißwein

Öl zum Backen
Staubzucker zum Bestreuen

ERGIBT CA. 25 STÜCK

aus Weinbackteig

Vorbereitung:

Die ganzen Eier mit dem Salz, dem Vanillinzucker, der Zitronenschale und dem gesiebten Mehl zu einem sehr zähen, glatten Teig verrühren; 20 Minuten rasten lassen und danach mit Hilfe einer Schneerute den Wein einrühren; nochmals glatt verrühren und weitere 20 Minuten rasten lassen.

Zubereitung:

Das Öl in einem geräumigen Topf erhitzen, die Waffelform eintauchen und einige Minuten heiß werden lassen; sodann in den Teig tauchen, etwas abtropfen lassen und wiederum in das heiße Fett tauchen; das Gebäckstück zu goldgelber Farbe backen und auf einem Küchenkrepp gut abtropfen lassen. Diesen Vorgang so oft wiederholen, bis der Teig zur Gänze aufgebraucht ist.

Die Wafferln ausgiebig mit Staubzucker bestreuen und mit beliebigem Kompott oder Fruchtsauce aufwarten.

Wespennester

Einkaufsliste:

Teig:

400 g glattes Mehl
80 g Staubzucker
80 g Butter
2 Eier
3 Dotter
5 g Salz
geriebene Schaler einer halben Zitrone
ca. 1/4 l Milch
30 g Germ

Fülle:

100 g Butter
120 g gemahlener Mohn
130 g geriebene Nüsse
100 g Rosinen
1 kleines Stamperl Rum
eine Prise Zimt
80 g Kristallzucker

Butter zum Wälzen

Vorbereitung:

Das Mehl mit dem Staubzucker auf eine Arbeitsfläche sieben und in der Mitte eine Mulde machen; die Germ in der lauwarmen Milch auflösen und in die Vertiefung gießen; mit etwas Mehl zu einem weichen Vorteig verrühren, an der Oberfläche mit Mehl bestäuben und an einem warmen Ort eine halbe Stunde rasten lassen; danach mit den restlichen Teigzutaten (oberes Bild) zu einem glatten, geschmeidigen Germteig verarbeiten; zu einer Kugel formen und an einem warmen Ort zugedeckt eine weitere halbe Stunde gehen lassen. Die Rosinen mit dem Rum beträufeln.

Zubereitung:

Den Teig auf einer bemehlten Arbeitsfläche kleinfingerdick ausrollen; 100 g Butter zerlassen und den Teig damit beträufeln; sodann mit dem Mohn, den Nüssen und Rosinen, sowie Zucker und Zimt, bestreuen; zu einem Strudel einrollen und diesen in etwa 4 cm-breite Scheiben schneiden; die Schnecken in warmer Butter wälzen und dicht nebeneinander aufrecht in eine feuerfeste Form schichten (unteres Bild); an einem warmen Ort nochmals eine halbe Stunde gehen lassen und anschließend im vorgeheizten Backrohr bei 190 Grad etwa 40 Minuten lang backen; in der Form überkühlen lassen und am besten ofenwarm – noch besser mit Vanillesauce – zu Tisch bringen.
Eine wunderbare, süße Haupt- oder Nachspeise aus Germteig!

ERGIBT CA. 15 STÜCK

Käse-Torte aus Blätterteig

Einkaufsliste:

2 Pkt. Blätterteig tiefgekühlt
300 g passierter Magertopfen
4 Knoblauchzehen
2 EL edelsüßes Paprikapulver
Cayennepfeffer nach Geschmack
Salz, Pfeffer
einige Spritzer Worcestersauce

300 g Mascarpone
120 g Preßschinken, dünn aufgeschnitten
1 roter Paprika
1 kleine Zwiebel
1 EL Kapern
1/2 Bund gehackte Petersilie
1 kleines Stamperl Cognac

300 g Gervais-Käse
2 Pkt. 8-Kräuter tiefgekühlt
einige Spritzer Zitronensaft
2 Knoblauchzehen
2 Essiggurkerln

eventuell Milch oder Obers
Ei zum Bestreichen
Paprikapulver und Schnittlauch zum Verzieren

Vorbereitung:

Den Blätterteig laut Packungsvorschrift antauen lassen und auf einer bemehlten Arbeitsfläche dünn ausrollen; drei Böden in der Größe einer Tortenform ausstechen und mit einer Gabel mehrmals einstechen; aus dem restlichen Teig beliebige, kleine Formen ausschneiden (linkes Bild) und mit versprudeltem Ei bestreichen. Die Tortenböden, sowie die Ornamente, auf ein mit kaltem Wasser abgespültes Blech legen und im vorgeheizten Backrohr bei 210 Grad etwa 15 Minuten lang zu schöner Farbe backen; auf dem Blech erkalten lassen. Für die Topfenfülle den Knoblauch schälen und zerdrücken; sodann den Topfen mit dem Knoblauch, dem Paprikapulver, sowie Cayennepfeffer, Worcestersauce, Salz und Pfeffer, schaumigrühren; nötigenfalls mit etwas Milch oder Obers lockern. Die Paprikaschote waschen, halbieren, ausputzen und feinst hacken; den Schinken ebenfalle fein hacken; Zwiebel schälen und feinst hakken. Mascarpone, Schinken, Paprika, Zwiebel, Kapern, Petersilie und Cognac schaumigrühren; danach mit Salz und Pfeffer würzen und, falls erforderlich, ebenfalls mit Milch oder Obers lockern. Für die Gervaiscreme die Kräuter und die Gurkerln fein hacken; Knoblauch schälen und zerdrücken; sodann den Käse mit den vorgenannten Zutaten und dem Zitronensaft gut verrühren, mit Salz und Pfeffer würzen und eventuell mit Milch oder Obers lockern.

Zubereitung:

Einen Teigboden mit der Topfenfülle bestreichen (rechtes Bild); den zweiten Boden daraufsetzen und die Mascarponefülle aufstreichen; mit dem dritten Boden abschließen und mit einem Teil der Gervaiscreme die Torte an Rand und Oberfläche bestreichen. Die restliche Creme in einen Dressiersack (glatte Tülle Nr. 10) füllen und damit portionsweise zwölf Tupfen aufdressieren. Die Torte zu guter Letzt mit Paprikapulver und Schnittlauch bestreuen und mit den Gebäckornamenten belegen; danach für 3-4 Stunden in den Kühlschrank stellen und mit einem in heißes Wasser getauchten, abgetrockneten Messer aufschneiden.

ERGIBT 12 STÜCK

Mandelkuchen

mit Ribiselmarmelade

Einkaufsliste:

330 g glattes Mehl
15 g Germ
eine Prise Salz
lauwarme Milch nach Bedarf
50 g Butter
60 g Staubzucker
2 Eier
1 Dotter
etwas geriebene Zitronenschale
1 kleines Stamperl Rum
1/2 Pkt. Vanillinzucker

150 g Ribiselmarmelade
150 g geriebene, ungeschälte Mandeln
eine Prise Zimt

Butter für das Blech
Staubzucker zum Bestreuen

Vorbereitung:

Das Mehl auf eine Arbeitsfläche sieben und in der Mitte eine Mulde machen; die Germ in etwas lauwarmer Milch auflösen, in die Vertiefung giessen und mit wenig Mehl zu einem weichen Vorteig verrühren; an der Oberfläche mit Mehl bestäuben und an einem warmen Ort 20 Minuten gehen lassen; wenn der Vorteig an der Oberfläche grobe Risse zeigt, verrührt man ihn mit der zerlassenen Butter, dem Zucker, sowie den restlichen Teigzutaten und lauwarmer Milch nach Bedarf; den Teig so lange kneten, bis er seidig glänzt und Blasen wirft; danach zugedeckt an einem warmen Ort eine halbe Stunde rasten lassen.

Zubereitung:

Den Germteig auf einer bemehlten Arbeitsfläche kleinfingerdick ausrollen; sodann mit der Marmelade bestreichen, mit den Mandeln bestreuen und mit Zimt würzen; einrollen und die Roulade auf ein leicht gefettetes Backblech legen; auf dem Blech nochmals 20 Minuten aufgehen lassen und hernach im vorgeheizten Backrohr bei 190 Grad ca. 40 Minuten lang backen; noch heiß mit Staubzucker übersieben und erst nach dem Erkalten aufschneiden.

Eine ausgiebige Jausenmehlspeise mit zartem Mandel-Aroma!

ERGIBT 12 STÜCK

Kartoffelpuffer

auf polnische Art

Einkaufsliste:

3 Eier
glattes Mehl nach Bedarf
Salz
Milch nach Bedarf
600 g mehlige Erdäpfel
eine Prise gemahlene Muskatnuß
ein Bund Petersilie

zerdrückter Knoblauch zum Bestreichen
Öl zum Backen

ERGIBT 4 PORTIONEN

Vorbereitung:

Die Eier mit dem Salz versprudeln und so viel gesiebtes Mehl beifügen, daß ein zäher Teig entsteht; sodann mit Milch aufgießen, bis der Teig die Konsistenz eines dickeren Palatschinkenteiges aufweist; die Masse eine halbe Stunde rasten lassen. Petersilie waschen und fein hacken.

Zubereitung:

Die Erdäpfel waschen, schälen und auf einer groben Küchenreibe reißen; zusammen mit der Petersilie und der geriebenen Muskatnuß unter den Teig mengen; wenn nötig, mit etwas Milch verdünnen. In einer Palatschinkenpfanne knapp fingerhoch Öl erhitzen und einen Teil des flüssigen Teiges eingießen; auseinanderlaufen lassen und an beiden Seiten etwa 6 Minuten zu schöner, knusprigbrauner Farbe backen; den Fladen aus der Pfanne nehmen, gut abtropfen lassen und warmstellen; mit dem restlichen Teig ebenso verfahren, wobei man ab und zu etwas Öl in die Pfanne nachgießt. Die Erdäpfelpuffer mit frisch zerdrücktem Knoblauch bestreichen und mit Spinat und gerösteten Zwiebelringen anrichten.

Ganz besonders wichtig ist, daß diese rustikale, würzige Kartoffelspeise sehr rasch und sehr heiß aufgewartet wird, damit sie nichts von ihrer Güte einbüßt.

Haferflockenkuchen

Aus Großmutters Kochbuch

Einkaufsliste:

400 g Haferflocken
120 g Butter
100 g Staubzucker
3 Eier
2 Dotter
eine Prise Salz
1 Pkt. Vanillinzucker
1/2 Pkt. Backpulver
80 g Rosinen
etwas glattes Mehl
etwas mehr als 1/4 l Milch
geriebene Schale einer Zitrone

Butter und Brösel für die Form
Staubzucker zum Bestreuen

ERGIBT 12 STÜCK

Vorbereitung:

Eine Kastenform mit Butter ausstreichen und mit Bröseln ausstreuen; die Rosinen verlesen und mit dem Mehl vermengen; die Haferflocken mit dem Backpulver vermischen. Die Butter auf Handwärme bringen und mit der Hälfte des gesiebten Staubzuckers sehr schaumigrühren; nach und nach die fünf Dotter, sowie Salz und Vanillinzucker, beifügen und wieder schaumigrühren.

Zubereitung:

Die Eiklar mit dem restlichen gesiebten Zucker zu steifem Schnee schlagen; die Haferflocken mit der lauwarmen Milch in den Butterabtrieb einrühren; zusammen mit den Rosinen und der Zitronenschale unter den Schnee heben (oberes Bild); die Masse in die Form füllen und an der Oberfläche glatt verstreichen (unteres Bild); sodann im vorgeheizten Backrohr bei 180 Grad etwa 70 Minuten lang zu schöner Farbe backen (Nadelprobe machen!). Den Kuchen aus der Form lösen und erkalten lassen; nach einer Ruhezeit von zwei Stunden ausgiebig mit Staubzucker übersieben und portionieren.
Der ideale Jausenkuchen für den Nachmittagskaffee!

Party-Brot mit Käse gefüllt

Vorbereitung:

Zwiebeln schälen und fein hacken; Knoblauch schälen und zerdrükken; Essiggurkerln gut abtropfen lassen und fein würfeln; Kapern ebenfalls gut abtropfen lassen und fein hacken; Petersilie und Schnittlauch waschen und fein schneiden. Das Brot in etwa 1/2 cm-dicke Scheiben schneiden; daraus wiederum Rechtecke schneiden, vier davon ganz lassen und den Rest in Stangerln schneiden (oberes Bild). Die Butter erhitzen und die Zwiebeln darin anrösten; in einem Sieb abtropfen und erkalten lassen.

Zubereitung:

Den Gervais mit dem Topfen glatt verrühren; danach Kräuter, Gurkerln, Kapern, Zwiebel und Knoblauch, sowie Worcestersauce, Salz und Pfeffer unterrühren; sodann dreiviertel der Masse in einen Dressiersack (glatte Tülle Nr. 6) füllen. Zwei Brotschnitten der Länge nach mit Brotstangerln in Abständen von etwa 1 cm belegen und die Zwischenräume mit der Käsemasse auffüllen (unteres Bild); die nächste Lage Stangerln versetzt daraufschichten, wieder mit Käsemasse auffüllen und diesen Vorgang noch einmal wiederholen, sodaß ein schachbrettartiges Muster entsteht; mit den restlichen Brotschnitten abdecken und mit der verbliebenen Käsemasse an Rand und Oberfläche bestreichen. Das Partybrot für drei Stunden in den Kühlschrank stellen; zu guter Letzt mit Schnittlauch und Paprikapulver bestreuen und danach portionieren.

Neben herkömmlichen Brötchen und Aufstrichen haben Sie mit diesem pikanten Party-Brot eine hausgemachte Spezialität anzubieten.

Einkaufsliste:

ein halber Laib Schwarzbrot
200 g Gervais
250 g Topfen, 40 % Fettgehalt
2 Schalottenzwiebeln
20 g Butter
Salz, Pfeffer aus der Mühle
2 Essiggurkerln
1 EL Kapern
3 Knoblauchzehen
ein Bund Schnittlauch
ein Bund Petersilie
einige Spritzer Worcestersauce

scharfes Paprikapulver und gehackter Schnittlauch zum Bestreuen

Außerdem eignet sich dieses Brot ganz hervorragend zum Einfrieren, wobei die Schnitten einzeln zu verpacken sind und zum Auftauen einige Stunden in den Kühlschrank gelegt werden müssen.

ERGIBT 12 STÜCK

Hausgemachte Leberwurst

wie in alten Zeiten

Einkaufsliste:

500 g Schweinsleber
350 g Schopfbraten
250 g grüner Speck
ca. 2 m Wurstdarm
(beim Fleischer vorbestellen)
Salz, Pfeffer aus der Mühle
5 Knoblauchzehen
etwas Majoran und Thymian
etwas gemahlener Kümmel

50 g Schmalz oder Öl

**ERGIBT CA.
15 KLEINE WÜRSTCHEN**

Vorbereitung:

Die Leber säubern und von eventuellen Häutchen und Sehnen befreien; 2 Liter Salzwasser zum Kochen bringen, Leber und Schopfbraten einlegen und 10 Minuten kochen lassen; aus dem Sud nehmen und erkalten lassen. Den Speck in ganz kleine Würfel schneiden; den Knoblauch schälen und feinst zerdrücken; Leber und Fleisch zweimal durch die feine Scheibe des Fleischwolfes drehen.

Zubereitung:

Das Faschierte mit dem Speck, sowie mit Salz, Pfeffer, Majoran und Thymian vermengen; mit reichlich Knoblauch würzen, etwas Kochsud dazugeben und alles zu einer geschmeidigen Masse verarbeiten. Den Darm in kaltes Wasser legen und sodann entweder auf einen Wurstvorsatz (falls Sie eine Faschiermaschine besitzen), oder auf einen Dressiersack (glatte Tülle Nr. 12) stülpen; das Faschierte einfüllen und in Abständen von 10 bis 12 cm abbinden; die so gefertigten Würsterln in kochendes Salzwasser einlegen und bei Siedehitze ca. eine halbe Stunde überbrühen; herausnehmen, gut abtropfen und erkalten lassen; danach in gut erhitztem Schmalz oder Öl zu schöner Farbe braten.

Eine zünftige Hausmannskost, die man nach Belieben mit Sauerkraut oder einfach nur mit Gebäck zu Tisch bringt.

Käse-Schinkenauflauf

mit Blätterteig

Einkaufsliste:

250 g Blätterteig tiefgekühlt
300 g feingeriebener Emmentaler Käse
250 g Rohschinken
4 Eier
1/8 l Schlagobers
1/4 l Milch
Salz, weißer Pfeffer
eine Prise gemahlene Muskatnuß

geriebener Käse zum Bestreuen
Butter zum Beträufeln

ERGIBT 4 – 6 PORTIONEN

Vorbereitung:

Den Teig laut Packungsvorschrift antauen lassen und auf einer bemehlten Arbeitsfläche dünn ausrollen; eine geeignete, feuerfeste Form damit auslegen. Den Schinken in feine Streifen schneiden; die Eier mit dem Obers, der Milch und dem geriebenen Käse, sowie mit Salz, Pfeffer und Muskatnuß, glatt versprudeln; zum Schluß die Schinkenstreifen unterrühren.

Zubereitung:

Das Gemisch in die Form gießen und mit geriebenem Käse bestreuen; mit zerlassener Butter beträufeln und im vorgeheizten Backrohr bei 210 Grad etwa 40 Minuten lang zu schöner, goldgelber Farbe backen.

Dieser überaus köstliche, schmackhafte Auflauf wird sehr heiß serviert; dazu reicht man Gebäck und beliebigen Salat nach Saison.

Eine wahre Gaumenfreude für Käseliebhaber – dabei einfach in der Zubereitung!

Feine Pastete

mit gekochtem Tafelspitz

Vorbereitung:

Den Speck und das Karree in Streifen schneiden und mindestens dreimal durch die feine Scheibe des Fleischwolfes drehen; die Pistazien verlesen; das gekochte Rindfleisch in kleinfingerdicke Scheiben schneiden (oberes Bild); eine Kastenform mit Backpapier auslegen.

Zubereitung:

Den Speck mit dem Fleisch, dem nötigen Salz, dem Pastetengewürz und dem Cognac tüchtig vermengen; durch ein feines Sieb streichen und die Pistazien einarbeiten; sodann die Hälfte der Fleischmasse in die Kastenform füllen, den Tafelspitz einlegen und das restliche Faschierte daraufstreichen (unteres Bild); die Oberfläche glattstreichen und die Form in eine passende Kasserolle stellen; mit kaltem Wasser bis zwei Finger unter den Rand der Kastenform auffüllen; auf kleiner Flamme zum Kochen bringen und 2-3 Stunden zugedeckt mehr köcheln als kochen lassen (dabei immer wieder überprüfen, ob man noch etwas Wasser nachgießen muß). Die Pastete in der Form erkalten lassen, aus der Form lösen und zwei Stunden kaltstellen; das Papier behutsam abziehen und die Pastete in Scheiben aufschneiden.
Mit Zwiebelringen, Paradeisstückchen und Oliven garniert, bringt man diese Delikatesse zu Tisch.
Getränkeempfehlung: blumiger Rotwein.

ERGIBT 12 – 15 STÜCK

Einkaufsliste:

500 g mageres Schweinskarree
400 g frischer, grüner Speck
400 g gekochter Tafelspitz
Salz, Pfeffer aus der Mühle
25 g Pastetengewürz
(im Feinkosthandel erhältlich)
80 g Pistazien
1 großes Stamperl Cognac

Zwiebelstreifen, Paradeiser und Oliven zum Garnieren

Mürber Topfenkuchen

Einkaufsliste:

Teig:
300 g glattes Mehl
100 g Butter
60 g Staubzucker
1 Ei
eine Prise Salz
etwas weniger als 1/8 l Schlagobers
1 Pkt. Vanillinzucker
1 Pkt. Backpulver

Fülle:
250 g magerer, passierter Topfen
70 g Butter
70 g Staubzucker
1/8 l Sauerrahm
eine Prise Salz
1/2 Pkt. Vanillinzucker
2 Eier
80 g Rosinen
1 kleines Stamperl Rum
90 g geriebene, ungeschälte Mandeln

Backpapier für die Form
Ei zum Bestreichen
gestiftelte Mandeln und Staubzucker zum Bestreuen

ERGIBT 12 STÜCK

Vorbereitung:

Das gesiebte Mehl, den Staubzucker, die kalte Butter, sowie die restlichen Teigzutaten, rasch zu einem glatten Teig verkneten; in Alu-Folie wickeln und zwei Stunden im Kühlschrank rasten lassen; danach auf einer bemehlten Arbeitsfläche zu einem 5 mm-dicken Rechteck ausrollen; das Mehl von der Teigoberfläche kehren und ein Teigdrittel über das mittlere schlagen (linkes Bild); wiederum das Mehl abkehren und das zweite Teigdrittel darüberschlagen, sodaß drei Teigschichten entstehen. Diesen Arbeitsvorgang – vom Ausrollen bis zum Übereinanderschlagen – noch zweimal wiederholen und den Teig weitere zwei Stunden rasen lassen.

Zubereitung:

Die Butter erweichen und mit dem Topfen, dem Sauerrahm, den Dottern, sowie Salz und Vanillinzucker, sehr schaumigrühren; die Rosinen verlesen und mit dem Rum beträufeln. Die Eiklar mit dem gesiebten Zucker zu steifem Schnee schlagen; zusammen mit den Rosinen und den Mandeln behutsam unter die Topfenmasse heben. Eine geeignete Form mit Backpapier auslegen; den Teig auf einer bemehlten Arbeitsfläche etwa 3 mm-dünn ausrollen und bis zur Mitte in die Form legen, wobei auch der Rand ausgekleidet wird; die Topfenmasse einfüllen und den restlichen Teig darüberschlagen (rechtes Bild); die Ränder gut andrücken und die Teigoberfläche mit versprudeltem Ei bestreichen; zum Schluß mit gestiftelten Mandeln und ein wenig Staubzucker bestreuen; sodann im vorgeheizten Backrohr bei 170 Grad etwa 50 Minuten lang zu schöner Farbe backen; den Kuchen in der Form erkalten lassen, danach aus der Form lösen und das Papier abziehen.
Vor dem Portionieren wird dieser herrlich mürbe Kuchen noch kräftig mit Staubzucker übersiebt.

Gebackener Fleischstrudel

Vorbereitung:

Das Mehl auf eine Arbeitsfläche sieben und mit dem Öl, dem Salz und lauwarmem Essigwasser nach Bedarf zu einem weichen Teig verkneten; so lange bearbeiten, bis er seidig glänzt, und danach zu einer Kugel formen; diese auf einen mit Öl bestrichenen Teller legen, auch an der Oberfläche mit Öl bepinseln und eine halbe Stunde rasen lassen. Währenddessen Zwiebel und Knoblauch schälen und fein hacken; das Fleisch faschieren.

Zubereitung:

In einer Pfanne das Schmalz erhitzen, Zwiebel und Mehl beifügen und zu einer dunklen Einbrenn rösten; mit etwas Suppe oder Wasser aufgießen, dick verkochen lassen und zuletzt den Knoblauch dazugeben; die Einbrenn mit den restlichen Füllezutaten (oberes Bild) gut vermengen. Den Strudelteig auf einem bemehlten Tuch so dünn wie möglich ausziehen und die Ränder wegschneiden; die Butter zerlassen und auf den Teig träufeln; sodann die Fülle der Länge nach verteilen und dabei ein Teigdrittel freilassen (unteres Bild); mit Hilfe des Tuches einen Strudel formen und diesen auf ein leicht gefettetes Backblech legen; an der Oberfläche ebenfalls mit etwas Butter bestreichen und den Strudel im vorgeheizten Backrohr bei 200 Grad etwa eine Stunde lang backen; noch heiß in Portionen aufteilen und sogleich servieren.

Als Beilage zu dieser rustikalen Mahlzeit empfehlen wir Ihnen frischen Salat und als Getränk ein Krügerl Bier.

ERGIBT 4 PORTIONEN

Einkaufsliste:

200 g glattes Mehl
1 EL Öl
ein Spritzer Essig
eine Prise Salz
Öl zum Bestreichen

Fülle:

250 g gekochtes oder gebratenes Rindfleisch
250 g gebratenes Schweinefleisch, z.B. Schopfbraten
60 g Schmalz
30 g Mehl
1 große Zwiebel
4 Knoblauchzehen
Salz, Pfeffer
eine Prise Majoran

50 g Butter zum Beträufeln

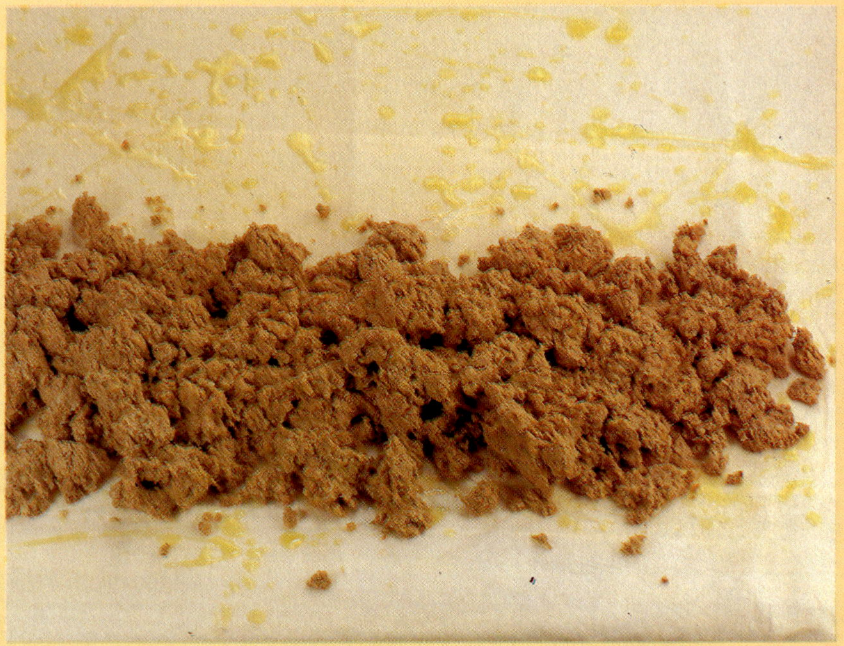

Paprika-Karpfen

Ein Rezept für Kalorienbewußte

Einkaufsliste:

1 Karpfen, ca. 1 kg,
küchenfertig hergerichtet
Salz, Pfeffer
etwas Zitronensaft
Mehl zum Bestäuben

30 g Öl
1 große Zwiebel
2 Knoblauchzehen
je 1 roter, grüner und gelber
Paprika
2 EL edelsüßes Paprikapulver
ein Schuß Essig
Fisch- oder Rindsuppe zum
Aufgießen
100 g Champignons
4 EL Sauerrahm
etwas Worcestersauce zum
Abschmecken
Petersilie zum Garnieren

in delikater Sauce

Vorbereitung:

Den Karpfen säuberlich waschen, trockentupfen und in etwa 60 g-schwere Stücke schneiden; mit Salz und Pfeffer würzen, mit Zitronensaft beträufeln und mit Mehl bestäuben. Die Paprikaschoten waschen, halbieren, ausputzen und grob würfeln; Zwiebel schälen und fein hacken; Knoblauch schälen und ebenfalls fein hacken.

Zubereitung:

Das Öl in einer geräumigen Pfanne gut erhitzen und die Fischstücke darin rundum zu schöner Farbe braten; aus der Pfanne nehmen und bereithalten. Im Bratrückstand die Zwiebel anrösten, das Paprikapulver dazugeben und kurz mitrösten lassen; mit Essig ablöschen und mit Fisch- oder Rindsuppe aufgießen; kurz verkochen lassen, Paprikawürferln und Knoblauch beifügen und etwa 20 Minuten mitkochen lassen, sodaß die Sauce eine mollige Konsistenz bekommt. Währenddessen die Champignons waschen, putzen und in feine Scheiben schneiden; zusammen mit den Fischstücken in die Sauce geben und das Ganze auf kleiner Flamme etwa 5 Minuten lang köcheln lassen; den Sauerrahm versprudeln, einrühren und weitere 5 Minuten mitköcheln lassen; zu guter Letzt mit Worcestersauce würzig abschmecken.
Das Fischragrout anrichten, mit Petersilie garnieren und mit Tarhonya oder anderen, in Butter geschwenkten Teigwaren, rasch zu Tisch bringen.

1 Portion enthält:

324 Kcal = 1360 K-Joule

ERGIBT 4 PORTIONEN

Rotkrautsuppe mit Wurst und Speck

Einkaufsliste:

800 g Rotkraut
200 g Zwiebeln
150 g Knoblauchwurst
20 g Selchspeck
3 Knoblauchzehen
30 g Öl
1/2 EL glattes Mehl
1 l fertige, kräftige Rindsuppe
Salz, Pfeffer aus der Mühle
eine Prise Cayennepfeffer
eine Prise Kümmel
1 Lorbeerblatt
ein guter Schuß Sherry oder Portwein

100 g Blätterteig tiefgekühlt
Ei zum Bestreichen
geriebener Käse zum Bestreuen
Schnittlauch zum Bestreuen

ERGIBT 4-6 PORTIONEN

Vorbereitung:

Das Kraut putzen, waschen und halbieren; vom Strunk und von harten Blattrippen befreien und in feine Streifen schneiden; sodann salzen, zusammenpressen und stehen lassen. Zwiebeln schälen und in feine Ringe schneiden; Knoblauch schälen und in feine Scheibchen schneiden; die Wurst in dünne Scheiben schneiden; den Speck klein würfeln. Den Blätterteig antauen lassen, etwas ausrollen und mit versprudeltem Ei bestreichen danach mit Käse bestreuen und in Schnitten schneiden; auf ein mit kaltem Wasser abgespültes Backblech legen und im vorgeheizten Backrohr bei 210 Grad etwa 15 Minuten lang backen.

Zubereitung:

In einer großen Kasserolle das Öl erhitzen und darin Speck und Zwiebeln glasigrösten; das Kraut gut ausdrücken, ebenfalls dazugeben und schön andünsten lassen; mit Mehl stauben und mit der Suppe aufgießen; Wurst, Knoblauch und die Gewürze beifügen und alles zusammen auf kleiner Flamme ca. 40 Minuten weichköcheln lassen; falls erforderlich, noch etwas Suppe oder Wasser nachgießen; das Ganze zum Schluß mit den Gewürzen pikant abschmekken und mit Sherry oder Portwein verfeinern.

Vor dem Auftragen bestreut man diese feurige, kräftigende Suppe mit Schnittlauch und bringt sie mit den Croûtons zu Tisch.

Orangenkuchen

Aus Großmutters Kochbuch

Einkaufsliste:

220 g Butter
220 g Staubzucker
3 Eier
3 Dotter
1/2 Pkt. Vanillinzucker
eine Prise Salz
80 g glattes Mehl
80 g Speisestärke
100 g Arancini
110 g ungeschälte, geriebene Mandeln
1 großes Stamperl Cointreau
geriebene Schale von zwei Orangen
geriebene Schale einer halben Zitrone

80 g Orangenkonfitüre
Saft einer halben Orange
Staubzucker nach Bedarf
feingeschnittene Orangenschale zum Bestreuen
Butter für die Form

ERGIBT 12 STÜCK

Vorbereitung:

Die Butter auf Handwärme bringen und mit dem gesiebten Staubzucker, dem Vanillinzucker und dem Salz sehr schaumigrühren; nach und nach die Eier und die Dotter einmengen und nochmals schaumigrühren. Die Arancini mit dem Cointreau beträufeln und zusammen mit dem gesiebten Mehl, der gesiebten Speisestärke, den Mandeln, sowie der Orangen- und Zitronenschale, unter den Dotterabtrieb rühren (oberes Bild); alle Zutaten kurz zu einem glatten Teig verrühren.

Zubereitung:

Die Masse in eine gebutterte Form füllen und an der Oberfläche glattstreichen (unteres Bild); im vorgeheizten Backrohr bei 170-180 Grad etwa 80 Minuten zu schöner Farbe backen (Nadelprobe machen!); den Kuchen aus dem Rohr nehmen und in der Form erkalten lassen; aus der Form lösen und sodann mit erhitzter Marmelade bestreichen. Den Orangensaft mit gesiebtem Staubzucker dickbreiig verrühren und auf kleiner Flamme zu zähflüssiger Konsistenz erwärmen; mit dieser Glasur den Kuchen gleichmäßig überziehen und zum Schluß mit feingehackter Orangenschale bestreuen; erst nach dem Erstarren der Glasur in Portionen aufteilen.
Ein wunderbarer Teekuchen mit leicht säuerlichem Aroma!

REGISTER

VORSPEISEN

SUPPEN

BROTE

REZEPTE FÜR KALORIENBEWUSSTE

IMBISSE

FISCHGERICHTE

SPAR- UND NUDELGERICHTE

GEFLÜGEL, LAMM-, WILDGERICHTE

KLEINE MEHLSPEISEN

DESSERTS, GETRÄNKE

Alphabetisches REGISTER

KOCHEN UND KÜCHE